D1729880

Schriftenreihe

# Studien zur Rechtswissenschaft

Band 511

ISSN 1435-6821

Verlag Dr. Kovač

Julian Krüper (Hrsg.)

# Düsseldorfer Studierendenkommentar zum Stasi-Unterlagen-Gesetz (StUG)

**Verlag Dr. Kovač**

**Hamburg**
**2019**

# VERLAG DR. KOVAČ GMBH
FACHVERLAG FÜR WISSENSCHAFTLICHE LITERATUR

Leverkusenstr. 13 · 22761 Hamburg · Tel. 040 - 39 88 80-0 · Fax 040 - 39 88 80-55

E-Mail info@verlagdrkovac.de · Internet www.verlagdrkovac.de

**Bibliografische Information der Deutschen Nationalbibliothek**
Die Deutsche Nationalbibliothek verzeichnet diese Publikation
in der Deutschen Nationalbibliografie;
detaillierte bibliografische Daten sind im Internet
über http://dnb.d-nb.de abrufbar.

ISSN:   1435-6821

ISBN:   978-3-339-10948-4

© VERLAG DR. KOVAČ GmbH, Hamburg 2019

Umschlagfoto: © BStU, https://www.bstu.de/presse/#c8906. Abdruck mit freundlicher Genehmigung.

# Vorwort

Vorwort

Vor 27 Jahren wurde das Gesetz über die Unterlagen des Staatssicherheitsdienstes der ehemaligen Deutschen Demokratischen Republik (Stasi-Unterlagen-Gesetz) vom Deutschen Bundestag verabschiedet. Damit war ein Instrument zur Vergangenheitsbewältigung geschaffen, das in der deutschen Geschichte einmalig ist: Eine eigene staatliche Institution, die Bundesbehörde des Bundesbeauftragten für die Stasi-Unterlagen (BStU), wurde errichtet und mit der Organisation der Aufarbeitung von Diktaturerfahrung betraut. Seitdem konnten nicht nur hunderttausende Bürgerinnen und Bürger „Ihre" Akte beim BStU einsehen und damit den Einfluss des Staatssicherheitsdienstes auf ihr ganz persönliches Schicksal rekonstruieren. Die Regelungen des Stasi-Unterlagen-Gesetzes ermöglichten es auch, die Funktionsmechanismen der SED-Diktatur zu erforschen und die Ergebnisse in die Gesellschaft hineinzutragen. Dass die Aufarbeitung der Tätigkeit des Staatssicherheitsdienstes – gerade auch ihre institutionelle Gestalt – weiterhin ein Anliegen ist, zeigt die aktuelle Kontroverse um die Überführung der Stasi-Unterlagen in die Bestände des Bundesarchivs.

Dieser Kommentar ist das Resultat eines interdisziplinären Projektes zum Stasi-Unterlagen-Gesetz, welches von 2012 – 2014 mit Studierenden der Geschichts- und der Rechtswissenschaften an der Heinrich-Heine-Universität Düsseldorf durchgeführt wurde. Als ein studentisches Projekt ist es dem Risiko ausgesetzt, hinter anderen Verpflichtungen des universitären Forschungsbetriebes zurückstehen zu müssen, weswegen die nunmehr gelungene Veröffentlichung ungewöhnlich, aber daher auch besonders erfreulich ist. Zwar ist es nicht gelungen, sämtliche Normen des Stasi-Unterlagen-Gesetzes zu kommentieren, gleichwohl ist die Vollständigkeit für den Erfolg des Projektes auch nicht entscheidend. Die vorliegende Kommentierung ist vielmehr der Ausweis eines gelungenen interdisziplinären Gesprächs und der wissenschaftlichen Leistung der Studierenden – darin liegt sein Erfolg.

Mein Dank geht zunächst an die Bearbeiterinnen und Bearbeiter der Kommentierung, die das Projekt getragen haben. Sodann gebührt ein Dank dem Lehrförderungsfond der Heinrich-Heine-Universität Düsseldorf für die großzügige finanzielle Unterstützung des Projektes und auch dieser Veröffentlichung. Für das Zustandekommen dieses Kommentars zeichnen neben den Bearbeiterinnen und Bearbeitern vor allem die Mitarbeiter am Bochumer Lehrstuhl für Öffentliches Recht, Verfassungstheorie und interdisziplinäre Rechtsforschung verantwortlich. Großer

**Julian Krüper**

## Vorwort

Dank gebührt hier vor allem Christian Flaßhoff, Maren Solmecke und weiter Inga Gipperich für Redaktionsarbeiten. Zuletzt danke ich dem Verlag Dr. Kovač für die freundliche Zusammenarbeit.

Bochum, im November 2018,

*Julian Krüper*

# Inhaltsverzeichnis

# Inhaltsverzeichnis

# Inhaltsverzeichnis

# Inhaltsverzeichnis

# Inhaltsverzeichnis

# Inhaltsverzeichnis

13

# Inhaltsverzeichnis

# Inhaltsverzeichnis

# Inhaltsverzeichnis

# Inhaltsverzeichnis

17

# Inhaltsverzeichnis

## Historische Einführung Teil A

# Entstehung und Selbstdefinition der Deutschen Demokratischen Republik und ihrer Regierung

**Literaturangaben:** *Bessel, Richard/Jessen, Ralph, Einleitung: Die Grenzen der Diktatur, in: Bessel (Hrsg.), Die Grenzen der Diktatur. Staat und Gesellschaft in der DDR, Göttingen 1996, S. 7–23; Brunner, Detlev/Niemann, Mario, Einleitung, in: Brunner/Niemann (Hrsg.), Die DDR – eine deutsche Geschichte. Wirkung und Wahrnehmung, Paderborn 2011, S. 11–19; Eisenfeld, Bernd, Gründe und Motive von Flüchtlingen und Ausreiseantragstellern aus der DDR, in: Deutschland-Archiv 37 (2004), S. 89–105; Flemming, Thomas/Koch, Hagen, Die Berliner Mauer, Geschichte eines politischen Bauwerks, Berlin 1999; Gieseke, Jens, Mielke-Konzern, Die Geschichte der Stasi 1945–1990, Stuttgart/München 2001; Jarausch, Konrad, Realer Sozialismus als Fürsorgediktatur, Zur begrifflichen Einordnung der DDR, in: APuZ 20 (1998), S. 33–46; Jesse, Eckhard, Die Periodisierung der DDR, in: Brunner/Niemann (Hrsg.), Die DDR – eine deutsche Geschichte, Wirkung und Wahrnehmung, Paderborn 2011, S. 21; Kowalczuk, Ilko-Sascha, Endspiel, Die Revolution von 1989 in der DDR, München 2009; Mehls, Hartmut, Im Schatten der Mauer, Dokumente; 12. August bis 29. September 1961, Berlin 1990; Mielke, Erich, Gangster und Mörder im Kampf gegen unsere Republik, in: Neues Deutschland, 28.1.1950; Mitter, Armin/Wolle, Stefan, Untergang auf Raten, Unbekannte Kapitel der DDR-Geschichte, München 1993; van Melis, Domian/Bispinck, Henrik, Republikflucht. Flucht und Abwanderung aus der SBZ/DDR 1945 bis 1961, München 2006; Wolfrum, Edgar, Die Mauer, in: Francois/Schulze(Hrsg.), Deutsche Erinnerungsorte, München 2001, S. 552–571.*

## A.  Selbstverständnis und Gründungsphase

Bei der Beschäftigung mit der historischen Aufarbeitung der DDR-Geschichte und dem Umgang mit den Unterlagen des ehemaligen Staatssicherheitsdienstes ist es von besonderer Bedeutung sich zu verdeutlichen, wie dieser Staat entstand, wie er sich selbst definierte, wie er sich im Verhältnis zu anderen Ländern sah und welche Rolle dabei die spätere Staatsführung einnahm. Mechanismen der internen und externen Repression, wie der Mauerbau und die Gründung des Ministeriums für Staatssicherheit (kurz MfS oder Stasi), müssen dabei explizit berücksichtigt werden. Diese Aspekte herauszuarbeiten ist das vorrangige Anliegen des ersten Teils dieser historischen Einführung. Die damit verbundene Schwerpunktsetzung und Periodisierung ist aus ihrer Natur heraus subjektiv und dennoch nötig. Denn auch wenn

1

19

**Sandra Franz**

# Historische Einführung

durch diese Handhabe bestimmte Aspekte hervorgehoben und andere vernachlässigt bzw. nicht berücksichtigt werden können, so ermöglicht sie doch eine Herangehensweise, welche Raum für „spezifische Interpretation"[1] im behandelten Kontext bietet.

Im besiegten Deutschland erstarkte die Führung der Kommunistischen Partei Deutschlands (kurz KPD) neu. Ihre Herrschaftsmechanismen waren langfristig auf ein Machtmonopol der Partei ausgerichtet – ganz im Einklang mit dem Streben nach der kommunistischen Weltführung durch die Sowjetunion. Ab Juni 1945 versuchte man mit großer Unterstützung der Sowjetischen Besatzungsmacht zur allgemein anerkannten Partei der Wiederaufbauphase zu werden, zunächst in der Sowjetischen Besatzungszone (kurz SBZ), langfristig aber in Gesamtdeutschland.[2] Die enge Bindung an die Sowjetunion machte sich unmittelbar bemerkbar. So wurde die Zusammenarbeit zwischen der Parteiführung der 1946 gegründeten Sozialistischen Einheitspartei Deutschlands (kurz SED) und der Sowjetischen Militäradministration in Deutschland sehr eng betrieben und Befehle wurden gemeinsam erörtert und dokumentiert. Bereits ab 1946 wurden auch personelle Entscheidungen von sowjetischer Seite beeinflusst, nicht zuletzt durch Verhaftungen von Personen, die man nicht in der neuen Regierung wünschte.[3] Das Verständnis von Regierung und Macht zielte dabei auf eine unantastbare Vormachtstellung ohne Grenzen oder letztlich bindende Verfahrensregeln. Das in demokratischen Systemen vorhandene Gleichgewicht von Macht und Konsens wurde einseitig zum Machtprinzip hin verschoben. Den Herrschenden ging es nicht um Ausgleich, sondern um Bestätigung.[4] Die Partei verlangte von all ihren Mitgliedern jederzeit höchste Loyalität. Das Verhalten in den jeweiligen Dienststellen oder Betrieben sollte in erster Linie als Parteifunktionär erfolgen.[5] Seit der Phase der „Stalinisierung" erkannte die KPD die führende Rolle

---

[1] Vgl. *E. Jesse*, Die Periodisierung der DDR, in: Brunner/Niemann, Die DDR – eine deutsche Geschichte. Wirkung und Wahrnehmung, 2011, S. 21, 35.

[2] Vgl. *W. Müller*, Entstehung und Transformation des Parteiensystems der SBZ/DDR 1945–1950, in: Deutscher Bundestag, Materialien der Enquete-Kommission „Aufarbeitung von Geschichte und Folgen der SED-Diktatur in Deutschland" (12. Wahlperiode des Deutschen Bundestages), 1995, S. 2327, 2372.

[3] Vgl. *W. Müller*, Entstehung und Transformation des Parteiensystems der SBZ/DDR 1945–1950, in: Deutscher Bundestag, Materialien der Enquete-Kommission „Aufarbeitung von Geschichte und Folgen der SED-Diktatur in Deutschland" (12. Wahlperiode des Deutschen Bundestages), 1995, S. 2327, 2353.

[4] Vgl. *W. Müller*, Entstehung und Transformation des Parteiensystems der SBZ/DDR 1945–1950, in: Deutscher Bundestag, Materialien der Enquete-Kommission „Aufarbeitung von Geschichte und Folgen der SED-Diktatur in Deutschland" (12. Wahlperiode des Deutschen Bundestages), 1995, S. 2327, 2326 f.

[5] Vgl. *W. Müller*, Entstehung und Transformation des Parteiensystems der SBZ/DDR 1945–1950, in: Deutscher Bundestag, Materialien der Enquete-Kommission „Aufarbeitung von

**Sandra Franz**

der Kommunistischen Partei der Sowjetunion (kurz KPdSU) bedingungslos an. Die enge Bindung an die Sowjetunion, welche als eigentliche politische Heimat betrachtet wurde, entwickelte sich ab diesem Zeitpunkt zum Dogma der Partei.[6] Doch bei allem unbestreitbarem Einfluss von sowjetischer Seite wäre es ein Fehler, die spätere DDR allein als dessen Ableger zu betrachten. Sie bleibt eine „deutsche" Diktatur. Die sich bereits in der SBZ ausbildenden Strukturen in Politik und Gesellschaft waren zwar am sowjetischen Vorbild orientiert, doch benötigte die KPD und später die SED keine Anleitung von Seiten des „großen Bruders". Die oben gezeigte Ausrichtung entsprach durchaus den deutschen kommunistischen Traditionslinien und Repressionsmethoden, wie sie sich bereits ab den 1920er Jahren innerhalb der KPD herausgebildet hatten. Somit ist die DDR-Geschichte als deutsche Geschichte unter starker sowjetischer Oberhoheit zu verstehen.[7] Von Beginn an erhob die SED einen Führungsanspruch im gesamten deutschen Parteienspektrum. Auf der zweiten Tagung des Parteivorstandes der SED 1947 verkündete *Franz Dahlem*, dass die SED als „Partei der Arbeiterklasse die Führung beim demokratischen Neuaufbau Deutschlands auf allen Gebieten" übernehmen wolle.[8] Begründet wurde dies als historische Aufgabe der Arbeiterklasse.[9] Zur Durchsetzung und Sicherung der angestrebten führenden Rolle wurden unterschiedlichste Mittel herangezogen. Neben einem umfangreichen Parteiapparat standen der SED deutlich größere materielle Ressourcen zur Verfügung als allen anderen Parteien, wie beispielsweise zwei Drittel des gesamten Papierkontingents der SBZ. Zudem begann man bereits früh damit „Massenorganisationen", wie den Freien Deutschen Gewerkschaftsbund (kurz FDGB) für parteipolitische Ziele einzusetzen.[10] Ende der 1940er Jahre trat die

---

Geschichte und Folgen der SED-Diktatur in Deutschland". (12. Wahlperiode des Deutschen Bundestages), 1995, S. 2327, 2346.

[6] Vgl. *W. Müller*, Entstehung und Transformation des Parteiensystems der SBZ/DDR 1945–1950, in: Deutscher Bundestag, Materialien der Enquete-Kommission „Aufarbeitung von Geschichte und Folgen der SED-Diktatur in Deutschland" (12. Wahlperiode des Deutschen Bundestages), 1995, S. 2327, 2328.

[7] Vgl. *D. Brunner/M. Niemann*, Einleitung, in: Brunner/Niemann, Die DDR – eine deutsche Geschichte. Wirkung und Wahrnehmung, 2011, S. 11, 11.

[8] Hier zitiert nach: *W. Müller*, Entstehung und Transformation des Parteiensystems der SBZ/DDR 1945–1950, in: Deutscher Bundestag, Materialien der Enquete-Kommission „Aufarbeitung von Geschichte und Folgen der SED-Diktatur in Deutschland" (12. Wahlperiode des Deutschen Bundestages), 1995, S. 2327, 2343.

[9] Vgl. *W. Müller*, Entstehung und Transformation des Parteiensystems der SBZ/DDR 1945–1950, in: Deutscher Bundestag, Materialien der Enquete-Kommission „Aufarbeitung von Geschichte und Folgen der SED-Diktatur in Deutschland" (12. Wahlperiode des Deutschen Bundestages), 1995, S. 2327, 2343.

[10] Vgl. *W. Müller*, Entstehung und Transformation des Parteiensystems der SBZ/DDR 1945–1950, in: Deutscher Bundestag, Materialien der Enquete-Kommission „Aufarbeitung von

21

Sandra Franz

# Historische Einführung

SED immer offensiver für eine Einheit Deutschlands unter ihrer Führung ein. Es kam zu verstärkten Spannungen mit den Parteien des Westens, denen man eine Politik der Spaltung Deutschlands und des gesellschaftlichen Rückschritts vorwarf. Vor allem der Wiederaufbau der Wirtschaft nach „kapitalistischem Vorbild" wurde kritisiert.[11] *Otto Grotewohl* gab diesem Diskurs auf einer Tagung des Parteivorstandes am 29. und 30. Juni 1948 eine eindeutige Richtung, indem er erklärte, dass jede Mittel- oder Mittlerstellung der SED zwischen Ost und West ausgeschlossen sei. Die einzig mögliche Ausrichtung sei in Richtung Osten. Im Zuge dieser Rede bezeichnete er die SED zum ersten Mal als „marxistisch-leninistische Partei".[12] In ihrem neuen Selbstverständnis übernahm sie die stalinistische Ausrichtung. Sie sollte die „organisierte Vorhut der Arbeiterklasse" sein und damit die „höchste Form der Klassenorganisation des Proletariats" darstellen. Daraus folgte die Anerkennung der führenden Rolle der KPdSU.[13]

Wirklicher Pluralismus, die Anerkennung der Berechtigung unterschiedlicher Interessen, Meinungen, politischer Ziele und Werte, war mit dem Selbstverständnis der SED prinzipiell unvereinbar.[14]

## B. Gründung der DDR und Fluchtbewegung

2 Im Dezember 1947 entstand in der SBZ die „Volkskongressbewegung für Einheit und gerechten Frieden" unter Führung der SED. Am 19. März 1949 wurde von dem aus dieser Bewegung hervorgegangenen Volksrat der Entwurf für eine „Verfassung der Deutschen Demokratischen Republik" formell beschlossen. Am 7. Oktober 1949 kam es mit dem Inkrafttreten dieser Verfassung schließlich zur offiziellen Gründung

---

Geschichte und Folgen der SED-Diktatur in Deutschland" (12. Wahlperiode des Deutschen Bundestages), 1995, S. 2327, 2345.

[11] Vgl. *W. Müller*, Entstehung und Transformation des Parteiensystems der SBZ/DDR 1945–1950, in: Deutscher Bundestag, Materialien der Enquete-Kommission „Aufarbeitung von Geschichte und Folgen der SED-Diktatur in Deutschland" (12. Wahlperiode des Deutschen Bundestages), 1995, S. 2327, 2355.

[12] Vgl. *W. Müller*, Entstehung und Transformation des Parteiensystems der SBZ/DDR 1945–1950, in: Deutscher Bundestag, Materialien der Enquete-Kommission „Aufarbeitung von Geschichte und Folgen der SED-Diktatur in Deutschland" (12. Wahlperiode des Deutschen Bundestages), 1995, S. 2327, 2361.

[13] Vgl. *W. Müller*, Entstehung und Transformation des Parteiensystems der SBZ/DDR 1945–1950, in: Deutscher Bundestag, Materialien der Enquete-Kommission „Aufarbeitung von Geschichte und Folgen der SED-Diktatur in Deutschland" (12. Wahlperiode des Deutschen Bundestages), 1995, S. 2327, 2365.

[14] Vgl. *R. Bessel/R. Jessen*, Einleitung: Die Grenzen der Diktatur, in: Bessel, Die Grenzen der Diktatur. Staat und Gesellschaft in der DDR, 1996, S. 7, 7.

**Sandra Franz**

der DDR. Dies war vor allem eine Reaktion auf die vorangegangene Gründung der Bundesrepublik Deutschland im Mai desselben Jahres unter Führung der drei westlichen Alliierten. Erster Präsident der DDR wurde *Wilhelm Pieck*, erster Ministerpräsident *Otto Grotewohl*, beide Gründungsmitglieder der SED. *Walter Ulbricht* wurde Generalsekretär des neu gegründeten Zentralkomitees (ZK)[15] der SED und besaß damit die höchste politische Entscheidungsgewalt.

Bis zur Gründung der DDR 1949 waren neben der zunehmenden Sowjetisierung der Besatzungszone vor allem das drohende Entnazifizierungsverfahren für Beschäftigte des öffentlichen Dienstes und die rigide Haltung der sowjetischen Besatzungsmacht gegenüber Personen mit potentieller NS-Vergangenheit die bestimmenden Gründe für das Verlassen der SBZ. Damit begann die politisch motivierte Flucht bereits nach Kriegsende als Reaktion auf Verfolgungsstrategien in der späteren DDR.[16] Diese Fluchtbewegung stand im Gegensatz zu dem Selbstbild eines Staates, der von sich selbst behauptete die bessere deutsche Republik zu sein. Bis 1961 zählte die DDR niemals mehr als 19 Millionen Einwohner. Zwischen ihrer Gründung und dem Mauerbau gingen rund drei Millionen Menschen nach Westdeutschland. Ab 1951 machte dies jährlich etwa ein Prozent der Bevölkerung aus. Die Auswanderung war damit ein chronisches Problem des jungen Staates und Ausdruck der Tatsache, dass die existierende Gesellschaftsordnung von breiten Gruppen der Bevölkerung nicht akzeptiert wurde. Damit hatte die DDR einen Flüchtlingsstrom, der größer war, als der jedes anderen Landes, das in den Kalten Krieg verwickelt war.[17]

Fachkräften war bewusst, dass ihnen im Westen attraktivere Alternativen offen standen. Viele gingen in dem Bewusstsein dort eigenen Wohlstand aufbauen zu können.[18] Hinzu kamen offensichtliche Probleme, wie Wohnungsmangel und materielle Engpässe bei Kleidung, Schmuck, manchen Lebensmittelgruppen und Autos.[19] Dem

---

[15] Das Zentralkommitee ist das zwischen den Parteitagen höchste Gremium in kommunistischen Parteien.

[16] Vgl. *B. Eisenfeld*, Deutschland Archiv 37 (2004),S. 89, 94.

[17] Vgl. *D. van Melis/H. Bispinck*, „Republikflucht". Flucht und Abwanderung aus der SBZ/ DDR 1945 bis 1961; Veröffentlichung zur SBZ-/DDR-Forschung im Institut für Zeitgeschichte (Schriftenreihe der Vierteljahreshefte für Zeitgeschichte Sondernummer), 2006, S. 47.

[18] Vgl. *D. van Melis/H. Bispinck*, „Republikflucht". Flucht und Abwanderung aus der SBZ/DDR 1945 bis 1961; Veröffentlichung zur SBZ-/DDR-Forschung im Institut für Zeitgeschichte (Schriftenreihe der Vierteljahreshefte für Zeitgeschichte Sondernummer), 2006, S. 90.

[19] Vgl. *D. van Melis/H. Bispinck*, „Republikflucht". Flucht und Abwanderung aus der SBZ/ DDR 1945 bis 1961; Veröffentlichung zur SBZ-/DDR-Forschung im Institut für Zeitge-

**Sandra Franz**

# Historische Einführung

Versprechen *Walter Ulbrichts*, der 1959 in einem Interview verkündet hatte, dass die DDR bis 1961 auf allen Gebieten der Versorgung der Bevölkerung mit Lebensmitteln und Konsumgütern die BRD einholen und sogar überholen würde, schenkte das Volk angesichts von Bevormundung, Enteignung, Perspektivlosigkeit und politischer Unterdrückung im eigenen Land und dem scheinbar boomenden Wirtschaftswunder im Westen nicht so recht Glauben.[20]

Aber genauso, wie die Bürger ihrem Staat nicht glaubten, misstraute der Staat zunehmend den Bürgern. Die Fluchtbewegung sollte eingedämmt und die Gedanken in parteifreundlichere Bahnen gelenkt werden. Physisch wurde dies durch den Mauerbau versucht. Die psychische Kontrolle der Einwohner sollte hingegen durch die Schaffung des MfS, eines Geheimdienstes, der nicht das Ausland, sondern die eigenen Bürger ausspionierte, erreicht werden.

## C. Gründung des Ministeriums für Staatssicherheit

3    Im Februar 1950, auf der zehnten Sitzung der Volkskammer seit Gründung der DDR, brachte *Dr. Karl Steinhoff*, Minister des Inneren, einen Punkt vor, der die Erweiterung des Ministerrats um ein fünfzehntes Ressort vorsah. Als Grund gab er ein gesteigertes Auftreten von Sabotageakten in volkseigenen Betrieben, im Verkehrswesen und ähnlichen Einrichtungen an. Hierbei könne es sich nur um gezielte gegen den neu gegründeten Staat der DDR gerichtete Angriffe, ausgeführt durch Handlanger der „englisch-amerikanischen Imperialisten"[21], handeln. Die Hauptverwaltung zum Schutz der Volkswirtschaft des Innenministeriums solle in ein „Ministerium für Staatssicherheit" umgewandelt werden, um gezielt gegen diese Angriffe vorgehen zu können. Die Abgeordneten stimmten dem Innenminister zu und so unspektakulär war die Gründung der Organisation, die sich zum identitätsstiftenden und einflussreichsten Organ der DDR entwickeln sollte, beschlossen.[22] Wie dieses neu geschaffene Ministerium sich positionieren würde, machte *Erich Milke*, ab 1957 Oberhaupt des neuen Sicherheitsorgans, bereits im Januar 1950 in

---

schichte (Schriftenreihe der Vierteljahreshefte für Zeitgeschichte Sondernummer), 2006, S. 96.

[20] Vgl. *A. Mitter/S. Wolle*, Untergang auf Raten. Unbekannte Kapitel der DDR-Geschichte, 1993, S. 301.

[21] Provisorische Volkskammer der Deutschen Demokratischen Republik, Protokoll der 10. Sitzung, S. 213, hier zitiert nach: *J. Gieseke*, Mielke-Konzern. Die Geschichte der Stasi 1945–1990, 2001, S. 21.

[22] Vgl. *J. Gieseke*, Mielke-Konzern. Die Geschichte der Stasi 1945–1990, 2001, S. 21.

**Sandra Franz**

einer Rede deutlich, die in der DDR-Tageszeitung und gleichzeitigem SED Propagandaorgan „Neues Deutschland" nachzulesen war:

> *„Zwingen nicht diese Tatsachen, Maßnahmen zu ergreifen, die dem Treiben dieser feindlichen Elemente ein Ende bereiten? In der Verfassung der Deutschen Demokratischen Republik wird im Artikel 6 gesagt: „Boykotthetze gegen demokratische Einrichtungen und Organisationen, Mordhetze gegen demokratische Politiker, Bekundung von Glaubens-, Rassen-, Völkerhaß, militärische Propaganda sowie Kriegshetze und alle sonstigen Handlungen, die sich gegen die Gleichberechtigung richten, sind Verbrechen im Sinne des Strafgesetzbuches." Um die volle Wirksamkeit unserer Verfassung zu erhalten, ist es notwendig, diesen Artikel durch die Schaffung geeigneter Organe, die den Kampf gegen Agenten, Saboteure und Diversanten führen, wie auch durch entsprechende Strafgesetze, die der Justiz die Möglichkeit geben, die von diesen Organen festgenommenen und überführten Täter der gerechten Strafe zuzuführen, zu verwirklichen."[23]*

Das skrupellose Vorgehen angeblicher Feinde, die das Vorankommen der DDR zu behindern versuchten, sei mit allen zur Verfügung stehenden Mitteln zu unterbinden und zu bestrafen. Bis zur Einführung detaillierter Gesetze dauerte es noch etwas, jedoch legte *Mielke* in dieser Rede bereits die Grundlage dafür, dass in den nachfolgenden Jahren tatsächliche und angebliche Gegner der Regierung inhaftiert werden konnten. Einen Tag nach dieser Rede machte die SED-Regierung öffentlich, was kurz darauf auf der Sitzung der Volkskammer beschlossen werden sollte: Die Regierung würde ein Ministerium gründen, dessen Aufgabe es sein sollte, Feinde der Republik zu bekämpfen. Dass man diese Feinde vor allem im eigenen Land unter den Systemgegnern sah, wurde schnell deutlich. Trotz der Versuche sie als Notwehr gegen angebliche Angriffe des englischen und amerikanischen „Imperialismus" zu deklarieren, war die Gründung des Ministeriums für Staatssicherheit vor allem ein Akt von hoher Symbolkraft. Sie verdeutlichte, welches Ziel verfolgt wurde: die Schaffung einer „Volksdemokratie" nach sowjetischem Vorbild.[24] Dass dieses Ziel notfalls mit drastischen Mitteln erreicht werden sollte, wurde spätestens im August 1961 deutlich.

---

[23] Vgl. *E. Mielke*, Gangster und Mörder im Kampf gegen unsere Republik, Neues Deutschland, 28.01.1950, S. 4, 4.
[24] Vgl. *J. Gieseke*, Mielke-Konzern. Die Geschichte der Stasi 1945–1990, 2001, S. 22 ff.

**Sandra Franz**

# Historische Einführung

## D. Mauerbau

**4** Mauern sind Historikern in unterschiedlicher Form aus der Geschichte bekannt. Burgherren errichteten Mauern, um ihre Schlösser vor Angreifern zu schützen, Städte ließen Mauern errichten, um den Schutz der Bürger zu gewährleisten.[25] Selbst innerhalb der DDR existierten viele unterschiedliche Mauern, die meisten von ihnen nicht physisch sichtbar in Verboten und Reglementierungen.[26] Die Mauer, mit der die DDR-Regierung die Weltöffentlichkeit am 13. August 1961 konfrontierte, war aufgrund ihrer Neuartigkeit besonders schockierend: Die Machthaber hatten eine Mauer gebaut, um die eigene Bevölkerung einzusperren und sie von der Auswanderung abzuhalten. Hinzu kam, dass es zum ersten Mal im Bewusstsein der Menschen eine Mauer gab, die mitten durch eine Stadt führte.[27] Hierbei handelte es sich nicht, wie die SED behauptete, um die herkömmliche Grenze eines souveränen Staates. Verminte Todesstreifen, Wachtürme, bewaffnete Grenzsoldaten und das Bauwerk der Mauer an sich machten deutlich, dass es sich nicht um eine Vorrichtung handelte, die Angreifer von außerhalb abwehren sollte, sondern vielmehr die Flucht der eigenen Bürger verhindern sollte.[28] Selten drückte sich in der Weltgeschichte ein politisches System so symbolisch in einem Bauwerk aus wie im Fall der Berliner Mauer.[29]

Tatsächlich handelte es sich bei der Begrenzung um Westberlin um zwei Mauern: die West-Mauer, aus der Sicht des Ostens der Außenring sowie der Innenbereich in Form der Ost-Mauer. Dazwischen lagen bis zu 100 Meter „Todesstreifen", unterteilt in verschiedene Hinderniszonen: Alarmgitter, Stolperdrähte, Stahlspitzen, Hundelaufanlagen, Panzergräben, Kfz-Fallen, Spanische Reiter und über 300 Wachtürme mit bewaffneten Wachposten. In den Gewässern der Grenzgebiete wurden unter an-

---

[25] Vgl. *E. Wolfrum*, Die Mauer, in: Francois/Schulze, Deutsche Erinnerungsorte, 2001, S. 552, 552.

[26] Vgl. *I.-S. Kowalczuk*, Endspiel. Die Revolution von 1989 in der DDR, 2009, S. 9.

[27] Vgl. *E. Wolfrum*, Die Mauer, in: Francois, Deutsche Erinnerungsorte, 2001, S. 552, 552.

[28] Vgl. *M. v. Renesse*, Protokoll der 69. Sitzung: Die Flucht- und Ausreisebewegungen in verschiedenen Phasen der DDR-Geschichte. Eröffnung, in: Deutscher Bundestag, Materialien der Enquete-Kommission „Aufarbeitung von Geschichte und Folgen der SED-Diktatur in Deutschland" (12. Wahlperiode des Deutschen Bundestages), 1995, S. 315, 315.

[29] Vgl. *A. Mitter/S. Wolle*, Untergang auf Raten. Unbekannte Kapitel der DDR-Geschichte, 1993, S. 298.

**Sandra Franz**

derem mit Nägeln versehene Unterwassermatten und Sperrbojen eingesetzt. In den 28 Jahren, in denen die Mauer existierte, kamen an ihr 239 Menschen ums Leben.[30]

Auf lange Sicht war es eine sehr kostspielige und aufwendige Aufgabe ein ganzes Volk einzusperren. Ökonomisch wäre es deutlich sinnvoller gewesen die Baumaterialien in den dort dringend benötigten Wohnungsbau zu stecken. Zudem herrschte ein starker Arbeitskräftemangel, angesichts dessen es wenig zweckmäßig erschien zehntausende junge, kräftige Männer mehr oder weniger untätig an der Grenze zu positionieren. Doch die SED hatte sich selbst in eine Position gezwungen, aus der sie nicht mehr zurück konnte. Die Mauer war nicht nur zur existentiellen Grundlage der DDR geworden, sie machte das eigentliche Wesen des Staates aus und bestimmte dessen Politik, dessen Ideologie und vor allem dessen Alltag.[31]

Die SED erklärte auf einer Tagung am 13.8.1961, dass die Abriegelung der Grenzen „zur Unterbindung der feindlichen Tätigkeit der revanchistischen und militärischen Kräfte Westdeutschlands und Westberlins"[32] erforderlich gewesen sei. Man wolle, wie jeder andere souveräne Staat, Grenzkontrollen durchführen, die im „Kampf um die Sicherung des Friedens"[33] notwendig seien. Die offizielle Propaganda, man habe den Feind mithilfe des neu errichteten „antifaschistischen Schutzwalls" aussperren wollen, erwies sich bei näherer Betrachtung als nicht haltbar. Die Sperrgräben stiegen Richtung Westen an, zeigten also in Richtung des eigenen Territoriums. Der Stacheldraht bog sich in Richtung Osten. Der Feind war im eigenen Land, nicht außerhalb.[34] Die Menschen sollten nicht nur an der Flucht in den Westen gehindert werden, man wollte sie auch einschüchtern, indem man ihnen den letzten Ausweg nahm.[35]

Die SED sah sich selbst als Vertretung der Interessen der DDR, eine Zwangsherrschaft nicht durch, sondern für das Volk.[36] Man betrachtete sich selbst als Form des vormundschaftlichen Staates, ohne dabei zu berücksichtigen, dass man sich in

---

[30] Vgl. *T. Flemming/H. Koch*, Die Berliner Mauer. Geschichte eines politischen Bauwerks, 1999, S. 109.

[31] Vgl. *A. Mitter/S. Wolle*, Untergang auf Raten. Unbekannte Kapitel der DDR-Geschichte, 1993, S. 365 f.

[32] Vgl. *H. Mehls*, Im Schatten der Mauer. Dokumente; 12. August bis 29. September 1961, 1990, S. 34.

[33] Vgl. *H. Mehls*, Im Schatten der Mauer. Dokumente; 12. August bis 29. September 1961, 1990, S. 34.

[34] Vgl. *E. Wolfrum*, Die Mauer, in: Francois, Deutsche Erinnerungsorte, 2001, S. 552, 561.

[35] Vgl. *A. Mitter/S. Wolle*, Untergang auf Raten. Unbekannte Kapitel der DDR-Geschichte, 1993, S. 300.

[36] Vgl. *K. Jarausch*, APuZ 20 (1998), 33, 35.

**Sandra Franz**

einem Widerspruch zwischen den proklamierten, emanzipatorischen Zielen des Kommunismus und einer repressiven, gelebten Praxis befand. Dies schließt sowohl die individuelle Rechtlosigkeit der DDR-Bürger als auch die Bevormundung des Staates selber durch den „großen Bruder", die Sowjetunion, mit ein. Der Ausdruck „Fürsorgediktatur" ist ein Versuch, diese Diskrepanz in Worte zu fassen. Damit sei auf eine grundsätzliche Widersprüchlichkeit in den Zielen und Handlungen des SED-Systems hingewiesen. Die geforderte Gesellschaftsreform zugunsten der Arbeiter und Bauern und eine angebliche Solidarisierung und Humanisierung des gesellschaftlichen Lebens im Gegensatz zu der gelebten Unterdrückung und dem Zwangscharakter in der Umsetzung der Utopie. Verlangt wurde die Durchsetzung des im Staatsnamen erhaltenen Anspruchs auf eine Demokratie im Sinne des Sozialismus unter Alleinherrschaft des Politbüros. Zusammenhalten sollte dies ein vormundschaftlicher politischer Stil, der die Fürsorge für die entmündigte Bevölkerung durch eine Überzahl an sozialer Betreuung sicherte. Diese Mischung aus Zwang und Hinwendung zeigt deutlich den spezifischen Charakter der DDR im Vergleich zu anderen Diktaturen des 20. Jahrhunderts.[37]

---

[37] Vgl. *K. Jarausch*, APuZ 20 (1998), 33, 41 ff.

**Sandra Franz**

## Historische Einführung Teil B

# Ministerium für Staatssicherheit (MfS), Schwerpunkt auf der inhumanen Arbeits- und Vorgehensweise des Systems

**Literaturangaben:** *Auerbach, Thomas/Braun, Matthias/ Eisenfeld, Bernd/von Prittwitz, Gesine/Vollnhals, Clemens, Hauptabteilung XX: Staatsapparat, Blockparteien, Kirchen, Kultur,»politischer Untergrund«, in: BStU (Hrsg.), MfS-Handbuch, Berlin 2008; Baberowski, Jörg, Verbrannte Erde. Stalins Herrschaft der Gewalt, München 2012; Bauer, Babett, Kontrolle und Repression. Individuelle Erfahrungen in der DDR (1971–1989), Göttingen 2006; Besier, Gerhard/Lübbe, Hermann (Hrsg.), Politische Religion und Religionspolitik. Zwischen Totalitarismus und Bürgerfreiheit, Göttingen 2005; Borchert, Jürgen, Die Zusammenarbeit des Ministeriums für Staatssicherheit (MfS) mit dem sowjetischen KGB in den 70er und 80er Jahren. Ein Kapitel aus der Geschichte der SED-Herrschaft, Berlin 2006; Engelmann, Roger/Florath, Bernd/Heidemeyer, Helge (Hrsg.), Das MfS-Lexikon. Begriffe, Personen und Strukturen der Staatssicherheit der DDR, Berlin 2011; Fricke, Karl Wilhelm, Opposition, Widerstand und Verfolgung in der SBZ/DDR, in: Kaff (Hrsg.): „Gefährliche politische Gegner". Widerstand und Verfolgung in der sowjetischen Zone/DDR, Düsseldorf 1995; Gieseke, Jens, Die Stasi 1945–1990, München 2011; Igel, Regine, Terrorismus-Lügen. Wie die Stasi im Untergrund agierte, München 2012; Kowalczuk, Ilko-Sascha, Stasi konkret. Überwachung und Repression in der DDR, München 2013; Mihr, Anja, Amnesty International in der DDR: Der Einsatz für Menschenrechte im Visier der Stasi, Berlin 2002; Müller-Enbergs, Helmut, Die inoffiziellen Mitarbeiter, in: BStU (Hrsg.), MfS-Handbuch, Berlin 2008; Neubert, Ehrhart, Politische Verbrechen in der DDR , in: Courtois/Werth/Panné/Paczkowski/Bartosek/Margolin, Das Schwarzbuch des Kommunismus. Unterdrückung, Verbrechen und Terror, 4. Auflage, 1998, S. 827–884; Pahnke, Rudi-Karl/Behnke, Klaus/Hauksson, Halldór,»Das Belehren vom hohen Katheder ist unangebracht«. Die (Ver-)Führung von Kindern und Jugendlichen durch das MfS, in: Behnke/Fuchs (Hrsg.), Zersetzung der Seele. Psychologie und Psychiatrie im Dienste der Stasi, 2. Auflage, Hamburg 1995, S. 178–200; Passens, Katrin, MfS-Untersuchungshaft. Funktion und Entwicklung von 1971 bis 1989, Berlin 2012; Pingel-Schliemann, Sandra, Zersetzen. Strategien einer Diktatur; eine Studie. Schriftenreihe des Robert-Havemann-Archivs, Bd. 8, Berlin 2002; Suckut, Siegfried (Hrsg.), Wörterbuch der Staatsicherheit. Definitionen zur »politisch-operativen Arbeit«, 3. Auflage, Berlin 2001.*

29

**Christian Lange**

# Historische Einführung

## A. Das MfS – Entstehung

5   Das Ministerium für Staatssicherheit – Kurzbezeichnung „MfS", respektive „SSD" (Staatssicherheitsdienst) oder auch umgangssprachlich „Stasi" – begriff sich seinem Selbstverständnis nach als „Schild und Schwert" der Sozialistischen Einheitspartei Deutschlands. Am 8. Februar 1950 wurde der politische In- und Auslandsgeheimdienst begründet, dessen unmittelbarer Vorläufer die sogenannte Hauptverwaltung zum Schutz der Volkswirtschaft darstellte, welche bereits die Organisationsstruktur sowie die Aufgabenbereiche der späteren Geheimpolizei aufwies.[1] Dies geschah – mit vorangegangenem Beschluss aus Moskau am 28. Dezember 1948 und rigider Kaderkontrolle –[2] im Zuge von öffentlichkeitswirksamen Kampagnen, die auf die vermeintlich vermehrten „feindlichen Aktivitäten" des „britisch-amerikanischen Imperialismus" und seiner westdeutschen Helfershelfer versus die junge kommunistische Republik verwiesen.[3] So entstand aus der Hauptverwaltung zum Schutz der Volkswirtschaft per Entscheid der Provisorischen Volkskammer[4] durch das Gesetz über die Bildung eines Ministeriums für Staatssicherheit das MfS und somit eine rigorose Verschärfung der innenpolitischen Situation in der DDR. Kurz vor der Transformation zum MfS definierte *Erich Mielke*, damals noch Generalinspekteur der Hauptverwaltung zum Schutz der Volkswirtschaft, im SED-Zentralorgan Neues Deutschland die Priorität und Intension neuer, handlungsfähigerer Organisationsformen, um gegen „Staatsfeinde" mit voller Härte vorgehen zu können. Er machte dabei explizit auf den Artikel 6[5] – samt der darin niedergelegten (folgenschweren) „Generalklausel" – der Verfassung der Deutschen Demokratischen Republik aufmerksam:

*„Um die Wirksamkeit unserer Verfassung zu erhalten, ist es notwendig, diesen Artikel durch die Schaffung geeigneter Organe, die den Kampf gegen Agenten, Saboteure und Diversanten führen, wie auch durch entsprechende*

---

[1] Vgl. *R. Engelmann/B. Florath/H. Heidemeyer,* Das MfS-Lexikon. Begriffe, Personen und Strukturen der Staatssicherheit der DDR, 2011, S. 144.

[2] Vgl. *I.-S. Kowalczuk,* Stasi konkret, Überwachung und Repression in der DDR, 2013, S. 57 f.

[3] Vgl. *J. Gieseke,* Mielke-Konzern. Die Geschichte der Stasi 1945–1990, 2001, S. 23 ff.

[4] Die *Provisorische Volkskammer* ist dabei als Akklamationsorgan zu verstehen, welches als Multiplikator sowjetischer Interessenpolitik in Ostdeutschland fungierte.

[5] Bei dem Artikel 6 „Kriegs- und Boykotthetze" (Absatz 2) der DDR-Verfassung von 1949 handelt es sich um eine Art Generalklausel, welche je nach individuellem Ermessen ausgelegt wurde und für vermeintliche Spione, Dissidenten und „Diversanten" vielfach zur Todesstrafe führte. Vgl. auch *K.-W. Fricke,* Opposition, Widerstand und Verfolgung in der SBZ/DDR, in: Kaff, „Gefährliche politische Gegner". Widerstand und Verfolgung in der sowjetischen Zone/DDR, 1999, S. 14 ff.

**Christian Lange**

*Strafgesetze, die der Justiz die Möglichkeit geben, die von diesen Organen festgenommenen und überführten Täter der gerechten Strafe zuzuführen, zu verwirklichen.*[6]

*Mielke* formulierte die Dringlichkeit der strikten Verwendung der Generalklausel zur Errichtung schlagkräftiger Herrschaftsinstanzen; mit dem Verweis auf die rechtliche Grundlage, welche wenige Tage später autoritative, innenpolitische Realität werden sollte, um als Legitimationsbasis für die Repression und Verfolgung scheinbarer Feinde der Republik zu dienen. Trotz der Absicht, die Gründung des Ministeriums für Staatssicherheit in der DDR als präventive Maßnahme gegenüber „volksfeindlichen Aktivitäten" der „Systemfeinde" zu propagieren, veranschaulichte sich jedoch in geraumer Weise die Metamorphose des politischen Systems der DDR nach Vorbild des sowjetischen Herrschaftsapparats.[7]

## B.  Akteure, Aufbau und Tätigkeitsrahmen

## I.  Selbstverständnis der Akteure des MfS

Ihrem Selbstverständnis nach sahen sich die hauptamtlichen Protagonisten der „Firma", wie die Stasi im Volksmund genannt wurde, in der Tradition der sowjetischen Geheimpolizei (der Außerordentlichen Allrussischen Kommission zur Bekämpfung von Konterrevolution, Spekulation und Sabotage, kurz Tscheka). In der Folgezeit der Oktoberrevolution 1917 führte die Tscheka – durch ihren „Roten Terror", wie sie ihn selbst bezeichnete –Terroraktionen durch gegen die von den Bolschewiki als „Klassenfeinde" und „konterrevolutionäre Kräfte" verstandenen Deviationisten. So wurden politische Gegner Opfer von zahlreichen Exekutionen, Foltermaßnahmen sowie Inhaftierungen in „Konzentrationslagern" (konzlagern).[8] Die Tscheka diente im DDR-Regime als Protypus und gleichzeitig ebenso als Legitimation für den Geheimpolizeiapparat des MfS. Dabei lag die eigene Identifikationsperspektive auf dem – retrospektiv als „Tschekismus" zu bezeichnenden – ideologischen sowjetischen Extrem.

6

---

[6] *E. Mielke*, Gangster und Mörder im Kampf gegen unsere Republik, Neues Deutschland 28.1.1950, 4, 4, zitiert nach *J. Gieseke*, Mielke-Konzern. Die Geschichte der Stasi 1945–1990, 2001, S. 24 f.

[7] Vgl. *E. Mielke*, Gangster und Mörder im Kampf gegen unsere Republik, Neues Deutschland, 28.1.1950, 4, 4, zitiert nach *J. Gieseke*, Mielke-Konzern. Die Geschichte der Stasi 1945–1990, 2001, S. 26 f..

[8] Vgl. *G. Besier/H. Lübbe*, Politische Religion und Religionspolitik: zwischen Totalitarismus und Bürgerfreiheit, 2005, S. 28 ff.; vgl. auch: *J. Baberowski*, Verbrannte Erde. Stalins Herrschaft der Gewalt, 2012, S. 65.

31

**Christian Lange**

# Historische Einführung

## II. Das Feindbild

7 Das „offizielle" Feindbild des MfS wird im Wörterbuch der Staatssicherheit unter der Kategorie „Feindbild, tschekistisches" exakt geschildert:

> *„Gesamtheit von Kenntnissen und Vorstellungen über das Wesen und die Gesetzmäßigkeiten des Imperialismus, seine subversiven Pläne und Zielstellungen gegen den Sozialismus, über die Erscheinungsformen der subversiven Tätigkeit und deren Angriffsrichtungen, die feindlichen Zentren, Organisationen und Kräfte, die Abwehrmaßnahmen des Feindes, die Mittel und Methoden des feindlichen Vorgehens sowie die darauf beruhenden Wertungen, Gefühle und Überzeugungen im Kampf gegen den Feind. Das tschekistische F. ist eine spezifische Erscheinungsform des auf der marxistisch-leninistischen Analyse des Klassenkampfes [...] und wird spezifisch geprägt durch die im konspirativen Kampf gegen den subversiven Feind gesammelten Erfahrungen und Erkenntnisse."*[9]

Eine latente Bedrohung durch den inneren und äußeren Feind war für die Stasi allgegenwärtig. Tiefe Animosität prägte das Bild des mächtigen, oftmals im Verborgenen wirkenden „Klassenfeindes", der jede Möglichkeit nutzen würde, die kommunistischen Systeme zu vernichten. Der Hass im Namen des antiimperialistischen Kampfes trug zum elitären Selbstverständnis bei[10] – immer fixiert auf den „Widersacher" im Westen. Dissidenten und Flüchtlinge rückten dabei als Helfershelfer des personifizierten Imperialismus in das vorgefertigte Feindbilddenken des Staatssicherheitsdienstes mit ein. Scharfe, kontinuierliche Antipathie gegen politische Gegner wurde vom MfS dabei ausdrücklich gefordert:

> *„Konkrete und gesicherte Erkenntnisse über den Feind und die auf ihnen beruhenden tiefen Gefühle des Hasses, des Abscheus, der Abneigung und Unerbittlichkeit gegenüber dem Feind sind außerordentlich bedeutsame Voraussetzungen für den erfolgreichen Kampf gegen den Feind."*[11]

Die menschliche Emotion des Hasses spielt eine Schlüsselrolle in der MfS-Feindbildkonstruktion, aber auch innerhalb der geforderten optimalen Persönlichkeit der Staatssicherheitsbediensteten. Durch diese tiefgreifende Gefühlsregung zeichnete sich, nach Verständnis des Stasi, ein guter Geheimdienstoffizier – getreu dem tsche-

---

[9] *S. Suckut*, Wörterbuch der Staatssicherheit. Definitionen zur »politisch-operativen Arbeit«, 3. Aufl. 2001, S. 121.

[10] *I.-S. Kowalczuk*, Stasi konkret, Überwachung und Repression in der DDR, 2013, S. 57 f.

[11] *S. Suckut*, Wörterbuch der Staatssicherheit. Definitionen zur »politisch-operativen Arbeit«, 3. Aufl. 2001, S. 122.

**Christian Lange**

kistischen Ideal – aus.[12] Durch diese Dichotomie des Freund-Feind-Denkens in schwarz und weiß, gut und böse, wurde im Vorhinein der künstliche Versuch unternommen, jede Form der möglichen Skepsis an der eigenen Weltanschauung zu entkräften.

## III. Die Staatssicherheit und ihre Hauptamtlichen Mitarbeiter

Die Hauptamtlichen Mitarbeiter bildeten das Herzstück des Ministeriums für Staats-   8
sicherheit und sorgten durch ihre Arbeit für die Stabilität der kommunistischen Diktatur. Seit Beginn der 1950er Jahre stellten sich besondere Merkmale heraus, welche intern zur Bildung eines speziellen Solidaritätsgefühls und Sonderbewusstseins der hauptamtlichen Mitarbeiter im SED-Regime genutzt wurden: So kamen die meisten MfS-Bediensteten aus Arbeiterfamilien, besaßen einen Volksschulabschluss und kaum jemand absolvierte ein Studium.[13] Organisiert in verschiedenen Ressorts, den sogenannten Hauptabteilungen, erhielt jeder Mitarbeiter seinen speziellen Aufgabenbereich, welcher mit unabdingbarer ideologischer Zuverlässigkeit auszuführen war. Getreu ihrem tschekistischen Selbstverständnis – die Eigenbezeichnung Tschekist wurde, anlässlich des 20. MfS–Jahrestages von *Honecker* persönlich, offiziell als „Ehrenname" übertragen –[14] agierten die Hauptamtlichen Mitarbeiter im Geiste der stalinistischen Geheimpolizei und ihrer Führungspersönlichkeiten: von flächendeckenden Abhörmaßnahmen, gewaltsamer Repression bis hin zu Sabotage und politischen „Interventionen" im „Operationsgebiet" hatten die separaten Hauptabteilungen ihre spezifischen Zuständigkeitsbereiche. Neben den einzelnen Funktionsabteilungen, befehligte der Stasi-Apparat auch Antiterroreinheiten, deren Aufgabe es war, die Opposition im Inneren mit verschiedensten Methoden zu bekämpfen.[15] Zum Stichdatum des 31.10.1989 beinhaltete der hauptamtliche Apparat der Staatssicherheit die immense personelle Größe von 91 015 Mitarbeitern und war somit – in Relation zur Bevölkerungszahl – einer der größten Geheimdienste weltweit.[16]

---

[12] *S. Suckut*, Wörterbuch der Staatsicherheit. Definitionen zur »politisch-operativen Arbeit«, 3. Aufl. 2001, S. 16.

[13] Vgl. *I.-S. Kowalczuk*, Stasi konkret, Überwachung und Repression in der DDR, 2013, S. 186.

[14] Vgl. *I.-S. Kowalczuk*, Stasi konkret, Überwachung und Repression in der DDR, 2013, S. 204.

[15] Vgl. *E. Neubert*, Politische Verbrechen in der DDR , in: Courtois/Werth/Panné/Paczkowski/ Bartosek/Margolin: Das Schwarzbuch des Kommunismus. Unterdrückung, Verbrechen und Terror, 4. Aufl., 1998, S. 847.

[16] Vgl. *R. Engelmann/B. Florath/H. Heidemeyer,* Das MfS-Lexikon. Begriffe, Personen und Strukturen der Staatssicherheit der DDR, 2011, S. 138.

Christian Lange

# Historische Einführung

## C. Das MfS und die Verbindung zur RAF

9    Als „Deutscher Herbst" gingen die terroristischen Anschläge der westdeutschen Roten Armee Fraktion (RAF), die 1977 verübt wurden, in die Geschichte ein. Wenn auch die direkte Mitwirkung der Stasi am *„Baader-Meinhof"*-Terrorismus heute umstritten ist, so unterstützte sie dennoch die paramilitärische Ausbildung[17] und ermöglichte der RAF, sich – durch die Bereitstellung von Waffen, Geldmitteln und falscher Identitäten – weiter terroristisch zu betätigen.[18] Durch die Mitarbeiter der Hauptabteilung XXI („Terrorabwehr"/ HA XXI) – zuständig für die „lückenlose" Aufklärung terroristischer Szenen im Westen und Nahen Osten und die Prävention potentieller Terrorakte gegen die DDR – wurden Aufenthalt und Durchreise für RAF-Mitglieder genehmigt und diese temporär protegiert.

## D. Repressionsinstrumente – Arbeits- und Vorgehensweisen des Systems

### I. Informationsgewinnung, Bespitzelung, Einflussnahme: Der Inoffizielle Mitarbeiter

10   Das Netzwerk der Inoffiziellen Mitarbeiter (IM) durchsetzte geradezu alle gesellschaftlichen Spektren der DDR-Bevölkerung und galt als das wichtigste Instrument des Ministeriums für Staatssicherheit, um primäre Informationsgewinnung über Bevölkerung und Gesellschaft, Organisationen und Institutionen des Staates oder des „Operationsgebiets", womit im Stasi-Jargon hauptsächlich die westlichen „Feindstaaten" gemeint waren, zu betreiben.[19] Der Aufgabenbereich der IM umfasste dabei ein geraumes Tätigkeitsfeld von der Informationsbeschaffung über die Steuerung verschiedener Personen oder Ereignisse bis hin zur Infiltration von Dienststellen und regimekritischen Personengruppen. Das klandestine IM-Netz wurde ein unverzichtbarer Stützpfeiler der flächendeckenden MfS-Staatskontrolle. In der Zeit von 1945-1950 wurden die heimlichen Zuträger nicht nach ihren divergierenden Aufgaben unterschieden. Erst nach 1950, mit der ersten Erfassungsrichtlinie des MfS (1/50) und der erstmaligen kategorialen Einteilung in „Informator", „geheimer Mitarbeiter" sowie „Person, die eine konspirative Wohnung unterhält", beginnt eine konkrete Klassifizierung verschiedener Funktionstypen, die

---

[17] Vgl. *R. Igel*, Terrorismus-Lügen – Wie die Stasi im Untergrund agierte, 2012, S. 241 ff.

[18] Vgl. *J. Borchert*, Die Zusammenarbeit des Ministeriums für Staatssicherheit (MfS) mit dem sowjetischen KGB in den 70er und 80er Jahren. Ein Kapitel aus der Geschichte der SED-Herrschaft, 2006, S. 183.

[19] Vgl. *R. Engelmann/B. Florath/H. Heidemeyer,* Das MfS-Lexikon. Begriffe, Personen und Strukturen der Staatssicherheit der DDR, 2011, S. 158.

sich mit den Jahren – und entsprechenden „Richtlinien" des Unterdrückungsapparats – zunehmend spezifiziert.[20] Die inoffizielle Aktivität der Stasi-Informanten lässt sich in drei Bereiche gliedern: „1. IM zur Sicherung bestimmter Bereiche, 2. IM zur aktiven „Feindbekämpfung" und 3. IM für logistische Aufgaben."[21]

Die IM zur Sicherung bestimmter Bereiche, in den Jahren 1950 bis 1968 als „Geheime Informatoren" (GI) und nach den MfS-internen Richtlinien 1/68 als IM, „der mit der Sicherung gesellschaftlicher Bereiche oder Objekte betraut ist"[22], (IMS) sowie 1/79 als IM „zur politisch-operativen Durchdringung und Sicherung des Verantwortungsbereiches"[23] geführt, diente den MfS-Organen als Beschaffungsquelle für sicherheitsrelevante Informationen. Ihr Arbeitsbereich setzte dabei keinen direkten Kontakt zu möglichen Regimekritikern voraus und umfasste maßgeblich die Kontrolle beruflicher Verhältnisse, gesellschaftlicher Bereiche sowie staatlicher Institutionen. Die Forderung an die IMs, „zur allseitigen Gewährleistung der inneren Sicherheit"[24] beizutragen, beinhaltete ebenso die Registrierung bzw. Überprüfung möglicher Verdachtsmomente gegen Einzelpersonen und Gruppen, wie auch die Kenntnis über die „Stimmung" der Bevölkerung. Mit etwa 85% innerhalb der 80er Jahre macht dieser klassische Typus des Denunzianten den zahlenmäßig überwiegenden Teil der IM-Kategorien aus.[25] Bei dem IM zur aktiven „Feindbekämpfung" handelte es sich um Spione, welche sich dezidiert an der Verfolgung des politischen „Feindbildes" beteiligten: Durch ihre Mitwirkung sollten gezielte Informationen über „Untergrundgruppen" und „Feindzentralen" gesammelt und die „Entlarvung und Liquidierung"[26] verdächtiger Einzelpersonen durchgeführt werden. Dafür waren Geheime Mitarbeiter (GM), wie sie von 1950 bis 1968 in der Stasi-Nomenklatur bezeichnet wurden, zuständig. Die Anforderung, „besonders wertvolle Angaben" zu erbringen und bei der Liquidierung von „Gegnern" und „feindlichen Stützpunkten" mitzuwirken, wurde in der MfS-Richtlinie 1/58 festgehalten. Die Richtlinie 1/68

---

[20] Vgl. *H. Müller-Enbergs,* Die inoffiziellen Mitarbeiter, in: BStU, MfS-Handbuch, 2008, S. 15.

[21] Zu den Definitionen der einzelnen Kategorien siehe auch *H. Müller-Enbergs,* Die inoffiziellen Mitarbeiter, in: BStU, MfS-Handbuch, 2008, S. 62.

[22] Auszug aus der Richtlinie 1/68, *H. Müller-Enbergs,* Die inoffiziellen Mitarbeiter, in: BStU, MfS-Handbuch, 2008, S. 53.

[23] Auszug aus der Richtlinie 1/79, *H. Müller-Enbergs,* Die inoffiziellen Mitarbeiter, in: BStU, MfS-Handbuch, 2008, S. 53.

[24] Auszug aus der Richtlinie 1/79, *H. Müller-Enbergs,* Die inoffiziellen Mitarbeiter, in: BStU, MfS-Handbuch, 2008, S. 53.

[25] Vgl. *I.-S. Kowalczuk,* Stasi konkret, Überwachung und Repression in der DDR, 2013, S. 220.

[26] Auszug aus der Richtlinie 1/58, *H. Müller-Enbergs,* Die inoffiziellen Mitarbeiter, in: BStU, MfS-Handbuch, 2008, S. 78.

**Christian Lange**

# Historische Einführung

segmentierte die GM in die Funktionstypen IMV, den IM, „der unmittelbar an der Bearbeitung und Entlarvung im Verdacht der Feindtätigkeit stehender Personen mitarbeitet" und den Inoffiziellen Mitarbeiter, welcher mit „der inneren Abwehr mit Feindverbindung zum Operationsgebiet" (IMV) betraut war.[27] Die Richtlinie 1/79 einte die beiden IM-Gliederungen wieder zum Typus des IM „der Abwehr mit Feindverbindung bzw. zur unmittelbaren Bearbeitung im Verdacht der Feindtätigkeit stehender Personen" (IMB), da diese in ihrer tatsächlichen Arbeitsweise nur schwer voneinander trennbar waren.[28] Um „politisch ideologische Diversion" zu vereiteln und Spionageabwehr zu betreiben, wurden regimekritische Gruppen und Organisationen infiltriert und, wenn gefordert, Kontakte zu feindlichen Nachrichtendiensten unterhalten. Das Ziel lässt sich dabei als die „Desinformation, Zersetzung und Zerschlagung"[29] feindlicher Personen und Organisationen auf dem Territorium der DDR – aber auch die direkte Einflussnahme im bundesdeutschen „Operationsgebiet" – konkretisieren. Die dritte Metakategorie des IM für logistische Aufgaben war für die gesicherte Kommunikation zwischen IM und operativen MfS-Mitarbeiter zuständig. Dafür mussten im Inland konspirative Wohnungen unterhalten, und für den Informationsaustausch verdeckt operierender IM inmitten des westdeutschen „Feindgebiet", Telefon und Postanschrift zur Verfügung gestellt werden.[30] Ihnen wurde ebenfalls die Aufgabe des Grenz-IM, welcher Personen, Fahrzeuge oder sonstiges Material in das „Operationsgebiet" schleuste, und die des Funkers oder Kuriers zuteil, der entweder persönlichen oder unpersönlichen Kontakt zu den Verbindungsleuten unterhielt.[31] Mit Blick auf die Zahlen der Gesamtheit der Inoffiziellen Mitarbeiter wird ersichtlich, wie flächendeckend das Ministerium für Staatssicherheit die Gesellschaft infiltrierte: Insgesamt waren von 1950 bis 1989 etwa 620 000 Informanten im Dienste der Stasi aktiv – auf jeden 89. Bürger der DDR kam somit ein IM.[32] 6% dieser enormen Anzahl an Informanten machten dabei Minderjährige aus, welche die jungen Staatsbürger aus der Schulklasse heraus überwachten.[33] Bis in die letzten Tage des Regimes blieb das IM-Netz das wohl

---

[27] Bezeichnungen aus der Richtlinie 1/68, *H. Müller-Enbergs,* Die inoffiziellen Mitarbeiter, in: BStU, MfS-Handbuch, 2008, S. 62.

[28] Vgl. *I.-S. Kowalczuk,* Stasi konkret, Überwachung und Repression in der DDR, 2013, S. 220.

[29] Auszug aus der Richtlinie 1/79, *H. Müller-Enbergs,* Die inoffiziellen Mitarbeiter, in: BStU, MfS-Handbuch, 2008, S. 62, 76 ff.

[30] Vgl. *I.-S. Kowalczuk,* Stasi konkret, Überwachung und Repression in der DDR, 2013, S. 224ff.

[31] *H. Müller-Enbergs,* Die inoffiziellen Mitarbeiter, in: BStU, MfS-Handbuch, 2008, S. 35.

[32] *H. Müller-Enbergs,* Die inoffiziellen Mitarbeiter, in: BStU, MfS-Handbuch, 2008, S. 158.

[33] Vgl. *R.-K. Pahnke/K. Behnke/H. Hauksson,* Das Belehren vom hohen Katheder ist unangebracht. Die (Ver-)Führung von Kindern und Jugendlichen durch das MfS, in: Behnke/Fuchs, Zersetzung der Seele, 2. Aufl., 1995, S. 182.

**Christian Lange**

mächtigste Repressions- und Erhaltungsinstrument des sozialistischen Einparteien-staates.

## II. Die Arbeitsweisen des MfS: „Operative Methoden" und „Zersetzung"

Die aufkommende internationale Anerkennung des SED-Staates in den 70er Jahren **11** konfrontierte die Geheimpolizei mit neuen Anforderungen – diese mussten nun den politischen Gegebenheiten gerecht werden und die bisherigen Repressions- und Verfolgungsmethoden den neuartigen Umständen anpassen.[34] Daher entstanden speziell in den 70er und 80er Jahren immer subtilere Formen der politisch mo-tivierten Verfolgungen und repressiven Strategien des Ministeriums für Staats-sicherheit. Durch die Instrumentalisierung des Wissenschaftsbereichs der Psycho-logie, gelang es der Stasi, ihre Unterdrückungsmaßnahmen zu optimieren.[35] Die „Juristische Hochschule" (JHS) des Ministeriums für Staatssicherheit galt seit 1965 als die zentrale Bildungs- und Forschungseinrichtung des Geheimdienstapparats. Mit der Gründung des Instituts für Psychologie und des später eingerichteten Lehrstuhls für „Operative Psychologie" schuf die Staatssicherheit das Fundament, um neue Erkenntnisse über die psychologische Unterdrückung und Verfolgung politischer Gegner zu erlangen. Die „Operative Personenkontrolle" (OPK), welche in der Richtlinie 1/71 zur Abgrenzung gegenüber des „Operativen Vorgangs" (OV) eingeführt wurde, galt dem Zweck der direkten Kontrolle von Verdachtsmomenten bezüglich strafbarer Handlungen, abweichender Gesinnung und als präventive Schutzmaßnahme wichtiger Personen.[36] Diese Art der Aufklärungsarbeit sollte jeden möglichen Lebensbereich inspizieren. Um geeignetes Belastungsmaterial zu sam-meln, wurden u.a. staatliche Organe involviert, Telefongespräche und Postverkehr überprüft, Hausdurchsuchungen veranlasst sowie am Arbeitsplatz und im privaten Bereich – durch tatkräftiges „Engagement" Inoffizieller Mitarbeiter – ermittelt.[37] Wurde gegen einen vermeintlichen „ideologischen Abweichler" genügend Beweis-material für Verstöße gegen die politischen DDR-Normen gesammelt, oder dieses durch die Staatssicherheit konstruiert, ging man dazu über, einen „Operativen Vor-gang" einzuleiten. Der OP diente dazu, zumeist durch verdeckte geheimpolizeiliche

---

[34] Vgl. *K. Passens*, MfS-Untersuchungshaft. Funktion und Entwicklung von 1971 bis 1989, 2012, S. 135.

[35] Vgl. *B. Bauer*, Kontrolle und Repression. Individuelle Erfahrungen in der DDR (1971–1989), 2006, S. 85 f.

[36] Vgl. *R. Engelmann/B. Florath/H. Heidemeyer*, Das MfS-Lexikon. Begriffe, Personen und Strukturen der Staatssicherheit der DDR, 2011, S .230 f.

[37] Vgl. *B. Bauer*, Kontrolle und Repression. Individuelle Erfahrungen in der DDR (1971–1989), 2006, S. 86; Vgl. auch *. Engelmann/B. Florath/H. Heidemeyer,* Das MfS-Lexikon. Begriffe, Personen und Strukturen der Staatssicherheit der DDR, 2011, S. 231.

**Christian Lange**

# Historische Einführung

Untersuchung, aber auch partiell durch offene Investigation, ein strafrechtliches (politisches-motiviertes) Ermittlungsverfahren gegen „Delinquenten" anzustrengen.[38] In der entsprechenden Präambel der *Richtlinie 1/76 zur Entwicklung und Bearbeitung Operativer Vorgänge (OV)* wird die Absicht des „Operativen Vorgangs" detailliert erläutert. Demnach sei

> *„vorbeugend ein Wirksamwerden feindlich-negativer Kräfte zu unterbinden, das Eintreten möglicher Schäden, Gefahren oder anderer schwerwiegender Folgen feindlich-negativer Handlungen zu verhindern und damit ein wesentlicher Beitrag zur kontinuierlichen Durchsetzung der Politik der Partei- und Staatsführung zu leisten."[39]*

In sogenannten „Maßnahmenplänen" wurde daraufhin über das weitere Vorgehen entschieden. Wenn aus taktischem Kalkül heraus eine Inhaftierung oppositioneller Kräfte politisch nicht zweckdienlich war, konnten sogenannte „Zersetzungsmaßnahmen" angewandt werden. Die Methode der „Operativen Zersetzung" stellt eine folgenschwere Entwicklung psychologischer Repressionsformen dar, welche erstmalig in der Richtlinie 1/76 offiziell benannt wurde; bei dieser „operativen Methode" handelt es sich um eine konspirativ durchgeführte Bekämpfung von missliebigen Einzelpersonen oder Gruppierungen, wie beispielsweise Menschenrechts-, Ökologie- und Friedensgruppen,[40] welche in der MfS-Terminologie als „feindlich-negativ" eingestuft wurden.[41] Die erklärte Zielsetzung war die

> *„Zersplitterung, Lähmung, Desorganisierung und Isolierung feindlich-negativer Kräfte, um dadurch feindlich-negative Handlungen einschließlich deren Auswirkungen vorbeugend zu verhindern, wesentlich einzuschränken oder gänzlich zu unterbinden bzw. eine differenzierte politisch-ideologische Rückgewinnung zu ermöglichen"[42].*

---

[38] Vgl. *R. Engelmann/B. Florath/H. Heidemeyer,* Das MfS-Lexikon. Begriffe, Personen und Strukturen der Staatssicherheit der DDR, 2011, S. 231 f.

[39] Richtlinie 1/76.

[40] Vgl. *K. Passens,* MfS-Untersuchungshaft. Funktion und Entwicklung von 1971 bis 1989, 2012, S.137 f.; Vgl. auch *R. Engelmann/B. Florath/H. Heidemeyer,* Das MfS-Lexikon. Begriffe, Personen und Strukturen der Staatssicherheit der DDR, 2011, S. 352.

[41] Vgl. *Engelmann/B. Florath/H. Heidemeyer,* Das MfS-Lexikon. Begriffe, Personen und Strukturen der Staatssicherheit der DDR, 2011, S. 352.

[42] *S. Suckut,* Wörterbuch der Staatssicherheit. Definitionen zur »politisch-operativen Arbeit«, 3. Aufl. 2001, S. 422.

38

Dabei war der Wirkradius der „Zersetzungsmethoden" so umfassend, dass sie selbst vor zwischenmenschlichen Beziehungs- und Familienverhältnissen nicht Halt machten: neben der „systematische[n] Diskreditierung des öffentlichen Rufes, des Ansehens und des Prestiges"[43], wurden Misserfolge auf gesellschaftlicher und beruflicher Basis planmäßig arrangiert und Misstrauen sowie gegenseitige Verdächtigungen innerhalb „staatsfeindlicher" Gruppen erzeugt. Die Methodik der „Operativen Zersetzung" veranschaulicht sich als

> *„schwer zu fassendes Phänomen, denn sie beruht wesentlich auf der* Anonymität der angewendeten Gewalt. *Weder für das Opfer noch für seine Umwelt durfte der Urheber dieser Gewalt ersichtlich werden, ja, nicht einmal die Repressionsmaßnahme durfte als solche erkannt werden. "*[44]

Durch diese Form der schattenhaften Unterjochung gegenüber Oppositionellen war der SED-Staat von internationaler Kritik nicht bedroht. An der perfiden Systematik der verwissenschaftlichen Steuerungs- und Manipulationsmethoden demonstriert sich der sukzessive Wandel der repressiven Verfolgungspraxis – die „Zersetzungsmaßnahmen" liegen „im Rahmen der weltweit beobachteten „Modernisierung" der Folter, die in vielen diktatorischen Systemen von physischen auf wissenschaftlich konzipierte Gewaltformen übergegangen ist"[45] und verursachten bei den Opfern gravierendes Leid auf persönlicher Ebene, dessen Auswirkung häufig bis in die Gegenwart reicht. So ersetzte die psychische Gewaltform der „Zersetzung" partiell den physischen Staatsterror zugunsten der psychologischen Kriegsführung in der Ära Honecker.[46]

### III. MfS-Untersuchungshaft

Ein weiterer integraler Bestandteil der SED-Herrschaftssicherung waren die Untersuchungshaftanstalten des Ministeriums für Staatssicherheit. Diese gesonderten Haftanstalten der Stasi dienten dem Zweck, selbstständige Ermittlungen, von regulären Strafverfahren isoliert und unter Abschottung von der Außenwelt, **12**

---

[43] R. *Engelmann/F. Joestel*, Grundsatzdokumente des MfS, in: BStU, MfS-Handbuch, 2004, S. 287.
[44] S. *Pingel-Schliemann*, Zersetzen. Strategien einer Diktatur; eine Studie. Schriftenreihe des Robert-Havemann-Archivs, Bd. 8, 2002, S. 186.
[45] E. *Neubert*, Politische Verbrechen in der DDR, in: Courtois/Werth/Panné/Paczkowski/ Bartosek/Margolin: Das Schwarzbuch des Kommunismus. Unterdrückung, Verbrechen und Terror, 4. Aufl., 1998, S. 880.
[46] Vgl. *B. Bauer*, Kontrolle und Repression. Individuelle Erfahrungen in der DDR (1971– 1989), 2006, S. 83-92.

Christian Lange

# Historische Einführung

durchzuführen.[47] Jederzeit – ohne einen offiziell gültigen Haftbefehl, jedoch rein äußerlich dem Gesetz entsprechend – konnte durch die Geheimpolizei eine Verhaftung realisiert werden; Gemäß der StPO musste lediglich innerhalb von 48 Stunden der Haftbefehl vom Haftrichter verlesen werden, wobei dieser meist erst dann über den „Tatbestand" in Kenntnis gesetzt wurde, wenn die Staatssicherheit einen Haftbefehl von ihm verlangte.[48] In der Praxis wurde jede Form der gerechten Jurisdiktion durch das MfS außer Kraft gesetzt. Für den Vollzug der Untersuchungshaft sowie den Strafvollzug war die MfS-Abteilung XIV verantwortlich. Der direkte Umgang mit den Untersuchungshäftlingen unterlag den geheimdienstlich operierenden Mitarbeitern der „Linie IX", welche neben Vernehmungen auch „politisch-operative Maßnahmen" durchführten und wesentlich zur Informationsgewinnung beitrugen.[49] Die Methoden, die von den Geheimpolizisten während der Untersuchungshaft genutzt wurden, sind von einer infamen systematischen Nutzung psychischer Repressalien geprägt:

> „Zentrale Haftprinzipien waren Desorientierung, Isolierung und totale Überwachung. Haftbedingungen und -prinzipien bildeten gemeinsam mit den Vernehmungsmethoden eine Einheit, die sich auf die Aussagebereitschaft des Untersuchungshäftlings auswirken sollte."[50]

Hinzu kam die Installation eines raffinierten Spitzelsystems innerhalb der Gefängnismauern, was letztlich zu einem „Gefühl psychischer Einkreisung"[51] führte. Wenn auch direkte physische Gewalt abnahm, so blieb auch bei den subtileren, psychischen Methoden das Ziel, „die Persönlichkeit des Häftlings zu brechen"[52]. Die Architektur, samt spezieller Fensterkonstruktionen, die keine Orientierung zuließen, „Türspionen", „Stopplichtanlagen" etc.[53] tat ihr übriges, um

---

[47] Vgl. K. Passens, MfS-Untersuchungshaft. Funktion und Entwicklung von 1971 bis 1989, 2012, S. 9.

[48] Vgl. K. Passens, MfS-Untersuchungshaft. Funktion und Entwicklung von 1971 bis 1989, 2012, S. 50 f.

[49] Vgl. K. Passens, MfS-Untersuchungshaft. Funktion und Entwicklung von 1971 bis 1989, 2012, S. 35 f.

[50] K. Passens, MfS-Untersuchungshaft. Funktion und Entwicklung von 1971 bis 1989, 2012, S. 66.

[51] R. Engelmann/B. Florath/H. Heidemeyer, Das MfS-Lexikon. Begriffe, Personen und Strukturen der Staatssicherheit der DDR, 2011, S.117.

[52] E. Neubert, Politische Verbrechen in der DDR, in: Courtois/Werth/Panné/Paczkowski/Bartosek/Margolin: Das Schwarzbuch des Kommunismus. Unterdrückung, Verbrechen und Terror, 4. Aufl., 1998, S. 869.

[53] Vgl. K. Passens, MfS-Untersuchungshaft. Funktion und Entwicklung von 1971 bis 1989, 2012, S. 80.

Christian Lange

den Inhaftierten psychisch zu destabilisieren. Auch der konkrete Einsatz von Psychopharmaka zur Geständniserpressung soll bereits Menschenrechtsorganisationen wie Amnesty International bekannt gewesen sein. Ebenfalls wurde die Vermutung der Anwendung noch vorhandener physischer Gewalt geäußert, die aber aufgrund der Intransparenz der DDR-Herrschaftsstrukturen nicht authentifiziert werden konnten.[54]

## E. Fazit

Das Ministerium für Staatssicherheit führte beinahe vierzig Jahre lang ein gesell-
schaftsimmanentes Schattendasein; so war die de facto über dem Gesetz stehende Stasi im Alltag des DDR-Bürgers omnipräsent, wenn dies auch nicht immer auf den ersten Blick ersichtlich war. Neben ihrer Funktion als politischer In- und Auslands-geheimdienst, trat sie als Untersuchungsorgan auf, das „feindlich-negative Kräfte" durch (teils fingierte) strafrechtliche Ermittlungsprozesse in eigens dafür geschaf-fenen MfS-Untersuchungshaftanstalten zu unterdrücken versuchte. Mit seiner er-heblichen personellen Stärke und seiner allumfassenden politischen Machtfülle zeichnete sich das Ministerium für Staatssicherheit als das wichtigste Instrument zur Kontrolle der Bevölkerung im „Arbeiter-und-Bauern-Staat" aus. Die Mittel und Methoden des DDR-Staatssicherheitsdienstes zur Repression, Restriktion und Ver-folgung Andersdenkender – von physischer Gewalt über subtilen psychischen Terror – sollten auch nur die kleinsten scheinbaren Widerstände brechen. Mit dem Selbst-verständnis und dem Anspruch, die tschekistische DDR-Elite zu sein, führte das MfS den Kampf gegen Systemfeinde als „Schildträger" und „Schwertführer" der Partei bis zum Fall der Mauer am 9. November 1989, dem Sturz der SED-Diktatur. *„Die [...] DDR war ein kleines Land. Trotzdem gab es nahezu alle politisch mo-tivierten Massenverbrechen."*[55]

13

---

[54] *A. Mihr*, Amnesty International in der DDR: Der Einsatz für Menschenrechte im Visier der Stasi, S. 94.

[55] *E. Neubert*, Politische Verbrechen in der DDR, in: Courtois/Werth/Panné/Paczkowski/Bartosek/Margolin: Das Schwarzbuch des Kommunismus. Unterdrückung, Verbrechen und Terror, 4. Aufl., 1998, S. 862.

**Christian Lange**

## Historische Einführung Teil C

## Die friedliche Revolution von 1989

*Literaturangaben: Gorbatschow, Michail, Erinnerungen. Berlin 1995; Kleikamp, Antonia, Der Mann, der versehentlich die Mauer öffnete, in: http://www.welt.de/ geschichte/article123464220/Der-Mann-der-versehentlich-die-Mauer-oeffnete.html (12.1.2014); Kowalczuk, Ilko-Sascha, Endspiel: Die Revolution von 1989 in der DDR, München 2009; Platzeck, Matthias, Zukunft braucht Herkunft: Deutsche Fragen, ostdeutsche Antworten, Hamburg 2009; Przybylski, Peter, Tatort Politbüro. Die Akte Honecker, Berlin 1991; Schulz, Helga/ Wagener, Hans Jürgen, Die DDR im Rückblick: Politik, Wirtschaft, Gesellschaft, Kultur, Berlin 2007; Weber, Hermann, Die SED und die Geschichte der Komintern – Gegensätzliche Einschätzungen durch Historiker der DDR und der Sowjetunion, in: Zeitschrift für Fragen der DDR in der Deutschlandpolitik 1989.*

### A. Abhängigkeit und Entfremdung vom sowjetischen Partner

14 Der Zerfall der Deutschen Demokratischen Republik kann auf kein zentrales Ereignis zurückgeführt werden. Die bei Begründungen für das Ende der DDR oftmals herangezogenen wirtschaftlichen Schwierigkeiten jedoch, denen das Regime nicht Herr werden konnte, spielten eine entscheidende Rolle. Die wirtschaftliche Lage eines Staates ist für die innere wie äußere Stabilität desselben immer von großer Bedeutung.

Die Deutsche Demokratische Republik war in jeder Hinsicht unweigerlich von der Sowjetunion abhängig. Wirtschaftlich war die DDR ohne sowjetische Zuschüsse nicht überlebensfähig. Neben westlichen Krediten, die der DDR später durch die Sowjetunion aus politischen Gründen untersagt wurden, erhielt die DDR milliardenschwere Subventionen vom sowjetischen Partner. Zwar ging es den Menschen in anderen Staaten des Ostblocks weitaus schlechter, die DDR hatte aber im Gegensatz zu Polen, Ungarn oder Bulgarien das zusätzliche Problem, sich als Nationalstaat nicht legitimiert zu finden. Politisch fungierte die DDR als verlängerter Arm Moskaus. Das zeigte sich beispielsweise in der außenpolitischen Kommunikation mit afrikanischen, asiatischen, mittel- oder südamerikanischen Staaten, die zumeist links gerichtet waren oder quasi-sozialistische Regime zu eigen hatten. Durch Solidaritätsbeiträge, die beispielsweise Parteimitglieder der SED neben den Mitgliedschaftsbeiträgen zu bezahlen hatten, wurde außerdem sozialistische Propaganda betrieben. So entstand in Nicaragua das „Karl Marx Krankenhaus", junge Menschen aus Vietnam oder Angola studierten in der DDR. Ferner bildete das MfS in

**Dustin Bruns**

Äthiopien Geheimpolizisten aus; NVA-Offiziere dienten andernorts „der Sache"
während ihrer Reisen durch das Ausland. Viele dieser Vorgänge sind bis heute kaum
aufgeklärt – ein möglicher Grund sich mit den Akten des MfS genauer zu beschäftigen, um nicht nur innerdeutsche, sondern gar internationale Verbrechen und
Vorgänge aufzuarbeiten. Auch spielte der ostdeutsche Staat aufgrund seiner Grenze
zu West-Berlin seit dem Warschauer Pakt eine nicht unerhebliche Rolle in den Pla-
nungen der UdSSR. *Leonid Breschnew* formulierte 1970 gegenüber DDR-Staatschef
*Erich Honecker*:

> „*Die DDR ist für uns, für die sozialistischen Bruderländer ein wichtiger
> Posten. Sie ist das Ergebnis des 2. Weltkrieges, unsere Errungenschaft, die
> mit dem Blut des Sowjetvolkes erzielt wurde [...]. Erich, ich sage dir offen,
> vergesse [sic!] das nie: die DDR kann ohne uns, ohne die SU, ihre Macht
> und Stärke, nicht existieren. Ohne uns gibt es keine DDR.*"[1]

Ganz im Stile der „Breschnew-Doktrin", die die Souveränität von sozialistischen
Staaten einschränkte, indem sie eine Art internationalen Sozialismus ausrief, der zur
Folge hatte, dass bei Bedrohung eines jeden sozialistischen Staates solidarisch
eingegriffen werden sollte, sprach der damalige Regierungschef der UdSSR *Hon-
eckers* Regierung die Eigenständigkeit ab. Infolge dieser Zustände muss also bei
dem Zerfall der DDR eines in erster Linie berücksichtigt werden: die sowjetische
Krise, die den Osten Deutschlands schlussendlich politisch und wirtschaftlich allein-
stellte.

Dieser Krise, die sich in ihrer tatsächlichen Auswirkung nur denjenigen offenbarte,
die die Sowjetunion einmal besucht haben, wurde lange Zeit niemand Herr. Als
Parteichef *Breschnew* starb, war das Land nach vielen Jahren der Stagnation am
Rande des Zusammenbruchs. Seine Nachfolger *Andropow* und *Tschernenko* – beide
bereits bei Amtsantritt in gehobenem Alter und von Krankheit geplagt – regierten
insgesamt nur knapp zweieinhalb Jahre und konnten weder für Aufbruchstimmung
sorgen, noch eine gesellschaftliche Entwicklung oder eine solche im sowjetischen
System bewirken.[2] Es folgte *Michail Gorbatschow*, der nebst seinem ungewöhnlich
jungen Alter vor allem Reformgedanken mitbrachte. Die Ökonomie des kommunistischen Landes zu retten, indem man die Aufrüstungsbestrebungen einstellte, war
einer der wohl wichtigsten Anstöße *Michail Gorbatschows*.[3] Zugleich machte sich
der Regierungschef auf diesem Wege bei den westlichen Mächten beliebter, als es

**15**

---

[1] *P. Przybylski*, Tatort Politbüro, Die Akte Honecker, 1991, S. 280 f.
[2] Vgl. *I.-S. Kowalczuk*, Endspiel: Die Revolution von 1989 in der DDR, 2009, S. 30.
[3] Vgl. *I.-S. Kowalczuk*, Endspiel: Die Revolution von 1989 in der DDR, 2009, S. 30.

**Dustin Bruns**

seine Vorgänger je waren. Trotz gewisser Vorbehalte, die beispielsweise *Helmut Kohl* weiterhin hegte[4], verschaffte ihm gerade die Tatsache, dass *Gorbatschow* der erste nicht unter *Stalin* aktiv gewesene Parteichef war, der das Land regierte, Vorteile. Ohne eine belastende Vergangenheit konnte er die Ziele „Glasnost" und „Perestroika" ausrufen (Offenheit und Umgestaltung). Wie schwierig die Umgestaltung sein würde, zeigte sich erst später. Durch den verheerenden Zustand, in dem sich das Land befand, musste es sich öffnen. Die Landwirtschaft war nicht in der Lage das eigene Volk zu versorgen und auch technologisch war die Sowjetunion rückständig. So baute *Gorbatschow* Elemente des freien Marktes ein, ohne dabei jedoch die Planwirtschaft aufgeben zu wollen. Er wollte der Opposition mehr Freiheiten lassen, dabei aber das Komitee für Staatsicherheit beim Ministerrat der UdSSR (KGB), also den Geheimdienst, nicht einschränken.[5] Ferner sprach *Gorbatschow* selbst von einem Demokratisierungsprozess und ließ beispielsweise auf kommunaler Ebene Wahlen mit mehreren Kandidaten zu. Doch stammten diese alle von derselben Partei. Schnell offenbarte sich, was *Gorbatschow* anfangs nicht glaubte: Das System des Kommunismus war nicht reformierbar. Wenn der Parteichef die alte Parole „Die Partei hat immer Recht!" abschwächte, indem er einräumte, nicht immer den besten und einzig richtigen Weg zu kennen, verlor gleichzeitig das über Jahrzehnte öffentlich als unantastbar geltende Regime an Respekt. Im Westen brachte ihm das, ebenso wie sein Abrüstungsvorhaben, Sympathien. In den eigenen Reihen und unter der Bevölkerung wurde es unterdessen zunehmend unruhiger. Zur Folge hatte dies, dass *Michail Gorbatschow* das alte, so sicher geglaubte System destabilisierte ohne, dass er die Möglichkeit oder den Willen gehabt hätte ein neues aufzubauen.

**16**   Ihr Übriges tat die zweite Ebene der Reform, Glasnost, hier: die Offenheit und die Meinungsfreiheit. Über viele Jahre verbotene Bücher wurden wieder legalisiert. Kritische Medien waren erlaubt. Eine Opposition konnte stattfinden. Die dadurch in Gang gesetzte Aufklärung über die Verbrechen der sowjetischen Regierungen der letzten Jahrzehnte sorgte für Unmut in der Bevölkerung. Das System verlor an Sympathisanten und sah sich einer breiten Masse gegenüber, die nicht mehr alles hinnahm, was vom Kreml ausging. An diesem Punkt wird der Blick auf die DDR interessant. Während sich die SED-geführte Regierung bei außenpolitischen Veränderungen, etwa allgemein den Abrüstungsbemühungen oder speziell dem Abzug der Truppen aus Afghanistan, den Absichten *Gorbatschows* einwandfrei anschloss,

---

[4] Vgl. *I.-S. Kowalczuk*, Endspiel: Die Revolution von 1989 in der DDR, 2009, S. 30.
[5] Vgl. *I.-S. Kowalczuk*, Endspiel: Die Revolution von 1989 in der DDR, 2009, S. 30.

**Dustin Bruns**

versperrte sie sich bei innenpolitischen Reformen.[6] Begünstigt durch *Gorbatschows* Abschaffung der *Breschnew*-Doktrin begann die DDR-Regierung sich entgegen des Verhaltens der vorangegangenen Jahrzehnte zu verselbstständigen und verstärkt einen anderen Kurs zu fahren als die KPdSU. Wie kaum ein anderer beschreibt diese Entwicklung der Satz von *Kurt Hager*, Mitglied des Politbüros des Zentralkomitees der SED, der 1987 im Stern zu lesen war:

*„Würden Sie, nebenbei gesagt, wenn Ihr Nachbar seine Wohnung neu tapeziert, sich verpflichtet fühlen, Ihre Wohnung ebenfalls neu zu tapezieren?"*

Diese selbstverständlich rhetorische Frage wäre aus Sicht der SED bis zu Beginn der liberalen Ära *Gorbatschows* jederzeit bejaht worden. Mit der Abgrenzung zum eigentlichen Schutzpartner Sowjetunion läutete die Deutsche Demokratische Republik die ersten Schritte des eigenen Untergangs ein.[7]

**B. Stimmungswandel im Innersten des Systems**

Auf dem Fundament eines „Legitimationsantifaschismus"[8] aufgebaut, verlor die DDR nun zunehmend eben diese Legitimation. Die Menschen, die zur Zeit des Zweiten Weltkriegs gelebt hatten, wurden weniger und es wuchs eine neue Generation heran, bei der der Antifaschismus als grundlegende Berechtigung nicht mehr griff. Ferner beklagte eben diese junge Generation zunehmend fehlende Aufstiegsmöglichkeiten oder beispielsweise die Diskriminierung von Frauen.

Nachdem bereits im August 1968 mit dem Einmarsch des Ostblockes in die Tschechoslowakei zum Zweck des Niederschlags des Prager Frühlings die Weichen für eine sozialistische Opposition gestellt worden waren, begann diese sich nun aufzubäumen. Zwar war die Nationale Volksarmee nicht direkt an dem militärischen Eingriff beteiligt, die Tatsache jedoch, dass ihre Truppen an der Grenze bereitstanden und die DDR sich als Teil des kommunistischen Ostens verstand, der hier aktiv war, sorgte bei vielen Bürgern der DDR für große Verärgerung.

17

---

[6] Vgl. *H. Weber*, Die SED und die Geschichte der Komintern – Gegensätzliche Einschätzungen durch Historiker der DDR und der Sowjetunion, in: Zeitschrift für Fragen der DDR in der Deutschlandpolitik, 1989, S. 337.

[7] Vgl. *H. Weber*, Die SED und die Geschichte der Komintern – Gegensätzliche Einschätzungen durch Historiker der DDR und der Sowjetunion, in: Zeitschrift für Fragen der DDR in der Deutschlandpolitik, 1989, S. 337.

[8] Vgl. *H. Schulz/H. J. Wagener*, Die DDR im Rückblick: Politik, Wirtschaft, Gesellschaft, Kultur, 2007, S. 37.

**Dustin Bruns**

# Historische Einführung

Den russischen Staat als Hüter des Systems teilweise verloren, taten eine katastrophale wirtschaftliche Lage und die Aufhebung der Zensur in der Sowjetunion ihr übriges. Nachdem *Gorbatschow* die Enthüllungen der Verbrechen *Stalins* zuließ und damit die Aufarbeitung kommunistischer Geschichte möglich gemacht wurde, entstanden auch in der – durch die seit Anfang der 1980er Jahre schwere Schuldenkrise mitsamt ihrer Folgen ohnehin kritisch gestimmten – Bevölkerung der DDR Zweifel. Als beispielsweise 1988 sowjetische Kinofilme verboten wurden, da sie als „zu gefährlich" eingestuft worden waren, machte sich Unmut in der Bevölkerung breit.

**18** Schließlich war Ungarn das Land, das neben der UdSSR den Weg zu einem einheitlichen Deutschland – gewollt oder ungewollt – ebnete. Als dessen Regierung am 2. Mai 1989 verkündete, die Grenze zwischen Ungarn und Österreich abbauen zu wollen, signalisierte sie vor der Weltöffentlichkeit ein Ende des Kalten Krieges, der eiserne Vorhang hob sich.[9] Am 12. Juni 1989 wurde der Beitritt Ungarns zur Genfer Flüchtlingskonvention aus dem März desselben Jahres wirksam, was in Regierungskreisen der DDR nicht für Entspannung sorgen konnte. Zwar lagen die Gründe Ungarns bei der Unterzeichnung des „Abkommens über die Rechtsstellung der Flüchtlinge" einerseits bei den zahlreichen rumänischen Flüchtlingen und andererseits bei der Erwartungshaltung westlicher Gläubiger, die das verschuldete Land mit neuen Krediten versorgen sollten und einen Beitritt zur Bedingung machten. Die Unschuld der DDR an dieser Entscheidung änderte jedoch nichts daran, dass die Folgen dieses politischen Schrittes in Ostdeutschland erheblich zu spüren sein sollten.

Während nun im ostdeutschen Staat zunehmend ein Stimmungswandel im Gange war, eröffnete Ungarn den Menschen auf beschriebenem Wege neue Möglichkeiten. Auswanderungswillige Bürger, die sich im Urlaubsland Ungarn aufhielten, durften nicht mehr an die DDR-Führung ausgeliefert werden. So verließen in den ersten zwei Monaten nach Öffnung Ungarns mehr als 80.000 Menschen die Republik der SED gen Westen, begünstigt durch die Aussetzung einer Visumspflicht für DDR-Bürger durch Österreich.[10]

Der Druck durch die eigene Bevölkerung stieg indes weiter an, getragen vor allem von organisierten Oppositionellen. So überwachten Bürgerrechtler am 7.5.1989 erstmals Kommunalwahlen in der DDR. Die so aufgedeckten massiven Wahlbetrüge

---

[9] Vgl. *H. Weber*, Die SED und die Geschichte der Komintern – Gegensätzliche Einschätzungen durch Historiker der DDR und der Sowjetunion, in: Zeitschrift für Fragen der DDR in der Deutschlandpolitik, 1989, S. 346.

[10] Vgl. *I.-S. Kowalczuk*, Endspiel: Die Revolution von 1989 in der DDR, 2009, S. 351.

**Dustin Bruns**

seitens der Regierung erschütterte erneut große Teile der Bevölkerung, die sich
fortan durch Mahnwachen oder Demonstrationen erkennbar wehrten. Der wohl be-
kannteste und bedeutendste Ort in diesen Tagen war Leipzig, wo die groß angelegten Montagsdemonstrationen – einst fanden Montags in Leipzig die traditionellen
Friedensgebete in der Nikolaikirche statt – für Aufsehen sorgten. Während dort eine
öffentliche Protestaktion der nächsten folgte, schlossen sich spontan Bürger den
Oppositionellen an. Es war eine Stimmung auszumachen, die zeigte, dass die Zahl
der Regime-Gegner wuchs. Es war das „normale Volk".

Die Menschen in der Deutschen Demokratischen Republik taten dabei etwas, das die    **19**
nachträgliche Beschäftigung mit Unterlagen des Ministerium für Staatssicherheit zu
einer besonderen und besonders sensiblen Sache macht: Sie vereinten sich, um gegen Repression vorzugehen. Die Frage danach, wer in einem so intensiven Kampf
Gegner war, und wer Freund, mag nicht unwichtig sein. Und die Antwort war nicht
immer an der Oberfläche zu finden. Die Proteste, die also mehr und mehr vom ganzen Volk ausgingen, zeigten in ihrer Intensität – ob in Leipzig oder auf dem Berliner
Alexanderplatz – eines: Die Menschen wollten diesen Staat nicht mehr. Sie verloren
ihre Angst. Zwar hatten viele die Befürchtung einer „chinesischen Lösung", also
eines gewaltsamen Niederschlages jeglicher oppositioneller Handlungen im Hinter-
kopf, doch war der Wille zur Veränderung größer.

Die mächtigen Männer der DDR-Regierung mussten zeitgleich das Gefühl haben,
ihre Macht zu verlieren. Sie zeigten Gesprächsbereitschaft und verschlossen sich den
Forderungen der Opposition nicht mehr. Diese Forderungen beschränkten sich im
Grundsatz erst einmal auf das Recht zur offenen Meinungsäußerung und einen
Wandel hin zu mehr Demokratie. Die folgenden Demonstrationen wurden, im
Gegensatz zu der in China angewandten „Lösung", nicht, wie vielerorts erwartet,
gewaltsam niedergeschlagen; man ließ die Leute gewähren.

Dies änderte sich zum 40. Jahrestag der DDR, an dem die Regierungsspitze der SED
an dem eigenen Anspruch der perfekten Inszenierung scheiterte. Es sollte die ge-
reizte Stimmung im Land beruhigt werden, dem sich schleichend bemerkbar
machenden Machtverlust versuchte man an diesem Tag mit aller Gewalt seine
Öffentlichkeitswirksamkeit zu nehmen. Das Gegenteil trat ein.

Die Demonstrationen und öffentlichen Bekundungen der Oppositionellen zogen
über 1000 Verhaftungen nach sich. Die Meisten wurden innerhalb von 24 Stunden
wieder freigelassen und einige davon informierten die Westmedien. Diese

**Dustin Bruns**

berichteten tags darauf von schweren Misshandlungen durch die Staatsgewalt.[11] Die Feierlichkeiten zum 40. Jahrestag der DDR entlarvten letztlich die für die Regierung ausweglose Situation und offenbarten den gänzlich fehlenden Rückhalt, der sich selbst in den Reihen der Partei zeigte.[12] Zwei Tage später, bei der nächsten Leipziger Montagsdemonstration, gab es keinen gewaltsamen Widerstand der staatlichen Kräfte mehr. Nicht aber, weil kein Einsatz geplant gewesen wäre. Durch die unerwartet riesigen Menschenmassen, die friedlich demonstrierten, war ein Eingriff schlicht nicht mehr möglich. Das Volk hatte gesiegt, friedlich.

20    Das, was folgte, war kein Wandel ausgehend von einer politisch organisierten Opposition. Es war keine andere Partei, die die Führung übernahm und kein internationaler Freund oder Feind, der eine Wende in Gang setzte. Es war das Volk. Das Volk, das erkannte, in welchem Ausmaß es Unrecht erlebte, das mit ansah, wie die für lange Jahre unantastbare Regime-Führung zerfiel, und das erkannte, welche Macht es besaß. Verlorenes Vertrauen in einen ganzen Staat und seine Regierung, verlorenes Vertrauen in seine Persönlichkeiten und Organisationen. Neben denen, die schon längst oppositionell aktiv waren, gab es nun auch die, die – durch die jüngsten Entwicklungen bedingt – enttäuscht waren. Eine Beschäftigung mit der Vergangenheit, die Suche nach Gründen – ob für gesellschaftliche oder persönliche Miseren – und die Aufarbeitung von Geschehenem wurde für wohl jeden von Interesse. Die Akten des Ministeriums für Staatssicherheit waren Akten eines Staates, den kaum einer mehr wollte.

Nachdem sich Ratlosigkeit in der SED breitgemacht hatte und der auf *Honecker* folgende *Egon Krenz* eine Wende einforderte, verlor die SED immer größere Teile ihrer Autorität. Die öffentlichen Auftritte waren geprägt von immer denselben eingeübten Parolen, gute Argumente, wie sie nun zum ersten Mal nötig waren, blieb die Regierung zumeist schuldig. Nachdem dann das visafreie Reisen in die CSSR möglich gemacht und der tschechoslowakischen Öffnung gen Westen zugestimmt wurde, konnten Bürger der DDR das Land ohne Probleme in Richtung des westdeutschen Staates verlassen.[13] Die Mauer verlor ihre Funktion. Letztlich ausgelöst wurde der Sturm an die Grenze durch eine von *Günter Schabowski* falsch wiedergegebene Anweisung. Auf die Frage des italienischen Korrespondenten *Riccardo Ehrmanns*, ob der neueste Reisegesetzentwurf nicht ein großer Fehler aus ostdeutscher Sicht gewesen sei, reagierte das Mitglied des SED-Politbüros *Schabowski*, der ebenso Sprecher der Regierung war, irritiert. Besonders der Satz, man habe sich

---

[11] Vgl. *I.-S. Kowalczuk*, Endspiel: Die Revolution von 1989 in der DDR, 2009, S. 351 f.
[12] Vgl. *M. Gorbatschow*, Erinnerungen, 1995, S. 934.
[13] Vgl. *M. Platzeck*, Zukunft braucht Herkunft, 2009, S. 45.

**Dustin Bruns**

auf eine Regelung geeinigt, „die es jedem Bürger der DDR möglich macht, über Grenzausgangspunkte der DDR auszureisen"[14], sorgte für Unruhe. Die Menschen an den Fernsehgeräten, die die Worte live miterlebten, stürmten zu Tausenden an die Westgrenze des Landes.[15]

## C. Der Wunsch nach Aufarbeitung

Was dann geschah, offenbarte eindrucksvoll, welch große Bedeutung die Menschen der Aufarbeitung der Verbrechen durch die Staatssicherheit zuteilten und wie stark die Macht des Volkes tatsächlich war. Um den Plänen des Einigungsvertrages entgegenzutreten und die Verhandlungsführer *Wolfgang Schäuble* und *Günter Krause* unter Druck zu setzen, besetzten am 4. September 1990 30 Oppositionelle die Zentrale des Ministeriums für Staatssicherheit in der Berliner Normannenstraße. Die Akten sollten, so sahen es die Pläne der Staatsmänner vor, nach Koblenz überführt und 30 Jahre unter Verschluss gehalten werden – für die ostdeutschen Widersacher undenkbar. Nach dem Kampf für ein Ende des ostdeutschen Unrechtsstaates war es ihnen ein großes Anliegen, die Aufarbeitung dieser oftmals nicht ganz klaren Vergangenheit bewältigen zu können. Zu wissen, ob man beruflich aus eigen verschuldeten Gründen gescheitert war oder, ob der Staat beruflichen Erfolg gezielt verhinderte, beschrieb beispielsweise *Ulrike Poppe* als enorm wichtigen Baustein zur eigenen Persönlichkeitsfindung und Realisation seines Lebens.

*Wolf Biermann*, Liedermacher und Schriftsteller aus der DDR, erklärte:

*„Wir wollen nicht, dass ein wichtiger Teil, ein schmerzlicher Teil unserer Vergangenheit ausgelöscht wird. [...] Man darf den Menschen, besonders denen, die man gequält hat, nicht ihre Vergangenheit klauen. Und das ist ein Teil dieser Vergangenheit, ein schmerzlicher, aber womöglich auch ein lehrreicher Teil."*

Nach Wochen der Protests wurde die Initiative der Bürger belohnt: In einem neu aufgelegten Einigungsvertrag wurde die Bundesregierung dazu verpflichtet, ein Stasi-Unterlagen-Gesetz zu entwerfen. Am Tag der deutschen Einheit trat mit *Joachim Gauck* der erste „Bundesbeauftragte für die Stasiunterlagen" sein Amt an.

---

[14] *A. Kleikamp*, Der Mann, der versehentlich die Mauer öffnete, Welt.de, 2.1.2014, http://www.welt.de/geschichte/article123464220/Der-Mann-der-versehentlich-die-Mauer-oeffnete.html (12.1.2014).

[15] *A. Kleikamp*, Der Mann, der versehentlich die Mauer öffnete, Welt.de, 2.1.2014, http://www.welt.de/geschichte/article123464220/Der-Mann-der-versehentlich-die-Mauer-oeffnete.html (12.1.2014).

**Dustin Bruns**

## Historische Einführung

Im Jahr darauf wurde das „Stasi-Unterlagen-Gesetz" verabschiedet. Die „Behörde des Bundesbeauftragten für die Unterlagen des Staatssicherheitsdienstes der ehemaligen DDR" wurde folglich am 2. Januar 1992 geöffnet. Jeder deutsche Staatsbürger hatte nun das Recht, seine eventuell vorliegenden Akten einzusehen. Es war das Ende eines Jahrzehnte währenden Kampfes.

**Dustin Bruns**

## Historische Einführung Teil D

## Die Aufarbeitung

**Literaturangaben:** *Adorno, Theodor W., Kulturkritik und Gesellschaft. Prismen. Ohne Leitbild. Eingriffe. Stichworte, in: Gesammelte Schriften in 20 Bänden, Bd. 10, 2, 4. Aufl., Berlin 2003; Amelung, Knut, Die juristische Aufarbeitung des DDR Unrechts; Strafrechtsdogmatik und politische Faktizität im Widerstreit, in: Kenkmann/Bohley, Private Internetpräsenz, Zitate, unter: http://www.baerbelbohley. de/zitate.php, (1.10.2015); Zimmer, Hasko (Hrsg.), Nach Kriegen und Diktaturen. Umgang mit Vergangenheit als internationales Problem – Bilanzen und Perspektiven für das 21. Jahrhundert, Essen 2005; Lutz, Felix/Phillip, Jens: Die hauptamtlichen Mitarbeiter des Ministeriums für Staatssicherheit, in: BStU (Hrsg), MfS-Handbuch, Berlin 1996; Handro, Saskia/Schaarschmidt, Thomas (Hrsg.), Aufarbeitung der Aufarbeitung. Die DDR im geschichtskulturellen Diskurs, Schwalbach 2011; Kenkmann, Alfons/Zimmer, Hasko (Hrsg.), Nach Kriegen und Diktaturen. Umgang mit Vergangenheit als internationales Problem – Bilanzen und Perspektiven für das 21. Jahrhundert, Essen 2005; Lutz, Felix Phillip, Das Geschichtsbewusstsein der Deutschen. Grundlagen der politischen Kultur in Ost und West, Köln 2000; Sabrow, Martin, Bewältigte Diktatur-Vergangenheit? 20 Jahre DDR-Aufarbeitung, Leipzig 2010.*

## A.   Einleitung – „Die Aufarbeitung"

*„Aufgearbeitet wäre die Vergangenheit erst dann, wenn die Ursachen des Vergangenen beseitigt wären. Nur weil die Ursachen fortbestehen, ward sein Bann bis heute nicht gebrochen."[1]*

Die Unterzeichnung des Einigungsvertrages durch die Mitglieder der ersten frei gewählten Volkskammer der offiziell noch bestehenden DDR und die folgende Ratifizierung durch den Bundestag am 21. September 1990 ebneten den Weg der Wiedervereinigung zu einem gemeinsamen deutschen Staat. Die Bürgerinnen und Bürger der ehemaligen DDR hatten durch ihre Partizipation am friedlichen Widerstand Ungeheuerliches geleistet und die mehr als 40 Jahre dauernde Diktatur der SED und den mit ihrer Herrschaftsausübung verbundenen gewaltvollen Machterhalt überwunden. Der völlige Zusammenbruch der DDR auf allen gesellschaftlichen und institutionellen Ebenen konnte, trotz Mauer und MfS, nicht verhindert werden.

---

[1] *T. W. Adorno*, Kulturkritik und Gesellschaft. Prismen. Ohne Leitbild. Eingriffe. Stichworte., in: Gesammelte Schriften in 20 Bänden, Bd. 10, 2, 4. Aufl. 2003. S. 555 f.

**Mark Heisterkamp**

# Historische Einführung

Mit Umsetzung des Einigungsvertrages am 3. Oktober 1989 war die deutsche Teilung als Folge des Zweiten Weltkrieges und die damit einhergehende Jahrzehnte andauernde Auseinandersetzung zweier konträrer Systeme vorerst beendet.[2] Die Schatten der weitreichenden Durchsetzung der DDR-Gesellschaft durch das „Unterdrückungswerkzeug" der selbsternannten „Arbeiter- und Bauernregierung" reichen bis in die Gegenwart. Die Folgen der kommunistischen Gewaltherrschaft der Sozialistischen Einheitspartei Deutschlands stellen den Staat und die Bürger vor große Herausforderungen. Die Täter und Opfer des DDR Regimes, das seine Bürger bis in die intimsten Sphären des individuellen Lebens zu kontrollieren versuchte, sind noch am Leben. Die Vergangenheit ist dadurch ein Teil unserer heutigen Gesellschaft.

Die zweite deutsche Diktatur scheint überwunden, die Opfer staatlich autorisierter *„Tschekisten und Beschützer des Friedens"*[3] haben den Prozess der Verarbeitung des Erfahrenen abgeschlossen und nicht überwunden. Die totale Überwachung und das staatliche Eindringen in die persönlichsten Bereiche des Privatlebens haben emotionale und soziale Schäden hinterlassen.

## B.   Aufarbeitung – ein unklarer Begriff

**23**   Die Kernfrage im Umgang mit der Vergangenheitsbewältigung eines totalitären Staates ist die nach konkreten Aufarbeitungsversuchen (§ 32a Rn 576). Dabei stellen sich viele Fragen: Wie kann ein Umgang mit der DDR – Vergangenheit realisiert werden? Wie soll eine Diktatur aufgearbeitet werden? Wie kann ein Rechtstaat dem begangenen Unrecht entgegentreten und wie können die Opfer Wiedergutmachung erfahren?

Die Schwierigkeiten bei der Beantwortung dieser Fragen beginnen bereits bei der Definition des Begriffes „Aufarbeitung". Ein einheitlicher Sprachgebrauch lässt sich kaum nachweisen. Dieser Umstand sollte jedoch kein Hindernis sein. Vielmehr eröffnen sich durch diese Vielschichtigkeit des Begriffes neue An- und Aussichten auf dem Feld der Aufarbeitungsproblematik innerhalb von Wissenschaft und Gesellschaft. Der Begriff der Aufarbeitung beschreibt eine Variable innerhalb des gesamten Verarbeitungsprozesses. Angetrieben durch staatliche und gesellschaftliche Impulse und Institutionen ist der Begriff an Handlungsvorgänge gebunden. Bürgerliche Errungenschaften einer demokratischen Gesellschaft in Form einer gewaltlosen

---

[2] BT-Drucks. 17/12115, 16 ff.
[3] *J. Gieseke*, Die hauptamtlichen Mitarbeiter des Ministeriums für Staatssicherheit, in: BStU, MfS-Handbuch 1996, S. 5 ff.

**Mark Heisterkamp**

Vergangenheitsbewältigung werden, im Umgang mit dem an Bürgern der DDR begangenem Unrecht, auf die Probe gestellt. Die Bundesregierung und ihre Organe sind an das Grundgesetz gebunden. Unrecht und staatlicher Willkür ist daher nur mit rechtsstaatlichen Mitteln zu begegnen.

Die juristischen Mittel eines Rechtsstaates scheinen aus Sicht eines Nicht-Juristen **24** teilweise nicht adäquat dem Unrecht einer Diktatur als ebenbürtiges Werkzeug entgegenzuwirken. Rechtsstaatliche Mittel, normative und juristische Bewältigungspraxis können mit den Erwartungen der Opfer kollidieren und zu Unmut führen. Die DDR-Bürgerrechtlerin *Bärbel Bohley* hat das Gefühl einer Ohnmacht der Rechtstaatlichkeit im Umgang mit den in der DDR begangenen Taten, drastisch umschrieben:

*„Wir wollten Gerechtigkeit und bekamen den Rechtsstaat."*[4]

## C. Das StUG als Handlungsgrundlage

Die Hinterlassenschaften des DDR-Geheimdienstes in Form unzähliger Akten **25** bilden bis heute den Mittelpunkt der sogenannten „Aufarbeitung der kommunistischen Gewaltherrschaft". Im Rahmen der Folgen der DDR-Vergangenheitsbewältigung lässt sich die Frage stellen, wie eine sogenannte Aufarbeitung in einem demokratischen Staat, wie der Bundesrepublik, voranschreiten und gestaltet werden könnte.[5]

*„Durch das StUG aus dem Jahr 1991 war die gesetzliche Grundlage geschaffen, die Akten des MfS in rechtsstaatlicher Weise zu bewahren und einen Umgang zu schaffen: Es schuf ein rechtsstaatliches Verfahren zur Verwendung von Unterlagen, die im Kernbereich des DDR-Repressionsapparates entstanden und für die Aufarbeitung der SED-Diktatur und die Überwindung ihrer Folgen unerlässlich sind."*[6]

Von großer Bedeutung für die Umsetzung des Gesetzestextes in der juristischen Praxis sind die Rechtsvorschriften und Normen des 1991 in Kraft getretenen StUG. Die rechtlichen Grundlagen zum Umgang mit den Hinterlassenschaften des MfS werden durch das StUG klar geregelt. Das Gesetz reguliert die Arbeit und den Umgang mit den aus Überwachung und Kontrolle der Bürger gewonnenen Aktenma-

---

[4] *B. Bohley*, Private Internetpräsenz, Zitate, unter: http://www.baerbelbohley.de/zitate.php, (2.11.2015).
[5] *M. Sabrow*, Bewältigte Diktaturvergangenheit? 20 Jahre DDR-Aufarbeitung, 2010, S. 90 f.
[6] BT-Drucks. 17/12115, 33.

**Mark Heisterkamp**

terialien eines Geheimdienstes und ist damit in der Geschichte einer Diktaturbe-
wältigung als einzigartig anzusehen. Die Bewahrung und Aufarbeitung der Akten
des Ministeriums für Staatssicherheit ist ein bestimmender Grundpfeiler der Aufar-
beitungsmethodik.

### D. Die Bundesregierung als Hauptakteur der Aufarbeitung

**26** Der deutschen Regierung obliegt es, die „kollektive Erinnerung" zu gestalten, durch
Institutionalisierung zu produzieren und kontinuierlich zu reproduzieren (§ 1
Rn. 59). Erst durch staatlichen Einfluss, d.h. Einfluss „von oben", wird das Geschichtsbewusstsein eines Bürgers auf der Handlungsebene geprägt und verantwor-
tungsbewusstes Handeln ermöglicht. Der Einzelne wird innerhalb dieses Prozesses
zum „Geschichte Machenden". Im Fall der DDR-Vergangenheit besteht die besondere Voraussetzung, dass ein großer Teil der Bürger durch die DDR-Alltagswelt
selbst erfahren hat. Staatlicher Umgang mit in der DDR erlittenem Unrecht soll
nicht dazu dienen, die erlebten Erfahrungen und Leistungen Millionen von Bürgern
des Systems DDR zu entwerten oder herabzusetzen. Vielmehr müssen die empirischen Befunde genutzt werden, um eine Erklärung des Wirkens der DDR-Unter-
drückungsinstitutionen, insbesondere des Ministeriums für Staatssicherheit, zu
ermöglichen und dadurch die Terrormethoden einer Behörde und das persönliche,
individuelle Glück innerhalb der DDR differenziert bewerten zu können.

Erinnerungsfragmente einzelner Menschen spielen innerhalb der Hierarchie der
kollektiven Erinnerung der DDR eine geringe Rolle. Sie können jedoch als Einfluss-
faktor auf das institutionelle Erinnern an die Gewaltherrschaft der SED eine Rolle
spielen. Grundlegend bleibt die problematische Frage der Erinnerungsform bestehen. Wie kann aus einem gedanklichen Erinnerungsprozess eine Handlung entstehen, die dem historischen Bild der DDR als Unrechtsstaat mit ihren Unter-
drückungsinstrumenten gerecht wird? Der bundesdeutsche Umgang mit der DDR-
Vergangenheit zeigt die Brisanz der kollektiven Erinnerungsdebatte mehr als 20
Jahre nach dem Scheitern des „Sozialismus auf deutschem Boden".

*„Der Versuch der regierungsamtlichen Geschichtspolitik, die Vergangenheit
in eine erbauliche Vision für die Zukunft zu gießen, geht nur bedingt auf."*[7]

Die Bundesregierung kommt dieser Verantwortung durch die im Innenministerium
angelegten Bereiche (§ 1 Rn. 38) „Bundesbeauftragter für die Unterlagen des

---

[7] Vgl. *S. Handro/T. Schaarschmidt*, Aufarbeitung der Aufarbeitung. Die DDR im geschichtskulturellen Diskurs, 2011, S. 39.

**Mark Heisterkamp**

Staatssicherheitsdienstes der ehemaligen DDR" (BStU) und der „Bundesstiftung zur Aufarbeitung der SED-Diktatur" (Bundesstiftung Aufarbeitung) nach (§ 15 Rn. 318). Die Gründung und kontinuierliche Arbeit des Bundesbeauftragten für die Unterlagen des Staatssicherheitsdienstes der ehemaligen Deutschen Demokratischen Republik markiert einen wichtigen Punkt innerhalb der Aufarbeitungschronologie. Der Behörde obliegt die Führungsrolle innerhalb des, durch das StUG legitimierten und seit Gründung der Behörde eingeschlagenen, Aufarbeitungsweges, die:

> *„Aufarbeitung der Tätigkeit des Staatssicherheitsdienstes durch Unterrichtung der Öffentlichkeit über Struktur, Methoden und Wirkungsweise des Staatssicherheitsdienstes. "*[8]

Die Schaffung der Behörde des Bundesbeauftragten ist historisch einmalig. Innerhalb dieser staatlichen Institution wird die verantwortungsvolle Aufgabe, einen Geheimdienst eines Staates abzuwickeln und die Opfer in diesen Prozess zu integrieren, vorangetrieben und in praktischer Arbeit ausgeführt. Die bedingungslose Aufklärung des Herrschaftssystems und der inneren Strukturen des damit untrennbar verbundenen Unterdrückungsapparates sind dabei Voraussetzungen für einen geeigneten Umgang mit der Vergangenheit der Zweistaatlichkeit. Neben der politischen, wissenschaftlichen und gesellschaftlichen Arbeit umfasst die Regierungsebene des Aufklärungsprozesses die juristische Strafverfolgung und Rehabilitierung zu Unrecht verurteilter DDR-Bürger. Dieser besondere Bereich kann daher nicht auf bürgerlich-gesellschaftlicher oder politischer Bildungsarbeit beruhen. Die strafrechtlichen Elemente der Aufarbeitung erfordern Fachwissen und juristische Institutionen eines modernen Rechtstaates. Das Bundesministerium für Justiz übernimmt daher die Aufgaben im Umgang justizieller Aufarbeitung und der Strafverfolgung ehemaliger DDR-Bürger (§ 15 Rn. 314).[9]

Der seit Herbst 1998[10] bestehenden Stiftung öffentlichen Rechts mit Namen Stiftung zur Aufarbeitung der SED-Diktatur obliegt eine weitere wichtige Rolle innerhalb des institutionellen Rahmens des gesellschaftlichen Aufarbeitungsauftrages der Bundesregierung. Neben der *„Zusammenarbeit mit anderen Einrichtungen auf dem Gebiet der Aufarbeitung der SED-Diktatur"*[11] umfasst die Stiftungsarbeit bildungspolitische Elemente. Die Erinnerung an vergangenes Unrecht zu erhalten, ist dabei

---

[8] § 37 Abs. 1 Nr. 5 Stasi-Unterlagen-Gesetz.

[9] BT- Drucks. 17/12115, 14.

[10] Vgl. das Gesetz über die Errichtung einer Stiftung zur Aufarbeitung der SED-Diktatur, vom 5.6.1998, BGBl. I 1998, 1226 ff.

[11] Vgl. das Gesetz über die Errichtung einer Stiftung zur Aufarbeitung der SED-Diktatur, vom 5.6.1998, BGBl. I 1998, 1226 ff.

**Mark Heisterkamp**

eines der Hauptanliegen der „Stiftung Aufarbeitung". In § 2 des Gesetzes über die Errichtung einer Stiftung zur Aufarbeitung der SED-Diktatur des fünften Juni 1989 wird dieser „Erinnerungsanspruch" verdeutlicht:

> *„Beiträge zur umfassenden Aufarbeitung von Ursachen, Geschichte und Folgen der Diktatur in der sowjetischen Besatzungszone in Deutschland und in der DDR zu leisten und zu unterstützen, die Erinnerung an das geschehene Unrecht und die Opfer wach zu halten sowie den antitotalitären Konsens in der Gesellschaft, die Demokratie und die innere Einheit Deutschlands zu fördern und zu festigen."* [12]

**27**  Die Aufgabenbereiche der Stiftung umfassen dabei das Organisieren verschiedenster Veranstaltungen auf bildungspolitischer Ebene und die Herausgabe aktueller Forschungsarbeiten zum Gesamtkomplex DDR und zur Vergangenheitsbewältigung. Ein weitreichendes Beratungsangebot für Opfer sozialistischer Gewalt in der Sowjetzone und der DDR gehört ebenso zum Angebot der Stiftung. Ihre Arbeit richtet sich demnach nicht nur an die heutigen Bürger und Interessierten, eine direkte Opferbetreuung ehemaliger DDR-Bürger lässt sich ebenfalls als „Kern" der Arbeit bezeichnen. [13] Finanzielle Unterstützung durch die Bundesstiftung ermöglicht zusätzlich eine breite Projektförderung zum Thema DDR-Unrecht und Aufarbeitung. [14] Innerhalb der beschriebenen Aufarbeitungs- und Verarbeitungsmethoden bleibt die Frage, wie an die Zeit der DDR im öffentlichen Raum erinnert werden soll. [15] Bürgerliche Wachsamkeit hinsichtlich staatlicher Überwachungsformen und Eindringens in die intimsten Bereiche persönlicher Individualität scheinen gerade in der Gegenwart gefordert zu sein.

Nahezu alle Bereiche des gesellschaftlichen Lebens wurden durch die Arbeit des MfS ausspioniert und dokumentiert. Dabei spielten Menschenrechte und Persönlichkeitsrechte ebenso wenig eine Rolle, wie die vermeintliche „Schuld" der Opfer diverser Zersetzungsmaßnahmen. Der Kriminalisierung unschuldiger Bürger durch

---

[12] Vgl. das Gesetz über die Errichtung einer Stiftung zur Aufarbeitung der SED-Diktatur, vom 5.6.1998, BGBl. I 1998, 1226.

[13] Vgl. das Gesetz über die Errichtung einer Stiftung zur Aufarbeitung der SED-Diktatur, vom 5.6.1998, BGBl. I 1998, 1226.

[14] Vgl. das Gesetz über die Errichtung einer Stiftung zur Aufarbeitung der SED-Diktatur, vom 5.6.1998, BGBl. I 1998, 1226 ff.

[15] Vgl. *M. Sabrow*, Bewältigte Diktaturvergangenheit? 20 Jahre DDR-Aufarbeitung, 2010, S. 90.

**Mark Heisterkamp**

das MfS lag ein staatlicher Auftrag zu Grunde.[16] Das MfS als „Schild und Schwert" der Partei war kein „normaler Geheimdienst", sofern es überhaupt möglich ist, geheimdienstliche Arbeit als „normal" bezeichnen zu können. Die Erlässe und Direktiven des SED Zentralkomitees veranschaulichen die Aufgaben des MfS:[17] In der Direktive zur „Verbesserung der Abwehrarbeit" gegen die „politisch-ideologische Diversion und Untergrundtätigkeit" vom 3.2.1960, wird der Arbeitsauftrag des MfS eindeutig. Die Aufgaben überschneiden sich und umfassen sowohl Exekutivfunktionen, als auch richterliche Einflussnahme. Schon die Formulierung der Ziele lässt weitreichende Kompetenzen und terroristische Arbeitsweisen gegen die eigenen Bürgerinnen und Bürger vermuten:

*„Zur Verbesserung der Abwehrarbeit gegen die politisch-ideologische Diversion und Untergrundtätigkeit ist es notwendig eine allseitige analytische Arbeitsweise zu entwickeln und durchzusetzen. Durch die ständige politischoperative Analysierung des bearbeiteten und angefallenen Materials auf dieser Linie wird ein schnelles Erkennen der Schwerpunkte und der neuesten Methoden der Feindtätigkeit gewährleistet."[18]*

Die allgegenwärtige Angst vor einer *„ideologischen Diversion"*[19] hat in der Arbeit des MfS einen hohen Stellenwert eingenommen. Die eigentliche „Spionageabwehr" als geheimdienstliche Tätigkeit geriet durch diese, auf das Privatleben der eigenen Staatsbürger ausgerichtete, Arbeitsgrundlage in den Hintergrund. Das MfS hatte uneingeschränkte Kompetenz, die geheimdienstliche Aufgaben deutlich überschritt. So führten die Mitarbeiter Verhaftungen durch und leiteten auf dem Staatsgebiet der DDR eigene Gefängnisse.[20]

---

[16] Vgl. *J. Gieseke*, Die hauptamtlichen Mitarbeiter des Ministeriums für Staatssicherheit, in: BStU, MfS-Handbuch, 1996, S. 8.

[17] Direktive zur Verbesserung der Abwehrarbeit gegen die politisch – ideologische Diversion und Untergrundtätigkeit. Nachweis/Quelle: BStU, MfS, BdL-Dok. 2633, Bl. 1–4. – Original, 4 S. – MfS-DSt-Nr. 101156, 3.2.1960, S. 1.

[18] Direktive zur Verbesserung der Abwehrarbeit gegen die politisch – ideologische Diversion und Untergrundtätigkeit. Nachweis/Quelle: BStU, MfS, BdL-Dok. 2633, Bl. 1–4. – Original, 4 S. – MfS-DSt-Nr. 101156, 3.2.1960, 1960, S. 2.

[19] Direktive zur Verbesserung der Abwehrarbeit gegen die politisch – ideologische Diversion und Untergrundtätigkeit. Nachweis/Quelle: BStU, MfS, BdL-Dok. 2633, Bl. 1–4. – Original, 4 S. – MfS-DSt-Nr. 101156, 3.2.1960, S. 3.

[20] *J. Gieseke*, Die hauptamtlichen Mitarbeiter des Ministeriums für Staatssicherheit, in: BStU, MfS-Handbuch, 1996, S. 3.

**Mark Heisterkamp**

## Historische Einführung

**28**   Der Arbeitseifer der DDR-Geheimdienstler begünstigt die heutige Aufarbeitung. Nur durch eine bürokratisierte Arbeitsweise der SED und ihrer Organisationen, insbesondere des MfS, ist es heute möglich, die Aktenbestände auszuwerten und zu analysieren.[21] Das StUG wirkt dabei als demokratisches Instrument einer postdiktatorischen Gesellschaft, um der Terrorisierung ganzer Bevölkerungsgruppen durch die „proletarischen Jakobiner" des MfS zu begegnen.[22] Das Gesetz als „Grundlage normierten Handelns" bildet den Maßstab zur Aufarbeitung des an den Bürgern der DDR begangenen Unrechts:

> *„Das Stasi-Unterlagen-Gesetz definiert als eine der Kernaufgaben des BStU die Unterrichtung der Öffentlichkeit über die Struktur, Methoden und Wirkungsweise des Staatssicherheitsdienstes der DDR. Diesem Auftrag kommt der BStU mit zwei integriert angelegten Arbeitsbereichen Forschung und Bildung innerhalb der Abteilung BF sowie durch Öffentlichkeitsarbeit seitens der Außenstellen und der Behördenleitung nach."[23]*

### E.   Geschichtsbewusstsein als Aufarbeitungsmotor

**29**   Die Gesellschaft ist vor die Aufgabe gestellt, den Aufarbeitungsgedanken in die Gegenwart zu transformieren und ein kollektives Andenken für die Vergangenheit zu schaffen. Die Auseinandersetzung mit dem Erbe der DDR – Gewaltherrschaft ist ein Teil der deutschen Geschichte, der nun gesellschaftlich erarbeitet werden muss. Der BStU nimmt in dieser Konstellation nicht-homogener Meinungen und Aufarbeitungsansätze eine Schlüsselrolle ein. Das Gesetz ermöglicht die Aufarbeitung der noch vorhandenen Akten. Der Kern der Aufarbeitung liegt in der Arbeitsweise des MfS als Unterdrückungsapparat gegen die eigene Bevölkerung. Das Geschichtsbewusstsein einer Gesellschaft zu beschreiben und zu pflegen fällt den Historikern zu.[24] Der in Harvard tätige Politikwissenschaftler *Felix Phillip Lutz* definiert das Geschichtsbewusstsein einer Gesellschaft wie folgt:

> *„Geschichtsbewusstsein beschreibt die Fähigkeit einer Person, die drei Zeitdimensionen Vergangenheit – Gegenwart – Zukunft reflexiv und subjektiv einordnen zu können (...) Subjektiv sinnvoll bedeutet, dass das Individuum*

---

[21] BT-Drucks. 17/12115, 37.
[22] Vgl. *J. Gieseke*, Die hauptamtlichen Mitarbeiter des Ministeriums für Staatssicherheit, in: BStU, MfS-Handbuch, 1996, S. 10.
[23] BT-Drucks. 17/12115, 38.
[24] *F. P. Lutz*, Das Geschichtsbewusstsein der Deutschen. Grundlagen der politischen Kultur in Ost und West, 2000, S. 64.

*die Balance findet zwischen einem Geschichtsbewusstsein, das die eigene Identität stützt, und gleichzeitig gesellschaftlichen Vorstellungen entspricht.*"[25]

Im Zusammenhang mit der Bildung eines Geschichtsbewusstseins soll angemerkt werden, dass jede historische Darstellung implizit eine Interpretation und Deutung beinhaltet.[26] Eine ausgeglichene Gewichtung der eigenen Erfahrungen und Identitätsbildung innerhalb des Machtraumes der SED schließt eine Bewertung der DDR als unrechtmäßig nicht aus. Dem Geschichtsbewusstsein eines Individuums werden innerhalb einer Gesellschaft verschiedene Funktionen des sozialen Lebens eingeräumt. Als Akteur ist der einzelne Mensch dafür verantwortlich, die Gesellschaft zu gestalten. Im „kollektiven Rahmen" jedoch spielen die Erfahrungen des einzelnen Menschen eine geringere Rolle. Die Erinnerung einer Gesellschaft entspricht folglich nicht nur dem „empirischen Abbild" einer Einzel-erfahrung.[27] Vielmehr wird das „kollektiv zu Erinnernde", in unserem Fall die deutsche Zweistaatlichkeit und die Unrechtsdiktatur der Herrschenden der SED, durch eine Hierarchie der Erinnerung gelenkt.[28] Die unterste Stufe dieser hierarchischen Erinnerungsformate bilden die Erinnerungen einzelner Menschen. Das individuelle Leid gerät bei dieser Betrachtungsweise oft in den Hintergrund der Diskussion. Der Versuch einen kollektiven Rahmen für die emotionale Ebene der Erinnerung und Bewertung zu setzen, kollidiert mit den unzähligen Erfahrungen der Menschen, die innerhalb ihrer Familie und ihres Sozialisationsumfeldes ein individuelles Erinnerungsbild kreieren (§ 32 Rn. 569). Dennoch besteht kein Zweifel daran, dass die Gesellschaft ein großes Interesse an der Aufarbeitung der Unrechtsvergangenheit hat:

*„Anders als noch im Umgang mit der NS-Diktatur nach 1945 geht die deutsche Gesellschaft heute nicht mehr verdrängungswillig über die Verstrickung in diktatorische Herrschaft hinweg (...)."*[29]

---

[25] Vgl. *F. P. Lutz*, Das Geschichtsbewusstsein der Deutschen. Grundlagen der politischen Kultur in Ost und West, 2000, S. 65 ff.

[26] Vgl. *F. P. Lutz*, Das Geschichtsbewusstsein der Deutschen. Grundlagen der politischen Kultur in Ost und West, 2000, S. 33.

[27] Vgl. *F. P. Lutz*, Das Geschichtsbewusstsein der Deutschen. Grundlagen der politischen Kultur in Ost und West, 2000, S. 66.

[28] Vgl. *F. P. Lutz*, Das Geschichtsbewusstsein der Deutschen. Grundlagen der politischen Kultur in Ost und West, 2000, S. 66 ff.

[29] *S. Handro/T. Schaarschmidt*, Aufarbeitung der Aufarbeitung. Die DDR im geschichtskulturellen Diskurs, 2011, S. 21.

**Mark Heisterkamp**

# Historische Einführung

## F. Die Rolle der Geschichtswissenschaften

**30**  Die Rolle der Historiker innerhalb dieses Prozesses ist die Beurteilung der Vergangenheit. Unabhängig von individueller Sozialisation und Erziehung ist der Wissenschaftler vor die Aufgabe gestellt, die Vergangenheit objektiv zu betrachten und zu analysieren. Der Vermeidung subjektivistischer Analyseansätze wird ein großer Stellenwert innerhalb der historischen Forschung zugeschrieben. Oft scheint es, als würde die Publikation zum Thema einzelner MfS-belasteter Personen aus Politik und Gesellschaft grundsätzlich als Subjektivität oder Unwissenschaftlichkeit diffamiert und abgewertet werden. Die Bewertung historischer Begebenheiten kann jedoch auch als produktiver Teil eines dynamischen Prozesses Betrachtung finden, in welchem Erfahrungen, Forschungsergebnisse und persönliche Meinungen zu vereinen versucht werden. Den Historikern fällt ein wichtiger Teil dieser Arbeit zu, sie müssen die Massen von Akten des MfS handwerklich auswerten, die Ergebnisse publizieren und in die Gesellschaft „tragen".

**31**  Aufarbeitung und Bewertung sind dabei an die Aufklärungsebene geknüpft. Nur durch eine adäquate Sichtbarmachung der Funktionsweisen der MfS-Diktatur kann eine Gesellschaft zu einer gerechten Bewertung und Beurteilung der Vergangenheit gelangen. Die Akten des BStU beinhalten die Biographien und Lebensinhalte tausender unschuldiger Bürger der DDR. Diese verdeutlichen eine Notwendigkeit der Auseinandersetzung mit der MfS-Geschichte. Die Gesellschaft ist hier in der Pflicht, ihresgleichen zu verteidigen, denn nur so kann sie die gesellschaftlichen Errungenschaften aus der Bewältigung einer gescheiterten Diktatur bewahren. Die Aufarbeitungsdebatte darf dabei nicht durch politische Ideologiekämpfe instrumentalisiert werden. Eine Verantwortung der Politik gegenüber den Opfern und der Gesellschaft sollte ausschließen, dass die historische Aufarbeitung als Streitthema in politischen „Grabenkämpfen" missbraucht wird.

**32**  Es lässt sich festhalten, dass zahlreiche Deutungsmuster und Aufarbeitungsmechanismen keine einheitliche Definition einer Aufarbeitung zulassen. Die Dynamik der Begrifflichkeiten kann vielmehr als Möglichkeit genutzt werden, die zahlreichen Aufarbeitungs- und Deutungsmuster zu nutzen und auszubauen. Die Vielschichtigkeit der Debatte sollte ermöglichen, die DDR als „facettenreiche" Diktatur zu begreifen und zu reflektieren. Dadurch muss der Anspruch auf eine einheitliche Deutung, vor dem Hintergrund einer vielseitigen Analyse der Diktatur, zurückstehen. Insofern scheint es auch nicht verwunderlich, dass innerhalb der Historikerdebatten verschiedene Aspekte des Systems DDR aufgegriffen werden. Die Bewertung der DDR innerhalb der Geschichtswissenschaften ist nicht einfach zu fassen, so wird die DDR als: *„spättotalitärer Überwachungs- und Versorgungsstaat" (Klaus*

**Mark Heisterkamp**

*Schröder), „autoritäre Diktatur" (Eckhard Jesse), „moderne Diktatur" (Jürgen Kocka) oder „Fürsorgediktatur" (Konrad Jarausch) definiert.*[30]

Die Masse heterogener Auffassungen des DDR-Staatengebildes verdeutlichen den **33** Dissens bei der Definition der DDR aus Perspektive der heutigen Forschung. Die uneinheitlichen Forschungs- und Deutungsansätze zeigen jedoch auf, dass die Beschäftigung mit der Vergangenheit der deutschen Zweistaatlichkeit und dem politischen System der DDR einen großen Raum innerhalb der wissenschaftlichen Forschung einnehmen. Unzweifelhaft ist jedoch die Tatsache, dass in den Analysen die Attribute einer Diktatur unmissverständlich herausgearbeitet werden. Konsens besteht auch in der Frage nach einer allgemeinen Notwendigkeit der Aufarbeitung der Vergangenheit. Die Wissenschaft steht nun vor der besonderen Aufgabe, Forschungsergebnisse als Teil der gesamtgesellschaftlichen Aufarbeitungsaufgabe beizutragen, um einen gesellschaftlichen Lerneffekt aus der Vergangenheit zu erzielen. Der folgende Kommentar soll einen Teil dazu beitragen, einen transparenteren Umgang mit dem Erbe des MfS und der „Diktatur des Proletariats", vertreten durch die Herren des ZK der SED, zu fördern und eine Diskussion anzustoßen. Eine Bagatellisierung erlittenen Unrechtes darf es hingegen nicht geben. Der oft erwähnte Begriff der Aufarbeitung lässt die Hoffnung zu, dass die Gesellschaft die Folgen und das Leid einer diktatorischen Gesellschaft verinnerlicht und ihren Erscheinungsformen klar entgegentritt. In der Vergangenheit war vermehrt die Forderung zu vernehmen, das Aktenmaterial des BStU in die Bestände des Bundesarchivs zu übernehmen (§ 1 Rn. 65, § 20 Rn. 397). Dieser Vorschlag sollte überdacht und verworfen werden. Die rechtlichen Veränderungen, den Aktenzugang betreffend, würden eine Aufarbeitung und Aufdeckung behindern und lähmen. Der BStU muss erhalten und gestärkt werden. Die neuen Bundesländer haben ihrerseits die Aufgabe, die Bundesbeauftragten zu stärken und die Einrichtungen zu erhalten. Die Bundesregierung steht als Repräsentanz des Bürgerwillens in der Pflicht, dafür zu sorgen, dass die Opfer von Gewalt in SBZ und DDR nicht in den Hintergrund der Debatten rücken. Die Biographien tausender Menschen, ausspioniert durch „eifrige" Handlanger der SED-Diktatoren, sollten daher nicht Teil des allgemeinen Archivrechtes und des Bundesarchivs werden. Die Arbeit der „Tschekisten" umfasste im weitesten Sinne die systematische Drangsalierung und Verfolgung der eigenen Bevölkerung, mit dem Ziel diese zu „kriminalisieren". Nur durch ständige Repression und Angstverbreitung konnte das System DDR bestehen. Die Mitarbeiter des MfS, als *„Schild und Schwert der Partei"*, verkörperten die allgegenwärtige Macht der

---

[30] Vgl. *S. Handro/T. Schaarschmidt*, Aufarbeitung der Aufarbeitung. Die DDR im geschichtskulturellen Diskurs, 2011, S. 24.

**Mark Heisterkamp**

Diktatur der SED und uneingeschränkte Machtfülle des Vollstreckungs-, Untersuchungs- und Unterdrückungsapparates MfS.

**34** Das StUG und der BStU müssen ihren festen Platz (§ 1 Rn. 48) in der institutionellen Gesellschaft behalten. Weiterhin sollten die Mechanismen und Ursachen für eine Diktatur analysiert und wissenschaftlich aufgearbeitet werden. Die Arbeit an der Vergangenheit darf keine Stagnation erfahren, denn nur durch kontinuierliche Auseinandersetzung mit den Mechanismen der Diktatur DDR, kann das Wiedererstarken einer solchen verhindert werden. Die Fehler im Umgang mit den Folgen des Nationalsozialismus sollten dabei als Warnung gesehen werden. Dieser Kommentar soll als praktische Ergänzung bei der Auseinandersetzungsarbeit mit der DDR-Diktatur dienen. Ein Wille zur Verarbeitung und der Gedanke der Aufarbeitung, als auch eine lehrreiche Analyse diktatorischer Systeme muss durch verschiedene Institutionen in die Gesellschaft getragen werden. Die bereits verankerten Institutionen des Bundes und das StUG sind „unverzichtbare" Umsetzungswerkzeuge dieses anhaltenden demokratischen Willens einer „speziell deutschen" Diktaturform mit Rechtstaatlichkeit entschieden zu begegnen.

**Mark Heisterkamp**

## § 1 Zweck und Anwendungsbereich des Gesetzes

(1) Dieses Gesetz regelt die Erfassung, Erschließung, Verwaltung und Verwendung der Unterlagen des Ministeriums für Staatssicherheit und seiner Vorläufer- und Nachfolgeorganisationen (Staatssicherheitsdienst) der ehemaligen Deutschen Demokratischen Republik, um

1. dem Einzelnen Zugang zu den vom Staatssicherheitsdienst zu seiner Person gespeicherten Informationen zu ermöglichen, damit er die Einflussnahme des Staatssicherheitsdienstes auf sein persönliches Schicksal aufklären kann,

2. den Einzelnen davor zu schützen, dass er durch den Umgang mit den vom Staatssicherheitsdienst zu seiner Person gespeicherten Informationen in seinem Persönlichkeitsrecht beeinträchtigt wird,

3. die historische, politische und juristische Aufarbeitung der Tätigkeit des Staatssicherheitsdienstes zu gewährleisten und zu fördern,

4. öffentlichen und nicht öffentlichen Stellen die erforderlichen Informationen für die in diesem Gesetz genannten Zwecke zur Verfügung zu stellen.

(2) Dieses Gesetz gilt für Unterlagen des Staatssicherheitsdienstes, die sich bei öffentlichen Stellen des Bundes oder der Länder, bei natürlichen Personen oder sonstigen nicht öffentlichen Stellen befinden.

*Literaturangaben: Boeden, Gerhard, „Die PDS muss aufpassen." Verfassungsschutzpräsident Gerhard Boeden über Stasi und Spione, in: Spiegel 42 (1990), S. 20–26; Bonitz, Kai, Persönlichkeitsrechtsschutz im Stasi-Unterlagen-Gesetz, Berlin 2009; Booß, Christian, Was ist Aufarbeitung?, in: HuG 56 (2006), S. 47–51; Bröhmer, Jürgen, Transparenz als Verfassungsprinzip, Tübingen 2004; Bundesministerium des Inneren, Verfassungsschutzbericht 1992, Bonn 1993; Dix, Alexander, Die Novelle zum Stasi-Unterlagen-Gesetz, in: VIZ 2003, S. 1–5; Dreier, Horst, Grundgesetz-Kommentar, Bd. 1, 3. Aufl., Tübingen 2013; Drohla, Jeannine, Aufarbeitung versus Allgemeines Persönlichkeitsrecht, Berlin 2011; Engel, Albert, Die rechtliche Aufarbeitung der Stasi-Unterlagen auf der Grundlage des StUG, Berlin 1995; Engelmann, Roger/Wollweber, Ernst, Chefsaboteur der Sowjets und Zuchtmeister der Stasi, in: Krüger/Wagner (Hrsg.), Konspiration als Beruf. Deutsche Geheimdienstchefs im Kalten Krieg, Berlin 2003, S. 179–206; Fricke, Karl Wilhelm, Staatssicherheit, Ministerium für (MfS), in: Eppelmann/Möller, Lexikon des DDR-Sozialismus. Das Staats- und Gesellschaftssystem der Deutschen Demokratischen Republik, Paderborn 1996, S. 595–601; Geiger, Hansjörg/Klinghardt, Heinz (Hrsg.), Stasi-Unterlagen-Gesetz-Kommentar, 2. Aufl., Stuttgart 2006; Gieseke, Jens, Mielke, Erich, in: Engelman/Florath, Das MfS-Lexikon. Begriffe, Personen und Strukturen der Staatssicherheit der DDR, Berlin 2012, S. 230–232; Jarass,*

**Shpetim Bajrami, Sandra Franz, Stefan Kaschube**

# § 1

*Hans D., Das allgemeine Persönlichkeitsrecht im Grundgesetz, in: NJW 1989, S. 857–862; Krüper, Julian/Sauer, Heiko (Hrsg.), Staat und Recht in Teilung und Einheit, Tübingen 2011; Marquardt, Bernhard, Polizei., in: Eppelmann/Möller, Lexikon des DDR-Sozialismus. Das Staats- und Gesellschaftssystem der Deutschen Demokratischen Republik, Paderborn 1996, S. 471–473; Maunz, Theodor/Dürig, Günter (Begr.), Grundgesetz-Kommentar, 81. Lieferung September 2017, München; Morlok, Martin/Michael, Lothar, Staatsorganisationsrecht, 3. Aufl., Baden-Baden 2016; Pollaczek, Annina, Pressefreiheit und Persönlichkeitsrecht am Beispiel des Stasi-Unterlagen-Gesetzes, Saarbrücken 2012; Richter, Michael, Die Staatssicherheit im letzten Jahr der DDR, Weimar 1996; Sachs, Michael (Hrsg.), Grundgesetz-Kommentar, 8. Aufl., München 2018; Schmidt, Dietmar/Dörr Erwin, Stasi-Unterlagen-Gesetz: Kommentar für Betroffene, Wirtschaft und Verwaltung, Köln 1993; Schneider, Dieter Marc, Innere Verwaltung/Deutsche Verwaltung des Inneren (DVdI), in: Broszat/Weber (Hrsg.), SBZ-Handbuch. Staatliche Verwaltungen, Parteien, gesellschaftliche Organisationen und ihre Führungskräfte in der Sowjetischen Besatzungszone Deutschlands 1945–1949, München 1993, S. 207–2017; Scholz, Rupert, Rechtsfrieden im Rechtsstaat – Verfassungsrechtliche Grundlagen, aktuelle Gefahren und rechtspolitische Folgerungen,in: NJW 1983, S. 705–712; Steinbach, Peter, Löschung der Geschichte durch Löschung der Akten? Schleichendes Ende der Gauck-Behörde?, in: Unverhau (Hrsg.), Das Stasi-Unterlagen-Gesetz im Lichte von Datenschutz und Archivgesetzgebung, Münster 1998, S. 191–206; Stoltenberg, Klaus, Stasi-Unterlagen-Gesetz, Baden-Baden 1992; Stoltenberg, Klaus/Bossack, Carolin, Stasi-Unterlagen-Gesetz, Baden-Baden 2012; Süß, Walter, Amt für Nationale Sicherheit (AfNS), in: Eppelmann/Florath (Hrsg.), Das MfS-Lexikon. Begriffe, Personen und Strukturen der Staatssicherheit der DDR, Berlin 2012, S. 37–39; Vismann, Cornelia, Akten, 2. Aufl., Frankfurt am Main 2001; Weberling, Johannes, Stasi-Unterlagen-Gesetz: Kommentar, Berlin 1993; Welsh, Helga A., Sachsen. II. Staatliche Institutionen, A. Landesregierung und -verwaltung, in: Broszat/Weber (Hrsg.), SBZ-Handbuch. Staatliche Verwaltungen, Parteien, gesellschaftliche Organisationen und ihre Führungskräfte in der Sowjetischen Besatzungszone Deutschlands 1945–1949, München 1993, S. 126–147; Wettig, Gerhard, Phasen des DDR-Sozialismus, in: Eppelmann/Möller (Hrsg.), Lexikon des DDR-Sozialismus. Das Staats- und Gesellschaftssystem der Deutschen Demokratischen Republik, Paderborn 1996, S. 13–29; Wettig, Gerhard, Sowjetunion und SBZ/DDR, in: Eppelmann/Möller (Hrsg.), Lexikon des DDR-Sozialismus. Das Staats- und Gesellschaftssystem der Deutschen Demokratischen Republik, Paderborn 1996, S. 526–533; Wilke, Manfred/Schroeder, Klaus, Generalsekretäre der SED, in: Eppelmann/Möller (Hrsg.), Lexikon des DDR-Sozialismus. Das Staats- und Gesellschaftssystem der Deutschen Demokratischen Republik, Paderborn 1996,*

Shpetim Bajrami, Sandra Franz, Stefan Kaschube

*S. 234–236; Wilke, Manfred/Schroeder, Klaus/Alisch, Steffen, Sozialistische Einheitspartei Deutschlands (SED), in: Eppelmann/Möller (Hrsg.), Lexikon des DDR-Sozialismus. Das Staats- und Gesellschaftssystem der Deutschen Demokratischen Republik, Paderborn 1996, S. 547–553.*

## A. Einführung

§ 1 legt programmatische Leitlinien fest, die bei der Auslegung des Gesetzes heranzuziehen sind. Die Norm enthält keine Anspruchs- oder Eingriffsgrundlagen, sondern bestimmt allein die Zwecke des Gesetzes.[1] Dies wird schon durch die Überschrift von § 1 deutlich. Insbesondere im Hinblick auf den häufigen Konfliktfall zwischen den konkurrierenden Zwecken der Aufarbeitung einerseits und der Achtung des Allgemeinen Persönlichkeitsrechts andererseits hat § 1 praktische Relevanz für die Auslegung des StUG.

**35**

## B. Zu Abs. 1

## I. Regelungsgehalte des StUG

Die in Abs. 1 aufgeführten Gesetzeszwecke und -ziele entsprechen den Festlegungen des Einigungsvertrags und des Zusatzprotokolls zum Einigungsvertrag.[2] Das StUG regelt die Erfassung, Erschließung, Verwaltung und Verwendung der Unterlagen des Ministeriums für Staatssicherheit der DDR.

**36**

Diese einzelnen Begriffe werden im Rahmen der folgenden Gesetzesabschnitte näher bestimmt. So ist die Erfassung inhaltlich im zweiten Abschnitt ab § 7 geregelt und zudem eine der Aufgaben des BStU nach § 37. Die Verwendung, welche in § 6 Abs. 9 legaldefiniert wird, ist Regelungsgegenstand im dritten Abschnitt ab § 12. Der Begriff der Verwaltung obliegt ebenso wie die Erfassung dem BStU nach § 37 Abs. 1. Über die in § 1 verwendeten Begriffe hinaus hält sich das StUG ganz überwiegend an die Begriffsbestimmungen des Bundesdatenschutzgesetzes.[3]

Die vier Begriffe bilden Stationen eines administrativen Prozesses, der den Verarbeitungsprozess der behördlichen Arbeit mit den Stasi-Akten bildet. Es ist auffällig, dass die nacheinander folgenden Schritte Erfassung, Erschließung, Verwaltung und Verwendung der Unterlagen in chronologischer Reihenfolge im Gesetz

**37**

---

[1] *J. Pietrkiewicz/J. Burth*, in: Geiger/Klinghardt, StUG, 2. Aufl. 2006, § 1 Rn. 3.
[2] BGBl. II 1990, 885 ff.; A.a.O., 1239; Schmidt/Dörr, StUG, 1993, § 1 Rn. 2.
[3] Weberling, StUG, 1993, § 1 Rn. 3.

**Shpetim Bajrami, Sandra Franz, Stefan Kaschube**

wiedergegeben werden. Somit gibt das Gesetz einen exakten und strukturellen Umgang mit den Unterlagen vor, bei dem die einzelnen Stufen sinnvoll aufeinander aufbauen.

Zunächst müssen die Akten erfasst werden, denn es muss erkennbar sein, bei welchen es sich um solche des Staatssicherheitsdienstes handelt. Der Begriff der Erschließung meint den Prozess der Ordnung und Verzeichnung der Unterlagen sowohl personen- als auch sachbezogen.[4] Der Begriff der Verwaltung beschreibt die permanent anstehenden Tätigkeiten, die mit der Erhaltung der Akten zur Verwendung zu tun haben. Diese müssen ständig restauriert und konserviert werden, um zur Benutzung zur Verfügung zu stehen.[5] Die Verwendung schließlich bildet den Kern der sachlichen Arbeit mit den Unterlagen des Staatssicherheitsdienstes. Dies meint gem. § 6 Abs. 9 die Weitergabe von Unterlagen sowie die sonstige Verarbeitung und die Nutzung von Informationen sowie die eigene wissenschaftliche Forschung durch den BStU. Hierbei wird der Kernzweck der Zugänglichmachung der Stasi-Unterlagen verwirklicht. Denn bei den vorab zu leistenden Schritten der Erfassung, Erschließung und Verwaltung ist lediglich der interne Bereich der Behörde betroffen. Diese sind somit die administrativen Voraussetzungen, die eine Verwendung erst ermöglichen.

**38** Dieser administrative, gestufte Prozess bildet die technisch-administrative Dimension der Aufarbeitung. Über diese im Gesetz geregelte technische Aufarbeitung hinaus existieren viele weitere Facetten der Aufarbeitung (Rn. 58). Diese dem Gesetz eigene systematisch-technische Herangehensweise war ein zur Zeit seiner Entstehung neuartiger Versuch, um greifbare Ansatzpunkte zur Aufarbeitung zu liefern, welcher inzwischen in anderen Ländern aufgegriffen wurde und heute als Vorbild für Diktaturaufarbeitung dient.[6]

Die juristische Systematisierung und Regelung der technisch-administrativen Seite der Aufarbeitung ist also Grundlage und Voraussetzung eines weiterreichenden Aufarbeitungsprozesses. Der Anteil des Rechts daran ist demnach beschränkt, allerdings durchaus bedeutsam.

---

[4] BStU-Internetpräsenz, http://www.bstu.bund.de/DE/Archive/UeberDieArchive/Ueberlieferungs lage-Erschliessung/uberlieferungslage_node.html#doc1761896bodyText3 (23.09.2014).

[5] BStU-Internetpräsenz, http://www.bstu.bund.de/DE/Archive/UeberDieArchive/_node.html (03.08.2015).

[6] Internetpräsenz BStU, http://www.bstu.bund.de/DE/BundesbeauftragterUndBehoerde/Bundes beauftragter/Interviews/2012_03_05_focus.html (03.08.2015).

**Shpetim Bajrami, Sandra Franz, Stefan Kaschube**

## II. Vorgänger- und Nachfolgeorganisationen des Ministeriums für Staatssicherheit

Der in § 1 Abs. 1 beschriebene administrative Prozess ist nicht auf das Ministerium **39** für Staatssicherheit (MfS) beschränkt und nimmt Bezug auf Vorläufer- und Nachfolgeorganisationen. Dies ist bedeutsam um die Reichweite der entsprechenden Unterlagen zu umreißen und somit die Aufgaben und Befugnisse des BStU darüber zu regeln und einzugrenzen. Weiterhin wird dadurch gezeigt, dass die umfangreichen ausspähenden Tätigkeiten und der damit verbundene Verwaltungsapparat einem langjährigen Prozess unterliegen und weder mit dem MfS beginnen noch enden. Auch etwaige Unterlagen von Vorläufer- und Nachfolgeorganisationen können persönlichkeitsrechts- und aufarbeitungsrelevante Informationen enthalten, dienen also dazu alle Zwecke in den Nummern 1 – 4 zu realisieren. Dessen Aufnahme ins Gesetz ist deshalb Ausfluss rechtsstaatlicher Transparenzfunktion, einer umfangreichen Schutzpflichtverwirklichung und die Vervollständigung rechtlicher Wiedergutmachung. Eine detaillierte Kenntnis der Behörden- und Personenstruktur der Vorläufer- und Nachfolgeorganisationen ist deshalb wesentlich für die Funktionsweise des BStU und deshalb auch für das Verständnis von § 1.

Zunächst muss zwischen den sowjetischen und den deutschen Vorläufern unter- **40** schieden werden. Es existierten verschiedene Gruppen des sowjetischen Geheimdienstes (NKWD) bzw. des Innenministeriums, die in der SBZ tätig waren und nach der Gründung der DDR starken Einfluss auf den Aufbau der Sicherheitsorgane der DDR genommen und deren Struktur geprägt haben.

Bezüglich der deutschen Institutionsgeschichte ist die am 30. Juli 1946 zunächst **41** heimlich aufgrund eines SMAD-Befehls (SMAD = Sowjetische Militäradministration) gegründete deutsche Verwaltung des Inneren (kurz DVdI) am wichtigsten.[7] Das Ziel, bei der Ausbildung des neuen Verwaltungspersonals einheitliche Grundsätze zu entwickeln, war zweifelsfrei einer der Gründe dafür, dass die SMAD die Gründung dieser Einrichtung anordnete. Das Hauptaufgabengebiet lag aber eindeutig auf dem Gebiet der Polizei-Organisation und der Herausbildung eines geeigneten Nachwuchses. Bis zur Gründung der DDR 1949 bestand die primäre Funktion des DVdI in der planerischen und organisatorischen Mitwirkung bei der Ausbildung, Vereinheitlichung und Zentralisierung sowohl der Volkspolizei als

---

[7] Vgl. *D. M. Schneider*, Innere Verwaltung/Deutsche Verwaltung des Inneren (DVdI), in: Broszat/Weber, SBZ-Handbuch. Staatliche Verwaltungen, Parteien, gesellschaftliche Organisationen und ihre Führungskräfte in der Sowjetischen Besatzungszone Deutschlands 1945–1949, 1993, S. 207, 207.

**Shpetim Bajrami, Sandra Franz, Stefan Kaschube**

auch paramilitärischer Einheiten als Basis einer späteren Armee und letztendlich auch dem Aufbau eines gesonderten Staatssicherheitsdienstes. Hierin ist wohl auch die ursprüngliche Geheimhaltung begründet.[8] Seit 1947 gab es innerhalb des DVdI zudem das „Kommissariat 5", kurz K5, welches sich als politische Ermittlungsbehörde etablierte und diesen Teil des späteren MfS begründete. War die K5 zwar offiziell eine Abteilung der Kriminalpolizei, so stand sie in der Praxis als Überwachungsapparat mit sorgfältig ausgewähltem Personal in direkter Linie der Besatzungsmacht zur Verfügung. Anfangs erhielt die K5 von der sowjetischen Besatzungsmacht zunächst rein politisch-geheimpolizeiliche Aufgaben, wurde dann aber zu einer Entnazifizierungsbehörde. Da der Vorwurf nationalsozialistischer Gesinnung auf Anweisung „von oben hin" je nach politischer Opportunität erhoben oder fallen gelassen werden konnte, entstand mit der K5 ein Instrument zur Verfolgung politischer Gegner mit geheimdienstlichen Mitteln. Seine Zuständigkeit wurde anschließend ausdrücklich auf Gegner der sozialistischen Wirtschaft ausgedehnt. Die Beschäftigungszahlen der Organisation stiegen stetig an, ihr wurden mehr und mehr Entscheidungsfreiräume gegeben und ein nachrichtendienstlicher Bereich wurde ins Leben gerufen. Am 08. Februar 1950 erhielt das Ganze schließlich den heute bekannten Titel Ministerium für Staatssicherheit.[9] Während die DVdI selbst zunächst eine überwiegend koordinierende Rolle innehatte, erhielt sie ab Mitte Februar 1948 eine klare Leitungsfunktion für die Landespolizeibehörden.[10] Das Prinzip der kommunalen Selbstverwaltung, das auf Wunsch der westlichen Alliierten auch in der sowjetischen Besatzungszone eingeführt worden war, erwies sich im Laufe der Zeit immer mehr als Hindernis für die sozialistische Politik. Nach dem offenen Bruch mit den Westmächten im Juni 1947 entschied man sich endgültig dazu, diese Vorgehensweise fallen zu lassen. Ganz offen wurden die DVdI und die Deutsche Wirtschaftskommission (kurz DWK) als Kernstücke der ostdeutschen Staatsmacht etabliert. Parallel existierten nun also der „Ausschuss zur Kontrolle des Volkseigentums" einerseits sowie die „Zentrale Kontrollkommission" andererseits, in denen die wirtschaftliche bzw. politische Kontrolle und Überwachung organisiert wurde. Zur Informationssammlung dienten schon im

---

[8] Vgl. *D. M. Schneider*, Innere Verwaltung/Deutsche Verwaltung des Inneren (DVdI), in: Broszat/Weber, SBZ-Handbuch. Staatliche Verwaltungen, Parteien, gesellschaftliche Organisationen und ihre Führungskräfte in der Sowjetischen Besatzungszone Deutschlands 1945–1949, 1993, S. 207, 211 f.

[9] Vgl. *G. Wettig*, Phasen des DDR-Sozialismus, in: Eppelmann/Möller, Lexikon des DDR-Sozialismus. Das Staats- und Gesellschaftssystem der Deutschen Demokratischen Republik, 1996, S. 13, 20.

[10] Vgl. *B. Marquardt*, Polizei, in: Eppelmann/Möller, Lexikon des DDR-Sozialismus. Das Staats- und Gesellschaftssystem der Deutschen Demokratischen Republik, 1996, S. 471, 472.

**Shpetim Bajrami, Sandra Franz, Stefan Kaschube**

Vorfeld die Informationsabteilungen der einzelnen Länder, deren Erkenntnisse dann ebenfalls von den zentralen Sicherheitsinstitutionen übernommen wurden. Der Kern dieser beiden Institutionen veranschaulicht deutlich die Kerninteressen des Systems: Zentralverwaltungswirtschaft und Polizeiregime waren die Stützpfeiler, auf denen eine neue Herrschaft im Osten Deutschlands aufgebaut wurde.[11]

Die DVdI ging 1949 nahtlos in das Ministerium des Inneren (MdI) der DDR über, **42** das MfS selber wurde dann 1950 aus den entsprechenden Abteilungen des MdI als eigenständiges Ministerium ausgegliedert, Organisation und Arbeitsweise waren teilweise schon in den Vorgängerorganisationen entstanden und sind hier übernommen worden. Zentrale Personen bei der weiteren Entwicklung des MfS waren hierbei vor allem der erste Minister *Wilhelm Zaisser* und sein Stellvertreter und späterer Nachfolger *Erich Mielke*. *Zaisser* und *Stalins* Protegé *Walter Ulbricht* konkurrierten Ende der 1940er und Anfang der 1950er um die politische Führung im Parteiapparat. Stalins Tod im Jahr 1953 gefährdete *Ulbrichts* Position, doch der von sowjetischen Truppen am 17.6.1953 niedergeschlagene Volksaufstand in der DDR stärkte seine Stellung erneut und gab ihm die Möglichkeit, Säuberungen im Politbüro durchzuführen und sich unter anderem *Zaissers* zu entledigen.[12] *Ulbricht* begründete dies mit seiner engen Bindung an den inzwischen in Ungnade gefallenen *Lavrentij Berija*, vormals Chef des Geheimdienstes der Sowjetunion.[13] Trotzdem fiel die Wahl für die Bekleidung des machtpolitisch wichtigsten Staatsamtes der DDR 1953 auf Betreiben der Sowjetunion erstmal auf *Ernst Wollweber*, dem nachgesagt wurde eher ihnen gegenüber loyal zu sein als der SED.[14] *Erich Mielke* wurde 1946 Vizepräsident in der DVdI und bekam 1949 den Auftrag dort die Hauptverwaltung zum „Schutz der Volkswirtschaft" aufzubauen, die dann im Februar 1950 zum Ministerium für Staatssicherheit wurde. *Mielke* trieb in den darauffolgenden Jahren die geheimpolizeiliche Verfolgung innerhalb der DDR maßgeblich voran. Da er das besondere Vertrauen *Ulbrichts* genoss, profitierte er

---

[11] Vgl. *G. Wettig*, Phasen des DDR-Sozialismus, in: Eppelmann/Möller, Lexikon des DDR-Sozialismus. Das Staats- und Gesellschaftssystem der Deutschen Demokratischen Republik, 1996, S. 13, 19 f.

[12] Vgl. *M. Wilke/K. Schroeder*, Generalsekretäre der SED, in: Eppelmann/Möller, Lexikon des DDR-Sozialismus. Das Staats- und Gesellschaftssystem der Deutschen Demokratischen Republik, 1996, S. 234, 235.

[13] Vgl. *G. Wettig*, Sowjetunion und SBZ/DDR, in: Eppelmann/Möller, Lexikon des DDR-Sozialismus. Das Staats- und Gesellschaftssystem der Deutschen Demokratischen Republik, 1996, S. 526, 529.

[14] Vgl. *R. Engelmann*, Ernst Wollweber (1898–1967). Chefsaboteur der Sowjets und Zuchtmeister der Stasi, in: Krüger/Wagner, Konspiration als Beruf. Deutsche Geheimdienstchefs im Kalten Krieg, 2003, S. 179, 192 f.

**Shpetim Bajrami, Sandra Franz, Stefan Kaschube**

letztendlich auch von dessen ab 1953 erneut gefestigten Stellung im Parteiapparat und wurde 1957 offiziell Minister für Staatssicherheit. Dieses Amt hatte er bis November 1989 inne.[15]

**43**    Die neben *Zaisser* und *Ulbricht* dritte Person, die die Entwicklung des MfS deutlich geprägt hat, ist *Kurt Fischer*. Sein Weg innerhalb des sozialistischen Deutschlands begann in Sachsen. Die Umstrukturierungen wie Bodenreform, Enteignung, Sequestrierung und die Entnazifizierung des öffentlichen Dienstes wurden hier deutlich schneller vorangetrieben als in anderen Bereichen der SBZ. Maßgeblich dafür verantwortlich war der ambitionierte 1. Vizepräsident der Landesverwaltung Sachsen, *Kurt Fischer*. Sein Eifer brachte ihm bereits 1946 die Position des Innenministers innerhalb der Landesverwaltung ein, im August 1948 wurde er zum Leiter des DVdI berufen, 1949 wurde er Generalinspekteur der Volkspolizei. Damit unterstanden ihm die Landesentnazifizierungs- und Landesbodenkommissionen, die Personalpolitik, der Aufbau der Polizei, die Kontrolle der Kommunalverwaltungen und ab Ende der 1940er Jahre noch die Abteilungen Schulung und Organisations-Instrukteur, die vor allem der parteipolitischen Indoktrinierung und Kontrolle der Mitarbeiter diente.[16] Er wäre ein potentieller Kandidat für eine führende Position im MfS gewesen, wäre er nicht bereits 1950 gestorben.

**44**    Als Nachfolgeorganisation des MfS ist vor allem das Amt für Nationale Sicherheit (AfNS) zu nennen. Hierbei handelt es sich aber eigentlich nur um eine Umbenennung, die am 17.11.1989 vorgenommen wurde. Die unter Ministerpräsident *Hans Modrow* gebildete neue Regierung der DDR teilte diese Umwandlung offiziell mit, war aber nicht in der Lage zu verschleiern, dass es sich dabei nur um einen wenig realistischen Versuch handelte, wichtige Strukturen und personelle Bestände des MfS zu erhalten. Zwar teilte noch am Tag seiner Wahl der neue Amtschef *Wolfgang Schwanitz* den Mitarbeitern des MfS mit, dass der „Prozess der revolutionären Erneuerung" uneingeschränkt zu unterstützen sei. Neues Denken und Änderungsvorschläge erwarte man von allen Mitarbeitern.[17] Doch die angedachte Umstrukturierung und Verkleinerung wurde aufgrund der zunehmenden Proteste und dem ansteigenden Druck der demokratischen Kräfte nicht mehr umgesetzt und

---

[15] Vgl. *J. Gieseke*, Mielke, Erich, in: Engelmann, Das MfS-Lexikon. Begriffe, Personen und Strukturen der Staatssicherheit der DDR, 2012, S. 230, 230 f.

[16] Vgl. *H. A. Welsh*, Sachsen. II. Staatliche Institutionen, A. Landesregierung und -verwaltung, in: Broszat/Weber, SBZ-Handbuch. Staatliche Verwaltungen, Parteien, gesellschaftliche Organisationen und ihre Führungskräfte in der Sowjetischen Besatzungszone Deutschlands 1945–1949, 1993, S. 126, 135.

[17] Vgl. *W. Süß*, Amt für Nationale Sicherheit (AfNS), in: Engelmann, Das MfS-Lexikon. Begriffe, Personen und Strukturen der Staatssicherheit der DDR, 2012, S. 37.

**Shpetim Bajrami, Sandra Franz, Stefan Kaschube**

die Auflösung des AfNS am 14.12.1989 schließlich beschlossen. Die demokratische Opposition verhinderte zudem auch die Gründung eines „Verfassungsschutz der DDR" und eines „Nachrichtendienst der DDR". Das AfNS wurde im Laufe des Jahres 1990 ersatzlos aufgelöst, sein Personal entlassen oder pensioniert, seine Aktenbestände wurden durch Bürgerkomitees gesichert und sind heute in den Archiven des BStU zugänglich.[18]

Interessant ist nun die Frage, ob sich die Strukturen des MfS nach 1990 tatsächlich auflösten. Von einem vollkommenen Schlussstrich, wie ihn sich die meisten Politiker nach der Wiedervereinigung wünschten, war man jedenfalls weit entfernt. 1990 lag ein wesentlicher Teil der historischen Aufarbeitung noch vor den Verantwortlichen, abgeschlossen ist dieser Bereich auch zum Zeitpunkt der jetzigen Veröffentlichung noch nicht. Neben den Aktenbergen mit denen das BStU sich nach wie vor beschäftigt, lieferten ehemalige Mitarbeiter der Staatssicherheit Anlass zu der Frage, inwieweit Strukturen des einstigen Geheimdienstapparates weiterwirkten. Hierzu zählen vor allem auch die Teile des Nachrichtendienstes der DDR, der Hauptverwaltung Aufklärung (kurz HVA), die im Laufe des Jahres 1990 vom sowjetischen Geheimdienst KGB übernommen wurde und nach Erkenntnissen des Bundesamtes für Verfassungsschutz auch nach dem Beitritt der DDR zur BRD für diese weiterarbeitete. Die durch die Vernichtung der personenbezogenen Unterlagen der HVA erst ermöglichte Übernahme verschiedener Mitarbeiter durch den KGB und die Übernahme von durch das MfS verwendete Quellen und Akten wurde von verschiedenen Betroffenen bestätigt.[19] Die Generalbundesanwaltschaft ging unmittelbar nach der Wiedervereinigung diesen Hinweisen nach und suchte ebenso nach Hinweisen auf ehemalige Angestellte der Staatssicherheit in der alten Bundesrepublik. Zahlreiche Personen konnte enttarnt werden, bis zum Jahr 1992 wurden mehr als zweitausend Verfahren gegen Agenten eröffnet, die in der BRD tätig gewesen waren. 1995 folgte das erste Urteil gegen Offiziere, die nach der Wiedervereinigung für den KGB weitergearbeitet hatten. Die Verurteilungen ehemaliger Agenten aus der DDR, die bis zum 10. Oktober 1990 in der Bundesrepublik tätig gewesen waren, blieb unter Politikern und Juristen strittig, es gilt nach wie vor als fragwürdig, ob es sich hierbei tatsächlich um Landesverrat handelt.[20]

45

---

[18] Vgl. *K. W. Fricke*, Staatssicherheit, Ministerium für (MfS), in: Eppelmann/Möller, Lexikon des DDR-Sozialismus. Das Staats- und Gesellschaftssystem der Deutschen Demokratischen Republik, 1996, S. 595, 600 f.
[19] Vgl. Bundesministerium des Inneren, Verfassungsschutzbericht 1992, 1993, S. 185 f.
[20] Vgl. *M. Richter*, Die Staatssicherheit im letzten Jahr der DDR, 1996, S. 254 ff.

71

**Shpetim Bajrami, Sandra Franz, Stefan Kaschube**

## § 1

**46**    Neben den vom KGB übernommenen Mitarbeitern und Strukturen des MfS gab es noch weitere Formen des Weiterwirkens der Staatssicherheit. Die Forschung hierzu ist nach wie vor dünn und stützt sich hauptsächlich auf Aussagen von Personen, die Kraft ihres Amtes Glaubwürdigkeit für sich beanspruchen. So erklärte der heutige Bundespräsident *Joachim Gauck* im September 1990 gegenüber der Zeitung „Die Welt", dass die Auflösung der Staatssicherheit weder personell, noch strukturell, noch materiell abgeschlossen sei. Seilschaften dienten dabei als Weg und Suchkriterium in ein neues Leben.[21] In einem Interview mit dem Nachrichtenmagazin Spiegel erklärte Verfassungsschutzpräsident *Gerhard Boeden* im Oktober 1990 auf die Frage nach noch nicht zerschlagenen alten Strukturen der Stasi: „Wir wissen von Kreisen, in denen ehemalige MfS-Angehörige zusammenkommen und über die Zukunft nachdenken. Darunter gibt es Leute, die darauf hoffen, dass eines Tages sich alles wieder wenden werde. (…) Es gibt andere, die ihr Heil beim KGB suchen."[22]

**47**    Eine in Zukunft noch zu untersuchende Forschungsfrage bleibt, inwiefern kleinere Bereiche des Amtes für Nationale Sicherheit in die neue Regierungsstruktur nach der Volkskammerwahl vom März 1990 oder sogar nach der Wiedervereinigung übernommen worden sind. Fraglos fanden auch zahlreiche ehemalige Mitarbeiter des MfS in bundesdeutschen Diensten neue Arbeit. Bereits im November 1989 scheinen das Amt für Nationale Sicherheit, der Verfassungsschutz und andere Behörden damit begonnen zu haben, Mitarbeiter abzuwerben. Neben diesen bundesdeutschen Stellen und der Sowjetunion soll ebenso die CIA sehr daran interessiert gewesen sei, Mitarbeiter zu übernehmen. Auf die Überläufer warteten zudem Straffreiheit und siebenstellige Geldsummen.[23]

### III. Nr. 1 – Persönliche Schicksalsaufklärung

**48**    § 1 Abs. 1 Nr. 1 zielt auf die persönliche Schicksalsaufklärung des Einzelnen *durch* den Einzelnen, indem ihm ein Zugang zu den vom Staatssicherheitsdienst zu seiner Person gespeicherten Informationen geschaffen wird.

Durch Nennung dieses Zweckes an erster Stelle will das Gesetz den im demokratischen Rechtsstaat unverzichtbaren Rechtsfrieden fördern.[24] Denn für die von

---

[21] Vgl. *M. Richter*, Die Staatssicherheit im letzten Jahr der DDR, 1996, S. 256.
[22] Vgl. *G. Boeden*, „Die PDS muss aufpassen." Verfassungsschutzpräsident Gerhard Boeden über Stasi und Spione 1990, 22.
[23] Vgl. *M. Richter*, Die Staatssicherheit im letzten Jahr der DDR, 1996, S. 259 f.
[24] Gerade der demokratische Rechtsstaat definiert seine Wertemaximen durch Rechtssicherheit und Friedenswahrung, erläuternd *R. Scholz*, NJW 1983, 705 ff.

**Shpetim Bajrami, Sandra Franz, Stefan Kaschube**

der Diktatur betroffenen Menschen war es nach dem Zerfall der DDR besonders wichtig, das bis dahin ungewisse Ausmaß der persönlichen Betroffenheit durch das Stasiregime aufzudecken. Diese Stimmungslage[25] bekam politisches Gewicht und wurde zur „Kernforderung" der Bürgerbewegung. Darüber hinaus dient diese Zweckbestimmung der rechtsstaatlichen Transparenzfunktion[26] und markiert insofern einen Kontrast zum Argwohn zwischen Bürger und Staat in der DDR-Wirklichkeit. Somit dient Nr. 1 auch einer rechtlichen Wiedergutmachung.[27] Jedoch ist der Begriff der Wiedergutmachung nicht wie in § 20 Abs. 1 Nr. 1 zu verstehen, wo es um die sozialen Ausgleichsleistungen als Kompensation der erlittenen Zwangsentbehrung geht (§ 15 Rn. 314). Hierbei geht es um die Wiedererlangung der freiheitlichen Selbstbestimmung im Gegensatz zum ausgeprägten Paternalismus in der DDR. Transparenz, also die Offenlegung der in staatlicher Hand befindlichen Unterlagen durch nachvollziehbare Verfahren, ist dafür ein notwendiger Zwischenschritt. Weiterhin kann diese rechtliche Wiedergutmachung als eine Voraussetzung für die gesellschaftliche Aussöhnung von Tätern und Opfern dienen, welche wiederum die Voraussetzung für eine stabile Gesellschaft ist.[28] Wiedergutmachung ist darüber hinaus eine Station innerhalb eines effektiven Aufarbeitungsprozesses, der erst in einer stabilen Gesellschaft ermöglicht werden kann.

Darüber hinaus soll dadurch das latente Misstrauen[29] zwischen den Bürgern beseitigt werden, welches über die zwischenmenschliche Dimension hinaus Rechtserheblichkeit erlangen kann, etwa in Form von Straftaten gegen die Rechtspflege und die persönliche Ehre. Es soll dadurch Verleumdungen, falsche Verdächtigungen, Nötigungs- und Erpressungsversuchen vorgebeugt werden.[30] Es gab eine Vielzahl von inoffiziellen Mitarbeitern (IM), die sich zur Lieferung von Informationen an den Staatssicherheitsdienst bereiterklärt haben. Nach heutigen, allerdings umstrittenen Angaben betrug die Zahl der inoffiziellen Mitarbeiter 189.000 (§ 6 Rn. 144).[31] Die Menschen, die innerhalb der DDR lebten, kannten weder die genaue Zahlen, noch die einzelnen Personen, die als IM tätig waren. Auf Grund dessen entstand eine Atmosphäre des Misstrauens, deren Bereinigung durch den Erlass des Stasi-Unterlagen-Gesetzes gefördert werden sollte. Nr. 1 ermöglicht es dem Einzelnen selbst

**49**

---

[25] So auch Schmidt/Dörr, StUG, 1993, § 1 Rn. 4.
[26] Zur Analyse der transparenzrelevanten Aspekte des Rechtsstaatsprinzips *J. Bröhmer*, Transparenz als Verfassungsprinzip, 2004, S. 146 ff.
[27] Ähnlich Stoltenberg/Bossack, StUG, 2012, § 1 Rn. 3.
[28] *J. Drohla*, Aufarbeitung versus Allgemeines Persönlichkeitsrecht, 2011, S. 102.
[29] *J. Pietrkiewicz/J. Burth*, in: Geiger/Klinghardt, StUG, 2. Aufl. 2006, § 1 Rn. 5.
[30] *J. Pietrkiewicz/J. Burth*, in: Geiger/Klinghardt, StUG, 2. Aufl. 2006, § 1 Rn. 5.
[31] So die Angabe der Bundesregierung, die jedoch umstritten ist, vgl. BT-Drucks. 17/13581.

**Shpetim Bajrami, Sandra Franz, Stefan Kaschube**

festzustellen, auf welche Art der Staatssicherheitsdienst sein persönliches Schicksal beeinflusste.[32] Es geht dabei gerade darum, jenen tiefen Eingriff ganz konkret erkennen und nachvollziehen zu können,[33] denn erst dadurch kann dem Einzelnen seine Vergangenheit vollumfänglich bewusst werden. Diesen Erkenntnisgewinn zu ermöglichen, ist wesentlicher Gehalt des § 1 Abs. 1 Nr. 1.

Daraus folgend fördert Nr. 1 den Wiederaufbau des zwischenmenschlichen Vertrauens. „Denn die Nicht-Identifizierung würde bedeuten, dass ein wichtiger Teil der Aufklärungsarbeit wiederum im Ungewissen verbleibt und nach wie vor Raum für Spekulationen lässt."[34] Es geht gerade darum, dass die Menschen nicht weiter in Angst und Unklarheit verharren sollen, denn sie wussten nicht, von welchen vermeintlichen Vertrauenspersonen wie Angehörigen, Freunden und Nachbarn sie in ihrer Privatsphäre bespitzelt wurden. Wenn man also anhand des Zugangs zu den gespeicherten Informationen die im persönlichen Umfeld tätigen Stasi-Spitzel identifizieren kann, so kann man sein Verhalten entsprechend ausrichten und lebt diesbezüglich in Klarheit und Sicherheit.

50 Weiterhin formt diese Zwecksetzung durch die Förderung des individuellen Bewusstmachens des Vergangenen zur persönlichen Gestaltung des Künftigen die individuelle Dimension der Aufarbeitung.[35] Dabei geht es darum, dem Einzelnen die Auseinandersetzung mit seiner Vergangenheit als Akt der Befreiung, als quasi therapeutischem Schritt aus der Befangenheit der Diktaturerfahrung zu ermöglichen.[36] Annäherungsweise kann individuelle Aufarbeitung als aktives Erinnern des Einzelnen beschrieben werden, das eine Voraussetzung für die individuelle Überwindung der Diktaturfolgen ist, um so zum selbst- und rechtsbewussten Bürger in der gelebten Demokratie zu werden.[37] Somit schafft § 1 Abs. 1 Nr. 1 eine Verbindung für einen weiten Aufarbeitungsbegriff in Nr. 3. Gesetzlich konkretisiert wird die individuelle Aufarbeitung in den §§ 3, 12 ff.

51 Durch das Einräumen des Zugangs zu den persönlichen Informationen, wesentlich in Form von Akten, beinhaltet Nr. 1 eine Ausprägung des grundrechtlich gewährleisteten Persönlichkeitsrechts. Diese Zwecksetzung an erster Stelle macht deutlich,

---

[32] Schmidt/Dörr, StUG, 1993, § 1 Rn. 4.
[33] Stoltenberg/Bossack, StUG, 2012, § 1 Rn. 3.
[34] LG Frankfurt (Oder), 17 O 174/05 vom 21.10.2005 (BeckRS).
[35] Inhaltlich übereinstimmend *Bossack,* sie nennt es aber biographische Dimension der Aufarbeitung, Stoltenberg/Bossack, StUG, 2012, § 1 Rn. 3; auch von der persönlichen Aufarbeitung spricht Schmidt/Dörr, StUG, 1993, § 1 Rn. 4.
[36] *C. Booß,* HuG 56 (2006), 47.
[37] *C. Booß,* HuG 56 (2006), 47, 48.

**Shpetim Bajrami, Sandra Franz, Stefan Kaschube**

dass die individuelle Selbstbestimmung über die eigenen Informationen ein sehr wichtiges Anliegen des StUG ist. Jedermann muss seine Biographie und Lebensgeschichte eigenverantwortlich rekonstruieren können, dieses Recht ist Gegenstand der Grundbedingung menschlicher Identitätsbildung.[38] Das Recht auf informationelle Selbstbestimmung als Ausprägung des Allgemeinen Persönlichkeitsrechts berechtigt den Einzelnen zu wissen, welche Informationen über seine Person existieren[39], aber auch sich selbst verstehen, entwerfen und präsentieren zu können. Das Persönlichkeitsrecht ist ein sensibles, weil häufig und leicht zu beeinträchtigendes verfassungsrechtliches Gut. Wegen dieser immer vorhandenen Beeinträchtigungsmöglichkeit ist der Gesetzgeber verpflichtet, für ein bestimmtes Maß an positivem Schutz des Persönlichkeitsrechts Sorge zu tragen.[40] § 1 Abs. 1 Nr. 1 schafft die rechtliche Voraussetzung für Nr. 2.

**IV. Nr. 2 – Schutz des Persönlichkeitsrechts**

§ 1 Abs. 1 Nr. 2 führt den Schutz des Persönlichkeitsrechts als eigenständigen Zweck des StUG auf. Das Persönlichkeitsrecht, verankert in Art. 2 Abs. 1 i.V.m. Art. 1 Abs. 1 GG, beinhaltet u.a. das Selbstdarstellungsrecht einer Person in der Öffentlichkeit.[41] So kann jeder Einzelne selbst darüber entscheiden, wie er sich nach außen, also auch gegenüber Dritten profilieren will.[42] Daraus resultiert das Recht am eigenen Wort und Bild im Hinblick auf dessen Verbreitung in der Öffentlichkeit.[43]

**52**

Eine für das StUG besonders relevante Ausprägung des Persönlichkeitsrechts ist das Recht auf informationelle Selbstbestimmung; nämlich die Befugnis des Einzelnen, grundsätzlich selbst zu bestimmen, wann und innerhalb welcher Grenzen persönliche Lebenssachverhalte offenbart werden.[44] Nur durch die Grundlage des Rechts auf informationelle Selbstbestimmung kann die Persönlichkeitsbildung und Persönlichkeitsausbildung verwirklicht werden. Denn nur durch die Gewährleistung der

---

[38] So *U. Di Fabio*, in: Maunz/Dürig, GG, 81. Lfg., Art. 2 Rn. 215, konkret Bezug nehmend auf die Unrechtspraxis des Ministeriums für Staatssicherheitsdienst der ehemaligen DDR; ähnlich dazu *H. Dreier*, in: Dreier, GG, Bd. 1, 3. Aufl. 2013, Art. 2 Rn. 78.

[39] Vgl. *J. Pietrkiewicz/J. Burth*, in: Geiger/Klinghardt, StUG, 2. Aufl. 2006, § 1 Rn. 5.

[40] *U. Di Fabio*, in: Maunz/Dürig, GG, 81. Lfg., Art. 2 Rn. 135.

[41] *H. D. Jarass*, NJW 1989, 857 ff.

[42] Dazu genauer BVerfGE 63, 131, 32; *A. Pollaczek*, Pressefreiheit und Persönlichkeitsrecht, 2012, S. 18 ff; *U. Di Fabio*, in: Maunz/Dürig, GG, 81. Lfg., Art. 2 Rn. 166; *H. D. Jarass*, NJW 1989, 857 ff.

[43] BVerfGE 34, 238; dazu besonders relevant die *Kohl-Entscheidung*, BVerwG, NJW 2004, 2462; erläuternd dazu *K. Bonitz*, Persönlichkeitsrechtsschutz im Stasi-Unterlagen-Gesetz, 2009, S. 67 f.

[44] BVerfGE 65, 1; *H. Dreier*, in: Dreier, GG, Bd. 1, 3. Aufl. 2013, Art. 2 Rn. 79 ff.

**Shpetim Bajrami, Sandra Franz, Stefan Kaschube**

Rekonstruktion der persönlichen Lebensgeschichte durch die Einsicht in die eigenen Akten kann der Einzelne die Beeinträchtigungsvorgänge und Manipulationen in der eigenen Biografie nachvollziehen.[45] § 1 Abs. 1 Nr. 2 ist hier eine Art Schutzpflichtverwirklichung.

**53** Nr. 2 ergänzt Nr. 1 im Hinblick auf den Persönlichkeitsrechtsschutz. Während die Nr. 1 dem Einzelnen Zugang zu seinen Akten gewährt, also das Material zur Identitätsbildung bereitstellt, beginnt Nr. 2 nach dieser Phase der persönlichen Identitätsbildung, indem er die Präsentation des „verarbeiteten Materials" in den Blick nimmt. Das Verhältnis zwischen Nr. 1 und Nr. 2 kann also als Innenseite und Außenseite des Persönlichkeitsrechts verstanden werden. Es geht einerseits um die Selbstentfaltung im persönlichen Bereich und um die nach außen gerichtete Selbstdarstellung andererseits.[46]

**54** Dieser Persönlichkeitsrechtsschutz ist programmatischer Leitgedanke und prägt die Konzeption und die Ausgestaltung des gesamten Gesetzes; es handelt sich hier um den Persönlichkeitsschutz von mehr als 6 Millionen Menschen.[47] So wird das Persönlichkeitsrecht dann geschützt, wenn es mit anderen Normen und den daraus folgenden Verwendungsbefugnissen der Akten für Dritte im Einzelfall kollidiert. Ausgeformt im Gesetz heißt es oftmals, dass „überwiegend schutzwürdige Interessen anderer Personen nicht beeinträchtigt werden dürfen" (z.B. § 3 Abs. 3). Kern dieser Interessen ist zumeist das Allgemeine Persönlichkeitsrecht. Der Schutz des Persönlichkeitsrechts ist also der Grundsatz und Leitgedanke des StUG.

Vom Schutz persönlichkeitsrelevanter Informationen nach dem StUG sind prioritär Betroffene (§ 6 Abs. 3) und Dritte (§ 6 Abs. 7) umfasst. So sind die Informationen über Dritte und Betroffene aus rechtsstaatlicher Perspektive schutzwürdig und auch schutzbedürftig.[48] Das bedeutet nicht, dass nur sie in den verfassungsrechtlichen Schutzbereich des Persönlichkeitsrechts aus Art. 2 Abs. 1 i.V.m Art. 1 Abs. 1 GG fallen, allerdings wiegen ihre Interessen im besonderem Maße. Eine entsprechende verfassungsrechtliche Differenzierung ergäbe sich demnach in einer Verhältnismäßigkeitsprüfung. Das StUG hat die Schutznotwendigkeit von Betroffenen und Dritten in den §§ 3 Abs. 3, 4 Abs. 4, 5 Abs. 1 Satz 1, 12 Abs. 4 S. 2, 25 Abs. 1 Satz 1, 29 Abs. 2, 30 Abs. 1, 32 Abs. 1 S. 2, Abs. 3 S. 2, 32 a, erkannt und umgesetzt.

---

[45] U. Di Fabio, in: Maunz/Dürig, GG, 81. Lfg., Art. 2 Rn. 215.
[46] H. Dreier, in: Dreier, GG, Bd. 1, 3. Aufl. 2013, Art. 2 Rn. 70.
[47] Stoltenberg/Bossack, StUG, 2012, § 1 Rn. 5.
[48] Weberling, StUG, 1993, § 1 Rn. 1.

**Shpetim Bajrami, Sandra Franz, Stefan Kaschube**

Anders hingegen die Mitarbeiter (§ 6 Abs. 4) des MfS, die zwar auch schutz-  **55**
bedürftig, aber nicht in dem Maße schutzwürdig sind, weil diese teilweise men-
schenrechtswidrig über Jahrzehnte das Persönlichkeitsrecht anderer beeinträchtigten.[49] Diese Umstände finden ebenso verfassungsrechtlich auf der Abwägungs-
ebene ihre Berücksichtigung. Denn es wäre widersprüchlich, wenn Leute, die den
Wert des Persönlichkeitsrechts durch eigene Verhaltensweisen ständig missachteten,
von genau diesem Persönlichkeitsrecht einen starken Schutz beanspruchen können.
Jedoch muss dabei je nach Art der Information differenziert werden. Schließlich war
es nicht untypisch, dass eine einzelne Person Betroffener, Dritter und Mitarbeiter
zugleich war (§ 6 Rn. 168). Während diese Person in einigen Unterlagen zur
Personenkategorie der Betroffenen gehört und innerhalb dieser Unterlagen besondere Schutzwürdigkeit genießt, ist dieser Schutz bei allen anderen Informationen
rund um die Tätigkeit beim MfS gemindert. Das bedeutet nicht, dass Mitarbeitern
das Persönlichkeitsrecht nicht zustünde, sondern ggf. nur, dass der Schutzmaßstab
des Persönlichkeitsrecht in ihrer Eigenschaft als Mitarbeiter gemindert ist. Deutlich
wird die mangelnde Schutzwürdigkeit von Mitarbeitern und auch Begünstigten unter
anderem durch den Umkehrschluss in § 44. Darin wird die Veröffentlichung von
wesentlichen Teilen von personenbezogenen Informationen über Betroffene oder
Dritte unter Strafe gestellt, von Mitarbeitern gerade nicht.

### V.  Nr. 3 – Gewährleistung der Aufarbeitung

§ 1 Abs. 1 Nr. 3 nennt die Gewährleistung und Förderung der Aufarbeitung als  **56**
eigenständigen Zweck des StUG. Nach dem Zerfall der DDR stand der Gesetzgeber
vor der grundlegenden Entscheidung, ob die vom MfS jahrzehntelang gesammelten
Informationen der Öffentlichkeit zur Verfügung gestellt werden sollten. Es ging
dabei um eine immense Menge von Akten (ca. 180 lfd. km), die das Ministerium für
Staatssicherheit im Zuge seiner 40jährigen Tätigkeit anlegte; die Aufarbeitung dieser
historisch beispiellosen „Altlast" stellte ein besonderes Problem dar, vor allem, weil
der Inhalt der Akten in erheblichem Maße persönlichkeitsrechtsrelevant ist.[50] Dabei
war die Kernforderung der Bürger an die Politik, die Informationen im Sinne der
Aufarbeitung offen zu legen. Die darin verdeutlichte kollektive Sorge um die
Unterlagen, zumal die jeweils eigene, stellt ein historisches Novum dar.[51] Durch die
Aufnahme der Aufarbeitung in den Zielekatalog des StUG wurde Aufarbeitung vom

---

[49] So auch *J. Pietrkiewicz/J. Burth*, in: Geiger/Klinghardt, StUG, 2. Aufl. 2006, § 1 Rn. 6; ähnlich auch Stoltenberg, StUG, 1992, § 1 Rn. 8.
[50] *A. Engel*, Die rechtliche Aufarbeitung der Stasi-Unterlagen auf der Grundlage des StUG,
1995, S. 27 f.
[51] *C. Vismann*, Akten, 2. Aufl. 2001, S. 307.

**Shpetim Bajrami, Sandra Franz, Stefan Kaschube**

politischen Schlagwort zu einem Rechtsbegriff[52] und zum wichtigen Bestandteil für das Prinzip der Rechtsstaatlichkeit.[53] Das Ziel des Rechtsstaatsprinzips ist gerade, eine durch das Recht geschaffene Friedensordnung zu garantieren und auch zu gewährleisten, sodass im Verhältnis der Bürger untereinander Frieden herrscht.[54] Sodass die Entscheidung des Gesetzgebers für die Öffnung der Stasi-Unterlagen eine historisch und rechtlich bedeutsame Grundsatzentscheidung ist.[55]

**57** Der Begriff der Aufarbeitung wird zwar nicht legaldefiniert[56] (§ 32 Rn. 567), jedoch ist bei Gesamtbetrachtung des § 1 festzustellen, dass das Gesetz die vier wesentlichen Dimensionen der Aufarbeitung benennt. Zusätzlich formt der § 1 diese Dimensionen inhaltlich aus; die weitere Konkretisierung erfolgt dann durch die besonderen Vorschriften des StUG. Folglich kann man von einer Formung der Dimensionen der Aufarbeitung sprechen.

**58** Nr. 3 stellt eine Ergänzung zu Absatz 1, Nr. 1 und Nr. 4 im Hinblick auf den Begriff der Aufarbeitung dar. Absatz 1 beinhaltet die technisch-administrative Aufarbeitung, wobei die einzelnen Stufen chronologisch systematisiert werden. Dadurch wird die formelle Voraussetzung geschaffen, die die materielle Aufarbeitung ermöglicht und effektiviert. Nr. 1 nennt die persönliche bzw. individuelle Aufarbeitung (§ 1 Rn. 50). Absatz 1 Nr. 3 hingegen enthält die kollektive Aufarbeitung, d.h. die Dimension der Aufarbeitung, die die Gesellschaft als Gesamtheit leisten muss und, die einen gemeinsamen Zweck erfüllt. Die kollektive Aufarbeitung ist in Absatz 1 Nr. 3 ausdrücklich benannt und differenziert in die historische, politische und juristische Aufarbeitung. Die kollektive und die individuelle Aufarbeitung sind aber nicht trennscharf voneinander abzugrenzen. Insbesondere können sie dann kongruent sein, wenn es beispielsweise um Schicksalsaufklärung einer einzelnen Person geht, die politisches Gewicht hat.[57] Der Aufarbeitungsbegriff wird durch Nr. 4 erweitert, denn Absatz 1 Nr. 4 ist letztlich die institutionelle Dimension der Aufarbeitung (§ 1 Rn. 62).

---

[52] *J. Pietrkiewicz/J. Burth*, in: Geiger/Klinghardt, StUG, 2. Aufl. 2006, § 1 Rn. 6; ähnlich auch Stoltenberg, StUG, 1992, § 1 Rn. 7.
[53] Ähnlich dazu *C. Booß*, HuG 56 (2006), 47, 47 ff.
[54] *M. Morlok/L. Michael*, Staatsorganisationsrecht, 2013, § 7 Rn. 308.
[55] Stoltenberg, StUG, 1992, § 1 Rn. 9.
[56] So feststellend *C. Booß*, HuG 56 (2006), 47.
[57] Zum Beispiel die Rechtssache *Kohl*: VG Berlin NJW 2001, 2987 ff.; BVerwG NJW 2002, 1815 ff.; VG Berlin NJW 2004, 457 ff.; BVerwG NJW 2004, 2462 ff.

**Shpetim Bajrami, Sandra Franz, Stefan Kaschube**

Die kollektive Aufarbeitung beinhaltet die historische, politische und juristische **59** Aufarbeitung. Konkretisiert wird diese Dimension zunächst einmal nicht. Erst § 32 spezifiziert: Für die Forschung zum Zwecke der politischen Bildung und zum Zweck der politischen und historischen Aufarbeitung der Tätigkeit des Staatssicherheitsdienstes oder der Herrschaftsmechanismen der ehemaligen Deutschen Demokratischen Republik oder der ehemaligen sowjetischen Besatzungszone. Diese Regelung entspricht einem Verständnis der Unterlagen des MfS als kollektives Gedächtnis[58], das mit Blick auf die Vergangenheit sinn- und identitätsstiftend ist (§ 3 Rn. 68). Basierend auf diesem Ausgangspunkt, richtet sich der kollektive Aufarbeitungsprozess aber gerade zentral auf die Zukunft, da durch § 32 der Forschungszweck der Aufarbeitung dienen muss (§ 32 Rn. 568). Hier besteht der wesentliche Unterschied zur individuellen Aufarbeitung, wo es, wie es durch den Wortlaut aus Nr. 1 hervorgeht, gerade um die persönliche Schicksalsaufklärung geht, also um die Erschließung in der Vergangenheit liegender Ereignisse. § 34 bestimmt weiterhin für Presse, Rundfunk und Film eine entsprechende Anwendung der Regelung. Dadurch bekräftigt das StUG die Informations- und Kontrollfunktion der Presse, die sich aus der Rechtsstellung in der Verfassung ergibt, gem. Art. 5 Abs. 1 GG.[59] Die juristische Aufarbeitung wird durch § 23 ergänzt, wonach Unterlagen repressiv zur Verfolgung und präventiv insbesondere zur Verhütung von Straftaten verwendet werden dürfen.

## VI. Nr. 4 – Die Zurverfügungstellung an öffentliche und nicht öffentliche Stellen

§ 1 Abs. 1 Nr. 4 regelt schließlich die Zurverfügungstellung der erforderlichen **60** Informationen für die im Gesetz genannten Zwecke für öffentliche und nicht-öffentliche Stellen. Durch die Erwähnung der Möglichkeit, Unterlagen an nicht-öffentliche Stellen herauszugeben, wird besonders deren Bedeutung für die Erreichung der StUG-Zwecke hingewiesen.[60] Die Informationen dienen vor allem Personalüberprüfungen und erhalten dadurch besondere Bedeutung.[61] Hierdurch wird verdeutlicht, dass es noch weitere, über die in den Nummern 1-3 genannten Zwecken hinausgehende Interessen an der Verwendung der Unterlagen gibt.[62]

---

[58] *P. Steinbach*, Löschung der Geschichte durch Löschung der Akten. Schleichendes Ende der Gauck-Beörde?, in: Unverhau, Das Stasi-Unterlagen-Gesetz im Lichte von Datenschutz und Archivgesetzgebung, 1998, S. 191, 194.
[59] BVerfGE 20, 162, 230.
[60] Stoltenberg, StUG, 1992, § 1 Rn. 10.
[61] Stoltenberg, StUG, 1992, § 1 Rn. 10.
[62] Schmidt/Dörr, StUG, 1993, § 1 Rn. 7.

**Shpetim Bajrami, Sandra Franz, Stefan Kaschube**

**61**   Der Zugang, das Verfahren, der inhaltliche Umfang und die Zweckvoraussetzungen von Unterlagen durch öffentliche und nicht öffentliche Stellen werden im zweiten Unterabschnitt des StUG geregelt. Insbesondere die Interessen werden abschließend in den §§ 20 ff. genannt. § 1 Abs. 1 Nr. 4 dient so der Einbeziehung dieser Regelungen in die im § 1 hervorgehobenen Gesetzeszwecke.[63] Dies schlägt sich in der Systematik des § 20 nieder, wo es um die einzelnen Verwendungsbefugnisse der öffentlichen und nicht öffentlichen Stellen geht, denn dort sind die Zwecke aus Nr. 1–3 teilweise wortgleich wiederzufinden. Insbesondere Abs. 3 von §§ 20 und 21 spiegelt das Spannungsverhältnis zwischen Aufarbeitung und Persönlichkeitsrecht im Rahmen der Zurverfügungstellung der Unterlagen an öffentliche und nicht öffentliche Stellen wider (§ 20, Rn. 397).

**62**   Nr. 4 formt die institutionelle Dimension der Aufarbeitung. Diese ist eng mit den anderen Zwecken nach § 1 verknüpft. Denn die Nr. 1–3 sind teilweise notwendig, um den Zweck aus Nr. 4 zu realisieren. Der wesentliche Unterschied bei dieser Dimension der Aufarbeitung besteht darin, dass der Normadressat, also öffentliche und nicht öffentliche Stellen, nicht selbst und unmittelbar von den Tätigkeiten des MfS betroffen ist. Nr. 4 erfüllt die über Nr. 1 und Nr. 3 hinausgehenden sonstigen gesellschaftlichen Zwecke aller Art. Deshalb hat Nr. 4 eine auffangende Funktion. Dies wird durch die systematische Nennung an vierter und letzter Stelle bestätigt.

## C.   Zu Abs. 2

**63**   Absatz 2 legt fest, dass das StUG für alle Stasi-Unterlagen gilt, unabhängig von der Personenbezogenheit oder deren aktuellem Aufbewahrungsort. Der Anwendungsbereich ist vom Gesetzgeber bewusst weit gefasst, da auch viele nicht personenbezogene Unterlagen schützenswerte Informationen enthalten und es deshalb nicht sachgerecht erscheint, schon im Voraus bestimmte Unterlagen aus dem Anwendungsbereich des StUG auszuschließen.[64] Die in den nicht-personenbezogenen Unterlagen enthaltenen Informationen über das MfS, wie z.B. Organisationspläne, ermöglichen erst ein Verständnis der Arbeits- und Wirkungsweise des MfS, ohne welches die Arbeit des BStU wesentlich erschwert wäre.[65] Der Begriff „Unterlagen des Staatssicherheitsdienstes" wird in § 6 Abs. 1 legaldefiniert und der Anwendungsbereich des StUG dadurch näher konkretisiert (§ 6 Rn. 111).

---

[63] *J. Pietrkiewicz/J. Burth*, in: Geiger/Klinghardt, StUG, 2. Aufl. 2006, § 1 Rn. 8; Schmidt/Dörr, StUG, 1993, § 1 Rn. 7.
[64] Schmidt/Dörr, StUG, 1993, § 1 Rn. 9.
[65] Stoltenberg/Bossack, StUG, 2012, § 1 Rn. 9.

**Shpetim Bajrami, Sandra Franz, Stefan Kaschube**

Im Gegensatz zu Abs. 1 umfasst der in Abs. 2 normierte gegenständliche Anwendungsbereich auch Unterlagen, die in den Besitz des MfS gelangt sind, d.h. NS-Unterlagen und Unterlagen der SED und anderer Massenorganisationen.[66]

Bei öffentlichen Stellen des Bundes oder der Länder können in den jeweiligen Archiven Unterlagen lagern, die als Stasi-Unterlagen einzustufen sind und somit dem StUG und nicht den jeweiligen Archivgesetzen unterliegen.[67] Dies ist dem Umstand geschuldet, dass das MfS über riesige Mengen an Akten verfügte, die bis heute noch nicht komplett erschlossen werden konnten und so noch in anderen Archiven lagern oder thematisch nicht mit der Arbeit des MfS in Verbindung gebracht werden.[68] Bezogen auf die Unterlagen des Staatssicherheitsdienstes fungiert das StUG als lex specialis zu den Archivgesetzen des Bundes und der Länder. Es geht ihnen also immer zwingend vor, was Unterlagen des MfS angeht. Die Regelungen des StUG sind gem. § 43 insoweit abschließend.[69] **64**

Die Nutzungsregeln für Unterlagen des Staatssicherheitsdienstes unterscheiden sich dabei deutlich von den allgemeinen Regelungen des Bundesarchivgesetzes. Hiernach ist eine Nutzung durch Dritte grundsätzlich erst 30 Jahre nach der Erstellung der Unterlagen zulässig.[70] Im StUG existiert eine solche Regelung gerade nicht. Dies erklärt sich durch die unterschiedliche gesetzgeberische Intention der Gesetze. **65**

Eine Sperrfrist würde gerade dem Aufarbeitungsgedanken des StUG zuwiderlaufen. Ein weiterer Unterschied zwischen dem StUG und den Archivgesetzen besteht darin, dass die vom StUG umfassten Unterlagen gerade keiner Prüfung der Archivwürdigkeit unterzogen werden, was einen wichtigen Teil des sonstigen Archivrechts bildet.[71]

---

[66] *J. Pietrkiewicz/J. Burth*, in: Geiger/Klinghardt, StUG, 2. Aufl. 2006, § 1 Rn. 9.
[67] Schmidt/Dörr, StUG, 1993, § 1 Rn. 10.
[68] Dies gilt insbesondere für Unterlagen, die von ehemaligen NS-Organisationen übernommen wurden.
[69] Stoltenberg/Bossack, StUG, 2012, § 1 Rn. 2.
[70] *J. Pietrkiewicz/J. Burth*, in: Geiger/Klinghardt, StUG, 2. Aufl. 2006, § 1 Rn. 2.
[71] *A. Dix*, VIZ 2003, 1, 5.

**Shpetim Bajrami, Sandra Franz, Stefan Kaschube**

## § 1

**66**   Eine langfristig gesehene Rücküberführung der Unterlagen des MfS in reguläres Archivrecht erscheint nur unter Berücksichtigung der besonderen Sensibilität der Unterlagen denkbar.[72] Dieser Sensibilität wird jedoch gerade durch ein eigenes, Sonderarchivrecht bildendes[73], Gesetz auf gesellschaftlicher und politischer Ebene Rechnung getragen.

---

[72] *A. Dix*, VIZ 2003, 1, 5.
[73] *A. Dix*, VIZ 2003, 1, 5.

**Shpetim Bajrami, Sandra Franz, Stefan Kaschube**

## § 3 Rechte des Einzelnen

(1) Jeder Einzelne hat das Recht, vom Bundesbeauftragten Auskunft darüber zu verlangen, ob in den erschlossenen Unterlagen Informationen zu seiner Person enthalten sind. Ist das der Fall, hat der Einzelne das Recht auf Auskunft, Einsicht in Unterlagen und Herausgabe von Unterlagen nach Maßgabe dieses Gesetzes.

(2) Jeder Einzelne hat das Recht, die Informationen und Unterlagen, die er vom Bundesbeauftragten erhalten hat, im Rahmen der allgemeinen Gesetze zu verwenden.

(3) Durch die Auskunftserteilung, Gewährung von Einsicht in Unterlagen oder Herausgabe von Unterlagen dürfen überwiegende schutzwürdige Interessen anderer Personen nicht beeinträchtigt werden.

*Literaturangaben: Barrot, Johannes M., Der Kernbereich privater Lebensgestaltung, Baden-Baden 2012; Bormann, Günter, Die vorvernichteten Akten des Ministeriums für Staatssicherheit, in: Weberling/Spitzer (Hrsg.), Virtuelle Rekonstruktion „vorvernichteter" Stasi-Unterlagen, 2. Aufl., Berlin 2007, S. 6–10; Dreier, Horst (Hrsg.), Grundgesetz-Kommentar, Bd. 1, 3. Aufl., Tübingen 2013; Geiger, Hansjörg/Klinghardt, Heinz, Stasi-Unterlagen-Gesetz-Kommentar, 2. Aufl., Stuttgart 2006; Krüper, Julian/Sauer, Heiko (Hrsg.), Staat und Recht in Teilung und Einheit, Tübingen 2011; Lang, Markus, Private Videoüberwachung im öffentlichen Raum, Hamburg 2007; Maunz, Theodor/Dürig, Günter (Begr.), Grundgesetz Kommentar, 81. Lieferung September 2017, München; Morlok, Martin/Michael, Lothar, Staatsorganisationsrecht, 3. Aufl., Baden-Baden 2013; Von Münch, Ingo, Kunig, Philip (Hrsg.), Grundgesetz-Kommentar, Bd. 1, 6. Aufl., München 2012; Nickolay, Bertram/Schneider, Jan, Automatische virtuelle Rekonstruktion „vorvernichteter" Stasi-Unterlagen, in: Weberling/Spitzer (Hrsg.), Virtuelle Rekonstruktion „vorvernichteter" Stasi-Unterlagen, 2. Aufl., Berlin 2007, S. 11–28; Pethes, Nicolas, Kulturwissenschaftliche Gedächtnistheorien zur Einführung, Hamburg 2008; Sachs, Michael (Hrsg.), Grundgesetz-Kommentar, 8. Aufl., München 2018; Schmidt, Dietmar/Dörr, Erwin, Stasi-Unterlagen-Gesetz: Kommentar für Betroffene, Wirtschaft und Verwaltung, Köln 1993; Steinbach, Peter, Löschung der Geschichte durch Löschung der Akten? Schleichendes Ende der Gauck-Behörde?, in: Unverhau (Hrsg.), Das Stasi-Unterlagen-Gesetz im Lichte von Datenschutz und Archivgesetzgebung, Münster 1998, S. 191–206; Stoltenberg, Klaus, Stasi-Unterlagen-Gesetz, Baden-Baden 1992; Stoltenberg, Klaus/Bossack, Carolin, Stasi-Unterlagen-Gesetz, Baden-Baden 2012; Umbach, Dieter C., Clemens, Thomas (Hrsg.), Grundgesetz – Mitarbeiterkommentar und Handbuch, Bd. 1, Heidelberg 2002.*

**Shpetim Bajrami, Stefan Engel**

# § 3

## A. Allgemeines

**67**  Das in § 1 Abs. 1 Nr. 1 gesetzlich kodifizierte Ziel dem Einzelnen Zugang zu den vom Staatssicherheitsdienst zu seiner Person gespeicherten Informationen zu ermöglichen, wird erstmals in § 3 aufgegriffen und konkretisiert. Abs. 1 erteilt deshalb jedem Einzelnen einen Anspruch auf Auskunft gegenüber dem Bundesbeauftragten. Abs. 1 begründet ein Jedermannsrecht. Dies geht deutlich weiter, als die noch im Einigungsvertrag vorgesehene Regelung, die nur Betroffenen in bestimmten Fällen ein Auskunftsrecht einräumte.[1] Normadressaten sind dabei lediglich natürliche Personen; die Rechte öffentlicher und nicht-öffentlicher Stellen richten sich nach §§ 4, 19 ff., 32 ff.

**68**  So ist § 3 im weiten Sinne als Ausprägung des Rechtsstaatsprinzips zu verstehen. Den Rechtsstaat zeichnet aus, dass der Bürger nicht nur Rechte hat, sondern diese auch durchsetzen kann, gegenüber jedermann, auch und gerade gegenüber dem Staat selbst.[2] Diese Rechtssicherheit und Rechtsbeständigkeit ergibt sich unter anderem aus Art. 19 Abs. 4 GG.[3] Diese Regelung des Abs. 1 entspricht zudem einem Verständnis der Unterlagen des MfS als kollektives Gedächtnis[4] in Form des kulturellen, weil institutionalisierten Gedächtnisses, das mit Blick auf die Vergangenheit sinn- und identitätsstiftend ist[5]. In ihnen sind Informationen festgehalten, die als bewahrenswert eingestuft worden sind und, die daher durch das StUG zugänglich gemacht wurden.[6]

---

[1] Vgl. BGBl. II 1990, 913.

[2] *M. Morlok/L. Michael*, Staatsorganisationsrecht, 2013, § 7 Rn. 334.

[3] Zu den Leitideen des Rechtsstaatsprinzips vgl. auch BVerfGE 2, 380, 403.

[4] Von den Unterlagen des MfS als kollektives Gedächtnis spricht auch *P. Steinbach*, Löschung der Geschichte durch Löschung der Akten. Schleichendes Ende der Gauck-Behörde?, in: Unverhau, Das Stasi-Unterlagen-Gesetz im Lichte von Datenschutz und Archivgesetzgebung, 1998, S. 191, 194; Ausführlich zur Erinnerungsfunktion des Rechts im Allgemeinen und der Stasi-Unterlagen bzw. des StUG im Besonderen *J. Krüper*, Mit Recht Erinnern. Rechtsgeschichtspolitik und Unrechtserinnerung am Beispiel des Stasi-Unterlagengesetzes, in: Krüper/Sauer, Staat und Recht in Teilung und Einheit, 2011, S. 195 ff.

[5] *J. Assmann*, Das kulturelle Gedächtnis, 6. Aufl. 2007, S. 24.

[6] Einführend zum kulturellen Gedächtnis *N. Pethes*, Kulturwissenschaftliche Gedächtnistheorien zur Einführung, 2008, S. 64 f.

**Shpetim Bajrami, Stefan Engel**

## B.  Erläuterungen

## I.  Zu Abs. 1

Das Verfahren der Einsichtnahme in Unterlagen ist zweistufig ausgeformt;[7] befinden **69** sich Informationen zu einer Person in den Unterlagen, worüber nach Satz 1 Auskunft verlangt werden kann, so bestimmen sich nach Satz 2 weitere Rechte, namentlich auf inhaltliche Auskunft, Einsicht und Herausgabe nach den Spezialvorschriften des StUG. Die Rechte der Einzelnen sind differenziert nach verschiedenen Gruppen, welche wiederum in § 6 Abs. 3–7 definiert werden, in den §§ 13 bis 17 sowie das Einsichtsverfahren in § 12 ausgeformt werden. § 3 Abs. 1 unterscheidet dabei nicht zwischen den verschiedenen Personenkategorien des § 6, sondern gewährt jedermann gleichermaßen ein Auskunftsrecht. Jedoch ist das anschließende Zugangsrecht in den §§ 13–17 stark nach den jeweiligen Personengruppen abgestuft. Betroffene haben danach gegenüber Mitarbeitern des ehemaligen Ministeriums für Staatssicherheit ein bedeutend einfacheres Zugangsrecht.

## 1.  „Erschlossene" Unterlagen

Abs. 1 limitiert den Auskunftsanspruch des Einzelnen auf „erschlossene" Unterla- **70** gen. Die Erschließung der Unterlagen ist Aufgabe des Bundesbeauftragten für Stasi-Unterlagen, BStU, nach § 37 Abs. 1 Nr. 2. „Erschlossene Unterlagen" meint den archivischen Begriff des § 4 Abs. 2 BArchG. Danach sind Unterlagen erschlossen, wenn sie geordnet und im Hinblick auf die Namen durchgesehen, gekennzeichnet und der Ordnungszustand durch hierfür geeignete Hilfsmittel gesichert ist; dabei müssen diese Hilfsmittel den Zugriff ermöglichen.[8] Diese Regelung soll auch unvollständige Auskünfte ermöglichen. Andernfalls müsste der Bundesbeauftragte den Aktenbestand im Hinblick auf noch nicht erschlossene Unterlagen bei einem Auskunftsantrag vollständig inspizieren.[9] Nach nunmehr mehr als 20 Jahren nach Inkrafttreten des Stasi-Unterlagen-Gesetzes und einer Erschließung von ca. 89 % der Unterlagen[10] ist die praktische Relevanz der Beschränkung der Einsichtnahme auf erschlossene Unterlagen jedoch marginal.

---

[7] Stoltenberg, StUG, 1992, § 3 Rn. 4.
[8] BT-Drucks. 12/1540, 57.
[9] Stoltenberg/Bossack, StUG, 2012, § 3 Rn 2.
[10] Vgl. BStU, Aktenbestände, http://www.BStU.bund.de/DE/BundesbeauftragterUndBehoerde/
BstU Zahlen/_node.html (31.12.2013).

**Shpetim Bajrami, Stefan Engel**

## § 3

71 Es ist Behördenpraxis, dass keine automatisierte Mitteilung erfolgt, wenn bereits ein Antrag gestellt worden ist und neue Informationen zum Antragsteller erschlossen werden. Folglich sind erneute Auskunftsanträge möglich und zu stellen. Dass hierbei noch neue Erkenntnisse und Informationen relevant werden, ist nach dem aktuellen Stand der Erschließung der Unterlagen – mit der Besonderheit zu rekonstruierender Unterlagen (dazu unten) – allerdings wenig wahrscheinlich.[11]

### 2. Zu seiner Person

72 Abs. 1 beschränkt den Auskunftsanspruch des Einzelnen auf Informationen zu seiner Person. Teilweise wird angenommen, der Einzelne habe Anspruch auf Zugang zu seiner gesamten „Akte".[12] Jedoch hatte der Informationserhebungsprozess des MfS zumeist einen dezentralen Charakter. Erst bei Eingang eines Auskunftsantrags wird durch Zusammentragen der Informationen beim BStU die eigentlich umgangssprachlich angenommene Akte erstellt, was auch den Zugang zu den Unterlagen eröffnet, die zu anderen Personen angelegt worden sind, in denen der Antragsteller jedoch genannt wird. Dabei werden schutzwürdige Information Betroffener und Dritter grundsätzlich anonymisiert, § 12 Abs. 4.[13]

### 3. Rekonstruktion[14]

73 Im Rahmen der Friedlichen Revolution 1989/90 drohte die Arbeit des Ministeriums für Staatssicherheit aufgedeckt zu werden, weshalb zahlreiche Dokumente und Unterlagen auf Anweisung heimlich beseitigt wurden. Dieser Informationsvernichtungsprozess wurde mit der Erstürmung der Stasi-Bezirksverwaltungen ab dem 4.12.1989 und endgültig mit der Besetzung des Ministeriums für Staatsicherheit am 15.1.1990 unterbunden. Tausende von leeren Aktendeckeln belegen diesen Versuch der Unterlagenvernichtung. Die Bürgerkomitees fanden jedoch zahlreiche Unterlagen, die von den Mitarbeitern des DDR-Staatssicherheitsdienstes sowohl geschreddert als auch von Hand zerrissen und für den Abtransport zur Vernichtung in Müllsäcke verpackt worden waren. Aufgrund der ad hoc initiierten Beseitigungsversuche bestand begründeter Verdacht zur Annahme, dass die darin enthaltenen Informationen von besonderer Bedeutung sind. Insgesamt wurden circa 16.000 Schnipselsäcke mit etwa 3.000 Blatt je Sack, also Überreste von 45 Millionen

---

[11] Stoltenberg/Bossack, StUG, 2012, § 3 Rn 2.
[12] Stoltenberg/Bossack, StUG, 2012, § 3 Rn 3.
[13] Vgl. auch Stoltenberg/Bossack, StUG, 2012, § 3 Rn. 3.
[14] Vgl. Zehnter Tätigkeitsbericht des BStU, 2011, S. 47 ff.; die aktuellen Zahlen sind online abrufbar unter: http://www.bstu.bund.de/DE/Archive/RekonstruktionUnterlagen/_node.html (31.12.2013).

**Shpetim Bajrami, Stefan Engel**

Schriftstückensichergestellt.[15] Um das darin bezeugte Unrecht aufzudecken, sollen die zerrissenen Unterlagen rekonstruiert werden.

**a ) Manuelle Rekonstruktion**[16]

Die Rekonstruktion zerrissener Stasiunterlagen wurde durch die Projektgruppe „Manuelle Rekonstruktion" im Februar 1995 institutionalisiert und dadurch intensiviert. Erklärtes Ziel war zunächst, zu klären, ob eine manuelle Rekonstruktion überhaupt realisierbar und mit welchen organisationstechnischen Hürden diese verbunden wäre. In kleinen Arbeitsgruppen wurde der Inhalt der Schnipselsäcke sukzessive schichtweise gesichtet und nach äußeren Merkmalen zusammengehörende Stücke an den Risskannten hinterklebt. Auf Basis dieses Verfahrens konnten bisher 1,2 Millionen Schriftstücke rekonstruiert werden, welche aber lediglich 3% der zerrissenen Unterlagen darstellen. Die Grenzen der manuellen Rekonstruktion liegen in der Zeit, so würde es nach ersten Schätzungen einige hundert Jahre dauern, alle vernichteten Unterlagen wieder zusammenzufügen. Besonders problembehaftet ist die manuelle Rekonstruktion von Unterlagen bei solchen Unterlagen, die in besonders viele Einzelteile zerrissen worden sind.

**74**

Die Dauer dieser Rekonstruktion widerspräche aber dem in § 1 Abs. 1 Nr. 1 bestimmten Auftrag des Stasi-Unterlagen-Gesetzes zur Aufarbeitung des Schicksals Einzelner.

**b ) Virtuelle Rekonstruktion**

Um diesen Prozess zu beschleunigen und zu professionalisieren, wurde 2007 ein System zur virtuellen Rekonstruktion im automatisierten Betrieb entwickelt.[17] Dieser vom Deutschen Bundestag subventionierte technische Versuch ist im Archivbereich der Bundesrepublik und vermutlich auch weltweit einzigartig. Dieses parallel zur manuellen Rekonstruktion laufende und bei vielen kleinen zerrissenen Teilen angewendete Verfahren wird nunmehr in einem Pilotprojekt erprobt. Im Rahmen dieses Projektes soll der Inhalt aus 400 Säcken mit Hilfe einer Computer-Software

**75**

---

[15] Zum Vorgang der Unterlagenvernichtung und für einen Überblick über den Rekonstruktionsvorgang vgl. *G. Bormann*, Die vorvernichteten Akten des Ministeriums für Staatssicherheit, in: Weberling/Spitzer, Virtuelle Rekonstruktion „vorvernichteter" Stasi-Unterlagen, 2. Aufl. 2007, S. 6 ff.
[16] Vgl. Dritter Tätigkeitsbericht des BStU, 1997, S. 40 f.
[17] Vgl. Achter Tätigkeitsbericht der BStU, 2007, S. 31; vgl. hierzu auch den Haushaltstitel in BT-Drucks. 16/2230, 82.

**Shpetim Bajrami, Stefan Engel**

gepuzzelt werden.[18] Für diese technische Herausforderung müssen komplexe mathematische Strategien sowie eine innovative Software entwickelt werden, deren Funktionalität in der derzeitigen Pilotphase noch fortentwickelt werden muss. Diese Testphase des Projektes zur Rekonstruktion der vernichteten Unterlagen verzögert sich aufgrund von Problemen mit der erforderlichen Software sowie den eingesetzten Scannern und aufgrund eines Mangels an qualifizierten Mitarbeitern und kann nach aktuellem Stand frühestens 2016 abgeschlossen werden.[19]

**76** Aktuell ist das virtuelle Rekonstruktionsverfahren aus inhaltlicher und qualitativer Sicht zufriedenstellend, wenngleich es den zeitlich gesetzten Anforderungen nicht ganz entspricht. Die inhaltliche Auswertung der bislang gewonnen Dokumente spricht für ihre Bedeutung. Aufgrund der Erkenntnisse der bisher rekonstruierten Unterlagen lässt sich ermitteln, dass es sich um Material handelt, das insbesondere aus dem Bereich der Bespitzelung von Bürgern und Opfern stammt beziehungsweise um Unterlagen, die für die poltisch-historische Aufarbeitung (§ 1 Abs. 1 Nr. 3) von hohem Stellenwert sind. Es sind Materialien, die die Tätigkeit der Stasi dokumentieren, insbesondere aus dem Zeitraum des Endes der achtziger Jahre, also aus der letzten Zeit des DDR-Regimes. Besonders betroffen sind auch Unterlagen, die Rückschlüsse auf die Auslandsspionage durch das MfS zulassen.[20]

**II. Zu Abs. 2**

**77** Abs. 2 regelt, dass jeder Einzelne bei der Verwendung der Unterlagen, die er vom Bundesbeauftragten erhalten hat, lediglich den allgemeinen Gesetzen unterworfen ist. Dies stellt klar, dass derjenige, der nach dem StUG rechtmäßig Unterlagen erhalten hat, nicht den Regelungen des StUG unterworfen sein soll.[21] Dies knüpft daran an, dass Betroffene und Dritte (§ 13), aber auch Mitarbeiter des MfS (§ 16 Abs. 1) und Begünstigte (§ 17) zweckfreien Zugang zu den Unterlagen, die zu ihrer Person geführt wurden, haben. Sie sind insbesondere nicht schutzwürdigen Interessen anderer Personen unterworfen; die Verwendung ist daher auch nicht in Abs. 3, der die Auskunftserteilung, Gewährung von Einsicht in oder Herausgabe von Unterlagen solchen Interessen unterwirft, aufgeführt. Als beschränkende allgemeine Gesetze kommen insbesondere §§ 823 Abs. 1, 1004 BGB, die das Allgemeine Persönlichkeitsrecht schützen, in Betracht.

---

[18] Zu technischen Hintergründen vgl. *B. Nickolay/J. Schneider*, Automatische virtuelle Rekonstruktion „vorvernichteter" Stasi-Unterlagen, in: Weberling/Spitzer, Virtuelle Rekonstruktion „vorvernichteter" Stasi-Unterlagen, 2. Aufl. 2007, S. 11 ff.
[19] BT-Drucks. 17/12752, 2.
[20] Vgl. zu den Unterlageninhalten den Neunten Tätigkeitsbericht des BStU, 2009, S. 36.
[21] BT-Drucks. 12/1540, 57.

Teilweise wird als Problem gesehen, dass auch Mitarbeitern des MfS freie Ver-   **78**
wendung zugesprochen wird, was nicht im Sinne des Schutzes der Opfer des MfS
sei;[22] zu beachten ist dabei, dass der Opferschutz in das Auskunftsverfahren vor-
verlagert ist. So ist das Einsichtsrecht des Mitarbeiters und nach § 17 Abs. 1 auch
das des Begünstigten nach § 16 Abs. 3 S. 2 beschränkt, sofern Informationen über
Betroffene und Dritte in den Unterlagen enthalten sind. Bei der Einsicht in die vom
Mitarbeiter erstellten Unterlagen sind zudem die Interessen Betroffener und Dritter
besonders zu berücksichtigen, § 16 Abs. 4 S. 2.

Problematischer erscheint jedoch die freie Verwendungsmöglichkeit der Informa-   **79**
tionen und Unterlagen für nahe Angehörige.[23] Diese erhalten Zugang nur für die in
§ 15 Abs. 1 genannten Zwecke, sind daher gebunden. Warum nun, nachdem der
Zugang ermöglicht worden ist, eine nicht zweckgebundene Verwendung möglich
sein soll, leuchtet nicht ein. Den Verstorbenen steht auch nach ihrem Tode ein
Schutz in Form des postmortalen Persönlichkeitsrechts zu, der von der Rechtsprechung des Bundesverfassungsgerichts in Art. 1 Abs. 1 GG verortet wird.[24]
Folgerichtig müsste daher den nahen Angehörigen die Verwendung der Unterlagen
nur zweckgebunden ermöglicht werden.

Die Verwendung zum Nachteile von Betroffenen oder Dritten wird zudem, sofern   **80**
die Informationen zielgerichtet erhoben oder die Personen ausgespäht worden sind,
nach § 5 Abs. 1 ausgeschlossen.

**III. Zu Abs. 3**

Abs. 3 stellt klar, dass überwiegende Interessen anderer Personen durch die Wahr-   **81**
nehmung der in Abs. 1 kodifizierten Rechte nicht beeinträchtigt werden dürfen.
Konkrete Ausformungen der hier vorzunehmenden Abwägungsentscheidung finden
sich in §§ 12 Abs. 4, 5 sowie in § 13 Abs. 4: Diese Normen sollen verhindern, dass
in Unterlagen eingesehen wird, in denen personenbezogene Informationen zu anderen Betroffenen oder Dritten als dem Antragsteller vorzufinden sind. Die Abwägung
nach Abs. 3 dient insbesondere dem Schutz des Allgemeinen Persönlichkeitsrechts

---

[22] Vgl. Stoltenberg, StUG, 1992, § 3 Rn. 10.
[23] So auch *J. Burth/J. Pietrkiewicz*, in: Geiger/Klinghardt, StUG, 2. Aufl. 2006, § 6 Rn. 6;
Stoltenberg, StUG, 1992, § 3 Rn. 9.
[24] BVerfG NJW 2001, 2957, 2958 f.; BVerfGE 30, 173, 194. Die Verortung in
Art. 1 Abs. 1 GG hindert das BVerfG nicht daran, den Schutz des Persönlichkeitsrechts mit
der Zeit zu senken und so letzten Endes einer Abwägung zugänglich zu machen, vgl.
BVerfG NJW 2001, 594; BVerfGE 30, 173, 196; s. auch § 15 Rn. 301 f.

Shpetim Bajrami, Stefan Engel

aus Art. 2 Abs. 1 i.V.m. Art. 1 Abs. 1 GG.[25] Bei der Abwägung mit dem Persönlichkeitsrecht Anderer ist die Rechtsprechung des Bundesverfassungsgerichts zu berücksichtigen. Dies betrifft die sog. Sphärentheorie[26], die eine besondere Ausprägung des Grundsatzes der Verhältnismäßigkeit darstellt.[27] Es ist hier zu unterscheiden zwischen der Intimsphäre, der Privat- oder Geheimsphäre sowie der Öffentlichkeitssphäre.[28]

82 Bei der Intimsphäre handelt es sich um einen Kernbereich privater Lebensgestaltung, der – da die Menschenwürde aus Art. 1 Abs. 1 GG berührt wird – unantastbar und daher keiner Einwirkung durch die öffentliche Gewalt zugänglich ist.[29] In diesen „Innenraum privater Lebensgestaltung" soll sich der Einzelne ohne Beeinflussungsmöglichkeit insbesondere der öffentlichen Gewalt zurückziehen können.[30] Jedoch wurde in der Rechtsprechung des Bundesverfassungsgerichts nur sehr selten angenommen, dass dieser Kernbereich betroffen sein soll.[31] Nicht zur Intimsphäre gehören bspw. der in Krankenblättern dokumentierte Gesundheitszustand eines Patienten,[32] Informationen auch über den innersten Bereich des ehelichen Lebens[33] oder geschäftliche Gespräche.[34] Auch das Selbstgespräch in einem Tagebuch soll nicht per se zur Intimsphäre gehören.[35] Der Intimsphäre nahe stehen jedoch psychologische Untersuchungen, die auf höchstpersönlichen Informationen wie dem Elternhaus oder traumatischen Erlebnissen basieren.[36]

83 Eingriffe in die Privat- oder Geheimsphäre hingegen sind möglich, wenn überwiegende Allgemeininteressen bestehen und der Grundsatz der Verhältnismäßigkeit strikt gewahrt wird.[37] Zur Privatsphäre zu zählen sind u.a. die o.g. Fälle, die nicht

---

[25] Stoltenberg, StUG, 1992, § 3 Rn. 12.

[26] Zur Kritik an der Sphärentheorie vgl. *H. Dreier*, in: Dreier, GG, Bd. 1, 3. Aufl. 2013, Art. 2 Abs. 1 Rn. 92 f.; *P. Kunig*, in: v. Münch/Kunig, GG, Bd. 1, 6. Aufl. 2012, Art. 2 Rn. 41; *C. Hillgruber*, in: Umbach/Clemens, GG, Bd. 1, 2002, Art. 2 Abs. 1 Rn. 87.

[27] *J. M. Barrot*, Der Kernbereich privater Lebensgestaltung, 2012, S. 30.

[28] *D. Murswiek*, in: Sachs, GG, 6. Aufl. 2011, Art. 2 Rn. 104.

[29] BVerfGE 6, 32, 41; BVerfGE 32, 373, 378 f.; BVerfGE 34, 238, 245; BVerfGE 35, 35, 39; BVerfGE 103, 21, 31.

[30] *U. Di Fabio*, in: Maunz/Dürig, GG, 81. Lfg., Art. 2 Abs. 1 Rn. 158.

[31] *U. Di Fabio*, in: Maunz/Dürig, GG, 81. Lfg., Art. 2 Abs. 1 Rn. 158.

[32] BVerfGE 32, 373, 379 f.

[33] BVerfGE 27, 344, 351.

[34] BVerfGE 34, 238, 248.

[35] BVerfGE 80, 367, 376 f. – vgl. jedoch 380 ff.

[36] *U. Di Fabio*, in: Maunz/Dürig, GG, 81. Lfg., Art. 2 Abs. 1 Rn. 158.

[37] BVerfGE 27, 344, 351; BVerfGE 32, 373, 380 f.; BVerfGE 34, 238, 248 f.; BVerfGE 35, 35, 39; BVerfGE 80, 367, 375.

Shpetim Bajrami, Stefan Engel

der Intimsphäre zuzurechnen sind. Die Privatsphäre zeichnet sich gegenüber der Intimsphäre in einem Sozialbezug aus.[38] Die Privatsphäre eröffnet einen Raum, der nicht für Öffentlichkeit bestimmt ist, in dem der Einzelne frei ist von Beobachtung und damit einhergehender Selbstkontrolle; in ihn sind nur Vertrauenspersonen einbezogen.[39] In diesem Bereich kann der Einzelne seine Individualität entwickeln und wahren.[40] Als überwiegende Allgemeininteressen wurden bisher bspw. das Strafverfolgungsinteresse bei einer schweren Straftat[41] oder die Volksgesundheit bei der Gefahr von Epidemien oder allgemeiner Unruhen[42] angenommen.

Die Öffentlichkeits- oder Sozialsphäre beschreibt einen Bereich, der von der Öffentlichkeit nicht abgeschirmt werden kann und in dem das Persönlichkeitsrecht nur tangiert wird.[43] Betroffen ist vor allem der Bereich der Darstellung der Person in der Öffentlichkeit.[44] Eingriffe sollen hier anhand der Kriterien für Eingriffe in die Allgemeine Handlungsfreiheit aus Art. 2 Abs. 1 GG möglich sein.[45] Zu berücksichtigen ist dabei jedoch, dass es mit moderner Datenverarbeitung kein „belangloses Datum" mehr gibt.[46] Das hat zur Folge, dass der Einzelne auch in diesem Bereich nicht schutzlos gestellt ist, die Verhältnismäßigkeit ist zu wahren.[47] Der Abwägungsmaßstab des Abs. 3 wird im StUG mehrfach erneut aufgeführt, namentlich in §§ 4 Abs. 4, 12 Abs. 4 S. 2 Nr. 2, 32 Abs. 1 S. 2, Abs. 3 S. 2. Dabei stellt § 32 Abs. 1 S. 2, Abs. 3 S. 2 auf die Menschenrechtswidrigkeit der Informationserhebung als ein bedeutendes Abwägungskriterium ab.

**84**

Die Vorschrift dient grundsätzlich auch dem Schutz von Mitarbeitern und Begünstigten des MfS;[48] § 13 Abs. 5 S. 3 stellt dabei jedoch klar, dass die Interessen von Mitarbeitern des MfS und von Denunzianten gegenüber Betroffenen und Dritten eine geringere Schutzwürdigkeit genießen. Ebenso begründet § 32 Abs. 1 S. 1 Nr. 3 eine geringere Schutzwürdigkeit von Mitarbeitern und Begünstigten.

**85**

---

[38] BVerfGE 35, 202, 220; *U. Di Fabio*, in: Maunz/Dürig, GG, 81. Lfg., Art. 2 Abs. 1 Rn. 159.
[39] *M. Lang*, Private Videoüberwachung im öffentlichen Raum, 2007, S. 139 ff.; *J. M. Barrot*, Der Kernbereich privater Lebensgestaltung, 2012, S. 33.
[40] BVerfGE 35, 202, 220.
[41] BVerfGE 34, 238, 249 f.; BVerfGE 80, 367, 380.
[42] BVerfGE 32, 373, 380 f.
[43] *U. Di Fabio*, in: Maunz/Dürig, GG, 81. Lfg., Art. 2 Abs. 1 Rn. 160.
[44] *J. M. Barrot*, Der Kernbereich privater Lebensgestaltung, 2012, S. 31.
[45] *D. Murswiek*, in: Sachs, GG, 6. Aufl. 2011, Art. 2 Rn. 104; *J. M. Barrot*, Der Kernbereich privater Lebensgestaltung, 2012, S. 31.
[46] BVerfGE 65, 1, 45.
[47] *J. M. Barrot*, Der Kernbereich privater Lebensgestaltung, 2012, S. 32.
[48] *J. Burth/J. Pietrkiewicz*, in: Geiger/Klinghardt, StUG, 2. Aufl. 2006, § 3 Rn. 9; Schmidt/Dörr, StUG, 1993, § 3 Rn. 5.

Shpetim Bajrami, Stefan Engel

## § 4 Zulässigkeit der Verwendung der Unterlagen des Staatssicherheitsdienstes durch öffentliche und nicht öffentliche Stellen

(1) Öffentliche und nicht öffentliche Stellen haben nur Zugang zu den Unterlagen und dürfen sie nur verwenden, soweit dieses Gesetz es erlaubt oder anordnet. Legen Betroffene, Dritte, nahe Angehörige Vermisster oder Verstorbener, Mitarbeiter oder Begünstigte des Staatssicherheitsdienstes Unterlagen mit Informationen über ihre Person von sich aus vor, dürfen diese auch für die Zwecke verwendet werden, für die sie vorgelegt worden sind.

(2) Stellt der Bundesbeauftragte fest oder wird ihm mitgeteilt, dass personenbezogene Informationen in Unterlagen unrichtig sind, oder wird die Richtigkeit von der Person, auf die sie sich beziehen, bestritten, so ist dies auf einem gesonderten Blatt zu vermerken und den Unterlagen beizufügen.

(3) Sind personenbezogene Informationen aufgrund eines Ersuchens nach den §§ 20 bis 25 übermittelt worden und erweisen sie sich hinsichtlich der Person, auf die sich das Ersuchen bezog, nach ihrer Übermittlung als unrichtig, so sind sie gegenüber dem Empfänger zu berichtigen, es sei denn, dass dies für die Beurteilung eines Sachverhaltes ohne Bedeutung ist.

(4) Durch die Verwendung der Unterlagen dürfen überwiegende schutzwürdige Interessen anderer Personen nicht beeinträchtigt werden.

***Literaturangaben:*** *Bäumler, Helmut, Zur Einsichtnahme in Stasi-Unterlagen durch einen parlamentarischen Untersuchungsausschuss, in: JZ 1996, S. 156–157; Bäumler, Helmut/Gundermann, Lukas, Zur Unzulässigkeit von Stasi-Abhörprotokollen vor Parlamentarischen Untersuchungsausschüssen, in: ZParl 1997, S. 236–253; Dammann, Ulrich, Nutzung der Stasi-Funkaufklärung durch parlamentarische Untersuchungsausschüsse, in: NJW 1996, S. 1946–1947; Geiger, Hansjörg/Klinghardt, Heinz, Stasi-Unterlagen-Gesetz-Kommentar, 2. Aufl., Stuttgart 2006; Kirste, Stephan, Der praktische Fall – Öffentliches Recht: Stasi-Unterlagen im Untersuchungsausschuss?, in: JuS 2003, S. 61–65; Lesch, Heiko H., Zur Verwendbarkeit von Stasi-Abhörprotokollen durch parlamentarische Untersuchungsausschüsse, in: NJW 2000, S. 3035–3039; Lucke, Diana, Strafprozessuale Schutzrechte und parlamentarische Aufklärung in Untersuchungsausschüssen mit strafrechtlich relevantem Verfahrensgegenstand, Berlin 2008; Maunz, Theodor/ Dürig, Günter (Begr.), Grundgesetz Kommentar, 81. Lieferung September 2017, München; Palm, Franz/ Roy, Rudolf, Nutzung von Stasi-Unterlagen durch parlamentarische Untersuchungsausschüsse, in: NJW 1998, S. 3005–3011; Schmidt, Dietmar/Dörr, Erwin, Stasi-Unterlagen-Gesetz, Köln 1993; Stoltenberg, Klaus, Stasi-Unterlagen-Gesetz, Baden-Baden 1992; Stoltenberg, Klaus/Bossack, Carolin, Stasi-Unterlagen-Gesetz, Baden-*

**Stefan Engel, Inga Gipperich, Lisa Kohler**

*Baden 2012; Weberling, Johannes, Stasi-Unterlagen-Gesetz, Kommentar, Köln 1993.*

## A. Allgemeines

§ 4 regelt den Zugang zu den Unterlagen des MfS für öffentliche und nicht **86** öffentliche Stellen. Die Norm ist damit die Parallelvorschrift zu § 3, welche den Zugang zu Unterlagen des MfS für den Einzelnen eröffnet. Aus § 4 wurde von der Rechtsprechung geschlossen, dass das StUG ein Schutzgesetz im Sinne des § 823 Abs. 2 BGB sei. Es bezwecke den Schutz des Persönlichkeitsrechts der in den Unterlagen genannten Personen, sodass ein Unterlassungsanspruch aus §§ 823 Abs. 2 i.V.m. § 1004 Abs. 1 analog BGB bestehen kann.[1] Das Bundesverwaltungsgericht hat direkt aus § 4 Abs. 1 S. 1 einen Unterlassungsanspruch gegen den BStU für die Fälle der unerlaubten Freigabe von Unterlagen hergeleitet. Gestützt wurde die Entscheidung auf den Gesetzeszweck des § 1 Abs. 1 Nr. 2 und den Gedanken des Nachteilsverbots aus § 5 Abs. 1 S. 1.[2]

## B. Erläuterungen

### I. Zu Abs. 1

Abs. 1 S. 1 ermöglicht auch öffentlichen und nicht öffentlichen Stellen den Zugang **87** zu den Unterlagen des MfS. Allerdings erhalten diese nur Zugang zu den Unterlagen, soweit es das Gesetz selbst erlaubt oder anordnet; dies geschieht in §§ 19 ff. sowie in §§ 32, 34. Darüber hinausgehende Verwendungszwecke durch Analogien oder Landesrecht, die den Zugang ermöglichen sollen, sind ausgeschlossen.[3] Insbesondere ist das StUG lex specialis gegenüber anderen Gesetzen, die die Übermittlung personenbezogener Informationen eröffnen (dazu § 43 Rn. 742).[4]

Die Begriffe der öffentlichen und nicht öffentlichen Stellen definiert das StUG nicht selbst, sondern in § 6 Abs. 9 S. 2 durch Verweis auf das BDSG. Öffentliche Stellen sind nach § 6 Abs. 9 S. 2 i.V.m. § 2 Abs. 1–3 BDSG alle Stellen, mit denen die öffentliche Hand tätig wird.[5] Nicht öffentliche Stellen sind natürliche und juristische

---

[1] LG Halle LKV 1994, 71, 72.
[2] BVerwGE 116, 104, 106.
[3] *J. Pietrkiewicz/J. Burth*, in: Geiger/Klinghardt, StUG, 2. Aufl. 2006, § 4 Rn. 1.
[4] S. auch *J. Pietrkiewicz/J. Burth*, in: Geiger/Klinghardt, StUG, 2. Aufl. 2006, § 4 Rn. 1; BT-Drucks. 12/723, 19.
[5] Vgl. § 6 Rn. 175.

Stefan Engel, Inga Gipperich, Lisa Kohler

Personen sowie Gesellschaften und andere Personenvereinigungen des Privatrechts, soweit sie nicht den öffentlichen Stellen zuzuordnen sind, sowie Religionsgesellschaften.[6]

**88**  Nicht nur der Zugang zu den Unterlagen, sondern auch deren Verwendung, definiert in § 6 Abs. 9 S. 1[7], unterliegt nach Abs. 1 S. 1 bei öffentlichen und nicht öffentlichen Stellen den Restriktionen des StUG. Dies steht im Gegensatz zur Regelung des § 3 Abs. 2, der den Einzelnen in der Verwendung der Unterlagen weitgehend frei stellt (vgl. § 3 Rn. 77). Das StUG sieht eine grundsätzliche Verwendungssperre für öffentliche und nicht öffentliche Stellen vor;[8] dementsprechend wird der Zugang zu Unterlagen durch diese Stellen auch nur für bestimmte Zwecke gewährt, welche in den entsprechenden Normen, aus denen die jeweiligen Stellen ihr Zugangsrecht ableiten können, explizit begenannt werden. Folgerichtig besteht bei der Übermittlung von Informationen nach den §§ 19–23, 25 und 27 auch eine Zweckbindung aus § 29.

**89**  Entgegen der Bestimmung für Einzelne nach § 3 Abs. 1 ist der Zugang für öffentliche und nicht öffentliche Stellen nach Abs. 1 nicht auf vom BStU erschlossene Unterlagen beschränkt. Relevant wird dies jedoch nur für den Zugang nach den §§ 19 ff., da § 33 Abs. 5 die Einsichtnahme in noch nicht erschlossene Unterlagen im Rahmen des § 32 ausschließt. Dies ermöglicht daher den Zugang zu Unterlagen, die der Stelle bekannt sind und die diese für die Erfüllung der Zwecke, für die ein Zugang vorgesehen ist, benötigt. Auch kann dies ermöglichen, dass der BStU auf eine Anfrage einer öffentlichen Stelle noch nicht erschlossene Unterlagenbestände untersuchen muss; allerdings sind von der Stelle, die um Zugang zu Unterlagen ersucht, konkrete Anhaltspunkte zu verlangen, dass in nicht erschlossenen Unterlagen für sie wichtige Informationen zu finden sind.[9]

**90**  Wurden Unterlagen rechtmäßig nach den Normen des StUG an Einzelne im Sinne des § 3 Abs. 1, also an die Angehörigen der in § 6 definierten Personenkategorien, herausgegeben, so sind diese bei der Verwendung der Unterlagen gem. § 3 Abs. 2 nicht mehr an das StUG gebunden. Hieran knüpft Abs. 1 S. 2 an: Wenn diese Personen, nachdem sie die Unterlagen erhalten haben, diese öffentlichen oder nicht öffentlichen Stellen freiwillig vorlegen, so sind auch die Stellen, an die vorgelegt

---

[6] Vgl. § 6 Rn. 176.
[7] Vgl. zum Verwendungsbegriff § 6 Rn. 171 ff.
[8] *J. Pietrkiewicz/J. Burth*, in: Geiger/Klinghardt, StUG, 2. Aufl. 2006, § 4 Rn. 2; Schmidt/Dörr, StUG, 1993, § 4 Rn. 2.
[9] *J. Rapp-Lücke*, in: Geiger/Klinghardt, StUG, 2. Aufl. 2006, § 19 Rn. 8.

**Stefan Engel, Inga Gipperich, Lisa Kohler**

wurde, nicht mehr dem StUG unterworfen. Die Verwendung ist dann gem. Abs. 1 S. 2 lediglich an den Zweck gebunden, zu dem vorgelegt worden ist. Diesem zwischen den Parteien vereinbarten Zweck kommt damit besondere Bedeutung zu, er ist sorgfältig zu ermitteln.[10] Abs. 1 S. 2 stellt damit klar, dass die Verwendung des Einzelnen selbst, der in den Unterlagen aufgeführt wird, nicht anders bewertet werden soll, als die gleiche Verwendung durch eine andere Stelle mit der Einwilligung des Einzelnen. Jedoch ist die Verwendung von personenbezogenen Informationen Anderer, die in den freiwillig vorgelegten Unterlagen genannt werden, ausgeschlossen.[11]

## II. Zu Abs. 2

Abs. 2 resultiert aus dem Gedanken der fehlenden Glaubhaftigkeit der Unterlagen des MfS.[12] Die Norm geht davon aus, dass die Unterlagen auch unrichtige personenbezogene Informationen[13] enthalten können. Abs. 2 enthält dabei drei Varianten: die Feststellung der Unrichtigkeit durch den Bundesbeauftragten selbst (Var. 1), die Feststellung der Unrichtigkeit durch andere Personen als dem Bundesbeauftragten (Var. 2) und das Bestreiten der Richtigkeit durch die Person, die in den Unterlagen genannt wird (Var. 3). **91**

Die erste Variante des Abs. 2 betrifft die Fälle, in denen der BStU selbst feststellt, dass die Unterlagen unrichtig sind. Vorauszusetzen ist hier nach dem Wortlaut die tatsächliche Unrichtigkeit der Unterlagen. Unterlagen sind unrichtig, wenn ihr Inhalt und die Wirklichkeit auseinanderfallen.[14] Hierunter fällt auch die sinnentstellende Unvollständigkeit.[15] Die Unrichtigkeit muss sich für die Fälle, in denen der BStU die Unrichtigkeit selbst feststellt, aus den Unterlagen selbst ergeben; dies folgt aus der archivischen Betrachtungsweise des BStU.[16] In diesen Fällen hat der BStU von Amts wegen tätig zu werden und den Unterlagen ein Beiblatt mit dem Vermerk der Unrichtigkeit beizufügen. **92**

---

[10] *J. Pietrkiewicz/J. Burth*, in: Geiger/Klinghardt, StUG, 2. Aufl. 2006, § 4 Rn. 4.

[11] *J. Pietrkiewicz/J. Burth*, in: Geiger/Klinghardt, StUG, 2. Aufl. 2006, § 4 Rn. 5; Schmidt/Dörr, StUG, 1993, § 4 Rn. 4.

[12] Vgl. dazu § 6 Rn. 126 f.

[13] Hierzu s. § 6 Rn. 178 f.

[14] *J. Pietrkiewicz/J. Burth*, in: Geiger/Klinghardt, StUG, 2. Aufl. 2006, § 4 Rn. 8.

[15] VG Berlin NJ 1996, 162, 163.

[16] VG Berlin LKV 1995, 432, 433; vgl. auch § 6 Rn. 169; *J. Pietrkiewicz/J. Burth*, in: Geiger/Klinghardt, StUG, 2. Aufl. 2006, § 4 Rn. 9.

**Stefan Engel, Inga Gipperich, Lisa Kohler**

**93** Die zweite Variante greift ein, wenn ein anderer als der in den Unterlagen Genannte dem BStU die Unrichtigkeit mitteilt. Ausreichend ist die hinreichend konkrete Behauptung der Unrichtigkeit des Unterlageninhalts.[17] In diesem Fall ist ein Vermerk mit dem Inhalt beizufügen, dass die Unrichtigkeit dem BStU mitgeteilt worden ist.

**94** Die dritte Variante eröffnet einen Anspruch für einzelne Personen, die in den Unterlagen des MfS genannt werden. Wird von diesen die Richtigkeit der Unterlagen bestritten, ist auch in diesen Fällen ein Beiblatt zu den Unterlagen beizufügen. Var. 3 setzt nicht die erwiesene Unrichtigkeit der personenbezogenen Informationen voraus, sondern lediglich, dass die Richtigkeit bestritten wird. Die Behauptung der Unrichtigkeit des Unterlageninhalts muss lediglich hinreichend konkret sein;[18] eine pauschale Behauptung der Unrichtigkeit genügt nicht. Für den Einzelnen besteht also ein Gegendarstellungsanspruch.[19] Dies ist im Lichte des Gesetzeszwecks aus § 1 Abs. 1 Nr. 2, dem Schutz des Persönlichkeitsrechts der Einzelnen, zu betrachten. Dem Einzelnen sollen keine zu großen Schwierigkeiten aufgebürdet werden, um den Schutz seines Persönlichkeitsrechts durchsetzen zu können; insbesondere trägt er keine Beweislast.

**95** Das StUG sieht keine Rechtsfolge für die Beiheftung eines Vermerks vor. Aus dem Telos der Norm ist jedoch zu entnehmen, dass durch die Beiheftung auch die künftige Verwendung beeinflusst und der Vermerk auch später wahrgenommen werden soll. Wird daher der Zugang zu den Unterlagen ermöglicht, so ist auch der nach Abs. 2 beigeheftete Vermerk offenzulegen, um das Persönlichkeitsrecht des in den Unterlagen Genannten zu schützen.[20] Abs. 2 steht somit in engem Zusammenhang zu § 34 Abs. 2, der eine Veröffentlichung personenbezogener Informationen durch Rundfunkanstalten des Bundesrechts nur zusammen mit ggf. bereits ergangenen Gegendarstellungen erlaubt (s. § 34 Rn. 617). Für bereits übermittelte Informationen gilt § 4 Abs. 3.

**96** Abs. 2 ist, ebenso wie Abs. 3, in engem Zusammenhang mit §§ 30 Abs. 1, 32a Abs. 1 zu sehen. Diese Normen sehen eine Benachrichtigung von Betroffenen und Personen der Zeitgeschichte vor, wenn Unterlagen, die sie betreffen, öffentlichen oder nicht öffentlichen Stellen nach §§ 21, 27 Abs. 1 bzw. § 32 Abs. 1 Nr. 4 zur Verfügung gestellt werden. Vor einer solchen Benachrichtigung kann ggf. ein

---

[17] *J. Pietrkiewicz/J. Burth*, in: Geiger/Klinghardt, StUG, 2. Aufl. 2006, § 4 Rn. 11.
[18] *J. Pietrkiewicz/J. Burth*, in: Geiger/Klinghardt, StUG, 2. Aufl. 2006, § 4 Rn. 13.
[19] Vgl. auch VG Berlin, 1 K 10.10 vom 22.7.2011, Rn. 27 (juris).
[20] Vgl. OLG Hamburg DtZ 1993, 349, 350; *J. Pietrkiewicz/J. Burth*, in: Geiger/Klinghardt, StUG, 2. Aufl. 2006, § 4 Rn. 12.

**Stefan Engel, Inga Gipperich, Lisa Kohler**

Interesse seitens des Betroffenen oder der Person der Zeitgeschichte an der Bestreitung der Unterlagen fehlen und von ihr abgesehen werden; wird diesen Personen jedoch durch die Benachrichtigung mitgeteilt, dass die in den Unterlagen aufgeführten Informationen weitergegeben werden sollen, kann dieses Interesse aufleben, sodass den Einzelnen durch die Benachrichtigung die Möglichkeit der Durchsetzung dieses Interesses gegeben wird.

Abs. 2 ist als Anspruchsgrundlage für den Einzelnen im Falle der Unrichtigkeit der **97** Unterlagen abschließend.[21] Insbesondere besteht kein Anspruch auf Löschung oder Anonymisierung der Unterlagen.[22] Stützen lässt sich dies auf den Vollständigkeitsanspruch des BStU in Bezug auf den Aktenbestand; dieser soll nicht verfälscht werden.[23] Weiter besteht auch kein Anspruch gegen den BStU die Richtigkeit der Unterlagen zu ermitteln.[24] Aufgrund der Fülle der Unterlagen wäre dies auch kaum zu bewerkstelligen. Zudem folgt dies auch aus der archivischen Betrachtungsweise des BStU aus § 6 Abs. 8 (vgl. § 6 Rn. 169 f.): Für den BStU ist allein der Unterlageninhalt maßgeblich.

### III. Zu Abs. 3

Nach Abs. 3 sind personenbezogene Informationen, die nach §§ 20–25 übermittelt **98** worden sind, zu berichtigen, wenn sie sich nach der Übermittlung hinsichtlich des in den Unterlagen Genannten als unrichtig erweisen. Wie sich schon aus dem Wortlaut ergibt, sind nur die Fälle des Abs. 2 Var. 1 erfasst: Abs. 3 verlangt ausdrücklich die Unrichtigkeit[25] – zur Überzeugung des BStU[26] – der Information. Wird die Richtigkeit lediglich durch eine Mitteilung infrage gestellt (Abs. 2 Var. 2) oder von der in den Unterlagen genannten Person bestritten (Abs. 2 Var. 3), wird hierdurch keine Berichtigungspflicht des BStU ausgelöst.[27]

Diese Beschränkung der Berichtigungspflicht ist problematisch. Bestreitet jemand, **99** auf den sich übermittelte Informationen beziehen, deren Richtigkeit, nachdem sie übermittelt worden sind, so löst dies keine Berichtigungspflicht aus. Die Möglichkeit, durch bloßes Bestreiten der Richtigkeit der Unterlagen nach Abs. 2 Var. 3 einen Vermerk herbeizuführen, dient jedoch dem Schutz der betreffenden Personen.

[21] Weberling, StUG, 1993, § 4 Rn. 3.
[22] VG Berlin LKV 1992, 419, 419.
[23] Vgl. § 7 Rn. 1; vgl. auch BT-Drucks. 12/723, 19.
[24] VG Berlin LKV 1995, 432, 433.
[25] Hierzu oben Rn. 92.
[26] *J. Pietrkiewicz/J. Burth*, in: Geiger/Klinghardt, StUG, 2. Aufl. 2006, § 4 Rn. 15.
[27] *J. Pietrkiewicz/J. Burth*, in: Geiger/Klinghardt, StUG, 2. Aufl. 2006, § 4 Rn. 15.

**Stefan Engel, Inga Gipperich, Lisa Kohler**

# § 4

Die Durchsetzung ihres Persönlichkeitsrechts soll keinen großen Hürden begegnen (s. Rn. 94). Dem läuft die Regelung des Abs. 3 jedoch zuwider. Es hängt im Einzelfall bloß vom Zufall ab, ob der Einzelne vor Antragstellung einer Stelle im Sinne des Abs. 1 die Richtigkeit bestreitet und die Stelle damit die Informationen samt dem Vermerk nach Abs. 2 erhält oder danach; in letzterem Fall erhielte die Stelle die Informationen, ohne nachträglich Kenntnis vom Bestreiten zu erhalten. Da die Informationen, die herausgegeben werden, für die betreffende Person gravierende Folgen herbeiführen können, ist über den Wortlaut des Abs. 3 hinaus – insbesondere vor dem Hintergrund des § 1 Abs. 1 Nr. 2 – vom BStU zu fordern, dass er auch bei nachträglichem Bestreiten übermittelte Informationen berichtigt. Der – durchaus immense – Verwaltungsaufwand[28] für den BStU ist vor diesem Hintergrund hinzunehmen.[29]

**100**  Die Berichtigungspflicht des Abs. 3 unterliegt darüber hinaus weiteren Beschränkungen. So wird sie nur ausgelöst, wenn sich die übermittelten Informationen hinsichtlich der Person, auf die sich das Ersuchen bezog, als unrichtig erweisen. Andere Informationen, die sich nicht auf die Person beziehen, sind davon nicht erfasst.

**101**  Weiterhin ist die Nachberichtspflicht auf Übermittlungen nach §§ 20–25 beschränkt. Sie erfasst damit insbesondere Übermittlungen nach §§ 32 ff. nicht. Dies ist nicht sachgerecht. Medienberichte aufgrund falscher Informationen aus Unterlagen des MfS können das Persönlichkeitsrecht der betreffenden Person immens und nachhaltig berühren und zu schweren Nachteilen für sie führen.[30] Warum in diesen Fällen keine Berichtigung erfolgen soll, leuchtet nicht ein.[31]

**102**  Auch gegenüber Einzelnen, die nach §§ 13 ff. Informationen aus Unterlagen erhalten haben, besteht keine Berichtigungspflicht. Doch auch bei diesen kann im Einzelfall ein gravierendes Interesse daran bestehen, dass übermittelte Informationen berichtigt werden.[32] Denkbar sind bspw. Fälle, in welchen ein IM aus dem Familienumfeld aufgrund unrichtiger Informationen in den Unterlagen aufgedeckt wird. Auch hier wäre eine nachträgliche Mitteilung sachgerecht.

---

[28] BT-Drucks. 12/1540, 57; Weberling, StUG, 1993, § 4 Rn. 5.
[29] So im Ergebnis auch Schmidt/Dörr, StUG, 1993, § 4 Rn. 12.
[30] Stoltenberg/Bossack, StUG, 2012, § 4 Rn. 11; Stoltenberg, StUG, 1992, § 4 Rn. 16.
[31] Kritisch auch Stoltenberg/Bossack, StUG, 2012, § 4 Rn. 11; Stoltenberg, StUG, 1992, § 4 Rn. 16.
[32] Stoltenberg/Bossack, StUG, 2012, § 4 Rn. 11; Stoltenberg, StUG, 1992, § 4 Rn. 16.

**Stefan Engel, Inga Gipperich, Lisa Kohler**

Ebenfalls nicht von der Berichtigungspflicht erfasst sind Mitteilungen, die der BStU **103**
ohne entsprechenden Antrag nach § 27 vorgenommen hat. Auch diese Beschränkung ist kritikwürdig, da die Mitteilung nach § 27 solchen auf Antrag hinsichtlich
der möglichen Folgen für die betreffende Person in nichts nachsteht.[33] Durch eine
vom BStU veranlasste Mitteilung kann bspw. aufgrund unrichtiger Informationen in
den Unterlagen ein Ermittlungsverfahren gegen diese Person aufgrund einer Straftat
im Sinne des § 27 Abs. 2 aufgenommen werden, was sich ggf. durch eine Berichtigung durch den BStU abwenden ließe. Jedenfalls hat der BStU im Rahmen des
§ 27 de lege lata zwar nicht die Pflicht zur Berichtigung, jedoch die Befugnis hierzu,
da er bereits von sich aus personenbezogene Informationen mitgeteilt hat.[34]

Die Berichtigungspflicht greift ferner nicht ein, wenn die Unrichtigkeit für die **104**
Beurteilung eines Sachverhalts ohne Bedeutung ist. Dies bezieht sich auf den Verwendungszweck, aufgrund dessen eine Stelle Informationen erhält.[35] Fraglich ist
hier, wie weit der Einschätzungsspielraum des BStU ist. Dem BStU wird es oftmals
aufgrund der Komplexität der Vorgänge, für die Informationen aus Unterlagen
benötigt werden, nicht möglich sein, die Frage der Bedeutung der unrichtigen Information zutreffend zu beantworten.[36] Zudem erfordert der Schutz des Persönlichkeitsrechts der Person, auf die sich die Unterlagen beziehen, dass Unrichtigkeiten
ausgeräumt werden. Mögliche Folgen für den Einzelnen mögen an Details hängen,
deren Bedeutung dem BStU nicht ersichtlich ist. Im Zweifel muss daher von einer
Relevanz für den Sachverhalt auszugehen sein, sodass eine Berichtigungspflicht des
BStU anzunehmen ist.[37]

## IV. Zu Abs. 4

Abs. 4 entspricht überwiegend § 3 Abs. 3 (s. § 3 Rn. 81 ff.). Jedoch ist Abs. 4 **105**
deutlich weiter gefasst als § 3 Abs. 3: Erfasst ist nicht nur die Auskunftserteilung,
Gewährung von Einsicht oder Herausgabe von Unterlagen, sondern jede Verwendung und damit auch die bloße Kenntnisnahme des Unterlageninhalts.[38] Zudem ist
Abs. 4 im Gegensatz zu § 3 Abs. 3, der sich schon aufgrund der erfassten Sach-

---

[33] Vgl. Stoltenberg/Bossack, StUG, 2012, § 4 Rn. 10; Stoltenberg, StUG, 1992, § 4 Rn. 15.
[34] *J. Pietrkiewicz/J. Burth*, in: Geiger/Klinghardt, StUG, 2. Aufl. 2006, § 4 Rn. 18.
[35] *J. Pietrkiewicz/J. Burth*, in: Geiger/Klinghardt, StUG, 2. Aufl. 2006, § 4 Rn. 17.
[36] *J. Pietrkiewicz/J. Burth*, in: Geiger/Klinghardt, StUG, 2. Aufl. 2006, § 4 Rn. 17.
[37] *J. Pietrkiewicz/J. Burth*, in: Geiger/Klinghardt, StUG, 2. Aufl. 2006, § 4 Rn. 17.
[38] Zur Weite des Verwendungsbegriffs § 6 Rn. 171 ff.

Stefan Engel, Inga Gipperich, Lisa Kohler

verhalte nur auf den BStU beziehen kann, an die konkreten Verwender der Unterlagen adressiert.[39]

**106** Als besonderes Interesse, das im Rahmen des Abs. 4 Berücksichtigung findet, lässt sich das Brief-, Post- und Fernmeldegeheimnis aus Art. 10 GG anführen. Der Schutzbereich dieses Grundrechtes umfasst die Vertraulichkeit des Inhalts und der Rahmendaten eines Kommunikationsvorgangs[40] und ist bei der in Frage stehenden Verwendung von Abhörprotokollen des Staatssicherheitsdienstes eröffnet. Jedoch sind gem. Art. 1 Abs. 3 GG nur Träger inländischer öffentlicher Gewalt an die Grundrechte gebunden, wozu der Staatssicherheitsdienst als ausländischer Nachrichtendienst nicht zählt. Zudem sind die Maßnahmen des Staatssicherheitsdienstes der Bundesrepublik nicht zuzurechnen.[41] Folglich kann das illegale Abhören und Dokumentieren von Telefongesprächen durch den Staatssicherheitsdienst der DDR selbst keinen Eingriff in Art. 10 GG darstellen.[42]

**107** Allerdings sind die unterschiedlichen Phasen der Informationsgewinnung und -verwertung bei einer Abhörmaßnahme einzeln zu betrachten und bedürfen jeder einer eigenen Rechtfertigung.[43] Ein Grund hierfür ist, dass die Grundrechtsbeeinträchtigung durch die Verwertung der Informationen durch staatliche Stellen oftmals deutlich stärker ist als die Beeinträchtigung durch die reine Abhörmaßnahme. Ein ausreichender Grundrechtsschutz der Abgehörten kann dementsprechend nur erreicht werden, wenn die protokollierten Inhalte nach Abschluss des Abhörvorgangs mindestens gleichwertig geschützt sind wie die Inhalte beim Abhören selbst.[44] Dies hat das Bundesverfassungsgericht in seiner Entscheidung zur Vorratsdatenspeicherung umgesetzt. Eingriff in Art. 10 GG ist danach jede Kenntnisnahme, Aufzeichnung und Verwertung von Telekommunikationsdaten, sowie jede Auswertung ihres Inhalts oder sonstige Verwendung durch die öffentliche Gewalt.[45] Daher kann trotz fehlendem „Ersteingriff" durch das Abhören selbst auch die Weiterleitung von Abhörprotokollen des Staatssicherheitsdienstes durch den BStU sowie die

---

[39] So auch Stoltenberg/Bossack, StUG, 2012, § 4 Rn. 13; Stoltenberg, StUG, 1992, § 4 Rn. 18.

[40] BVerfGE 85, 386, 396; *D. Lucke*, Strafprozessuale Schutzrechte und parlamentarische Aufklärung in Untersuchungsausschüssen mit strafrechtlich relevantem Verfahrensgegenstand, 2008, S. 373; *H. Bäumler/L. Gundermann*, ZParl 1997, 236, 240; *F. Palm/R. Roy*, NJW 1998, 3005 ff.

[41] *H. Bäumler/L. Gundermann*, ZParl 1997, 236, 241.

[42] LG Kiel NJW 1996, 1976; *S. Kirste*, JuS 2003, 61, 64; *H. Bäumler/L. Gundermann*, ZParl 1997, 236, 241.

[43] BVerfGE 85, 386, 398; *H. Bäumler/L. Gundermann*, ZParl 1997, 236, 214.

[44] *H. Bäumler/L. Gundermann*, ZParl 1997, 236, 240.

[45] BVerfGE 125, 260, 310.

Stefan Engel, Inga Gipperich, Lisa Kohler

Verwendung der darin enthaltenen Information einen eigenen Grundrechtseingriff in Art. 10 GG darstellen.[46] Dabei lassen sich die Maßgaben, die zum Allgemeinen Persönlichkeitsrecht aus Art. 2 Abs. 1 i.V.m. Art. 1 Abs. 1 GG in der Ausprägung des Rechts auf informationelle Selbstbestimmung entwickelt worden sind, auf die speziellere Garantie des Art. 10 GG übertragen.[47]

Eine andere Auffassung hält einen Eingriff in Art. 10 GG mangels „Ersteingriff" **108** nicht für möglich und verweist auf das Recht auf informationelle Selbstbestimmung aus Art. 2 Abs. 1 in Verbindung mit Art. 1 Abs. 1 GG.[48] Sie lässt aber außer Betracht, dass die Anwendung von Art. 10 GG dem Grundrechtsschutz der Betroffenen eher gerecht wird, da dieser nur unter engeren Voraussetzungen einzuschränken ist als Art. 2 Abs. 1 i.V.m. Art. 1 Abs. 1 GG.[49] Zudem wäre eine Abstufung beim Grundrechtsschutz zwischen dem Abhören durch staatliche Stellen der BRD und dem Abhören anderer Stellen, hier des Staatssicherheitsdienstes als ausländischem Nachrichtendienst, nicht zu erklären, obwohl es doch faktisch mindestens eine gleich intensive Grundrechtsbeeinträchtigung bewirkt.[50] Zudem kommt es in diesem Zusammenhang entscheidend auf die Eingriffsintensität der späteren Verwendung an, die gewichtiger sein kann als die des Ersteingriffs. Daher erscheint die Anwendung des Art. 10 GG sachgerecht.

Das Grundrecht aus Art. 10 GG unterliegt ausdrücklich einem Gesetzesvorbehalt **109** und fällt damit in den Anwendungsbereich des Zitiergebotes aus Art. 19 Abs. 1 S. 2 GG.[51] Diesem hat der Gesetzgeber mit der Einfügung des § 46a Genüge getan (§ 46a Rn. 763).

---

[46] LG Kiel NJW 1996, 1976; *D. Lucke*, Strafprozessuale Schutzrechte und parlamentarische Aufklärung in Untersuchungsausschüssen mit strafrechtlich relevantem Verfahrensgegenstand, 2008, S. 374; *H. Bäumler*, JZ 1996, 156, 157; *H. Bäumler/L. Gundermann*, ZParl 1997, 236, 245.

[47] BVerfGE 125, 260, 310.

[48] *W. Durner*, in: Maunz/Dürig, GG, 81. Lfg., Art. 10 Rn. 90; *U. Dammann*, NJW 1996, 1946; *H. Lesch*, NJW 2000, 3035, 3038; *S. Kirste*, JuS 2003, 61, 64.

[49] *H. Bäumler/L. Gundermann*, ZParl 1997, 236, 238.

[50] *H. Bäumler/L. Gundermann*, ZParl 1997, 236, 242.

[51] *B. Remmert*, in: Maunz/Dürig, GG, 81. Lfg., Art. 19 Abs. 1 Rn. 53.

**Stefan Engel, Inga Gipperich, Lisa Kohler**

## § 6 Begriffsbestimmungen

(1) Unterlagen des Staatssicherheitsdienstes sind

1. sämtliche Informationsträger unabhängig von der Form der Speicherung, insbesondere

a. Akten, Dateien, Schriftstücke, Karten, Pläne, Filme, Bild-, Ton- und sonstige Aufzeichnungen,

b. deren Kopien, Abschriften und sonstige Duplikate sowie

c. die zur Auswertung erforderlichen Hilfsmittel, insbesondere Programme für die automatisierte Datenverarbeitung, soweit sie beim Staatssicherheitsdienst oder beim Arbeitsgebiet 1 der Kriminalpolizei der Volkspolizei entstanden, in deren Besitz gelangt oder ihnen zur Verwendung überlassen worden sind,

2. dem Staatssicherheitsdienst überlassene Akten von Gerichten und Staatsanwaltschaften.

(2) Nicht zu den Unterlagen gehören

1. Schreiben des Staatssicherheitsdienstes nebst Anlagen, die er anderen öffentlichen oder nicht öffentlichen Stellen zugesandt hat, soweit diese Stellen ihm gegenüber nicht rechtlich oder faktisch weisungsbefugt waren,

2. Unterlagen, die an andere Stellen aus Gründen der Zuständigkeit weiter- oder zurückgegeben worden sind und in denen sich keine Anhaltspunkte befinden, dass der Staatssicherheitsdienst Maßnahmen getroffen oder veranlasst hat,

3. Unterlagen, deren Bearbeitung vor dem 8. Mai 1945 abgeschlossen war und in denen sich keine Anhaltspunkte befinden, dass der Staatssicherheitsdienst sie über die archivische Erschließung hinaus genutzt hat,

4. Gegenstände und Unterlagen, die Betroffenen oder Dritten vom Staatssicherheitsdienst widerrechtlich weggenommen oder vorenthalten worden sind. Soweit es sich um Schriftstücke handelt, kann der Bundesbeauftragte Duplikate zu seinen Unterlagen nehmen.

(3) Betroffene sind Personen, zu denen der Staatssicherheitsdienst aufgrund zielgerichteter Informationserhebung oder Ausspähung einschließlich heimlicher Informationserhebung Informationen gesammelt hat. Satz 1 gilt nicht

1. für Mitarbeiter des Staatssicherheitsdienstes, soweit die Sammlung der Informationen nur der Anbahnung und Werbung oder nur der Kontrolle ihrer Tätigkeit für den Staatssicherheitsdienst gedient hat, und

2. für Begünstigte, soweit die Sammlung der Informationen nur der Anbahnung oder nur der Kontrolle ihres Verhaltens im Hinblick auf die Begünstigung gedient hat.

**Stefan Engel, Sandra Franz, Gawain Thimm**

(4) Mitarbeiter des Staatssicherheitsdienstes sind hauptamtliche und inoffizielle Mitarbeiter.

1. Hauptamtliche Mitarbeiter sind Personen, die in einem offiziellen Arbeits- oder Dienstverhältnis des Staatssicherheitsdienstes gestanden haben und Offiziere des Staatssicherheitsdienstes im besonderen Einsatz.

2. Inoffizielle Mitarbeiter sind Personen, die sich zur Lieferung von Informationen an den Staatssicherheitsdienst bereiterklärt haben.

(5) Die Vorschriften über Mitarbeiter des Staatssicherheitsdienstes gelten entsprechend für

1. Personen, die gegenüber Mitarbeitern des Staatssicherheitsdienstes hinsichtlich deren Tätigkeit für den Staatssicherheitsdienst rechtlich oder faktisch weisungsbefugt waren,

2. inoffizielle Mitarbeiter des Arbeitsgebietes 1 der Kriminalpolizei der Volkspolizei.

(6) Begünstigte sind Personen, die

1. vom Staatssicherheitsdienst wesentlich gefördert worden sind, insbesondere durch Verschaffung beruflicher oder sonstiger wirtschaftlicher Vorteile,

2. vom Staatssicherheitsdienst oder auf seine Veranlassung bei der Strafverfolgung geschont worden sind,

3. mit Wissen, Duldung oder Unterstützung des Staatssicherheitsdienstes Straftaten gefördert, vorbereitet oder begangen haben.

(7) Dritte sind sonstige Personen, über die der Staatssicherheitsdienst Informationen gesammelt hat.

(8) Ob Personen Mitarbeiter des Staatssicherheitsdienstes, Begünstigte, Betroffene oder Dritte sind, ist für jede Information gesondert festzustellen. Für die Feststellung ist maßgebend, mit welcher Zielrichtung die Informationen in die Unterlagen aufgenommen worden sind.

(9) Die Verwendung von Unterlagen umfasst die Weitergabe von Unterlagen, die Übermittlung von Informationen aus den Unterlagen sowie die sonstige Verarbeitung und die Nutzung von Informationen. Soweit in dieser Vorschrift nichts anderes bestimmt ist, gelten die Begriffsbestimmungen der §§ 2 und 3 des Bundesdatenschutzgesetzes mit der Maßgabe, dass zu den nicht öffentlichen Stellen auch die Religionsgesellschaften gehören.

*Literaturangaben: Bessel, Richard, Die Volkspolizei und das Volk. Mecklenburg-Vorpommern 1945 bis 1952, in: v. Meli (Hrsg.), Sozialismus auf dem platten Land. Mecklenburg-Vorpommern 1945–1952, Schwerin 1999, S. 17–40; Diedrich, Torsten/ Ehlert, Hans Gotthard/Wenzke, Rüdiger, Die bewaffneten Organe der DDR im*

**Stefan Engel, Sandra Franz, Gawain Thimm**

# § 6

*System von Partei, Staat und Landesverteidigung. Ein Überblick, in: Diedrich/ Ehlert/Wenzke, Im Dienste der Partei. Handbuch der bewaffneten Organe der DDR, Berlin 1998, S. 1–68; Geiger, Hansjörg/Klinghardt, Heinz (Hrsg.), Stasi-Unterlagen-Gesetz-Kommentar, 2. Aufl., Stuttgart 2006; Gieseke, Jens, Mielke-Konzern. Die Geschichte der Stasi 1945–1990, Berlin 2001; Gill, David/Schröter, Ulrich, Das Ministerium für Staatssicherheit. Anatomie des Mielke-Imperiums, Berlin 1991; Gola, Peter/Schomerus, Rudolf (Hrsg.), Bundesdatenschutzgesetz Kommentar, 12. Aufl., München 2015; Hockerts, Hans Günter, Zeitgeschichte in Deutschland – Begriff, Methoden, Themenfelder, in: APuZ 29–30 (1993), S. 3–19; Kowalczuk, Ilko-Sascha, Stasi konkret: Überwachung und Repression in der DDR, München 2013; Lansnicker, Franz/Schwirtzek, Thomas, Der Beweiswert von Stasi-Unterlagen im Arbeitsgerichtsprozess, in: DtZ 1994, S. 162–165; Lindenberger, Thomas, Volkspolizei. Herrschaftspraxis und öffentliche Ordnung im SED-Staat 1952–1968, Köln 2003; Müller-Enbergs, Helmut, Warum wird einer IM? Zur Motivation bei der inoffiziellen Zusammenarbeit mit dem Staatssicherheitsdienst, in: Behnke/Fuchs (Hrsg.), Zersetzung der Seele. Psychologie und Psychiatrie im Dienste der Stasi, Hamburg 1995, S. 102–129; Simitis, Spiros (Hrsg.), Bundesdatenschutzgesetz, 8. Aufl., Baden-Baden 2014; Stoltenberg, Klaus, Stasi-Unterlagen-Gesetz, Baden-Baden 1992; Stoltenberg, Klaus, Bossack, Carolin, Stasi-Unterlagen-Gesetz, Baden-Baden 2012; Trute, Hans-Heinrich, Die Regelungen des Umgangs mit den Stasi-Unterlagen im Spannungsfeld von allgemeinem Persönlichkeitsrecht und legitimen Verwendungszwecken, in: JZ 1992, S. 1043–1054; Wengst, Udo, Zum Umgang der Geschichtswissenschaft mit den beiden Diktaturen in Deutschland im 20. Jahrhundert, in: Unverhau (Hrsg.), Das Stasi-Unterlagen-Gesetz im Lichte von Datenschutz und Archivgesetzgebung, Münster 1998, S. 15–30; Wunschik, Tobias, KI (Arbeitsgebiet I der Kriminalpolizei), in: Engelmann, Das MfS-Lexikon. Begriffe, Personen und Strukturen der Staatssicherheit der DDR, Berlin 2012.*

## A. Allgemeines

**110**   § 6 gehört zu den zentralen Normen des StUG. In Abs. 1 und 2 definiert die Norm den Begriff der Unterlagen und bestimmt damit den Anwendungsbereich des Gesetzes.[1] § 6 definiert darüber hinaus in den Absätzen 3–7 mit den Personenkategorien des StUG die wesentlichen Begriffe des Gesetzes und außerdem den Begriff der Verwendung in Abs. 9 S. 1. Im Übrigen nimmt die Regelung durch Abs. 9 S. 2 weitere Definitionen des BDSG in Bezug.

---

[1] Stoltenberg/Bossack, StUG, 2012, § 6 Rn. 1.

**Stefan Engel, Sandra Franz, Gawain Thimm**

## B. Erläuterungen

## I. Zu Abs. 1

### 1. Allgemeines

Die Norm konkretisiert, was Unterlagen des Staatssicherheitsdienstes im Sinne des **111** StUG sind. Von einer abschließenden Definition kann an dieser Stelle nicht gesprochen werden; die Aufzählung in Nr. 1 lit. a–c nennt dabei gerade nur exemplarisch die einzelnen Informationsträger (Rn. 113); weitere Informationsträger, die bestimmte Kriterien erfüllen, sind damit eben nicht ausgeschlossen (Rn. 117). Da sich der in § 1 Abs. 1 genannte Anwendungsbereich auf „Unterlagen des Ministeriums für Staatssicherheit und seiner Vorläufer und- Nachfolgeorganisationen" erstreckt, ist diese Bestimmung des Unterlagenbegriffs notwendige Voraussetzung zur Anwendung der meisten Vorschriften des StUG.[2]

Unter Staatssicherheitsdienst sind im Zusammenhang mit § 1 Abs. 1 das Ministerium für Staatssicherheit und seine Vorläufer- und Nachfolgeorganisationen in der ehemaligen Deutschen Demokratischen Republik zu verstehen (§ 1 Rn. 40 ff.). Das Ministerium für Staatssicherheit geht dabei auf das Gesetz über die Gründung eines Ministeriums für Staatssicherheit vom 08.02.1950 zurück. Dieses ist verkündet und in Kraft getreten am 21.02.1950 und bestimmt, dass die bisher dem Ministerium des Innern unterstellte Hauptverwaltung zum Schutze der Volkswirtschaft zu einem selbstständigen Ministerium für Staatssicherheit umgebildet wird.[3] Damit erschließt sich zugleich einer der Vorgänger des Ministeriums für Staatssicherheit, nämlich die in § 1 des Gesetzes über die Bildung eines Ministeriums für Staatssicherheit genannte und dem Ministerium des Innern unterstellte Hauptverwaltung zum Schutze der Volkswirtschaft.

Bei den Nachfolgeorganisationen ist das Amt für Nationale Sicherheit (ab dem **112** 17.11.1989) zu nennen, in welches das Ministerium für Staatssicherheit durch die Volkskammer umgewandelt wurde.[4] Zu Vorläufer- und Nachfolgeorganisationen vgl. ausführlich § 1 Rn. 40 ff.

---

[2] Stoltenberg, StUG, 1992, § 6 Rn. 1; sinngemäß: *M. Budsinowski*, in: Geiger/Klinghardt, StUG, 2. Aufl. 2006, § 6 Rn. 1; Stoltenberg/Bossack, StUG, 2012, § 6 Rn. 2.
[3] Vgl. GBl. DDR 1950, 25.
[4] *M. Budsinowski*, in: Geiger/Klinghardt, StUG, 2. Aufl. 2006, § 6 Rn. 4a.

**Stefan Engel, Sandra Franz, Gawain Thimm**

# § 6

## 2. Nr. 1

**113**  In Abs. 1 Nr. 1 finden sich die allgemeinen Kriterien, nach denen sich die Qualität eines Informationsträgers als Unterlage des Staatssicherheitsdienstes bestimmen lässt. Unterteilt wird dabei in eine allgemeine Bestimmung und einen Katalog, in dem exemplarisch die wichtigsten Informationsträger namentlich aufgezählt werden. Die Vorschrift ist angelehnt an § 2 Abs. 2 des Volkskammergesetzes,[5] jedoch detaillierter, umfassender sowie systematischer.

Der allgemeinen Bestimmung zufolge sind Unterlagen des Staatssicherheitsdienstes sämtliche Informationsträger unabhängig von der Form der Speicherung, soweit sie beim Staatssicherheitsdienst oder beim Arbeitsgebiet 1 der Kriminalpolizei der Volkspolizei entstanden, in deren Besitz gelangt oder ihnen zur Verwendung überlassen worden sind. Diese Voraussetzung gilt für die einzelnen Tatbestände der Aufzählung des Abs. 1 Nr. 1.

**114**  Anknüpfungspunkt ist nicht nur der Entstehungsort der Informationsträger, sondern auch alternativ der Besitz des Staatssicherheitsdienstes. „Zur Verwendung überlassen" setzt den Besitz grundsätzlich voraus; die ausdrückliche Erwähnung ist daher aus rechtlicher Sicht nicht notwendig.[6]

Ausweislich des Gesetzeswortlautes kommt es nicht auf die Form der Speicherung an, ebenso wenig auf die Form der physischen Verkörperung der Information bzw. des Informationsträgers z.B. im Sinne eines Dokuments.

### a ) Besitz des Staatssicherheitsdienstes

**115**  Bei in den Besitz des Staatssicherheitsdienstes gekommenen Informationsträgern kommt es für die Eigenschaft als Unterlage im Sinne des StUG dabei – mit Ausnahme des Absatzes 2 Nr. 4 – nicht auf die Rechtmäßigkeit des Besitzerwerbs an.[7] Die Umstände des jeweiligen Rechtserwerbs wären heute auch nur unter großem Aufwand oder gar nicht zu klären. Zudem stellte sich dabei die Frage, inwieweit ein Rechtserwerb, der auf Grundlage des Rechts der DDR und der sehr weitreichenden Befugnisse des Staatssicherheitsdienstes als rechtmäßig anzusehen gewesen wäre, aus heutiger Sicht rechtmäßig bzw. rechtswidrig wäre. Dieses Kriterium würde damit die Arbeit des BStU sowie die Verfolgung der in § 1 Abs. 1 normierten Zwecke erheblich beeinträchtigen.

---

[5] GBl. DDR Nr. 1990, 1419; ähnlich: Stoltenberg/Bossack, StUG, 2012, § 6 Rn. 1.
[6] *M. Budsinowski*, in: Geiger/Klinghardt, StUG, 2. Aufl. 2006, § 6 Rn. 3.
[7] *M. Budsinowski*, in: Geiger/Klinghardt, StUG, 2. Aufl. 2006, § 6 Rn. 3.

**Stefan Engel, Sandra Franz, Gawain Thimm**

Dem Kriterium der dem Staatssicherheitsdienst überlassenen Unterlagen kommt vor diesem Hintergrund keine eigene Bedeutung zu. Wenn Unterlagen dem Staatssicherheitsdienst überlassen worden sind, so sind die auch regelmäßig in dessen Besitz übergegangen, so dass ein eigener Anwendungsbereich hier kaum vorstellbar ist.

**b) Staatssicherheitsdienst als Urheber**

Das Gesetz stellt die Anforderung, dass die Informationsträger beim Staatssicher-    **116**
heitsdienst im Sinne des § 1 Abs. 1, also auch bei seinen Vorläufer- und Nachfolgeorganisationen (§ 1 Rn. 40 ff.), entstanden sind. Hier erfährt der sehr weite Unterlagenbegriff seine Grenze. Dieses Kriterium ergibt sich daraus, dass sich das StUG
seinem Zweck und Anwendungsbereich nach auf durch diese Institutionen be-
gangenes Unrecht bezieht. Andere Unterlagen unterliegen nicht dem StUG und sind
regelmäßig nach allgemeinen Gesetzen zu behandeln.[8] Der Entstehungsbegriff ist
dabei jedoch auch ein sehr weiter, wobei das Anlegen einer Akte oder das sonstige
Herstellen diesem genügen.[9]

Das Gesetz stellt das Arbeitsgebiet 1 der Kriminalpolizei der Volkspolizei dem
Staatssicherheitsdienst gleich (Rn. 156 ff.).

**c) Informationsträger**

Der Begriff des Informationsträgers im § 6 Abs. 1 Nr. 1 ist darüber hinaus ein sehr    **117**
weiter. Im Gesetz wird durch die Formulierung „insbesondere" zum Ausdruck gebracht, dass nicht nur die im folgenden Katalog genannten Informationsträger als
Stasi-Unterlagen anzusehen sind. Vielmehr werden in dieser Aufzählung diejenigen
Informationsträger genannt, die erfahrungsgemäß beim Staatssicherheitsdienst überwiegend zum Einsatz kamen und damit in der Praxis gewöhnlich von Relevanz sind.
Die Aufzählung ist damit nicht abschließend, sondern exemplarisch.[10] Dies wird
auch daran deutlich, dass jeder Informationsträger, der die vor die Klammer gezogenen Voraussetzungen erfüllt, Unterlage des Staatssicherheitsdienstes ist – unabhängig davon, ob er unter eine der in der Aufzählung zu findenden Kategorien zu
fassen ist. Erfasst werden soll jedes Objekt, das Informationen enthält, sogar Ge-
ruchsproben sind dazu zu zählen.[11] Dieser umfassende Begriff der Unterlagen des
Staatssicherheitsdienstes erscheint dabei vor allem mit Blick auf den Hoheitsan-

---

[8] *M. Budsinowski*, in: Geiger/Klinghardt, StUG, 2. Aufl. 2006, § 6 Rn. 2.
[9] *M. Budsinowski*, in: Geiger/Klinghardt, StUG, 2. Aufl. 2006, § 6 Rn. 3.
[10] Weberling, StUG, 1993, § 6 Rn. 2.
[11] *M. Budsinowski*, in: Geiger/Klinghardt, StUG, 2. Aufl. 2006, § 6 Rn. 4.

**Stefan Engel, Sandra Franz, Gawain Thimm**

spruch des Bundesbeauftragten zweckgerecht (siehe zum Hoheitsanspruch auch § 7 Rn. 185 ff.).

Eine darüber hinausgehende Differenzierung, beispielsweise nach der Art der in den Unterlagen enthaltenen Informationen – wie sie in einigen Normen des StUG, insbesondere in Form der Unterscheidung nach personenbezogenen und nichtpersonenbezogenen Informationen, stattfindet – ist hier nicht zu finden.

### aa ) Lit. a

**118**  Im ersten Aufzählungspunkt in Nr. 1 werden Akten, Dateien, Schriftstücke, Karten, Pläne, Filme, Bild-, Ton- und sonstige Aufzeichnungen als Unterlagen des Staatssicherheitsdienstes benannt, soweit sie die vor die Aufzählung gezogenen Kriterien erfüllen.

Legaldefinitionen zu einigen der genannten Begriffe finden sich in § 46 BDSG; einer Heranziehung dieser Norm steht dabei nichts entgegen.[12] Der Begriff der Akte wird dort in § 46 Abs. 2 S. 1 BDSG definiert. Danach ist jede amtlichen oder dienstlichen Zwecken dienende Unterlage eine Akte. Diese darf nicht gleichzeitig unter den Dateibegriff aus § 46 Abs. 1 BDSG fallen. Neben dem allgemeinen Verständnis, dass hierunter Dokumente im allgemeinen Sinne fallen, erfasst der Begriff Akte hier auch Bild- und Tonträger.

Ausgenommen vom Aktenbegriff werden in § 46 Abs. 2 S. 2 BDSG Vorentwürfe und Notizen, die nicht Bestandteil eines Vorgangs werden sollten. Diese sind in der exemplarischen Aufzählung des § 6 Abs. 1 Nr. 1 unter Schriftstücke – sofern es sich um Schrift in Form von geschriebener Sprache handelt – bzw. unter die sonstigen Aufzeichnungen zu fassen.

**119**  In § 46 Abs. 1 S. 1 BDSG wird der Begriff der Datei definiert. Eine solche liegt in Form einer automatisierten Datei vor, wenn eine Sammlung personenbezogener Daten durch automatisierte Verfahren nach bestimmten Merkmalen ausgewertet werden kann. Im Übrigen ist eine nicht automatisierte Datei jede sonstige Sammlung personenbezogener Daten, die gleichartig aufgebaut ist und nach bestimmten Merkmalen geordnet, umgeordnet und ausgewertet wurden kann.

---

[12] Vertiefend dazu: *M. Budsinowski*, in: Geiger/Klinghardt, StUG, 2. Aufl. 2006, § 6 Rn. 101, auch zu dem Gesichtspunkt, dass eine dem entsprechende Vorschrift früher in § 3 BDSG zu finden war, auf den § 6 Abs. 9 verweist.

**Stefan Engel, Sandra Franz, Gawain Thimm**

Ausgenommen vom Begriff der Datei werden in § 46 Abs. 1 S. 2 BDSG Akten und Aktensammlungen, es sei denn, dass diese sich durch automatisierte Verfahren umordnen oder auswerten lassen. Dies entspricht dem Verständnis, dass der Begriff der Datei nahelegt.

Als Schriftstücke i.S.d. Abs. 1 Nr. 1 können abgeleitet aus vorigen Definitionen **120** Dokumente mit verschriftlichter Sprache – gleich, ob handschriftlich oder maschinell gefertigt – verstanden werden, soweit sie nicht unter den Begriff der Akte oder der Datei fallen.

Karten und Pläne erfassen räumliche Umgebungsdarstellungen, soweit diese nicht schon Akten oder Dateien i.S.d. § 46 Abs. 1 und 2 BDSG sind. Auch Filme, Bild-, Ton- und sonstige Aufzeichnungen gehören nach der ausdrücklichen Nennung in Abs. 1 lit. a.

**bb ) Lit. b**

Nach lit. b zählen auch Kopien, Abschriften und sonstige Duplikate zu den Stasi- **121** Unterlagen. Dies erfasst nur solche, die beim Staatssicherheitsdienst oder Arbeitsgebiet 1 der Kriminalpolizei der Volkspolizei entstanden sind. Eine Sonderstellung nehmen hier Duplikate nach § 10 Abs. 3 und 4 ein (§ 10 Rn. 212 f.).

Aus dem Umstand, dass Duplikate nur zu den Unterlagen des Staatssicherheitsdienstes zählen, soweit sie beim MfS oder Arbeitsgebiet 1 entstanden sind, ergibt sich, dass solche Duplikate, die dieses Kriterium nicht erfüllen, dem Wortlaut nach nicht zum Unterlagenbestand zu zählen sind.

Der Bestand, der von dieser Lücke betroffen ist, erscheint zunächst geringer als er tatsächlich ist. Dabei sind insbesondere Duplikate zu nennen, die der BStU zur Wahrnehmung seiner Aufgaben anfertigt,[13] sowie die HVA-Karteien.

Bezogen auf die Anwendung der dem Schutz des Persönlichkeitsrechts dienenden **122** Vorschriften ergeben sich insoweit keine wesentlichen Probleme, da insbesondere durch § 29, der auf die übermittelten personenbezogenen Informationen und eben nicht auf die Eigenschaft einer Stasi-Unterlage abstellt, ein entsprechender Schutz hergestellt wird.

Relevant wird die Kategorisierung als Unterlage des Staatssicherheitsdienstes aber insbesondere bei der Verwendung von Informationen nach den Vorschriften des

---

[13] Zu den vom BStU angefertigten Duplikaten: *M. Budsinowski*, in: Geiger/Klinghardt, StUG, 2. Aufl. 2006, § 6 Rn. 8.

**Stefan Engel, Sandra Franz, Gawain Thimm**

StUG. Streng dem Wortlaut nach kommt man zu dem Ergebnis, dass somit verschiedene Informationsträger von der Verwendung ausgeschlossen sind. Vielmehr ist jedoch das Gegenteil der Fall. Die in § 1 benannten Zwecke des Gesetzes erfordern für eine möglichst vollständige Aufarbeitung, dass auch die hier in Rede stehenden Duplikate entsprechend den Stasi-Unterlagen verwendet werden können, wenn sichergestellt ist, dass es sich um echte Informationen des MfS handelt.[14]

Einen besonderen Rang nehmen hier wiederum die sogenannten „Rosenholz-Dateien" ein, dabei handelt es sich um Sicherheitsverfilmungen von Karteien der Hauptverwaltung Aufklärung des MfS.[15] Diese sich nach der Wende bei der CIA befindlichen Daten können jedoch erst seit dem Jahre 2003 durch deutsche Behörden und vor allem nach den Vorschriften des StUG umfassend verwendet werden.[16] Dadurch, dass in der Wendezeit ein umfangreicher Materialbestand vernichtet wurde, können diese Daten für die hiesige Aufarbeitung von großem Nutzen sein, jedoch ist die Überprüfung und vollständige Erschließung teilweise sehr aufwendig.[17] Hinsichtlich der Verwendung dieser Daten können dieselben Grundsätze herangezogen werden, die auch für Duplikate oben schon erörtert wurden.

**cc ) Lit. c**

123    Schließlich gehören auch die zur Auswertung erforderlichen Hilfsmittel zu den Stasi-Unterlagen, dabei insbesondere Programme für die automatisierte Datenverarbeitung. Darunter fallen vor allem die Daten des Systems der Informationsrecherche (SIRA).[18]

**3. Nr. 2**

124    § 6 Abs. 1 Nr. 2 bezieht Akten von Gerichten und Staatsanwaltschaften, die dem Staatssicherheitsdienst überlassen worden sind, die sogenannten Justizakten,[19] mit in den Unterlagenbegriff ein. Diese hat das MfS teils übernommen bzw. aufbewahrt.[20] Da der Staatssicherheitsdienst diese jedoch nicht nur archiviert hat, sondern viel-

---

[14] Ausführlich und zum gleichen Ergebnis kommend: *M. Budsinowski*, in: Geiger/Klinghardt, StUG, 2. Aufl. 2006, § 6 Rn. 9.

[15] Vertiefend zum diesem Thema: *M. Budsinowski*, in: Geiger/Klinghardt, StUG, 2. Aufl. 2006, § 6 Rn. 12.

[16] *M. Budsinowski*, in: Geiger/Klinghardt, StUG, 2. Aufl. 2006, § 6 Rn. 13.

[17] *M. Budsinowski*, in: Geiger/Klinghardt, StUG, 2. Aufl. 2006, § 6 Rn. 14 ff.

[18] Stoltenberg/Bossack, StUG, 2012, § 6 Rn. 9.

[19] Weberling, StUG, 1993, § 6 Rn. 3; *M. Budsinowski*, in: Geiger/Klinghardt, StUG, 2. Aufl. 2006, § 6 Rn. 32.

[20] Stoltenberg/Bossack, StUG, 2012, § 6 Rn. 12.

110

mehr davon ausgegangen werden darf, dass die Akten auch für Zwecke des MfS genutzt wurden, erschien die Einordnung als Unterlage im Sine des § 6 als sachgemäßer gegenüber der Einordnung als Justizakten.[21] Insbesondere hat der Staatssicherheitsdienst ab Mitte des Jahres 1981 nur noch Akten übernommen, die für die „politisch-operative Arbeit" des MfS inhaltlich nach eigener Einschätzung von grundsätzlichem Interesse waren.[22] Dem Grunde nach fallen diese Akten schon nach § 6 Abs. 1 Nr. 1 unter den Unterlagenbegriff im Sinne des StUG. Zwar sind sie wohl für gewöhnlich nicht dort bzw. beim Arbeitsgebiet 1 entstanden, jedoch sind diese Akten dem MfS überlassen worden und damit auch als solche in seinen Besitz gekommen. Folglich erfolgt die Kategorisierung als Unterlage gem. § 6 Abs. 1 in Nr. 2 eher zu klarstellenden Zwecken.

Bedeutung gewinnt diese Vorschrift dann allerdings im Zusammenhang mit den **125** Vorschriften der §§ 18, 24 und 37 Abs. 1 Nr. 3 lit. a) StUG. Die Justizakten erfahren darin trotz ihrer Kategorisierung als Unterlage spezielle Behandlung. Für das Recht auf Auskunft, Einsichtnahme und Herausgabe finden im Wesentlichen nicht das StUG, sondern gem. § 18 die jeweiligen gesetzlichen Verfahrensordnungen Anwendung. Gleiches gilt für die Verwendung von Unterlagen gem. § 24 (§ 24 Rn. 509 ff.). Schließlich hat die Verwahrung betreffender Unterlagen gem. § 37 Abs. 1 Nr. 3 lit. a gesondert zu erfolgen (§ 37 Rn. 674). Dadurch wird dem Umstand genüge getan, dass es sich bei den Justizakten grundsätzlich um Unterlagen handelt, die von anderen Stellen als dem BStU archiviert werden.

Dies macht es zum einen einfacher, Unterlagen zu verwenden bzw. Anträge auf Auskunft, Einsicht oder Herausgabe zu stellen, wofür in jedem Fall der BStU als einzige Behörde zuständig ist; zum anderen wird dies dem Hoheitsanspruch des BStU (§ 7 Rn. 185 ff.) gerecht. Dieser Umstand erscheint daher auch im Zusammenhang mit der Aufarbeitungsfunktion des BStU als zweckmäßig.

### 4. Glaubhaftigkeit der Unterlagen

Ein direkter Schluss aus dem Inhalt der Unterlagen des MfS auf die Wirklichkeit in **126** der DDR ist problematisch. Auch aus dem StUG geht dies hervor: Nach § 6 Abs. 8 (s. Rn. 169) wird zur Einordnung der in den Unterlagen genannten Personen in die Personenkategorien des § 6 lediglich der Inhalt der Unterlagen selbst herangezogen, die objektive Richtigkeit der Unterlagen ist hierfür nicht entscheidend. Hieraus folgt, dass das StUG für möglich hält, dass MfS-Unterlagen inhaltlich nicht der

---

[21] BT-Drucks. 12/1093, 21 (zu § 4); zum Bestand solcher Unterlagen: http://www.bstu.bund.de/DE/Archive/Bestandsinformationen/Archivbestand-Abt-XII/ab_4_ast.html (20.09.2014).
[22] *M. Budsinowski*, in: Geiger/Klinghardt, StUG, 2. Aufl. 2006, § 6 Rn. 32.

**Stefan Engel, Sandra Franz, Gawain Thimm**

Wirklichkeit entsprechen. Dem trägt auch der Anspruch auf Beiheftung einer Richtigstellung zu den Unterlagen aus § 4 Abs. 2 Rechnung.

**127** Als historische Quellen betrachtet folgen aus den Unterlagen aufgrund ihres problematischen Wahrheitsgehalts nicht direkt historische Erkenntnisse, solche lassen sich erst nach einer Quelleninterpretation gewinnen.[23] Dass die Unterlagen des MfS unwahr sein können, ist nicht auszuschließen; sie haben keine prozessuale Beweiskraft.[24] Dies folgt insbesondere daraus, dass die Aufgabenstellung und die Arbeitsweise des MfS nicht den Erfordernissen rechtsstaatlicher Sachverhaltsaufklärung entsprachen.[25] Folgerichtig sind auch die vom BStU erteilten Auskünfte keine öffentlichen Urkunden im Sinne des § 415 ZPO, sie begründen keinen vollen Beweis über die in ihnen dokumentierten Vorgänge.[26] Sie sind daher nicht als Tatsachenbehauptungen, sondern als Werturteile, in denen die subjektive Überzeugung des BStU zum Ausdruck kommt, einzustufen.[27] Jedoch liefern sie bedeutsame Anhaltspunkte.[28]

## II. Zu Abs. 2

**128** Der Abs. 2 schließt bestimmte Objekte und Informationsträger vom Unterlagenbegriff im Sinne des § 6 Abs. 1 aus. Dass der Staatssicherheitsdienst diese Unterlagen (im untechnischen Sinne) in seinem Gewahrsam hatte oder Einfluss darauf ausüben konnte, ist insoweit nicht maßgeblich.[29]

### 1. Nr. 1

**129** Dabei gehören nach Nummer 1 Schreiben des Staatssicherheitsdienstes, die er anderen öffentlichen (Rn. 175) oder nicht-öffentlichen Stellen (Rn. 176) zugesandt hat, soweit diese ihm gegenüber rechtlich oder faktisch nicht weisungsbefugt waren, nicht zu den Stasi-Unterlagen. Der Gesetzgeber begründet dies damit, dass diese Schreiben den Empfängern regulär zugegangen sind und deren Eigentum geworden

---

[23] *H. G. Hockerts*, APuZ 29–30 (1993), 3, 10; *U. Wengst*, Zum Umgang der Geschichtswissenschaft mit den beiden Diktaturen in Deutschland im 20. Jahrhundert, in: Unverhau, Das Stasi-Unterlagen-Gesetz im Lichte von Datenschutz und Archivgesetzgebung, 1998, S. 15, 24 ff.

[24] BAG DtZ 1994, 190, 191; *F. Lansnicker/T. Schwirtzek*, DtZ 1994, 162 ff. m.w.N.

[25] BGH NJW 1992, 1975, 1976, wonach eine MfS-Unterlage keinen für einen Haftbefehl erforderlichen dringenden Tatverdacht begründet.

[26] VG Greifswald DtZ 1995, 455, 455; VG Meiningen LKV 1995, 298, 299 f.

[27] OVG Berlin DtZ 1996, 252, 255 f.

[28] BVerwGE 103, 335, 339 f.

[29] Schmidt/Dörr, StUG, 1993 § 6 Rn. 9.

**Stefan Engel, Sandra Franz, Gawain Thimm**

sind.[30] Weiter sei dadurch die Vollständigkeit der Unterlagen nicht beeinträchtigt, weil in der Regel die Entwürfe in den von ihm verwalteten Unterlagen vorhanden sind.[31] Zwar ist dies dem Grunde nach nicht zu beanstanden; problematisch ist indes trotzdem, dass diese Entwürfe in der Wendezeit ggf. vernichtet worden sind oder anderweitig z.b. durch Zerreißen etc. unlesbar gemacht wurden (§ 3 Rn. 73 ff.). Der Gesetzgeber hat diesen möglicherweise eingetretenen Umstand allerdings zu Gunsten des Eigentums hier nicht berücksichtigt.

Die Differenzierung zwischen rechtlicher und faktischer Weisungsbefugnis trägt **130** dem Umstand Rechnung, dass rechtlich zwar Weisungsbefugnisse bestanden, faktisch jedoch auch andere Stellen Weisungsbefugnisse wahrnahmen, ohne dass diese geregelt waren. Zumindest rechtlich weisungsbefugt waren der Generalstaatsanwalt, der nach § 10 Abs. 1 und 2 des Gesetzes über die Staatsanwaltschaft der Deutschen Demokratischen Republik von 1952 unter anderem die höchste Aufsicht über alle Ministerien inne hatte. Eine faktische Weisungsbefugnis hatte insbesondere die Sozialistische Einheitspartei Deutschlands, die den gesamten Staat samt seiner Organe leitete und deren Beschlüsse Vorrang vor staatlichen Gesetzen hatten, somit unmittelbar geltend waren.[32] Dies war zeitweise auch rechtlich durch die Verfassung der DDR legitimiert.[33] In der DDR-StPO wurde dies ebenfalls noch einmal in § 89 Abs. 1 normiert. Gleiches gilt nach § 3 Abs. 3 des Gesetzes über die Staatsanwaltschaft der Deutschen Demokratischen Republik von 1963 auch für den Militäroberstaatsanwalt. In gleichem Gesetz ist in § 16 zugleich die allgemeine

---

[30] BT-Drucks. 12/723 (zu § 4 Abs. 2 Nr. 1); *M. Budsinowski,* in: Geiger/Klinghardt, StUG, 2. Aufl. 2006, § 6 Rn. 34; Schmidt/Dörr, StUG, 1993 § 6 Rn. 10; Stoltenberg/Bossack, StUG, 2012, § 6 Rn. 14; Weberling, StUG, 1993, § 6 Rn. 5; Kritisch dazu: Stoltenberg, StUG, 1992, § 6 Rn. 10, der die Gefahr sieht, dass es durch Schreiben, die der Ausnahme nach Abs. 2 Nr. 1 genügen und zu denen keine Unterlagen im Sinne des § 6 Abs. 1 vorhanden sind, zu erheblichen Informationslücken kommen kann. Dieses Problem dürfte seiner Ansicht nach nicht unerheblich sein, da es bekanntermaßen in der Wendezeit zur Vernichtung von zahlreichen Unterlagen gekommen ist. Weiter stellt er die Problematik auf, dass auch von solchen Schreiben eine Gefahr für das Persönlichkeitsrecht von Betroffenen ausgehen kann. Für sachgerecht hält er es vielmehr, auch diese Schreiben dem Anwendungsbereich des Gesetzes zu unterstellen und im Falle des Vorhandenseins einer Kopie in den Unterlagen, durch den Bundesbeauftragen von der Herausgabe abzusehen.

[31] BT-Drucks. 12/723 (zu § 4 Abs. 2 Nr. 1).

[32] Ausführlich zu den Weisungsbefugnissen: *M. Businowski,* in: Geiger/Klinghardt, StUG, 2. Aufl. 2006, § 6 Rn. 34, 67.

[33] *M. Budsinowski,* in: Geiger/Klinghardt, StUG, 2. Aufl. 2006, § 6 Rn. 67.

**Stefan Engel, Sandra Franz, Gawain Thimm**

Aufsicht der Staatsanwaltschaften über Untersuchungsorgane im Einzelnen geregelt, wonach die Staatsanwaltschaften eine rechtliche Weisungsbefugnis innehatten.[34]

## 2. Nr. 2

**131** Nr. 2 behandelt Unterlagen, die das MfS an andere Stellen aus Gründen der Zuständigkeit weiter- oder zurückgegeben hat und in denen sich keine Anhaltspunkte finden, dass das MfS Maßnahmen getroffen oder veranlasst hat. Das betrifft Unterlagen, für die andere Stellen als das MfS zuständig waren.[35] Bei entsprechenden Unterlagen wurden solche entweder zunächst beim MfS angelegt, oder durch dieses an sich gezogen, um zu prüfen, ob es zur Verfolgung eigener Zwecke tätig werden konnte oder sollte.[36] Sie müssen sich jedoch nicht dauerhaft dort befunden haben und sich heute auch nicht beim BStU befinden. Betroffen von dieser Vorschrift sind Ermittlungsunterlagen der Polizei in Fällen normaler Kriminalität.[37] Anhaltspunkte (für das Tätigwerden des MfS) können in diesem Zusammenhang Notizen, Vermerke oder Anweisungen auf oder in den Unterlagen sein.[38]

## 3. Nr. 3

**132** Ähnlich dazu ist der Ausschlussgrund in Nr. 3. Hier geht es um Unterlagen, deren Bearbeitung vor dem 8. Mai 1945 (bedingungslose Kapitulation der Wehrmacht) abgeschlossen war. Es dürfen sich hier keine Anhaltspunkte finden, dass der Staatssicherheitsdienst diese Unterlagen über die archivische Erschließung hinaus genutzt hat. Das MfS darf also nicht auf Grundlage solcher Unterlagen eigene Aktivitäten veranlasst haben.[39] Zudem muss die Bearbeitung vor genanntem Datum abgeschlossen sein. Daraus ergeben sich zwei kumulative Voraussetzungen. Ziel dessen ist, dass entsprechende Unterlagen nicht unter die besonderen Regeln des StUG fallen, sondern nach allgemeinen archivrechtlichen Regeln genutzt werden können.[40] Insbesondere fallen darunter NS-Akten, die das MfS archivierte.[41] Daher wird die Vorschrift auch teilweise unter dem Begriff „NS-Akten" genannt. Weiterhin fallen

---

[34] Siehe auch: *M. Budsinowski,* in: Geiger/Klinghardt, StUG, 2. Aufl. 2006, § 6 Rn. 67.

[35] BT-Drucks. 12/723, 20 (Begründung zu § 4 Abs. 2 Nr. 2).

[36] BT-Drucks. 12/723, 20 (Begründung zu § 4 Abs. 2 Nr. 2).

[37] BT-Drucks. 12/723, 20 (Begründung zu § 4 Abs. 2 Nr. 2); *M. Budsinowski,* in: Geiger/ Klinghardt, StUG, 2. Aufl. 2006, § 6 Rn. 35.

[38] Vergleiche dazu ausführlich und im Zusammenhang mit dem Unterlagenbegriff: Schmidt/ Dörr, StUG, 1993, § 6 Rn. 11.

[39] *M. Budsinowski,* in: Geiger/Klinghardt, StUG, 2. Aufl. 2006, § 6 Rn. 36.

[40] BT-Drucks. 12/1540, 57 f. (zu § 4).

[41] BT-Drucks. 12/1540, 58 (Begründung zu § 4 Nr. 2a); *M. Budsinowski,* in: Geiger/Klinghardt, StUG, 2. Aufl. 2006, § 6 Rn. 36; Stoltenberg/Bossack, StUG, 2012, § 6 Rn. 15.

**Stefan Engel, Sandra Franz, Gawain Thimm**

unter diese Ausnahme auch Unterlagen aus der Weimarer Republik und dem Kaiserreich.[42]

## 4. Nr. 4

Schließlich schließt Nr. 4 Gegenstände und Unterlagen, die Betroffenen oder Dritten **133** vom Staatssicherheitsdienst widerrechtlich weggenommen oder vorenthalten worden sind, von den Unterlagen im Sinne des § 6 Abs. 1 aus.

Der Staatssicherheitsdienst hat in vielen Fällen persönliches Eigentum von Bürgern willkürlich weggenommen oder dieses vorenthalten.[43] Beispielsweise sind dabei zu nennen persönliche Gegenstände (Familienfotos, Orden, Ehrenzeichen etc.), die Wegnahme eines Großteils der Habe von Ausreisewilligen oder von Manuskripten für Bücher oder Dissertationen von Einreisenden, nicht ausgehändigte Strafurteile, Personaldokumente von Übersiedlern, die das MfS ohne Rechtsgrundlage beschlagnahmte.[44] Ferner sind von der Vorschrift betroffen Gegenstände und Briefe, die in der Postkontrolle zurückgehalten wurden.[45] All diese Gegenstände und Unterlagen sind als rechtmäßiges Eigentum der jeweiligen Betroffenen anzusehen; eine Behandlung als Unterlage im Sinne des § 6 Abs. 1 wäre nicht sachgemäß, eine Herausgabe ist daher interessengerechter.[46] Von Briefen sind allerdings lediglich die Originale herauszugeben, vom MfS angefertigte Duplikate verbleiben dagegen in den Unterlagen.[47] Von Schriftstücken kann der Bundesbeauftragte Duplikate zu seinen Unterlagen nehmen; zur Anfertigung solcher Duplikate sind die betreffenden Schriftstücke dem Bundesbeauftragen nach § 9 Abs. 3 zu überlassen. Dadurch wird die Norm neben dem Schutz des Eigentums der Betroffenen gleichzeitig dem Hoheitsanspruch des BStU und dem Anspruch auf möglichst geringe Informationslücken gerecht.

Mit widerrechtlich ist dabei nicht nur gemeint, dass nach der Rechtsordnung der **134** DDR die Wegnahme der jeweiligen Unterlagen oder Gegenstände rechtswidrig war; vielmehr meint widerrechtlich in diesem Zusammenhang, dass entsprechende Maßnahmen nicht mit rechtsstaatlichen Grundsätzen (zur Rechtsstaatlichkeit der DDR

---

[42] Schmidt/Dörr, StUG, 1993, § 6 Rn. 12.
[43] Vgl. auch BT-Drucks. 12/723, 20 (Begründung zu § 4 Abs. 2 Nr. 3).
[44] BT-Drucks. 12/723, 20 (Begründung zu § 4 Abs. 2 Nr. 3.
[45] *M. Budsinowski,* in: Geiger/Klinghardt, StUG, 2. Aufl. 2006, § 6 Rn. 37.
[46] Vgl. auch BT-Drucks. 12/723, 20 (Begründung zu § 4 Abs. 2 Nr. 3).
[47] *M. Budsinowski,* in: Geiger/Klinghardt, StUG, 2. Aufl. 2006, § 6 Rn. 37.

**Stefan Engel, Sandra Franz, Gawain Thimm**

s. § 23 Rn. 484) vereinbar sind, wenngleich die jeweiligen Handlungen aus Sicht des DDR-Rechts sogar rechtmäßig gewesen sein können.[48]

### III. Zu Abs. 3

#### 1. Betroffene

**135**  Abs. 3 definiert mit den Betroffenen eine im StUG zentrale Personengruppe. Das StUG versucht hier, eine Differenzierung zwischen Tätern und Opfern des DDR-Unrechtes vorzunehmen und diese Differenzierung in den Kategorien des § 6 aufzugreifen und durch rechtliche Begriffe greifbar zu machen. Nach Abs. 3 sind Betroffene die Personen, zu denen das MfS zielgerichtet Informationen erhoben hat; nach der gesetzgeberischen Intention erfasst Abs. 3 damit die Opfer des Staatssicherheitsdienstes. In Abgrenzung zu der Kategorie der Dritten, Abs. 7, kommt es hier besonders darauf an, dass die Informationen zielgerichtet erhoben worden sind, die Erhebung also auf die Informationen gerade zu der betreffenden Person ausgerichtet war. Demgegenüber steht bei Dritten eine Informationserhebung bei Gelegenheit.

**136**  Betroffene können nur natürliche Personen sein. Dies folgt daraus, dass sowohl § 1 als auch § 3 von „Einzelnen" sprechen, was als Oberbegriff für die Kategorien des § 6 anzusehen ist; dabei können „Einzelne" nur natürliche Personen sein.[49] Juristische Personen haben folglich nicht nach den §§ 12 ff., sondern nach den §§ 19 ff. und 32 ff. als öffentliche bzw. nicht-öffentliche Stellen Zugang zu Unterlagen.

#### 2. Zielgerichtete Informationserhebung

**137**  Zielgerichtete Informationserhebung erfasst jede Methode, mit der Informationen eine Person betreffend final gesammelt worden sind, wobei es bei dieser Variante nicht auf eine Heimlichkeit der Erhebung ankommt.[50] Somit sind auch solche Fälle erfasst, in denen das MfS dem Betroffenen offen, bspw. in Verhören oder Befragungen,[51] gegenüberstand, um Informationen zu sammeln.

---

[48] *M. Budsinowski*, in: Geiger/Klinghardt, StUG, 2. Aufl. 2006, § 6 Rn. 37.
[49] VG Berlin, 1 A 244.95 vom 20.11.1996, (juris).
[50] *M. Budsinowski*, in: Geiger/Klinghardt, StUG, 2. Aufl. 2006, § 6 Rn. 42.
[51] Stoltenberg, StUG, 1992, § 6 Rn. 15.

**Stefan Engel, Sandra Franz, Gawain Thimm**

**3. Ausspähung einschließlich heimlicher Informationserhebung**

Der Begriff der Ausspähung meint die heimliche Beobachtung; heimliche Informa-    **138**
tionserhebung erfasst die sonstige heimliche Überwachung, wobei es auf die konkrete Herkunft der Informationen, also ob die Information etwa einem abgehörten
Telefongespräch oder ähnlichem entstammt, nicht ankommt.[52] Für die Heimlichkeit
ist entscheidend, dass das MfS eine Maßnahme zur Informationserhebung ergriff,
welche unentdeckt bleiben sollte;[53] wurde beispielsweise eine Abhörmaßnahme vom
Überwachten entdeckt, ändert dies nichts an der Einstufung als „heimlich".

**4. Ausnahmen vom Begriff des Betroffenen**

Der Erwägung, dass Betroffene im Sinne des Gesetzes nur die Opfer des MfS sein    **139**
sollen, trägt § 6 Abs. 3 S. 2 Rechnung. Danach sind vom Begriff der Betroffenen
Mitarbeiter und Begünstigte ausgeschlossen, wenn die zielgerichtete Informationserhebung zu diesen lediglich der Kontrolle oder Anbahnung des entsprechenden Ver-
hältnisses diente. Ebenfalls nicht zu den Betroffenen gehören die Personen, bei
denen die Informationserhebung dazu diente, eine Mitarbeit oder Begünstigung vor-
zubereiten. Der Gesetzgeber wollte auch in dieser vorbereitenden Phase verhindern,
dass Mitarbeiter und Begünstigte als Betroffene gelten und entsprechend behandelt
werden.[54] Hierbei ist jedoch zu beachten, dass der Betroffenenstatus für diejenigen,
die später tatsächlich nicht Mitarbeiter oder Begünstigte waren, nicht verschlossen
ist, da § 6 Abs. 3 S. 2 von einem bereits bestehenden Status als Mitarbeiter bzw.
Begünstigter ausgeht, der dann gerade fehlt.

**5. Folgen des Status als Betroffener**

Für Betroffene existiert ein nahezu uneingeschränktes Einsichtsrecht aus § 13, das    **140**
stärker ausgestaltet ist als das der übrigen Personengruppen. Zudem sind Betroffene
durch das Verwendungsverbot des § 5 Abs. 1 geschützt, wonach eine Verwendung
zum Nachteil von Betroffenen und Dritten ausgeschlossen ist. Im Verfahren der Gewährung von Unterlageneinsicht für Einzelne genießen diese Personengruppen
darüber hinaus den Schutz des § 12 Abs. 4 S. 2, 3, Abs. 5: ihre Interessen werden
besonders berücksichtigt, die sie betreffenden Informationen in Unterlagen im
Regelfall anonymisiert.[55] Ein entsprechender Schutz besteht auch beim Zugang zu
Unterlagen durch öffentliche und nicht-öffentliche Stellen nach den §§ 19 ff., vgl.

---

[52] VG Berlin NJW 2001, 2987, 2988.
[53] *M. Budsinowski*, in: Geiger/Klinghardt, StUG, 2. Aufl. 2006, § 6 Rn. 43.
[54] BT-Drucks. 12/1540, 58.
[55] S. auch §§ 13 Abs. 4 S. 2, 15 Abs. 2, 16 Abs. 4 S. 2, 17 Abs. 1.

**Stefan Engel, Sandra Franz, Gawain Thimm**

§ 19 Abs. 7 S. 4. Zudem sind Betroffene auch bei der Verwendung der Unterlagen für die politische und historische Aufarbeitung nach den §§ 32 ff. geschützt; sie betreffende Unterlagen sind im Regelfall nur anonymisiert zur Verfügung zu stellen.

### IV. Zu Abs. 4

**141** Abs. 4 definiert den Begriff der Mitarbeiter des MfS und versucht damit, eine Personengruppe der Täterseite zu erfassen. Mitarbeiter sind nach Abs. 4 S. 1 sowohl hauptamtliche als auch inoffizielle Mitarbeiter. Hauptamtliche Mitarbeiter sind ausweislich des Abs. 4 Nr. 1 Personen, die in einem offiziellen Arbeits- oder Dienstverhältnis zum MfS standen, außerdem Offiziere des MfS im besonderen Einsatz. Inoffizielle Mitarbeiter sind gem. Abs. 4 Nr. 2 Personen, die sich lediglich zur Lieferung von Informationen an das MfS bereiterklärten.

### 1. Hauptamtliche Mitarbeiter

**142** Hauptamtliche Mitarbeiter sind nach Abs. 4 Nr. 1 solche Personen, die in einem offiziellen Arbeits- oder Dienstverhältnis zum MfS gestanden haben und Offiziere des MfS in besonderem Einsatz. Bei Letzteren bestand zwar ein reguläres Dienstverhältnis, dieses war jedoch nach außen verdeckt; die besondere Nennung in Abs. 4 Nr. 1 dient daher der Klarstellung.[56] Es kommt also auf eine Einbindung in den Apparat des MfS an; hauptamtlicher Mitarbeiter war, wessen Beruf die Tätigkeit für das MfS bildete und wer regelmäßige Vergütungen und weitere soziale Leistungen vom MfS erhielt.[57] Folgerichtig sind auch die dienstlich so bezeichneten „Hauptamtlich inoffiziellen Mitarbeiter des MfS im besonderen Einsatz" (HIME) trotz der Bezeichnung als „inoffiziell" den hauptamtlichen Mitarbeitern zuzuordnen.[58]

### 2. Inoffizielle Mitarbeiter

**143** Die in Abs. 4 Nr. 2 angesprochenen „Inoffiziellen Mitarbeiter", kurz IM, sind seit dem Zusammenbruch der DDR in der Wahrnehmung der Öffentlichkeit zu dem Symbol für die Arbeitsweise der Staatssicherheit geworden. Seitdem kurz nach der Öffnung der Grenzen zum ersten Mal IM enttarnt wurden, stehen diese für ein Staatssystem, in welchem Nachbarn, Freunde oder sogar die eigenen Anverwandten bis hin zum Ehepartner oder Kind „der Feind" sein konnte. 1990 erschien es plötzlich, als habe in Ostdeutschland 40 Jahre lang ein „Volk von Verrätern" gelebt. Doch wurden in der aufgeheizten Debatte die zahlreichen Beweggründe, die aus einem DDR-Bürger einen IM machen konnten, in der Regel außer Acht gelassen und

---

[56] BT-Drucks. 12/1093, 21.
[57] VG Meiningen, 1 E 627/05.Me vom 04.11.2005, Rn. 40 f. (juris).
[58] VG Meiningen, 1 E 627/05.Me vom 04.11.2005, Rn. 43 (juris).

**Stefan Engel, Sandra Franz, Gawain Thimm**

allen Betroffenen ein uneingeschränkter Kollaborationswille zugesprochen. Entgegen dieser simplifizierenden Sichtweise waren die Veranlassungsgründe zu dieser Zusammenarbeit mit der Staatssicherheit zahlreich. In den nachfolgenden Absätzen sollen diese Aspekte etwas näher betrachtet werden. Die Geschichtswissenschaft und andere Disziplinen kennen das Phänomen der Denunziation als historisches, soziales und psychologisches Phänomen, das nicht erst durch den Realsozialismus entstanden ist. Wie *Jens Gieseke*, Mitarbeiter des BStU, es in seinem Buch „Der Mielke-Konzern" formulierte: „Die aus freien Stücken erfolgte Benachrichtigung der Obrigkeit über das vermeintliche oder tatsächliche Fehlverhalten eines Zeitgenossen war und ist eine ständige Wegbegleiterin menschlichen Zusammenlebens."[59] Beispiele hierfür finden sich in den mittelalterlichen Inquisitionsprozessen über die Beschäftigung von mittellosen Personen als Informanten für die Pariser Polizei im 18. Jahrhundert bis hin zu bereitwilligen Anzeigen bei der „Geheimen Staatspolizei" im Nationalsozialismus. Jedoch wäre es zu einfach, die Denunziation als in der menschlichen Natur vollkommen übliche Verhaltensweise zu betrachten, die keiner weiteren Analyse bedarf. „Wer wen wann wie warum bei einer höheren Amtsgewalt für ein politisches Fehlverhalten zur Anzeige brachte, das unterlag und unterliegt unterschiedlichen gesellschaftlichen und kulturellen Verhältnissen."[60] Doch die bürokratische Vollendung und das Ausmaß, mit der die Staatssicherheit ihr Netz an Informanten ausbaute und in akribischer Deutlichkeit für die Nachwelt dokumentierte, beeindruckt selbst vor diesem Hintergrund.

Obwohl die Forschung sich bereits mit dem Thema IM auseinandergesetzt hat, ist **144** das Thema bei weitem noch nicht erschöpfend behandelt worden. Wichtige Veröffentlichungen zu diesem Bereich wurden vor allem von den Historikern *Helmut Müller-Enbergs* und *Jens Gieseke* vorgelegt. Einer der aktuell größten Streitpunkte in der Forschung ist die Zahl der IM. Bisher war von 189.000 Personen zu Höchstzeiten die Rede und von zuletzt 173.000 Personen im Jahr 1989, davon 90 Prozent männlich. Der quantifizierende Blick auf die Gesamtzahlen ließe damit zwar ein in höchstem Maße formalisiertes Informationsnetz erkennen, das von einem ebenso erschütternden Umfang war, wie auch der hauptamtliche Apparat. Dennoch ließe sich die These des „Volks der Verräter" schon alleine im Hinblick auf 2,3 Millionen Parteimitglieder der SED nicht halten.[61]

Entspricht die Zahl von 189.000 IM zwar nach wie vor den offiziellen Angaben der Bundesregierung, so wird sie doch immer wieder in Frage gestellt, zuletzt durch den

---

[59] Vgl. *J. Gieseke*, Mielke-Konzern. Die Geschichte der Stasi 1945–1990, 2001, S. 108.
[60] Vgl. *J. Gieseke*, Mielke-Konzern. Die Geschichte der Stasi 1945–1990, 2001, S. 109.
[61] Vgl. *J. Gieseke*, Mielke-Konzern. Die Geschichte der Stasi 1945–1990, 2001, S. 110 ff.

**Stefan Engel, Sandra Franz, Gawain Thimm**

# § 6

Historiker *Ilko-Sascha Kowalczuk* in seinem 2013 erschienenen Buch „Stasi konkret".[62] *Kowalczuk* gibt zu bedenken, dass auch von Seiten der Staatssicherheit kaum verlässliche Zahlen zu den beschäftigten IM vorlägen, und hauptsächlich seien „wenig belastbare Zahlenangaben" auf einer mitunter fraglich dünnen Datengrundlage „hochgerechnet worden".[63] Zudem seien Personen doppelt berechnet worden, andere hätten beispielsweise nur ihre Wohnung für Treffen zur Verfügung gestellt. Letztendlich sei die Zahlenangabe deutlich weniger gesichert, als es bisher beispielsweise von Seiten der Bundesregierung dargestellt worden sei.[64]

**145** Als inoffizielle Mitarbeiter galten Personen, die eine schriftliche Vereinbarung mit dem MfS getroffen hatten, die sie verpflichtete, verdeckt für das Ministerium zu arbeiten. Die inoffiziellen Mitarbeiter hatten für die Tätigkeit des MfS eine zentrale Bedeutung. Sie waren das bedeutendste Instrument, um Informationen über die Bevölkerung, einzelne Personen, Institutionen und Organisationen innerhalb der DDR und im Ausland zu gewinnen, indem sie beispielsweise Stimmungsbilder nachzeichneten, gesuchte Informationen ermittelten oder konträre Meinungen einzelner Bürger meldeten. Die wichtigste Aufgabe der IM bestand darin „staatsgefährdende" Bewegungen zu ermitteln und zu melden. Damit gemeint war alles zwischen einer privaten Meinungsäußerung und einer bewussten politischen Aktivität. Im Optimalfall sollten sie dabei noch auf gesellschaftliche Entwicklungen und einzelne Personen Einfluss nehmen. Die Staatssicherheit richtete ihre Mitarbeiter daher bewusst dorthin aus, von wo tatsächliche oder vermeintliche Gefahr ausging.[65]

Der Ausdruck „Inoffizieller Mitarbeiter" ist bereits die Bemühung den negativen Beigeschmack, den beispielsweise das Wort „Spitzel" hat, zu eliminieren und der Aufgabe einen neutraleren, vielleicht sogar positiv besetzten Namen zu geben. Ursprünglich handelte es sich dabei um eine inoffizielle Bezeichnung, offiziell sprach man von einem „Geheimen Informator" beziehungsweise „Geheimen Mitarbeiter". Bei beiden Ausdrücken handelt es sich um direkte Entlehnungen aus der sowjetischen Geheimpolizeisprache. 1968 erfolgte die Umbenennung in das mildere „Inoffizieller Mitarbeiter".[66]

---

[62] Vgl. *I.-S. Kowalczuk*, Stasi konkret. Überwachung und Repression in der DDR, 2013.

[63] Vgl. *I.-S. Kowalczuk*, Stasi konkret. Überwachung und Repression in der DDR, 2013, S. 216.

[64] Vgl. *I.-S. Kowalczuk*, Stasi konkret. Überwachung und Repression in der DDR, 2013, S. 215 ff.

[65] Vgl. *H. Müller-Enbergs*, Warum wird einer IM? Zur Motivation bei der inoffiziellen Zusammenarbeit mit dem Staatssicherheitsdienst, in: Behnke/Fuchs, Zersetzung der Seele. Psychologie und Psychiatrie im Dienste der Stasi, 1995, S. 102, 170 f.

[66] Vgl. *J. Gieseke*, Mielke-Konzern. Die Geschichte der Stasi 1945–1990, 2001, S. 110 f.

**Stefan Engel, Sandra Franz, Gawain Thimm**

Zu unterscheiden sind bei der Betrachtung der Inoffiziellen Mitarbeiter die ver- **146**
schiedenen Aufgabenbereiche:

- den „IM zur politisch-operativen Durchdringung und Sicherung des Verantwortungsbereiches (IMS)", die zahlenmäßig größte Gruppe mit einer nach innen gerichteten Tätigkeit, die in allen Bereichen des öffentlichen Lebens eingesetzt wurden, wie beispielsweise in der Wissenschaft, den Kirchen, im Sport
  etc.,
- den „IM der Abwehr mit Feindverbindung bzw. zur unmittelbaren Bearbeitung
  im Verdacht der Feindtätigkeit stehender Personen (IMB)", eine Personengruppe, die besonders sorgfältig ausgewählt wurde, meist aus dem Bereich der
  IMS stammten und gezielt in oppositionellen Gruppen eingesetzt wurden,
- den „IM zur Führung anderer IM und GMS (Führungs-IM oder FIM)", die im
  Auftrag des MfS andere IMs führten,
- den „IM für besonderen Einsatz (IME)", der in sich noch in drei Kategorien
  unterteilt werden kann,
  - o „IM in Schlüsselposition", der Führungspositionen in staatlichen
    Dienststellen oder Betrieben innehatte,
  - o „Experten-IM", die aufgrund ihrer spezifischen Fachqualifikationen
    dazu ausgewählt wurden, kompliziertere Sachverhalte zu beurteilen,
  - o „IM-Beobachter", die vorrangig zur Beobachtung von Personen oder
    Vorgängen eingesetzt wurden, die für das MfS von Bedeutung waren,
- den „IM zur Sicherung der Konspiration und des Verbindungswesens (IMK)",
  die dem MfS ihren Wohnraum, ihre Adresse o.ä. zur Verfügung stellten, um
  dort geheime Treffen durchführen zu lassen,
- „Hauptamtliche IM", die aufgrund ihrer Zuverlässigkeit politisch-operative
  Tätigkeitsbereiche sowohl im In- als auch Ausland zugeteilt wurden. Hierbei
  handelte es sich um langfristige Arbeiten und Personen, die dauerhaft von der
  Staatssicherheit finanziell und sozial unterstützt wurden.[67]

Das MfS überließ die Auswahl und Einsatzbereiche seiner Mitarbeiter, ob inoffiziell **147**
oder nicht, niemals dem Zufall. In die nähere Auswahl kamen meistens Personen,
die durch einen Mitarbeiter der Staatssicherheit ausgewählt wurden. Die Grundlage
bildeten sogenannte Anforderungsbilder. Hierzu gehörten die soziale und berufliche
Stellung des Betreffenden, seine sozialen Kontakte, sein Alter, territoriale Besonder-

---

[67] Vgl. *D. Gill/U. Schröter*, Das Ministerium für Staatssicherheit. Anatomie des Mielke-Imperiums, 1991, S. 101 ff.

**Stefan Engel, Sandra Franz, Gawain Thimm**

heiten und die allgemeinen Lebensumstände. Als subjektive Merkmale waren noch besondere Fähigkeiten, Fertigkeiten, Charaktereigenschaften und die jeweilige Weltanschauung von Bedeutung.[68]

Die Gründe zur Zusammenarbeit waren auf Seiten der IM unterschiedlicher Natur. Tatsächlich gab es zahlreiche Fälle, die ideell motiviert waren. Hinzu kamen materielle Gründe, selten war Erpressung der Grund. Im Durchschnitt dauerte eine Zusammenarbeit sechs bis zehn Jahre oder länger, auffällig viele Personen waren soziale Aufsteiger.[69] Tatsächlich sei ein Glaube an die sozialistische Idee und der Schutz der DDR der Auslöser gewesen, aus dem man die Verbindung zur Staatssicherheit eingegangen sei, so das häufige Argument ehemaliger IM. Variationen finden sich nur in der Art, wie dieses Argument vorgebracht wird. Hier reicht die Spannweite von kämpferisch, enthusiastisch bis hin zum Hinweis auf den „antifaschistischen Kampf" der Vorväter oder den Hinweis, dass es sich um einen selbstverständlichen Treuebeweis in der vormundschaftlichen Gesellschaftsstruktur der SED-Diktatur gehandelt habe. Dies befände sich auch auf einer Linie mit den „Richtlinien Nr. 1/79 für die Arbeit mit Inoffiziellen Mitarbeitern (IM) und Gesellschaftlichen Mitarbeitern für Sicherheit (GMS)", in der es heißt: „Es ist stets davon auszugehen, dass die Arbeit mit den IM Arbeit mit Menschen ist, die sich aus positiver gesellschaftlicher Überzeugung oder aus anderen Beweggründen zur inoffiziellen Zusammenarbeit mit dem MfS bereit erklärten und mit denen wir gemeinsam den Feind aufzuspüren und zu bekämpfen haben."[70] Doch wenn man genauer hinsieht, so hält dieses Bild kaum stand. Die Motive waren tatsächlich deutlich komplexer und vielschichtiger als es nach den oben erwähnten, häufig vorgetragenen Argumenten den Anschein hat. Selbstverständlich herrschte ein gewisses Maß an Ideologie als Antriebsfaktor vor, waren doch überdurchschnittlich viele der IM Funktionsträger und Mitglieder der SED.[71] Doch daneben spielten zahlreiche Aspekte eine Rolle, die nicht in der Ideologie der DDR verankert waren. Dies zeigen neben individuellen Fallstudien der historischen Forschung vor allem auch interne Untersuchungen des MfS, deren Dokumentation bis heute erhalten ist. In einer 1967 intern durchgeführten Befragung nach den Hauptkomponenten des

---

[68] Vgl. *D. Gill/U. Schröter*, Das Ministerium für Staatssicherheit. Anatomie des Mielke-Imperiums, 1991, S. 107 f.

[69] Vgl. *H. Müller-Enbergs*, Inoffizielle Mitarbeiter (IM), in: Engelmann, Das MfS-Lexikon. Begriffe, Personen und Strukturen der Staatssicherheit der DDR, 2012, S. 170, 172.

[70] Vgl. Richtlinien Nr. 1/79 für die Arbeit mit Inoffiziellen Mitarbeitern (IM) und Gesellschaftlichen Mitarbeitern für Sicherheit (GMS), (GVS MfS 0008-1/79), hier zitiert nach: *D. Gill/U. Schröter*, Das Ministerium für Staatssicherheit. Anatomie des Mielke-Imperiums, 1991, S. 417.

[71] Vgl. *J. Gieseke*, Mielke-Konzern. Die Geschichte der Stasi 1945–1990, 2001, S. 124 f.

**Stefan Engel, Sandra Franz, Gawain Thimm**

Gewinnungsmotives der IM durch das MfS gaben 60 Prozent das „Erkennen des gesellschaftlichen Erfordernisses" und 49,1 Prozent „sittliches Pflichterleben und Gewissenszwang" an, also ideologische Gründe. Doch wurden auch „persönliche Vorteilserwägungen" von 27,4 Prozent angeführt; 39,9 Prozent kreuzten „lebenspraktische Zielsetzungen" an. Für 11,9 Prozent war sogar „Selbstzweckmotivation", also die vermeintliche Arbeit als Spion oder ähnliches, ausschlaggebend.[72] Diese Ergebnisse erhalten eine andere Gewichtung, wenn man sich erneut ins Gedächtnis ruft, dass diese Befragung von Seiten der Staatssicherheit selbst durchgeführt wurde. Zweifelsfrei muss es den Befragten in den Sinn gekommen sein, dass alle Antworten, die keine ideologische Motivation ausdrückten, negativ auf sie zurückfallen könnten. Denkbar ist zudem, dass die Antworten bereits durch die auswertenden Organe manipuliert wurden und ursprünglich deutlich weniger in die Richtung gingen, die man sich wünschte. Selbst so lassen sie ein deutlich weitergefächertes Bild erkennen, als es im Sinne des Ministeriums gewesen sein kann.

Persönliche Motive, Rachegefühle einem Kollegen, dem Chef oder einem Nebenbuhler gegenüber spielten eine Rolle, fehlende Anerkennung oder Konkurrenz konnten eine machtvolle Motivationsquelle darstellen. Wieder andere nutzten die Möglichkeit, eine Position als „Inoffizieller Mitarbeiter" zu beziehen, um eine fehlende Mitgliedschaft in der SED auszugleichen.[73] **148**

Neben denjenigen, die sich aus eigennützigen Motiven entschieden, für den Staat Informationen zu sammeln, gab es noch diejenigen, die durch Druck motiviert wurden. Für die Gewinnung von IM wurde durchaus mit kompromittierendem Material gearbeitet, um Wiedergutmachungsbedürfnisse auszulösen. Betroffene versuchten durch Mitarbeit Straffreiheit zu erreichen oder sicherzustellen, dass das Material nicht von Dritten gesehen wurde. Das MfS erörterte dies auch offiziell in seinen Richtlinien: „Bei der Werbung auf der Grundlage der Auslösung von Rückversicherungs- und Wiedergutmachungsbestrebungen der Kandidaten mit Hilfe kompromittierender Materialien ist auszugehen von der Verletzung gesellschaftlicher Normen durch die Kandidaten einerseits und andererseits von ihrem Verlangen, negative Folgen dieser Normverletzungen von sich abzuwenden bzw. eingetretene Schäden durch eigene Leistung wiedergutzumachen oder zu

---

[72] Vgl. *H. Müller-Enbergs*, Warum wird einer IM? Zur Motivation bei der inoffiziellen Zusammenarbeit mit dem Staatssicherheitsdienst, in: Behnke/Fuchs, Zersetzung der Seele. Psychologie und Psychiatrie im Dienste der Stasi, 1995, S. 102, 120.
[73] Vgl. *J. Gieseke*, Mielke-Konzern. Die Geschichte der Stasi 1945–1990, 2001, S. 126.

**Stefan Engel, Sandra Franz, Gawain Thimm**

ersetzen."[74] Absicherungen vor potentiellen Nachteilen, das Sicherheitsbedürfnis gegenüber engen Freunden und nahen Familienmitgliedern oder der drohende Entzug von Privilegien konnten eine dringliche Rolle spielen.[75] So gab es beispielsweise Fälle, in denen eine Person aufgrund ihrer privaten und beruflichen Verbindungen aus Sicht des MfS wichtige Informationen liefern konnte. Nach einigen kritischen Äußerungen der Person wurde diese aus ihrem Arbeitsverhältnis entlassen und man stellte sicher, dass die Arbeitssuche so lange erfolglos verlief, bis sich ernstliche finanzielle Probleme für den oder die Betroffene und die jeweilige Familie ergab. Dies wurde gezielt als Augenblick genutzt, um mit dem Angebot eines neuen Arbeitsverhältnisses in Kombination mit einer Tätigkeit als IM zu locken.[76] Auch in oben erwähnter Befragung kam dieser Aspekt erneut auf, hier gaben 23,4 Prozent an, dass „Druck- und Zwangserlebnisse" das Hauptmotiv für ihre Tätigkeit sei, weitere 22,1 Prozent sahen darin zumindest ein Nebenmotiv. Auch hier stellt sich die Frage, ob die Dunkelziffer nicht deutlich über diesen Zahlen lag und Anwerbungen unter Beihilfe offener Drohungen häufiger vorkamen.[77]

149    Trotz der hier geschilderten Druckmittel wäre es jedoch nicht korrekt anzunehmen, dass es nach der Kontaktaufnahme durch das MfS keine Alternative zur Mitarbeit gegeben hätte. Verschiedene Formen der Verweigerung waren möglich. Neben der drastischen Form der Landesflucht, die vor allem in den Jahren vor dem Bau der Mauer stark praktiziert wurde, gab es auch einfachere Mittel. Dazu zählte, schlicht zu verkünden, die Stasi sei „da gewesen" und wolle „wieder kommen", was die Geheimhaltungsinteressen des MfS unterlief. Manche kirchlich organisierte Gruppen führten Aufklärungsveranstaltungen für ihre Mitglieder durch, die Verhaltensweisen offenlegten, durch die man sich der Tätigkeit entziehen konnte. Zudem gab es jene IM, die sich auf fachliche Angelegenheiten oder die Arbeit betreffende Behinderungen beschränkten, die es aber ablehnten, direkte Informationen über Einzelpersonen einzuholen oder weiterzugeben. Eine Verpflichtung zu verweigern zog im Regelfall keine Konsequenzen nach sich. Dennoch blieb es für die Betroffenen eine psychi-

---

[74] Vgl. Richtlinien Nr. 1/79 für die Arbeit mit Inoffiziellen Mitarbeitern (IM) und Gesellschaftlichen Mitarbeitern für Sicherheit (GMS), (GVS MfS 0008-1/79), hier zitiert nach *D. Gill/U. Schröter*, Das Ministerium für Staatssicherheit. Anatomie des Mielke-Imperiums, 1991, S. 455.

[75] Vgl. *J. Gieseke*, Mielke-Konzern. Die Geschichte der Stasi 1945–1990, 2001, S. 127.

[76] Vgl. *D. Gill/U. Schröter*, Das Ministerium für Staatssicherheit. Anatomie des Mielke-Imperiums, 1991, S. 110.

[77] Vgl. *H. Müller-Enbergs*, Warum wird einer IM? Zur Motivation bei der inoffiziellen Zusammenarbeit mit dem Staatssicherheitsdienst, in: Behnke/Fuchs, Zersetzung der Seele. Psychologie und Psychiatrie im Dienste der Stasi, 1995, S. 102; 121 f.

**Stefan Engel, Sandra Franz, Gawain Thimm**

sche Ausnahmesituation und dem zumindest verbalen Druck der Beamten waren nicht alle gewachsen.[78]

Inoffizielle Mitarbeiter sind nach § 6 Abs. 4 Nr. 2 Personen, die sich zur Lieferung von Informationen an das MfS bereiterklärt haben. Ausreichend ist auch eine mündliche oder konkludent erklärte Bereitschaft, jedenfalls muss eine Willensentscheidung seitens des Mitarbeiters vorliegen.[79] Eine konkludente Bereiterklärung ist anzunehmen, wenn eine Person auf Anforderung des MfS mit Wissen und Willen Informationen geliefert hat.[80] Konspiration, also ein heimliches, verschwörerisches Vorgehen, ist nicht entscheidend, es wird vom StUG nicht zum Tatbestandsmerkmal erhoben.[81] Die Motive des Mitarbeiters oder die Frage, ob er freiwillig handelte, sind ebenfalls irrelevant; die Zielrichtung des MfS ist entscheidend, eine bloße Registrierung als IM genügt bereits, wobei der IM-Begriff des StUG weiter ist als der des MfS.[82] So kann eine Person im Rahmen des StUG als IM anzusehen sein, obwohl das MfS diese Person nicht als IM registriert hatte.

**150**

### 3. Folgen des Status als Mitarbeiter

Dass Mitarbeiter der Täterseite zugeordnet werden, wird in den Folgen der Einordnung greifbar. Den Mitarbeitern des MfS steht ein Einsichtsrecht in die Unterlagen aus § 16 zu. Dieses ist dabei schwächer ausgestaltet als das Betroffener oder Dritter. Zudem werden Mitarbeiter deutlich schwächer geschützt; zahlreiche Vorschriften des StUG, die dem Schutz des Persönlichkeitsrechts dienen, beziehen sich lediglich auf Betroffene und Dritte. U.a. trifft dies zu auf das Nachteilsverbot aus § 5 Abs. 1 S. 1, wonach die Verwendung personenbezogener Informationen zum Nachteil von Mitarbeitern zulässig ist. Eine Anonymisierung von Unterlagen findet nur zugunsten von Betroffenen und Dritten statt, §§ 12 Abs. 4, 5, 13 Abs. 4; werden Mitarbeiter in den Unterlagen genannt, findet keine Anonymisierung statt. Darüber hinaus stehen Unterlagen mit personenbezogenen Informationen über Mitarbeiter der Forschung zur Verfügung, § 32 Abs. 1 S. 1 Nr. 3, Abs. 3 S. 1 Nr. 2. Hierbei sind jedoch die Interessen der Mitarbeiter zu berücksichtigen, § 32 Abs. 1 S. 2, Abs. 3 S. 2.

**151**

---

[78] Vgl. *I.-S. Kowalczuk*, Stasi konkret. Überwachung und Repression in der DDR, 2013, S. 238 ff.

[79] BT-Drucks. 12/1093, 21.

[80] VG Berlin LKV 1995, 432, 433.

[81] VG Berlin LKV 1995, 432, 433.

[82] VG Berlin LKV 1995, 432, 433; zur Bedeutung der Sichtweise des MfS s.u., Abs. 8, Rn. 168. Das VG Berlin bestätigte seine Rechtsprechung zum Begriff des Mitarbeiters in VG Berlin, 1 K 10.10 vom 22.7.2011, Rn. 20 ff. (juris).

**Stefan Engel, Sandra Franz, Gawain Thimm**

**152** Bestand für einen Mitarbeiter ein Deckname und taucht ein solcher in Unterlagen, in die Betroffene oder Dritte Einsicht erhalten, auf, so ist diesen die hinter dem Decknamen stehende Identität des Mitarbeiters mitzuteilen, § 13 Abs. 5. Die Interessen der Mitarbeiter bleiben hierbei unberücksichtigt, § 13 Abs. 5 S. 3. Anderes gilt nach § 13 Abs. 6 für Mitarbeiter, die zur Zeit ihrer Tätigkeit das 18. Lebensjahr noch nicht vollendet hatten.

Wer Mitarbeiter des MfS war, also der Täterseite des DDR-Unrechts zuzuordnen ist, hinterlässt ggf. Zweifel an seiner nach Art. 33 Abs. 2 GG benötigten Eignung für die Tätigkeit im öffentlichen Dienst. Die Anstellung im öffentlichen Dienst erfordert seitens des Angestellten, dass er sich durch sein gesamtes Verhalten zur freiheitlichen demokratischen Grundordnung im Sinne des Grundgesetzes bekennt und für diese Ordnung einzutreten bereit ist[83]; eine Identifikation mit Zielen der DDR-Diktatur lässt hieran Zweifel entstehen.[84] Dem tragen die §§ 20 Abs. 1 Nr. 6, 7, 21 Abs. 1 Nr. 6, 7 Rechnung, die eine Überprüfung von bestimmten Personen in leitenden Funktionen auf eine etwaige Tätigkeit für das MfS zulassen. Auch hier findet eine Privilegierung von Mitarbeitern statt, die zur Zeit ihrer Tätigkeit das 18. Lebensjahr noch nicht vollendet hatten. Gleiches gilt für durch §§ 20 Abs. 1 Nr. 11, 12, 21 Abs. 1 Nr. 11, 12 ermöglichte Auskünfte bei Personen, die Sicherheits- bzw. Zuverlässigkeitsprüfungen zu unterziehen sind.

Eine Identifikation mit dem System der DDR oder eine Tätigkeit im Gefüge dieser allein reicht jedoch nicht aus, um die Eignung im Sinne des Art. 33 Abs. 2 GG zu verneinen; das gesamte Verhalten der betreffenden Person ist zu würdigen.[85] Für Auskünfte an Mitarbeiter sind nach § 42 Abs. 1 Gebühren zu erheben, wohingegen Betroffene, Dritte und nahe Angehörige Vermisster oder Verstorbener privilegiert sind (vgl. § 42 Rn. 738).

**V. Zu Abs. 5**

**153** Abs. 5 ordnet für bestimmte Personen die entsprechende Geltung der Vorschriften über Mitarbeiter an. Dies betrifft Personen, die gegenüber Mitarbeitern des MfS weisungsbefugt waren (Nr. 1) und solche, die inoffizielle Mitarbeiter des Arbeitsgebietes 1 der Kriminalpolizei der Volkspolizei waren (Nr. 2).

---

[83] BVerfGE 39, 334, 351 f.
[84] BAG NZA 1994, 25, 26.
[85] BVerfGE 92, 140, 155.

**Stefan Engel, Sandra Franz, Gawain Thimm**

## 1. Nr. 1 – Weisungsbefugte Personen

Nach der Gesetzesbegründung sollten unter die weisungsbefugten Personen, und da-    **154**
mit unter die Mitarbeiter, insbesondere höhere Funktionäre der SED wie Vorgesetzte der SED-Kreisleitungen fallen.[86] Die Weisungsbefugnis habe ihnen über das
MfS als „Schwert und Schild der Partei" zumindest faktisch zugestanden.[87] Der
gesamte staatliche Apparat der DDR war faktisch der SED untergeordnet, weswegen
diese Gleichstellung notwendig ist.[88] Die Regelung dient dazu, die faktisch Verantwortlichen lückenlos als Mitarbeiter zu erfassen.

Aufgrund der Stellung des MfS auch als strafrechtliche Ermittlungsbehörde, die in    **155**
dieser Funktion den Staatsanwaltschaften untergliedert waren, waren auch Staatsanwälte wenigstens rechtlich weisungsbefugt, weswegen auch für diese die Regelungen über Mitarbeiter entsprechend anzuwenden sind.[89] Diese Konsequenz wirkt
auch fort in die staatsanwaltschaftlichen Hierarchien und damit bis hin zum Generalstaatsanwalt der DDR.[90]

## 2. Nr. 2 – Arbeitsgebiet K1

Den Mitarbeitern gleichgestellt werden nach Abs. 5 Nr. 2 auch Inoffizielle Mit-    **156**
arbeiter der K1. Die K1 war das Arbeitsgebiet 1 der Kriminalpolizei der DDR und
damit Teil der „Deutschen Volkspolizei", kurz DVP. Deren Ermittlungsarbeit erfolgte nach geheimpolizeilichen Methoden. Die K1 wird daher häufig mit dem
Ministerium für Staatssicherheit gleichgestellt.[91] Die DVP war das älteste Schutz-
und Sicherheitsorgan der DDR. Ihre Hauptaufgabe war die Durchsetzung und Er-
höhung der öffentlichen Ordnung und Sicherheit. Ab den 1980er Jahren ging es in
der Ausbildung der DVP vor allem darum, die polizeiliche Arbeit aus Sicht der Landesverteidigung zu betrachten bzw. zu erfüllen und z.B. gegen innenpolitische
Widerstände bei der Mobilmachung der DDR vorzugehen.[92] In der historischen
Forschung erscheint die Volkspolizei als Randgruppe. Die bedeutende Rolle, die
dieses Organ bei dem Umgang mit unangepassten Jugendlichen, protestierenden Ar-

---

[86] BT-Drucks. 12/1093, 21.
[87] BT-Drucks. 12/1093, 21.
[88] *M. Budsinowski*, in: Geiger/Klinghardt, StUG, 2. Aufl. 2006, § 6 Rn. 67.
[89] *M. Budsinowski*, in: Geiger/Klinghardt, StUG, 2. Aufl. 2006, § 6 Rn. 67.
[90] *M. Budsinowski*, in: Geiger/Klinghardt, StUG, 2. Aufl. 2006, § 6 Rn. 67.
[91] Vgl. *T. Lindenberger*, Volkspolizei. Herrschaftspraxis und öffentliche Ordnung im SED-
Staat 1952–1968, 2003, S. 471.
[92] Vgl. *T. Diedrich/H. Ehlert/R. Wenzke*, Die bewaffneten Organe der DDR im System von
Partei, Staat und Landesverteidigung. Ein Überblick, in: Diedrich/Ehlert/Wenzke, Im Dienste der Partei. Handbuch der bewaffneten Organe der DDR, 1998, S. 1, 47.

**Stefan Engel, Sandra Franz, Gawain Thimm**

beitern oder dem Errichten und Sichern der innerdeutschen Grenze spielte, wird dabei häufig nur unzureichend beleuchtet.[93] Ein besonders großes Forschungsdesiderat besteht für den Bereich der K1 und deren Wirkungsbereich.

**157** Als nach dem Zusammenbruch des Dritten Reiches die ersten neuen „antifaschistischen" deutschen Polizeikräfte unter der Beobachtung der sowjetischen Besatzer aufgestellt wurden, sah man sich mit erheblichen Schwierigkeiten konfrontiert. Da gerade im Hinblick auf die Polizei ein klarer Bruch mit dem NS-Staat erforderlich war, wurde die Rekrutierung der neuen Gruppierung zu einem ernstlichen Problem. Fast alle deutschen Männer mit Erfahrungen im Polizeidienst waren 1945 von vorneherein für eine „antifaschistische" Polizeieinheit ungeeignet. Aufgrund der hohen Kriegsverluste und der Tatsache, dass sich Millionen noch lebender deutscher Soldaten in Kriegsgefangenschaft befanden, gab es in der Zivilbevölkerung verhältnismäßig wenige Männer, die für eine solche Beschäftigung in Frage kamen.[94] Für die neuen Polizeiführer der SBZ und frühen DDR war die soziale Herkunft der neuen Polizeikräfte von großer Bedeutung. Man ging davon aus, dass politische Zuverlässigkeit an der sozialen und beruflichen Herkunft abzulesen sei. Eine proletarische Herkunft galt als Garant einer positiven politischen Einstellung, eine bürgerliche Herkunft weckte Misstrauen. In einem Umkehrschluss wurde eine negative politische Einstellung als Anzeichen für eine bürgerliche Herkunft gewertet, die die betreffende Person zu vertuschen suche.[95]

**158** Das Verhältnis zwischen dem Ministerium für Staatssicherheit und der Volkspolizei ähnelte dabei dem eines Vormundes. Das MfS hatte zwar vorrangig eine politischrepressive Funktion, da aber in der polizeilichen Arbeit politische vor rechtlicher Zielsetzung stand, waren vor allem im Bereich der Kriminalitätsbekämpfung von Beginn an konkurrierende Zustände gegeben. Hinzu kam die Beeinflussung der Volkspolizei durch das MfS mit geheimpolizeilichen, „informellen" Mitteln (verdeckte Observation, Abhörmaßnahmen, Spitzel).[96] Neben der Staatssicherheit warb auch die Volkspolizei Bürger als Spitzel an. Die dazu bevollmächtigten Mitarbeiter

---

[93] Vgl. *T. Lindenberger*, Volkspolizei. Herrschaftspraxis und öffentliche Ordnung im SED-Staat 1952–1968, 2003, S. 30.

[94] Vgl. *R. Bessel*, Die Volkspolizei und das Volk. Mecklenburg-Vorpommern 1945 bis 1952, in: v. Melis, Sozialismus auf dem platten Land. Mecklenburg-Vorpommern 1945–1952, 1999, S. 17, 20.

[95] Vgl. *R. Bessel*, Die Volkspolizei und das Volk. Mecklenburg-Vorpommern 1945 bis 1952, in: v. Melis, Sozialismus auf dem platten Land. Mecklenburg-Vorpommern 1945–1952, 1999, S. 17, 26.

[96] Vgl. *T. Lindenberger*, Volkspolizei. Herrschaftspraxis und öffentliche Ordnung im SED-Staat 1952–1968, 2003, S. 67.

**Stefan Engel, Sandra Franz, Gawain Thimm**

der Kriminalpolizei sollten Verbrechen untersuchen, die nur durch spezifische Mittel und Methoden, wie beispielsweise dem Einbezug von Spitzeln, zu klären waren. Die entsprechenden Fälle, wie auch die Zuträger, konnte das MfS jederzeit übernehmen. Zu diesem Zweck wurden 1959 spezielle Operativgruppen abgeteilt. Im Januar 1965 wurde für diese die offizielle Bezeichnung K1 eingeführt, die bis zum Auflösen der DDR Gültigkeit behielt. Zudem wurde nun eine Arbeitsrichtung II gebildet, die vom Untersuchungsorgan der Staatssicherheit angeleitet wurde und in den Untersuchungshaftanstalten gezielt Spitzel anwarb. Diese wurden als „Zelleninformatoren" bezeichnet. Die K1 verfolgte meist kleine politische Delikte und politisch bedeutsame Verbrechen allgemeiner Art, wie beispielsweise organisierte Kriminalität. Zu ihren offiziellen Aufgaben gehörten zudem u.a. der Schutz des „sozialistischen Eigentums" und die Verhinderung und die Vorbeugung von Straftaten, wobei hier der unerlaubte Grenzübertritt an erster Stelle stand, die Kriminalprävention (durch Bespitzelung des entsprechenden Milieus) und die Überwachung entlassener Straftäter. Angesichts der führenden Stellung der Staatssicherheit durfte die K1 sich nicht mit ausgewiesenen „Feindorganisationen" und der Kirche beschäftigen, keine Arbeiten durchführen, die den Westen tangierten und keine Ausländer anwerben.[97] Aufgrund der geschilderten Arbeitsweisen, die zwar durch die Staatssicherheit beeinflusst waren, aber durchaus mit in den Verantwortungsbereich der VP fallen, liegt es aus juristischer Sicht nahe, beide Gruppen zusammen zu betrachten.

In den ersten Oktobertagen 1989 kam es in den größeren Städten der DDR zu Demonstrationen der Bevölkerung. Auf Befehl der Parteiführung ging man anfangs noch gegen diese Proteste mit Wasserwerfern und Schlagstöcken vor, es kam zu 3.000 Festnahmen. Doch die friedlichen Demonstrationen konnte aufgrund ihrer inneren Stärke nicht mehr gestoppt werden. Weitere Einsatzbefehle blieben schließlich aus und das Schweigen der Regierung lähmte den gesamten Sicherheitsapparat. Volkspolizei und das MfS waren führerlos und handlungsunfähig. Am 3. Oktober 1990 erfolgte die offizielle Übernahme der bundesdeutschen Polizeihoheit auf Landesebene, die Bereitschaftspolizei und die Transportpolizei wurden aufgelöst. Die meisten Mitglieder der K1 fanden in der neuen Polizeistruktur Aufnahme.[98]

**159**

---

[97] Vgl. *T. Wunschik*, KI (Arbeitsgebiet I der Kriminalpolizei), in: Engelmann, Das MfS-Lexikon. Begriffe, Personen und Strukturen der Staatssicherheit der DDR, 2012, S. 186, 186.

[98] Vgl. *T. Diedrich/H. Ehlert/R. Wenzke*, Die bewaffneten Organe der DDR im System von Partei, Staat und Landesverteidigung. Ein Überblick, in: Diedrich/Ehlert/Wenzke, Im Dienste der Partei. Handbuch der bewaffneten Organe der DDR, 1998, S. 1, 57.

**Stefan Engel, Sandra Franz, Gawain Thimm**

Für die Einordnung als inoffizieller Mitarbeiter der K1 gelten die gleichen Regelungen wie bei inoffiziellen Mitarbeitern des MfS (vgl. Rn. 150).[99] Es erscheint inkonsequent, dass hauptamtliche Mitarbeiter der K1 nicht unter die Regelung des Abs. 5 fallen und damit nicht gleich den Mitarbeitern des MfS zu behandeln sind.[100] Nicht selten waren jedoch hauptamtliche Mitarbeiter der K1 sogleich auch Mitarbeiter des MfS, sodass für diese die Vorschriften über Mitarbeiter Anwendung finden können.[101]

## VI. Zu Abs. 6

**160** Abs. 6 definiert mit der Gruppe der Begünstigten eine weitere Personenkategorie, die der Täterseite zuzuordnen ist. Dies führt zu einer weitgehenden Gleichstellung der Begünstigten mit den Mitarbeitern des MfS, insbesondere im Hinblick auf die Schutzwürdigkeit ihres Allgemeinen Persönlichkeitsrechtes (vgl. § 1 Rn. 55).[102] Abs. 6 sieht drei Fallgruppen der Begünstigten vor.

### 1. Nr. 1

**161** Nach Nr. 1 sind Begünstigte solche Personen, die vom MfS wesentlich gefördert worden sind, insbesondere durch Verschaffung beruflicher oder sonstiger wirtschaftlicher Vorteile. Durch die Verwendung des Begriffes „insbesondere" wird deutlich, dass die Verschaffung beruflicher oder sonstiger wirtschaftlicher Vorteile nicht abschließend ist, sondern auch andere wesentliche Förderungen ausreichen, um als Begünstigter zu gelten.[103] Jedenfalls muss die Förderung als wesentlich zu betrachten sein, wobei die Maßstäbe der DDR maßgeblich sind.[104]

Eine wesentliche berufliche Förderung kann bspw. anzunehmen sein, wenn der Begünstigte aufgrund des Wirkens des MfS eine berufliche Stellung einnehmen konnte, die seine tatsächliche Qualifikation überstieg.[105] Sonstige Begünstigungen können bspw. das Verschaffen einer Wohnung oder eines PKW, eine nicht wirtschaft-

---

[99] *M. Budsinowski*, in: Geiger/Klinghardt, StUG, 2. Aufl. 2006, § 6 Rn. 69.

[100] Kritisch auch Stoltenberg/Bossack, StUG, 2012, § 6 Rn. 37; *M. Budsinowski*, in: Geiger/ Klinghardt, StUG, 2. Aufl. 2006, § 6 Rn. 70; Schmidt/Dörr, StUG, 1993, § 6 Rn. 24.

[101] Vgl. *M. Budsinowski*, in: Geiger/Klinghardt, StUG, 2. Aufl. 2006, § 6 Rn. 70; Schmidt/Dörr, StUG, 1993, § 6 Rn. 24.

[102] *M. Budsinowski*, in: Geiger/Klinghardt, StUG, 2. Aufl. 2006, § 6 Rn. 72.

[103] *M. Budsinowski*, in: Geiger/Klinghardt, StUG, 2. Aufl. 2006, § 6 Rn. 73.

[104] *M. Budsinowski*, in: Geiger/Klinghardt, StUG, 2. Aufl. 2006, § 6 Rn. 73.

[105] Schmidt/Dörr, StUG, 1993, § 6 Rn. 25.

**Stefan Engel, Sandra Franz, Gawain Thimm**

lich relevante Auszeichnung, die Entsendung zu einem sportlichen Wettstreit und ähnliches sein.[106]

## 2. Nr. 2

Begünstigter ist nach Nr. 2 auch, wer vom MfS oder auf dessen Veranlassung bei der Strafverfolgung geschont worden ist. Die Schonung kann erfolgt sein, indem das MfS als zuständige Behörde selbst nicht tätig geworden ist oder indem es auf die zuständige Behörde Einfluss genommen hat und die Strafverfolgung deswegen unterlassen worden ist.[107] Diese Fallgruppe hat einen sehr weiten Anwendungsbereich und erscheint in Grenzbereichen im Hinblick auf die Einordnung der Begünstigten auf die Täterseite bedenklich. Erfasst sind nicht nur Straftäter, die aus politischen Gründen nicht verfolgt wurden, sondern auch solche, bei denen das MfS sich ein Druckmittel sichern wollte, um eine spätere Zusammenarbeit zu ermöglichen.[108] Ausreichend ist, wenn das MfS erst nach Begehung der Tat Kenntnis davon erlangt hat und den Täter durch Förderungsmaßnahmen noch unterstütze, indem es bspw. gefälschte Papiere zur Verfügung gestellt hat.[109] Hat das MfS jedoch erst nachträglich von einer Tat erfahren und ist dann ohne Förderungsmaßnahmen bloß untätig geblieben, genügt dies nicht, um die betreffende Person als Begünstigter einzuordnen.[110]

**162**

## 3. Nr. 3

Nr. 3 ordnet der Kategorie der Begünstigten auch solche Personen zu, die mit Wissen, Duldung oder Unterstützung des MfS Straftaten gefördert, vorbereitet oder begangen haben. Auch hier sind Konstellationen wie in Nr. 2 denkbar: Das MfS konnte Straftaten, um deren Vorbereitung es wusste, geschehen lassen, um ein Druckmittel zu erhalten.[111] Unter Nr. 3 fallen auch die drastischen Beispiele von Terroristen, die vom MfS ausgebildet worden sind und bei der Durchführung von Anschlägen außerhalb der DDR unterstützt worden sind.[112]

**163**

---

[106] *M. Budsinowski*, in: Geiger/Klinghardt, StUG, 2. Aufl. 2006, § 6 Rn. 73; Stoltenberg/ Bossack, StUG, 2012, § 6 Rn. 41.

[107] Schmidt/Dörr, StUG, 1993, § 6 Rn. 26.

[108] *M. Budsinowski*, in: Geiger/Klinghardt, StUG, 2. Aufl. 2006, § 6 Rn. 74; Schmidt/Dörr, StUG, 1993, § 6 Rn. 26; kritisch auch Stoltenberg/Bossack, StUG, 2012, § 6 Rn. 42.

[109] *M. Budsinowski*, in: Geiger/Klinghardt, StUG, 2. Aufl. 2006, § 6 Rn. 74.

[110] *M. Budsinowski*, in: Geiger/Klinghardt, StUG, 2. Aufl. 2006, § 6 Rn. 74.

[111] Vgl. *M. Budsinowski*, in: Geiger/Klinghardt, StUG, 2. Aufl. 2006, § 6 Rn. 74 f.

[112] *M. Budsinowski*, in: Geiger/Klinghardt, StUG, 2. Aufl. 2006, § 6 Rn. 75; Schmidt/Dörr, StUG, 1993, § 6 Rn. 27.

**Stefan Engel, Sandra Franz, Gawain Thimm**

## § 6

**4. Kenntnis des Begünstigten**

**164** In der Literatur ist umstritten, ob für die Einordnung einer Person in die Kategorie der Begünstigten deren Kenntnis von der Begünstigung vorauszusetzen ist. Der Wortlaut erfordert eine Kenntnis zwar nicht ausdrücklich. Hieraus und aus dem Unterschied zur Kategorie der Mitarbeiter, die aufgrund ihrer Bereiterklärung zur Mitarbeit zwingend Kenntnis haben müssen, wird geschlossen, dass eine Kenntnis von der Begünstigung nicht notwendig ist, um als Begünstigter zu gelten; eine Begünstigung sei auch ohne ihre Kenntnis denkbar.[113] Hiergegen bestehen jedoch durchgreifende Bedenken. Wer als Begünstigter eingeordnet wird, wird der Täterseite im StUG zugeordnet und weitgehend behandelt wie ein Mitarbeiter des MfS. Dies verleiht der betreffenden Person im Hinblick auf sein Allgemeines Persönlichkeitsrecht eine stark eingeschränkte Rechtsposition (s. sogleich Rn. 165). Sofern der Begünstigte jedoch keine Kenntnis von seiner Begünstigung hatte, erscheint eine solche Behandlung als nicht verhältnismäßig.[114] Der Begünstigte ordnet sich in diesen Fällen nicht dem System des MfS zu und identifiziert sich auch nicht zwingend mit diesem, sondern wird vom MfS in dieses System eingeordnet. Eine Begünstigung mag das MfS auch vorgenommen haben, um seine Mitarbeiter als Quelle zu schützen oder die Begünstigten nicht zu warnen.[115] Wurde der Einzelne also ohne sein Wissen begünstigt, stellt sich dies nicht als so verwerflich dar, als dass dadurch die weitreichenden Folgen für das Persönlichkeitsrecht gerechtfertigt wären. Auch konnte er sein Verhalten nicht an den Begünstigungen ausrichten.[116] Wer ohne seine Kenntnis vom MfS begünstigt worden ist, ist daher nicht der Kategorie der Begünstigten zuzuordnen,[117] sondern ist im Ergebnis als Dritter i.S.d. Abs. 7 zu qualifizieren.

**5. Folgen des Status als Begünstigter**

**165** Begünstigte werden weitgehend mit den Mitarbeitern gleichbehandelt: eine Anonymisierung nach § 12 Abs. 4 erfolgt nicht, Unterlagen mit personenbezogenen Informationen zu einem Begünstigten stehen der Forschung nach § 32 Abs. 1 S. 1 Nr. 3 weitgehend offen. Mitarbeiter jedoch, die zum Zeitpunkt ihrer Tätigkeit das 18. Lebensjahr noch nicht vollendet hatten, werden von den schwerwiegenden Folgen für Mitarbeiter, die das StUG sonst vorsieht, weitgehend ausgenommen. So

---

[113] *M. Budsinowski*, in: Geiger/Klinghardt, StUG, 2. Aufl. 2006, § 6 Rn. 72.

[114] Andere Ansicht: *M. Budsinowski*, in: Geiger/Klinghardt, StUG, 2. Aufl. 2006, § 6 Rn. 72: „noch verhältnismäßig".

[115] *K. Stoltenberg*, DtZ 1992, 65, 67.

[116] Stoltenberg/Bossack, StUG, 2012, § 6 Rn. 39.

[117] Im Ergebnis so auch Stoltenberg/Bossack, StUG, 2012, § 6 Rn. 39; *H. H. Trute*, JZ 1992, 1043, 1048 (Fn. 33); kritisch auch *K. Stoltenberg*, DtZ 1992, 65, 67.

**Stefan Engel, Sandra Franz, Gawain Thimm**

werden Klarnamen in Unterlagen nach § 13 Abs. 6 nicht aufgedeckt (vgl. § 13 Rn. 287), eine Verwendung der Unterlagen zur Überprüfung der darin genannten Personen auf eine Tätigkeit für das MfS nach § 20 Abs. 1 Nr. 6 ist ausgeschlossen und eine Verwendung zu Forschungszwecken ist nach § 32 Abs. 1 S. 1 Nr. 3 ebenfalls nicht möglich. Für Begünstigte, die zum Zeitpunkt ihrer Begünstigung das 18. Lebensjahr noch nicht vollendet hatten, fehlen solche Ausnahmeregelungen. Dies ist gerade im Hinblick auf den allgemeinen Gleichheitssatz aus Art. 3 Abs. 1 GG bedenklich. Mitarbeiter und Begünstigte werden im Rahmen des StUG überwiegend gleich behandelt (vgl. nur § 17 Abs. 1). Minderjährige Mitarbeiter jedoch, die selbst aktiv zum Unrecht des MfS beigetragen haben, werden von den Folgen der Einordnung als Mitarbeiter verschont, während dies für minderjährige Begünstigte nicht gilt. Ein Grund für diese Ungleichbehandlung von Personen, die sonst gleich behandelt werden und auch vergleichbar sind, ist dabei nicht ersichtlich. Es leuchtet nicht ein, warum ein begünstigter Minderjähriger, der bspw. bevorzugt eine Ausbildungsstätte erhalten hat, schlechter gestellt werden soll als ein Minderjähriger, der sein Umfeld aktiv überwacht und Informationen an das MfS weitergeleitet hat. In der Konsequenz ist eine entsprechende Anwendung der Normen, die minderjährige Mitarbeiter schützen, auch für Begünstigte geboten.

## VII. Zu Abs. 7

Nach Abs. 7 sind Dritte im Sinne des StUG sonstige Personen, über die der Staatssicherheitsdienst Informationen gesammelt hat. Diese Kategorie stellt eine Auffangkategorie dar;[118] ihr unterfallen all die Personen in Unterlagen, die sonst keiner der Gruppen des § 6 zuzuordnen sind. Dritte werden dabei der Opferseite zugeordnet, sie erhalten folglich nach § 13 Abs. 7 ein weitreichendes Einsichtsrecht in die Unterlagen, in denen sie genannt sind. Zudem erhalten sie den gleichen Schutz wie Betroffene bei der Unterlageneinsicht Anderer (vgl. Rn 140). Dabei kann der rechtliche Begriff der „Dritten" der heterogenen, tatsächlichen Gruppe nicht entsprechen. Unter die Kategorie der Dritten fallen nicht nur solche, über die Informationen gesammelt worden sind ohne selbst Ziel gewesen zu sein und die damit eindeutig der Opferseite zuzuordnen sind, sondern auch Denunzianten i.S.d. § 13 Abs. 5 S. 2 (vgl. § 13 Rn. 279 ff.). **166**

Für die Einordnung in die Personenkategorien des § 6 ist nach Abs. 8 die Zielrichtung des MfS entscheidend (vgl. Rn. 168, 170). Für Dritte nach Abs. 7 liegt eine solche gerade nicht vor. Erfasst sind Personen, zu denen Informationen bei der Informationserhebung zu anderen angefallen sind und sodann „bei Gelegenheit" **167**

---

[118] *H.-H. Trute*, JZ 1992, 1043, 1047.

**Stefan Engel, Sandra Franz, Gawain Thimm**

ebenfalls festgehalten und gesammelt worden sind. Entgegen dieser Auffassung wird zum Teil auch für diese Kategorie eine „finale Komponente" in Bezug auf den Dritten für nötig gehalten.[119] Nötig wäre hiernach noch eine Kategorie „sonstiger Personen". Dies wird aus dem Begriff des „Sammelns" hergeleitet. In diesem Begriff sei gerade eine solche finale Komponente enthalten. Diese Ansicht verkennt jedoch den Auffangcharakter des Abs. 7; der Begriff „sammeln" enthält hier keineswegs eine finale Komponente, sondern meint lediglich das Zusammentragen und Festhalten der Informationen. Dass eine finale Komponente nicht erforderlich ist, folgt zudem daraus, dass Abs. 7 Personen erfasst, *über* die Informationen gesammelt wurden, im Gegensatz zu Betroffenen nach § 6 Abs. 3, *zu* denen solche gesammelt wurden. Der Charakter des Abs. 7 als Auffangkategorie folgt auch aus seiner systematischen Stellung innerhalb des § 6: Nachdem die Definition der Dritten im Gesetzentwurf der Bundesregierung noch nach der der Betroffenen und vor der der Mitarbeiter erfolgte,[120] wurde sie in der jetzt gültigen Fassung ans Ende der Definitionen gestellt; hieraus lässt sich folgern, dass „Dritte" all die Personen sein sollen, die nicht den anderen Kategorien zugeordnet werden können.[121] Gegen die Auffassung, eine Auffangkategorie neben den „Dritten" sei erforderlich, spricht, dass diese im Rahmen des StUG keine Rechte hätten, da die Anspruchsgrundlagen an die Begriffe des § 6 anknüpfen. Dies widerspräche § 3 Abs. 1, der jedem Einzelnen ein Auskunfts-, Einsichts- und Herausgaberecht nach den Vorschriften des StUG einräumt, sofern Unterlagen Informationen zu ihm enthalten, ungeachtet der Einordnung in eine Kategorie des § 6.[122]

**VIII. Zu Abs. 8**

**168**  Abs. 8 legt zwei wesentliche Regeln für die Einordnung von Personen in die Kategorien des § 6 fest. Nach S. 1 hat die Einordnung für jede Information gesondert zu erfolgen; eine generelle und festlegende Einordnung einer Person in eine Kategorie scheidet damit aus. Vielmehr ist für jede einzelne Information festzustellen, ob ihr Inhalt eine Einordnung in eine der Kategorien des § 6 zur Folge hat. Hieraus folgt, dass eine Person in verschiedenen Unterlagen mehreren Personengruppen zuzuordnen sein muss, somit sowohl Mitarbeiter als auch Betroffener sein kann.[123]

---

[119] OLG Hamburg NJW 1999, 3343, 3344.
[120] BT-Drucks. 12/1093, 6.
[121] Ebenso Stoltenberg, StUG, 1992, § 6 Rn. 30.
[122] So auch *M. Budsinowski*, in: Geiger/Klinghardt, StUG, 2. Aufl. 2006, § 6 Rn. 79.
[123] Prominente Beispiele hierfür sind Robert Havemann und Wolfgang Templin, die beide zunächst IM waren und später, als Regimekritiker, in die Kategorie der Betroffenen einzuordnen wären, vgl. VG Berlin, 1 K 381.11 vom 5.9.2012, Rn. 30 (juris).

**Stefan Engel, Sandra Franz, Gawain Thimm**

Für Mitarbeiter und Begünstige sind bei dieser individualisierenden Betrachtungsweise jedoch die Regelungen des Abs. 3 S. 2 zu beachten, der diesen Personengruppen in bestimmten Fällen die Einordnung in die Gruppe der Betroffenen vorenthält (s.o. Rn. 139). Abs. 8 S. 2 bestimmt darüber hinaus, dass für die Einordnung in die Kategorien die Zielrichtung, mit der das MfS die Unterlagen in ihren Bestand aufgenommen hat, entscheidend ist. Hier ergibt sich insbesondere ein Problem mit den Personen, die als Mitarbeiter im Sinne des StUG zu kategorisieren sind (s. Rn. 150).

Die Einordnung in die verschiedenen Personenkategorien, die § 6 definiert, erfolgt **169** nach rein archivischen Grundsätzen. Das heißt, dass zur Bewertung und Kategorisierung lediglich der Inhalt der Unterlagen selbst herangezogen werden darf, unabhängig von deren objektiver Richtigkeit. Dies folgt daraus, dass dem Bundesbeauftragten nach § 37 Abs. 1 Nr. 2 die Aufgabe obliegt, die Unterlagen nach archivischen Grundsätzen zu bewerten. Zudem erscheint es vor dem Hintergrund des Gesetzeszwecks, Aufarbeitung zu ermöglichen (vgl. § 1 Rn. 56 ff.), nicht nur nicht zweckmäßig, sondern praktisch unmöglich, dem BStU aufzuerlegen, die Unterlagen auf inhaltliche Richtigkeit zu untersuchen.[124] Dabei ist hinzunehmen, dass Personen möglicherweise in eine falsche Kategorie eingeordnet werden; zur Glaubhaftigkeit der Unterlagen des MfS s. Rn. 126 f.

Darüber hinaus steht dem Bundesbeauftragten auch nicht zu, bei der Bewertung **170** bzw. Einordnung in die verschiedenen Kategorien über den Inhalt der Unterlagen hinaus zu gehen; dies folgt nicht nur aus § 37 Abs. 1 Nr. 2, sondern auch daraus, dass bei möglicher Unrichtigkeit der Unterlagen lediglich ein Anspruch darauf bestehen kann, dass eine Gegendarstellung aus § 4 Abs. 2 den Unterlagen beigeheftet wird. Ein Anspruch auf inhaltliche Kontrolle besteht hingegen nicht.[125] Zudem stellt § 6 Abs. 8 klar, dass es für die Einordnung auf die Zielrichtung des MfS ankommt und gerade nicht auf die tatsächlichen Begebenheiten.[126] Für die Einordnung muss der Status einer der Personengruppen des § 6 jedoch archivisch unzweifelhaft sein.[127]

Aufgrund der Beschränkung der Betrachtung des BStU auf den Inhalt der Unterlagen des MfS und der archivischen Bewertung sind Äußerungen des BStU, die sich auf die Unterlagen stützen, auch nicht als Tatsachenbehauptungen einzustufen, da

---

[124] BT-Drucks. 12/1093, 18; OVG Berlin LKV 1992, 417.
[125] VG Berlin LKV 1995, 432, 433; bestätigt von VG Berlin, 1 K 10.10 vom 22.7.2011, (juris).
[126] VG Berlin NVwZ-RR 2010, 343, 344; VG Berlin LKV 1995, 432, 433.
[127] So für Begünstigte VG Berlin NVwZ-RR 2010, 343, 344.

**Stefan Engel, Sandra Franz, Gawain Thimm**

keinerlei Aussage über die Wirklichkeit, sondern lediglich über den Inhalt der Unterlagen erfolgt.[128]

Die rein archivische Einordnung in die Kategorien ist auch für eine Kostenerhebung nach § 42 heranzuziehen und bindend. Dies gilt auch, wenn eine Person objektiv in eine andere Kategorie einzuordnen wäre.[129]. Nach § 42 Abs. 1 S. 3 sind für Betroffene, Dritte und nahe Angehörige Vermisster oder Verstorbener keine Kosten für Auskünfte aus und Einsicht in Unterlagen zu erheben.

## IX. Zu Abs. 9

### 1. Verwendung von Unterlagen

171 § 6 Abs. 9 S. 1 definiert den Terminus „Verwendung von Unterlagen". Dieser Begriff wird innerhalb des StUG mehrfach aufgegriffen, insbesondere dadurch, dass der VerwendungSchranken gesetzt werden. Dadurch wird ein Schutz des persönlichkeitsrelevanten Inhaltes der Stasi-Unterlagen erreicht. Um dem gerecht zu werden, ist der Begriff der Verwendung im StUG weit gefasst und auch auf den Bundesbeauftragten selbst anzuwenden,[130] was sich auch aus § 2 Abs. 1 ergibt. Aufgegriffen wird der Begriff Verwendung in § 3 Abs. 2, der Einzelnen das Recht einräumt, die Informationen und Unterlagen im Rahmen der allgemeinen Gesetze, also weitgehend frei zu verwenden. Öffentliche und nicht öffentliche Stellen sind hingegen bei der Verwendung an überwiegende schutzwürdige Interessen anderer Personen gebunden, § 4 Abs. 4. § 5 sieht weitere Verwendungsverbote vor: Zum Einen dürfen nach Abs. 1 personenbezogene Informationen über Betroffene und Dritte nicht zu deren Nachteil verwandt werden (sog. Nachteilsverbot), zum Anderen kann die Verwendung von Unterlagen für den Fall von einer Staatsanwaltschaft oder einem Gericht untersagt werden, wenn die Verwendung ein Strafverfahren beeinträchtigen würde.

Öffentliche und nicht öffentliche Stellen erhalten nur nach Maßgabe der Verwendungszwecke der §§ 19 ff. und §§ 32 ff. Zugang zu den Unterlagen und unterliegen dabei in den Fällen der §§ 19–23, 25 und 27 nach § 29 Abs. 1 einer Bindung an den jeweiligen Herausgabezweck. Die Verwendung von Unterlagen zur politischen und historischen Aufarbeitung nach den §§ 32 ff. unterliegt wiederum den überwiegenden schutzwürdigen Interessen der in den Unterlagen genannten Personen, § 32 Abs. 1 S. 2.

---

[128] OVG Berlin DtZ 1996, 252, 255.
[129] VG Berlin LKV 1995, 432, 433.
[130] Stoltenberg, StUG, 1992, § 6 Rn. 33.

**Stefan Engel, Sandra Franz, Gawain Thimm**

Vom Begriff der Verwendung erfasst sind die Weitergabe von Unterlagen, die Über-    **172**
mittlung von Informationen aus den Unterlagen und die Verarbeitung und Nutzung
solcher Informationen. „Weitergabe von Unterlagen" ist dabei physisch zu verstehen, als Übergabe des jeweiligen Informationsträgers (s.o. Rn. 117).[131] Unterlagen sind hier solche im Sinne des Abs. 1 (Rn. 111 ff.).

Abs. 9 S. 1 erfasst jedoch nicht nur die physische Weitergabe der Unterlagen. Dies
wird dadurch klargestellt, dass auch die Übermittlung von Informationen aus den
Unterlagen vom Terminus „Verwendung von Unterlagen" umfasst wird. Dadurch
werden die Unterlagen nicht mehr nur als bloße Informationsträger verstanden, auch
der Inhalt der entsprechenden Träger wird erfasst und den Verwendungsvorschriften
des StUG unterstellt, der Schutz auch des Inhalts der Unterlagen wird gewährleistet.

Verwendung umfasst nach Abs. 9 auch die „sonstige Verarbeitung und die Nutzung    **173**
von Informationen". Dies ist vor dem Hintergrund der weiten Fassung des Begriffes
Verwendung als Auffangtatbestand zu verstehen[132] und sichert den umfassenden
Schutz des Inhalts der Unterlagen. Die Begriffe Verarbeiten und Nutzen sind in § 3
Abs. 4, 5 BDSG definiert, auf den das StUG in § 6 Abs. 9 S. 2 verweist. Diese
Definitionen sind folglich auch hier heranzuziehen.

Verarbeiten ist nach § 3 Abs. 4 S. 1 BDSG das Speichern, Verändern, Übermitteln,
Sperren und Löschen personenbezogener Daten.[133] Speichern ist dabei nach § 3
Abs. 4 S. 2 Nr. 1 BDSG das Erfassen, Aufnehmen oder Aufbewahren der Informationen zum Zwecke der weiteren Verarbeitung oder Nutzung. Verändern meint gemäß § 3 Abs. 4 S. 2 Nr. 2 BDSG das inhaltliche Umgestalten gespeicherter Informationen, Übermitteln ist das Bekanntgeben von Informationen an einen Dritten in
der Form der Übergabe oder der Einsichtnahme oder Abrufung von für diesen
Zweck bereitgehaltenen Informationen durch einen Dritten, § 3 Abs. 4 S. 2 Nr. 3
BDSG. Sperren meint nach § 3 Abs. 4 S. 2 Nr. 4 BDSG das Kennzeichnen gespeicherter Informationen zur Einschränkung der weiteren Verarbeitung oder Nutzung,
Löschen ist das Unkenntlichmachen gespeicherter personenbezogener Informationen, § 3 Abs. 4 S. 2 Nr. 5 BDSG.

---

[131] *M. Budsinowski*, in: Geiger/Klinghardt, 2. Aufl. 2006, § 6 Rn. 95.
[132] *M. Budsinowski*, in: Geiger/Klinghardt, 2. Aufl. 2006, § 6 Rn. 95.
[133] Zur entsprechenden Verwendung der Definitionen des BDSG, welches von personenbezogenen „Daten" statt, wie das StUG, von personenbezogenen „Informationen" spricht, s.u.
Rn. 178.

**Stefan Engel, Sandra Franz, Gawain Thimm**

**174** Das Nutzen personenbezogener Informationen ist nach § 3 Abs. 5 BDSG jede Verwendung personenbezogener Informationen, soweit sie nicht schon unter den Begriff des Verarbeitens fällt. „Nutzen" ist daher ein Auffangtatbestand, der auch die zielgerichtete Auswertung, Abrufung oder bloße Kenntnisnahme und das Kopieren erfasst.[134] Dies hat im StUG den bereits erörterten weiten Verwendungsbegriff zur Folge. Sofern § 6 keine Begriffsbestimmung vornimmt, gelten nach Abs. 9 S. 2 diejenigen der §§ 2 und 3 BDSG. Die für das StUG relevanten Begriffe aus diesen Normen werden im Folgenden erörtert.

**2.  § 2 BDSG – Öffentliche und nicht-öffentliche Stellen**

**175** § 2 BDSG definiert die Begriffe der öffentlichen und nicht-öffentlichen Stellen, welche auch im StUG zentrale Begriffe darstellen. Aufgegriffen werden sie in den §§ 7 ff., aus welchen Anzeige- und Herausgabepflichten von Unterlagen für öffentliche und nicht-öffentliche Stellen folgen sowie in den §§ 19 ff., die in bestimmten Fällen Zugang zu und Verwendung von den Unterlagen für diese Stellen ermöglichen.

Öffentliche Stelle im Sinne des § 2 BDSG ist jede Stelle, mit der die öffentliche Hand tätig wird.[135] Erfasst sind alle Behörden, Rechtspflegeorgane, wozu auch Notare gehören,[136] die gesetzgebenden Körperschaften sowie Vereinigungen von juristischen Personen des öffentlichen Rechts, wobei es auf die Rechtsform nach § 2 Abs. 1 S. 1, Abs. 2 S. 1 BDSG nicht ankommt, sondern lediglich auf die mitgliedschaftliche Struktur, die öffentlich geprägt sein muss.[137] Erfasst sein soll jedes staatliche Handeln, unabhängig von seiner Form.[138] Nach § 2 Abs. 4 S. 2 BDSG sind daher auch zunächst nicht-öffentliche Stellen, die hoheitliche Aufgaben der öffentlichen Verwaltung wahrnehmen, insoweit öffentliche Stellen.

**176** Nicht-öffentliche Stellen sind nach § 2 Abs. 4 BDSG natürliche und juristische Personen sowie Gesellschaften und andere Personenvereinigungen des Privatrechts, sofern sie nicht aufgrund ihrer mitgliedschaftlichen Struktur nach § 2 Abs. 1 bis 3

---

[134] *P. Gola/C. Klug/B. Körffer*, in: Gola/Schomerus, BDSG, 12. Aufl. 2015, § 3 Rn. 42, 42a; *U. Dammann*, in: Simitis, BDSG, 8. Aufl. 2014, § 3 Rn. 189.

[135] *P. Gola/C. Klug/B. Körffer*, in: Gola/Schomerus, BDSG, 12. Aufl. 2015, § 2 Rn. 4.

[136] *P. Gola/C. Klug/B. Körffer*, in: Gola/Schomerus, BDSG, 12. Aufl. 2015, § 2 Rn. 6 ff., 10 ff.

[137] *P. Gola/C. Klug/B. Körffer*, in: Gola/Schomerus, BDSG, 12. Aufl. 2015, § 2 Rn. 14.

[138] *P. Gola/C. Klug/B. Körffer*, in: Gola/Schomerus, BDSG, 12. Aufl. 2015, § 2 Rn. 14; *U. Dammann*, in: Simitis, BDSG, 8. Aufl. 2014, § 2 Rn. 26.

**Stefan Engel, Sandra Franz, Gawain Thimm**

den öffentlichen Stellen zuzuordnen sind. Erfasst sind folglich auch BGB-Gesellschaften nach §§ 705 ff. BGB und nicht rechtsfähige Vereine.[139]

§ 6 Abs. 9 S. 2 stellt klar, dass im Rahmen des StUG die Religionsgesellschaften auch zu den nicht öffentlichen Stellen zu zählen sind. Diese Wertung gilt dabei auch für die Kostenentscheidung nach § 42:[140] Für Amtshandlungen gegenüber öffentlichen Stellen sind, im Gegensatz zu solchen gegenüber nicht öffentlichen Stellen, keine Kosten zu erheben.

### 3. § 3 BDSG

§ 3 BDSG definiert darüber hinaus einige andere Begriffe, auf die das StUG Bezug nimmt.    **177**

#### a ) Personenbezogene Daten / Informationen

Das BDSG spricht durchgehend von „personenbezogenen Daten", wohingegen das    **178** StUG den Terminus „personenbezogene Information" verwendet. Dennoch lässt sich der Inhalt der Definition des § 3 Abs. 1 BDSG auf den Begriff der „personenbezogenen Information" übertragen. Noch der Gesetzentwurf der Bundesregierung sprach wie das BDSG von „Daten",[141] in der Beschlussempfehlung des Innenausschusses wurde dies ohne weitere Begründung in „Informationen" geändert.[142] Es ist daher von inhaltlicher Deckungsgleichheit auszugehen.[143]

§ 3 Abs. 1 BDSG definiert personenbezogene Daten als Einzelangaben über persönliche oder sachliche Verhältnisse einer bestimmten oder bestimmbaren natürlichen Person. Dabei muss die Information einen Bezug zu der Person herstellen, diese muss identifizierbar sein.[144] Dass persönliche und sachliche Verhältnisse erfasst sind, soll verdeutlichen, dass der Begriff der personenbezogenen Daten bzw. Informationen umfassend zu verstehen ist;[145] nicht nur solche Sachverhalte, die sich ihrer Natur nach auf eine Person beziehen, können unter diesen Begriff fallen, auch Aussagen über eine Sache können eine personenbezogene Information sein (wie

---

[139] *P. Gola/C. Klug/B. Körffer*, in: Gola/Schomerus, BDSG, 12. Aufl. 2015, § 2 Rn. 20.
[140] OVG Berlin NJ 2000, 330, 330 f.
[141] Vgl. nur §§ 2 Abs. 5, 3 Abs. 1 S. 1 in BT-Drucks. 12/1093, 5.
[142] Vgl. §§ 2a Abs. 2, Abs. 3, 3 Abs. 1 S. 1 in BT-Drucks 12/1540, 9 f.
[143] BVerwGE 116, 104, 108; so wohl auch *M. Budsinowski*, in: Geiger/Klinghardt, StUG, 2. Aufl. 2006, § 6 Rn. 96.
[144] *P. Gola/C. Klug/B. Körffer*, in: Gola/Schomerus, BDSG, 12. Aufl. 2015, § 3 Rn. 3.
[145] *U. Dammann*, in: Simitis, BDSG, 8. Aufl. 2014, § 3 Rn. 7.

**Stefan Engel, Sandra Franz, Gawain Thimm**

bspw. die Beschreibung eines Autos nebst Kennzeichen, da hierbei die Person über das Kennzeichen identifizierbar ist).[146]

**179** Vom Begriff der persönlichen Verhältnisse umfasst sind Angaben über die Person selbst sowie Identifizierung und Charakterisierung; hierzu gehören u.a. der Name, die Anschrift, das Geburtsdatum, aber auch das Erscheinungsbild oder Überzeugungen, weiterhin Werturteile Anderer.[147] Sachliche Verhältnisse erfassen Sachverhalte, soweit sie auf die Person beziehbar sind, z.B. dessen Grundbesitz, aber auch Beziehungen zur Umwelt, wie etwa geführte Telefonate oder die Mitgliedschaft in Organisationen.[148]

**b ) Erheben**

**180** Der Begriff des Erhebens wird in § 3 Abs. 3 BDSG definiert. Im StUG aufgegriffen wird der Begriff in § 5 Abs. 1 S. 1, der ein Verwendungsverbot für Informationen über Betroffene oder Dritte vorsieht, in § 6 Abs. 3 S. 1, der den Begriff der Betroffenen definiert, und in § 32 Abs. 1 S. 3, der die Frage, ob eine Informationserhebung erkennbar auf einer Menschenrechtsverletzung beruht, als Abwägungskriterium hervorhebt. Nach § 3 Abs. 3 BDSG ist Erheben das Beschaffen von Daten über die betreffende Person. Die konkrete Art der Informationserhebung ist dabei irrelevant, wobei die Beschaffung zielgerichtet sein muss.[149] Eine Erhebung liegt danach nicht vor, wenn die Informationen der Stelle, die sie erhält, ohne eigenes Handeln zugetragen werden.[150]

**c ) Automatisierte Verarbeitung**

**181** Den Begriff der automatisierten Verarbeitung, definiert in § 3 Abs. 2 S. 1 BDSG, verwendet das StUG zum einen in § 6 Abs. 1 Nr. 1 lit. c, welcher regelt, was zu den Unterlagen des MfS gehört, und klarstellt, dass auch Programme für die automatisierte Verarbeitung zu diesen zu zählen sind. Zum anderen wird der Begriff in § 41 verwandt, welcher die Möglichkeiten des BStU selbst zur automatisierten Verarbeitung von Stasi-Unterlagen einschränkt.

---

[146] *P. Gola/C. Klug/B. Körffer*, in: Gola/Schomerus, BDSG, 12. Aufl. 2015, § 3 Rn. 5.

[147] *P. Gola/C. Klug/B. Körffer*, in: Gola/Schomerus, BDSG, 12. Aufl. 2015, § 3 Rn. 6; *U. Dammann*, in: Simitis, BDSG, 8. Aufl. 2014, § 3 Rn. 10 ff.

[148] *P. Gola/C. Klug/B. Körffer*, in: Gola/Schomerus, BDSG, 12. Aufl. 2015, § 3 Rn. 7; *U. Dammann*, in: Simitis, BDSG, 8. Aufl. 2014, § 3 Rn. 11.

[149] *P. Gola/C. Klug/B. Körffer*, in: Gola/Schomerus, BDSG, 12. Aufl. 2015, § 3 Rn. 24.

[150] *U. Dammann*, in: Simitis, BDSG, 8. Aufl. 2014, § 3 Rn. 104.

**Stefan Engel, Sandra Franz, Gawain Thimm**

Nach der Definition des § 3 Abs. 2 S. 1 BDSG ist automatisierte Verarbeitung die Erhebung, Verarbeitung oder Nutzung personenbezogener Daten (im StUG: Informationen) unter Einsatz von Datenverarbeitungsanlagen. Automatisierte Verarbeitung setzt ein Kriterium der automatisierten Erhebung, Speicherung oder Auswertung, also Nutzung von Informationen voraus.[151] Die Programme zur automatisierten Verarbeitung müssen über die Möglichkeit verfügen, die Inhalte in Abhängigkeit von den in ihnen enthaltenen personenbezogenen Informationen zu behandeln.[152]

### d ) Anonymisieren

Wo Zugang zu persönlichkeitsrelevanten Informationen gewährt wird, besteht das **182** Bedürfnis, das Persönlichkeitsrecht der in ihnen genannten Personen zu schützen. Dies kann effektiv dadurch geschehen, dass diese Informationen anonymisiert werden. Das StUG sieht eine Anonymisierung daher folgerichtig in den Fällen der §§ 12 Abs. 4 S. 3, Abs. 5, 13 Abs. 4 S. 2, 16 Abs. 5 S. 2, 32 Abs. 1 S. 1 Nr. 2 vor. Den Begriff des Anonymisierens definiert § 3 Abs. 6 BDSG.

§ 3 Abs. 6 BDSG definiert Anonymisieren als das Verändern personenbezogener Daten derart, dass die Einzelangaben über persönliche oder sachliche Verhältnisse nicht mehr oder nur mit einem unverhältnismäßig großen Aufwand an Zeit, Kosten und Arbeitskraft einer bestimmten oder bestimmbaren natürlichen Person zugeordnet werden können. Damit werden personenbezogenen Informationen zu nicht-personenbezogenen Informationen, indem die Identifizierbarkeit der Person, die Möglichkeit der Zuordnung der Information zu dieser Person genommen wird.

### e ) Empfänger

Empfänger, im StUG aufgegriffen in §§ 4 Abs. 3, 19 Abs. 3 S. 1, 30 Abs. 1, 32 **183** Abs. 1 S. 1 Nr. 7 lit. c, 33 Abs. 4, ist nach Maßgabe des § 3 Abs. 8 S. 1 BDSG jede Person oder Stelle, die Daten – im Rahmen des StUG Informationen – erhält.

---

[151] *U. Dammann*, in: Simitis, BDSG, 8. Aufl. 2014, § 3 Rn. 79 f.
[152] *U. Dammann*, in: Simitis, BDSG, 8. Aufl. 2014, § 3 Rn. 79.

**Stefan Engel, Sandra Franz, Gawain Thimm**

## § 7 Auffinden von Unterlagen des Staatssicherheitsdienstes, Anzeigepflichten

(1) Alle öffentlichen Stellen unterstützen den Bundesbeauftragten bei seinen Ermittlungen zum Auffinden der Unterlagen des Staatssicherheitsdienstes und bei deren Übernahme. Ist ihnen bekannt oder stellen sie gelegentlich der Erfüllung ihrer Aufgaben fest, dass sich bei ihnen Unterlagen des Staatssicherheitsdienstes oder Kopien, Abschriften oder sonstige Duplikate solcher Unterlagen befinden, so haben sie dies dem Bundesbeauftragten unverzüglich anzuzeigen.

(2) Der Bundesbeauftragte kann im Einvernehmen mit einer öffentlichen Stelle in deren Registraturen, Archiven und sonstigen Informationssammlungen Einsicht nehmen, wenn hinreichende Anhaltspunkte für das Vorhandensein von Unterlagen des Staatssicherheitsdienstes vorliegen.

(3) Natürliche Personen und sonstige nicht öffentliche Stellen sind verpflichtet, dem Bundesbeauftragten unverzüglich anzuzeigen, dass sich bei ihnen Unterlagen des Staatssicherheitsdienstes oder Kopien, Abschriften oder sonstige Duplikate solcher Unterlagen befinden, sobald ihnen dies bekannt wird.

*Literaturangaben: Garstka, Hansjürgen, „Freiheit für meine Akte": Die Öffnung der Archive – Das Gesetz der Volkskammer über die Sicherung der Nutzung der personenbezogenen Daten des ehemaligen MfS/AfNS, in: Unverhau (Hrsg.), Das Stasi-Unterlagen-Gesetz im Lichte von Datenschutz und Archivgesetzgebung, Münster 1998, S. 43–49; Geiger, Hansjörg/Klinghardt, Heinz (Hrsg.), Stasi-Unterlagen-Gesetz-Kommentar, 2. Aufl., Stuttgart 2006; Goulanakis, Georgios/Vollmann, Marion, Stasi-Unterlagen-Gesetz – „Sprachrohr" oder „Maulkorb" für die Presse?, in: AfP 1992, S. 36–40; Kloepfer, Michael, Das Stasi-Unterlagen-Gesetz und die Pressefreiheit, Berlin 1993; v. Mangoldt, Hermann/Klein, Friedrich/Starck, Christian (Hrsg.), Grundgesetz Kommentar, 7. Aufl., München 2018; Maunz, Theodor/Dürig, Günter (Begr.), Grundgesetz Kommentar, 81. Lieferung September 2017, München; Sachs, Michael (Hrsg.), Grundgesetz, 8. Aufl., München 2018; Schmidt, Dietmar/Dörr, Erwin, Stasi-Unterlagen-Gesetz, Köln 1993; Weberling, Johannes, Stasi-Unterlagen-Gesetz, Kommentar, Köln 1993.*

### A. Allgemeines

**184** § 7 erlegt öffentlichen und nicht öffentlichen Stellen eine Anzeigepflicht für den Fall auf, dass sich bei ihnen Unterlagen des MfS befinden. Diese Norm ist dabei im Zusammenhang mit der Herausgabepflicht öffentlicher und nicht öffentlicher Stellen nach §§ 8, 9 zu sehen. Durch § 7 erfährt der BStU von der Existenz von Unterlagen, nach §§ 8 f. kann er diese herausverlangen. Dies dient der Vollständigkeit des

Stefan Engel

Unterlagenbestandes beim BStU. Nur so kann gewährleistet werden, dass die Schutzmechanismen des StUG eingreifen.

Das Stasi-Unterlagen-Gesetz räumt dem BStU daher einen starken Hoheits- und **185** Monopolanspruch über die Unterlagen des MfS ein. Dies folgt bereits aus § 2 Abs. 1; nach diesem erfasst, verwahrt, verwaltet und verwendet der BStU die Unterlagen des MfS. § 2 Abs. 1 spricht von „den" Unterlagen des MfS und meint damit alle Unterlagen, nicht nur eine Teilmenge. Daraus folgt auch ein Anspruch auf Vollständigkeit der Unterlagen beim BStU, soweit der Unterlagenbestand dies noch zulässt. Der BStU soll die einzige Stelle sein, bei der MfS-Unterlagen verwaltet werden.[1] Dies entspricht dem Verständnis der Unterlagen und des Archivs beim BStU als kollektives, institutionalisiertes Gedächtnis.[2] Für den Begriff der Unterlagen gilt § 6 Abs. 1 (s. § 6 Rn. 111 ff.).

Der umfassende Hoheitsanspruch des BStU folgt aus dem Zusammenspiel zahl- **186** reicher Normen innerhalb des StUG. Am deutlichsten findet er seinen Niederschlag in den §§ 7–10, durch die Kooperations-, Anzeige- und Herausgabepflichten begründet werden; diese Pflichten dienen der Durchsetzung des Hoheits- und Vollständigkeitsanspruches des BStU. Des Weiteren wird dieser daran deutlich, dass an Einzelne im Sinne des § 3 Abs. 1, die den Personenkategorien des § 6 zugeordnet werden, lediglich Duplikate von Unterlagen herausgegeben werden, vgl. § 12 Abs. 5. An öffentliche und nicht-öffentliche Stellen können Originalunterlagen nach § 19 Abs. 7 S. 2 herausgegeben werden, jedoch besteht nach § 19 Abs. 7 S. 3 eine Pflicht zur unverzüglichen Rückgabe der herausgegebenen Unterlagen, sobald sie nicht mehr benötigt werden. Für die historische und politische Aufarbeitung nach § 32 werden wiederum nur Duplikate herausgegeben, § 33 Abs. 3.

Der dargestellte Hoheitsanspruch ist physischer Natur, d.h., dass der BStU die ein- **187** zige Stelle sein soll, bei der Originalunterlagen vorhanden sind. Diese sollen monopolisiert beim BStU verwahrt werden; dies folgt auch aus der Pflicht zur Herausgabe von Kopien und sonstigen Duplikaten von herauszugebenden Unterlagen nach § 9 Abs. 2.[3] Gewahrt wird dieser nach der Maßgabe des § 40, der dem BStU

---

[1] Zur Diskussion nach der Wende, bei welcher Stelle die Unterlagen verwaltet werden sollen und insbesondere zu der Frage, ob eine zentrale Stelle zuständig sein solle oder lokale Organisationen, vgl. *H. Garstka*, „Freiheit für meine Akte": Die Öffnung der Archive – Das Gesetz der Volkskammer über die Sicherung der Nutzung der personenbezogenen Daten des ehemaligen MfS/AfNS, in: Unverhau, Das Stasi-Unterlagen-Gesetz im Lichte von Datenschutz und Archivgesetzgebung, 1998, S. 43, 45 f.
[2] Vgl. § 3 Rn. 68.
[3] *M. Kloepfer*, Das Stasi-Unterlagen-Gesetz und die Pressefreiheit, 1993, S. 38.

**Stefan Engel**

aufträgt, die Unterlagen gegen unbefugten Zugriff zu sichern. Über den physischen Hoheitsanspruch hinaus hat der BStU auch eine Verwendungshoheit über die Unterlagen des MfS. Das bedeutet, dass der BStU als einzige Stelle anhand von Verwendungszwecken über die Verwendung von Unterlagen entscheiden kann. Zwar gilt dieses Prüfungsrecht nicht für den Einzelnen nach § 3 Abs. 1, der mit Ausnahme des § 15 zweckfrei Einsicht in Unterlagen erhalten kann, da diese nur Informationen zu ihrer eigenen Person[4] erhalten können und damit nicht das Persönlichkeitsrecht anderer tangieren, aber für die Fälle der §§ 19 ff. und §§ 32 ff. Nach § 29 Abs. 1 S. 1 dürfen personenbezogene Informationen, die nach den §§ 19–23, 25 und 27 für bestimmte Zwecke herausgegeben worden sind, nur für diese verwendet werden, zudem sieht § 19 Abs. 3 ein Prüfungsrecht hinsichtlich der Verwendungszwecke bei Verwendung von Unterlagen durch öffentliche und nicht öffentliche Stellen vor. Es besteht daher eine Zweckbindung. Darüber hinaus werden Unterlagen auch nach § 32 nur für bestimmte Zwecke der Aufarbeitung zur Verfügung gestellt.

**188**    Aus der Verwendungshoheit folgt auch die Strafvorschrift des § 44, der die Veröffentlichung von Unterlagen oder Duplikaten dieser mit personenbezogenen Informationen über Betroffene oder Dritte unter Strafe stellt.

**189**    Die §§ 7 ff. dienen dazu, Unterlagen, die sich nicht beim BStU befinden, zu erfassen, was nach §§ 2 Abs. 1, 37 Abs. 1 Nr. 1 Aufgabe des BStU ist. Über §§ 7 ff. erlangt der BStU zunächst Kenntnis und kann dann Herausgabe der Unterlagen verlangen. Dies dient der größtmöglichen Vollständigkeit des Unterlagenbestandes sowie dem Zweck des StUG nach § 1 Abs. 1, die Unterlagen zu erfassen und mit diesen Aufarbeitung in ihren verschiedenen Dimensionen zu ermöglichen.[5]

**B.    Erläuterungen**

**I.    Zu Abs. 1**

**190**    Abs. 1 dient der Erfassung von Unterlagen des MfS bei öffentlichen Stellen. Diese sind nach S. 1 zur Kooperation mit dem BStU verpflichtet, sie unterstützen ihn bei den Ermittlungen zum Auffinden und bei der Übernahme der Unterlagen. S. 2 sieht eine Anzeigepflicht für öffentliche Stellen vor, wenn sich Unterlagen des MfS bei ihnen befinden. Aus praktischen Gesichtspunkten sieht Abs. 1 jedoch keine Pflicht für öffentliche Stellen vor, ihre Aktenbestände ohne Anhaltspunkte auf Unterlagen

---

[4] Vgl. § 3 Rn. 72.
[5] Vgl. § 1 Rn. 58.

Stefan Engel

§ 7

des MfS hin zu untersuchen.[6] S. 2 knüpft daher an die Kenntnis, dass sich Unterlagen bei der entsprechenden Stelle befinden, an. Die Anzeigepflicht, die unverzüglich wahrzunehmen ist, entsteht, wenn das Vorhandensein von Unterlagen festgestellt wird. Auf Eigentumsverhältnisse kommt es, wie bei Abs. 3, nicht an.[7]

Die Anzeigepflicht besteht auch für Kopien, Abschriften und sonstige Duplikate von Unterlagen und erfasst damit auch Duplikate, die nicht beim MfS entstanden sind und daher nach § 6 Abs. 1 Nr. 1 nicht zu den Unterlagen gehören. Dies dient dazu, dass der BStU umfassende Kenntnis von Unterlagenbeständen erlangt, was seinen Hoheitsanspruch durchsetzt[8] und damit letzten Endes dem Persönlichkeitsrecht der Personen dient, über die Unterlagen bestehen. Diese weitere Fassung wurde eingefügt durch das zweite Gesetz zur Änderung des Stasi-Unterlagen-Gesetzes vom 26.7.1994.[9]   **191**

Der Begriff der öffentlichen Stelle richtet sich nach § 6 Abs. 9 S. 2 i.V.m. § 2 Abs. 1–3 BDSG (§ 6 Rn. 175). Erfasst sind damit alle Stellen, mit denen die öffentliche Hand tätig wird, insbesondere alle Behörden. Nicht zu den öffentlichen Stellen gehören die Religionsgesellschaften, wie § 6 Abs. 9 S. 2 klarstellt.   **192**

Die Unterstützungspflicht geht über die allgemeine Pflicht aller Behörden aus Art. 35 Abs. 1 GG, sich gegenseitig Amtshilfe zu leisten, hinaus. Zum einen sind Adressaten des Abs. 1 gegenüber der Amtshilfe nicht nur Behörden[10], sondern auch öffentliche Stellen.[11] Zum anderen hat die öffentliche Stelle beim Auffinden von Unterlagen von sich aus tätig zu werden, wohingegen die Amtshilfe nach Art. 35 Abs. 1 GG ein Ersuchen der Stelle, der Amtshilfe geleistet wird, voraussetzt; eine aufgedrängte Amtshilfe ist im Rahmen des Art. 35 GG grundsätzlich nicht zulässig.[12]   **193**

Nachdem die Kenntnis von Unterlagenbesitz in den Beständen angezeigt worden ist, können öffentliche Stellen vom BStU ggf. zur Herausgabe von Unterlagen und Duplikaten verpflichtet werden, § 8. Eine Herausgabepflicht besteht jedoch erst bei Verlangen des BStU. Das Verfahren zur Erfassung von Unterlagen nach §§ 7 ff. ist   **194**

---

[6] BT-Drucks. 12/1093, 22.
[7] Vgl. *J. Pietrkiewicz/J. Burth*, in: Geiger/Klinghardt, StUG, 2. Aufl. 2006, § 7 Rn. 9.
[8] Vgl. auch *J. Pietrkiewicz/J. Burth*, in: Geiger/Klinghardt, StUG, 2. Aufl. 2006, § 7 Rn. 3.
[9] BGBl. I 1994, 1748.
[10] Für den Begriff der „Behörde" in Art. 35 Abs. 1 GG vgl. *W. Erbguth/M. Schubert*, in: Sachs, GG, 8. Aufl. 2018, Art. 35 Rn. 6.
[11] *J. Pietrkiewicz/J. Burth*, in: Geiger/Klinghardt, StUG, 2. Aufl. 2006, § 7 Rn. 2.
[12] *W. Erbguth/M. Schubert*, in: Sachs, GG, 8. Aufl. 2018, Art. 35 Rn. 15.

145

**Stefan Engel**

daher zweistufig; im ersten Schritt wird das Vorhandensein von Unterlagen nach Abs. 1 angezeigt, in einem zweiten Schritt kann der BStU die Herausgabe verlangen.

## II. Zu Abs. 2

**195** Abs. 2 sieht für den BStU das Recht vor, in die Registraturen, Archive und sonstige Informationssammlungen von öffentlichen Stellen mit deren Einvernehmen, das sich nur auf die Umstände der Einsichtnahme bezieht,[13] einzusehen. Voraussetzung ist, dass hinreichende Anhaltspunkte für das Vorhandensein von Unterlagen des MfS bei der öffentlichen Stelle vorliegen. Ein bloßer Verdacht, es könnten Unterlagen vorhanden sein, genügt hierbei nicht; vielmehr müssen tatsächliche Anhaltspunkte diese Annahme rechtfertigen.[14] Der BStU ist auch bei der Einsichtnahme in die Informationssammlungen öffentlicher Stellen von diesen zu unterstützen. Dies folgt aus Abs. 1 S. 1; die Einsichtnahme dient dem Auffinden von Unterlagen des MfS, ein bloßes Dulden der Einsichtnahme genügt im Rahmen der Unterstützungspflicht nicht.[15]

**196** Das Recht zur Einsicht besteht nur, wenn über die Einsicht Einvernehmen mit der jeweiligen öffentlichen Stelle besteht. Dieses Einvernehmen ist notwendig, da die Informationssammlungen der öffentlichen Stellen im Regelfall nicht offenstehen und bei der Einsichtnahme ggf. auch andere Unterlagen als solche des MfS eingesehen werden; zudem können Informationen anderer Personen von der Einsicht des BStU betroffen sein.[16]

## III. Zu Abs. 3

**197** Abs. 3 dient dazu, die Erfassung der Unterlagen auch gegenüber natürlichen Personen und sonstigen nicht-öffentlichen Stellen durchzusetzen. Die Norm erlegt diesen daher eine Anzeigepflicht auf, sofern sich Unterlagen im Sinne des § 6 Abs. 1 oder Kopien, Abschriften oder sonstige Duplikate von Unterlagen bei ihnen befinden. Damit ist ein rein tatsächliches Vorhandensein gemeint, auf Eigentumsverhältnisse kommt es nicht an.[17] Die Pflicht entsteht, sobald Kenntnis vom Vorhandensein der Unterlagen erlangt wird. Abs. 3 ist, ebenso wie Abs. 1, weiter gefasst als der Unterlagenbegriff des § 6 Abs. 1, der Duplikate von Unterlagen, die nicht beim

---

[13] *J. Pietrkiewicz/J. Burth*, in: Geiger/Klinghardt, StUG, 2. Aufl. 2006, § 7 Rn. 7.
[14] *J. Pietrkiewicz/J. Burth*, in: Geiger/Klinghardt, StUG, 2. Aufl. 2006, § 7 Rn. 6.
[15] *J. Pietrkiewicz/J. Burth*, in: Geiger/Klinghardt, StUG, 2. Aufl. 2006, § 7 Rn. 8.
[16] BT-Drucks. 12/1093, 22.
[17] *J. Pietrkiewicz/J. Burth*, in: Geiger/Klinghardt, StUG, 2. Aufl. 2006, § 7 Rn. 9.

**Stefan Engel**

MfS entstanden sind, nicht erfasst. Durch die Anzeigepflicht auch für solche Duplikate, die nicht Unterlagen sind, erhält der BStU Kenntnis auch über diese und kann so seinen Hoheitsanspruch über die Unterlagen des MfS verwirklichen.[18]

Die Pflicht betrifft alle nicht-öffentlichen Stellen. Hierzu gehören natürliche und **198** juristische Personen, rechtsfähige Personengesellschaften und im Rahmen des StUG auch die Religionsgemeinschaften (vgl. § 6 Rn. 176). Die Anzeigepflicht ist umfassend und gilt in allen Lebensbereichen. Es kommt nicht darauf an, dass der Anzeigepflichtige in seiner „bloßen Stellung als natürliche Person", also in seinem privaten Umfeld, Unterlagen vorfindet.[19] Die Pflicht erstreckt sich auch auf natürliche Personen, soweit sie lediglich im beruflichen Umfeld mit Unterlagen in Kontakt kommen; die Anzeigepflicht trifft dann nicht nur denjenigen, der den Arbeitgeber nach außen vertritt, sondern jeden, der mit Unterlagen in Berührung kommt.[20] Die Weite dieser Anzeigepflicht dient wiederum dazu, den Hoheitsanspruch des BStU umfassend durchzusetzen.

Die Anzeigepflicht des Abs. 3 ist verfassungsrechtlichen Bedenken begegnet, sofern **199** sie auch die Presse als nicht-öffentliche Stelle trifft. Die Pressefreiheit des Art. 5 Abs. 1 S. 2 GG schützt auch das Vorfeld einer Veröffentlichung, die redaktionelle Sphäre;[21] hierunter fällt auch die Archivierung und Bereithaltung von Informationen,[22] der Schutz der Informationsquellen der Presse.[23] In diese redaktionelle Sphäre greift Abs. 3 dadurch ein, dass der jeweiligen Stelle die Pflicht auferlegt wird, einer staatlichen Stelle den Inhalt seiner Archive darzulegen, was Rückschlüsse auf die redaktionelle Tätigkeit zulässt.[24] Insbesondere wurde eine Pflicht für Presseorgane, die lediglich Kopien von Unterlagen, aber keine Originale besitzen, für bedenklich gehalten, wenn die Originale noch existieren.[25] Gleichwohl wurde eine solche Pflicht auch zur Anzeige von Duplikaten von Unterlagen einge-

---

[18] Vgl. auch *J. Pietrkiewicz/J. Burth*, in: Geiger/Klinghardt, StUG, 2. Aufl. 2006, § 7 Rn. 3.
[19] KG Berlin NJW 2003, 528, 528; so auch *J. Pietrkiewicz/J. Burth*, in: Geiger/Klinghardt, StUG, 2. Aufl. 2006, § 7 Rn. 10; a.A. Schmidt/Dörr, StUG, 1993, § 7 Rn. 6.
[20] KG Berlin NJW 2003, 528, 529.
[21] BVerfGE 20, 162, 187 ff.; BVerfGE 56, 247, 248; BVerfGE 64, 108, 115 f.
[22] *C. Starck/A. L. Paulus*, in: v. Mangoldt/Klein/Stark, GG, Bd. 1, 7. Aufl. 2018, Art. 5 Rn. 135.
[23] BVerfGE 66, 116, 133 ff.
[24] *M. Kloepfer*, Das Stasi-Unterlagen-Gesetz und die Pressefreiheit, 1993, S. 47.
[25] *M. Kloepfer*, Das Stasi-Unterlagen-Gesetz und die Pressefreiheit, 1993, S. 47 f. zur Urfassung des StUG, in der eine Anzeigepflicht für Duplikate von Unterlagen noch nicht bestand.

**Stefan Engel**

# § 7

fügt durch das 2. Gesetz zur Änderung des Stasi-Unterlagen-Gesetzes vom 26.7.1994.[26]

Die verfassungsrechtlichen Bedenken gegen die Anzeigepflicht sind jedoch unbegründet. Tatsächlich wird durch die Anzeigepflicht in den redaktionellen Bereich der Presse und damit in die Pressefreiheit aus Art. 5 Abs. 1 S. 2 GG eingegriffen. Ein Eingriff in diese darf nach Art. 5 Abs. 2 GG nur aufgrund eines allgemeinen Gesetzes erfolgen, also eines solchen, das nicht nur die Presse, sondern jedermann trifft.[27] Die Anzeigepflicht aus Abs. 3 trifft jede nicht-öffentliche Stelle und damit nicht nur die Presse und ist mithin ein allgemeines Gesetz.[28] Die Norm dient einerseits dem Zweck, dem BStU die Kenntnis von allen Unterlagenbeständen zu verschaffen, also der Durchsetzung des Hoheits- und Monopolanspruchs des BStU. Durch Erreichung dieses Zwecks wird jedoch andererseits ein Schutz des Allgemeinen Persönlichkeitsrechtes erreicht; die Kenntnis von den Unterlagenbeständen ist notwendig, damit der BStU gegebenenfalls Unterlagen nach § 9 herausverlangen und sie den persönlichkeitsschützenden Vorschriften des StUG unterstellen kann. Zudem dient diese Vorschrift auch dem Zweck der Aufarbeitung; durch ein lückenloses Erfassen der Unterlagenbestände kann gleichsam auch eine lückenlose Aufarbeitung durch Zurverfügungstellung der Unterlagen erreicht werden. Die Anzeigepflicht ist geeignet, diese Zwecke zu erreichen und mangels milderer Mittel auch erforderlich. Festzuhalten bleibt: Auf der einen Seite steht eine Beeinträchtigung der Pressefreiheit, wobei diese Beeinträchtigung dadurch, dass lediglich das Vorhandensein von Unterlagen oder Duplikaten angezeigt werden muss, ohne dass auf den Inhalt der Unterlagen und die weitere redaktionelle Tätigkeit einzugehen ist, nur marginal ist.

Auf der anderen Seite stehen zum einen der Zweck, die Bestände des BStU zu vervollständigen, sowie der potentielle Schutz des Persönlichkeitsrechts und die ermöglichte Aufarbeitung. Dies gilt auch für Unterlagen, die keine personenbezogenen Informationen enthalten, da diese möglicherweise ein fehlendes Bindeglied in bestehenden Unterlagen darstellen können. Hiernach überwiegen die Zwecke, denen Abs. 3 dient, die marginale Beeinträchtigung der Pressefreiheit; die verfassungsrechtlichen Bedenken bezüglich der Anzeigepflicht greifen nicht durch. Den Bedenken gegenüber der Anzeigepflicht von Kopien, bei denen das entsprechende Presseorgan das Original nicht besitzt, ist zu entgegnen, dass eine Feststellung, ob

---

[26] BGBl. I 1994, 1748.

[27] BVerfGE 21, 271, 280.

[28] So auch *M. Kloepfer*, Das Stasi-Unterlagen-Gesetz und die Pressefreiheit, 1993, S. 47; oder *G. Gounalakis/M. Vollmann*, AfP 1992, 36, 39.

**Stefan Engel**

die Originale im Bestand des BStU vorhanden sind, ohne eine Anzeige nicht erfolgen kann.

Dass sich Unterlagen bei ihnen befinden, ist von den Normadressaten nach Abs. 3 **200** unverzüglich, also ohne schuldhaftes Zögern,[29] nachdem ihnen dieses bekannt geworden ist, dem BStU anzuzeigen. Wird die Anzeige nicht oder nicht rechtzeitig erstattet, so stellt dies nach § 45 Abs. 1 Nr. 1 eine Ordnungswidrigkeit dar, die nach § 45 Abs. 2 mit einer Geldbuße von bis zu 250.000 EUR geahndet werden kann. Sofern durch die Einhaltung der Anzeigepflicht aus Abs. 3 eine Konfliktsituation entsteht, weil der Anzeigepflichtige lediglich in seiner beruflichen Tätigkeit mit Unterlagen in Berührung kommt und bei einer Anzeige mit beruflichen Nachteilen zu rechnen hat, so kann ein Unterlassen ggf. aufgrund Unzumutbarkeit normgemäßen Verhaltens gerechtfertigt sein.[30]

Über die Anzeigepflicht hinaus hat jede natürliche Person und sonstige nicht-öffentliche Stelle auf Verlangen des BStU Unterlagen herauszugeben, § 9 Abs. 1 S. 1. Sind Unterlagen herauszugeben, betrifft dies auch Duplikate von diesen, § 9 Abs. 2. Das Verfahren zur Auffindung und Erlangung von Unterlagen nach Abs. 3, § 9 ist, wie das nach Abs. 1, § 8, folglich zweistufig;[31] zunächst wird der Besitz von Unterlagen nach Abs. 3 angezeigt, worauf der BStU diese nach § 9 Abs. 1 S. 1 herausverlangen kann.

Bei nicht-öffentlichen Stellen steht dem BStU im Gegensatz zu öffentlichen Stellen **201** nach Abs. 2 kein Recht zu, in die Registraturen und Archive einzusehen; dies dient dazu, Geschäfts- und Betriebsgeheimnisse privater Firmen zu wahren.[32]

---

[29] Vgl. § 121 Abs. 1 S. 1 BGB; s. auch Schmidt/Dörr, StUG, 1993, § 7 Rn. 5; Weberling, StUG, 1993, § 7 Rn. 2.
[30] KG Berlin NJW 2003, 528, 529.
[31] *M. Kloepfer*, Das Stasi-Unterlagen-Gesetz und die Pressefreiheit, 1993, S. 38.
[32] BT-Drucks. 12/1093, 22.

**Stefan Engel**

## § 10 Unterlagen der Sozialistischen Einheitspartei Deutschlands, anderer mit ihr verbundener Parteien und Massenorganisationen sowie sonstige Unterlagen im Zusammenhang mit dem Staatssicherheitsdienst

(1) Der Bundesbeauftragte kann zur Erfüllung seiner Aufgaben von den zuständigen Stellen Auskunft über Art, Inhalt und Aufbewahrungsort der Unterlagen der Sozialistischen Einheitspartei Deutschlands, anderer mit ihr verbundener Parteien und Massenorganisationen der ehemaligen Deutschen Demokratischen Republik verlangen.

(2) Der Bundesbeauftragte kann Einsicht in die Unterlagen verlangen. Bei der Suche nach den benötigten Unterlagen ist er zu unterstützen.

(3) Dem Bundesbeauftragten sind auf sein Verlangen Duplikate von solchen Unterlagen herauszugeben, die im Zusammenhang mit der Tätigkeit des Staatssicherheitsdienstes stehen und die er zur Wahrnehmung seiner Aufgaben benötigt. Die Duplikate werden Bestandteil der Unterlagen nach § 6 Abs. 1.

(4) Die Absätze 1 bis 3 gelten entsprechend für Unterlagen, die erkennbar im Zusammenwirken anderer öffentlicher oder nicht öffentlicher Stellen der ehemaligen Deutschen Demokratischen Republik mit dem Staatssicherheitsdienst, auf seine Veranlassung oder zur Umsetzung seiner Anordnungen oder Hinweise entstanden sind.

*Literaturangaben: Becher, Karl/Mand, Richard (Hrsg.), Handbuch gesellschaftlicher Organisationen in der DDR. Massenorganisationen, Verbände, Vereinigungen, Gesellschaften, Genossenschaften, Komitees, Ligen, Berlin 1985; Bundesministerium für innerdeutsche Beziehungen (Hrsg.), DDR Handbuch, Köln 1985; Geiger, Hansjörg/Klinghardt, Heinz (Hrsg.), Stasi-Unterlagen-Gesetz-Kommentar, 2. Aufl., Stuttgart 2006; Mählert, Ulrich, Die Massenorganisationen im politischen System der DDR, in: Stephan/Herbst (Hrsg.), Die Parteien und Organisationen der DDR. Ein Handbuch, Berlin 2002, S. 103–115; Malycha, Andreas, Die Transformation des Parteisystems in der SBZ 1945–1949, in: Stephan/Herbst (Hrsg.), Die Parteien und Organisationen der DDR. Ein Handbuch, Berlin 2002, S. 21–45; Schmidt, Dietmar/Dörr, Erwin, Stasi-Unterlagen-Gesetz, Köln 1993; Stern, Carola, Porträt einer bolschewistischen Partei. Entwicklung, Funktion und Situation der SED, Köln 1957; Stoltenberg, Klaus/Bossack, Carolin, Stasi-Unterlagen-Gesetz, Baden-Baden 2012; Stoltenberg, Klaus, Stasi-Unterlagen-Gesetz, Baden-Baden 1992; Weber, Hermann, Gesellschaftliche Organisationen. Einleitung, in: Broszat/Weber (Hrsg.), SBZ-Handbuch. Staatliche Verwaltungen, Parteien, gesellschaftliche Organisationen und ihre Führungskräfte in der Sowjetischen Besatzungszone Deutschlands 1945–1949, München 1993, S. 621–625; Weber, Hermann, Einleitung: Zum Transformationsprozeß des Parteisystems in der SBZ/DDR, in: We-*

**Stefan Kaschube, Sandra Franz**

*ber (Hrsg.), Parteiensystem zwischen Demokratie und Volksdemokratie. Dokumente und Materialien zum Funktionswandel der Parteien und Massenorganisationen in der SBZ/DDR 194–1950, Köln 1982, S. 11-50; Weber, Hermann, Die DDR 1945– 1990, München/Oldenburg 2012; Weberling, Johannes, Stasi-Unterlagen-Gesetz, Kommentar, Köln 1993.*

## A. Einführung

§ 10 StUG gibt dem BStU neben den Unterlagen des Staatssicherheitsdienstes auch **202** Zugriff auf Unterlagen anderer Massenorganisationen der DDR. Dies ist nötig, um die in § 37 festgelegten Aufgaben umfassend erfüllen zu können, da es sich beim MfS um ein Werkzeug der DDR-Regierung handelte, um das sog. „Schild und Schwert" der Partei.[1] Die in § 10 umfassten Unterlagen dienen einem tieferen Verständnis der Vernetzungen zwischen den Organisationen und dem MfS.

## I. Historischer Kontext

Die in diesem Paragraphen angesprochenen Massenorganisationen waren eines der **203** bedeutendsten Herrschaftsinstrumente der SED. In ihrem Sprachjargon wurde neben dem Begriff „Massenorganisationen" auch der Ausdruck „gesellschaftliche Organisationen" verwendet.[2] In dem 1985 im „Staatsverlag der Deutschen Demokratischen Republik" herausgegebenen „Handbuch gesellschaftlicher Organisationen in der DDR" findet sich folgendes Selbstverständnis der Regierung gegenüber den Gruppen: „Die Herausbildung und die Entwicklung der gesellschaftlichen Organisationen in der DDR sind untrennbar mit der sozialistischen Revolution und ihren Perspektiven verbunden. Sie zeigen, daß sich die gesellschaftlichen Organisationen erst unter den Bedingungen der Macht der Arbeiterklasse voll entfalten können. (...) Massenorganisationen wurden unter Führung der Partei der Arbeiterklasse bewußte Mitgestalter der revolutionär – demokratischen Macht der Arbeiter und Bauern und nahmen an ihrer Entwicklung zur Diktatur des Proletariats aktiv teil."[3] Im weiteren Verlauf des Buches ist von engem „Zusammenwirken aller Elemente des politischen Systems unter Führung der SED"[4], „Staat und gesellschaftliche Organisationen im

---

[1] Schmidt/Dörr, StUG, 1993, § 10 Rn. 2.
[2] Vgl. Bundesministerium für innerdeutsche Beziehungen, DDR Handbuch, 1985, S. 876.
[3] Vgl. *K. Becher/R. Mand,* Handbuch gesellschaftlicher Organisationen in der DDR. Massenorganisationen, Verbände, Vereinigungen, Gesellschaften, Genossenschaften, Komitees, Ligen, 1985, S. 13.
[4] Vgl. *K. Becher/R. Mand,* Handbuch gesellschaftlicher Organisationen in der DDR. Massenorganisationen, Verbände, Vereinigungen, Gesellschaften, Genossenschaften, Komitees, Ligen, 1985, S. 15.

**Stefan Kaschube, Sandra Franz**

kameradschaftlichen Zusammenwirken"[5] und „Stabile und vielfältige Formen der Zusammenarbeit zwischen Staatsorganen und gesellschaftlichen Organisationen"[6] die Rede. Das, was man hier so mühevoll versucht hatte auf positive Weise zu formulieren, spiegelt dennoch wieder, dass es sich hierbei um Verbände handelte, mit deren Hilfe die Partei versuchte, alle sozialen Gruppen entsprechend ihrer sozialen, kulturellen, beruflichen, wissenschaftlichen oder sportlichen Interessen in die von ihr vorgesehene Alltagswelt der DDR einzubinden und in jedem nur erdenklichen Lebensbereich Einfluss auf das Meinungsbild der Bevölkerung zu nehmen, um diese an die Deutsche Demokratische Republik zu binden. Im Idealfall sollten sie die Brücke zwischen der elitären, kommunistischen Partei und der Bevölkerung sein.[7] Ziel war die „totale Organisation der Gesellschaft bei gleichzeitiger Wahrung des vorgegebenen Elitecharakters der Partei neuen Typus zu gewährleisten und damit zugleich auch die totale Kontrolle und Politisierung aller gesellschaftlicher Bereiche sicherzustellen."[8]

204 In der historischen Entwicklung gesehen, entstanden die „gesellschaftlichen Organisationen" bereits in der Sowjetischen Besatzungszone. Nur einen Monat nach Kriegsende ermöglichte Befehl Nr. 2 der „Sowjetischen Militäradministration in Deutschland" (kurz SMAD) die Gründung „antifaschistischer" Parteien und ermöglichte die Bildung von Gewerkschaften und Organisationen, als Interessensvertretung der Arbeiter. Zulassungsvoraussetzung waren die Kontrolle der SMAD und das Arbeiten „entsprechend den von ihr gegebenen Instruktionen"[9] Die daraufhin entstandenen Gruppierungen betonten zunächst vor allem ihre „antifaschistische" Ausrichtung und ihre Überparteilichkeit. In der Regel erließ die SMAD zur Gründung der einzelnen Organisationen gesonderte Befehle.[10] Gleichzeitig wurde

---

[5] Vgl. *K. Becher/R. Mand*, Handbuch gesellschaftlicher Organisationen in der DDR. Massenorganisationen, Verbände, Vereinigungen, Gesellschaften, Genossenschaften, Komitees, Ligen, 1985, S. 17.

[6] Vgl. *K. Becher/R. Mand*, Handbuch gesellschaftlicher Organisationen in der DDR. Massenorganisationen, Verbände, Vereinigungen, Gesellschaften, Genossenschaften, Komitees, Ligen, 1985, S. 19.

[7] Vgl. *U. Mählert*, Die Massenorganisationen im politischen System der DDR, in: Stephan/ Herbst, Die Parteien und Organisationen der DDR. Ein Handbuch, 2002, S. 103, 109.

[8] Vgl. *C. Stern*, Porträt einer bolschewistischen Partei. Entwicklung, Funktion und Situation der SED, 1957, S. 251.

[9] Vgl. „Befehl des Obersten Chefs der Sowjetischen Militärverwaltung in Deutschland. Nr. 2, den 10. Juni 1945, Berlin", zitiert nach: *H. Weber*, Einleitung: Zum Transformationsprozeß des Parteien-systems in der SBZ/DDR, 1982, S. 22 f.

[10] Vgl. *H. Weber*, Gesellschaftliche Organisationen. Einleitung, in: Broszat/Weber, SBZ-Handbuch. Staatliche Verwaltungen, Parteien, gesellschaftliche Organisationen und ihre Füh-

**Stefan Kaschube, Sandra Franz**

der politische Freiraum der Parteien in Befehl Nr. 2 eingeschränkt, indem es dort hieß, dass alle Parteiorganisationen und Gewerkschaften ihre Statuten, ihre Tätigkeiten und ihre Mitgliederlisten mit der Militäradministration abzusprechen hatten.[11]

Bis 1948 schaffte es die SED das Parteiensystem mithilfe der Massenorganisationen, sowie der gegründeten Demokratische Bauernpartei Deutschlands (DBD) und der National-Demokratische Partei Deutschlands (NDPD), entscheidend zu ihren Gunsten zu verändern. Um ihren eigenen Führungsanspruch zu sichern, höhlten sie das demokratische Entscheidungssystem immer weiter aus und verhinderten letztendlich jede Form von freien Wahlen. In den seit 1949 nach Einheitslisten gewählten Parlamenten waren alle größeren Massenorganisationen mit eigenen Abgeordneten vertreten. Durch das angewandte Blockwahlprinzip konnte der Eindruck einer demokratischen Pluralität erweckt werden und gleichzeitig, da die Vertreter der Massenorganisationen in der Regel zeitgleich Mitglieder der SED waren, die Mehrheit der Mandate zu jedem Zeitpunkt gesichert werden. Die tatsächlichen politischen Einflussmöglichkeiten der Massenorganisationen waren sehr gering.[12]

Als wichtigste Gruppierungen sind zu nennen:  **205**

- Der Freie Deutsche Gewerkschaftsbund (FDGB)
- Die Freie Deutsche Jugend (FDJ)
- Kulturbund zur demokratischen Erneuerung Deutschlands (KB)
- Konsumgenossenschaft (KG)
- Vereinigung der Verfolgten des Naziregimes (VVN)
- Demokratischer Frauenbund Deutschlands (DFD)
- Gesellschaft für Deutsch-Sowjetische Freundschaft (DSF)
- Vereinigung der gegenseitigen Bauernhilfe (VdgB)[13]

---

rungskräfte in der Sowjetischen Besatzungszone Deutschlands 1945–1949, 1993, S. 621, 621.
[11] Vgl. *A. Malycha*, Die Transformation des Parteiensystems in der SBZ 1945–1949, in: Stephan/Herbst, Die Parteien und Organisationen der DDR. Ein Handbuch, 2002, S. 21, 24.
[12] Vgl. *F. Sattler*, Die Funktion der Massenorganisationen, in: Bundestag, Enquete-Kommission „Aufarbeitung von Geschichte und Folgen der SED-Diktatur in Deutschland" (12. Wahlperiode des Deutschen Bundestages), Bd. II/4: Machtstrukturen und Entscheidungsmechanismen im SED-Staat und die Frage der Verantwortung, 1995, S. 2639, 2656 f.
[13] Vgl. *H. Weber*, Gesellschaftliche Organisationen. Einleitung, in: Broszat/Weber, SBZ-Handbuch. Staatliche Verwaltungen, Parteien, gesellschaftliche Organisationen und ihre Führungskräfte in der Sowjetischen Besatzungszone Deutschlands 1945–1949, 1993, S. 621, 621.

**Stefan Kaschube, Sandra Franz**

## § 10

**206** Zwei Jahre nach Kriegsende waren in Ostdeutschland bereits die bedeutendsten Organisationen entstanden. Mit Ausnahme des VVN sollten sie alle bis zum Ende der DDR bestehen bleiben.[14] Ende der 1980er Jahre waren es insgesamt über achtzig Organisationen, die Mehrheit von ihnen wurde in den 1950er und 1960er Jahren gegründet.[15] Mithilfe der Organisationen wurden mehrere Interessen verfolgt. Obwohl die Gruppierungen sehr unterschiedliche spezifische Aufgaben und Mitgliederzahlen hatten, so hatten sie doch zuallererst ein gemeinsames großes Ziel: Die Maximierung des Führungsanspruches und der Kontrollmöglichkeiten der SED. Soziales Engagement und Initiativen der Bevölkerung sollten dabei jedoch nicht unterdrückt, sondern vielmehr in die gewünschte Richtung gelenkt und für die vorgeschriebenen politischen Ziele nutzbar gemacht werden. Kampagnen ökonomischer oder ökologischer Natur sahen vor den Plan zu erfüllen, Jugendprojekte umzusetzen, Rohstoffe zu sammeln und einzusparen, Heimwerkerarbeiten zu propagieren und Wege zu schaffen, um systemgeschaffene Mängel zu beseitigen.[16] Es sollte Mitgliedern der Organisationen als möglich erscheinen, die eigenen Interessen, wenn auch unter staatlicher Beobachtung, zu vertreten. Damit erschienen sie als zumindest formal an politischen Entscheidungsprozessen beteiligt, waren fest in das politische System der DDR integriert und die Regierung konnte Einfluss auf das Alltagsleben ihrer Bürger nehmen.[17] In ihrer Gesamtheit stellten die Massenorganisationen ein breit angelegtes, zentral kontrolliertes, arbeitsteiliges und doch auf einander ausgerichtetes Organisationsnetz dar.[18] Man bemühte sich um die Gewinnung eines detaillierten Überblicks über die Wünsche, Stimmungsbilder und Interessen der einzelnen Gruppen und Schichten. Die Gründung von unkontrollierten, möglicherweise subversiven, eigenständigen Gruppen sollte in jedem Fall verhindert werden.

---

[14] Vgl. *U. Mählert*, Die Massenorganisationen im politischen System der DDR, in: Stephan/ Herbst, Die Parteien und Organisationen der DDR. Ein Handbuch, 2002, S. 103, 105.

[15] Vgl. *H. Weber*, Gesellschaftliche Organisationen. Einleitung, in: Broszat/Weber, SBZ-Handbuch. Staatliche Verwaltungen, Parteien, gesellschaftliche Organisationen und ihre Führungskräfte in der Sowjetischen Besatzungszone Deutschlands 1945–1949, 1993, S. 621, 621.

[16] Vgl. *U. Mählert*, Die Massenorganisationen im politischen System der DDR, in: Stephan/ Herbst, Die Parteien und Organisationen der DDR. Ein Handbuch, 2002, S. 103, 110.

[17] Vgl. *F. Sattler*, Die Funktion der Massenorganisationen, in: Bundestag, Enquete-Kommission „Aufarbeitung von Geschichte und Folgen der SED-Diktatur in Deutschland" (12. Wahlperiode des Deutschen Bundestages), Bd. II/4: Machtstrukturen und Entscheidungsmechanismen im SED-Staat und die Frage der Verantwortung, 1995, S. 2639, 2639 ff.

[18] Vgl. *F. Sattler*, Die Funktion der Massenorganisationen, in: Bundestag, Enquete-Kommission „Aufarbeitung von Geschichte und Folgen der SED-Diktatur in Deutschland" (12. Wahlperiode des Deutschen Bundestages), Bd. II/4: Machtstrukturen und Entscheidungsmechanismen im SED-Staat und die Frage der Verantwortung, 1995, S. 2639, 2659.

**Stefan Kaschube, Sandra Franz**

Ein flächendeckendes Informationsnetz, welches systematisch Berichte an die Regierung weiterleitete, ermöglichte es der SED, die Stimmungslage der Bevölkerung unter Kontrolle zu halten. „Fehlentwicklungen" und Konflikte wurden frühzeitig unterdrückt, abweichenden Meinungen und offensichtlicher Verweigerung individuell mit Repressionen begegnet.[19] Die Massenorganisationen selbst verfügten über ein Sanktionspotential, welches der sozialen Kontrolle und der Leistungssteigerung dienen sollte.[20]

Die politische und ideologische Einflussnahme über die Massenorganisationen sollte in erster Linie eine erzieherische Funktion haben. Dies galt insbesondere auch für Kinder und Jugendliche. Der Einfluss auf diese Zielgruppe wurde am stärksten über die FDJ ausgeübt, wo man versuchte, die weltanschaulich kaum gefestigten Kinder zu „sozialistischen Persönlichkeiten" zu erziehen.[21] Die SED rechnete dieser Organisation, die zum Schluss 2,3 Millionen Mitglieder zählte, besondere Bedeutung zu, schließlich war dies der Nachwuchs, auf den man hoffte bauen zu können. Ein Wehrmutstropfen dabei war jedoch, dass viele Schüler und Studenten aus strategischen Gründen, um ihre Aufstiegsmöglichkeiten zu verbessern, beitraten, während die Arbeiterjugend nur ein Viertel der Mitglieder ausmachten.[22] **207**

Die einzelnen Organisationen kamen dem ihnen zugedachten Aufgaben mit unterschiedlichem Erfolg nach. Während die FDJ ihren Einfluss auf die Jugend immer mehr stärken konnte und dem FDGB eine nahezu flächendeckende Organisation aller Beschäftigten (90% der berufstätigen Bürger der DDR waren Mitglied) gelang, vor allem, da er als Anbieter von sozialen Dienstleistungen in Erscheinung trat, gelang es dem DFD nicht, Frauen mehr in leitenden Positionen unterzubringen oder sie stärker in das politische Alltagsleben einzubringen.[23] Doch auch erfolgreiche **208**

---

[19] Vgl. *F. Sattler*, Die Funktion der Massenorganisationen, in: Bundestag, Enquete-Kommission „Aufarbeitung von Geschichte und Folgen der SED-Diktatur in Deutschland" (12. Wahlperiode des Deutschen Bundestages), Bd. II/4: Machtstrukturen und Entscheidungsmechanismen im SED-Staat und die Frage der Verantwortung, 1995, S. 2639, 2661.

[20] Vgl. *U. Mählert*, Die Massenorganisationen im politischen System der DDR, in: Stephan/Herbst, Die Parteien und Organisationen der DDR. Ein Handbuch, 2002, S. 103, 111.

[21] Vgl. *F. Sattler*, Die Funktion der Massenorganisationen, in: Bundestag, Enquete-Kommission „Aufarbeitung von Geschichte und Folgen der SED-Diktatur in Deutschland" (12. Wahlperiode des Deutschen Bundestages), Bd. II/4: Machtstrukturen und Entscheidungsmechanismen im SED-Staat und die Frage der Verantwortung, 1995, S. 2639, 2660.

[22] Vgl. *H. Weber*, Die DDR 1945–1990, 2012, S. 97.

[23] Vgl. *F. Sattler*, Die Funktion der Massenorganisationen, in: Bundestag, Enquete-Kommission „Aufarbeitung von Geschichte und Folgen der SED-Diktatur in Deutschland" (12. Wahlperiode des Deutschen Bundestages), Bd. II/4: Machtstrukturen und Entscheidungsmechanismen im SED-Staat und die Frage der Verantwortung, 1995, S. 2639, 2661.

**Stefan Kaschube, Sandra Franz**

Gruppierungen wie der FDGB konnten nicht alle Ziele erreichen. Am Beispiel dieser Organisation wird das Spannungsfeld, in dem die Gruppierungen sich bewegen mussten, besonders deutlich. Zum einen sollte man Repräsentant der SED-Politik sein, zum anderen die Interessen der Mitglieder tragen. Der Versuch, alle Mitglieder von der Überlegenheit des Marxismus-Leninismus zu überzeugen, konnte bei weitem nicht so umgesetzt werden, wie es von der SED gewünscht war. Bei der Wahrnehmung der Interessen seiner über sechs Millionen Mitglieder stand der FDGB, der die Rechte der Arbeiter im Betrieb, ihre sozialen Belange, Problematiken des Arbeitsschutzes etc. verteidigen sollte,im konstanten Reibungsprozess mit der Parteiführung. Liefen die Mitgliederinteressen entgegen den politischen oder wirtschaftlichen Vorgaben, so musste die allgemeine Bevölkerung hinten anstehen.[24] Andere Organisationen waren ausgesprochen wenig in den Apparat der SED eingebunden. Der Kulturbund beispielsweise wurde von der Regierung kaum instrumentalisiert, bot seinen Mitgliedern im Rahmen seiner Möglichkeiten ein breites Interessensspektrum und unternahm wenig, um die freie Meinungsbildung zu unterbinden.[25] Inwieweit der FDGB und vergleichbare Gruppen dazu beigetragen haben, die Identifikationsbereitschaft der Bevölkerung mit der DDR zu steigern, ist schwer zu bewerten. Die Abwägung des persönlichen Nutzens bzw. der Nachteile bei einem nicht erfolgten Beitritt werden in der Regel im Vordergrund gestanden haben. Zudem konnte man so das geforderte Mindestmaß an „gesellschaftlicher Aktivität" demonstrieren.[26]

**209** Die Rolle und die Ambivalenz der unterschiedlichen Massenorganisationen ist zwar in den mehr als zwei Jahrzehnten seit dem Mauerfall stärker erforscht worden, doch besteht hier, wie es *Frederike Sattler* bereits 1995 im Rahmen der Enquete-Kommission feststellte,[27] nach wie vor ein Desiderat. Einen guten Überblick vermittelt das 2002 erschienene Werk „Die Parteien und Organisationen der DDR. Ein Handbuch" von *Gerd-Rüdiger Stephan* u.a. Daneben hat im Weiteren der Historiker

---

[24] Vgl. *H. Weber*, Die DDR 1945–1990, 2012, S. 71.

[25] Vgl. *F. Sattler*, Die Funktion der Massenorganisationen, in: Bundestag, Enquete-Kommission „Aufarbeitung von Geschichte und Folgen der SED-Diktatur in Deutschland" (12. Wahlperiode des Deutschen Bundestages), Bd. II/4: Machtstrukturen und Entscheidungsmechanismen im SED-Staat und die Frage der Verantwortung, 1995, S. 2639, 2661.

[26] Vgl. *U. Mählert*, Die Massenorganisationen im politischen System der DDR, in: Stephan/ Herbst, Die Parteien und Organisationen der DDR. Ein Handbuch, 2002, S. 103, 111.

[27] *F. Sattler*, Die Funktion der Massenorganisationen, in: Bundestag, Enquete-Kommission „Aufarbeitung von Geschichte und Folgen der SED-Diktatur in Deutschland" (12. Wahlperiode des Deutschen Bundestages), Bd. II/4: Machtstrukturen und Entscheidungsmechanismen im SED-Staat und die Frage der Verantwortung, 1995, S. 2639.

**Stefan Kaschube, Sandra Franz**

*Hermann Weber* auf dem Gebiet einige wichtige Publikationen veröffentlicht, die diesen Horizont erweitern.

## B. Erläuterungen

## I. Zu Abs. 1

Absatz 1 schafft die rechtliche Grundlage für die Auskunftsverlangen des BStU hinsichtlich der Unterlagen der SED und anderer mit ihr verbundener Parteien und Massenorganisationen. Die Auskunftsverlangen richten sich an die zuständigen Stellen. Bei den zuständigen Stellen handelt es sich um die Einrichtungen, die mit der Archivierung der von § 10 umfassten Unterlagen betraut sind.[28] Nach der Wiedervereinigung wurden die Unterlagen, die die Wahrnehmung staatlicher Aufgaben betreffen, in das Bundesarchiv überführt. Aufgrund der gewünschten Zusammenhaltung der Unterlagen wurde gem. § 2a BArchG eine unselbstständige Stiftung des öffentlichen Rechts mit dem Namen „Stiftung Archiv der Parteien und Massenorganisationen der DDR" geschaffen.[29] Neben dem Bundesarchiv können auch die Archive der politischen Parteien zuständige Stellen i.S.d. § 10 Abs. 1 sein, wenn diese Unterlagen politisch nahestehender Parteien aus der DDR übernommen haben.[30]

**210**

## II. Zu Abs. 2

Das Einsichtsrecht des Bundesbeauftragten ist nach Abs. 2 umfassend ausgestaltet. Insbesondere unterliegt er dabei nicht den Beschränkungen des BArchG.[31] Die zuständige Stelle ist verpflichtet den BStU bei der Auffindung von Unterlagen zu unterstützen. Dies kann z. B. durch die Zurverfügungstellung von sachkundigem Personal geschehen.[32]

**211**

---

[28] Schmidt/Dörr, StUG, 1993, § 10 Rn. 4.
[29] *J. Pietrkiewicz/J. Burth*, in: Geiger/Klinghardt, StUG, 2. Aufl. 2006, § 10 Rn. 7.
[30] Schmidt/ Dörr, StUG, 1993, § 10 Rn. 4.
[31] *J. Pietrkiewicz/J. Burth*, in: Geiger/Klinghardt, StUG, 2. Aufl. 2006, § 10 Rn. 8.
[32] *J. Pietrkiewicz/J. Burth*, in: Geiger/Klinghardt, StUG, 2. Aufl. 2006 , § 10 Rn. 8, so auch Schmidt/Dörr, StUG, 1993, § 10 Rn. 5.

**Stefan Kaschube, Sandra Franz**

# § 10

## III. Zu Abs. 3

**212** Der Abs. 3 beinhaltet einen Herausgabeanspruch des BStU hinsichtlich der Duplikate von Unterlagen, die mit der Tätigkeit des Staatssicherheitsdienstes in Zusammenhang stehen und die der BStU für die Wahrnehmung seiner Aufgaben benötigt.[33] § 10 Abs. 3 beschränkt jedoch den Herausgabeanspruch explizit auf die Duplikate von Unterlagen, die im Zusammenhang mit dem MfS und nicht dem Unrecht des DDR-Regimes allgemein stehen. Dies lässt sich mit der Beschränkung des BStU auf die Aufarbeitung von MfS-Unrecht im Speziellen und nicht dem gesamten in der DDR geschehenen Unrecht erklären.[34] Die Beschränkung auf Duplikate rührt von dem archivarischen Interesse her, die Gesamtheit der archivierten Unterlagen nicht auseinanderzureißen.[35] Im Gegensatz zur missverständlichen Formulierung des Abs. 3 S. 1 sind jedoch nicht nur bereits vorhandene Duplikate herauszugeben, sondern vielmehr auch auf Verlangen des BStU weitere Duplikate von Unterlagen anzufertigen.[36] Die Originalunterlagen bleiben so auch bei den jeweiligen Archiven, während die Duplikate gem. § 10 Abs. 3 S. 2 Unterlagen gem. § 6 Abs. 1 werden.[37]

## IV. Zu Abs. 4

**213** Mit Abs. 4 dehnt der Gesetzgeber die Regelungen der Abs. 1 bis 3 auch auf Unterlagen aus, die auf Veranlassung oder zur Umsetzung seiner Anordnungen und Hinweise bei anderen Stellen als dem MfS entstanden sind. Dies trägt dem Umstand Rechnung, dass das MfS als Geheimdienst nicht lediglich bestimmte Bereiche überwachte, sondern das ganze Leben der DDR-Bürger und die gesamte Gesellschaft durchwirkte.[38] Für Unterlagen bei nicht-öffentlichen Stellen regelt § 9 den Rechtsweg.[39] Als Beispiel für solche andere Stellen sind u.a. die volkseigenen Betriebe zu nennen.[40] Die Regelungen der Abs. 1 bis 3, also der Anspruch auf Einsicht und Herausgabe der Unterlagen der anderen öffentlichen und nicht-öffentlichen Stellen

---

[33] Für eine Aufzählung der Aufgaben des BStU siehe § 37 Rn. 666 ff.

[34] *J. Pietrkiewicz/J. Burth*, in: Geiger/Klinghardt, StUG, 2. Aufl. 2006, § 10 Rn. 9; Schmidt/Dörr, StUG, 1993, § 10 Rn. 6.

[35] BT-Drucks. 12/723, 21; *J. Pietrkiewicz/J. Burth*, in: Geiger/Klinghardt, StUG, 2. Aufl. 2006, § 10 Rn. 9; so auch Stoltenberg/Bossack, StUG, 2012, § 10 Rn. 3.

[36] Stoltenberg/Bossack, StUG, 2012, § 10 Rn. 3.

[37] Weberling, StUG, 1993, § 10 Rn. 4.

[38] *J. Pietrkiewicz/J. Burth*, in: Geiger/Klinghardt, StUG, 2. Aufl. 2006, § 10 Rn. 10.

[39] *J. Pietrkiewicz/J. Burth*, in: Geiger/Klinghardt, StUG, 2. Aufl. 2006, § 10 Rn. 11.

[40] Stoltenberg, StUG, 1992, § 10 Rn. 5.

**Stefan Kaschube, Sandra Franz**

gelten jedoch nur, wenn die Unterlagen erkennbar im Zusammenwirken mit dem MfS entstanden sind.[41] Die Unterlage muss also von ihrem Inhalt her offensichtlich mit den Tätigkeitsfeldern des MfS und seinen typischen Betätigungen in dem Bereich der jeweiligen öffentlichen und nicht-öffentlichen Stellen zu tun haben.

---

[41] Stoltenberg, StUG, 1992, § 10 Rn. 5.

**Stefan Kaschube, Sandra Franz**

## § 12 Verfahrensvorschriften für Betroffene, Dritte, Mitarbeiter und Begünstigte des Staatssicherheitsdienstes

(1) Der Antrag auf Auskunft, Einsicht in Unterlagen oder Herausgabe von Unterlagen ist schriftlich zu stellen. Der Antragsteller hat durch eine Bestätigung der zuständigen Landesbehörde seine Identität und, wenn er als gesetzlicher Vertreter handelt, seine Vertretungsmacht nachzuweisen. Wird der Antrag durch einen Bevollmächtigten mit Nachweis seiner Vollmacht gestellt, wird Auskunft erteilt, Einsicht in Unterlagen gewährt oder werden Unterlagen herausgegeben

1. Betroffenen, Dritten, Mitarbeitern, Begünstigten oder

2. ihrem Rechtsanwalt, wenn er dazu ausdrücklich ermächtigt ist.

Ist ein Einsichtsberechtigter bei der Einsicht in die Unterlagen auf fremde Hilfe angewiesen, kann er sich durch eine Person seines Vertrauens begleiten lassen. Die Hilfsbedürftigkeit ist glaubhaft zu machen. Der Bundesbeauftragte kann die Begleitperson zurückweisen, wenn besondere Gründe dies rechtfertigen.

(2) Auskünfte werden vom Bundesbeauftragten schriftlich erteilt, sofern nicht im Einzelfall eine andere Form der Auskunft angemessen ist. Die Entscheidung trifft er nach pflichtgemäßem Ermessen.

(3) Soll ein Antrag auf Auskunft mit Vorrang behandelt werden, ist die besondere Eilbedürftigkeit begründet darzulegen. Von der Eilbedürftigkeit kann ausgegangen werden, wenn die Auskunft zu Zwecken der Rehabilitierung, Wiedergutmachung, Abwehr einer Gefährdung des Persönlichkeitsrechts oder zur Entlastung vom Vorwurf einer Zusammenarbeit mit dem Staatssicherheitsdienst benötigt wird.

(4) Einsicht wird in Originalunterlagen oder in Duplikate gewährt. Enthalten Unterlagen außer den personenbezogenen Informationen über den Antragsteller auch solche über andere Betroffene oder Dritte, wird Einsicht in Originalunterlagen nur gewährt, wenn

1. andere Betroffene oder Dritte eingewilligt haben oder

2. eine Trennung der Informationen über andere Betroffene oder Dritte nicht oder nur mit unvertretbarem Aufwand möglich ist und kein Grund zu der Annahme besteht, dass schutzwürdige Interessen anderer Betroffener oder Dritter an der Geheimhaltung überwiegen.

Im Übrigen wird Einsicht in Duplikate gewährt, in denen die personenbezogenen Informationen über andere Betroffene oder Dritte anonymisiert worden sind. Die Einsichtnahme erfolgt in der Zentralstelle oder in einer der Außenstellen.

(5) Unterlagen werden nur als Duplikate herausgegeben, in denen die personenbezogenen Informationen über andere Betroffene oder Dritte anonymisiert worden sind.

**Sabina Gottschlich, Isabell Wegner**

(6) Das Recht auf Einsicht und Herausgabe gilt nicht für die zur Auswertung erforderlichen Hilfsmittel (§ 6 Abs. 1 Nr. 1 Buchstabe c). Sind andere Unterlagen nicht oder nur mit unverhältnismäßigem Aufwand auffindbar, erstreckt sich das Recht auf Einsicht und Herausgabe auf Duplikate von Karteikarten, die der Auswertung der Unterlagen dienen und in denen personenbezogene Informationen über den Antragsteller enthalten sind.

**Literaturangaben:** Brox, Hans/Walker, Wolf-Dietrich, Allgemeiner Teil des BGB, 41. Aufl., München 2017; BStU, BStU in Zahlen, http://www.bstu.bund.de/ DE/BundesbeauftragterUndBehoerde/BStUZahlen/_node.html; BStU, Erläuterungen für Privatpersonen, http://www.bstu.bund.de/DE/Akteneinsicht/Privatpersonen/ Privatpersonen_node.html 31.7.2018); BStU, Akteneinsicht Schritt für Schritt, http://www.bstu.bund.de/SharedDocs/Downloads/DE/akteneinsicht-faltblatt.pdf?__ blob=publicationFile (15.5.2013); BStU, Die Behörde in der Region, http://www.bstu.bund.de/DE/InDerRegion/_node.html (31.7.2013); BStU, Antrag auf Einsicht in die Stasi-Unterlagen, http://www.bstu.bund.de/DE/Akteneinsicht/ Privatpersonen/Antragsformular/antragsformular-hinweise_2013_pdf.pdf?__blob= publicationFilen (19.9.2013); BStU, Warum wird in den Unterlagen geschwärzt – Häufige Fragen, http://www.bstu.bund.de/SharedDocs/FAQs/DE/09-anonymisie rung_faq.html;jsessionid=4F5392EE7B0B74CF465F97E1A8544002.2_cid354 (22.6.2013); BStU, Vierter Tätigkeitsbericht des BStU, 1999; BStU, Fünfter Tätigkeitsbericht der BStU, 2001; BStU, Sechster Tätigkeitsbericht der BStU, 2003; BStU, Siebenter Tätigkeitsbericht der BStU, 2005; BStU, Achter Tätigkeitsbericht der BStU, 2007; BStU, Neunter Tätigkeitsbericht der BStU, 2009; BStU, Zehnter Tätigkeitsbericht der BStU, 2011; BStU, Elfter Tätigkeitsbericht des BStU, 2013; Däubler, Wolfgang/Klebe, Thomas/Wedde, Peter/Weichert, Thilo (Hrsg.), Bundesdatenschutzgesetz, Kompaktkommentar zum BDSG, 5. Aufl., Frankfurt am Main 2016; Geiger, Hansjörg/Klinghardt, Heinz (Hrsg.), Stasi-Unterlagen-Gesetz Kommentar, 2. Aufl., Stuttgart 2006; Kloepfer, Michael, Datenschutz als Grundrecht, Verfassungsprobleme der Einführung eines Grundrechts auf Datenschutz, Königstein 1980; Michael, Lothar/Morlok, Martin, Grundrechte, 6. Aufl., Baden-Baden 2017; Säcker, Franz Jürgen/Rixecker, Roland (Hrsg.), Münchener Kommentar zum Bürgerlichen Gesetzbuch, Bd. 1, 7. Aufl., München 2015; Schmidt, Dietmar/Dörr, Erwin, Stasi-Unterlagen-Gesetz, Köln 1993; Schmitz, Peter, TDDSG und das Recht auf informationelle Selbstbestimmung, München 2000; Simitis, Spiros, Bundesdatenschutzgesetz, 8. Aufl., Baden-Baden 2014; Stoltenberg, Klaus, Stasi-Unterlagen-Gesetz, Baden-Baden 1992; Stoltenberg, Klaus, Die historische Entscheidung für die Öffnung der Stasi-Unterlagen – Anmerkungen zum Stasi-Unterlagen-Gesetz, in: DtZ 1992, S. 65–71; Stoltenberg, Klaus/Bossack, Carolin, Stasi-Unterlagen-Gesetz,

**Sabina Gottschlich, Isabell Wegner**

# § 12

*Baden-Baden 2012; Weberling, Johannes, Stasi-Unterlagen-Gesetz, Kommentar, Köln 1993.*

## A. Vorbemerkung

**214** Das Stasi-Unterlagen-Gesetz ermöglicht es in bisher weltweit einmaliger Art und Weise, Bürgern Einsicht in die von einer staatlichen Geheimpolizei gesammelten und gespeicherten Informationen zu nehmen.[1] Dies ist nach der Regelung in § 1 Nr. 1 erster und wichtigster Zweck des Gesetzes.[2] § 12 regelt dabei das Verfahren, nach dem Betroffene, Dritte, Mitarbeiter und Begünstigte des Staatssicherheitsdienstes (vgl. § 6 Rn. 135) ihre Auskunftsrechte geltend machen können.[3] Die Anspruchsgrundlage für die Wahrnehmung dieser Rechte findet sich nicht in dieser Bestimmung, sondern in §§ 13 ff.[4] Für Amtshandlungen des BStU können nach § 42 i.V.m. den Normen der Stasi-Unterlagen-Kostenordnung Gebühren erhoben werden.[5]

**215** Seit Öffnung der Stasi-Unterlagen für die Bevölkerung besteht bei den Bürgern ein großes Interesse daran, zu erfahren, ob der Staatssicherheitsdienst Informationen über sie erhoben hat.[6] So wurden im Jahre 2012 88.231 Anträge auf private Akteneinsicht gestellt.[7] Im Jahre 2006 wurden 97.068 Anträge gestellt.[8] Es lässt sich

---

[1] Sechster Tätigkeitsbericht der BStU, 2003, S. 19; Vierter Tätigkeitsbericht des BStU, 1999, S. 9; *K. Stoltenberg*, DtZ 1992, 65 ff.

[2] Fünfter Tätigkeitsbericht der BStU, 2001, S. 32; Vierter Tätigkeitsbericht des BStU, 1999, S. 9.

[3] Stoltenberg, StUG, 1992, § 12 Rn. 1; Stoltenberg/Bossack, StUG, 2012, § 12 Rn. 1; vgl. *M. Budsinowski*, in: Geiger/Klinghardt, StUG, 2. Aufl. 2006, § 12 Rn. 1; Weberling, StUG, 1993, § 12 Rn. 1; Schmidt/Dörr, StUG, 1993, § 12 Rn. 1; *M. Tinnefeld*, NJW 2007, 625, 626.

[4] Schmidt/Dörr, StUG, 1993, § 12 Rn. 2; vgl. Weberling, StUG, 1993, § 12 Rn. 1; vgl. auch den Zehnten Tätigkeitsbericht der BStU, 2011, S. 54 ff; ebenso der Siebente Tätigkeitsbericht der BStU, 2005, S. 36.

[5] Weberling, StUG, 1993, § 12 Rn. 1; *M. Budsinowski*, in Geiger/Klinghardt, StUG, 2. Aufl. 2006, § 12 Rn. 1; vgl. hierzu auch § 42 Rn. 731 ff.

[6] Zehnter Tätigkeitsbericht der BStU, 2011, S. 50; Neunter Tätigkeitsbericht der BStU, 2009, S. 44; Achter Tätigkeitsbericht der BStU, 2007, S. 37; vgl. den Siebenten Tätigkeitsbericht der BStU, 2005, S. 35; vgl. auch den Vierten Tätigkeitsbericht des BStU, 1999, S. 10.

[7] So der Elfte Tätigkeitsbericht des BStU, 2013, S. 45.

[8] So die Angabe des BStU, abrufbar unter http://www.bstu.bund.de/DE/ BundesbeauftragterUnd Behoerde/BStUZahlen/_node.html (29.6.2013).

**Sabina Gottschlich, Isabell Wegner**

also feststellen, dass das Interesse der Bürger mit dem Laufe der Zeit nur unwesentlich abnimmt bzw. teilweise sogar wieder zunimmt. Die stetig hohe Anzahl ist dem Umstand geschuldet, dass viele Menschen erst nach Ablauf einer gewissen Zeit den Entschluss fassen, sich wieder mit ihrer Vergangenheit auseinanderzusetzen.[9] Auch spielen verschiedene gesellschaftliche Ereignisse eine Rolle und veranlassen den Bürger zu einer Antragstellung nach §§ 13 ff.: So löste etwa der Film „Das Leben der Anderen" eine erhöhte Anzahl an Anträgen aus.[10] Auch folgte dem 20. Jahrestag der Friedlichen Revolution ein erhöhtes Antragsaufkommen.[11]

Die Konsequenz des hohen Antragsaufkommens ist jedoch, dass Antragsteller zurzeit mit einer Wartezeit von etwa 2,5 Jahren bis zur Bearbeitung ihres Antrages rechnen müssen.[12] Grund für diese lange Bearbeitungsdauer[13] ist zum einen die fortschreitende Erschließung der Unterlagen, die einen immer größer werdenden Umfang des zu recherchierenden Materials nach sich zieht.[14] Zum anderen wird sie durch den stetigen personellen Rückgang der Behörde bedingt.[15] Zudem bewirkt die Regelung des Abs. 3 eine weitere Verzögerung der regulären Bearbeitung: Reguläre Anträge werden im Vergleich zu solchen mit besonderer Eilbedürftigkeit nachrangig bearbeitet.

Für das Antragsverfahren enthält § 12 einheitliche Verfahrensvorschriften für alle vier Personengruppen, d.h. Betroffene, Dritte, Mitarbeiter und Begünstigte. Dies ergibt sich schon aus dem spezialisierten Titel des § 12: Die Formulierung „Verfahrensvorschriften für Betroffene, Dritte, Mitarbeiter und Begünstigte des Staatssicherheitsdienstes" betont dessen Geltung für alle vier Personengruppen des StUG. Eine solche Vereinheitlichung der Rechte ist allerdings für das StUG untypisch: Die §§ 13–18 knüpfen den Umfang der Zugangsrechte an die Zugehörigkeit zu nur einer der Personengruppen an. Ebenso bestimmt sich der Verwendungsumfang von Unterlagen nach den §§ 19–31 grundsätzlich anhand derjenigen Personengruppe, über die Informationen in den Unterlagen enthalten sind.

**216**

---

[9] Vgl. den Achten Tätigkeitsbericht der BStU, 2007, S. 38.

[10] So der Achte Tätigkeitsbericht der BStU, 2007, S. 38.

[11] So der Zehnte Tätigkeitsbericht der BStU, 2011, S. 50.

[12] Elfter Tätigkeitsbericht des BStU, 2013, S. 45.

[13] Eine präzise Beschreibung der Arbeitsvorgänge und der einzelnen Bearbeitungsschritte nach Antragstellung findet sich in dem Fünften Tätigkeitsbericht der BStU, 2001, S. 32 ff.

[14] Vgl. den Elften Tätigkeitsbericht des BStU, 2013, S. 45; vgl. auch den Neunten Tätigkeitsbericht der BStU, 2009, S. 44.

[15] Vgl. den Elften Tätigkeitsbericht des BStU, 2013, S. 45; Zehnter Tätigkeitsbericht der BStU, 2011, S. 51; vgl. auch den Neunten Tätigkeitsbericht der BStU, 2009, S. 44.

Sabina Gottschlich, Isabell Wegner

# § 12

Der umfassende Geltungsbereich des § 12 ist also auf den Regelungsgehalt der Norm zurückzuführen: § 12 enthält nur allgemeine, vorangestellte Verfahrensvorschriften, welche erst durch die – auf die einzelnen Personengruppen abgestimmten – §§ 13–18 präzisiert und ergänzt werden[16] (vgl. § 13 Rn. 266 ff.; § 15 Rn. 298 ff.). Durch die §§ 13 ff. wird dabei der Verschiedenheit der Personengruppen Rechnung getragen, indem die Zugangsrechte der jeweiligen Personengruppe an ihren Grad der Schutzwürdigkeit angepasst werden.[17] Vor allem die besondere Schutzwürdigkeit der Betroffenen und Dritten (vgl. § 6 Rn. 140) findet in § 13 durch die Zubilligung weitaus umfangreicherer Zugangsrechte ausreichende Berücksichtigung.[18] Insofern ist es nicht notwendig, dass § 12 zwischen zwei Regelungskreisen – Betroffene und Dritte auf der einen Seite und Mitarbeiter und Begünstigte auf der Gegenseite – differenziert. Schließlich soll auch den Mitarbeitern und Begünstigten des Staatssicherheitsdienstes das Recht auf Zugang zu den Unterlagen als solches grundsätzlich erst einmal zugesprochen werden (s. § 16). Dies erscheint insofern sachgerecht, als auch sie ein persönliches Aufarbeitungsinteresse haben und es ihnen möglich, sein sollte, dieses zumindest unter Einschränkungen zu verfolgen.[19] Unbedingt zu verhindern gilt es aber, dass sie ihr früheres Herrschaftswissen durch Akteneinsicht wieder auffrischen, d.h. Einsicht in Unterlagen bekommen, die sie selbst über andere Personen geführt haben.[20] Das Verfahren nach § 12 soll ihnen deswegen aber noch nicht verwehrt werden, weshalb ihnen Zugangsrechte zu Unterlagen mit den sie betreffenden Informationen zugestanden werden.[21]

**217** Der Aufbau der Norm orientiert sich an der Art der Informationserteilung, d.h. Auskunft, Einsicht oder Herausgabe. Während Abs. 1 allgemeine Regelungen enthält, die für jede Informationserteilung gelten, enthalten Abs. 2 – 6 besondere Regelungen, die auf eine – oder maximal zwei – Zugangsmöglichkeiten abgestimmt sind. Dabei entspricht die Reihenfolge der geregelten Zugangsmöglichkeit der Größe des Umfangs der Informationserteilung: Abs. 2 und 3 regeln die Möglichkeit der

---

[16] Vgl. Schmidt/Dörr, StUG, 1993, § 12 Rn. 1; vgl. auch den Vierten Tätigkeitsbericht der BStU, 2001, S. 9; vgl. auch den Siebenten Tätigkeitsbericht der BStU, 2005, S. 35, 36.
[17] Vgl. dazu den Fünften Tätigkeitsbericht der BStU, 2001, S. 32.
[18] Vgl. den Fünften Tätigkeitsbericht der BStU, 2001, S. 32; vgl. auch den Vierten Tätigkeitsbericht der BStU, 2001, S. 9.
[19] Vgl. den Neunten Tätigkeitsbericht der BStU, 2009, S. 46; Siebenter Tätigkeitsbericht der BStU, 2005, S. 36; vgl. auch den Fünften Tätigkeitsbericht der BStU, 2001, S. 32.
[20] Siebenter Tätigkeitsbericht der BStU, 2005, S. 36.
[21] Neunter Tätigkeitsbericht der BStU, 2009, S. 46; Siebenter Tätigkeitsbericht der BStU, 2005, S. 36.

**Sabina Gottschlich, Isabell Wegner**

Auskunft aus den Unterlagen. Abs. 4 enthält Regelungen für die Einsicht in Unterlagen und Abs. 5 regelt die letzte Stufe der Informationserteilung, d.h. die Herausgabe von Unterlagen. Abs. 6 erweitert schließlich das Recht auf Einsicht und Herausgabe aus Abs. 4 und 5.

## B. Erläuterungen

### I. Zu Abs. 1

Abs. 1 regelt – sowohl für einen Antrag auf Auskunft oder Einsicht als auch für einen auf Herausgabe gerichteten Antrag – das Erfordernis eines schriftlichen Antrags (S. 1), die Verpflichtung zur Erbringung verschiedener Nachweise (S. 2), die Folgen eines Antrags durch eine bevollmächtigte Person (S. 3) und die Möglichkeit bei Akteneinsicht eine Begleitung mitzubringen (S. 4, 5)  **218**

### 1. Schriftform des Antrags auf Auskunft, Einsicht oder Herausgabe (S. 1)

Abs. 1 S. 1 bestimmt eine besondere Form für alle Anträge, die an den BStU gestellt werden. Nach ausdrücklicher Anordnung des Gesetzes sind entsprechende Anträge in Schriftform zu stellen.[22] Zweck dieses Schriftformerfordernisses ist zum einen, dass der Bundesbeauftragte seiner – aus § 40 Abs. 2 Nr. 3 resultierenden – Dokumentationspflicht nachkommen kann und zum anderen die Sicherstellung eines geordneten Verwaltungsablaufs.[23] § 40 Abs. 2 Nr. 3 bestimmt, dass mindestens bis zum Ablauf von zehn Jahren nach Abschluss der Bearbeitung dokumentiert werden muss, welche Unterlagen oder Informationen aus Unterlagen zu welcher Zeit an wen herausgegeben oder übermittelt worden sind. Zwar steht zum Zeitpunkt der Antragstellung noch nicht fest, ob dem Antragsbegehren Folge geleistet werden kann, sodass die schriftlich gestellten Anträge Informationen enthalten können, die nicht der Dokumentationspflicht aus § 40 Abs. 2 Nr. 3 unterfallen und damit – zumindest für diesen Zweck – nicht unbedingt schriftlich niedergelegt sein müssen. Sobald dem jeweiligen Antrag jedoch nachgekommen wird, sind die darin enthaltenen Anträge dokumentationspflichtig. Die Informationen aus den Anträgen stellen schließlich die Grundlage der nach § 40 Abs. 2 Nr. 3 zu dokumentierenden Informationen dar.  **219**

---

[22] Stoltenberg/Bossack, StUG, 2012, § 12 Rn. 2; *M. Budsinowski*, in: Geiger/Klinghardt, StUG, 2. Aufl. 2006, § 12 Rn. 2; Schmidt/Dörr, StUG, 1993, § 12 Rn. 3; Weberling, StUG, 1993, § 12 Rn. 2; Stoltenberg, StUG, 1992, § 12 Rn. 2.
[23] Schmidt/Dörr, StUG, 1993, § 12 Rn. 3.

**Sabina Gottschlich, Isabell Wegner**

**220** Die Schriftform der Anträge erleichtert auch die Erstellung der Tätigkeitsberichte. Der Bundesbeauftragte hat nach § 37 Abs. 3 S. 1 mindestens alle zwei Jahre einen Tätigkeitsbericht zu erstellen. Die Tätigkeitsberichte enthalten u.a. Informationen über Anträge von Bürgern und Bürgerinnen auf Auskunft, Einsicht in und Herausgabe von Unterlagen.[24] Diese Informationen umfassen regelmäßig das Antragsaufkommen und die Antragsbearbeitung[25] sowie die Beweggründe der Antragsteller[26] im jeweiligen Berichtszeitraum.

Auch eine Verteilung der Antragseingänge auf die jeweiligen Bundesländer ist im Tätigkeitsbericht enthalten.[27] Unabhängig von dem Erfolg der Anträge sind die Informationen aus den Anträgen notwendig, damit der Bundesbeauftragte seiner Pflicht zur Erstellung von Tätigkeitsberichten nachkommen kann. Wenn allerdings keine besondere Form für die Antragstellung der Bürger und Bürgerinnen vorgeschrieben wäre, wäre es für den Bundesbeauftragten nach zwei Jahren – als gewöhnlicher Berichtszeitraum (vgl. § 37 Abs. 3) – unmöglich, eine umfangreiche Zusammenstellung der Informationen zur Antragstellung zu gewährleisten. Insbesondere die Entwicklung des Antragsaufkommens ist aber gerade notwendig, damit eine etwaige politische Entscheidung über die Auflösung der Behörde des Bundesbeauftragten angemessen beurteilt werden kann.[28]

**221** Aus Abs. 1 S. 1 ergibt sich nicht nur die schriftliche Form der Anträge, sondern auch das generelle Erfordernis eines Antrags.[29] Ohne einen Antrag des Einzelnen wird der BStU nicht tätig. Der Einzelne soll die Entscheidung über die Auskunft, Einsicht in oder Herausgabe der Unterlagen selbst treffen. Jeder soll zwar nach § 1 Abs. 1 Nr. 1 die Möglichkeit bekommen, sein persönliches Schicksal aufzuklären, jedoch soll dies keinesfalls von der Behörde oktroyiert werden. Eine nicht beantragte Tätigkeit der Behörde – beispielsweise indem Bürger und Bürgerinnen über die Existenz von

---

[24] Vgl. dazu den Elften Tätigkeitsbericht des BStU, 2013, S. 44 ff.; den Zehnten Tätigkeitsbericht der BStU, 2011, S. 50 ff.

[25] Diese Informationen enthält z.B. der Elfte Tätigkeitsbericht des BStU, 2013, S. 45; ebenso der Zehnte Tätigkeitsbericht der BStU, 2011, S. 50.

[26] Diese Informationen enthält z.B. der Elfte Tätigkeitsbericht des BStU, 2013, S. 46 ff.; ebenso der Zehnte Tätigkeitsbericht der BStU, 2011, S. 51.

[27] Eine Übersicht der Verteilung enthält der Elfte Tätigkeitsbericht des BStU, 2013, S. 46.

[28] Vgl. zur Bedeutung der Informationen über die Entwicklung des Antragsaufkommens für das Bestehen der Behörde § 37 Rn. 694.

[29] So auch der Elfte Tätigkeitsbericht des BStU, 2013, S. 15; Stoltenberg/Bossack, StUG, 2012, § 12 Rn. 1; vgl. dazu auch *M. Budsinowski*, in Geiger/Klinghardt, StUG, 2. Aufl. 2006, § 12 Rn. 2; Weberling, StUG, 1993, § 12 Rn. 2.

**Sabina Gottschlich, Isabell Wegner**

Unterlagen zur ihrer Person informiert werden – ist aber auch aus praktischen Erwägungen heraus unmöglich: Das Arbeitsaufkommen des BStU ist auch bei antragsgemäßer Tätigkeit sehr hoch. Ein Tätigwerden ohne Auftrag würde, insbesondere aufgrund der Vielzahl der Unterlagen, die Möglichkeiten des BStU weitaus überschreiten.

Die gesetzlich vorgeschriebene Schriftform beinhaltet die Zulässigkeitsvoraussetzung der eigenhändigen Unterzeichnung des Antrags.[30] Bestimmte Angaben oder eine Begründung für die Antragstellung müssen grundsätzlich nicht enthalten sein.[31] Dies ist darauf zurückzuführen, dass es bei einem Antrag auf Auskunft, Einsicht in oder Herausgabe von Unterlagen mit Informationen zur eigenen Person um die Wahrnehmung des Persönlichkeitsrecht des einzelnen Antragstellers aus Art. 2 Abs. 1 GG i.V.m. Art. 1 Abs. 1 GG geht.[32] Fehlen bestimmte Angaben zur Antragstellung oder eine Begründung, so kann dies mangels gesetzlicher Regelung grundsätzlich nicht zur Unzulässigkeit des Antrags und damit Zulässigkeit einer sofortigen Abweisung des Antrags führen. **222**

Jedoch müssen bei Antragstellung auch die §§ 13 – 18 berücksichtigt werden (vgl. Rn. 216). § 13 verlangt für die Antragstellung von Betroffenen und Dritten in Abs. 1 S. 2, dass in dem Antrag Angaben gemacht werden, die das Auffinden der Unterlagen ermöglichen. Eine ähnliche, aber darüber hinausgehende Regelung enthält auch § 13 Abs. 7 S. 1 für die Antragstellung von Dritten: Während § 13 Abs. 1 S. 2 durch die Verwendung des Verbes „sollen" nur die Offenlegung weiterer Informationen nahelegt und empfiehlt, verpflichtet § 13 Abs. 7 S. 1 den Antragsteller weitere Angaben zu machen (vgl. § 13 Rn. 294). § 15 ist abgestimmt auf das Recht naher Angehöriger von Vermissten oder Verstorbenen und stellt noch höhere Anforderungen an einen Antrag an den BStU (vgl. § 15 Rn. 325 f.). Antragsteller haben den Zweck, zu dem die Auskunft eingeholt wird, glaubhaft zu machen und das Verwandtschaftsverhältnis zu der vermissten oder verstorbenen Person nachzuweisen (vgl. § 15 Rn. 325 f.). Sofern die zusätzlichen Anforderungen der §§ 13–18 nicht eingehalten werden – diese Gefahr besteht insbesondere bei frei formulierten Anträgen[33] – kann dies sehr wohl die Unzulässigkeit der Anträge zur Folge haben. **223**

---

[30] So der Zehnte Tätigkeitsbericht der BStU, 2011, S. 53; Achter Tätigkeitsbericht der BStU, 2007, S. 38.

[31] Vgl. Stoltenberg/Bossack, StUG, 2012, § 12 Rn. 2; vgl. auch *M. Budsinowski*, in: Geiger/Klinghardt, StUG, 2. Aufl. 2006, § 12 Rn. 2; ebenso Weberling, StUG, 1993, § 12 Rn. 2; vgl. Schmidt/Dörr, StUG, 1993, § 12 Rn. 3.

[32] Vgl. den Fünften Tätigkeitsbericht der BStU, 2001, S. 32.

[33] Vgl. Schmidt/Dörr, StUG, 1993, § 12 Rn. 3; vgl. auch Weberling, StUG, 1993, § 12 Rn. 1.

**Sabina Gottschlich, Isabell Wegner**

## § 12

**224** Auch wenn nicht an jeden Antrag zusätzliche gesetzliche Anforderungen gestellt werden, ist bei Antragstellung zu berücksichtigen, dass zusätzliche Angaben das Auffinden der Unterlagen wesentlich erleichtern können.[34] Der BStU verwaltet eine Vielzahl von Unterlagen und die Bearbeitung eines knapp gestalteten Antrags erfordert einen erhöhten Arbeitsaufwand. Ein lückenhafter selbst formulierter Antrag kann dazu führen, dass Rück- und Nachfragen seitens des BStU entstehen.[35] Die ohnehin schon lange Bearbeitungsdauer (Rn. 215) wird dadurch unnötig weiter verlängert.[36] Ebenso verringern sich die Erfolgschancen der Bearbeitung, wenn aufgrund nicht ausreichender Informationen die Unterlagen nicht gefunden werden können. Für eine zügige und erfolgreiche Bearbeitung des jeweiligen Antrags ist es demnach förderlich, wenn möglichst viele Angaben im Antrag enthalten sind.[37] So sollten jedenfalls Mindestangaben mit Namen, Vornamen, Geburtsdatum, Geburtsort und Wohnsitz des Antragstellers enthalten sein.[38] Darüber hinaus kann die Angabe der Personenkennzahl (PKZ), die allen DDR-Bürgern beim Eintrag zugeteilt wurde und in den Personalausweisen der DDR und zum Teil in den Sozialversicherungsausweisen oder alten Versicherungsverträgen vermerkt war[39] (vgl. § 37 a Rn. 717) das Auffinden von Unterlagen erheblich erleichtern.[40]

Bei besonders häufig vorkommenden Familiennamen sollten sogar noch weitere Angaben gemacht werden, um Verwechslungen auszuschließen.[41] So können Angaben über die Wohnorte vor 1990, Kontakte in die DDR, Briefverbindungen und Einreisen die Recherche des BStU vereinfachen.[42]

---

[34] Eine ähnliche Regelung enthält § 13 Abs. 1 S. 2 für Anträge von Betroffenen und Dritten.

[35] Weberling, StUG, 1993, § 12 Rn. 2.

[36] Den erhöhten Arbeitsaufwand, verbunden mit einer Bearbeitungsverzögerung, sieht auch Schmidt/Dörr, StUG, 1993, § 12 Rn. 3.

[37] Vgl. den Elften Tätigkeitsbericht des BStU, 2013, S. 44; vgl. auch den Achten Tätigkeitsbericht der BStU, 2007, S. 38; ebenso der Siebente Tätigkeitsbericht der BStU, 2005, S. 35.

[38] *M. Budsinowski*, in: Geiger/Klinghardt, StUG, 2. Aufl. 2006, § 12 Rn. 2; Zehnter Tätigkeitsbericht der BStU, 2011, S. 53; vgl. auch den Achten Tätigkeitsbericht der BStU, 2007, S. 38; ebenso der Siebente Tätigkeitsbericht der BStU, 2005, S. 35; Fünfter Tätigkeitsbericht der BStU, 2001, S. 32.

[39] Fünfter Tätigkeitsbericht der BStU, 2001, S. 32.

[40] *M. Budsinowski*, in: Geiger/Klinghardt, StUG, 2. Aufl. 2006, § 12 Rn. 2; Fünfter Tätigkeitsbericht der BStU, 2001, S. 32.

[41] Elfter Tätigkeitsbericht des BStU, 2013, S. 44.

[42] Elfter Tätigkeitsbericht des BStU, 2013, S. 44; vgl. auch den Achten Tätigkeitsbericht der BStU, 2007, S. 38.

**Sabina Gottschlich, Isabell Wegner**

Zur weiteren Verringerung des Arbeitsaufwandes und Verkürzung der Bearbeitungs-  **225**
dauer, welche letztlich die Vereinfachung des kompletten Verfahrens[43] zur Folge
hat, wurden seitens des BStU Antragsformulare für die verschiedenen Antragsbegehren entwickelt.[44] Die Verwendung des Antragsformulars ist aber nicht gesetzlich
vorgeschrieben[45], sodass Anträge stattdessen auch frei formuliert werden können.
Trotz der möglichen freien Formulierung eines Antrages, enthalten die Erläuterungen des BStU zur Akteneinsicht für Privatpersonen[46] keine Informationen über
eine alternative, freie Antragstellung. Der BStU versucht also eine alternative
Antragstellung zu vermeiden, indem er nur die Möglichkeit der Verwendung der
entsprechenden Antragsformulare erläutert. Für sehbehinderte Antragsteller liegt –
für die Gewährleistung einer barrierefreien Antragstellung – in der Zentralstelle und
jeder Außenstelle ein Antragsformular in Blindenschrift vor.[47]

Anträge können sowohl bei der Zentralstelle des BStU in Berlin, als auch bei allen  **226**
Außenstellen eingereicht werden.[48] Dies ist anzunehmen, weil Abs. 1 den Ort der
Antragstellung gerade nicht einschränkt. Jedoch regelt Abs. 4 S. 3 im Hinblick auf
die Einsichtnahme in Originalunterlagen und Duplikate, dass diese in der Zentralstelle oder in einer der Außenstellen (vgl. dazu § 35 Rn. 621 ff.) erfolgen kann.
Wenn die Antragsumsetzung in den Außenstellen erfolgen kann, so darf der Ort der
weniger aufwendungsintensiven Antragstellung ebenfalls nicht auf die Zentralstelle
in Berlin beschränkt sein. Neben der gesetzlichen Regelung in Abs. 4 S. 3, erscheint
dies auch aufgrund praktischer Erwägungen heraus geboten: Die Dezentralisierung
der behördlichen Einrichtung[49] dient der Vereinfachung der Vorgänge und Verkürzung der Bearbeitungsdauer, indem mehrere Stellen mit der Bearbeitung der
Anträge betraut sind. Zudem lässt sich feststellen, dass Bürger gerade in der Region,

---

[43] *M. Budsinowski*, in: Geiger/Klinghardt, StUG, 2. Aufl. 2006, § 12 Rn. 2; Schmidt/Dörr,
StUG, 1993, § 12 Rn. 3.
[44] Vgl. den Elften Tätigkeitsbericht des BStU, 2013, S. 44; vgl. auch den Zehnten Tätigkeitsbericht der BStU, 2011, S. 53; ebenso der Siebente Tätigkeitsbericht der BStU, 2005, S. 35.
[45] So auch Schmidt/Dörr, StUG, 1993, § 12 Rn. 3; vgl. Weberling, StUG, 1993, § 12 Rn. 2;
vgl. auch *M. Budsinowski*, in: Geiger/Klinghardt, StUG, 2. Aufl. 2006, § 12 Rn. 2.
[46] Die Informationen zur Akteneinsicht sind abrufbar unter http://www.bstu.bund.de/ DE/Akten
einsicht/Privatpersonen/Privatpersonen_node.html (19.9.2013).
[47] So die Angabe des BStU, http://www.bstu.bund.de/DE/Akteneinsicht/Privatpersonen/Antrags
formular/antragsformular_node.html (19.9.2013).
[48] Weberling, StUG, 1993, § 12 Rn. 2; so außerdem Publikation des BStU „Faltblatt – Schritt
für Schritt zur Akteneinsicht", abrufbar unter: http://www.bstu.bund.de/SharedDocs/Downloads/
DE/akteneinsicht-faltblatt.pdf?__blob=publicationFile (15.5.2013).
[49] Dazu der Fünfte Tätigkeitsbericht der BStU, 2001, S. 31.

**Sabina Gottschlich, Isabell Wegner**

in der sie einst dem Machtapparat der DDR unterworfen waren, Akteneinsicht wünschen (vgl. dazu § 37 Rn. 689). Eine bürgernahe Arbeit, die gerade durch die Einräumung verschiedener Antragsmöglichkeiten durch den BStU bezweckt wird, kann also nur durch die freie Wahl des Ortes gewährleistet werden. [50] Ferner befindet sich ohnehin mehr als die Hälfte aller Unterlagen in den Außenstellen der Behörde.[51] Letztlich entspricht es also der gesetzlichen Regelung des Abs. 4 S. 3 und dem Sinn und Zweck der Vorschrift, dass Anträge – zur Auskunft, Einsicht oder Herausgabe – in der Zentralstelle und den Außenstellen eingereicht werden können.[52] Tatsächlich kommt den Außenstellen sogar – mit Antragszahlen von bis zu zwei Dritteln aller Anträge – das höchste Arbeitsaufkommen zu.[53]

**227** Der Antrag ist ferner nicht fristgebunden[54], sondern kann zu jedem Zeitpunkt gestellt werden, wenn der Einzelne Auskunft, Einsicht in oder Herausgabe von Unterlagen begehrt. Die fristlose Antragsmöglichkeit trägt dem Umstand Rechnung, dass dem Einzelnen die Entscheidung über die Kenntnis der Unterlagen selbst zugestanden werden soll. Neben der Entscheidung „ob" er Auskunft, Einsicht in oder Herausgabe von Unterlagen bekommen möchte, soll er auch über das „wann" uneingeschränkt entscheiden können. Auch dies ist zur Gewährleistung des Allgemeinen Persönlichkeitsrechts erforderlich.

### 2. Identitätsnachweis des Antragstellers (S. 2)

**228** Abs. 1 S. 2 unterscheidet im Hinblick auf einen Nachweis der Identität des Antragstellers zwischen der Antragstellung im eigenen Namen und solcher im fremden Namen durch einen Vertreter. Im Falle der Antragstellung im eigenen Namen, hat der Antragsteller bei Antragstellung seine Identität nachzuweisen. Ein Identitätsnachweis bestätigt die Richtigkeit der im Antrag zu seiner Person gemachten Angaben.[55]

---

[50] Schmidt/Dörr, StUG, 1993, § 12 Rn. 17; Weberling, StUG, 1993, § 12 Rn. 8; Stoltenberg, StUG, 1992, § 12 Rn. 8.
[51] So die Angabe des BStU, http://www.bstu.bund.de/DE/InDerRegion/_node.html (31.7.2013).
[52] So wird es tatsächlich auch gehandhabt, vgl. die Angabe des BStU, http://www.bstu.bund.de/DE/Akteneinsicht/Privatpersonen/Privatpersonen_node.html (31.7.2013).
[53] So der Elfte Tätigkeitsbericht des BStU, 2013, S. 45, 46.
[54] So auch Stoltenberg/Bossack, StUG, 2012, § 12 Rn. 2; ebenso *M. Budsinowski*, in: Geiger/Klinghardt, StUG, 2. Aufl. 2006, § 12 Rn. 2.
[55] Weberling, StUG, 1993, § 12 Rn. 3.

Sabina Gottschlich, Isabell Wegner

Erforderlich ist eine Identitätsbestätigung, um sicherstellen zu können, dass keine **229** Anträge unter falschem Namen gestellt werden.[56] Eine Antragstellung im falschen Namen würde nämlich dazu führen, dass Unberechtigte Zugang zu den höchstpersönlichen Informationen aus den Unterlagen der Staatssicherheit erhalten.[57] Würde der BStU Unberechtigten Zugang gewähren, würde dies einen Eingriff in das Grundrecht auf informationelle Selbstbestimmung[58] der betroffenen Person darstellen. Daran anlehnend regelt auch das StUG in § 1 Abs. 1 Nr. 1, dass Informationen nur dem Einzelnen zum Zwecke der Auseinandersetzung mit seinem persönlichen Schicksal preisgegeben werden (vgl. § 1 Rn. 48 ff.). Dieser zentrale Zweck des StUG würde verfehlt, sofern Antragstellern im falschen Namen – ohne Kenntnis der betroffenen Person – Zugang zu den Unterlagen gestattet werden würde.

Nicht gesetzlich geregelt ist allerdings, in welcher Form der Nachweis der Identität **230** des Antragstellers zu erfolgen hat.[59] Für dessen Bestimmung ist eine Differenzierung zwischen den verschiedenen Antragsarten – persönliche Abgabe in einer der BStU-Dienststellen oder postalische Einreichung des Antrags – notwendig.

Bei persönlicher Abgabe des Antrags in der Zentralstelle oder einer der Außenstelle, genügt die Vorlage eines gültigen Personaldokuments.[60] Solche stellen der Personalausweis und der Reisepass dar.[61] Als gültige Pässe gelten allerdings ferner der vorläufige Personalausweis gem. § 2 Abs. 1 Alt. 2 PAuswG und der vorläufige Reise-

---

[56] So Stoltenberg/Bossack, StUG, 2012, § 12 Rn. 6; Schmidt/Dörr, StUG, 1993, § 12 Rn. 4; Weberling, StUG, 1993, § 12 Rn. 3; Stoltenberg, StUG, 1992, § 12 Rn. 2.

[57] Stoltenberg/Bossack, StUG, 2012, § 12 Rn. 6; Vgl. Schmidt/Dörr, StUG, 1993, § 12 Rn. 4; vgl. auch Stoltenberg, StUG, 1992, § 12 Rn. 2; Weberling, StUG, 1993, § 12 Rn. 3.

[58] Zum Recht auf informationelle Selbstbestimmung BVerfGE 65, 1, 45; s. *L. Michael/ M. Morlok*, Grundrechte, 4. Aufl. 2013, § 10 Rn. 426; *P. Schmitz*, TDDSG und das Recht auf informationelle Selbstbestimmung, 1980, S. 7 ff.; kritisch: *M. Kloepfer*, Datenschutz als Grundrecht, 2000, S. 40 f.

[59] So auch *M. Budsinowski*, in: Geiger/Klinghardt, StUG, 2. Aufl. 2006, § 12 Rn. 2; vgl. Schmidt/Dörr, StUG, 1993, § 12 Rn. 4.

[60] So grds. die Angabe des BStU, http://www.bstu.bund.de/DE/Akteneinsicht/ Privatpersonen/ Privatpersonen_node.html (14.6.2013); vgl. dazu auch den Achten Tätigkeitsbericht der BStU, 2007, S. 38.

[61] So die Angabe des BStU, http://www.bstu.bund.de/DE/Akteneinsicht/Privatpersonen/Privat personen_node.html (14.6.2013).

Sabina Gottschlich, Isabell Wegner

pass gem. § 1 Abs. 1 S. 1 i.V.m. § 2 Nr. 3 PaßG.[62] Vorläufige Personaldokumente können die Identität des Antragstellers ebenso bestätigen wie ein endgültiges Personaldokument. Insofern erscheint es nicht sachgerecht, dass der BStU die Vorlage eines vorläufigen Personaldokuments als möglichen Identitätsnachweis nicht ausdrücklich anerkennt. Auf der Grundlage des jeweils vorgelegten Personaldokuments stellen die BStU-Dienststellen eine Identitätsbescheinigung aus, die dem Antrag beigelegt werden kann.[63]

Bei postalischer Einreichung des Antrags ist dem Antrag eine Bestätigung der zuständigen Landesbehörde beizufügen.[64] In Betracht kommen dafür eine amtliche Bestätigung der Identität auf dem Antragsvordruck unter Ziff. 1[65] und eine behördlich beglaubigte Kopie eines gültigen Personaldokuments.[66]

### 3. Antragstellung durch einen Vertreter (S. 2, 3)

**231** Neben der Antragstellung im eigenen Namen, ist auch eine Antragstellung im fremden Namen möglich. Diese kann sowohl durch einen gesetzlichen Vertreter, als auch durch jede andere bevollmächtigte Person erfolgen. Das Gesetz unterscheidet diese beiden Formen der stellvertretenden Antragstellung: Die Antragstellung durch einen gesetzlichen Vertreter ist in S. 2 geregelt. Die Antragstellung durch einen Bevollmächtigten findet in S. 3 seine Voraussetzungen. An eine Antragstellung durch einen gesetzlichen Vertreter sind strengere Anforderungen gestellt. So hat der Antragsteller nach S. 2 seine Identität und seine Vertretungsmacht nachzuweisen, während ein Bevollmächtigter nur den Nachweis der Vollmacht zu erbringen hat (vgl. S. 3).

---

[62] Der BStU führt nur die Vorlage eines endgültigen Ausweisdokuments als möglichen Identitätsnachweis auf, http://www.bstu.bund.de/DE/Akteneinsicht/Privatpersonen/Privatpersonen_node.html (14.6.2013).

[63] Stoltenberg/Bossack, StUG, 2012, § 12 Rn. 5; *M. Budsinowski*, in: Geiger/Klinghardt, StUG, 2. Aufl. 2006, § 12 Rn. 2; so auch die Angabe der BStU, http://www.bstu.bund.de/DE/Akteneinsicht/Privatpersonen/Privatpersonen_node.html (14.6.2013).

[64] So die Angabe der BStU, http://www.bstu.bund.de/DE/Akteneinsicht/Privatpersonen/Privatpersonen_node.html (25.10.2013).

[65] Der Antragsvordruck ist abzurufen unter: http://www.bstu.bund.de/DE/Akteneinsicht/Privatpersonen/Antragsformular/antragsformular-hinweise_2013_pdf.pdf?__blob=publicationFile (25.10.2013).

[66] Vgl. Stoltenberg/Bossack, StUG, 2012, § 12 Rn. 6; vgl. auch *M. Budsinowski*, in: Geiger/Klinghardt, StUG, 2. Aufl. 2006, § 12 Rn. 2; Achter Tätigkeitsbericht der BStU, 2007, S. 38.

**Sabina Gottschlich, Isabell Wegner**

Die unterschiedlichen Voraussetzungen einer Antragstellung durch einen gesetz- **232**
lichen Vertreter und einen Bevollmächtigten sind auf die verschiedenen Rechtsfolgen zurückzuführen. Sofern ein Antrag durch einen Bevollmächtigten gestellt wird,
werden die Zugangsrechte zu den Unterlagen nur dem Vertretenen, d.h. Betroffenen,
Dritten, Mitarbeitern oder Begünstigten, zugestanden (vgl. S. 2 Nr. 1).[67] Dem
Bevollmächtigten wird weder Auskunft erteilt, Einsicht gewährt, noch werden ihm
Unterlagen herausgegeben. Anders gestalten sich die Rechtsfolgen der Antragstellung durch gesetzliche Vertreter: Ihnen stehen alle Zugangsrechte zu, sodass
ihnen Auskunft erteilt, Einsicht gewährt und Unterlagen herausgegeben werden.[68]
Dies lässt sich zwar nicht der Regelung des S. 2 entnehmen, ergibt sich allerdings
aus dem systematischen Zusammenhang. S. 3 trifft die Regelung des Ausschlusses
der Zugangsrechte ausdrücklich nur für den Fall der Antragstellung durch einen
Bevollmächtigten. Hätte der Gesetzgeber eine entsprechende Regelung für den gesetzlichen Vertreter beabsichtigt, so hätte er S. 3 um den „Antrag durch einen gesetzlichen Vertreter" ergänzen können.

Letztlich entsprechen die weitergehenden Zugangsrechte für den gesetzlichen Vertreter auch dem Sinn und Zweck der Stellvertretung. Personen, denen von Gesetzes
wegen ein Vertreter an die Seite gestellt wird, sind geschäftsunfähig, beschränkt
geschäftsfähig oder können aus anderen Gründen ihre Angelegenheiten nicht mehr
selbst wahrnehmen.[69] Personen, die einen anderen Bevollmächtigten rechtsgeschäftlich für sie handeln lassen[70], sind rechtlich durchaus in der Lage ihre Angelegenheiten selbst zu regeln. Allerdings ist es für sie anstelle von rechtlichen Gründen nur
aus tatsächlichen Gründen nicht möglich, die Angelegenheiten zu regeln, sodass sie
sich einer Hilfsperson bedienen.[71] Insofern ist es, anders als beim gesetzlich Vertretenen, nicht notwendig, dass die bevollmächtigte Hilfsperson Zugang zu den
Unterlagen erhält, weil der Vertretene dazu durchaus selbst in der Lage ist.

---

[67] *M. Budsinowski*, in: Geiger/Klinghardt, StUG, 2. Aufl. 2006, § 12 Rn. 5; Schmidt/Dörr,
 StUG, 1993, § 12 Rn. 6; Stoltenberg, StUG, 1992, § 12 Rn. 2.
[68] So auch *M. Budsinowski*, in: Geiger/Klinghardt, StUG, 2. Aufl. 2006, § 12 Rn. 5; ebenso
 Schmidt/Dörr, StUG, 1993, § 12 Rn. 6.
[69] Vgl. *C. Schubert*, in: MüKo-BGB, Bd.1, 7. Aufl. 2015, § 164 Rn. 2.
[70] Vgl. *C. Schubert*, in: MüKo-BGB, Bd. 1, 7. Aufl. 2015, § 167 Rn. 1.
[71] Vgl. *H. Brox/W.-D. Walker*, Allgemeiner Teil des BGB, 41. Aufl. 2017, § 23 Rn. 508.

**Sabina Gottschlich, Isabell Wegner**

# § 12

**a ) Gesetzlicher Vertreter (S. 2)**

**233** Ein gesetzlicher Vertreter hat gem. S. 2 a.E. seine Vertretungsmacht nachzuweisen. Der Nachweis der Vertretungsmacht soll Missbrauchsmöglichkeiten ausräumen und – genauso wie der Nachweis der Identität – gewährleisten, dass nur Berechtigte Zugang zu den zu ihrer Person gespeicherten Informationen erhalten.[72]

**234** Gesetzliche Vertreter sind beispielsweise die Eltern für ihr Kind gem. § 1629 BGB oder der Betreuer für einen Volljährigen, der aufgrund einer psychischen Krankheit oder einer anderen Behinderung seine Angelegenheiten nicht besorgen kann, vgl. § 1902 i.V.m. § 1896 BGB.

Der Nachweis der Vertretungsmacht der Eltern erfolgt durch Vorlage der Geburtsurkunde des Kindes.[73] Ein Betreuer hat die Bestellungsurkunde des Betreuungsgerichts, das den Betreuer zur rechtlichen Besorgung der Angelegenheiten des Betreuten und persönlichen Betreuung gem. § 1897 Abs. 1 BGB bestellt, vorzulegen.[74]

**235** Bei Antragstellung durch einen gesetzlichen Vertreter ist dem Antrag neben dem Nachweis der Vertretungsmacht des Vertreters auch ein Identitätsnachweis beizufügen. Fraglich ist jedoch, wessen Identität nachgewiesen werden muss. Die gesetzliche Formulierung des Abs. 1 S. 2 gibt vor, dass der „Antragsteller" seine Identität nachzuweisen hat. Bei der Antragstellung im eigenen Namen besteht Identität zwischen der Person des Antragstellers und der Person, über die Unterlagen gesucht werden sollen, sodass diese Person auch ihre Identität nachzuweisen hat. Bei der Antragstellung im fremden Namen sind allerdings an der Antragstellung zwei Personen – Vertreter und Vertretene – beteiligt. Es stellt sich insofern die Frauge, welcher der beiden Personen den Antragsteller darstellt. Die Formulierung des Abs. 2 S. 1 scheint darüber Aufschluss zu geben: Der Antragsteller hat seine Identität nachzuweisen „und" wenn „er" als gesetzlicher Vertreter handelt auch „seine" Vertretungsmacht. Im Falle der Vertretung geht der Gesetzgeber also davon aus, dass der gesetzliche Vertreter die Position des Antragstellers einnimmt. Dies ergibt sich zum einen aus der Verwendung des Personalpronomens „er", welches sich nur auf den zuvor erwähnten Antragsteller beziehen kann. Zum anderen ergibt es

---

[72] Vgl. dazu Stoltenberg, StUG, 1992, § 12 Rn. 2; vgl. ferner Stoltenberg/Bossack, StUG, 2012, § 12 Rn. 7; ebenso auch Weberling, StUG, 1993 § 12 Rn. 3.

[73] *M. Budsinowski*, in: Geiger/Klinghardt, StUG, 2. Aufl. 2006, § 12 Rn. 3.

[74] *M. Budsinowski*, in: Geiger/Klinghardt, StUG, 2. Aufl. 2006, § 12 Rn. 3; Neunter Tätigkeitsbericht der BStU, 2009, S. 46.

**Sabina Gottschlich, Isabell Wegner**

sich aus der Formulierung, dass der Antragsteller seine Identität „und" die Vertretungsmacht nachzuweisen hat. Insofern muss – im Wege der gesetzlichen Formulierung – der gesetzliche Vertreter als Antragsteller einen Identitätsnachweis seiner Person erbringen. Auch die Natur eines Vertretungsfalls ergibt, dass der Vertreter die Person des Antragenden darstellen muss, da der Vertretene die Antragstellung eben gerade nicht selbst übernimmt, sondern sich dabei vertreten lässt. Etwas anderes ergibt sich aber gerade aus dem Antragsformular des BStU, welches für die Klarstellung der Positionen der beiden Personen irreführend erscheint. Das Antragsformular des BStU berücksichtigt nur die Antragstellung im eigenen Namen bzw. die Möglichkeit der Antragstellung von nahen Angehörigen von Vermissten und Verstorbenen. So enthält der Antrag unter Ziffer 1 die persönlichen Angaben zur Antragstellerin / zum Antragsteller, die u.a. Namen und sämtliche Vornamen, Geburts- und sonstige Namen und das Geburtsdatum oder die Personenkennzahl umfassen. Diese Angaben sind – statt rein formaler Natur – bereits auf das erfolgreiche Auffinden von Unterlagen abgestimmt. Bei der Antragstellung im fremden Namen, ist die Ziffer 1 – gemäß der gesetzlichen Regelung – vom gesetzlichen Vertreter auszufüllen. Seine persönlichen Angaben – wie Angabe der PKZ – sind jedoch für das Auffinden von Unterlagen zu einer anderen Person irrelevant. Vielmehr sind für das Auffinden von Unterlagen und damit den Erfolg des Antrags die persönlichen Angaben zur Person des Vertretenen erforderlich. Im Antragsformular müsste der Vertretene die Person des Antragstellers einnehmen. Raum für die persönlichen Angaben des Vertreters bleibt nicht, obwohl der Antrag nicht von dieser Person gestellt wurde, sondern eben gerade in Vertretung von dem gesetzlichen Vertreter. Letztlich müsste der Vertretene – als Antragsteller nach dem Antragsformular des BStU – den Nachweis seiner Identität erbringen.

Dieses – aus dem Antragsformular abgeleitete – Ergebnis ist aber nicht nur im Hinblick auf die gesetzliche Formulierung misslich, weil der Vertretene als vermeintlicher Antragsteller nicht gleichzeitig als gesetzlicher Vertreter handeln kann. Vielmehr widerspricht es auch auf Rechtsfolgenseite dem systematischen Zusammenhang, wenn der Vertretene einen Identitätsnachweis erbringen muss und der Vertreter nur die Vertretungsmacht nachzuweisen hat. Bei diesem Ergebnis würde der gesetzliche Vertreter den gleichen Nachweis erbringen müssen wie ein Bevollmächtigter aus Abs. 1 S. 3, obwohl dem gesetzlichen Vertreter mehr Rechte zugestanden werden. Ein bevollmächtigter Vertreter muss gem. Abs. 1 S. 3 nur seine Vertretungsmacht nachweisen. Ein Nachweis seiner Identität ist nicht erforderlich, weil der bevollmächtigte Vertreter keinen Zugang zu den Unterlagen bekommt und eine Verwendung der Unterlagen von Unberechtigten von vornherein ausgeschlossen ist. Anders ist dies allerdings beim gesetzlichen Vertreter: Dieser hat selbst

**236**

**Sabina Gottschlich, Isabell Wegner**

## § 12

Zugang zu den Unterlagen des Vertretenen. Um eine unberechtigte Verwendung der Unterlagen ausschließen zu können, ist zu fordern, dass an einen Antrag durch einen gesetzlichen Vertreter strengere Anforderungen gestellt werden. Der gesetzliche Vertreter muss neben dem Nachweis der Vertretungsmacht folglich auch aus systematischen und teleologischen Erwägungen heraus seine Identität nachweisen.

Anders als es das Antragsformular des BStU nahelegt, handelt der Vertreter in der Position des Antragstellers und muss seine Identität nach Abs. 1 S. 2 nachweisen. Der BStU sollte das Antragsformular um den Eintrag „Antragstellung durch andere Personen" ergänzen, sodass die Positionen des Vertreters und des Vertretenen klar voneinander getrennt werden und Informationen zu beiden Personen eingetragen werden können.

**237**  Fraglich ist, ob trotz fehlender gesetzlicher Regelung nicht auch der Vertretene seine Identität nachweisen muss. Bei einer Antragstellung im eigenen Namen hat der Antragsteller seine Identität nachzuweisen, um sicherzustellen, dass sich niemand als andere Person ausgeben kann, um unberechtigt Zugang zu Unterlagen einer anderen Person zu bekommen (vgl. Rn. 229). Diese Erwägungen lassen sich auf die Antragstellung im fremden Namen übertragen. Auch eine Person, die sich vertreten lässt, kann sich als eine andere Person ausgeben, um an Unterlagen anderer zu gelangen. Insofern hat auch der Vertretene seine Identität nachzuweisen.[75]

### b ) Andere bevollmächtigte Personen

**238**  Abs. 1 S. 3 regelt die Auskunft, Einsichtnahme und Herausgabe der Unterlagen, wenn der Antrag von einem Bevollmächtigten gestellt wurde. Dem Bevollmächtigten selbst stehen keine Zugangsrechte zu den Unterlagen zu (vgl. Rn. 232). Grundsätzlich wird nur dem Vertretenen Auskunft erteilt, Einsicht gewährt und die Unterlagen herausgegeben. Schutzzweck dieser Regelung ist, dass die meist sehr intimen und höchstpersönlichen Informationen, die die Unterlagen enthalten, zunächst nur dem Vollmachtgebenden zukommen sollen.[76] Schließlich ist einem großen Teil der betroffenen Person vor Zugang zu den Unterlagen nicht klar, welche

---

[75] So auch *M. Budsinowski*, in: Geiger/Klinghardt, StUG, 2. Aufl. 2006, § 12 Rn. 3.
[76] Schmidt/Dörr, StUG, 1993, § 12 Rn. 6; vgl. außerdem den Vierten Tätigkeitsbericht des BStU, 1999, S. 9.

**Sabina Gottschlich, Isabell Wegner**

Informationen die Unterlagen enthalten und welche Auswirkungen die Akteneinsicht mit sich bringen kann.[77] Insofern nimmt der BStU dem Antragsteller die Entscheidung über etwaige Zugangsrechte des Bevollmächtigten im Voraus ab. Erst nachdem der Antragsteller selbst Zugang zu den Unterlagen bekommen hat, wird ihm die Möglichkeit eingeräumt, selbst zu entscheiden, ob er den Inhalt der Unterlagen bekannt machen möchte.[78]

Eine Ausnahme von dem Grundsatz aus Abs. 1 S. 3 Nr. 1, dass nur dem Angehörigen einer der vier Personengruppen des StUG selbst Zugangsrechte zustehen, findet sich in Abs. 1 S. 3 Nr. 2. Danach kann dem Bevollmächtigten ausnahmsweise Auskunft erteilt, Einsicht gewährt oder die Unterlagen herausgegeben werden, wenn es sich bei dem Bevollmächtigten um einen Rechtsanwalt handelt, der dazu ausdrücklich ermächtigt wurde.[79] Eine ausdrückliche Ermächtigung ist anzunehmen, sofern der Bevollmächtigte in einem Vollmachtformular dazu berechtigt wurde, Urkunden entgegenzunehmen und Akteneinsicht zu nehmen.[80] Der Rechtsanwalt ist dann berechtigt, die Unterlagen allein ohne Anwesenheit des Antragstellers einzusehen. Gleichzeitig ist allerdings auch möglich, dass der Rechtsanwalt in Begleitung des Antragstellers die zur Person des Antragstellers vorhandenen Unterlagen einsieht.[81] **239**

Für die Zulässigkeit eines Antrages durch einen Bevollmächtigten ist der Nachweis seiner Vollmacht erforderlich. Eine Vollmacht ist nach der Legaldefinition des § 166 Abs. 2 BGB eine durch Rechtsgeschäft erteilte Vertretungsmacht. Dem Bevollmächtigten wird durch die Erteilung einer Vollmacht die Rechtsmacht verliehen, rechtsgeschäftlich im Namen des Vertretenen zu handeln.[82] Neben dem Nachweis einer Vollmacht, ist trotz fehlender gesetzlicher Regelung der Nachweis der Identität des Vertretenen erforderlich (vgl. Rn. 237).[83] **240**

---

[77] Dies lässt sich aus den Ergebnissen einer Umfrage des BStU ableiten, die Motive und Emotionen der Antragsteller in den verschiedenen Phasen der Akteneinsicht hinterfragt, vgl. dazu den Vierten Tätigkeitsbericht des BStU, 1999, S. 13 ff.

[78] Vgl. Schmidt/Dörr, StUG, 1993, § 12 Rn. 6.

[79] *M. Budsinowski*, in: Geiger/Klinghardt, StUG, 2. Aufl. 2006, § 12 Rn. 5; Schmidt/Dörr, StUG, 1993, § 12 Rn. 5; Weberling, StUG, 1993, § 12 Rn. 5.

[80] Stoltenberg/Bossack, StUG, 2012, § 12 Rn. 8; Weberling, StUG, 1993, § 12 Rn. 5.

[81] Stoltenberg/Bossack, StUG, 2012, § 12 Rn. 8; Fünfter Tätigkeitsbericht der BStU, 2001, S. 102.

[82] Vgl. *C. Schubert*, in: MüKo-BGB, Bd. 1, 7. Aufl. 2015, § 167 Rn. 1.

[83] Dies fordert auch *M. Budsinowski*, in: Geiger/Klinghardt, StUG, 2. Aufl. 2006, § 12 Rn. 4.

**Sabina Gottschlich, Isabell Wegner**

Nicht erforderlich ist dagegen der Nachweis der Identität des Bevollmächtigten. Dies resultiert daraus, dass das Recht auf Auskunft, Einsicht oder Herausgabe gem. Abs. 1 S. 3 Nr. 1 grundsätzlich nur dem Vertretenem – Betroffenen, Dritten, Mitarbeiter oder Begünstigten – zusteht (vgl. Rn. 232).

#### 4. Akteneinsicht mit einer Begleitperson (S. 4–6)

**241** Abs. 1 S. 4 regelt einen weiteren Fall, bei dem mehr als nur dem Antragsteller Einsicht in Unterlagen gewährt wird. Neben dem Rechtsanwalt, dem mit ausdrücklicher Ermächtigung gem. Abs. 1 S. 3 Nr. 2 alle Zugangsrechte zustehen, kann eine Begleitperson des Einsichtsberechtigten zumindest Einsicht in Unterlagen bekommen. Andere Zugangsrechte – Auskunftserteilung und Aktenherausgabe – hat eine Begleitperson allerdings nicht.

Grundsätzlich soll zwar nur jeder einzeln und individuell seine Unterlagen einsehen dürfen,[84] jedoch soll die Möglichkeit, gemeinsam Unterlagen einzusehen, für den besonderen Fall vorbehalten bleiben, dass der Einsichtsberechtigte auf fremde Hilfe angewiesen ist. In diesem Fall kann er sich von einer Person seines Vertrauens begleiten lassen, die gemeinsam mit dem hilfsbedürftigen Antragsteller Einsicht in die Unterlagen nehmen kann, um ihn bei der Wahrnehmung seiner Rechte zu unterstützen.[85]

**242** Auf fremde Hilfe angewiesen sind Personen regelmäßig aus gesundheitlichen Gründen.[86] So kann ein gestörtes Sehvermögen oder sonstige Leseschwierigkeiten[87] die Begleitung durch eine andere Person erforderlich machen. Die Hilfsbedürftigkeit des Einsichtsberechtigten ist gem. Abs. 1 S. 5 glaubhaft zu machen. Eine hinreichende Glaubhaftigkeit kann bei jeder Art der Hilfsbedürftigkeit, also sowohl bei psychischer, als auch physischer Beeinträchtigung des Antragstellers bestehen.[88] Der Einsichtsberechtigte ist dazu verpflichtet, vor Akteneinsicht den BStU über den Bedarf einer Hilfsperson zu unterrichten. Der BStU bittet darum bei den Hinweisen zur Akteneinsicht für Privatpersonen explizit um eine vorherige Absprache.[89]

---

[84] So der Neunte Tätigkeitsbericht der BStU, 2009, S. 46; Fünfter Tätigkeitsbericht der BStU, 2001, S. 102; vgl. auch den Siebten Tätigkeitsbericht der BStU, 2005, S. 36.

[85] Vgl. den Fünften Tätigkeitsbericht der BStU, 1001, S. 102.

[86] Vgl. die Angabe des BStU, http://www.bstu.bund.de/DE/Akteneinsicht/Privatpersonen/Privat personen_node.html (21.9.2013).

[87] So der Fünfte Tätigkeitsbericht der BStU, 2001, S. 102.

[88] BT-Drucks. 13/5816, 9; Stoltenberg/Bossack, StUG, 2012, § 12 Rn. 10.

[89] So die Angabe des BStU, http://www.bstu.bund.de/DE/Akteneinsicht/Privatpersonen/Privat personen_node.html (21.9.2013).

**Sabina Gottschlich, Isabell Wegner**

Sofern ein Einsichtsberechtigter eine Hilfsperson benennt, die ihn zur Akteneinsicht **243** begleiten soll, ist der Bundesbeauftragte nicht verpflichtet, dem Begehren stattzugeben. Gem. Abs. 1 S. 6 ist er dazu ermächtigt, die Begleitperson zurückzuweisen, wenn besondere Gründe dies rechtfertigen. Besondere Gründe liegen beispielsweise vor, wenn es der Vertrauensperson offensichtlich nicht nur um die Unterstützung des Einsichtsberechtigten geht. So kann es möglich sein, dass die Vertrauensperson die hilfsbedürftige Lage des Einsichtsberichtigten ausnutzt, um selbst Einblick in die Unterlagen zu bekommen.[90]

Ansonsten ist der Einsichtsberechtigte allerdings in der Wahl seiner Hilfsperson frei. Er kann sowohl einen Ehepartner, einen anderen Verwandten oder irgendeine andere Person seines Vertrauens benennen.[91]

## II. Zu Abs. 2

Abs. 2 enthält – ebenso wie Abs. 3 – Regelungen zu der ersten Zugangsmöglichkeit **244** zu den Unterlagen: Der Auskunftserteilung. Diese stellt – als einfachste Form – die erste Stufe der Informationserteilung dar.[92] Anders als Abs. 3 richten sich die Regelungen des Abs. 2 nicht an den Antragsteller, sondern an den Bundesbeauftragten.

### 1. Schriftform der Auskunftserteilung (S. 1)

Abs. 2 S. 1 sieht vor, dass der Bundesbeauftragte dem Antragsteller grundsätzlich **245** schriftliche Auskunft über die zu seiner Person vorhandenen Unterlagen zu erteilen hat. Die Schriftform der Auskunftserteilung ist ebenso wie die Schriftform der Antragstellung notwendig, damit der Bundesbeauftragte seiner Dokumentationspflicht aus § 40 Abs. 2 Nr. 3 hinreichend nachkommen kann (vgl. Rn. 219).

### 2. Auskunftserteilung in anderer Form (S. 1, S. 2)

Eine Auskunftserteilung ist allerdings auch in anderer Form möglich. So kann gem. **246** Abs. 2 S. 1 von dem Schriftformerfordernis abgewichen werden, sofern im Einzelfall eine andere Form der Auskunft angemessen ist. Gerade im Hinblick auf die beanspruchte Zeit kann ein Abweichen von dem Schriftformgrundsatz erforderlich sein, sodass bei einem besonders dringlichen Anliegen eine andere Form der

---

[90] Zum Ganzen vgl. den Fünften Tätigkeitsbericht der BStU, 2001, S. 102.
[91] So der Fünfte Tätigkeitsbericht der BStU, 2001, S. 102.
[92] Vgl. *M. Budsinowski*, in: Geiger/Klinghardt, StUG, 2. Aufl. 2006, § 12 Rn. 6.

**Sabina Gottschlich, Isabell Wegner**

Auskunftserteilung angemessen sein kann.[93] In solchen Fällen kann die Auskunft ausnahmsweise mündlich oder telefonisch erfolgen.[94] Die Entscheidung, ob eine andere Form der Auskunftserteilung angemessen ist und, wenn ja, welche Form, trifft der Bundesbeauftragte gem. Abs. 2 S. 3 nach pflichtgemäßem Ermessen.

### III. Zu Abs. 3

247  Abs. 3 stellt zusätzliche Voraussetzungen an die erste Stufe der Informationserteilung (vgl. Rn. 217). Diese Voraussetzungen hat ein Antragsteller zu erfüllen, wenn er eine vorrangige Behandlung seines Antrags auf Auskunftserteilung begehrt.

#### 1. Darlegung der besonderen Eilbedürftigkeit des Antrags (S. 1)

248  Begehrt ein Antragsteller eine vorrangige Behandlung seines auf Aktenauskunft gerichteten Antrags, so hat er dem Antrag eine Begründung der besonderen Eilbedürftigkeit beizulegen (vgl. Abs. 3 S. 1).

Eine solche prioritäre Bearbeitungsmöglichkeit ist insbesondere aufgrund der langen Wartezeiten – im Berichtszeitraum 2011 bis 2012 betrug die maximale Wartezeit zweieinhalb Jahre[95] – bis zur Bearbeitung der Anträge notwendig.[96] Ohne eine prioritäre Bearbeitungsmöglichkeit würde einer Vielzahl von eventuell zugangsberechtigten Personen nicht mehr rechtzeitig Zugang zu den Unterlagen eingeräumt werden können. Dies hätte zur Folge, dass der zentrale Zweck des § 1 Abs. 1 Nr. 1, Aufklärung des persönlichen Schicksals durch einen ermöglichten Zugang zu den Unterlagen, nicht erfüllt werden würde.

---

[93] Stoltenberg/Bossack, StUG, 2012, § 12 Rn. 11; Schmidt/Dörr, StUG, 1993, § 12 Rn. 7; Stoltenberg, StUG, 1992, § 12 Rn. 3.

[94] So und zur erhöhten Missbrauchsgefahr bei telefonischer Auskunft, Stoltenberg/Bossack, StUG, 2012, § 12 Rn. 11; Schmidt/Dörr, StUG, 1993, § 12 Rn. 7; Stoltenberg, StUG, 1992, § 12 Rn. 3.

[95] So der Elfte Tätigkeitsbericht des BStU, 2013, S. 49.

[96] Vgl. Stoltenberg/Bossack, StUG, 2012, § 12 Rn. 12; *M. Budsinowski*, in: Geiger/Klinghardt, StUG, 2. Aufl. 2006, § 12 Rn. 7; vgl. auch Stoltenberg, StUG, 1992, § 12 Rn. 4; so ferner der Elfte Tätigkeitsbericht des BStU, 2013, S. 49.

**Sabina Gottschlich, Isabell Wegner**

Eine besondere Eilbedürftigkeit eines Antrags ist u.a. bei einem hohen Alter des **249** Antragstellers anzunehmen.[97] So werden Anträge von Personen, die zum Zeitpunkt der Antragstellung mindestens 75 Jahre alt sind, prioritär behandelt.[98] Die Zahl dieser Anträge ist aufgrund der historischen Gebundenheit des StUG steigend.[99] Auch Anträge von schwerkranken oder lebensbedrohten Personen können vorrangig behandelt werden.[100] Diese Begründung der Eilbedürftigkeit wird in den nächsten Jahren aufgrund zunehmenden Alters der zugangsberechtigten Personen ebenfalls vermehrt vorkommen. Die Beifügung entsprechender Unterlagen[101], die die Erkrankung belegen, erleichtert die Entscheidung des Bundesbeauftragten der Eilbedürftigkeit zuzustimmen. Andere Gründe für die Eilbedürftigkeit eines Antrags können anstehende Gerichtstermine[102] oder eine drohende Verjährung geltend zu machender Ansprüche[103] sein. Letztlich können auch noch weitere Gründe die Eilbedürftigkeit eines Antrags begründen[104], sofern der Antragsteller schlüssig und nachvollziehbar erklären kann, warum gerade sein Antrag bei der Bearbeitung bevorzugt werden soll.[105] Weitere Prioritäten kann der Bundesbeauftragte mit dem Beirat gem. § 39 Abs. 2 S. 2 Nr. 5 festlegen.[106]

## 2. Gesetzliche Vermutung der Eilbedürftigkeit (S. 2)

Bei einem Auskunftsbegehren zu den in Abs. 3 S. 2 aufgezählten Zwecken kann von **250** der Eilbedürftigkeit ausgegangen werden, sodass eine Begründung der Eilbedürftigkeit in diesen Fällen grundsätzlich entbehrlich ist, da Abs. 3 S. 2 eine zwar widerlegbare, aber zunächst bis zur Widerlegung geltende gesetzliche Vermutung der

---

[97] So Stoltenberg/Bossack, StUG, 2012, § 12 Rn. 12; ebenfalls *M. Budsinowski*, in: Geiger/ Klinghardt, StUG, 2. Aufl. 2006, § 12 Rn. 8; ferner Schmidt/Dörr, StUG, 1993, § 12 Rn. 8; Weberling, StUG, 1993, § 12 Rn. 7; Sechster Tätigkeitsbericht der BStU, 2003, S. 20.

[98] Im Berichtszeitraum 2011–2012 liegt der Anteil der älteren Antragsteller bei 4–5 Prozent, so der Elfte Tätigkeitsbericht des BStU, 2013, S. 49; dazu ferner Stoltenberg/Bossack, StUG, 2012, § 12 Rn. 12.

[99] Vgl. Stoltenberg/Bossack, StUG, 2012, § 12 Rn. 12; Elfter Tätigkeitsbericht des BStU, 2013, S. 49.

[100] Stoltenberg/Bossack, StUG, 2012, § 12 Rn. 12; *M. Budsinowski*, in: Geiger/Klinghardt, StUG, 2. Aufl. 2006, § 12 Rn. 8; Schmidt/Dörr, StUG, 1993, § 12 Rn. 8; ebenfalls der Elfte Tätigkeitsbericht des BStU, 2013, S. 49; Sechster Tätigkeitsbericht der BStU, 2003, S. 20.

[101] So sieht dies auch *M. Budsinowski*, in: Geiger/ Klinghardt, StUG, 2. Aufl. 2006, § 12 Rn. 8.

[102] Vgl. den Elften Tätigkeitsbericht des BStU, 2013, S. 49.

[103] Schmidt/Dörr StUG, 1993, § 12 Rn. 8.

[104] Vgl. Weberling, StUG, 1993, § 12 Rn. 7.

[105] *M. Budsinowski*, in: Geiger/Klinghardt, StUG, 2. Aufl. 2006, § 12 Rn. 8.

[106] Vgl. Weberling, StUG, 1993, § 12 Rn. 7; *M. Budsinowski*, in: Geiger/Klinghardt, StUG, 2. Aufl. 2006, § 12 Rn. 7.

**Sabina Gottschlich, Isabell Wegner**

Eilbedürftigkeit aufstellt.[107] Trotz der gesetzlichen Vermutung, ist für die Einordnung des Auskunftsbegehrens zu einem als eilbedürftig angesehenem Zweck die Darlegung entsprechender Tatsachen notwendig.[108]

Der Katalog der als grundsätzlich eilbedürftig angesehenen Zwecke umfasst Auskunftsbegehren zu Zwecken der Rehabilitierung (vgl. dazu § 15 Rn. 312 ff., § 20 Rn. 345, § 21 Rn. 401), Wiedergutmachung (vgl. § 20 Rn. 345), Abwehr einer Gefährdung des Persönlichkeitsrechts (vgl. dazu § 15 Rn. 316, § 20 Rn. 347) oder zur Entlastung vom Vorwurf einer Zusammenarbeit mit dem Staatssicherheitsdienst (vgl. dazu § 15 Rn. 320 ff., § 20 Rn. 354).

In der Praxis werden vielfach Anträge auf Akteneinsicht zusammen mit Anträgen auf Rehabilitierung abgegeben. Grund dafür ist, dass diese Anträge zwingend Priorität haben, da der Antragsteller nicht im Rahmen des Rehabilitierungsverfahrens zuerst von den Akten erfahren darf.[109] Problematisch an diesem Katalog nicht gesondert zu begründender Prioritäten ist allerdings, dass er aufgrund seiner weit auslegbaren Formulierungen nicht mehr praktikabel erscheint.[110] Stattdessen besteht das Bedürfnis für engere Voraussetzungen, die vom Bundesbeauftragten aufgestellt werden müssen.[111]

### IV. Zu Abs. 4

**251** Abs. 4 enthält Verfahrensvorschriften zu der zweiten Stufe der Informationserteilung, der Einsicht. Diese kann gem. Abs. 4 S. 1 sowohl in Originalunterlagen des Staatssicherheitsdienstes (vgl. § 6 Rn. 113 ff.) als auch in Duplikate (vgl. § 6 Rn. 121) gewährt werden.

#### 1. Einsicht in Originalunterlagen (S. 2)

**252** Die Einsichtnahme in Originalunterlagen, die gem. Abs. 4 S. 1 grundsätzlich gestattet ist, erfolgt nur eingeschränkt unter bestimmten Voraussetzungen. Eine Einschränkung des Rechts auf Einsichtnahme, wie sie S. 2 vornimmt, ist insbesondere im Hinblick auf den Umfang der in den Unterlagen enthaltenen Informationen

---

[107] Die Widerlegbarkeit der Vermutung sieht auch Stoltenberg, StUG, 1992, § 12 Rn. 4; vgl. ferner Weberling, StUG, 1993, § 12 Rn. 7; Schmidt/Dörr, StUG, 1993, § 12 Rn. 8.

[108] *M. Budsinowski*, in: Geiger/Klinghardt, StUG, 2. Aufl. 2006, § 12 Rn. 9.

[109] Vgl. den Elften Tätigkeitsbericht des BStU, 2013, S. 49.

[110] Schmidt/Dörr, StUG, 1993, § 12 Rn. 8.

[111] *M. Budsinowski*, in: Geiger/Klinghardt, StUG, 2. Aufl. 2006, § 12 Rn. 7; Schmidt/Dörr, StUG, 1993, § 12 Rn. 8.

**Sabina Gottschlich, Isabell Wegner**

erforderlich.[112] Die Unterlagen der Staatssicherheit enthalten oftmals Informationen über eine Vielzahl von verschiedenen Personen.[113] Würde die Einsichtnahme in Originalunterlagen uneingeschränkt gestattet sein, so würden diese Personen regelmäßig in ihrem Persönlichkeitsrecht beeinträchtigt werden, da Informationen in den Originalunterlagen nicht ohne Beschädigung anonymisiert werden können. Der Schutz des Persönlichkeitsrechts vor Beeinträchtigungen durch den Umgang mit den vom Staatssicherheitsdienst gespeicherten Informationen ist allerdings zentraler Zweck des StUG und als solcher in § 1 Abs. 1 Nr. 2 allen Regelungen vorangestellt. Zudem besteht bei uneingeschränkter Einsichtnahme in Originalunterlagen ein nicht unerhebliches Beschädigungs- und Verlustrisiko. Insofern ist eine Einschränkung der Einsichtnahme in Originalunterlagen zum Schutz des Persönlichkeitsrechts der Einzelnen und zur Zweckerfüllung des StUG geboten. Für die Einschränkung der Einsicht in Originalunterlagen wird daher zwischen Unterlagen, die ausschließlich Informationen über den Antragsteller enthalten, und solchen mit personenbezogenen Informationen über auch andere Betroffene und Dritte unterschieden.

**a ) Unterlagen ausschließlich mit Informationen über den Antragsteller**

Unterlagen, die ausschließlich Informationen über den Antragsteller enthalten, **253** dürfen im Original von dem Antragsteller eingesehen werden. Dabei besteht nicht die Gefahr, dass schutzwürdige Interessen anderer Personen verletzt werden können (vgl. § 3 Abs. 3).

**b ) Unterlagen mit personenbezogenen Informationen über andere Betroffene und Dritte (S. 2)**

Allerdings verfügt der Bundesbeauftragte über eine Vielzahl von Unterlagen, die **254** gerade nicht nur Informationen über eine Person enthalten. In diesem Fall ist neben dem zentralen Zweck der Zugangsermöglichung zu den Unterlagen aus § 1 Nr. 1 auch der Schutzanspruch des StUG aus § 1 Abs. 2 zu berücksichtigen. So ist der Einzelne davor zu schützen, dass er durch den Umgang mit den zu seiner Person gespeicherten Informationen in seinem Persönlichkeitsrecht beeinträchtigt wird. Bei Unterlagen, die Informationen über andere Personen als den Antragsteller enthalten, besteht jedoch die Gefahr einer Beeinträchtigung der schutzwürdigen Interessen dieser Personen. Dies zumindest, solange die Unterlagen Informationen über die

---

[112] Vgl. Stoltenberg/Bossack, StUG, 2012, § 12 Rn. 14.
[113] Vgl. Stoltenberg/Bossack, StUG, 2012, § 12 Rn. 14; *M. Budsinowski*, in: Geiger/Klinghardt, StUG, 2. Aufl. 2006, § 12 Rn. 11; Schmidt/Dörr, StUG, 1993, § 12 Rn. 10.

**Sabina Gottschlich, Isabell Wegner**

schutzwürdigen Personengruppen der Betroffenen und Dritten enthalten. Insofern muss die Gefahr einer Beeinträchtigung der Interessen der anderen Personen bei der Einsichtsmöglichkeit in Originalunterlagen ausreichend Berücksichtigung finden, damit sie mit den Interessen des Antragstellers zu einem Ausgleich gebracht werden können. Einen solchen Ausgleich trifft das Gesetz insofern, als dass es die Einsicht in Originalunterlagen nur unter bestimmten, strengen Voraussetzungen gestattet.

**aa ) Einwilligung der anderen Betroffenen oder Dritten (Nr. 1)**

**255**   Einsicht in Originalunterlagen mit Informationen über andere Betroffene und Dritte ist gem. Abs. 4 S. 2 Nr. 1 möglich, wenn diese in die Einsicht durch den Antragsteller eingewilligt haben. Grund für diese Regelung ist, dass bei Einwilligungen derjenigen Personen, über die Informationen in den Unterlagen enthalten sind, die Gefahr einer Beeinträchtigung des Allgemeinen Persönlichkeitsrechts in Form der informationellen Selbstbestimmung dieser Personen entfällt.[114] Das StUG nimmt den Betroffenen und Dritten für den Fall, dass sie sich zur Informationserteilung nicht äußern, die Entscheidung über die Einsicht in Originalunterlagen mit Informationen über ihre Person grundsätzlich im Voraus ab. So wird in Abs. 4 S. 2 vermutet, dass die Betroffenen und Dritten bei der Erteilung von zu ihrer Person gespeicherten Informationen ein Geheimhaltungsinteresse haben.[115] Die Informationen sollen – nach der Wertung des StUG – also grundsätzlich geheim gehalten werden. Dieses hypothetisch aufgestellte Geheimhaltungsinteresse kann allerdings durch das mitgeteilte Offenbarungsinteresse, das mit einer Einwilligung verbunden ist, ersetzt werden. In diesem Fall steht dem Informationsinteresse des Antragstellers kein schutzwürdiges Interesse der anderen Betroffenen und Dritten mehr entgegen, sodass eine Einsicht in Originalunterlagen gestattet werden muss.

**256**   Einzuholen ist die Einwilligung vom Bundesbeauftragten und nicht von dem jeweiligen Antragsteller.[116] Dies geht zwar nicht aus dem Gesetzestext hervor, lässt sich aber mithilfe einer Auslegung ermitteln. Zum Zeitpunkt der Antragstellung hat nur der Bundesbeauftragte berechtigten Zugang zu den Unterlagen und kann nachprüfen, ob Informationen über andere Betroffene und Dritte enthalten sind.[117] Durch diese Informationen kann er persönliche Daten, die für die Mitteilung der Einwilligungsmöglichkeit notwendig sind, erforschen. Der Antragsteller wird von den

---

[114] Vgl. *M. Budsinowski*, in: Geiger/Klinghardt, StUG, 2. Aufl. 2006, § 12 Rn. 12.
[115] Vgl. *M. Budsinowski*, in: Geiger/Klinghardt, StUG, 2. Aufl. 2006, § 12 Rn. 12.
[116] So auch Schmidt/Dörr, StUG, 1993, § 12 Rn. 12.
[117] Vgl. Schmidt/Dörr, StUG, 1993, § 12 Rn. 12.

**Sabina Gottschlich, Isabell Wegner**

persönlichen Daten der anderen Betroffenen und Dritten jedoch keineswegs Kenntnis erlangen. Würde nun verlangt, dass ihn trotzdem die Pflicht zur Einholung der Einwilligung trifft, so würde die Einsichtnahme in Originalunterlagen nach Abs. 4 S. 2 Nr. 1 praktisch gegenstandslos werden. Dies würde aber dem Sinn und Zweck der Vorschrift insofern widersprechen, als dass den schutzwürdigen Interessen der anderen Betroffenen und Dritten dadurch einen Vorrang eingeräumt werden würde, statt diese mit dem Informationsinteresse des Antragstellers durch verschiedene Ausnahmeregelungen zum Ausgleich zu bringen. Dem Sinn und Zweck der Vorschrift kann es demnach nur entsprechen, wenn der Bundesbeauftragte die Einwilligungserklärung einzuholen hat.

**bb ) Trennung der Informationen des Antragstellers und der anderen Personen (Nr. 2)**

Eine Einsicht in Originalunterlagen ist ferner möglich, wenn eine Trennung der Informationen des Antragstellers und derjenigen über andere Betroffene oder Dritte mit vertretbarem Aufwand möglich ist.[118] Dies ergibt sich aus dem Umkehrschluss aus Abs. 4 S. 2 Nr. 2,[119] der die Einsicht in Originalunterlagen für den Fall regelt, dass eine Trennung der Informationen nur mit unvertretbarem Aufwand möglich ist. In diesem Fall kann dem Antragsteller zwar nicht Einsicht in die vollständigen Originalunterlagen gewährt werden, jedoch zumindest in die Teile der Originalunterlagen, die Informationen nur zu seiner Person enthalten. Trennung bedeutet dabei die Zerlegung der Unterlagen in der Weise, dass die personenbezogenen Informationen der anderen Betroffenen und Dritten nicht mit zur Einsicht gelangen.[120] **257**

**cc ) Unmögliche Trennung und Interessenabwägung zugunsten des Antragstellers (Nr. 2)**

Sofern Betroffene und Dritte keine Einwilligung erteilt haben und eine Trennung der personenbezogenen Informationen unmöglich oder nur mit unvertretbarem Aufwand möglich ist, ist die Einsichtnahme in Originalunterlagen nur noch möglich, wenn eine Abwägung der Interessen des Antragstellers und der Betroffenen und Dritten zugunsten des Antragstellers ausfällt. So darf gem. dem Wortlaut des Abs. 4 S. 2 Nr. 2 kein Grund zu der Annahme bestehen, dass schutzwürdige Interessen anderer Betroffener oder Dritter an der Geheimhaltung überwiegen. Welche konkreten **258**

---

[118] So auch *M. Budsinowski*, in: Geiger/Klinghardt, StUG, 2. Aufl. 2006, § 12 Rn. 13.
[119] *M. Budsinowski*, in: Geiger/Klinghardt, StUG, 2. Aufl. 2006, § 12 Rn. 13.
[120] *M. Budsinowski*, in: Geiger/Klinghardt, StUG, 2. Aufl. 2006, § 12 Rn. 13.

**Sabina Gottschlich, Isabell Wegner**

schutzwürdigen Interessen im Bereich des Allgemeinen Persönlichkeitsrechts gegeneinander abzuwägen sind, ist im Einzelfall zu bestimmen.[121] Sofern die Interessenabwägung zugunsten der anderen Betroffenen und Dritten ausfällt, kann dem Antragsteller keine Einsicht in Originalunterlagen gewährt werden.

### 2. Einsicht in anonymisierte Duplikate (S. 3)

**259** Ist eine Einsichtnahme in Originalunterlagen nicht möglich, so kann dem Antragsteller Einsicht in Duplikate gewährt werden (vgl. Abs. 4 S. 3). Jedoch kann Einsicht nur in Duplikate gewährt werden, in denen die personenbezogenen Informationen über andere Betroffene oder Dritte anonymisiert worden sind. Eine Legaldefinition der Anonymisierung enthält § 3 Abs. 6 BDSG, der gem. § 6 Abs. 9 S. 2 im Rahmen des StUG Geltung findet. Anonymisieren ist gem. § 3 Abs. 6 BDSG i.V.m. § 6 Abs. 9 S. 2 das Verändern personenbezogener Daten derart, dass die Einzelangaben über persönliche oder sachliche Verhältnisse nicht mehr oder nur mit einem unverhältnismäßig großen Aufwand an Zeit, Kosten und Arbeitskraft einer bestimmten oder bestimmbaren natürlichen Person zugeordnet werden können. Dies kann durch Schwärzung einzelner Namen, einzelner Absätze oder ganzer Seiten erzielt werden.[122] Der Umfang der Schwärzung richtet sich dabei nach dem Verhältnis der enthaltenen Informationen des Antragstellers in Bezug auf Informationen anderer Betroffener und Dritter. Anonymisierte Daten sind nicht mehr als personenbezogenen Daten anzusehen[123], sodass eine Einsichtnahme ohne eine Beeinträchtigung des Geheimhaltungsinteresses der Betroffenen und Dritten erfolgen kann.

### 3. Ort der Einsichtnahme (S. 4)

**260** Die Einsichtnahme kann gem. Abs. 4 S. 4 – ebenso wie die Antragstellung Rn. 226 – entweder in der Zentralstelle oder in einer der Außenstellen erfolgen. Diese Akteneinsichtsregelung ist zurückzuführen auf die Dezentralisierung der Behörde, die notwendig ist, damit die Behörde eine bürgernahe Arbeit gewährleisten kann (Rn. 226).[124] Insofern kann der Ort der Einsichtnahme auch nur nach Wahl des

---

[121] Vgl. *M. Budsinowski*, in: Geiger/Klinghardt, StUG, 2. Aufl. 2006, § 12 Rn. 14.

[122] Schmidt/Dörr, StUG, 1993, § 12 Rn. 16; vgl. auch http://www.bstu.bund.de/SharedDocs/ FAQs/DE/09-anonymisierung_faq.html;jsessionid=4F5392EE7B0B74CF465F97E1A85440 02.2_cid354(22.6.2013).

[123] *T. Weichert*, in: Däubler/Klebe/Wedde/Weichert, BDSG, 5. Aufl. 2016, § 3 Rn. 49; *U. Dammann,* in: Simitis, BDSG, 8. Aufl. 2014, § 3 Rn. 196.

[124] Vgl. Stoltenberg/Bossack, StUG, 2012, § 12 Rn. 15; vgl. auch Schmidt/Dörr, StUG, 1993, § 12 Rn. 17.

**Sabina Gottschlich, Isabell Wegner**

Antragstellers festgelegt werden.[125] Befinden sich die Unterlagen an einem anderen Ort, als dem vom Antragsteller gewählten, ist der Bundesbeauftragte verpflichtet, die Unterlagen zum gewünschten Ort zu transportieren.[126] An einem anderen Ort als der Zentralstelle oder einer der Außenstellen darf die Einsichtnahme jedoch nicht erfolgen, weil die Unterlagen stets in der Obhut des Bundesbeauftragten zu verbleiben haben.[127] Die Zusendung der Unterlagen an ein Gericht, damit der Einzelne dort Einsicht nehmen kann, ist somit von Gesetzes wegen ausgeschlossen.[128]

## V. Zu Abs. 5

Abs. 5 enthält Verfahrensvorschriften für die weitreichendste Zugangsmöglichkeit zu den Unterlagen, der Herausgabe. Die Herausgabe der zur antragstellenden Person vorhandenen Unterlagen stellt die letzte Stufe der Informationserteilung dar. Gem. Abs. 5 dürfen Unterlagen nur als Duplikate herausgegeben werden. Aus dem Umkehrschluss des Abs. 5 ergibt sich, dass die Originalunterlagen immer in den jeweiligen Archiven verbleiben und nicht an Antragsteller herausgegeben werden.[129] Dies ist erforderlich, damit der Bundesbeauftragte über die vollständigen Unterlagen verfügt, um die Aufarbeitung der Tätigkeit des Staatssicherheitsdienstes und die Wahrung der Rechte der Personengruppen zu gewährleisten (s. § 7 Rn. 186).[130]

**261**

Die Herausgabe von Duplikaten erfolgt allerdings nicht uneingeschränkt. Sie ist nur zulässig, wenn die personenbezogenen Informationen über andere Betroffene und Dritte anonymisiert worden sind.[131] Die Anonymisierungspflicht beschränkt sich dabei nur auf die schutzwürdigste Personengruppe der Betroffenen und Dritten. Aufgrund der geringen Schutzwürdigkeit der Personengruppe der Mitarbeiter und Begünstigten wird die Anonymisierungspflicht nicht auf diese ausgeweitet.[132] Bei der Anonymisierung hat der Bundesbeauftragte keinen Ermessensspielraum in Form einer Interessenabwägung der schutzwürdigen Belange des Betroffenen oder Dritten mit dem Informationsinteresse des Antragstellers.[133] Eine solche sieht aber Abs. 4 S. 2 Nr. 2 für die Einsicht in Originalunterlagen vor, sofern eine Trennung der

**262**

---

[125] Schmidt/Dörr, StUG, 1993, § 12 Rn. 17; Weberling, StUG, 1993, § 12 Rn. 8; Stoltenberg, StUG, 1992, § 12 Rn. 8.

[126] Schmidt/Dörr, StUG, 1993, § 12 Rn. 17; Stoltenberg, StUG, 1992, § 12 Rn. 8.

[127] Schmidt/Dörr, StUG, 1993, § 12 Rn. 17.

[128] So Schmidt/Dörr, StUG, 1993, § 12 Rn. 14.

[129] Vgl. Stoltenberg, StUG, 1992, § 12 Rn. 9.

[130] Schmidt/Dörr, StUG, 1993, § 12 Rn. 18.

[131] Zur Anonymisierung vgl. § 6 Rn. 182.

[132] Vgl. Weberling, StUG, 1993, § 12 Rn. 9.

[133] *M. Budsinowski*, in: Geiger/Klinghardt, StUG, 2. Aufl. 2006, § 12 Rn. 20; Schmidt/Dörr, StUG, 1993, § 12 Rn. 18.

**Sabina Gottschlich, Isabell Wegner**

Informationen über Betroffene oder Dritte zumindest mit nur unvertretbarem Aufwand möglich ist (vgl. Rn. 257). Die Einsichtnahme ist allerdings aufgrund der fehlenden körperlichen Verfügung über die Unterlagen weniger weitreichend als die Herausgabe der Unterlagen.[134] Im Falle der Herausgabe der Unterlagen kann der Einzelne die Unterlagen nämlich gem. § 3 Abs. 2 im Rahmen der allgemeinen Gesetze frei verwenden.[135] Im Vergleich zur Einsichtnahme besteht dabei eine deutlich höhere Gefährdung des Persönlichkeitsrechts der in den Unterlagen vorkommenden Personen,[136] wenn die Unterlagen nicht vollständig anonymisiert worden sind. Aus diesem Grund hat der Bundesbeauftragte die für die Herausgabe vorgesehenen Unterlagen vollständig zu anonymisieren, ohne dass dafür eine Interessenabwägung vorgesehen ist.

**263**    Hinsichtlich der Empfängergruppe der herausgegebenen Unterlagen ist Abs. 5 nicht eingeschränkt und gilt für die Herausgabe von Unterlagen an Betroffene und Dritte gleichermaßen, wie für die Mitarbeiter und Begünstigten.[137] Dies ergibt sich aus der Überschrift des § 12, der „Verfahrensvorschriften für Betroffene, Dritte, Mitarbeiter und Begünstigte des Staatssicherheitsdienstes" enthält. Insofern ist davon auszugehen, dass die Vorschriften des § 12 für alle Personengruppen des StUG Gültigkeit haben (vgl. Rn. 216). Es ist nicht ersichtlich, warum einzelne Regelungen – wie die des Abs. 5 – eine Personengruppe ausschließen sollten. Für die Herausgabe von Unterlagen an Mitarbeiter und Begünstigte sind sowieso zusätzlich die §§ 16 Abs. 3 und 17 Abs. 1 zu berücksichtigen. Diese beschränken den üblichen Umfang der Herausgabe nach Abs. 5 im Hinblick auf die geringe Schutzwürdigkeit dieser Personengruppe.[138] So ist nur die Herausgabe von Duplikaten der zu dem Mitarbeiter bzw. Begünstigten geführten Unterlagen zulässig. Zu einer anderen Person geführte Unterlagen, die aber Informationen über den Antragsteller beinhalten, dürfen nicht an Mitarbeiter oder Begünstigte herausgegeben werden.

**VI. Zu Abs. 6**

**264**    Abs. 6 S. 1 beschränkt die Geltung der Rechte auf Einsicht und Herausgabe aus Abs. 1, 4 und 5. So erstreckt sich das Recht auf Einsicht und Herausgabe gem. Abs. 6 S. 1 grundsätzlich nicht auf die zur Auswertung erforderlichen Hilfsmittel.

---

[134] Schmidt/Dörr, StUG, 1993, § 12 Rn. 19.
[135] Schmidt/Dörr, StUG, 1993, § 12 Rn. 19.
[136] Schmidt/Dörr, StUG, 1993, § 12 Rn. 19.
[137] Die Gegenansicht, dass Abs. 5 nur die Herausgabe an Betroffene und Dritte regelt, vertritt *M. Budsinowski*, in: Geiger/Klinghardt, StUG, 2. Aufl. 2006, § 12 Rn. 20.
[138] Vgl. *M. Budsinowski*, in: Geiger/Klinghardt, StUG, 2. Aufl. 2006, § 12 Rn. 12.

**Sabina Gottschlich, Isabell Wegner**

Erforderliche Hilfsmittel sind gem. § 6 Abs. 1 Nr. 1 lit. c insbesondere Programme für die automatisierte Datenverarbeitung (vgl. dazu § 6 Rn. 123). Ferner sind auch die zur Erschließung notwendigen Karteikarten und Dienstbücher als erforderliche Hilfsmittel i.S.d. § 6 Abs. 1 Nr. 1 lit. c zu qualifizieren.[139] Die Qualifizierung von Karteikarten als erforderliche Hilfsmittel ergibt sich insbesondere auch aus Abs. 6 S. 2, der für das Hilfsmittel der Karteikarten, die der Auswertung der Unterlagen dienen, eine Ausnahmeregelung vorsieht.

Grund der Verweigerung der Einsichtnahme und Herausgabe erforderlicher Hilfsmittel ist zum einen, dass ihnen ohnehin keine hohe Aussagekraft zukommt[140], sodass der Einzelne dadurch kaum die Einflussnahme des Staatssicherheitsdienstes auf sein persönliches Schicksal aufklären kann. Für die Zweckerfüllung des § 1 Abs. 1 Nr. 1 ist die Einsicht und Herausgabe erforderlicher Hilfsmittel demnach wenig förderlich. Zum anderen verhindert die Regelung des Abs. 6 S. 1 das Aufbürden weiteren Arbeitsaufwandes[141]: Die Behörde hat schon für die Durchsetzung der – mit anderen als den erforderlichen Hilfsmitteln verbundenen – Rechte ein hohes Arbeitsaufkommen zu bewältigen. Dieses würde durch die mögliche Einsichtnahme in und Herausgabe von erforderlichen Hilfsmitteln noch wesentlich erhöht werden, ohne dass dies eine zusätzlichen Zweckerfüllung bewirken würde. Ferner würde die Auswertung der Unterlagen erschwert werden, wenn die dafür erforderlichen Hilfsmittel an Einzelne herausgegeben werden.[142]

Trotz des erhöhten Arbeitsaufwandes für die Behörde und der meist geringen Aussagekraft, wäre es nicht sachgerecht, die erforderlichen Hilfsmittel in allen Fällen der Einsicht und Herausgabe zu entziehen. Die erforderlichen Hilfsmittel können im Einzelfall genügend Aussagekraft besitzen, damit dem Einzelnen bei der Aufklärung seines persönlichen Schicksals doch geholfen werden kann. Dies ist insbesondere dann der Fall, wenn keine anderen Unterlagen auffindbar sind und der Einzelne ohne die Einsichtnahme in oder Herausgabe von Hilfsmitteln überhaupt keine Informationen zu den zu seiner Person gespeicherten Informationen bekommen würde. Um eine Zweckerfüllung des § 1 Abs. 1 Nr. 1 in diesen Ausnahmefällen zu ermöglichen, statuiert Abs. 6 S. 2 eine Ausnahme zu dem in S. 1 normierten Grundsatz, dass keine

**265**

---

[139] Schmidt/Dörr, StUG, 1993, § 12 Rn. 21.
[140] Vgl. Schmidt/Dörr, StUG, 1993, § 12 Rn. 21.
[141] Vgl. Schmidt/Dörr, StUG, 1993, § 12 Rn. 21; Weberling, StUG, 1993, § 12 Rn. 10.
[142] Vgl. Schmidt/Dörr, StUG, 1993, § 12 Rn. 21.

189

**Sabina Gottschlich, Isabell Wegner**

Hilfsmittel eingesehen oder herausgegeben werden dürfen.[143] So ist eine Einsichtnahme und Herausgabe von Duplikaten der Karteikarten, die der Auswertung der Unterlagen dienen und personenbezogene Informationen über den Antragsteller enthalten, gem. S. 2 ausnahmsweise zulässig. Dies gilt dann, wenn andere Unterlagen nicht oder nur mit unverhältnismäßig großem Aufwand auffindbar sind. Das Recht auf Einsicht und Herausgabe aus Abs. 1, 4 und 5 wird durch S. 2 insofern ausgeweitet. Dies ergibt sich aus der Formulierung, dass sich das Recht auf Einsicht und Herausgabe auf Duplikate von Karteikarten „erstreckt".[144] Jedoch erstreckt sich das Recht gerade nicht auf alle erforderlichen Hilfsmittel des § 6 Abs. 1 Nr. 1 lit. c.[145] Nur das Hilfsmittel der Karteikarten darf eingesehen oder herausgegeben werden.

---

[143] So auch *M. Budsinowski*, in Geiger/Klinghardt, StUG, 2. Aufl. 2006, § 12 Rn. 20; Stoltenberg, StUG, 1992, § 12 Rn. 10; Weberling, StUG, 1993, § 12 Rn. 10; Stoltenberg/Bossack, StUG, 2012, § 12 Rn. 18; Schmidt/Dörr, StUG, 1993, § 12 Rn. 21.
[144] Vgl. dazu insbesondere Stoltenberg, StUG, 1992, § 12 Rn. 10; so auch Stoltenberg/Bossack, StUG, 2012, § 12 Rn. 18.
[145] So auch Schmidt/Dörr, StUG, 1993, § 12 Rn. 21; Weberling, StUG, 1993, § 12 Rn. 10.

**Sabina Gottschlich, Isabell Wegner**

## § 13 Recht von Betroffenen und Dritten auf Auskunft, Einsicht und Herausgabe

(1) Betroffenen ist auf Antrag Auskunft über die zu ihrer Person vorhandenen und erschlossenen Unterlagen zu erteilen. In dem Antrag sollen Angaben gemacht werden, die das Auffinden der Unterlagen ermöglichen. Der Zweck, zu dem die Auskunft eingeholt wird, muss nicht angegeben werden.

(2) Die Auskunft umfasst eine Beschreibung der zu der Person des Betroffenen vorhandenen und erschlossenen Unterlagen und eine Wiedergabe ihres wesentlichen Inhaltes. Die Auskunft kann zunächst auf die Mitteilung beschränkt werden, dass Unterlagen vorhanden sind und der Betroffene Einsicht in diese Unterlagen nehmen kann.

(3) Dem Betroffenen ist auf Antrag Einsicht in die zu seiner Person vorhandenen und erschlossenen Unterlagen zu gewähren.

(4) Dem Betroffenen sind auf Antrag Duplikate von Unterlagen herauszugeben. In den Duplikaten sind die personenbezogenen Informationen über andere Betroffene oder Dritte zu anonymisieren.

(5) Sind in den zur Person des Betroffenen vorhandenen und erschlossenen Unterlagen, in die der Betroffene Einsicht genommen oder von denen er Duplikate erhalten hat, Decknamen von Mitarbeitern des Staatssicherheitsdienstes, die Informationen über ihn gesammelt oder verwertet oder die diese Mitarbeiter geführt haben, enthalten, so sind ihm auf Verlangen die Namen der Mitarbeiter und weitere Identifizierungsangaben bekannt zu geben, soweit sie sich aus den Unterlagen des Staatssicherheitsdienstes eindeutig entnehmen lassen. Satz 1 gilt auch für andere Personen, die den Betroffenen schriftlich denunziert haben, wenn der Inhalt der Denunziation geeignet war, dem Betroffenen Nachteile zu bereiten. Interessen von Mitarbeitern und Denunzianten an der Geheimhaltung ihrer Namen stehen der Bekanntgabe der Namen nicht entgegen.

(6) Absatz 5 Satz 1 und 2 gilt nicht, wenn der Mitarbeiter des Staatssicherheitsdienstes oder der Denunziant im Zeitpunkt seiner Tätigkeit gegen den Betroffenen das 18. Lebensjahr noch nicht vollendet hatte.

(7) Für Dritte gelten die Absätze 1 bis 6 entsprechend mit der Maßgabe, dass der Antragsteller Angaben zu machen hat, die das Auffinden der Informationen ermöglichen. Die Auskunft wird nur erteilt, wenn der dafür erforderliche Aufwand nicht außer Verhältnis zu dem vom Antragsteller geltend gemachten Informationsinteresse steht.

***Literaturangaben:*** *Engel, Albert, Rechtsprechung und Kommentierung, in: Unverhau (Hrsg.), Das Stasi-Unterlagen-Gesetz im Lichte von Datenschutz und Archivgesetzgebung, Münster 1998, S. 83–94; Geiger, Hansjörg/Klinghardt, Heinz*

**Dustin Bruns, Stefan Engel, Gawain Thimm**

*(Hrsg.), Stasi-Unterlagen-Gesetz-Kommentar, 2. Aufl., Stuttgart 2006; Joecks, Wolfgang/Miebach, Klaus (Hrsg.), Münchener Kommentar zum StGB, Bd. 6, 3. Aufl., München 2016; Müller-Enbergs, Helmut: Die inoffiziellen Mitarbeiter, in: BStU (Hrsg.), MfS-Handbuch, Berlin 2008; Säcker, Franz Jürgen/Rixecker, Roland (Hrsg.), Münchener Kommentar zum BGB, Bd. 1, 7. Aufl., München 2015; Schmidt, Dietmar/Dörr, Erwin, Stasi-Unterlagen-Gesetz, Köln 1993; Stoltenberg, Klaus, Stasi-Unterlagen-Gesetz, Baden-Baden 1992; Stoltenberg, Klaus/Bossack, Carolin, Stasi-Unterlagen-Gesetz, Baden-Baden 2012; Stoltenberg, Klaus, Die historische Entscheidung für die Öffnung der Stasi-Akten – Anmerkungen zum Stasi-Unterlagen-Gesetz, in: DtZ 1992, S. 65–72; Weberling, Johannes, Stasi-Unterlagen-Gesetz, Kommentar, Köln 1993.*

## A. Allgemeines

**266** Die §§ 13–17 dienen der Umsetzung des § 3 Abs. 1 S. 2, der jedem Einzelnen das Recht auf Auskunft, Einsicht in und Herausgabe von Unterlagen zugesteht. Sie dienen dem Zweck des § 1 Abs. 1 Nr. 1, der bestimmt, dass das StUG dem Einzelnen Zugang zu den Informationen ermöglichen soll, die zu seiner Person gespeichert worden sind, damit der Einzelne klären kann, inwieweit das MfS Einfluss auf sein Schicksal genommen hat. Allgemeine Verfahrensvorschrift für die Ansprüche aus §§ 13–17 ist § 12. Parallelvorschriften zu §§ 13–17 sind in den §§ 20 ff. und §§ 32 ff. zu sehen, insofern sie öffentlichen und nicht-öffentlichen Stellen Zugang zu den Unterlagen des MfS ermöglichen.

**267** Im Vergleich der Vorschriften, die den Zugang Einzelner zu den Unterlagen des MfS ermöglichen, ist ein deutlich abgestuftes Rangverhältnis festzustellen. Dieses Rangverhältnis knüpft an die verschiedenen Personenkategorien des § 6 an. Betroffene haben nach § 13 ein Einsichtsrecht, das stärker als das der übrigen Kategorien ausgestaltet ist; das Einsichtsrecht der Dritten nach Abs. 7 ist dabei bereits abgeschwächt. Die Einsichtsrechte der Mitarbeiter und Begünstigten nach §§ 16 f. sind drastisch schwächer. Dies entspricht der Intention des Gesetzgebers, im StUG zwischen Tätern und Opfern zu differenzieren und diese Differenzierung wertend zu berücksichtigen.[1]

---

[1] BT-Drucks. 12/1093, 21.

**Dustin Bruns, Stefan Engel, Gawain Thimm**

## B. Erläuterungen

## I. Zu Abs. 1

Nach Abs. 1 S. 1 ist Betroffenen auf Antrag Auskunft über die zu ihrer Person **268** vorhandenen und erschlossenen Unterlagen zu erteilen. Betroffene sind nach § 6 Abs. 3 diejenigen Personen, zu denen zielgerichtet Informationen erhoben worden sind, sie stellen die Opfer des MfS dar (vgl. § 6 Rn. 135). Dass die Auskunft auf erschlossene Unterlagen beschränkt ist, folgt auch aus § 3 Abs. 1 S. 1; es soll verhindert werden, dass der BStU auf jeden Antrag hin den gesamten noch unerschlossenen Aktenbestand durchforsten muss (vgl. § 3 Rn. 70). Dies betrifft insbesondere die ca. 16.000 Behältnisse mit zerrissenen bzw. zerkleinerten Dokumenten (vgl. § 3 Rn. 73 ff.).

Nach Abs. 1 S. 2 soll der Antragsteller gegenüber dem BStU Angaben machen, die das Auffinden der Unterlagen ermöglichen. Hierunter fallen Angaben wie Zeit und Ort einer möglichen Ausspähung, Informationen über eine Verurteilung und Haftzeiten, Arbeitsstellen und Funktionen oder Ein- und Ausreiseinformationen.[2]

Im Gegensatz zu dem Zugangsrecht öffentlicher und nicht-öffentlicher Stellen nach **269** den §§ 19 ff. und zu Zwecken der Forschung und Aufarbeitung ist das Zugangsrecht Betroffener zweckfrei, ein Zweck muss nach Abs. 1 S. 3 nicht angegeben werden.

## II. Zu Abs. 2

Abs. 2 bestimmt den Inhalt der Auskunft aus Abs. 1 in formaler Sicht.[3] Diese bein- **270** haltet eine Beschreibung der vorhandenen und erschlossenen (§ 3 Rn. 70) Unterlagen zur Person des Betroffenen und deren wesentlichen Inhalt. Zur Beschränkung auf erschlossene Unterlagen vgl. Rn. 268. Die Beschreibung der Unterlagen beinhaltet deren Format (Papier, Bild, Ton, etc.). Inhaltlich erforderlich ist grundsätzlich die Erläuterung zur Art der Unterlagen, insbesondere in dem Sinne, was für ein Vorgang durch die Stasi eingeleitet wurde, dessen Umfang und die Gründe dafür.[4] Darüber hinaus sind Zeitraum der zielgerichteten Informationserhebung oder Ausspähung (§ 6 Rn. 137 f.), die Art der Berichterstattung und ggf. durch die Stasi eingeleitete Maßnahmen zu nennen.[5]

---

[2] Vgl. Erläuterungen zu Punkt 5.1 des Antragsformulars des BStU.
[3] Vgl. auch *M. Budsinowski*, in: Geiger/Klinghardt, StUG, 2. Aufl. 2006, § 13 Rn. 3.
[4] Siehe auch ausführlich zu den Vorgangsarten *M. Budsinowski*, in: Geiger/Klinghardt, StUG, 2. Aufl. 2006, Einleitung Rn. 13, § 13 Rn. 3.
[5] *M. Budsinowski*, in: Geiger/Klinghardt, StUG, 2. Aufl. 2006, § 13 Rn. 3.

**Dustin Bruns, Stefan Engel, Gawain Thimm**

# § 13

**271** Die Auskunft kann jedoch zunächst auf die Mitteilung beschränkt werden, dass Unterlagen vorhanden sind und der Betroffene Einsicht in diese nehmen kann. Diese Möglichkeit soll eine Arbeitserleichterung für den BStU darstellen.[6] Da Betroffene ohnehin Einsicht in die Unterlagen nehmen und sich Duplikate herausgeben lassen können – was die meisten Antragsteller wohl beabsichtigen – ist die Auskunft über das Vorhandensein von Unterlagen an dieser Stelle auch im Regelfall für das Interesse des Betroffenen auch ausreichend. Diese Arbeitserleichterung hat ihren Zweck gerade vor dem Hintergrund der über lange Zeit stetig hohen Antragszahlen erfüllt. Dem BStU steht dabei ein Ermessensspielraum zu, ob er eine Auskunft nebst Beschreibung der Unterlagen und eine Zusammenfassung deren wesentlichen Inhalts erteilt, oder die Auskunft auf das Vorhandensein von Unterlagen beschränkt. Zweckmäßig erscheint dies insbesondere bei umfangreichen Vorgängen oder wenn aus dem Antrag ohnehin hervorgeht, dass dem Antragsteller daran gelegen ist, Einsicht in die Unterlagen zu nehmen oder sich Duplikate herausgeben zu lassen.[7]

## III. Zu Abs. 3

**272** Nach Abs. 3 ist Betroffenen auf Antrag zweckfrei Einsicht in die zu seiner Person vorhandenen und erschlossenen Unterlagen zu gewähren. Wieder ist das Recht auf erschlossene Unterlagen beschränkt; dies dient dem Unterlagenmonopol des BStU, Einsicht in Unterlagen, die er selbst nicht erfasst hat, soll nicht erfolgen. Für die Einsicht gelten die Bestimmungen des § 12 Abs. 4, wonach Einsicht in Originale oder Duplikate erfolgt. Dabei sind andere Betroffene und Dritte, die in den Unterlagen genannt werden, schutzbedürftig. Personenbezogene Informationen über andere Betroffene oder Dritte sind daher im Regelfall zu anonymisieren. Die Beschränkung auf erschlossene Unterlagen dient auch dem Schutz dieser Betroffenen und Dritten. Bei einer Einsicht in nicht erschlossene Unterlagen könnte der BStU keine Anonymisierung vornehmen. Die Einsichtnahme kann in der Zentralstelle des BStU oder in den Außenstellen stattfinden, also entweder in Berlin oder in Chemnitz, Dresden, Erfurt, Frankfurt/Oder, Gera, Halle, Leipzig, Magdeburg, Neubrandenburg, Rostock, Schwerin oder Suhl (vgl. § 35 Rn. 621).

## IV. Zu Abs. 4

**273** Dem Betroffenen sind auf Antrag Duplikate nach Abs. 4 S. 1 herauszugeben. Durch den überwiegenden Bestand in Form von schriftlichen Dokumenten erfolgt dies vor allem in Form von Kopien. Zugleich sind bei Foto-, Film-, Ton-, Mikrofilm- und anderen Dokumenten entsprechend geeignete Duplikate herzustellen. Auch die

---

[6] Sinngemäß: BT-Drucks. 12/1093, 21 (Begründung zu § 11 Abs. 2).
[7] Vgl. *M. Budsinowski*, in: Geiger/Klinghardt, StUG, 2. Aufl. 2006, § 13 Rn. 3.

**Dustin Bruns, Stefan Engel, Gawain Thimm**

Herausgabe von Duplikaten erfolgt ohne die Angabe und das Erfordernis eines Zwecks seitens des Betroffenen; zugleich ist nicht Voraussetzung, dass die Einsichtnahme dem Antragsteller für seine Einsichtszwecke, insbesondere also die Aufklärung seines persönlichen Schicksals nach § 1 Abs. 1 Nr. 1, nicht ausgereicht hat.[8] Nach S. 2 sind in den Duplikaten die personenbezogenen Informationen über andere Betroffene oder Dritte zu anonymisieren. Die Norm wiederholt damit die Regelung des § 12 Abs. 5 (§ 12 Rn. 262).

**V. Zu Abs. 5**

Abs. 5 erlaubt, dass Betroffenen die Namen der Mitarbeiter, die Informationen über **274** sie gesammelt, verwertet oder geführt haben, offengelegt werden. Dies dient der Umsetzung des Gesetzeszwecks aus § 1 Abs. 1 Nr. 1: Der Einzelne soll die Einflussnahme des MfS auf sein persönliches Schicksal aufklären können. Hierzu ist nicht nur die Aufdeckung der Tatsache, dass der Einzelne beobachtet worden ist, notwendig, sondern auch, durch wen.[9] Dementsprechend ist es für den Einzelnen von Bedeutung, dass ihm in den Unterlagen gegebenenfalls befindliche Decknamen entschlüsselt werden. Die Aufdeckung des Klarnamens des Mitarbeiters setzt voraus, dass der Mitarbeiter durch die Unterlagen eindeutig identifiziert werden kann; erforderlich ist, dass auch in den Unterlagen, die den Mitarbeiter betreffen, Hinweise auf die Berichte zu dem Betroffenen zu finden sind.[10] Die Offenlegung betrifft auch weitere Identifizierungsangaben, sodass der Betroffene die Identität des Mitarbeiters exakt feststellen kann. Hiermit wird der falschen Verdächtigung für Fälle der Namensgleichheit vorgebeugt.[11] Dies bezieht sich in der Regel auf Angaben wie Geburtsdatum oder Geburtsort; weitere Angaben können, sofern dies notwendig ist, darüber hinaus offengelegt werden.[12]

Die Klarnamen der Mitarbeiter sind dem Betroffenen auf dessen Verlangen offen- **275** zulegen; vorausgesetzt wird folglich ein Antrag. Antragsberechtigt sind Betroffene im Sinne des § 6 Abs. 3 und auch Dritte im Sinne des § 6 Abs. 7, nicht jedoch Mitarbeiter des MfS. Bevor der Antrag auf Entschlüsselung der Mitarbeiter gestellt werden kann, muss der Antragsteller nach Abs. 3 Einsicht in Unterlagen genommen oder nach Abs. 4 Duplikate von solchen erhalten haben. Der Deckname des Mitarbeiters muss dabei in diesen Unterlagen enthalten sein.

---

[8] *M. Budsinowski,* in: Geiger/Klinghardt, StUG, 2. Aufl. 2006, § 13 Rn. 4.
[9] *M. Budsinowski,* in: Geiger/Klinghardt, StUG, 2. Aufl. 2006, § 13 Rn. 6.
[10] Stoltenberg/Bossack, StUG, 2012, § 13 Rn. 8.
[11] *M. Budsinowski,* in: Geiger/Klinghardt, StUG, 2. Aufl. 2006, § 13 Rn. 15.
[12] *M. Budsinowski,* in: Geiger/Klinghardt, StUG, 2. Aufl. 2006, § 13 Rn. 17.

**Dustin Bruns, Stefan Engel, Gawain Thimm**

**276** Abs. 5 S. 1 erlaubt nur die Bekanntgabe des Klarnamens von Mitarbeitern, die tatsächlich Informationen über den Betroffenen gesammelt, verwertet oder geführt haben. Dies folgt aus dem Zweck der Aufdeckung zur Aufklärung des persönlichen Schicksals des Betroffenen: Dieser wird nicht dadurch erreicht, dass Namen von Mitarbeitern offengelegt werden, die sich zwar ggf. verpflichtet haben, Informationen über den Betroffenen zu sammeln, tatsächlich aber keinen Einfluss auf das Leben des Betroffenen genommen haben. Relevant wird diese Beschränkung auch, wenn eine Unterlage, in die der Betroffene Einsicht genommen hat oder von der er ein Duplikat erhalten hat, ein zentraler Vorgang ist, in dem auch eine Bespitzelung anderer Betroffener durch diesen zugewiesene Mitarbeiter dokumentiert wird.[13] Erfasst sind jedoch leitende Mitarbeiter des MfS, die diejenigen Mitarbeiter, die die Informationen gesammelt haben, geführt haben. Für diese ist kein Nachweis erforderlich, tatsächlich in die Überwachung des Betroffenen involviert gewesen zu sein; die Tatsache, dass sie den handelnden Mitarbeitern überstanden, genügt.[14]

**277** Abs. 5 S. 2 ermöglicht die Aufdeckung des Klarnamens auch für Personen, die den Betroffenen schriftlich denunziert haben. Denunzieren meint, dass der Betroffene einer Handlung bezichtigt worden ist, die nach der Meinung des Denunzianten geeignet war, dem Betroffenen Nachteile zu bereiten.[15] Erfasst sind die Bezichtigung einer Straftat oder die politische Verdächtigung.[16] Für den Begriff der Denunziation ist irrelevant, ob deren Inhalt tatsächlich geeignet war, dem Betroffenen Nachteile zu bereiten. Jedoch ist diese Eignung erforderlich, um den Klarnamen des Denunzianten gegenüber dem Betroffenen aufzudecken. Um diese Eignung festzustellen, ist die Perspektive auf die Verhältnisse in der DDR zu richten: So war schon die Behauptung, ein Anderer erhalte häufig Besuch aus dem „Westen", geeignet, dem Betroffenen Nachteile zu bereiten.[17] Aus der Formulierung des Gesetzes, das nur auf die Eignung abstellt, folgt jedoch, dass unerheblich ist, ob dem Betroffenen durch die Denunziation tatsächlich Nachteile bereitet worden sind.

**278** Abs. 5 S. 2 erfasst nur schriftliche Denunziationen. Dies hat zur Folge, dass die Klarnamen von Personen, die Betroffene mündlich denunziert haben, diesem nicht aufzudecken sind. Dies betrifft auch Denunziationen, die zu Protokoll gegeben worden sind oder auf Tonband aufgezeichnet wurden.[18] Dies ist im Hinblick auf den

---

[13] Schmidt/Dörr, StUG, 1993, § 13 Rn. 11.
[14] *M. Budsinowski*, in: Geiger/Klinghardt, StUG, 2. Aufl. 2006, § 13 Rn. 15.
[15] *M. Budsinowski*, in: Geiger/Klinghardt, StUG, 2. Aufl. 2006, § 13 Rn. 19.
[16] Schmidt/Dörr, StUG, 1993, § 13 Rn. 12.
[17] *M. Budsinowski*, in: Geiger/Klinghardt, StUG, 2. Aufl. 2006, § 13 Rn. 19.
[18] *M. Budsinowski*, in: Geiger/Klinghardt, StUG, 2. Aufl. 2006, § 13 Rn. 20.

**Dustin Bruns, Stefan Engel, Gawain Thimm**

Gesetzeszweck des § 1 Abs. 1 Nr. 1, wonach dem Einzelnen durch das StUG die Möglichkeit gegeben werden soll, die Einflussnahme des MfS auf sein persönliches Schicksal aufzuklären, bedenklich.[19] Warum der Gesetzgeber an dieser Stelle zwischen schriftlichen und anderen Denunziationen unterscheidet, erschließt sich nicht; um dem Gesetzeszweck gerecht zu werden, wäre auch die Aufdeckung der Klarnamen von Denunzianten, die den Betroffenen mündlich denunziert haben, erforderlich.

Streitig ist die Einordnung der Denunzianten in die Personenkategorien des § 6. Von **279** den Inoffiziellen Mitarbeitern nach § 6 Abs. 4 Nr. 2 unterscheiden sie sich dadurch, dass sie sich nicht bereit erklärt haben, Informationen zu liefern, sondern, was bereits aus dem Begriff der „Denunziation" folgt, aus eigener Initiative dem MfS Informationen lieferten. In der Konsequenz bedeutet dies, dass Denunzianten, da sie nicht ausdrücklich in § 6 aufgenommen sind, der Auffangkategorie der Dritten nach § 6 Abs. 7 angehören müssten. Nach der gesetzlichen Konstruktion (vgl. nur § 6 Abs. 7) gehören Dritte der Opferseite an. Denunzianten jedoch sind, da sie dem MfS Informationen über Betroffene lieferten, der Täterseite zuzuordnen. Diese Konsequenz mag ungerecht erscheinen und ist folglich auch kritisiert worden,[20] zum Teil wurde aufgrund der Überlegung, dass Denunzianten der Täterseite zuzuordnen sind, angenommen, sie bildeten einen Sonderfall der Inoffiziellen Mitarbeiter.[21] Es stellt sich die Frage, ob die Kritik berechtigt ist bzw. die Zuordnung der Denunzianten zu den Mitarbeitern durchzuhalten ist. Hierzu ist der Begriff des Denunzianten auszulegen.

Der Begriff des Denunzianten selbst ist negativ konnotiert. So wurde „denunzieren" **280** auch definiert als das Bezichtigen einer strafbaren Handlung oder die politische Verdächtigung aus unehrenhaften Gründen.[22] Der Gesetzgeber hat mit „Denunziant" einen politisch wertenden Begriff gewählt, der nahelegt, die Denunzianten zu den Mitarbeitern zu zählen. Der Wortlaut des Abs. 5 S. 2 spricht daher für eine Zuordnung zu den Mitarbeitern nach § 6 Abs. 4.

Betrachtet man die Systematik des Gesetzes, so ergibt sich ein widersprüchliches **281** Bild. Zum einen liegt dem StUG die Differenzierung zwischen Tätern und Opfern zugrunde, die sich durch das ganze Gesetz zieht. Die Denunzianten sind dabei als

---

[19] *M. Budsinowski*, in: Geiger/Klinghardt, StUG, 2. Aufl. 2006, § 13 Rn. 20.
[20] Stoltenberg, StUG, 1992, § 6 Rn. 23; *K. Stoltenberg*, DtZ 1992, 65, 66.
[21] *A. Engel*, Rechtsprechung und Kommentierung, in: Unverhau, Das Stasi-Unterlagen-Gesetz im Lichte von Datenschutz und Archivgesetzgebung, 1998, S. 83, 91.
[22] Schmidt/Dörr, StUG, 1993, § 13 Rn. 13.

**Dustin Bruns, Stefan Engel, Gawain Thimm**

# § 13

Personen, die dem MfS Informationen lieferten, Täter. Dies würde eine Zuordnung zu den Mitarbeitern nahelegen. Zum anderen jedoch nimmt das Gesetz in § 6 eine als abschließend zu verstehende Kategorisierung in verschiedene Personengruppen vor, die Kategorie der Dritten soll eine Auffangkategorie darstellen (§ 6 Rn. 166). Der Kategorie der Mitarbeiter unterfallen die Denunzianten nach dem Wortlaut des § 6 Abs. 4 dabei nicht, was zur Folge hätte, dass sie Dritte nach § 6 Abs. 7 sein müssten.

**282** Auch das Telos vermag kein eindeutiges Ergebnis hervorzubringen. So ist hier wiederum die Täter/Opfer-Differenzierung heranzuziehen, nach der Denunzianten Täter sind und daher den Mitarbeitern nahestehen. Jedoch wurden Denunzianten im Gesetzgebungsprozess aufgrund von Abgrenzungsproblemen ausdrücklich aus der Kategorie der Mitarbeiter herausgenommen,[23] was in der Konsequenz bedeutet, dass sie der Auffangkategorie der Dritten nach § 6 Abs. 7 zugeordnet wurden. Die Auslegung des Abs. 5 S. 2 fördert kein eindeutiges Ergebnis zutage. Möglicherweise könnte jedoch die Zuordnung der Denunzianten zur Kategorie der Mitarbeiter aus verfassungsrechtlichen Gründen ausgeschlossen sein.

**283** Die Einordnung einer Person in die Kategorie der Mitarbeiter hat zahlreiche Folgen für deren Allgemeines Persönlichkeitsrecht (§ 6 Rn. 151 f.). Dem Mitarbeiter wird eine Rechtsposition gegeben, in der sein Allgemeines Persönlichkeitsrecht aus Art. 2 Abs. 1 i.V.m. Art. 1 Abs. 1 GG deutlich geschwächt wird. Beispielsweise erfolgt keine Anonymisierung nach § 12 Abs. 4, wenn der Mitarbeiter in einer Unterlage, in die Einsicht genommen wird, genannt ist. Auch ist die Herausgabe von Unterlagen mit personenbezogenen Informationen über Mitarbeiter zu Forschungszwecken nach § 32 Abs. 1 S. 1 Nr. 3 im Gegensatz zu Unterlagen mit Informationen über Betroffene oder Dritte grundsätzlich möglich. Die Zuordnung zu einer Stellung, die eine solche Schwächung dieses Grundrechtes zur Folge hat, ist dabei bereits als Eingriff zu charakterisieren. Bei Mitarbeitern des MfS im Sinne des § 6 Abs. 4 ist dieser vor dem Hintergrund des Aufarbeitungszweckes des StUG und des Anteils, den sie zum DDR-Unrecht beigetragen haben, gerechtfertigt. Fraglich ist, ob dies bei Denunzianten auch durchzuhalten ist.

**284** Mitarbeiter des MfS haben sich dauerhaft zur Lieferung von Informationen bereit erklärt und sich mit dieser Bereiterklärung formell auf die Seite des DDR-Unrechts gestellt. Gerade dies geschieht bei Denunzianten nicht. Diese haben nur vereinzelt Informationen geliefert und sich ggf. weniger mit dem Unrechtsapparat der DDR identifiziert. Besonders die weniger systematische und seltenere Erbringung von

---

[23] BT-Drucks. 12/1540, 58.

**Dustin Bruns, Stefan Engel, Gawain Thimm**

Informationen an das MfS ist es, die das Unrecht, das durch Denunzianten verübt worden ist, im Vergleich zu dem der Mitarbeiter geringer erscheinen lässt. Das Persönlichkeitsrecht der Denunzianten ist daher als stärker zu gewichten als das der Mitarbeiter. Denunzianten dennoch der Gruppe der Mitarbeiter zuzuordnen und ihnen damit eine Rechtsposition zuzuweisen, die drastische Folgen für das Persönlichkeitsrecht hat, erscheint unverhältnismäßig.

Denunzianten verdienen einen stärkeren Schutz, als er für Mitarbeiter vorgesehen ist; ihr Persönlichkeitsrecht überwiegt das Aufarbeitungsinteresse des StUG insoweit, sodass eine Kategorisierung der Denunzianten als Mitarbeiter ausgeschlossen ist.

Dies hat zur Konsequenz, dass Denunzianten mangels einer besonderen Regelung zu **285** den Dritten nach § 6 Abs. 7 und damit zur Opferseite zu zählen sind.[24] Ein Einsichtsrecht in die von ihnen verfassten schriftlichen Denunziationen kann nur im Rahmen der Wertung des § 16 Abs. 4, der Mitarbeitern ein eng ausgestaltetes Einsichtsrecht in eigene Berichte gewährt, eingeräumt werden.[25] Ein eigenes Recht auf Aufdeckung von Klarnamen von Mitarbeitern, die Informationen über Denunzianten geführt haben, nach Abs. 5 S. 1, ist jedoch ausgeschlossen. Abs. 6 geht bei der Decknamenaufdeckung davon aus, dass die Namen von Mitarbeitern aufgedeckt werden, die gegen einen Betroffenen (oder Dritten, Abs. 7) tätig waren; eine Tätigkeit gegen Denunzianten ist bei Mitarbeitern, die Informationen über diese führten, jedoch nicht festzustellen.[26]

Abs. 5 S. 3 stellt klar, dass Interessen der Mitarbeiter und Denunzianten der **286** Aufdeckung ihrer Namen nicht entgegenstehen. Diese Regelung nimmt das Ergebnis der Interessenabwägung des § 3 Abs. 3 vorweg und erklärt Interessen von Mitarbeitern und Denunzianten an der Geheimhaltung ihrer Identität für weniger gewichtig als das Aufklärungsinteresse des Betroffenen und im Ergebnis für unbeachtlich. Dies dient wiederum der Durchsetzung des Zweckes der persönlichen Aufarbeitung nach § 1 Abs. 1 Nr. 1.

---

[24] Im Ergebnis so auch *M. Budsinowski*, in: Geiger/Klinghardt, StUG, 2. Aufl. 2006, § 13 Rn. 27.
[25] *M. Budsinowski*, in: Geiger/Klinghardt, StUG, 2. Aufl. 2006, § 13 Rn. 27; Stoltenberg/ Bossack, StUG, 2012, § 13 Rn. 9.
[26] *M. Budsinowski*, in: Geiger/Klinghardt, StUG, 2. Aufl. 2006, § 13 Rn. 27.

**Dustin Bruns, Stefan Engel, Gawain Thimm**

## VI. Zu Abs. 6

**287** Abs. 6 schließt die Anwendung von Abs. 5 S. 1 und 2 für Mitarbeiter und Denunzianten, die im Zeitpunkt ihrer Tätigkeiten das 18. Lebensjahr noch nicht vollendet hatten, aus. Oft ist dazu auch der Begriff „Jugendsünde" zu finden. Der Gesetzgeber hielt es nicht für vertretbar, dass Personen Handlungen vorgeworfen werden können, die im minderjährigen Alter stattgefunden haben.[27] Dies gilt jedoch nur, wenn später keine weiteren Handlungen für das MfS gegen den entsprechenden Betroffenen vorgekommen sind.[28] Aus dem Wortlaut von Abs. 6 ergibt sich dabei, dass eine spätere Tätigkeit gegen andere Betroffene dem Jugendsündenprivileg nicht abträglich ist, wenn Tätigkeiten vor Vollendung des 18. Lebensjahres abgeschlossen waren.[29] Für spätere Tätigkeiten gilt die Privilegierung nicht mehr.

**288** Der Schutz Minderjähriger lässt sich an vielen Stellen in der Rechtsordnung wiederfinden. So dient die Beschränkung der Geschäftsfähigkeit in §§ 104 ff. BGB dem Schutz Minderjähriger insofern, dass sie die Folgen ihres Handelns möglicherweise nicht in ihrer ganzen Tragweite zu überblicken vermögen.[30] Auch die Haftung Minderjähriger im Rahmen des § 828 BGB kann aus denselben Gründen beschränkt werden, da die volle Haftung ansonsten eine verfassungswidrige Belastung darstellen würde.[31] Auch das Jugendstrafrecht[32] und das Jugendschutzgesetz stehen im Zeichen des Schutzes Minderjähriger. Hier reiht sich auch die Regelung des Abs. 6 ein. Auch diese Regelung soll den minderjährigen Denunzianten oder Mitarbeiter vor weitreichenden, für ihn nicht absehbaren Folgen seines Handelns schützen.

**289** Um seine Ziele bestmöglich zu erreichen, setzte das Ministerium für Staatssicherheit in erheblichem Maße auf Kinder und Jugendliche. Wollte man Informationen über die Einstellung oder das Verhalten von Mitschülern bzw. deren Eltern, über die die Kinder eventuell vor Gleichaltrigen ungehemmter und mit größerer Offenheit zu erzählen bereit waren, von Lehrern, Freunden oder der eigenen Familie erhalten, so waren junge Menschen gut als „Spitzel" einsetzbar. Erschwerend kommt hinzu, dass

---

[27] BT-Drucks. 12/1540, Begründung zu § 11 Abs. 5 b.
[28] BT-Drucks. 12/1540, Begründung zu § 11 Abs. 5 b; *M. Budsinowski*, in: Geiger/Klinghardt, StUG, 2. Aufl. 2006, § 13 Rn. 22.
[29] *M. Budsinowski*, in: Geiger/Klinghardt, StUG, 2. Aufl. 2006, § 13 Rn. 23.
[30] *J. Schmitt*, in: MüKo-BGB, Bd. 1, 7. Aufl. 2015, vor § 104 Rn. 2.
[31] Vgl. LG Dessau NJW-RR 1997, 214; vgl. auch den auf Vorlage des LG Dessau erfolgten Beschluss des BVerfG, mit dem die Richtervorlage gem. Art. 100 Abs. 1 GG für unzulässig erklärt wurde, der aber wesentliche Gesichtspunkte zum Minderjährigenschutz hervorhebt: BVerfG NJW 1998, 3557 f.
[32] Vgl. *C. Laue*, in: MüKo-StGB, Bd. 6, 3. Aufl. 2017, § 2 JGG Rn. 1 ff.

Dustin Bruns, Stefan Engel, Gawain Thimm

für Minderjährige häufig die Folgen der Preisgabe solcher Informationen nicht absehbar gewesen sein dürften.

Ungeachtet, wie Menschen sich im öffentlichen Raum, Arbeitskollegen oder Freunden gegenüber äußerten – den eigenen Kindern werden die meisten die Wahrheit über ihre Gesinnung erzählt haben, so auch die Einschätzung des Ministeriums für Staatssicherheit. Gleichsam sind es auch die Eltern, denen man als Kind das meiste Vertrauen entgegenbringt. Das resultierende Ergebnis – die Tatsache nämlich, dass sich im Verhältnis zwischen Eltern und Kindern mit Abstand am häufigsten die wahre politische Gesinnung zeigte – machten sich die Mitarbeiter des Ministeriums zunutze. **290**

Um Minderjährige, in der Regel waren es Schülerinnen und Schüler, zur Kooperation zu bewegen, wählte man gut überlegte Methoden. Beliebte Ziele von Rekrutierungsversuchen waren Schülerinnen und Schüler mit guten schulischen Leistungen. Begründet war dies in der Wahl der Druckmittel. Die Möglichkeit von plötzlichem Abfall der guten Zensuren war ein ebenso oft genanntes Szenario in den Gesprächen zwischen Stasi-Mitarbeitern und jungen Menschen wie der Hinweis darauf, dass man nur mit Zustimmung der Regierung ein Studium antreten könne. Abgesehen von leistungsstarken Jugendlichen waren es auch Mädchen und Jungen von Eltern, die Parteimitglieder oder zumindest Unterstützer der DDR-Regierung waren. So gab es junge Menschen, die erst dazu gebracht worden sind, ein kritisches Wort über die Deutsche Demokratische Republik oder ihre Politik zu äußern, um genau dies dann zur Erpressung zu nutzen. Wer wollte schon, dass der Vater oder – noch schlimmer – seine Parteigenossen von einer abtrünnigen Tochter oder ebensolchem Sohn erfahren? **291**

Es wurde also – und das ist mit Blick auf den Umgang mit betroffenen Akten durchaus erwähnenswert und unbedingt zu berücksichtigen – ein enormer Druck auf junge Menschen ausgeübt, die womöglich ihrem Umfeld durch darauffolgende Taten geschadet haben. Dies ist besonders deshalb so kritisch zu betrachten, weil junge Menschen in ihrer Persönlichkeit zumeist noch wenig gefestigt und im Gegensatz zu älteren Personen deutlich leichter zu indoktrinieren sind. Auch diesen Drucksituationen, denen Minderjährige besonders hilflos ausgeliefert sind, trägt die Regelung des Abs. 6 Rechnung. Die Minderjährigen sind selbst gegebenenfalls ohnehin als Opfer des Systems, in dem sie aufgewachsen sind, zu betrachten; dies soll nicht noch durch die Aufdeckung ihrer Klarnamen nach Abs. 5 S. 1, 2 verschärft werden. **292**

**Dustin Bruns, Stefan Engel, Gawain Thimm**

**293** Das Ministerium für Staatssicherheit der DDR hat rund 12.100 Menschen unter 25 Jahren auf diese oder ähnliche Weise während der gesamten Zeit seines Bestehens als inoffizielle Mitarbeiter arbeiten lassen. 3.500 waren unter 21 Jahre und ungefähr 1.300 IMs waren unter 18 Jahre alt.[33]

### VII. Zu Abs. 7

**294** Abs. 7 S. 1 ordnet die entsprechende Anwendung des § 13 für Dritte an. Dies entspricht der Einordnung der Dritten auf die Opferseite (vgl. § 6 Rn. 166). Dabei wird bereits die abgestufte Behandlung der verschiedenen Personenkategorien deutlich, denn Dritte müssen Angaben machen, die das Auffinden der Unterlagen ermöglichen. Nach Abs. 1 S. 2 sollen Betroffene lediglich solche Angaben machen. Zu möglichen Angaben, die das Auffinden ermöglichen, vgl. Rn. 268.

**295** Für einen Dritten selbst besteht keine Unterlage, sie werden lediglich in Unterlagen, die zu anderen Personen angelegt worden sind, genannt (vgl. § 6 Rn. 167).

**296** Daraus erklärt sich die Einschränkung des Abs. 7 S. 2. Danach wird eine Auskunft nur dann erteilt, wenn der dafür erforderliche Aufwand nicht außer Verhältnis zum Informationsinteresse steht. Damit sollen zu weit gehende und nicht effektive Anträge zurückgewiesen werden können.[34] Dies dient auch dazu, die verfügbaren Ressourcen des BStU zu schonen.

**297** Diese würden stark beansprucht werden, wenn die Unterlagen zu zahlreichen anderen Personen auf der Suche nach Informationen zu dem antragstellenden Dritten durchforstet werden müssten.[35]

---

[33] *H. Müller-Enbergs*, Die inoffiziellen Mitarbeiter, 2008, S. 39.
[34] *M. Budsinowski*, in: Geiger/Klinghardt, StUG, 2. Aufl. 2006, § 13 Rn. 26.
[35] Vgl. Stoltenberg/Bossack, StUG, 2012, § 13 Rn. 13.

**Dustin Bruns, Stefan Engel, Gawain Thimm**

## § 15 Recht von nahen Angehörigen Vermisster oder Verstorbener auf Auskunft, Einsicht und Herausgabe

(1) Nahen Angehörigen ist auf Antrag Auskunft zu erteilen

1. zur Rehabilitierung Vermisster oder Verstorbener,

2. zum Schutze des Persönlichkeitsrechts Vermisster oder Verstorbener, insbesondere zur Klärung des Vorwurfs der Zusammenarbeit mit dem Staatssicherheitsdienst,

3. zur Aufklärung des Schicksals Vermisster oder Verstorbener.

Nahen Angehörigen im Sinne des Absatzes 3 ist auf Antrag Auskunft zu erteilen, wenn und soweit sie sonstige berechtigte Interessen im Sinne von § 1 Absatz 1 Nummer 1 glaubhaft machen und keine überwiegenden schutzwürdigen Interessen beeinträchtigt werden. In dem Antrag nach Satz 1 oder Satz 2 sind der Zweck, zu dem die Auskunft eingeholt wird, glaubhaft zu machen und das Verwandtschaftsverhältnis zu der vermissten oder verstorbenen Person nachzuweisen.

(2) § 13 Abs. 1 Satz 2 und Abs. 2 bis 6 gilt entsprechend.

(3) Nahe Angehörige sind Ehegatten, Kinder, Enkelkinder, Eltern und Geschwister. Als nahe Angehörige gelten hinsichtlich der leiblichen Eltern auch adoptierte Kinder sowie die leiblichen Eltern adoptierter Kinder, wenn nicht auszuschließen ist, dass der Staatssicherheitsdienst auf die Adoption oder auf das Schicksal der leiblichen Eltern Einfluss genommen hat.

(4) Als nahe Angehörige gelten auch Verwandte bis zum dritten Grad, wenn sie glaubhaft machen, dass keine nahen Angehörigen im Sinne von Absatz 3 vorhanden sind.

(5) Absatz 1 gilt nicht, wenn der Vermisste oder Verstorbene eine andere Verfügung hinterlassen hat oder sein entgegenstehender Wille sich aus anderen Umständen eindeutig ergibt.

*Literaturangaben: Beleites, Johannes, Mit lautem Donner zu kurz gesprungen – Die 8. Novelle des Stasi-Unterlagen-Gesetzes, Deutschland Archiv, 15.11.2011, http://www.bpb.de/geschichte/zeitgeschichte/deutschlandarchiv/53017/novelle-des-stasi-unterlagen-gesetzes?p=all (20.10.2013); Friauf, Karl Heinrich/Höfling, Wolfram (Hrsg.): Berliner Kommentar zum Grundgesetz, Bd. 1, 43. Lieferung April 2014, Berlin; Bundesministerium der Justiz, Merkblatt zur strafrechtlichen Rehabilitierung, in: VIZ 1998, S. 247–252; Dreier, Horst (Hrsg.), Grundgesetz Kommentar, Bd. 1, 3. Aufl., Tübingen 2013; Drohla, Jeannine: Aufarbeitung versus Allgemeines Persönlichkeitsrecht – §§ 32, 34 Stasi-Unterlagen-Gesetz, Berlin 2011; Garstka, Hansjürgen, Stellungnahme zur öffentlichen Anhörung zum Entwurf eines 8. Gesetzes zur Änderung des Stasi-Unterlagen-Gesetzes am 27.6.2011, 24.6.2011,*

**Inga Gipperich**

*http://www.bundestag.de/bundestag/ausschuesse17/a22/oeffentliche_Sitzungen/40_*
*sitzung/Stellungnahmen/Garstka.pdf (28.10.2013); Geiger, Hansjörg/Klinghardt,*
*Heinz (Hrsg.), Stasi-Unterlagen-Gesetz, 2. Aufl., Stuttgart 2006; Mangoldt, Her-*
*mann v./Klein, Friedrich/Starck, Christian (Hrsg.), Grundgesetz Kommentar, Bd. 1,*
*7. Aufl. 2018; Maunz, Theodor/Dürig, Günter (Begr.), Grundgesetz Kommentar, 81.*
*Lieferung September 2017, München; Musielak, Hans-Joachim/Voit, Wolfgang,*
*ZPO, 15. Aufl., München 2018; Pfister, Wolfgang, Restitution nach Rehabilitierung*
*und Kassation, in: VIZ 1992, S. 383–387; Rauscher, Thomas/Wax, Peter/Wenzel,*
*Joachim (Hrsg.), Münchener Kommentar zur Zivilprozessordnung mit Gerichtsver-*
*fassungsgesetz und Nebengesetzen, Bd. 1, 5. Aufl., München 2016; Sachs, Michael*
*(Hrsg.), Grundgesetz Kommentar, 8. Aufl., München 2018; Saenger, Ingo, Zivilpro-*
*zessordnung, 7. Aufl., Baden-Baden 2017; Schmidt, Dietmar/Dörr, Erwin, Stasi-*
*Unterlagen-Gesetz, Köln 1993; Staudinger, Julius v.: J. von Staudingers Kommen-*
*tar zum Bürgerlichen Gesetzbuch mit Einführungsgesetz und Nebengesetzen, §§ 823*
*E – I, 824, 825 (Unerlaubte Handlungen 1 – Teilband 2), Neubearbeitung 2009,*
*Saarbrücken/München; Stellungnahme des Verbandes der Beschäftigten der obers-*
*ten und oberen Bundesbehörden e.V. anlässlich der öffentlichen Anhörung des Aus-*
*schusses für Kultur und Medien im Deutschen Bundestag am 27. Juni 2011 zum*
*Gesetzesentwurf eines Achten Gesetzes zur Änderung des Stasi – Unterlagen –*
*Gesetzes (StUG) BT-Drucks. 17/5894, http://www.bundestag.de/bundestag/*
*ausschuesse17/a22/oeffentliche_Sitzungen/40_sitzung/Stellungnahmen/VBOB.pdf*
*(11.11.2013); Stoltenberg, Klaus/Bossack, Carolin, Stasi-Unterlagen-Gesetz,*
*Baden-Baden 2012; Stoltenberg, Klaus, Stasi-Unterlagen-Gesetz, Baden-Baden*
*1992; Trute, Hans-Heinrich, Die Regelungen des Umgangs mit den Stasi-Unter-*
*lagen im Spannungsfeld von Allgemeinem Persönlichkeitsrecht und legitimen Ver-*
*wendungszwecken, in: JZ 1992, S. 1043–1054; Vorwerk, Volker/Wolf, Christian*
*(Hrsg.), Beck'scher Online-Kommentar ZPO, 28. Edition, Stand: 1.3.2018,*
*München; Weberling, Johannes, Stasi-Unterlagen-Gesetz, Kommentar, Köln 1993.*

## A. Vorbemerkung

### I. Entwicklung der Norm

**298**  Das Recht naher Angehöriger auf Einsicht, Auskunft und Herausgabe von Unterlagen nach § 15 war durch zahlreiche Bürgereingaben ein erkennbar praktisches Bedürfnis geworden[1] und wurde im Laufe der Zeit auf zwei Ebenen erweitert.

---

[1] BT-Drucks. 12/723, 23; BT-Drucks. 12/1093, 24; Schmidt/Dörr, StUG, 1993, § 15 Rn. 2.

**Inga Gipperich**

Zum einen beziehen sich die Ausweitungen auf den Begriff des Angehörigen. So wurden im Zuge des 7. StUÄndG adoptierte Kinder, auf deren Adoption oder auf das Schicksal deren leiblicher Eltern der Staatssicherheitsdienst Einfluss nahm, den in § 15 Abs. 3 S. 1 genannten nahen Angehörigen gleichgestellt.[2] In der gleichen Novelle wurde zudem der Angehörigenbegriff auf Angehörige bis zum dritten Grad (§ 15 Abs. 4) erweitert.[3]

Zum anderen wurden die zulässigen Auskunftszwecke erweitert, welche vor dem 8. StUÄndG in § 15 Abs. 1 S. 1 Nr. 1−3 abschließend aufgezählt waren, sodass nunmehr durch den Zweck des sonstigen berechtigten Interesses in § 15 Abs. 1 S. 2 auch vom Gesetz nicht ausdrücklich benannte Antragszwecke zulässig sein können.[4]

Das Auskunftsrecht naher Angehöriger erfährt durch den Zeitablauf, mit welchem vermehrt Personen sterben, die die Machenschaften des MfS direkt miterlebt haben, eine stetig wachsende praktische Bedeutung,[5] wodurch man die o.g. Ausweitungen, auch durch die zunehmende Erfahrung des BStU mit derartigen Anträgen, unter Beachtung des Persönlichkeitsrechts für gerechtfertigt hielt.[6]

**II. Konzeption**

Durch die stetige Erweiterung des § 15 sind nahe Angehörige Betroffenen und Dritten bzgl. des Rechts auf Einsicht, Auskunft und Herausgabe weitestgehend gleichgestellt. Ihre Rechte bilden eine Ausnahme vom Grundsatz in § 3 Abs. 1 S. 1, demgemäß der Einzelne lediglich Auskunft über Informationen zu seiner eigenen Person erhalten darf (§ 3 Rn. 72).[7] § 3 ist dementsprechend nicht nur eine Anspruchsgrundlage für den Einzelnen, sondern beschränkt die Ansprüche gleichzeitig auch auf die den Einzelnen betreffenden Informationen (§ 3 Rn. 72).[8] Diese Systematik des § 3 ist aus den Gesetzeszwecken in § 1 herzuleiten, der einerseits den Zugang des Einzelnen zu den zu seiner Person gespeicherten Informationen (§ 1 Abs. 1 Nr. 1), andererseits den Schutz des Persönlichkeitsrechts des Einzelnen (§ 1 Abs. 1 Nr. 2) als Gesetzeszweck festlegt (§ 3 Rn. 67).[9]

**299**

---

[2] BGBl. I 2006, 3326.
[3] BGBl. I 2006, 3326.
[4] BGBl. I 2011, 3106.
[5] *J. Drohla*, Aufarbeitung versus Allgemeines Persönlichkeitsrecht, 2011, S. 254.
[6] BT-Drucks. 17/5894, 6.
[7] VG Berlin, 1 A 279.95 vom 7.1.1998; VG Berlin, 1 A 140.97 vom 9.6.1997.
[8] *J. Pietrkiewicz/J. Burth*, in: Geiger/Klinghardt, StUG, 2. Aufl. 2006, § 15 Rn. 1.
[9] *J. Pietrkiewicz/J. Burth*, in: Geiger/Klinghardt, StUG, 2. Aufl. 2006, § 15 Rn. 1.

**Inga Gipperich**

# § 15

**300** Zweck des Akteneinsichtsrechts Angehöriger ist es, diesen eine persönliche oder familiäre Aufarbeitung in Bezug auf verstorbene oder vermisste Familienmitglieder zu ermöglichen. Dies wird auch darin deutlich, dass alle zulässigen Auskunftszwecke einen Aufarbeitungszusammenhang aufweisen. Um die familiäre Aufarbeitung möglichst umfassend zu ermöglichen, werden Vermisste in § 15 den Verstorbenen gleichgestellt. Damit geht das StUG weiter als das Verschollenheitsgesetz (VerschG), demgemäß Verschollene erst nach dem Ablauf dort bestimmter Fristen für tot erklärt werden können.

Die familiäre Aufarbeitung ist Teil des Schutzes des Andenkens an Verstorbene, welcher wiederum aus dem sozialen Achtungsanspruch des Hinterbliebenen als Element des Allgemeinen Persönlichkeitsrechts aus Art. 2 Abs. 1 i.V.m. Art. 1 Abs. 1 GG herzuleiten ist.[10] Ein herabwürdigendes Verhalten gegenüber einem Verstorbenen oder Vermissten (z.b. durch Vorwürfe einer Mitarbeit beim MfS) ist nicht lediglich eine mittelbare Verletzung des Angehörigen, sondern ein direkter Eingriff in sein Allgemeines Persönlichkeitsrecht, weil dieser sich vom Handeln des Verstorbenen oder Vermissten mitgeprägt sieht und sich für dessen Verhalten mitverantwortlich fühlt.[11]

**301** Der Gesetzeszweck in Abs. 1 S. 1 Nr. 2 schützt jedoch nicht nur das Andenken Angehöriger an den Verstorbenen, sondern auch unmittelbar das postmortale Persönlichkeitsrecht des Verstorbenen, welches wiederum von den Hinterbliebenen geltend gemacht werden muss.[12] Dieses Recht ist von Rechtsprechung und Literatur allgemein anerkannt aus dem Gedanken heraus, dass der Schutz des Menschen als Subjekt nicht mit seinem Ableben enden kann.[13] Es umfasst den sittlichen, personalen und sozialen Achtungsanspruch des Einzelnen, also die Würde und Ehre des Toten.[14] Zudem besteht im Ergebnis Einigkeit darüber, dass der Schutzumfang des postmortalen Persönlichkeitsrechts abnimmt, je länger der Tod eines Menschen

---

[10] *J. Drohla*, Aufarbeitung versus Allgemeines Persönlichkeitsrecht, 2011, S. 298.

[11] *J. Drohla*, Aufarbeitung versus Allgemeines Persönlichkeitsrecht, 2011, S. 298.

[12] Stoltenberg/Bossack, StUG, 2012, § 15 Rn. 1; vgl. *C. Enders*, in: Berliner Kommentar zum GG, 43. Lfg., Art. 1 Rn. 120.

[13] *C. Starck*, in: v. Mangoldt/Klein/Starck, GG, Bd. 1, 7. Aufl. 2018, Art. 1 Rn. 22; *H. Dreier*, in: Dreier, GG, Bd. 1, 3. Aufl. 2013, Art. 1 Rn. 77; *M. Herdegen*, in: Maunz/Dürig, GG, 81. Lfg., Art. 1 Abs. 1 Rn. 57.

[14] BVerfGE 30, 173, 193 ff.; *J. Rapp-Lücke*, in: Geiger/Klinghardt, StUG, 2. Aufl. 2006, § 32 Rn. 44; *C. Enders*, in: Berliner Kommentar zum GG, 43. Lfg., Art. 1 Rn. 118; *J. Drohla*, Aufarbeitung versus Allgemeines Persönlichkeitsrecht, 2011, S. 296, 307.

**Inga Gipperich**

zurückliegt und je stärker die Erinnerungen an sein Lebensbild in der Nachwelt bereits verblasst sind.[15]

Umstritten ist allerdings, aus welchem Grundrecht sich dieser postmortale Persönlichkeitsschutz ergibt. Die Rechtsprechung, insbesondere die des BVerfG, sowie Teile des Schrifttums verorten ihn bei der Menschenwürdegarantie des Art. 1 Abs. 1 GG.[16] Dieser Einordnung wird entgegen gehalten, dass bei einer Herleitung des postmortalen Persönlichkeitsrechts aus Art. 1 Abs. 1 GG die gebotene Abstufung des Schutzes auf Grund der Unabwägbarkeit der Menschenwürde nicht vorgenommen werden kann.[17] Ferner wird der Rechtsprechung des BVerfG Inkonsistenz vorgeworfen, da sie den Schutzbereich der Menschenwürde z.b. durch die Wertungen der Meinungsfreiheit aus Art. 5 Abs. 1 S. 1 GG begrenzt[18] und somit faktisch eine Abwägung vornehme, welche bei einer Verortung des postmortalen Persönlichkeitsrecht in Art. 1 Abs. 1 GG ausgeschlossen wäre.[19]

**302**

Daher begreift die Gegenauffassung im Schrifttum den postmortalen Persönlichkeitsschutz als Ausprägung des Allgemeinen Persönlichkeitsrechts gem. Art. 2 Abs. 1 i.V.m. Art. 1 Abs. 1 GG.[20] Dieses wirke dabei ausnahmsweise über den Tod eines Menschen hinaus.[21] Gegen diese Einordnung wird eingewendet, dass Tote nicht grundrechtsfähig sind; Grundrechtsträger des Allgemeinen Persönlichkeitsrechts jedoch nur lebende, bzw. wenigstens potentiell oder zukünftig handelnde Personen sein könnten.[22]

---

[15] BVerfGE 30, 173, 196; *J. Rapp-Lücke*, in: Geiger/Klinghardt, StUG, 2. Aufl. 2006, § 32 Rn. 44; *C. Enders*, in: Berliner Kommentar zum GG, 43. Lfg., Art. 1 Rn. 120; *H. Dreier*, in: Dreier, GG, Bd. 1, 3. Aufl. 2013, Art. 1 Rn. 77; *M. Herdegen*, in: Maunz/Dürig, GG, 81. Lfg., Art. 1 Abs. 1 Rn. 57; i.E. auch *C. Starck*, in: v. Mangoldt/Klein/Starck, GG, Bd. 1, 7. Aufl. 2018, Art. 1 Rn. 22.

[16] BVerfGE 30, 173, 196; BVerfG NJW 2001, 2957, 2958; BGH NJW 2007, 684, 685; BGH NJW 2006, 3409 ff.; BGH NJW 1990, 1986, 1987; OLG Koblenz ZUM 1999, 418, 419; *J. Rapp-Lücke*, in: Geiger/Klinghardt, StUG, 2. Aufl. 2006, § 32 Rn. 44; *C. Starck*, in: v. Mangoldt/Klein/Starck, GG, Bd. 1, 7. Aufl. 2018, Art. 1 Rn. 22; *J. Drohla*, Aufarbeitung versus Allgemeines Persönlichkeitsrecht, 2011, S. 255, 296, 307.

[17] *H. Dreier*, in: Dreier, GG, Bd. 1, 3. Aufl. 2013, Art. 1 Rn. 76 f.

[18] BVerfG NJW 2001, 2957, 2957 f.

[19] *H. Dreier*, in: Dreier, GG, Bd. 1, 3. Aufl. 2013, Art. 1 Rn. 76 f.

[20] *H. Dreier*, in: Dreier, GG, Bd. 1, 3. Aufl. 2013, Art. 1 Rn. 76; *W. Höfling*, in: Sachs, GG, 8. Aufl. 2018, Art. 1 Rn. 64; *M. Herdegen*, in: Maunz/Dürig, GG, 81. Lfg., Art. 1 Abs. 1 Rn. 57.

[21] *H. Dreier*, in: Dreier, GG, Bd. 1, 3. Aufl. 2013, Art. 1 Rn. 76.

[22] BVerfGE 30, 173, 194 ff.; BVerfG NJW 2001, 2957, 2958; BGH NJW 2007, 684, 685; BGH NJW 2006, 3409 ff.; BGH NJW 1990, 1986, 1987; OLG Koblenz ZUM 1999, 418, 419; *C.*

**Inga Gipperich**

**303** Ehrkränkende Behauptungen, die einem Verstorbenen die Förderung eines Unrechtsregimes unterstellen, sind im Ergebnis jedenfalls als Eingriff in den Schutzbereich des postmortalen Persönlichkeitsrechts anzusehen.[23] Demgemäß stellt auch der Vorwurf, der Verstorbene oder Vermisste habe für den Staatssicherheitsdienst gearbeitet, einen solchen Eingriff dar.[24] Folglich ist Abs. 1 S. 1 Nr. 2 sogar eine doppelte Schutzrichtung immanent.

**304** Sowohl die Geltendmachung des Schutzes des Andenkens an Verstorbene als auch des postmortalen Persönlichkeitsschutzes basieren auf dem Konzept der mutmaßlichen Einwilligung des Vermissten oder Verstorbenen. Dies wird durch Abs. 5 deutlich, da ein der Verwendung entgegenstehender Wille des Vermissten oder Verstorbenen diese im Ganzen ausschließt (Rn. 337).[25]

Diesem Konzept folgend ist der hypothetische Wille des dispositionsbefugten Rechtsgutinhabers bei der Unterlagenverwendung maßgeblich.[26] Dieser ist aus früheren Willensbekundungen, hilfsweise aus einer Abwägung des geschützten mit dem beeinträchtigten Interesse zu entnehmen.[27] Hypothetische Interessen des Verstorbenen oder Vermissten können z.b. das Recht auf Achtung seiner Privatsphäre oder das Recht auf informationelle Selbstbestimmung aus Art. 2 Abs. 1 i.V.m. Art. 1 Abs. 1 GG sein.

§ 15 ist demgemäß primär eine Ausformung des Selbstbestimmungsrechts des Verstorbenen oder Vermissten über die Verwendung von zu seiner Person vorhandenen Unterlagen des MfS und nur sekundär das Ergebnis des objektiv überwiegenden Interesses des nahen Angehörigen an der Verwendung solcher Unterlagen.

---

*Enders*, in: Berliner Kommentar zum GG, 43. Lfg., Art. 1 Rn. 118; *J. Drohla*, Aufarbeitung versus Allgemeines Persönlichkeitsrecht, 2011, S. 255, 296, 307; vgl. *U. Di Fabio*, in: Maunz/Dürig, GG, 81. Lfg., Art. 2 Rn. 226.

[23] VG Berlin, 1 A 246.96 vom 6.5.1998; *J. Drohla*, Aufarbeitung versus Allgemeines Persönlichkeitsrecht, 2011, S. 298; vgl. BVerfG NJW 2001, 2957, 2959.

[24] *J. Drohla*, Aufarbeitung versus Allgemeines Persönlichkeitsrecht, 2011, S. 298.

[25] Stoltenberg/Bossack, StUG, 2012, § 15 Rn. 17.

[26] BGH NJW 2000, 885, 886; BGH NJW 1988, 2310, 2311; *H. Dreier*, in: Dreier, GG, Bd. 1, 3. Aufl. 2013, Vorbemerkungen, Rn. 129; *J. Hager*, in: Staudinger, BGB, 2009, § 823 Rn. 115.

[27] BGH NJW 2000, 885, 886; BGH NJW 1988, 2310, 2311; *J. Hager*, in: Staudinger, BGB, 2009, § 823 Rn. 115.

**Inga Gipperich**

## III. Kritik

Teilweise wird die Reichweite der zulässigen Verwendungszwecke nach § 15 Abs. 1 **305** (Rn. 311 ff.) kritisiert. So sei die Beschränkung auf bestimmte Verwendungszwecke widersprüchlich, da den Angehörigen gleichzeitig auch eine Klagebefugnis zur Geltendmachung des postmortalen Persönlichkeitsrechts Verstorbener oder Vermisster zusteht und sie nicht „Rechtsverletzer" und „Rechtsbewahrer" gleichzeitig sein können.[28] Diese Kritik wird auch am allgemeinen Archivrecht festgemacht, wo Angehörige, nicht das Archiv selbst, grundsätzlich die Interessen eines Verstorbenen wahrnehmen.[29]

Der aufgeführte Widerspruch existiert jedoch nur scheinbar, da sowohl die Verwendung basierend auf dem Schutz des Andenkens an Verstorbene als auch die Verwendung zum Schutz des postmortalen Persönlichkeitsrechts auf dem Gedanken der hypothetischen Einwilligung des Vermissten oder Verstorbenen fußt. Im Falle der ersten Variante kann auf Grund des bedeutenden Interesses des Angehörigen davon ausgegangen werden, dass der Verstorbene oder Vermisste zu Lebzeiten in die Verwendung eingewilligt hatte und seine ggf. bestehenden Interessen (Rn. 304) freiwillig zurückgestellt hätte. Im Falle des postmortalen Persönlichkeitsschutzes sind die Interessen des Vermissten oder Verstorbenen und die der Angehörigen sogar vollkommen deckungsgleich und ein Interessenkonflikt, der abgewogen werden müsste, besteht nicht.

---

[28] Stoltenberg/Bossack, StUG, 2012, § 15 Rn. 1; Stellungnahme des Verbandes der Beschäftigten der obersten und oberen Bundesbehörden e.V. anlässlich der öffentlichen Anhörung des Ausschusses für Kultur und Medien im Deutschen Bundestag am 27. Juni 2011 zum Gesetzesentwurf eines Achten Gesetzes zur Änderung des Stasi-Unterlagen-Gesetzes (StUG) BT-Drucks. 17/5894, http://www.bundestag.de/bundestag/ausschuesse17/a22/ oeffentliche_Sitzungen/40_sitzung/Stellungnahmen/VBOB.pdf (11.11.2013); J. Beleites, Mit lautem Donner zu kurz gesprungen – Die 8. Novelle des Stasi-Unterlagen-Gesetzes, Deutschland Archiv, 15.11.2011, http://www.bpb.de/geschichte/zeitgeschichte/deutschland archiv/53017/novelle-des-stasi-unterlagen-gesetzes?p=all (20.10.2013).

[29] Stellungnahme des Verbandes der Beschäftigten der obersten und oberen Bundesbehörden e.V. anlässlich der öffentlichen Anhörung des Ausschusses für Kultur und Medien im Deutschen Bundestag am 27. Juni 2011 zum Gesetzesentwurf eines Achten Gesetzes zur Änderung des Stasi-Unterlagen-Gesetzes (StUG) BT-Drucks. 17/5894, http://www.bundes tag.de/bundestag/ausschuesse17/a22/oeffentliche_Sitzungen/40_sitzung/Stellungnahmen/ VBOB.pdf (11.11.2013).

**Inga Gipperich**

**306**  Vorgeschlagen wird darüber hinaus, in § 15 einen grundsätzlich zweckfreien Zugang naher Angehöriger einzuführen, welcher lediglich durch überwiegende schutzwürdige Interessen des Verstorbenen oder Vermissten begrenzt werden solle.[30] Auch findet sich der Ansatz, einen unbeschränkten Zugang naher Angehöriger nach Ablauf einer Schutzfrist von 10 oder 30 Jahren nach dem festgestellten, erklärten oder vermuteten Tod einzuführen.[31]

Hinter beiden Vorschlägen steht der Gedanke, dass sich die hypothetischen Interessen Vermisster oder Verstorbener mit Zeitablauf zunehmend abschwächen (Rn. 301) und daher ihre hypothetische Einwilligung eher anzunehmen ist. Gleichzeitig bestehen weiterhin die Interessen der Angehörigen, die auch der Aufarbeitung dienen (Rn. 300). Jedoch hat sich der Gesetzgeber auch im Zuge der letzten Novelle des StUG im Dezember 2011 (Rn. 298) gegen einen grundsätzlich zweckfreien Zugang entschieden und die Einsichtsmöglichkeiten weiterhin an Interessen mit Aufarbeitungszusammenhang geknüpft, was insbesondere durch Abs. 1 S. 2 deutlich wird.

Die Ausweitung der zulässigen Antragszwecke zeigt, dass § 15 nun nicht mehr so deutlich wie in der Ursprungsfassung vom Grundsatz der Eigennützigkeit der Unterlagen (§ 3 Abs. 1 S. 1) geprägt ist, wonach Ansprüche Angehöriger eine Ausnahme darstellen und möglichst eng zu fassen wären. Stattdessen tritt in der heutigen Fassung der Gedanke hinzu, dass auch Interessen dritter Personen zur Nutzung der Unterlagen berechtigen können (Fremdnützigkeit der Unterlagen).

---

[30] Stellungnahme des Verbandes der Beschäftigten der obersten und oberen Bundesbehörden e.V. anlässlich der öffentlichen Anhörung des Ausschusses für Kultur und Medien im Deutschen Bundestag am 27. Juni 2011 zum Gesetzesentwurf eines Achten Gesetzes zur Änderung des Stasi-Unterlagen-Gesetzes (StUG) BT-Drucks. 17/5894, http://www.bundestag.de/bundestag/ausschuesse17/a22/oeffentliche_Sitzungen/40_sitzung/Stellungnahmen/VBOB.pdf (11.11.2013); vgl. Stoltenberg/Bossack, StUG, 2012, § 15 Rn. 9.

[31] Stellungnahme des Verbandes der Beschäftigten der obersten und oberen Bundesbehörden e.V. anlässlich der öffentlichen Anhörung des Ausschusses für Kultur und Medien im Deutschen Bundestag am 27. Juni 2011 zum Gesetzesentwurf eines Achten Gesetzes zur Änderung des Stasi-Unterlagen-Gesetzes (StUG) BT-Drucks. 17/5894, http://www.bundestag.de/bundestag/ausschuesse17/a22/oeffentliche_Sitzungen/40_sitzung/Stellungnahmen/VBOB.pdf (11.11.2013); H. Garstka, Stellungnahme zur öffentlichen Anhörung zum Entwurf eines 8. Gesetzes zur Änderung des Stasi-Unterlagen-Gesetzes am 27.6.2011, 24.6.2011, http://www.bundestag.de/bundestag/ausschuesse17/a22/oeffentliche_Sitzungen/40_sitzung/Stellungnahmen/Garstka.pdf (28.10.2013).

**Inga Gipperich**

Eine dritte Lösungsmöglichkeit, die zulässigen Antragszwecke auszuweiten, wird **307** darin gesehen, die Zwecke in Abs. 1 aus dem Gesetz zu streichen und Einsichtnehmende standardmäßig zu fragen, ob in Zukunft auch nahen Angehörigen eine Verwendungsmöglichkeit eröffnet werden soll.[32] Hier kommen jedoch Zweifel an der praktischen Umsetzbarkeit dieses Vorschlags auf, da ein erheblicher Teil der in den Unterlagen des MfS aufgeführten Personen auf Grund des Zeitablaufs mittlerweile verstorben ist und daher nicht mehr dazu befragt werden kann. Zudem stellt auch nicht jede dieser Personen zu Lebzeiten einen Antrag auf Einsicht, Auskunft oder Herausgabe an den BStU, womit auch dieser Personenkreis nicht von dem Vorschlag erfasst wird. Bei jeglicher Änderung des § 15 sollte jedenfalls der Gedanke der hypothetischen Einwilligung des Vermissten oder Verstorbenen als Leitlinie für die Reichweite der Verwendung durch nahe Angehörige entscheidend sein.

Im Gegensatz zu den bisher aufgeführten Ausweitungstendenzen wird an anderer **308** Stelle eine Begrenzung der Verwendungsbefugnisse begrüßt, da andernfalls die Zielsetzung der Aufarbeitung, welche in Abs. 1 S. 1 Nr. 1-3 enthalten ist, verlassen werden würde.[33] So wird auch die Einengung der Antragsbefugnis auf Grund berechtigter Interessen in Abs. 1 S. 2 auf solche i.S.d. § 1 Abs. 1 Nr. 1 als sachgerecht empfunden.[34]

Darüber hinaus wird sich teilweise dafür ausgesprochen, Angehörige besser zu **309** stellen als Forscher, die zu Zwecken der historischen oder politischen Aufarbeitung in die Unterlagen Vermisster oder Verstorbener Einsicht nehmen können.[35] Zu beachten ist allerdings, dass § 1 die Aufarbeitung als Gesetzeszweck normiert und dementsprechend Personen, welche diese betreiben, grundsätzlich im StUG privilegiert. Daher haben Forscher, die die Unterlagen zur historischen oder politischen Aufarbeitung nutzen gem. § 32 relativ weite Verwendungsbefugnisse. Allerdings sind auch Angehörige bei ihrer persönlichen Aufarbeitung vom Gesetz privilegiert, weil diese von den Zwecken des Abs. 1 abgedeckt ist und somit auch ihnen weitgehende Verwendungsbefugnisse verleiht. Eine Aufwertung der Befugnisse

---

[32] Stoltenberg/Bossack, StUG, 2012, § 15 Rn. 2.

[33] *H. Garstka*, Stellungnahme zur öffentlichen Anhörung zum Entwurf eines 8. Gesetzes zur Änderung des Stasi-Unterlagen-Gesetzes am 27.6.2011, 24.6.2011, http://www.bundestag.de/bundestag/ausschuesse17/a22/oeffentliche_Sitzungen/40_sitzung/Stellungnahmen/Garstka.pdf (28.10.2013).

[34] *H. Garstka*, Stellungnahme zur öffentlichen Anhörung zum Entwurf eines 8. Gesetzes zur Änderung des Stasi-Unterlagen-Gesetzes am 27.6.2011, 24.6.2011, http://www.bundestag.de/bundestag/ausschuesse17/a22/oeffentliche_Sitzungen/40_sitzung/Stellungnahmen/Garstka.pdf (28.10.2013).

[35] Stoltenberg/Bossack, StUG, 2012, § 15 Rn. 2.

**Inga Gipperich**

# § 15

Angehöriger im Vergleich zu Forschern allein vor dem Hintergrund, dass Angehörige einem Vermissten oder Verstorbenen näher stehen als Forscher, erscheint in Betrachtung der Bedeutung der Aufarbeitung im StUG nicht sachgerecht.

## B. Erläuterungen

### I. Zu Abs. 1

**310** Die in § 15 normierten Rechte können von nahen Angehörigen einerseits als Rechtsnachfolger des Verstorbenen oder Vermissten im Zuge der Geltendmachung des postmortalen Persönlichkeitsrechts wahrgenommen werden. Andererseits begründet die Vorschrift auch ein eigenes Recht naher Angehöriger zum Schutz ihres Andenkens an den Verstorbenen oder Vermissten.[36] Dies entspricht der teilweise doppelten Schutzrichtung des § 15 (Rn. 300 f., 303). Sollten nahe Angehörige eines Vermissten oder Verstorbenen ihre Rechte aus § 13 und § 15 gleichzeitig geltend machen wollen, reicht hierfür ein Antrag an den BStU aus.[37]

### 1. Auskunftszwecke nach § 15 Abs. 1

**311** Eine Auskunft an nahe Angehörige wird nur zu den in Abs. 1 S. 1 aufgezählten Verwendungszwecken,[38] seit dem 8. StUGÄndG auch im Falle eines berechtigten Interesses i.S.d. Abs. 1 S. 2 erteilt.[39] Die Darstellung des Einsichtszwecks durch den Antragsteller kann formlos, beispielsweise durch ein kurzes Schreiben erfolgen.[40]

Sollten Justizakten i.S.d. § 18 von einem zulässigen Auskunftsbegehren erfasst sein, gelten die Zweckbestimmungen des § 15 StUG nicht, da an deren Stelle die gesetzlichen Verfahrensordnungen anzuwenden sind.[41] In der Praxis ist in solchen Fällen zumeist die StPO maßgeblich, welche in den einschlägigen §§ 475 ff. StPO keinerlei eigene Zweckbestimmungen enthält. Dementsprechend sollten Angehörige das

---

[36] Vgl. Schmidt/Dörr, StUG, 1993, § 15 Rn. 2; a.A. *J. Pietrkiewicz/J. Burth*, in: Geiger/Klinghardt, StUG, 2. Aufl. 2006, § 15 Rn. 1, wonach § 15 als ausschließlich eigenes Recht naher Angehöriger ausgestaltet ist; a.A. VG Berlin, 1 A 246.96 vom 6.5.1998; Stoltenberg/Bossack, StUG, 2012, § 15 Rn. 3; Stoltenberg, StUG, 1992, § 15 Rn. 2, welche nahe Angehörige als bloße Stellvertreter Verstorbener oder Vermisster sehen.

[37] Stoltenberg/Bossack, StUG, 2012, § 15 Rn. 1; Weberling, StUG, 1993, § 15 Rn. 1; Stoltenberg, StUG, 1992, § 15 Rn. 1.

[38] Stoltenberg/Bossack, StUG, 2012, § 15 Rn. 3; Weberling, StUG, 1993, § 15 Rn. 2; Stoltenberg, StUG, 1992, § 15 Rn. 2.

[39] Stoltenberg/Bossack, StUG, 2012, § 15 Rn. 3.

[40] Stoltenberg/Bossack, StUG, 2012, § 15 Rn. 4, 11.

[41] Stoltenberg/Bossack, StUG, 2012, § 15 Rn. 12.

**Inga Gipperich**

mögliche Vorhandensein von Justizakten, beispielsweise im Falle einer Haftzeit des Vermissten oder Verstorbenen, im Antrag nach § 15 vermerken, auch um das Auffinden derartiger Unterlagen zu ermöglichen.[42]

#### a) Rehabilitierung Vermisster und Verstorbener (S. 1 Nr. 1)

Nach Nr. 1 dürfen nahe Angehörige die Unterlagen des Staatssicherheitsdienstes **312** zum Zwecke der Rehabilitierung Verstorbener oder Vermisster verwenden. In erster Linie dient dieser Gesetzeszweck dazu, einen durch Aktivitäten des MfS beschädigten Ruf eines Vermissten oder Verstorbenen wiederherzustellen.[43]

Der Begriff der Rehabilitierung ist vom Gesetzeszweck in § 1 Abs. 1 Nr. 1 (Rn. 300) gedeckt und entspricht dem Rehabilitierungsbegriff in § 20, 21.[44] Er setzt sich ausschließlich aus den Begriffen in § 1 StrRehaG (Strafrechtliches Rehabilitierungsgesetz), § 1 VerwRehaG (Verwaltungsrechtliches Rehabilitierungsgesetz) sowie § 1 BerRehaG (Berufliches Rehabilitierungsgesetz) als Bestandteile des 1. bzw. 2. SED-Unrechtsbereinigungsgesetzes (SED-UnBerG) zusammen, wo die Rehabilitierungsmöglichkeiten für Unrechtsakte der DDR abschließend geregelt sind.[45] Im Allgemeinen umfasst er die Aufhebung von Strafurteilen, Verwaltungsmaßnahmen oder beruflichen Nachteilen, die durch anderweitige Maßnahmen in der ehemaligen DDR entstanden sind. Die Auffassung, der Begriff der Rehabilitierung gehe über den Regelungsgehalt der SED-Unrechtsbereinigungsgesetze hinaus[46], ist auf Grund deren abschließenden Regelungscharakters veraltet.[47] Ferner widerspricht die genannte Auffassung der Intention des Gesetzgebers, mit der Rehabilitierung lediglich gravierende Verstöße gegen tragende Prinzipien des Rechtsstaates aufzugreifen, welche durch die SED-Unrechtsbereinigungsgesetze bereits erfasst sind.[48]

In § 1 Abs. 1 StrRehaG ist der Begriff der Rehabilitierung legaldefiniert als die Auf- **313** hebung und Feststellung der Rechtsstaatswidrigkeit einer strafrechtlichen Entscheidung eines staatlichen deutschen Gerichts im Beitrittsgebiet nach Art. 3 EV (Einigungsvertrag) aus der Zeit vom 8.5.1945 – 2.10.1990, soweit sie mit wesentlichen Grundsätzen einer freiheitlichen rechtsstaatlichen Ordnung unvereinbar ist.

---

[42] Stoltenberg/Bossack, StUG, 2012, § 15 Rn. 12.
[43] *J. Pietrkiewicz/J. Burth*, in: Geiger/Klinghardt, StUG, 2. Aufl. 2006, § 15 Rn. 3.
[44] Schmidt/Dörr, StUG, 1993, § 15 Rn. 2.
[45] *J. Pietrkiewicz/J. Burth*, in: Geiger/Klinghardt, StUG, 2. Aufl. 2006, § 15 Rn. 3 ff.; vgl. hierzu auch BT-Drucks. 12/4994, 16.
[46] Schmidt/Dörr, StUG, 1993, § 15 Rn. 2.
[47] *J. Pietrkiewicz/J. Burth*, in: Geiger/Klinghardt, StUG, 2. Aufl. 2006, § 15 Rn. 4.
[48] BT-Drucks. 12/4994, 16 f.

**Inga Gipperich**

# § 15

Nach § 1 Abs. 1 S. 1 VwRehaG ist die Rehabilitierung die Aufhebung einer hoheitlichen Maßnahme einer deutschen behördlichen Stelle zur Regelung eines Einzelfalls im Beitrittsgebiet nach Art. 3 EV aus dem o.g. Zeitraum. Diese muss zu einer gesundheitlichen Schädigung gem. § 3 VwRehaG, einem Eingriff in Vermögenswerte gem. § 7 VerwRehaG, einer beruflichen Benachteiligung gem. § 8 VerwRehaG oder einer schweren Herabwürdigung des Betroffenen im persönlichen Lebensbereich aus Gründen der politischen Verfolgung gem. § 1a Abs. 1 VerwRehaG geführt haben und mit tragenden Grundsätzen eines Rechtsstaates schlechthin unvereinbar sein. Ferner müssen ihre Folgen noch unmittelbar schwer und unzumutbar fortwirken. § 1 Abs. 4 VerwRehaG erweitert die Rehabilitierung auf gleichgeartete Maßnahmen der SED und von dieser beherrschten Parteien oder gesellschaftlichen Organisationen. Verwaltungsentscheidungen in Steuersachen oder solche, die vom Vermögensgesetz (VermG) oder vom Entschädigungsrentengesetz (EnschRG) umfasst sind, werden nach § 1 Abs. 1 S. 2 VerwRehaG ausdrücklich vom Rehabilitierungsbegriff ausgenommen.

Nach § 1 BerRehaG sind die Voraussetzungen für eine Rehabilitierung gegeben, wenn in der o.g. Zeitspanne in Folge einer zu Unrecht erlittenen Freiheitsentziehung, eines Gewahrsams i.S.d. § 25 Abs. 2 S. 1 Nr. 1, 2 StRehaG, einer hoheitlichen Maßnahme gem. § 1 VerwRehaG oder durch eine andere Maßnahme im Beitrittsgebiet gem. Art. 3 EV, sofern diese der politischen Verfolgung gedient hat, zumindest zeitweilig weder der bisher ausgeübte, begonnene, erlernte oder durch den Beginn einer berufsbezogenen Ausbildung nachweisbar angestrebte noch ein sozial gleichwertiger Beruf ausgeübt werden konnte.

314 Der Begriff der Rehabilitierung ist von der Wiedergutmachung abzugrenzen.[49] Diese wiederum umfasst die auf einer Rehabilitierung basierenden sozialen Ausgleichsansprüche in Geld.[50] Die Differenzierung lässt sich am 2-stufigen Rehabilitierungs- und Wiedergutmachungsverfahren veranschaulichen,[51] wo eine erfolgreiche Rehabilitierung die Grundlage weitergehender Wiedergutmachungsansprüche ist.

Dieses Verfahren wird auch von der Systematik des StRehaG und des VwRehaG widergespiegelt. So handelt es sich bei §§ 1–15 StRehaG und §§ 1–1a VwRehaG um Vorschriften über die Rehabilitierung, während die jeweils nachfolgenden

---

[49] BT-Drucks. 12/1608, 1 f.; BT-Drucks. 12/4994, 16; *J. Pietrkiewicz/J. Burth*, in: Geiger/Klinghardt, StUG, 2. Aufl. 2006, § 15 Rn. 6; *J. Rapp-Lücke*, in: Geiger/Klinghardt, StUG, 2. Aufl. 2006, § 24 Rn. 6; *W. Pfister*, VIZ 1992, 383 ff.
[50] *Bundesministerium der Justiz,* VIZ 1998, 247, 248; *J. Rapp-Lücke*, in: Geiger/Klinghardt, StUG, 2. Aufl. 2006, § 24 Rn. 6; *W. Pfister*, VIZ 1992, 383 ff.
[51] BT-Drucks. 12/4994, 17.

**Inga Gipperich**

Normen, §§ 16–25a StrRehaG und §§ 2–8 VwRehaG, Ansprüche der Wiedergutmachung zum Inhalt haben. Auch das StUG trennt die Begriffe der Rehabilitierung und der Wiedergutmachung voneinander, da die beiden Begriffe in § 20 Abs. 1 Nr. 1 und § 21 Abs. 1 Nr. 1 nebeneinander aufgezählt werden.

Die Folgen des engen Rehabilitierungsbegriffs werden insbesondere in Streitfällen um Vermögensrückgaben deutlich.[52] So ist beispielsweise die Verwendung von Stasi-Unterlagen zur Aufhebung einer rechtswidrigen Verwaltungsentscheidung, die zu einem Eingriff in Vermögenswerte geführt hat, zulässig, eine Verwendung für die Rückübertragung von Vermögen nach dem VermG ohne eine Verwaltungsentscheidung als Grundlage jedoch nicht.[53] Auch eine mögliche Verstrickung des Staatssicherheitsdienstes in ein dubioses Grundstücksgeschäft erfüllt die Voraussetzungen für eine Rehabilitierung nicht.[54]     **315**

Eine Rechtsschutzlücke besteht damit allerdings nicht, da Stasi-Unterlagen über Vermisste oder Verstorbene im Wege der Beiziehung durch die zuständigen Behörden in ein Verfahren zur Vermögensrückübertragung Eingang finden können. Die Ämter sind gem. § 31 Abs. 1 S. 1 VermG zur Ermittlung aller hierfür potenziell relevanten Information von Amts wegen verpflichtet und ihnen steht ein Akteneinsichtsrecht in Unterlagen des Staatssicherheitsdienstes gem. § 20 Abs. 1 Nr. 1 Alt. 2. oder § 21 Abs. 1 Nr. 1 Alt. 2 zu.[55] Für die Verwaltungsgerichte ergibt sich dies aus §§ 27 Abs. 1 S. 1, § 31 Abs. 1 S. 1 VermG i.V.m. §§ 86 Abs. 1, 99 Abs. 1 VwGO.[56]

**b )  Schutz des Persönlichkeitsrechts (S. 1 Nr. 2)**

Gemäß Nr. 2 besteht ein Einsichtsrecht naher Angehöriger zum Schutze des Persönlichkeitsrechts Vermisster oder Verstorbener. Zum Begriff des Persönlichkeitsrechts vgl. § 1 Rn. 52 ff. Dieser Einsichtszweck basiert auf dem in § 1 Abs. 1 Nr. 2 aufgeführten Gesetzeszweck des StUG, den Einzelnen vor Persönlichkeitsrechtsbeeinträchtigungen durch die vom MfS zu seiner Person gespeicherten Informationen zu schützen. Nach der Formulierung und dem Konzept der hypothetischen Einwilligung ist maßgeblich, ob der Vermisste oder Verstorbene zu Lebzeiten selbst einen Antrag zum Schutze seines Persönlichkeitsrechtes an den BStU gestellt hät-     **316**

---

[52] *J. Pietrkiewicz/J. Burth*, in: Geiger/Klinghardt, StUG, 2. Aufl. 2006, § 15 Rn. 6.
[53] *J. Pietrkiewicz/J. Burth*, in: Geiger/Klinghardt, StUG, 2. Aufl. 2006, § 15 Rn. 6.
[54] OVG Berlin-Brandenburg, 8 N 50.01 vom 22.3.2001; *J. Pietrkiewicz/J. Burth*, in: Geiger/ Klinghardt, StUG, 2. Aufl. 2006, § 15 Rn. 6; a.A. Stoltenberg/Bossack, StUG, 2012, § 15 Rn. 6.
[55] *J. Pietrkiewicz/J. Burth*, in: Geiger/Klinghardt, StUG, 2. Aufl. 2006, § 15 Rn. 6.
[56] *J. Pietrkiewicz/J. Burth*, in: Geiger/Klinghardt, StUG, 2. Aufl. 2006, § 15 Rn. 6.

**Inga Gipperich**

te.[57] Demzufolge sind zulässige Antragsteller die Hinterbliebenen, welche das Persönlichkeitsrecht des Vermissten oder Verstorbenen als gefährdet sehen.[58]

**317** Die Klärung des Vorwurfs der Zusammenarbeit mit dem MfS ist in Nr. 2 als Hauptanwendungsfall herausgehoben,[59] was am Wortlaut „insbesondere" deutlich wird. Derartige Vorwürfe stellen sowohl eine Beeinträchtigung des postmortalen Persönlichkeitsrechts des Verstorbenen oder Vermissten als auch einen Eingriff in das Allgemeine Persönlichkeitsrecht der Hinterbliebenen dar (Rn. 300, 303).

Die Zusammenarbeit mit dem Staatssicherheitsdienst ist dabei als Mitarbeit bei diesem i.S.d. § 6 Abs. 4 zu verstehen.[60] Unterhalb dieser Schwelle liegende Kontakte zum Staatssicherheitsdienst sind hingegen, wie auch an vielen anderen Stellen im StUG, nicht erfasst,[61] hier weil diese die Anforderungen an einen Eingriff in das postmortale Persönlichkeitsrecht (vgl. Rn. 301) des Verstorbenen oder Vermissten nicht erfüllen. Die abweichenden Formulierungen in Nr. 2 und § 6 Abs. 4 sollen dementsprechend nicht auf eine Abstufung der MfS-Kontakte hinsichtlich ihrer Intensität hindeuten, vielmehr handelt es sich hierbei um ein redaktionelles Versehen des Gesetzgebers.[62]

**318** Der Umfang der vom BStU vorzulegenden Unterlagen um Vorwürfe einer Mitarbeit beim Mfs zu klären, bestimmt sich nach einer an Sinn und Zweck des § 15 (Rn. 300 ff.) ausgerichteten Auslegung. Mithin ist es nicht ausreichend, lediglich solche Informationen bereitzustellen, die eine Mitarbeit beim Staatssicherheitsdienst nachweisen, jedoch keine Schlussfolgerungen über den Inhalt und das Ausmaß der Mitarbeit zulassen.[63] Für die Gewährleistung der familiären Aufarbeitung und der Durchsetzung des Persönlichkeitsrechtsschutzes ist vielmehr eine ausführliche Dokumentation der Mitarbeit notwendig.[64]

Eine andere Auffassung begrenzt den Umfang der vorzulegenden Unterlagen mit dem Gedanken, der Anspruch naher Angehöriger dürfe von vorne herein nicht weitgehender sein als der originäre Anspruch des Vermissten oder Verstorbenen, wo-

---

[57] VG Berlin, 1 A 246.96 vom 6.5.1998; *J. Pietrkiewicz/J. Burth*, in: Geiger/Klinghardt, StUG, 2. Aufl. 2006, § 15 Rn. 7.

[58] *J. Pietrkiewicz/J. Burth*, in: Geiger/Klinghardt, StUG, 2. Aufl. 2006, § 15 Rn. 7; vgl. *J. Drohla*, Aufarbeitung versus Allgemeines Persönlichkeitsrecht, 2011, S. 298.

[59] Stoltenberg/Bossack, StUG, 2012, § 15 Rn. 7; Schmidt/Dörr, StUG, 1993, § 15 Rn. 2.

[60] Schmidt/Dörr, StUG, 1993, § 15 Rn. 2, § 20 Rn. 13.

[61] Schmidt/Dörr, StUG, 1993, § 15 Rn. 2, § 20 Rn. 13.

[62] Schmidt/Dörr, StUG, 1993, § 15 Rn. 2, § 20 Rn. 13.

[63] Stoltenberg/Bossack, StUG, 2012, § 15 Rn. 7.

[64] Stoltenberg/Bossack, StUG, 2012, § 15 Rn. 7.

**Inga Gipperich**

nach auch die Einschränkungen der §§ 16, 17 zu beachten wären, sollte es sich bei diesem um einen Mitarbeiter i.S.d. § 6 Abs. 4 oder einen Begünstigten i.S.d. § 6 Abs. 6 handeln.[65] Somit schlägt nach dieser Auffassung die Abwägungsentscheidung des Gesetzgebers bzgl. der Verwendungsmöglichkeiten von Mitarbeitern und Begünstigten auf das Verwendungsrecht ihrer Angehörigen durch. Gerechtfertigt sei dies durch das Interesse Betroffener und Dritter am Schutz ihres Persönlichkeitsrechts, welches das Informationsinteresse Angehöriger von Mitarbeitern und Begünstigten jenseits des nach §§ 16, 17 Zulässigen überwiege.[66] Ferner sei nicht ersichtlich, inwiefern Verwendungsmöglichkeiten über §§ 16, 17 hinaus zur Erreichung des Zwecks nach Nr. 2 beitrügen.

Diese beiden Positionen sind jedoch durchaus miteinander vereinbar, da selbst die nach der engen Auslegung anwendbaren Einschränkungen gem. §§ 16, 17 eine umfassende familiäre Aufarbeitung ermöglichen. So ist nach § 16 Abs. 2 beispielsweise eine Umschreibung von Art, Umfang und Häufigkeit der Berichterstattung an das MfS sowie des Personenkreises, über den berichtet wurde, zulässig. § 16 Abs. 4 erlaubt sogar eine Einsicht in die für das MfS verfassten Berichte, sofern schutzwürdige Interessen Betroffener und Dritter nicht entgegenstehen und beim Einsichtnehmenden ein rechtliches Interesse besteht. **319**

### c ) Schicksalsaufklärung (S. 1 Nr. 3)

Nr. 3 erklärt die Einsichtnahme von Angehörigen zum Zwecke der Schicksalsaufklärung Verstorbener oder Vermisster für zulässig. Der Begriff des „Schicksals" ist dabei eng auszulegen und umfasst nur das Lebensschicksal Vermisster oder Verstorbener,[67] da andernfalls die in Nr. 1, 2 genannten Auskunftszwecke überflüssig wären.[68] Daher ist nur die Aufklärung des Schicksals von Vermissten bzw. ungeklärter Todesfälle von Nr. 3 umfasst.[69] Zudem sind dabei nur Umstände erfasst, welche im Zusammenhang mit der Tätigkeit des Staatssicherheitsdienstes oder anderer Behörden der ehemaligen DDR stehen.[70] Diese Einschränkung ist auch in § 1 Abs. 1 Nr. 1 angelegt, wo die Auskunft über Informationen zur eigenen Person darauf beschränkt ist, die Einflussnahme des Staatssicherheitsdienstes auf das eigene **320**

---

[65] *M. Budsinowski*, in: Geiger/Klinghardt, StUG, 2. Aufl. 2006, § 16 Rn. 3.

[66] Vgl. *M. Budsinowski*, in: Geiger/Klinghardt, StUG, 2. Aufl. 2006, § 16 Rn. 1.

[67] VG Berlin, 1 A 303.00 vom 10.4.2001; *J. Pietrkiewicz/J. Burth*, in: Geiger/Klinghardt, StUG, 2. Aufl. 2006, § 15 Rn. 8; a.A. Stoltenberg/Bossack, StUG, 2012, § 15 Rn. 8.

[68] *J. Pietrkiewicz/J. Burth*, in: Geiger/Klinghardt, StUG, 2. Aufl. 2006, § 15 Rn. 8.

[69] VG Berlin, 1 A 303.00 vom 10.4.2001; *J. Rapp-Lücke,* in: Geiger/Klinghardt, StUG, 2. Aufl. 2006, § 20 Rn. 13; a.A. Stoltenberg/Bossack, StUG, 2012, § 15 Rn. 8.

[70] *J. Pietrkiewicz/J. Burth*, in: Geiger/Klinghardt, StUG, 2. Aufl. 2006, § 15 Rn. 8.

**Inga Gipperich**

persönliche Schicksal aufzuklären.[71] Dies muss für Angehörige erst recht gelten, da diese nicht mehr Rechte geltend machen können als der Vermisste oder Verstorbene selbst, sofern er dieses Recht in Anspruch genommen hätte.[72] Bei ungeklärten Todesfällen oder einer ungeklärten Ursache des Vermisstseins kommt es jedoch nicht darauf an, ob dies auf Aktivitäten des MfS zurückzuführen ist, sondern ob dazu Informationen in den Unterlagen des Staatssicherheitsdienstes vorhanden sind.[73]

Auch vom Verwendungszweck Nr. 3 abgedeckt ist die Aufklärung des Lebensschicksals von in den 1950er Jahren von sowjetischen Truppen verschleppten Personen, sofern beim Staatssicherheitsdienst dazu Unterlagen vorhanden sind.[74] Ein allgemeines Interesse am Schicksal des Vermissten oder Verstorbenen ist nicht von Nr. 3 abgedeckt, ebenso wenig wie die Familienforschung, Erb- und Vermögensstreitigkeiten.[75]

**321** Eine weitere Auffassung plädiert dafür, den Begriff der Schicksalsaufklärung im Sinne der familiären Aufarbeitung auf die Einflussnahme des MfS auf das gesamte Schicksal eines Vermissten oder Verstorbenen auszuweiten, sodass beispielsweise auch Brüche im Berufsleben davon umfasst sind.[76] Als Begründung wird darauf verwiesen, Nr. 3 sei als Auffangtatbestand ausgestaltet.[77]

Spätestens nach der 8. Novellierung des StUG ist diese Argumentation jedoch im Hinblick auf die Systematik des § 15 nicht mehr zu halten, da die Abwägungsklausel in Abs. 1 S. 2, in der sonstige berechtigte Interessen i.S.d. § 1 Abs. 1 Nr. 1 einen zulässigen Antragszweck darstellen, durch ihre unbestimmte Formulierung vielmehr einem Auffangtatbestand gleichkommt als der Zweck der Schicksalsaufklärung in Nr. 3. Dementsprechend würde beispielsweise die Aufklärung von Brüchen im Berufsleben eines Vermissten oder Verstorbenen unter die Abwägungsklausel zu fassen sein.

---

[71] *J. Pietrkiewicz/J. Burth*, in: Geiger/Klinghardt, StUG, 2. Aufl. 2006, § 15 Rn. 8.
[72] *J. Pietrkiewicz/J. Burth*, in: Geiger/Klinghardt, StUG, 2. Aufl. 2006, § 15 Rn. 8.
[73] *J. Pietrkiewicz/J. Burth*, in: Geiger/Klinghardt, StUG, 2. Aufl. 2006, § 15 Rn. 8.
[74] Schmidt/Dörr, StUG, 1993, § 15 Rn. 2.
[75] *J. Pietrkiewicz/J. Burth*, in: Geiger/Klinghardt, StUG, 2. Aufl. 2006, § 15 Rn. 8.
[76] Stoltenberg/Bossack, StUG, 2012, § 15 Rn. 8.
[77] Stoltenberg/Bossack, StUG, 2012, § 15 Rn. 8.

**Inga Gipperich**

### d ) Berechtigtes Interesse / Abwägungsklausel (S. 2)

Mit der Hinzunahme der Einsicht auf Grund berechtigter Interessen nach Abs. 1 S. 2 **322** sollten die Einsichtsmöglichkeiten für Angehörige erleichtert werden.[78] Eingeschränkt wurde dies lediglich, sofern überwiegende schutzwürdige Interessen beeinträchtigt werden. Dazu zählen sowohl Belange des Verstorbenen oder Vermissten als auch Belange dritter Personen.[79] Derartige überwiegende schutzwürdige Interessen können auf Grund der hohen Bedeutung der familiären Aufarbeitung grundsätzlich nur Informationen aus der Intimsphäre des Verstorbenen oder Vermissten sein.[80] Der Zugang erstreckt sich auf die Informationen, die zur Wahrnehmung des berechtigten Interesses erforderlich sind.[81] Ursprünglich war von dem berechtigten Interesse der Einsichtnehmenden auch das Interesse an der eigenen Familiengeschichte („Familienforschung") umfasst.[82] Diese Ausweitung wurde allerdings als zu weitgehend empfunden, da der Begriff des berechtigten Interesses jedes als schutzwürdig anzuerkennende Interesse rechtlicher, wirtschaftlicher oder ideeller Art einschließt.[83] Damit wäre jede sachliche Begründung für eine Auskunftserteilung nach S. 2 ausreichend, so auch die Klärung vermögensrechtlicher Fragen oder Familienstreitigkeiten.[84]

Im Hinblick auf den Aufarbeitungszweck des StUG (§ 1 Rn. 56 ff.) wurde eine **323** Einschränkung auf solche berechtigten Interessen vorgenommen, die damit zusammenhängen, die Einflussnahme des MfS auf das persönliche Schicksal aufzuklären (§ 1 Abs. 1 Nr. 1).[85] Durch den Verweis auf § 1 Abs. 1 Nr. 1 wird deutlich, dass hier mit „Schicksal" gerade nicht der enge Begriff von § 15 Abs. 1 S. 1 Nr. 3 gemeint ist, der auf das Lebensschicksal des Verstorbenen oder Vermissten beschränkt ist (Rn. 320), sondern der Schicksalsbegriff des § 1 Abs. 1 Nr. 1, der auch das Schicksal der Angehörigen und ihnen gleichgestellten Personen selbst umfasst.[86] Das persönliche Schicksal i.S.d. § 1 Abs. 1 Nr. 1 kann alle Lebensbereiche erfassen, sofern dies mit der Aufarbeitung der Einflussnahme des Staatssicherheitsdienstes

---

[78] BT-Drucks. 17/5894; Stoltenberg/Bossack, StUG, 2012, § 15 Rn. 9.
[79] BT-Drucks. 17/5894, 6.
[80] BT-Drucks. 17/5984, 6; Stoltenberg/Bossack, StUG, 2012, § 15 Rn. 10.
[81] BT-Drucks. 17/5984, 6.
[82] BT-Drucks. 17/5894, 6; a.A. Stoltenberg/Bossack, StUG, 2012, § 15 Rn. 11, wonach die Familienforschung auch nach der Berichtigung des 8. StUGÄndG vom 1.3.2012, BGBl. I 2012, 442, ein zulässiger Antragzweck ist.
[83] BT-Drucks. 17/7170, 7.
[84] BT-Drucks. 17/7170, 7.
[85] BT-Drucks. 17/7170, 7 f; i.E. auch Stoltenberg/Bossack, StUG, 2012, § 15 Rn. 9.
[86] Stoltenberg/Bossack, StUG, 2012, § 15 Rn. 10.

**Inga Gipperich**

zusammenhängt.[87] Somit ist durch die Abwägungsklausel eine Auskunftserteilung auch zu einem berechtigten Interesse des Angehörigen (z.B. einer Therapie) möglich.[88]

**324** Die Verfolgung zivilrechtlicher Ansprüche, wie beispielsweise Erbschaftsangelegenheiten,[89] ist grundsätzlich auch nach der Einfügung der Abwägungsklausel kein zulässiger Auskunftszweck. Jedoch könnte nun der Fall einer Enteignung eines Grundstücks durch den Staatssicherheitsdienst[90] durchaus ein zulässiger Verwendungszweck sein, da in diesem Fall gerade die Aufklärung der Aktivitäten des MfS und dessen Einflussnahme auf das Schicksal des verstorbenen ehemaligen Grundstückseigentümers entscheidend ist.

**2. Antragsverfahren (S. 3)**

**325** Nach S. 3 ist das Verwandtschaftsverhältnis (Rn. 330 ff.) zu der vermissten oder verstorbenen Person nachzuweisen[91] um missbräuchliche Anfragen ausschließen zu können.[92] Im Vergleich zu den Gesetzesentwürfen handelt es sich hierbei um eine striktere Ausgestaltung, da in der beschlossenen Fassung die Glaubhaftmachung des Verwandtschaftsverhältnisses nicht mehr ausreichend ist. Zudem ist der Angehörige gem. § 12 Abs. 1 S. 1 verpflichtet, einen Nachweis seiner eigenen Identität beizubringen.[93] Zwischen den einzelnen Angehörigen eines Vermissten oder Verstorbenen besteht keine Rangfolge nach dem Grad der Verwandtschaft,[94] die Antragsstellung ist folglich unabhängig voneinander und gleichzeitig möglich.[95]

---

[87] Stoltenberg/Bossack, StUG, 2012, § 15 Rn. 10.

[88] Stoltenberg/Bossack, StUG, 2012, § 15 Rn. 10.

[89] VG Berlin, 1 A 246.96 vom 6.5.1998; VG Berlin, 1 A 279.95 vom 6.5.1998.

[90] VG Berlin, 1 A 279.95 vom 6.5.1998.

[91] So auch Stoltenberg/Bossack, StUG, 2012, § 15 Rn. 3; so auch *J. Pietrkiewicz/J. Burth*, in: Geiger/Klinghardt, StUG, 2. Aufl. 2006, § 15 Rn. 10; so auch Schmidt/Dörr, StUG, 1993, § 15 Rn. 1, 4; so auch Weberling, StUG, 1993, § 15 Rn. 2; so auch Stoltenberg, StUG, 1992, § 15 Rn. 2.

[92] Schmidt/Dörr, StUG, 1993, § 15 Rn. 1.

[93] So auch Stoltenberg/Bossack, StUG, 2012, § 15 Rn. 4; Weberling, StUG, 1993, § 15 Rn. 2.

[94] *J. Pietrkiewicz/J. Burth*, in: Geiger/Klinghardt, StUG, 2. Aufl. 2006, § 15 Rn. 13; Schmidt/ Dörr, StUG, 1993, § 15 Rn. 6.

[95] Stoltenberg/Bossack, StUG, 2012, § 15 Rn. 14; Schmidt/Dörr, StUG, 1993, § 15 Rn. 6; Stoltenberg, StUG, 1992, § 15 Rn. 4.

**Inga Gipperich**

Der Nachweis der Verwandtschaft kann beispielsweise durch die Vorlage von **326** Personenstandsurkunden wie der beglaubigten Kopie von Geburts- und Sterbeurkunden[96] oder Auszügen aus dem Stammbuch[97] erbracht werden. Neben den klassischen Beweismitteln wie dem Beweis durch Augenschein (§§ 371 f. ZPO), dem Zeugenbeweis (§ 373 ZPO), dem Beweis durch Sachverständige (§§ 402 f. ZPO) und dem Beweis durch Urkunden (§§ 415 f. ZPO)[98] sind auch andere Beweismittel i.S.d. § 26 VwVfG (z.B. die Vernehmung der Beteiligten) zulässig.[99] Der Nachweis ist im Falle der an Sicherheit grenzenden Wahrscheinlichkeit für die Richtigkeit der Angaben erbracht.[100] Die Anforderungen an den Nachweis des Verwandtschaftsverhältnisses entsprechen somit denen an den Nachweis der Identität in § 12 Abs. 1 S. 2 (§ 12 Rn. 228 ff.).[101] Der Auskunftszweck ist im Antrag eines nahen Angehörigen glaubhaft zu machen.[102] Die Glaubhaftmachung ist eine erleichterte Art der Beweisführung,[103] bei der die überwiegende Wahrscheinlichkeit der vorgetragenen Tatsachen ausreicht.[104] So genügt neben den Beweismitteln zum Strengbeweis auch die schlichte eigene Erklärung,[105] z.B. in Form eines entsprechenden Vermerks auf dem Vordruck des BStU,[106] sowie die Vorlage beispielsweise von Gerichtsurteilen, Anklageschriften, Haftbescheinigungen, Anerkennungsurkunden für politische Häft-

---

[96] *J. Pietrkiewicz/J. Burth*, in: Geiger/Klinghardt, StUG, 2. Aufl. 2006, § 15 Rn. 10; Weberling, StUG, 1993, § 15 Rn. 2; vgl. Stoltenberg/Bossack, StUG, 2012, § 15 Rn. 4.

[97] Stoltenberg/Bossack, StUG, 2012, § 15 Rn. 4.

[98] Schmidt/Dörr, StUG, 1993, § 15 Rn. 4.

[99] *J. Pietrkiewicz/J. Burth*, in: Geiger/Klinghardt, StUG, 2. Aufl. 2006, § 15 Rn. 10; Schmidt/Dörr, StUG, 1993, § 15 Rn. 4.

[100] *J. Pietrkiewicz/J. Burth*, in: Geiger/Klinghardt, StUG, 2. Aufl. 2006, § 15 Rn. 10; Schmidt/Dörr, StUG, 1993, § 15 Rn. 4.

[101] Stoltenberg, StUG, 1992, § 15 Rn. 2.

[102] Stoltenberg/Bossack, StUG, 2012, § 15 Rn. 3; *J. Pietrkiewicz/J. Burth*, in: Geiger/Klinghardt, StUG, 2. Aufl. 2006, § 15 Rn. 12; Schmidt/Dörr, StUG, 1993, § 15 Rn. 3; Weberling, StUG, 1993, § 15 Rn. 2; Stoltenberg, StUG, 1992, § 15 Rn. 2.

[103] *K. Bacher*, in: Beck'scher Online-Kommentar ZPO, 28. Edition, Stand: 1.3.2018, § 294 Rn. 2; I. Saenger, Zivilprozessordnung, 7. Aufl. 2017, § 294, Rn. 1; *J. Pietrkiewicz/J. Burth*, in: Geiger/Klinghardt, StUG, 2. Aufl. 2006, § 15 Rn. 12.

[104] BGH NJW-RR 2011, 136, 137; *K. Bacher*, in: Beck'scher Online-Kommentar ZPO, 28. Edition, Stand: 1.3.2018, § 294 Rn. 3; I. Saenger, Zivilprozessordnung, 7. Aufl. 2017, § 294 Rn. 2; *H. Prütting*, in: MüKo-ZPO, Bd. 1, 5. Aufl. 2016, § 294 Rn. 2; *M. Huber*, in: Musielak/Voit, ZPO, 15. Aufl. 2018, § 294 Rn. 3; *J. Pietrkiewicz/J. Burth*, in: Geiger/Klinghardt, StUG, 2. Aufl. 2006, § 15 Rn. 12; Schmidt/Dörr, StUG, 1993, § 15 Rn. 3.

[105] BVerfGE 26, 315, 320; *J. Pietrkiewicz/J. Burth*, in: Geiger/Klinghardt, StUG, 2. Aufl. 2006, § 15 Rn. 12; Weberling, StUG, 1993, § 15 Rn. 2; Schmidt/Dörr, StUG, 1993, § 15 Rn. 3.

[106] Weberling, StUG, 1993, § 15 Rn. 2.

Inga Gipperich

linge und Rehabilitierungsanträge und -bescheiden.[107] Für eidesstattliche Versicherungen ist für den BStU im Gesetz keine Zuständigkeit vorgesehen, weshalb diese nach § 27 Abs. 1 VwVfG auch nicht zulässig sind.[108]

## II. Zu Abs. 2

327    Zu den Einzelheiten der Verwendung von Unterlagen durch nahe Angehörige verweist Abs. 2 auf die Regelungen in § 13 Abs. 1 S. 2 – Abs. 6. Die Auskunft über zu dem Verstorbenen oder Vermissten vorhandenen und erschlossenen Unterlagen richtet sich nach § 13 Abs. 2, die Einsicht in diese nach § 13 Abs. 3, die Herausgabe von Duplikaten nach § 13 Abs. 4 und die Decknamenentschlüsselung von Mitarbeitern des MfS oder Denunzianten nach § 13 Abs. 5, 6.[109] Darüber hinaus sollen Antragsteller nach § 13 Abs. 1 S. 2 Eingaben machen, die das Auffinden der Unterlagen ermöglichen.[110] Die Auskunft, Einsicht oder Herausgabe von Unterlagen erfolgt allerdings nur, soweit diese zum Erreichen eines Zwecks nach § 15 Abs. 1 notwendig sind,[111] womit der Gesetzgeber konkludent den Grundsatz der Erforderlichkeit eingeschlossen hat.[112]

328    Zwar ist in § 15 der Umfang des Anspruchs nicht nach der Personenkategorie abgestuft, welcher der Vermisste oder Verstorbene angehört,[113] jedoch sind die Einschränkungen der §§ 16, 17 anzuwenden, sollte der Vermisste oder Verstorbene ein Mitarbeiter oder ein Begünstigter des Staatssicherheitsdienstes sein (Rn. 318 ff.). Sollte es sich bei dem Vermissten oder Verstorbenen um einen Dritten i.S.d. § 6 Abs. 7 handeln, ist die Einschränkung des § 13 Abs. 7 anzuwenden, wonach das Auskunftsinteresse des Dritten mit dem Aufwand des BStU abgewogen werden muss, obwohl diese Einschränkung in der Verweisung in § 15 Abs. 2 ausgespart wurde.[114] Auch im Falle eines Dritten kann die Rechtsposition des Angehörigen

---

[107] *J. Pietrkiewicz/J. Burth*, in: Geiger/Klinghardt, StUG, 2. Aufl. 2006, § 15 Rn. 12; Schmidt/Dörr, StUG, 1993, § 15 Rn. 3.

[108] *J. Pietrkiewicz/J. Burth*, in: Geiger/Klinghardt, StUG, 2. Aufl. 2006, § 15 Rn. 12.

[109] Stoltenberg/Bossack, StUG, 2012, § 15 Rn. 13; *J. Pietrkiewicz/J. Burth*, in: Geiger/Klinghardt, StUG, 2. Aufl. 2006, § 15 Rn. 14, 16.

[110] *J. Pietrkiewicz/J. Burth*, in: Geiger/Klinghardt, StUG, 2. Aufl. 2006, § 15 Rn. 13; Schmidt/Dörr, StUG, 1993, § 15 Rn. 5.

[111] Stoltenberg/Bossack, StUG, 2012, § 15 Rn. 13; *J. Pietrkiewicz/J. Burth*, in: Geiger/Klinghardt, StUG, 2. Aufl. 2006, § 15 Rn. 14; Stoltenberg, StUG, 1992, § 15 Rn. 3; i.E. auch Weberling, StUG, 1993, § 15 Rn. 3.

[112] Stoltenberg/Bossack, StUG, 2012, § 15 Rn. 13; Stoltenberg, StUG, 1992, § 15 Rn. 3.

[113] *J. Pietrkiewicz/J. Burth*, in: Geiger/Klinghardt, StUG, 2. Aufl. 2006, § 15 Rn. 14.

[114] *J. Pietrkiewicz/J. Burth*, in: Geiger/Klinghardt, StUG, 2. Aufl. 2006, § 15 Rn. 14.

**Inga Gipperich**

nicht besser sein als die des Vermissten oder Verstorbenen, sofern dieser das Recht selbst in Anspruch genommen hätte (Rn. 320).[115]

Widerrechtlich vom MfS weggenommene oder vorenthaltene Gegenstände (z.b.    **329**
Tagebücher, Briefe, Fotos) von Betroffenen und Dritten sind im Original an den Erben, welcher einen Erbschein vorlegen muss, herauszugeben.[116] Jedoch darf der BStU gem. § 6 Abs. 2 Nr. 4 von diesen Kopien anfertigen, um den vollständigen Zusammenhang der Akte zu Zwecken der Aufarbeitung zu erhalten (§ 6 Rn. 133).[117]

### III. Zu Abs. 3

Abs. 3 enthält die Legaldefinition des „nahen Angehörigen" i.s.d. StUG.[118] Danach    **330**
umfasst ist der Ehegatte, sofern er nicht zum Zeitpunkt des Todes des Verstorbenen von diesem geschieden war,[119] die Eltern, wobei davon auch im Falle einer Adoption die Adoptiveltern umfasst sind, da das Verwandtschaftsverhältnis zu den leiblichen Eltern nach § 1755 Abs. 1 S. 1 BGB mit der Annahme des Kindes erlischt, der Lebenspartner eines Elternteils, leibliche Kinder und Enkelkinder, leibliche Geschwister, Halbgeschwister und Adoptivgeschwister, sofern ein leiblicher Elternteil gemeinsam ist.[120] Die Großeltern Vermisster oder Verstorbener sind auf Grund des Zeitablaufs und des damit verbundenen fehlenden praktischen Bedürfnisses nicht erwähnt.[121] Nicht vom Angehörigenbegriff umfasst sind Pflege-, Stief- und Schwiegereltern[122] sowie Pflege-, Stief- und Schwiegerkinder.[123]

Der Angehörigenbegriff in Abs. 3 ist nicht analogiefähig,[124] da andernfalls der Kreis    **331**
der Angehörigen nicht mehr eindeutig bestimmbar wäre und maßgeblich ausgewietet würde, was jedoch der Intention des Gesetzgebers und dem Zweck der abschließenden Aufzählung in Abs. 3 zuwiderlaufen würde.[125] Aus dieser Überlegung heraus ist die Antragsbefugnis nicht vererbbar, wodurch sich Ersuchen mit dem

---

[115] *J. Pietrkiewicz/J. Burth*, in: Geiger/Klinghardt, StUG, 2. Aufl. 2006, § 15 Rn. 14; vgl auch a.A. Stoltenberg/Bossack, StUG, 2012, § 15 Rn. 7.
[116] *J. Pietrkiewicz/J. Burth*, in: Geiger/Klinghardt, StUG, 2. Aufl. 2006, § 15 Rn. 15.
[117] *J. Pietrkiewicz/J. Burth*, in: Geiger/Klinghardt, StUG, 2. Aufl. 2006, § 15 Rn. 15.
[118] Schmidt/Dörr, StUG, 1993, § 15 Rn. 6; Weberling, StUG, 1993, § 15 Rn. 4.
[119] Schmidt/Dörr, StUG, 1993, § 15 Rn. 6; *J. Pietrkiewicz/J. Burth*, in: Geiger/Klinghardt, StUG, 2. Aufl. 2006, § 15 Rn. 9.
[120] *J. Pietrkiewicz/J. Burth*, in: Geiger/Klinghardt, StUG, 2. Aufl. 2006, § 15 Rn. 9.
[121] *J. Pietrkiewicz/J. Burth*, in: Geiger/Klinghardt, StUG, 2. Aufl. 2006, § 15 Rn. 9.
[122] VG Berlin, 1 A 311.94 vom 25.3.1998.
[123] *J. Pietrkiewicz/J. Burth*, in: Geiger/Klinghardt, StUG, 2. Aufl. 2006, § 15 Rn. 9.
[124] VG Berlin, 1 A 208.96 vom 12.5.1998; VG Berlin, 1 A 311.94 vom 25.3.1998.
[125] VG Berlin, 1 A 208.96 vom 12.5.1998; VG Berlin, 1 A 311.94 vom 25.3.1998; Schmidt/Dörr, StUG, 1993, § 15 Rn. 6.

**Inga Gipperich**

Tode der Antragsteller von selbst erledigen.[126] Die Grenze des Angehörigenbegriffs ist weder willkürlich gezogen, noch widerspricht sie dem Gleichbehandlungsgebot in Art. 3 Abs. 3 GG, weil an den Grad der Verwandtschaft mit dem Verstorbenen oder Vermissten angeknüpft wird. Diese Differenzierung ist in der Rechtsordnung geläufig, z.b. im Erbrecht nach §§ 1924 ff. BGB. § 15 Abs. 3 überträgt diese Wertung schematisch auf den Schutz der hypothetischen Interessen Verstorbener oder Vermisster.[127]

**332**  In Abs. 3 S. 2 werden Adoptivkinder hinsichtlich ihrer leiblichen Eltern den nahen Angehörigen in Abs. 3 S. 1 gleichgestellt, wenn nicht auszuschließen ist, dass das MfS auf die Adoption oder das Schicksal der leiblichen Eltern Einfluss genommen hat. Um keinen Widerspruch mit dem Regelungsgehalt des § 1755 Abs. 1 BGB (Rn. 330) zu erzeugen, wird die Angehörigeneigenschaft adoptierter Kinder bezüglich ihre leiblichen Eltern fingiert. In Bezug auf seine Adoptiveltern ergibt sich die Angehörigeneigenschaft eines Adoptivkindes aus § 1754 BGB i.V.m. § 15 Abs. 3 S. 1.

**333**  Ausgangspunkt der Gleichstellung adoptierter Kinder war eine weite Auslegung der Begriffe „Eltern" und „Kind" in § 15 Abs. 3 S. 1 durch das VG Berlin.[128] Als Begründung wurde darauf verwiesen, dass in Fällen, in welchen Eltern durch Machenschaften des Staatssicherheitsdienstes ums Leben kamen, es im Regelfall ihrem Willen entsprechen würde, ihren leiblichen Kindern von den Umständen, die zu der Trennung geführt haben, Kenntnis zu verschaffen.[129] Diese Kenntnis ist von entscheidender Bedeutung für das eigene Selbstverständnis und die Grundbedingung der Identitätsbildung eines adoptierten Kindes.[130] Erst recht gilt dies, wenn staatlicher Zwang und nicht der freie Wille der leiblichen Eltern die Ursache für die Freigabe zur Adoption war.[131]

Auf Grundlage dieser Auslegung wurden Adoptivkinder im Zuge des 7. StUÄndG[132] hinsichtlich ihrer leiblichen Eltern den nahen Angehörigen gleichgestellt, wenn nicht auszuschließen ist, dass die Adoption oder das Schicksal der

---

[126] Schmidt/Dörr, StUG, 1993, § 15 Rn. 6.
[127] VG Berlin, 1 A 208.96 vom 12.5.1998; VG Berlin, 1 A 311.94 vom 25.3.1998; *J. Pietrkiewicz/J. Burth*, in: Geiger/Klinghardt, StUG, 2. Aufl. 2006, § 15 Rn. 11.
[128] VG Berlin, 1 A 255.03 vom 21.12.2005.
[129] VG Berlin, 1 A 255.03 vom 21.12.2005.
[130] VG Berlin, 1 A 255.03 vom 21.12.2005; *U. Di Fabio*, in: Maunz/Dürig, GG, 81. Lfg., Art. 2 Rn. 215; *H. H. Trute*, JZ 1992, 1043, 1045.
[131] VG Berlin, 1 A 255.03 vom 21.12.2005.
[132] BGBl. I 2006, 3326.

**Inga Gipperich**

leiblichen Eltern eng mit den Machenschaften des MfS in Verbindung stand oder stehen könnte.[133] Gleiches gilt im Umkehrschluss auch für die leiblichen Eltern hinsichtlich ihres zur Adoption freigegebenen Kindes.[134]

Sofern sich nahe Angehörige bei einem Ersuchen nach § 15 vertreten lassen, gilt **334** § 12 Abs. 1 S. 3 entsprechend.[135] Dementsprechend muss die Vollmacht nachgewiesen werden und der Vertreter muss gem. § 12 Abs. 1 S. 3 Nr. 1 einer der im StUG definierten Personengruppen (§ 6 Rn. 135 ff.) angehören oder es muss sich gem. § 12 Abs. 1 S. 3 Nr. 2 bei ihm um einen ausdrücklich zur Antragsstellung ermächtigten Rechtsanwalt handeln (§ 12 Rn. 231 f.).

**IV. Zu Abs. 4**

In Abs. 4 werden Verwandte bis zum dritten Grad den nahen Angehörigen nach **335** Abs. 3 S. 1 weitestgehend gleichgestellt.[136] Diese Erweiterung des antragsberechtigten Personenkreises ist durch die fortdauernd hohe Bedeutung der familiären Aufarbeitung für die Angehörigen und gleichzeitig dem mit dem Zeitablauf abnehmenden Schutz des postmortalen Persönlichkeitsrechts[137] des Verstorbenen oder Vermissten zu rechtfertigen. Die dahinterstehende Intention des Gesetzgebers war, die Nutzung der Informationen aus MfS-Unterlagen Verstorbener oder Vermisster für deren Familie auch zu ermöglichen, wenn keine nahen Angehörigen i.S.d. Abs. 3 S. 1 mehr vorhanden sind.[138] Verwandte dritten Grades sind gem. § 1789 BGB Onkel, Tanten, Nichten, Neffen, Urgroßeltern und Urenkel.

Die Antragsbefugnis der von Abs. 4 umfassten Personen ist ausdrücklich als subsi- **336** diär gegenüber den Antragsberechtigten i.S.d. Abs. 3 bezeichnet, d.h. Verwandte zweiten und ersten Grades dürfen nicht mehr am Leben sein.[139] Die Subsidiarität gilt auch, falls nahe Angehörige i.S.d. Abs. 3 S. 1 keinen Antrag gestellt haben.[140] Das Fehlen Angehöriger ersten oder zweiten Grades ist vom Antragsteller glaubhaft zu machen, wobei die Angabe einer entsprechenden Erklärung ausreichend ist, da der

---

[133] BT-Drucks. 16/2969, 7; VG Berlin, 1 A 255.03 vom 21.12.2005; Stoltenberg/Bossack, StUG, 2012, § 15 Rn. 15; *J. Pietrkiewicz/J. Burth*, in: Geiger/Klinghardt, StUG, 2. Aufl. 2006, § 15 Rn. 9.

[134] BT-Drucks. 16/2969, 7.

[135] *J. Pietrkiewicz/J. Burth*, in: Geiger/Klinghardt, StUG, 2. Aufl. 2006, § 15 Rn. 9.

[136] Stoltenberg/Bossack, StUG, 2012, § 15 Rn. 16.

[137] *J. Drohla*, Aufarbeitung versus Allgemeines Persönlichkeitsrecht, 2011, S. 297.

[138] BT-Drucks. 16/2969, 7; Stoltenberg/Bossack, StUG, 2012, § 15 Rn. 16.

[139] BT-Drucks. 16/2969, 7; Stoltenberg/Bossack, StUG, 2012, § 15 Rn. 16.

[140] BT-Drucks. 16/2969, 7.

**Inga Gipperich**

# § 15

lückenlose Nachweis sowohl für den Antragsteller als auch für den BStU unverhältnismäßig schwierig ist.[141]

## V. Zu Abs. 5

337 Laut der Begründung im Gesetzentwurf lagen dem BStU Eingaben vor, in denen Personen darum baten, nach ihrem Tode keine Auskünfte aus den zu ihrer Person angelegten Unterlagen des Staatssicherheitsdienstes an Familienangehörige zu erteilen.[142] Daher wurde im Wege des Abs. 5 jegliche Verwendung von Unterlagen Verstorbener oder Vermisster durch Familienangehörige ausgeschlossen, wenn der Vermisste oder Verstorbene eine diesbezügliche Verfügung hinterlassen hat, bzw. wenn sich ein der Verwendung entgegenstehender Wille eindeutig aus den Umständen ergibt.[143] Diese Ausschlussmöglichkeit jeglicher Verwendung von Unterlagen des MfS macht deutlich, dass das Verwendungsrecht naher Angehöriger zu den nach Abs. 1 bestimmten Zwecken konzeptionell auf der mutmaßlichen Einwilligung des Vermissten oder Verstorbenen basiert (Rn. 304).[144]

338 Regelmäßig ist in den Unterlagen des Staatssicherheitsdienstes keine ausdrückliche Verfügung eines Verstorbenen oder Vermissten enthalten. Ein der Verwendung durch nahe Angehörige entgegenstehender Wille kann sich jedoch beispielsweise aus einem Testament in den Unterlagen des MfS ergeben.[145] Für einen sich aus den Umständen ergebenen entgegenstehenden Willen bietet sich insgesamt indes nur ein geringer Anwendungsbereich, weil der BStU normalerweise entsprechende Informationen aus den Unterlagen entnimmt, welche, wenn vorhanden, meist nicht mehr aktuell sind.[146] Zudem wird der Antragsteller diese für sein Begehren hinderlichen Informationen kaum selbst vorbringen, was die Feststellung eines derartigen Willen zusätzlich praktisch erschwert.[147]

---

[141] Stoltenberg/Bossack, StUG, 2012, § 15 Rn. 16.
[142] So auch Stoltenberg/Bossack, StUG, 2012, § 15 Rn. 17; Stoltenberg, StUG, 1992, § 15 Rn. 5; Schmidt/Dörr, StUG, 1993, § 15 Rn. 7.
[143] *J. Pietrkiewicz/J. Burth,* in: Geiger/Klinghardt, StUG, 2. Aufl. 2006, § 15 Rn. 17; Weberling, StUG, 1993, § 15 Rn. 5; vgl. Stoltenberg/Bossack, StUG, 2012, § 15 Rn. 17; vgl. Stoltenberg, StUG, 1992, § 15 Rn. 5.
[144] Stoltenberg/Bossack, StUG, 2012, § 15 Rn. 17.
[145] *J. Pietrkiewicz/J. Burth,* in: Geiger/Klinghardt, StUG, 2. Aufl. 2006, § 15 Rn. 18.
[146] Stoltenberg/Bossack, StUG, 2012, § 15 Rn. 18.
[147] Stoltenberg/Bossack, StUG, 2012, § 15 Rn. 18.

**Inga Gipperich**

Der entgegenstehende Wille des Vermissten oder Verstorbenen ergibt sich eindeutig **339**
aus den Umständen, wenn keine anderen Interpretationsmöglichkeiten bestehen, als
dass der Verstorbene oder Vermisste den Zugang zu den Unterlagen zu seiner Person zu Lebzeiten verwehrt hätte.[148] Ein Ausschluss aus der Erbfolge ist demzufolge
nicht als eindeutiger Umstand zu werten, weil dies auch auf rein wirtschaftlichen
Gründen, z.b. einer Vermögensübertragung im Vorfeld basieren kann.[149] Auch das
Fehlen einer familiären Beziehung oder das Verbot der Teilnahme an der Beerdigung kann nicht ohne Weiteres als eindeutig zu verstehen sein, da dies z.b. auch
durch Unstimmigkeiten zwischen Ehepartnern verursacht werden könnte.[150]

---

[148] VG Berlin, 1 A 246.98 vom 6.5.1998; *J. Pietrkiewicz/J. Burth*, in: Geiger/Klinghardt, StUG,
2. Aufl. 2006, § 15 Rn. 18.

[149] VG Berlin, 1 A 246.98 vom 6.5.1998; Stoltenberg/Bossack, StUG, 2012, § 15 Rn. 18.

[150] Stoltenberg/Bossack, StUG, 2012, § 15 Rn. 18; a.A. *J. Pietrkiewicz/J. Burth*, in: Geiger/
Klinghardt, StUG, 2. Aufl. 2006, § 15 Rn. 18, wonach der Ausschluss aus der Erbfolge in
Kombination mit dem Fehlen einer familiären Beziehung und dem Verbot der Teilnahme an
der Beerdigung als eindeutiger Umstand zu verstehen ist.

**Inga Gipperich**

## § 20 Verwendung von Unterlagen, die keine personenbezogenen Informationen über Betroffene oder Dritte enthalten, durch öffentliche und nicht öffentliche Stellen

(1) Unterlagen, soweit sie keine personenbezogenen Informationen über Betroffene oder Dritte enthalten, dürfen durch öffentliche und nicht öffentliche Stellen in dem erforderlichen Umfang für folgende Zwecke verwendet werden:

1. Rehabilitierung von Betroffenen, Vermissten und Verstorbenen, Wiedergutmachung, Leistung nach dem Häftlingshilfegesetz,

2. Schutz des Persönlichkeitsrechts,

3. Aufklärung des Schicksals Vermisster und ungeklärter Todesfälle,

4. Ruhen von Versorgungsleistungen nach dem Versorgungsruhensgesetz sowie Kürzung oder Aberkennung oder Ruhen von Leistungen, auf die das Versorgungsruhensgesetz entsprechende Anwendung findet,

5. Aufklärung, Erfassung und Sicherung des Vermögens der ehemaligen Deutschen Demokratischen Republik und der ehemaligen Rechtsträger mit Sitz in ihrem Gebiet sowie des Vermögens, das dem Bereich der Kommerziellen Koordinierung zugeordnet war,

6. Überprüfung der folgenden Personen nach Maßgabe der dafür geltenden Vorschriften und mit ihrer Kenntnis zur Feststellung, ob sie hauptamtlich oder inoffiziell für den Staatssicherheitsdienst tätig waren, soweit es sich nicht um Tätigkeiten für den Staatssicherheitsdienst vor Vollendung des 18. Lebensjahres gehandelt hat:

a) Mitglieder der Bundesregierung oder einer Landesregierung sowie sonstige in einem öffentlich-rechtlichen Amtsverhältnis stehende Personen,

b) Abgeordnete, Mitglieder kommunaler Vertretungen, kommunale Wahlbeamte sowie ehrenamtliche Bürgermeister und entsprechende Vertreter für einen Gemeindeteil,

c) Beamte, die jederzeit in den einstweiligen Ruhestand versetzt werden können, und Angestellte in entsprechender Funktion,

d) Beschäftigte öffentlicher Stellen auf mit der Besoldungsgruppe A 9, der Entgeltgruppe E 9 oder einer höheren Besoldungs- oder Entgeltgruppe bewerteten Dienstposten, die unbeschadet der in Nummer 7 genannten Fälle eine leitende Funktion ausüben, sowie von der öffentlichen Hand bestellte Mitglieder der Vertretungs- und Aufsichtsorgane in Einrichtungen, bei denen sich die absolute Mehrheit der Anteile oder die absolute Mehrheit der öffentlichen Stimmen in öffentlicher Hand befindet; darüber hinaus können alle Beschäftigten im öffentlichen Dienst überprüft werden, wenn Tatsachen den Verdacht einer haupt-

**Shpetim Bajrami, Gawain Thimm**

amtlichen oder inoffiziellen Tätigkeit für das Ministerium für Staatssicherheit der ehemaligen Deutschen Demokratischen Republik rechtfertigen,

e) Berufsrichter und ehrenamtliche Richter,

f) Soldaten auf mit der Besoldungsgruppe A 13 oder höher bewerteten Dienstposten, die eine leitende Funktion ausüben, sowie Stabsoffiziere, die auf Dienstposten mit erheblicher Außenwirkung im integrierten Bereich (In- oder Ausland), im Attachédienst oder bei sonstigen Dienststellen im Ausland eingesetzt sind,

g) Mitglieder des Präsidiums und des Vorstandes sowie leitende Angestellte des Deutschen Olympischen Sportbundes, seiner Spitzenverbände und der Olympiastützpunkte, Repräsentanten des deutschen Sports in internationalen Gremien sowie Trainer und verantwortliche Betreuer von Mitgliedern der deutschen Nationalmannschaften,

h) Personen, die sich in den Fällen der Buchstaben a bis g um das Amt, die Funktion oder die Einstellung bewerben;

die Feststellung kann sich auch auf die Tätigkeit für einen ausländischen Nachrichtendienst beziehen,

7. Überprüfung der folgenden Personen nach Maßgabe der dafür geltenden Vorschriften und mit ihrer Kenntnis zur Feststellung, ob sie hauptamtlich oder inoffiziell für den Staatssicherheitsdienst tätig waren, soweit es sich nicht um Tätigkeiten für den Staatssicherheitsdienst vor Vollendung des 18. Lebensjahres gehandelt hat:

a) Mitglieder des Beirats nach § 39 und des wissenschaftlichen Beratungsgremiums nach § 39a,

b) der Bundesbeauftragte und seine Beschäftigten,

c) die Landesbeauftragten nach § 38 und ihre Beschäftigten,

d) diejenigen Beschäftigten öffentlicher Stellen, die mit der Bearbeitung von Anträgen nach dem Strafrechtlichen, Verwaltungsrechtlichen oder Beruflichen Rehabilitierungsgesetz befasst sind,

e) Beschäftigte und ehrenamtliche Mitarbeiter sowie Gremienmitglieder derjenigen sonstigen Einrichtungen, die mit der Aufarbeitung der Tätigkeit des Staatssicherheitsdienstes oder der Herrschaftsmechanismen der ehemaligen Deutschen Demokratischen Republik oder der ehemaligen sowjetischen Besatzungszone befasst sind,

f) Personen, die sich in den vorgenannten Fällen um das Amt, die Funktion oder die Einstellung bewerben;

die Feststellung kann sich auch auf die Tätigkeit für einen ausländischen Nachrichtendienst beziehen,

**Shpetim Bajrami, Gawain Thimm**

# § 20

8. Verfahren zur Erteilung oder zum Entzug einer Erlaubnis nach dem Waffengesetz, dem Bundesjagdgesetz, dem Sprengstoffgesetz, dem Kriegswaffenkontrollgesetz und dem Außenwirtschaftsgesetz, soweit sich aus den Unterlagen Hinweise auf die persönliche Zuverlässigkeit ehemaliger Mitarbeiter des Staatssicherheitsdienstes ergeben,

9. Anerkennung von Beschäftigungszeiten, Zahlung und Überführung der Renten ehemaliger Angehöriger des Staatssicherheitsdienstes,

10. Ordensangelegenheiten,

11. Sicherheitsüberprüfungen von Personen mit ihrer Kenntnis gemäß den Sicherheitsüberprüfungsgesetzen des Bundes und der Länder zur Feststellung, ob sie hauptamtlich oder inoffiziell für den Staatssicherheitsdienst tätig waren, soweit es sich nicht um Tätigkeiten für den Staatssicherheitsdienst vor Vollendung des 18. Lebensjahres gehandelt hat; die Feststellung kann sich auch auf die Tätigkeit für einen ausländischen Nachrichtendienst beziehen,

12. Zuverlässigkeitsüberprüfungen von Personen mit ihrer Kenntnis gemäß § 7 des Luftsicherheitsgesetzes und § 12b Absatz 2 Satz 3 des Atomgesetzes sowie § 5 Absatz 1 Nummer 6, § 7 Absatz 3 Nummer 3 der Atomrechtlichen Zuverlässigkeitsüberprüfungs-Verordnung zur Feststellung, ob sie hauptamtlich oder inoffiziell für den Staatssicherheitsdienst tätig waren, soweit es sich nicht um Tätigkeiten für den Staatssicherheitsdienst vor Vollendung des 18. Lebensjahres gehandelt hat; die Feststellung kann sich auch auf die Tätigkeit für einen ausländischen Nachrichtendienst beziehen.

(2) § 26 bleibt unberührt.

(3) Die Verwendung für die in Absatz 1 Nr. 6 genannten Zwecke ist nach dem 31. Dezember 2019 unzulässig. Unterlagen zu Auskünften und Mitteilungen, die im Zusammenhang mit früheren Überprüfungen bei den anfordernden Stellen angefallen sind, sind dem Bundesarchiv, dem zuständigen Landesarchiv oder kommunalen Archiv oder, bei Mitgliedern des Deutschen Bundestages, dem Archiv des Deutschen Bundestages anzubieten.

*Literaturangaben: Auszug aus Munzinger Online/Duden – Das große Wörterbuch der deutschen Sprache, 4. Aufl., Mannheim 2012; Geiger, Hansjörg/Klinghardt, Heinz (Hrsg.), Stasi-Unterlagen-Gesetz, 2. Aufl., Stuttgart 2006; Schmidt, Dietmar/ Dörr, Erwin, Stasi-Unterlagen-Gesetz, Köln 1993; Stoltenberg, Klaus/Bossack, Carolin, Stasi-Unterlagen-Gesetz, Baden-Baden 2012; Stoltenberg, Klaus, Stasi-Unterlagen-Gesetz, Baden-Baden 1992, Weberling, Johannes, Stasi-Unterlagen-Gesetz, Kommentar, Köln 1993*

**Shpetim Bajrami, Gawain Thimm**

## A. Allgemeines

§ 20 regelt die Verwendung von Unterlagen durch öffentliche und nicht öffentliche  **340**
Stellen. Dieser wird durch § 21 erweitert, da nach seiner Maßgabe Unterlagen durch
öffentliche und nicht öffentliche Stellen verwendet werden dürfen, soweit sie
personenbezogene Informationen über Betroffene und Dritte enthalten. §§ 20 und 21
sind weitestgehend deckungsgleich. Auf Grund dessen werden die identischen einzelnen Zweckbestimmungen in die Kommentierung zu § 20 vorverlegt und erläutert.

Darüber hinaus werden die §§ 20 und 21 durch § 19 flankiert, der durch die Zu-
gangsregelungen zu den Unterlagen die notwendige Voraussetzungen zu der
Verwendung schafft. Die nach den §§ 20 und 21 übermittelten personenbezogenen
Informationen dürfen gem. § 28 nur für die Zwecke verarbeitet und genutzt werden,
für die sie übermittelt worden sind.

Das Gesetz spricht im ersten Absatz von Unterlagen, „soweit" sie keine personen-  **341**
bezogenen Informationen über Betroffene (§ 6 Rn. 135 ff.) oder Dritte (§ 6
Rn. 166 ff.) enthalten. Die Überschrift des § 20 spricht dagegen von der Verwendung von Unterlagen, die „keine" personenbezogenen Informationen enthalten. Somit fallen die Überschrift und der Normtext sprachlich auseinander.

Einerseits wird deshalb angenommen, dass die Verwendung von Unterlagen nach
Maßgabe des § 20 auch Unterlagen mit personenbezogenen Informationen über
Betroffene und Dritte erfasse und die Überschrift somit nicht korrekt sei.[1] Dem
gegenüber wird vertreten, dass § 20 die Verwendung von Unterlagen ohne derartige
Informationen regele.[2]

Angesichts des Regelungsgehaltes des Absatzes 1 der Vorschrift erscheint eine  **342**
solche Differenzierung sinnwidrig. Zwar wäre nach dem Wortlaut des Absatzes 1
eine derartige Interpretation nachvollziehbar. Betroffene und Dritte genießen jedoch
innerhalb des StUG eine besondere Schutzwürdigkeit (§ 6 Rn. 140 und 166). Daraus
lässt sich schließen, dass es für Unterlagen mit personenbezogenen Informationen
über Mitarbeiter des Staatssicherheitsdienstes (§ 6 Abs. 4), diesen gleichgestellte
Personen (§ 6 Abs. 5) und für Begünstigte keine solchen Restriktionen bei der Verwendung gibt. Folglich ergibt sich daraus, dass es in Abs. 1 lediglich um Unterlagen
geht, die nur personenbezogene Informationen über Mitarbeiter, ihnen gleichge-

---

[1] So die Begründung von *J. Rapp-Lücke,* in: Geiger/Klinghardt, StUG, 2. Aufl. 2006, § 20
Rn. 1.
[2] So feststellend Stoltenberg/Bossack, StUG, 2012, § 20 Rn. 1; Schmidt/Dörr, StUG, 1993,
§ 20 Rn. 2.

**Shpetim Bajrami, Gawain Thimm**

stellte Personen und Begünstigte enthalten.[3] Dies entspricht so auch weitestgehend dem Wortlaut früherer Gesetzesentwürfe, in denen von der „Verwendung von Unterlagen, die nur personenbezogene Daten von Mitarbeitern oder Begünstigten des Staatssicherheitsdienstes oder keine personenbezogenen Daten enthalten, durch öffentliche und nicht-öffentliche Stellen"[4] gesprochen wird.

Bezöge sich der Anwendungsbereich des § 20 auch auf Unterlagen mit personenbezogenen Informationen über Betroffene oder Dritte, würde er die strengere Restriktion des § 21 aushöhlen, was schon allein aus gesetzessystematischen Gründen verkehrt wäre.

343    Außerdem ist zu beachten, dass der Regelungsgegenstand – der Schutz des Persönlichkeitsrechtes – hier nur auf Personen Anwendung findet, die nicht den speziellen Vorteil aus einem der im numerischen Katalog aufgezählten Zwecke erlangen wollen. Das heißt, dass beispielsweise zu Gunsten der Person, die rehabilitiert werden soll, personenbezogene Informationen über ebendiese verwendet werden dürfen. Dies ist angesichts der persönlichen Befugnis eines jeden, über seine eigenen Rechte in weitem Maße zu disponieren, zweckmäßig.

**B.    Verwendungszwecke nach Abs. 1**

344    In Abs. 1 werden abschließend die gesetzlich vorgesehenen Verwendungszwecke für die Unterlagen, die keine personenbezogenen Informationen über Betroffene oder Dritte enthalten, aufgelistet. Öffentlichen und nicht öffentlichen Stellen wird danach die Verwendung gewährt, allerdings immer „in dem erforderlichen Umfang". Das bedeutet, dass für jeden Einzelfall eine Begrenzung eingeführt wird.[5] Dieses Einzelfallerfordernis folgt aus dem verfassungsrechtlichen Grundsatz der Verhältnismäßigkeit von Grundrechtseingriffen.[6] Mithin schafft § 20 auch eine Ausprägung für das Recht auf informationelle Selbstbestimmung (Art. 2 Abs. 1 i.V.m. Art. 1 Abs. 1 GG) für Mitarbeiter als auch für Begünstigte des Staatssicherheitsdienstes.[7]

---

[3] Gleicher Ansicht: Weberling, StUG, 1993, § 20 Rn. 2.
[4] Überschrift zu der entsprechenden Norm, § 16, in den BT-Drucks.12/723; BT-Drucks. 12/1093.
[5] *J. Rapp-Lücke*, in: Geiger/Klinghardt, StUG, 2. Aufl. 2006, § 20 Rn. 6.
[6] Stoltenberg/Bossack, StUG, 2012, § 20 Rn. 4.
[7] Weberling, StUG, 1993, § 20 Rn. 1.

**Shpetim Bajrami, Gawain Thimm**

**I. Nr. 1 Rehabilitierung von Betroffenen, Vermissten und Verstorbenen, Wiedergutmachung, Leistungen nach dem Häftlingshilfegesetz**

Abs. 1 nennt die Zwecke der Rehabilitierung, Wiedergutmachung und Häftlingshilfe **345** als Legitimation zur Verwendung von Stasi-Unterlagen durch öffentliche und nicht öffentliche Stellen. Die Nennung dieser Zwecke an erster Stelle verdeutlicht deren Wichtigkeit. So ist der Erlass des StUG primär dadurch legitimiert, dem Einzelnen zu ermöglichen, die Einflussnahme des Staatssicherheitsdienstes auf sein persönliches Schicksal aufzuklären. Somit stimmt Nr.1 des Abs. 1 sinngemäß mit § 1 Abs. 1 Nr. 1 überein und bestätigt den Auftrag des StUG als Teil der Wiedergutmachung i.w.S. (§ 1 Rn. 48). Zu den Begriffen der Rehabilitierung und der Wiedergutmachung siehe § 15 Rn. 312 ff., 314 ff.

Leistungen nach § 1 Abs. 1 des Häftlingshilfegesetzes (HHG) erhalten deutsche **346** Staatsangehörige und deutsche Volkszugehörige, die nach der Besatzung ihres Aufenthaltsortes oder in den in § 1 Abs. 2 Nr. 3 des Bundesvertriebenengesetzes genannten Gebieten aus politischen und nach freiheitlich-demokratischer Auffassung von ihnen nicht zu vertretenden Gründen in Gewahrsam genommen wurden, sowie Angehörige und Hinterbliebene der bereits genannten Personen.

**II. Nr. 2 Schutz des Persönlichkeitsrechts**

Aus Nr. 2 folgt die Verwendungsbefugnis für Unterlagen durch öffentliche und nicht **347** öffentliche Stellen zum Schutz des Persönlichkeitsrechts Einzelner.

Auch diese Vorschrift spiegelt den Gesetzeszweck wider (§ 1 Abs. 1 Nr. 2) und ergänzt bzw. verstärkt die Möglichkeit des Schutzes des Persönlichkeitsrechts durch öffentliche und nicht öffentliche Stellen. Die Besonderheit ist also, dass nicht nur dem in seinem Persönlichkeitsrecht Verletzten das Recht, sein Persönlichkeitsrecht zu schützen, zusteht.[8] Jedoch ist dieser im Rechtssinne vorrangig berechtigter Antragsteller, weil es dem Recht auf informationelle Selbstbestimmung widersprechen würde, wenn ein anderer als der in seinem Persönlichkeitsrecht Verletzte auf die Unterlagen zugreifen könnte, obwohl dieser den Schutz unter Umständen nicht möchte.[9]

[8] Vgl. Schmidt/Dörr, StUG, 1993, § 20 Rn. 4.
[9] Ebenso Schmidt/Dörr, StUG, 1993, § 20 Rn. 4.

**Shpetim Bajrami, Gawain Thimm**

## § 20

**348** Wahrscheinlicher Anwendungsfall ist die Verdächtigung einer Person, ehemaliger Mitarbeiter des Staatssicherheitsdienstes zu sein. In einzelnen Fällen wurden gefälschte Stasi-Unterlagen in Familien- oder Gesellschaftsrechtsstreitigkeiten eingebracht, wobei das Gericht in diesen Fällen Originalkopien vom BStU fordern kann.[10] Oftmals kam es auch zur Überschneidung mit Abs. 1 Nr. 1, da sich die Anwendungsfälle ähneln und nicht starr von einander zu trennen sind. So könnte es vorkommen, dass Bestandteil eines Rehabilitierungsvorhabens der Persönlichkeitsrechtsschutz ist.

**349** Folglich hat Abs. 1 Nr. 1 eine wichtige verfassungsrechtliche Bedeutung, weil er die verfassungsrechtlich gegebenen Möglichkeiten des Persönlichkeitsrechtsschutzes auf öffentliche und nicht öffentliche Stellen ausweitet. Die praktische Relevanz der Nr. 2 ist nicht unerheblich groß. Denn der Persönlichkeitsrechtsschutz durch die öffentliche Hand, insbesondere durch Gerichte, kann gerade bei der Sensibilität des Persönlichkeitsrechts oftmals eine große Rolle spielen, nicht zuletzt wegen des postmortalen Persönlichkeitsrechts.

### III. Nr. 3 Aufklärung des Schicksals Vermisster und ungeklärter Todesfälle

**350** Abs. 1 Nr. 3 regelt die Verwendung von Unterlagen zur Aufklärung des Schicksals Vermisster und ungeklärter Todesfälle. Die Vorschrift weist insoweit Ähnlichkeiten zu § 15 Abs. 1 Nr. 3 auf,[11] dass in beiden Fällen die Verwendung von Informationen zum Zwecke der Aufklärung des Schicksals Vermisster und Verstorbener zulässig ist. Ein Unterschied besteht allerdings insoweit, dass Abs. 1 Nr. 3 im Gegensatz zu § 15 Abs. 1 Nr. 3 nur bei ungeklärten Todesfällen Anwendung findet und für nahe Angehörige im Sinne des § 15 dieser eine abschließende Regelung trifft (§ 15 Rn. 320).[12] Dies gewinnt in Zusammenhang mit § 15 Abs. 5 Bedeutung; die Verwendung von Informationen ist dann ausgeschlossen, wenn sich aus den Umständen eindeutig ein entgegenstehender Wille des Vermissten oder Verstorbenen ergibt (§ 15 Rn. 337 f.). Fände Abs. 1 Nr. 3 Anwendung auf die nahen Angehörigen, welche gem. § 6 Abs. 9 in Verbindung mit § 2 Abs. 4 BDSG als natürliche Personen vom Begriff „nicht öffentliche Stelle" im § 20 umfasst sind, so würde § 15 Abs. 5 in seinem Anwendungsbereich ausgehöhlt. Unterlagen, zu denen ein Zugriff der Angehörigen über § 15 durch § 15 Abs. 5 nicht möglich ist, könnten dann nach Abs. 1 Nr. 3 einer Verwendung durch selbe Personen zugeführt werden. Zwar

---

[10] Stoltenberg/Bossack, StUG, 2012, § 20 Rn. 6.
[11] Sinngemäß auch *J. Rapp-Lücke*, in: Geiger/Klinghardt, StUG, 2. Aufl. 2006, § 20 Rn. 13; Schmidt/Dörr, StUG, 1993, § 20 Rn. 5.
[12] *J. Rapp-Lücke*, in: Geiger/Klinghardt, StUG, 2. Aufl. 2006, § 20 Rn. 13.

**Shpetim Bajrami, Gawain Thimm**

erfolgt die Übermittlung der Unterlagen nach den §§ 19 bis 23 gem. § 29 zweckge-bunden, dennoch würde dem entgegenstehenden Willen des Vermissten oder Ver-storbenen widersprochen. Der Begriff nicht öffentliche Stelle im Sinne des § 2 Abs. 4 BDSG ist daher an dieser Stelle teleologisch so zu reduzieren, dass es nicht zu dieser Aushöhlung kommt. Dabei ist relevant, dass Abs. 1 Nr. 1 keine Anwen-dung findet in Fällen, in denen § 15 Abs. 5 greift. Das heißt, es müssen Fälle ausge-schlossen werden, in denen ein naher Angehöriger (§ 15 Abs. 3 und Abs. 4) Zugang zu Unterlagen begehrt und zugleich der Vermisste oder Verstorbene eine andere Verfügung hinterlassen hat oder sich sein entgegenstehender Wille aus anderen Um-ständen eindeutig ergibt (§ 15 Abs. 5). Eine vergleichbare Beschränkung in Abs. 1 Nr. 3 wäre dagegen sinnwidrig. Vor allem durch öffentliche Stellen werden teils hochrangige Interessen verfolgt, ferner wirken letztwillige Verfügungen primär gegenüber den jeweiligen Nachkommen bzw. Erben.

Ob das MfS durch sein Wirken auf das Schicksal des Verstorbenen oder Vermissten Einfluss genommen hat, ist für die Anwendung der Norm hier nicht relevant. Die Unterlagen müssen lediglich dem Zweck der Aufklärung des Schicksals dieser Personen dienlich sein.[13] Damit kann die Vorschrift auf jede Person, zu der das MfS Informationen erhoben hat, Anwendung finden.

### IV. Nr. 4 Versorgungsruhensgesetz

Nr. 4 bezieht sich auf das Gesetz über das Ruhen von Ansprüchen aus Sonder- und Zusatzversorgungssystemen (Versorgungsruhensgesetz – VersRuhG). Es geht dabei darum, dass mithilfe von Stasi-Unterlagen entschieden werden kann, ob Versor-gungsleistungen oder vergleichbare Leistungen gekürzt, aberkannt oder zum Ruhen gebracht werden.[14] Die Einschlägigkeit der Nr. 4 ergibt sich aus § 1 Abs. 1 VersRuhG. Danach können Unterlagen durch öffentliche und nicht öffentliche Stellen verwendet werden, wenn gegen den Berechtigten zu der in Rede stehenden Leistung ein Strafverfahren wegen einer als Träger eines Staatsamtes oder Inhaber einer politischen oder gesellschaftlichen Funktion begangenen Straftat gegen das Leben oder einer anderen schwerwiegenden Straftat gegen die körperliche Unver-sehrtheit oder die persönliche Freiheit betrieben wird und der Berechtigte sich dem Strafverfahren durch Aufenthalt im Ausland entzieht. Es geht also um die Frage der Rechtmäßigkeit einer Versorgungsleistung im Zusammenhang mit einer entspre-chenden Straftat.

**351**

---

[13] So auch *J. Rapp-Lücke*, in: Geiger/Klinghardt, StUG, 2. Aufl. 2006, § 20 Rn. 13.
[14] Ebenso Stoltenberg/Bossack, StUG, 2012, § 20 Rn. 7; *J. Rapp-Lücke*, in: Geiger/Klinghardt, StUG, 2. Aufl. 2006, § 20 Rn. 14; Schmidt/Dörr, StUG, 1993, § 20 Rn. 6.

**Shpetim Bajrami, Gawain Thimm**

Unter vergleichbare Leistungen sind z.B. Entschädigungsrenten i.S.d. § 1 des Entschädigungsrentengesetzes – EntschRG zu verstehen. Die Anwendbarkeit des EntschRG ergibt sich aus Abs. 1 Nr. 4 StUG i.V.m. § 5 Abs. 2 EntschRG. Entschädigungsrenten werden demnach nach Maßgabe des § 5 Abs. 1 EntschRG geregelt.

**352** Die Aufnahme dieser Verwendungsbefugnis ist plausibel und sinnvoll, denn die in den Stasi-Unterlagen enthaltenen Informationen können Indizien oder Beweise über die oben genannten Straftaten liefern und somit die Jurisdiktion effektivieren. Es geht um die Zurverfügungstellung vorhandener Tatsachen in Stasi-Unterlagen für die Erteilung von Versorgungsleistungen. Folglich ist Nr. 4 eine inhaltliche Ausprägung des Wiedergutmachungsgedankens aus § 1 Abs. 1 Nr. 1 und eine besondere Form der juristischen Aufarbeitung nach § 1 Abs. 1 Nr. 3.

### V. Nr. 5 Aufklärung, Erfassung und Sicherung von DDR-Vermögen

**353** Abs. 1 Nr. 5 bezieht sich auf die Verwendung von Unterlagen zum Zweck der „Aufklärung, Erfassung und Sicherung des Vermögens der ehemaligen Deutschen Demokratischen Republik und der ehemaligen Rechtsträger mit Sitz in ihrem Gebiet sowie des Vermögens, das dem Bereich der Kommerziellen Koordinierung zugeordnet war". In § 19 Abs. 5 Nr. 2 findet sich eine wortgleiche Formulierung. Zu den Details bezüglich des Vermögens der DDR, den Rechtsträgern mit dortigem Sitz, der Kommerziellen Koordinierung sowie der jeweiligen Aufklärung, Erfassung und Sicherung wird dorthin verwiesen. Die einzelnen Zuständigkeiten ergeben sich aus den Art. 21 ff. EinigVtr.[15]

### VI. Nr. 6 Überprüfung von Personen ohne deren Einwilligung

#### 1. Allgemeines

**354** Nr. 6 und 7 behandeln die Überprüfung bestimmter Personen, ob sie hauptamtlich oder inoffiziell für den Staatssicherheitsdienst tätig waren. Dies beinhaltet, wie der Wortlaut unmittelbar zeigt, die Tätigkeit als hauptamtlicher Mitarbeiter im Sinne des § 6 Abs. 4 Nr. 1 und als inoffizieller Mitarbeiter im Sinne des § 6 Abs. 4 Nr. 2. Darüber hinaus gilt die Vorschrift aber auch entsprechend für Personen, die gegenüber Mitarbeitern des Staatssicherheitsdienstes hinsichtlich deren Tätigkeit für den Staatssicherheitsdienst rechtlich oder faktisch weisungsbefugt waren (§ 6 Abs. 5 Nr. 1) und für inoffizielle Mitarbeiter des Arbeitsgebietes 1 der Kriminalpolizei der

---

[15] BGBl. II 1990, 885; *J. Rapp-Lücke*, in: Geiger/Klinghardt, StUG, 2. Aufl. 2006, § 20 Rn. 17.

**Shpetim Bajrami, Gawain Thimm**

Volkspolizei (§ 6 Abs. 5 Nr. 2). Eine solche Überprüfung kann sich auch auf die Tätigkeit für einen ausländischen Nachrichtendienst beziehen.[16]

Eine Überprüfung nach diesen Vorschriften ist möglich, aber keinesfalls zwingend; so geht es schon aus dem Wortlaut des Abs. 1 hervor, in dem es heißt „Unterlagen [...] dürfen [...] verwendet werden". Ob von dieser Möglichkeit zur Überprüfung Gebrauch gemacht wird, liegt somit im Ermessen der antragsberechtigten Stelle.[17]

Bezogen auf öffentliche Stellen schützt die Norm die Grundsätze der freiheitlich-demokratischen Grundordnung der Bundesrepublik Deutschland; sie soll vermeiden, dass ehemalige Angehörige des MfS schädigenden Einfluss darauf nehmen und schützt das Ansehen von öffentlichen Stellen vor dem Verdacht auf Manipulationen.[18] Auf nicht öffentliche Stellen bezogen wird die Integrität des privaten Rechtsverkehrs geschützt.

**2. Zulässigkeit**

Eine solche Überprüfung darf nur nach Maßgabe der dafür geltenden Vorschriften 355 stattfinden. Damit finden auch einschlägige, außerhalb des StUG angesiedelte Vorschriften, die eben eine solche Überprüfung regeln, Anwendung. Der Gesetzgeber hat damit die Möglichkeit, die Überprüfung auf eine Tätigkeit für den Staatssicherheitsdienst für die jeweiligen Personengruppen in betreffenden Gesetzen weiter rechtlich zu spezifizieren.[19] Eine Erweiterung des Überprüfungsrechts, sei es bezüglich der überprüfbaren Person, der Tätigkeit für das MfS oder bezogen auf die Jugendsünderegelung (Rn. 357), über jenes des Abs. 1 Nr. 6 hinaus ist dabei jedoch nicht möglich; lediglich eine zum StUG ergänzende Konkretisierung ist hier zulässig.[20] Eine über die im StUG enthaltenen Regelungen hinausgehende und weitere Überprüfungsmöglichkeit ist mit dem Zweck des StUG – insbesondere auch dem darin enthaltenen Schutz des Persönlichkeitsrechts der Betroffenen– nicht vereinbar (§ 43 Rn. 742).[21] Dies führt dazu, dass auch eine entsprechend weitere Auslegung

---

[16] So auch: *J. Rapp-Lücke*, in: Geiger/Klinghardt, StUG, 2. Aufl. 2006, § 20 Rn. 23.

[17] Vgl. BT-Drucks. 12/1540, 60 (Begründung Nr. 5 zu § 16 Abs. 1 Nr. 6).

[18] BT-Drucks. 16/2969, 7 (zu Nummer 5).

[19] So auch: Stoltenberg/Bossack, StUG, 2012, § 20 Rn. 8.

[20] Vgl. auch: Stoltenberg/Bossack, StUG, 2012, § 20 Rn. 8, die von Vorschriften spricht, welche die Zulässigkeit von Anfragen an den BStU und die Verwendung der mitgeteilten Informationen restriktiver regeln als das StUG; *J. Rapp-Lücke*, in: Geiger/Klinghardt, StUG, 2. Aufl. 2006, § 20 Rn. 21.

[21] *J. Rapp-Lücke*, in: Geiger/Klinghardt, StUG, 2. Aufl. 2006, § 20 Rn. 21.

**Shpetim Bajrami, Gawain Thimm**

dieser Vorschrift oder Analogien nicht zulässig sind.[22] § 20 trifft damit an dieser Stelle eine abschließende Regelung.

**356**  Aus der vorangegangenen Erläuterung ergibt sich, dass eine Überprüfung von allen anderen Personenkategorien innerhalb des § 6 – hier vor allem relevant: Begünstigte (§ 6 Abs. 6) – unzulässig ist. Ferner unzulässig ist die Überprüfung von Dritten im Sinne des § 6 Abs. 7, was insbesondere bezogen auf Denunzianten (Zur Zuordnung von Denunzianten zu einer Personengruppe innerhalb des § 6, siehe dort Rn. 166 f und insbesondere § 13 Rn 277 ff.) an Bedeutung gewinnt.[23] Ebenfalls können Personen, die ihr in der im Gesetz zu findenden Aufzählung der zu überprüfenden Personen genanntes Amt nicht oder nicht mehr innehaben und sich auf ein solches auch nicht beworben haben (Rn. 372), nicht überprüft werden.

**357**  Eine Ausnahmeregelung besteht für die Überprüfung von Personen, die vor Vollendung des 18. Lebensjahres für den Staatssicherheitsdienst tätig waren; sogenannte „Jugendsünden"[24]. Dieses Privileg wird schon einmal vorab in Gesetz in § 13 Abs. 6 verwendet (siehe vertiefend § 13 Rn. 287 ff.).

Eine Überprüfung solcher Personen ist unzulässig. Das gilt auch soweit sich aus den Unterlagen ergibt, dass jemand vor Vollendung des 18. Lebensjahres eine Verpflichtung beim Staatssicherheitsdienst unterschrieben hat, nach Vollendung des 18. Lebensjahres zwar weiterhin als inoffizieller Mitarbeiter dort geführt wurde, aber keinerlei Informationen geliefert hat.[25] Anders liegt der Fall, wenn ein Mitarbeiter vor der Vollendung des 18. Lebensjahres für den Staatssicherheitsdienst tätig war und diese Tätigkeit nach Vollendung des 18. Lebensjahres fortgeführt hat. Eine Verwendung von Dokumenten, die vor Vollendung des 18. Lebensjahres entstanden sind, ist dann auch zulässig z.B. für die Entschlüsselung der Decknamen.[26]

---

[22] *J. Rapp-Lücke*, in: Geiger/Klinghardt, StUG, 2. Aufl. 2006, § 20 Rn. 21.
[23] Vgl. *J. Rapp-Lücke*, in: Geiger/Klinghardt, StUG, 2. Aufl. 2006, § 20 Rn. 24; zur Klarstellung geht sie auch noch einmal darauf ein, dass Personen, die den Staatssicherheitsdienst unterstützt haben, ohne Mitarbeiter gewesen zu sein oder nach § 6 Abs. 5 eine diesen gleichgestellte Person gewesen zu sein, ebenfalls nicht nach § 20 Abs. 1 Nr. 6 überprüft werden dürfen.
[24] Vgl. BT-Drucks. 12/1540, 60 (Begründung Nr. 1 zu § 16 Abs. 1 Nr. 6).
[25] Vgl. *J. Rapp-Lücke*, in: Geiger/Klinghardt, StUG, 2. Aufl. 2006, § 20 Rn. 24.
[26] Vgl. *J. Rapp-Lücke*, in: Geiger/Klinghardt, StUG, 2. Aufl. 2006, § 20 Rn. 24.

**Shpetim Bajrami, Gawain Thimm**

## 3. Überprüfbare Personengruppen

In der Aufzählung lit. a) bis lit. h) werden die einzelnen Personengruppen, für die **358** eine Überprüfung möglich ist, abschließend aufgezählt.

**a ) Mitglieder der Bundesregierung oder einer Landesregierung; in einem öffentlichen Amtsverhältnis stehende Person (lit. a)**

Ein Überprüfungsrecht besteht für Personen, die Mitglied in der Bundesregierung **359** oder einer Landesregierung sind sowie sonstige Personen, die in einem öffentlich-rechtlichen Amtsverhältnis stehen. Mitglieder der Bundesregierung sind der Bundes-kanzler und alle Mitglieder der Bundesministerien als Bestandteile der Bundes-regierung nach Art. 62 GG. Gleiches gilt für die Ministerpräsidenten, die Minister und Senatoren, bzw. die regierenden Bürgermeister, der einzelnen Länder. Zudem können sonstige in einem öffentlichen Amtsverhältnis stehende Personen überprüft werden. Dazu zählen beispielsweise der Wehrbeauftragte des Deutschen Bundes-tages, der Bundesbeauftragte für den Datenschutz oder der Bundesbeauftragte für die Unterlagen des Staatssicherheitsdienstes der ehemaligen DDR.[27] Ferner fallen darunter auch parlamentarische Staatssekretäre.[28]

**b ) Abgeordnete, Mitglieder kommunaler Vertretungen, kommunale Wahlbeamte, ehrenamtliche Bürgermeister**

Abs. 1 Nr. 6 lit. b hat durch das 7. und 8. StUÄndG Änderungen erfahren. So ist **360** durch das 7. StUÄndG[29] von 2006 die Überprüfungsmöglichkeit für kommunale Wahlbeamte hinzugekommen. Durch das 8. StUÄndG[30] ist im Jahre 2012 die For-mulierung „Angehörige kommunaler Vertretungskörperschaften" durch „Mitglieder kommunaler Vertretungen" ersetzt worden. Letzteres steht dem vorigen Wortlaut sinngemäß gleich und diente lediglich zur Angleichung an den Sprachgebrauch im neueren Bundesrecht. Zudem wurde die Überprüfungsmöglichkeit für ehrenamtliche Bürgermeister und entsprechende Vertreter für einen Gemeindeteil eingeführt, womit die Überprüfungsmöglichkeit durch beide genannten Gesetzesänderungen erweitert wurde.

---

[27] *J. Rapp-Lücke*, in: Geiger/Klinghardt, StUG, 2. Aufl. 2006, § 20 Rn. 28.
[28] Vgl. *J. Rapp-Lücke*, in: Geiger/Klinghardt, StUG, 2. Aufl. 2006, § 20 Rn. 28; a.A. Schmidt/ Dörr, StUG, 1993, § 20 Rn. 15.
[29] BGBl. I 2006, 3326.
[30] BGBl. I 2004, 3106.

**Shpetim Bajrami, Gawain Thimm**

# § 20

**361** Seit Inkrafttreten des StUG am 29.12.1991[31] können Abgeordnete überprüft werden. Dazu zählen solche des Deutschen Bundestages, der Länderparlamente sowie ebenso des Europäischen Parlaments.[32] Mit § 44c[33] des Abgeordnetengesetzes hat der Bundestag dazu eine Vorschrift geschaffen, in der er die Überprüfung von Abgeordneten im Sinne des Abgeordnetengesetzes spezifiziert. Das Verfahren dazu legt der Deutsche Bundestag in Richtlinien fest (§ 44c IV Abgeordnetengesetz).[34] In den Länderparlamenten gibt es zum Teil dementsprechende Regelungen. Zu den Mitgliedern kommunaler Vertretungen zählen Gemeinde- und Kreisräte.[35] Kommunale Wahlbeamte sind Beamte auf Zeit.[36] Es gilt das jeweilige Landesrecht. Zu ihnen zählen Wahlbeamte der Gemeinden, Gemeindeverbände und Landkreise. Sie sollen überprüft werden können, da sie eine verantwortungsvolle Stellung innehaben und auf Grund des großen Vertrauens, welches ihnen entgegengebracht wird.[37]

**362** Die Überprüfungsmöglichkeit für ehrenamtliche Bürgermeister und entsprechende Vertreter für einen Gemeindeteil hat der Gesetzgeber vor allem zur Klarstellung im Hinblick auf unterschiedliche landesrechtliche Regelungen eingefügt. Diese vorwiegende Klarstellungsfunktion geht daraus hervor, dass ehrenamtliche Bürgermeister meist zugleich kommunale Wahlbeamte sind.[38] Gewählte Vertreter für einen Gemeindeteil nehmen die entsprechenden Aufgaben für einen räumlichen Teil einen Gemeindebezirk, eine Ortschaft oder einen Ortsteil, gleich dem ehrenamtlichen Bürgermeister wahr. Das Landesrecht unterscheidet sich dabei in Details bezüglich der Bezeichnung dieser Vertreter und deren Ernennung. Keine Anwendung findet

---

[31] BGBl. I 1991, 2272.

[32] *J. Rapp-Lücke*, in: Geiger/Klinghardt, StUG, 2. Aufl. 2006, § 20 Rn. 29.

[33] Vormals § 44b Abgeordnetengesetz, der mit Wirkung vom 18.10.2005 durch Gesetz vom 22.8.2005 § 44c Abgeordnetengesetz wurde. § 44b Abgeordnetengesetz wurde am 20. Januar 1992 durch das Vierzehnte Gesetz zur Änderung des Abgeordnetengesetzes eingefügt, BGBl. I 1992, 67; BT-Drucks. 12/1324; 12/1737.

[34] BGBl. I 2005, 2682.

[35] So auch: *J. Rapp-Lücke*, in: Geiger/Klinghardt, StUG, 2. Aufl. 2006, § 20 Rn. 29, welche aber noch zu der gleichbedeutenden Formulierung „Angehörige kommunaler Körperschaften" kommentierte.

[36] Stoltenberg/Bossack, StUG, 2012, § 20 Rn. 12.

[37] BT-Drucks. 16/3638, 10 (Begründung zu Nr. 4 (§ 20 Abs. 1); ebenso: Stoltenberg/Bossack, StUG, 2012, § 20 Rn. 12.

[38] Vgl. dazu insgesamt: BT-Drucks. 17/5894, 7 (Begründung zu den §§ 20, 21 Abs. 1 Nummer 6 Buchstabe b); ebenso: Stoltenberg/Bossack, StUG, 2012, § 20 Rn. 12.

**Shpetim Bajrami, Gawain Thimm**

diese Vorschrift auf einfache Mitglieder von Ortsvertretungen, Ortsräten, Ortschafts-
räten oder Ortsbeiräten.[39]

**c ) Beamte, die jederzeit in den Ruhestand versetzt werden können**

Der Regelungsgehalt des Buchstaben c war vor dem 7. StUÄndG ein gänzlich an- **363**
derer. Er ermöglichte die Überprüfung von Mitgliedern des Beirates (§ 39). Diese
findet sich nun in Nr. 7 lit. a. Die heutige Regelung betrifft Beamte, deren Versetzung in den einstweiligen Ruhestand (gem. § 30 BeamtStG) jederzeit möglich
ist.[40]

**d ) Beschäftigte ab der Besoldungsgruppe A 9, der Entgeltgruppe E 9**

Abs. 1 Nr. 6 lit. d war Bestandteil einiger wesentlicher Änderungen. Die Norm wur- **364**
de durch den Gesetzgeber insgesamt drei Mal neugefasst.[41] Durch das 7. StUÄndG
wurde lit. d wie folgt gefasst: *Beamte und Angestellte, die eine Behörde leiten oder
eine vergleichbar verantwortungsvolle Aufgabe wahrnehmen.* Die Überprüfungsmöglichkeit war damit ausdrücklich auf eine Behörde leitende Beamte oder Angestellte und entsprechend vergleichbar verantwortungsvolle Aufgaben beschränkt.

Dem gegenüber ist der aktuelle Abs. 1 Nr. 6 lit. d deutlich ausdifferenzierter, bietet **365**
zugleich aber vor allem wieder ein weiter gefasstes Überprüfungsrecht. Eine Überprüfungsmöglichkeit besteht demnach auch schon für Personen, die eine leitende
Funktion ausführen. Grund dieser Überprüfungsmöglichkeit ist, dass Beschäftigte in
diesen Positionen eine erhöhte Verantwortung tragen sowie ein besonderes Vertrauen der Öffentlichkeit in ihre Integrität besitzen. Zugleich haben sie, kraft ihrer
Vorgesetzteneigenschaft, eine Vorbildfunktion gegenüber der Öffentlichkeit und
auch ihren Mitarbeitern gegenüber inne. Letzteres auch insbesondere dadurch, dass
sie durch ihre Weisungsbefugnis Einfluss auf Entscheidungsprozesse nehmen
können.[42]

In der Praxis sind davon z.B. Angehörige des Polizeidienstes, insbesondere im **366**
gehobenen Dienst, betroffen, die eine leitende Funktion ausüben; gleiches gilt auch
für solche im Endamt des mittleren Dienstes. Dieser Umstand war auch unter anderem dafür maßgeblich diese Überprüfungsmöglichkeit einzuführen. Fast zeitgleich

---

[39] Vgl. dazu insgesamt: BT-Drucks. 17/5894, 7 (Begründung zu den §§ 20, 21 Abs. 1 Nummer
6 Buchstabe b).

[40] S. auch: *Stoltenberg/Bossack,* StUG, 2012, § 20 Rn. 12.

[41] Zur Fassung vor dem 7. StUÄndG: *J. Rapp-Lücke,* in: Geiger/Klinghardt, StUG, 2. Aufl.
2006, § 20 Rn. 31 ff.

[42] So gänzlich auch: BT-Drucks. 17/7170, 8.

**Shpetim Bajrami, Gawain Thimm**

mit der Gesetzesänderung kam es unter anderem in Brandenburg zur Enthüllung von Stasi-Vergangenheiten in diesem Bereich, was diese Gesetzesänderung unterstützte. Daraufhin folgte in der öffentlichen Wahrnehmung ein gesteigertes Interesse an der Aufarbeitung, wodurch gerade diese Überprüfungsmöglichkeit auch erforderlich erscheint. Sie ist aber auch deshalb gerechtfertigt, da Angehörige der Polizei in leitender Funktion, entweder selbst unmittelbar oder über ihre Weisungsbefugnis mittelbar, staatliche Kernaufgaben wahrnehmen; insbesondere aber auch dadurch, dass sie Zwangsbefugnisse gegenüber dem Bürger ausüben können. Die Integrität dieser Dienstposten ist somit von Bedeutung. Ziel dieser Regelung war daneben auch die Vermeidung, dass ein möglicher Betroffener einem möglichen Mitarbeiter gegenüber steht.[43]

Die Überprüfungsmöglichkeit erstreckt sich ebenfalls auf Mitglieder von Vertretungsorganen oder Aufsichtsorganen in Unternehmen, bei denen die öffentliche Hand Inhaber der absoluten Mehrheit der Anteile ist und, die von letzterer bestellt sein müssen.

**367** Eine Überprüfungsmöglichkeit von allen Beschäftigten des öffentlichen Dienstes ergibt sich überdies aus dem zweiten Halbsatz. Vorgesehen ist diese beim Vorliegen von Tatsachen, die den Verdacht einer hauptamtlichen oder inoffiziellen Tätigkeit für das MfS begründen. Dadurch wird diese zunächst umfassende Überprüfungsmöglichkeit deutlich eingeschränkt. So trägt der Gesetzgeber dabei auch dem Grundsatz der Verhältnismäßigkeit Rechnung.[44]

**e ) Richter**

**368** Gem. Abs. 1 Nr. 6 lit. e können auch Richter sowie ehrenamtliche Richter uneingeschränkt überprüft werden. Jeder Berufsrichter kann somit uneingeschränkt überprüft werden. Dieser Status ergibt sich vorwiegend aus dem Deutschen Richtergesetzt (DRiG). Nach Art. 20 Abs. 3, 97 Abs. 1, § 25 DRiG sind Richter nur dem Gesetz unterworfen. Dies schwört der Richter auch unter Eid (§ 38 DRiG). Eine ehemalige Tätigkeit für den Staatssicherheitsdienst erscheint somit ohnehin damit im Konflikt zu stehen. Unterstrichen wird dies auch von der Gesetzesbegründung, worin es sinngemäß heißt, dass jeder Berufsrichter unmittelbar die rechtsprechende Gewalt repräsentiere. Weiter, dass er aufgrund seiner Unabhängigkeit keiner Weisung unterworfen sei und an seine Zuverlässigkeit besonders hohe Maßstäbe

---

[43] Zu diesem Absatz im Ganzen auch BT-Drucks. 17/7170, 8.
[44] BT-Drucks. 17/7170, 8.

**Shpetim Bajrami, Gawain Thimm**

anzulegen seien.[45] Unter Zuverlässigkeit ist an dieser Stelle auch zu verstehen, dass Richter einzig und alleine dem Gesetz unterworfen sind und dem Eid nach ohne Ansehen der Person urteilen müssen.

Für ehrenamtliche Richter (§§ 44 ff. DRiG) ist darüber hinaus in § 44 a DRiG **369** normiert, dass nicht zum ehrenamtlichen Richter berufen werden solle, wer wegen einer Tätigkeit als hauptamtlicher oder inoffizieller Mitarbeiter des Staatssicherheitsdienstes der ehemaligen Deutschen Demokratischen Republik im Sinne des § 6 Abs. 4 des Stasi-Unterlagen-Gesetzes vom 20. Dezember 1991, oder als diesen Mitarbeitern nach § 6 Abs. 5 des Stasi-Unterlagen-Gesetzes gleichgestellte Person, für das Amt eines ehrenamtlichen Richters nicht geeignet sei. Zwar ist dies so nur für ehrenamtliche Richter ausdrücklich normiert; für Berufsrichter dürfte dieser Grundsatz jedoch erst recht Wirkung zeigen. Für ehrenamtliche Richter besteht die Überprüfungsmöglichkeit in erster Linie, weil sie den Berufsrichtern gegenüber gleichwertig sind und ebenso die rechtsprechende Gewalt repräsentieren. Auch sie müssen als solche unabhängig, zuverlässig und vertrauenswürdig sein,[46] vor allem, da sie in der Zivil- und Strafgerichtsbarkeit das gleiche Stimmrecht wie Berufsrichter haben.[47]

**f ) Soldaten ab Besoldungsgruppe A 13**

Auch Soldaten in besonders herausgehobener Stellung können überprüft werden. **370** Dies ist auf Dienstposten der Besoldungsgruppe A 13 oder höher beschränkt, auf Soldaten, die eine leitende Funktion ausüben und auf Stabsoffiziere mit Dienstposten mit erheblicher Außenwirkung im integrierten Bereich, im Attachédienst oder bei sonstigen Dienststellen im Ausland. Soldaten sind Repräsentanten der Staatsgewalt und verfügen in diesem Fällen über Entscheidungs- und Weisungsbefugnisse. Diese setzen sowohl Vertrauenswürdigkeit und als auch Zuverlässigkeit voraus.[48]

**g ) Verantwortliche des Sports in bedeutenden Ämtern**

Personen in besonders verantwortungsvollen Positionen können gem. Abs. 1 Nr. 6 **371** lit. g überprüft werden. Darunter fallen Mitglieder des Präsidiums und des Vorstandes sowie leitende Angestellte des Deutschen Olympischen Sportbundes, seiner Spitzenverbände und der Olympiastützpunkte. Außerdem Repräsentanten des deut-

---

[45] BT-Drucks. 16/2969, 8 (Begründung zu Nummer 5).
[46] Sinngemäß: BT-Drucks. 16/3638, 10 (Begründung zu Nummer 4 (§ 20 Abs. 1)).
[47] Ähnlich so auch: Stoltenberg/Bossack, StUG, 2012, § 20 Rn. 15.
[48] Sinngemäß: BT-Drucks.16/3638, 10 (Begründung zu Nummer 4 (§ 20 Abs. 1)).

**Shpetim Bajrami, Gawain Thimm**

schen Sports in internationalen Gremien sowie Trainer und verantwortliche Betreuer von Mitgliedern der deutschen Nationalmannschaften; dazuzählen hier auch Ärzte der deutschen Nationalmannschaften.[49] Dies soll einerseits die Klärung von Vorwürfen ermöglichen und ebenso die Vertrauenswürdigkeit des Sports in der Öffentlichkeit schützen.[50] In den Bundestagsdrucksachen wird ferner dazu ausgeführt, dass nicht zuletzt die Rolle des Staatssicherheitsdienstes beim Komplex der Doping-Problematik und die noch immer zahlreichen offenen Fragen Hintergrund der Einführung dieser Überprüfungsmöglichkeit waren.

**h ) Bewerber**

372  Gemäß lit. h) besteht die Möglichkeit zur Überprüfung einer Person ebenfalls bei Bewerbern auf das jeweilige Amt, die Funktion oder die Einstellung im Sinne von Nr. 6 lit. a) – g).

**VII. Nr. 7 Überprüfung von Personen mit deren Einwilligung**

373  Abs. 1 Nr. 7 wurde durch das 7. StUÄndG vom 21.12.2006 neu gefasst. Dem Grunde nach wird eine Verwendung von Unterlagen zur Überprüfung von Personen, die mit der Aufarbeitung (§ 1 Rn. 58) befasst sind, gestattet.[51] Diese wird lediglich durch die „Jugendsünden-Regelung" eingeschränkt und, da sich diese Verwendungsmöglichkeit ebenso in § 21 für Unterlagen mit personenbezogenen Informationen über Betroffene oder Dritte findet, lässt sich folgern, dass der Gesetzgeber der Integrität der damit befassten Stellen Rechnung tragen wollte. Dies gewinnt insbesondere vor dem Hintergrund Substanz, welche Änderungen die Überprüfungsmöglichkeiten durch die vergangenen Änderungsgesetze erfahren haben und im Zusammenhang mit dem in der nachfolgenden Gesetzesänderung eingeführten § 37a (§ 37a Rn. 700 ff.). Ferner bringen die an die mit der Aufarbeitung beschäftigten Personen übertragenen Aufgaben eine besondere Sensibilität mit sich. Das Ziel der unabhängigen Aufarbeitung der Tätigkeit des MfS macht es unabdingbar, dass damit betraute Personen nicht durch eine hauptamtliche oder inoffizielle Tätigkeit beim MfS belastet sind.[52]

---

[49] BT-Drucks.16/3638, 10 (Begründung zu Nummer 4 (§ 20 Abs. 1)).
[50] Vgl. BT-Drucks. 16/3638, 10 (Begründung zu Nummer 4 (§ 20 Abs. 1)).
[51] Stoltenberg/Bossack, StUG, 2012, § 20 Rn. 20.
[52] BT-Drucks. 16/2969, 8; Ebenso noch vor der Neufassung durch das 7. StUÄndG: *J. Rapp-Lücke*, in: Geiger/Klinghardt, StUG, 2. Aufl. 2006, § 20 Rn. 30.

**Shpetim Bajrami, Gawain Thimm**

Eine Überprüfungsmöglichkeit besteht ohne tatsächliche Anhaltspunkte für einen **374**
Verdacht der Tätigkeit beim MfS.[53] Die zu überprüfende Person muss Kenntnis über
die Überprüfung haben; eine Einwilligung ist jedoch nicht erforderlich.[54] Nach lit. a
können Mitglieder des Beirats gem. § 39 und des wissenschaftlichen Beratungsgremiums gem. § 39a überprüft werden. Letzteres wurde auch erst durch das
7. StUÄndG vom 21.12.2006 eingeführt.

Zugleich können der Bundesbeauftragte (§§ 35 ff.) und seine Beschäftigten über- **375**
prüft werden. Die Regelung entstand daraus, dass die Überprüfungsmöglichkeit der
im öffentlichen Dienst Beschäftigten auslief.[55] Die Norm weist an dieser Stelle
insoweit eine Regelungslücke auf, dass Dienstleister von dritten Firmen, die beim
BStU Aufgaben wahrnehmen, nicht überprüfbar sind. Sie kann im Zusammenhang
mit dem später eingeführten § 37a zu einem Wertungswiderspruch führen.[56] Gleiches gilt für die Landesbeauftragten nach § 38 und ihre Beschäftigten.

Abs. 1 Nr. 7 lit. d erlaubt die Überprüfung von Beschäftigten öffentlicher Stellen, **376**
die mit der Bearbeitung von Anträgen nach dem Strafrechtlichen, Verwaltungsrechtlichen oder Beruflichen Rehabilitierungsgesetz befasst sind. Da es sich bei der
Rehabilitierungauch um ein zentrales Element der Aufarbeitung handelt, ist dies ein
besonders sensibler Bereich.[57] Der Gesetzgeber wollte mit dieser Regelung ausschließen, dass Anträge von Geschädigten im Sinne der genannten Gesetze von
Personen bearbeitet werden, die durch eine frühere Tätigkeit für den Staatssicherheitsdienst belastet sind.[58] Richtigerweise, denn Bereiche der Wiedergutmachung
durch Personen bearbeiten zu lassen, die selbst Teil einer der wesentlichen Institutionen waren, welche die Wiedergutmachen überhaupt erst nötig machen, wäre
evident widersprüchlich.

Lit. e sieht eine Überprüfungsmöglichkeit von Beschäftigten und ehrenamtlichen **377**
Mitarbeitern sowie Gremienmitgliedern sonstiger mit der Aufarbeitung beschäftigter
Einrichtungen vor. Letztere wurde durch das 8. StUÄndG vom 22.12.2011 ge-
schaffen. Die Regelung umfasst nicht öffentliche Einrichtungen, die mit der
Aufarbeitung befasst sind (z.B. die Gedenkstätte Hohenschönhausen).[59] Ziel ist es,

---

[53] BT-Drucks. 16/2969, 8.
[54] BT-Drucks. 16/2969, 8.
[55] Zu § 20 Abs. 1 Nr. 6 lit. d alte Fassung statt vieler: *J. Rapp-Lücke*, in: Geiger/Klinghardt,
StUG, 2. Aufl. 2006, § 20 Rn. 31; Stoltenberg/Bossack, StUG Kommentar, § 20 Rn. 21.
[56] Vgl. auch: Stoltenberg/Bossack, StUG, 2012, § 20 Rn. 21.
[57] Zu gleichem Ergebnis kommend: Stoltenberg/Bossack, StUG, 2012, § 20 Rn. 22.
[58] BT-Drucks. 16/3638, 10 (Begründung zu Nummer 4 (§ 20 Abs. 1)).
[59] Stoltenberg/Bossack, StUG, 2012, § 20 Rn. 22.

**Shpetim Bajrami, Gawain Thimm**

durch die uneingeschränkte Überprüfungsmöglichkeit an dieser Stelle der Sensibilität dieser Tätigkeit Rechnung zu tragen und dem erforderlichen Vertrauen in diese Institutionen zu entsprechen.[60] Überprüft werden können auch Personen, die sich auf eine der in lit. a – e genannten Funktionen beworben haben.

### VIII. Nr. 8 Erteilung/Entzug einer Erlaubnis nach dem Waffengesetz etc.

**378** Nr. 8 betrifft die Verwendung von Unterlagen zur Erteilung/zum Entzug einer Erlaubnis nach dem Waffengesetz, dem Bundesjagdgesetz, dem Sprengstoffgesetz, dem Kriegswaffenkontrollgesetz und dem Außenwirtschaftsgesetz. Es geht dabei um die für das personalkonzessionsorientierte Gefahrenabwehrrecht typische Untersuchung der persönlichen Zuverlässigkeit für ehemalige Mitarbeiter des Staatssicherheitsdienstes. Waffenbehörden können also aufgrund der Informationen in den Stasi-Unterlagen Erlaubnisse erteilen oder entziehen.

Nach dem Gesetzeswortlaut wird vorausgesetzt, dass man Mitarbeiter des Staatssicherheitsdienstes war. Erst dann darf die persönliche Zuverlässigkeit untersucht werden. Das würde aber bedeuten, dass die Mitarbeit am Staatssicherheitsdienst nicht eigens untersucht werden darf. Dies entspricht aber nicht dem Willen des Gesetzgebers[61] und führt zu der Problematik, dass Nr. 8 einerseits nur Anwendung bei der Zuverlässigkeitsprüfung von ehemaligen hauptamtlichen oder inoffiziellen Mitarbeitern des Staatssicherheitsdienstes finden soll[62], andererseits aber eben nicht die Möglichkeit zur Überprüfung, ob jemand überhaupt in solcher Form für das MfS tätig war, schafft.[63]

**379** Jedoch erscheint eine solche Stufenordnung in Voraussetzung und Suchkriterium nicht zweckdienlich.[64] Vielmehr muss untersucht werden, ob der entsprechende Antragsteller Mitarbeiter des Staatssicherheitsdienstes war, und selbst wenn nicht, ob es Hinweise auf seine persönliche Zuverlässigkeit gibt.[65]

---

[60] BT-Drucks. 16/3638, 10 f. (Begründung zu Nummer 4 (§ 20 Abs. 1)); ebenso: Stoltenberg/ Bossack, StUG, 2012, § 20 Rn. 22.

[61] Zustimmend Schmidt/Dörr, StUG, 1993, § 20 Rn. 37.

[62] So feststellend *J. Rapp-Lücke*, in: Geiger/Klinghardt, StUG, 2. Aufl. 2006, § 20 Rn 55.

[63] So Stoltenberg/Bossack, StUG, 2012, § 20 Rn. 23.

[64] So kategorisiert Schmidt/Dörr, StUG, 1993, § 20 Rn. 37, in Zulässigkeitsvoraussetzung: Mitarbeiter des Staatssicherheitsdienstes und Suchkriterium: Persönliche Zuverlässigkeit.

[65] Im Ergebnis genau so, Schmidt/Dörr, StUG, 1993, § 20 Rn. 37; *Stoltenberg/Bossack*, § 20 Rn. 23.

**Shpetim Bajrami, Gawain Thimm**

Bei der persönlichen Zuverlässigkeit wird eine Negativuntersuchung vorgenommen, **380**
d. h., es wird nach Hinweisen gesucht, die auf das Fehlen der persönlichen Zuverlässigkeit schließen lassen. Es geht also um die Untersuchung auf Hinweise der
persönlichen Unzuverlässigkeit.[66] Für diese Untersuchung gibt es in den jeweiligen
Gesetzen entsprechende Kriterien: § 5 Waffengesetz - WaffG, § 17 Bundesjagdgesetz - BJagdG, § 8a Sprengstoffgesetz - SprengG, § 6 Gesetz über die Kontrolle
von Kriegswaffen - KrWaffKontrG, § 3 Außenwirtschaftsgesetz (AWG). Der häufig
aufzufindende Begriff der erforderlichen Zuverlässigkeit (WaffG, BJagdG,
SprengG) ist dabei weit zu verstehen, also nicht auf den Begriff der persönlichen
Zuverlässigkeit beschränkt.[67]

Es erscheint sinnvoll, dass die Stasi-Unterlagen verwendet werden, um die Zuver- **381**
lässigkeit der entsprechenden Antragsteller besser ermitteln zu können. Insbesondere, weil die entsprechenden Belange ein besonderes Maß an Zuverlässigkeit
erfordern. Die aktuelle Aussagekraft dieser Informationen nach weit mehr als 20
Jahren ist jedoch fragwürdig.[68]

## IX. Nr. 9 Anerkennung von Beschäftigungszeiten und Renten ehemaliger Angehöriger des MfS

Unterlagen des Staatssicherheitsdienstes dürfen durch öffentliche und nicht öffent- **382**
liche Stellen für die Anerkennung von Beschäftigungszeiten und zur Zahlung und
Überführung von Renten ehemaliger Angehöriger des Staatssicherheitsdienstes
(Hauptamtliche Mitarbeiter im Sinne des § 6 Abs. 4 Nr. 1) verwendet werden. Die
Vorschrift dient der Festsetzung von Beschäftigungszeiten nach dem Tarifvertrag für
den öffentlichen Dienst und zur Feststellung daraus hervorgehender Auswirkungen
für Vergütung und Renten.[69] Die Vorschrift ist daneben insbesondere Auffang-
regelung für die Festsetzung von Besoldungsdienstalter und ruhegehaltfähigen
Zeiten nach dem Wegfall der Überprüfungsmöglichkeit nach Nr.6 lit. b.[70] Anwendung findet das Gesetz zur Überführung der Ansprüche und Anwartschaften aus
Zusatz- und Sonderversorgungssystemen des Beitrittsgebietes – Anspruchs- und An-
wartschaftsüberführungsgesetz (AAÜG) – vom 25.07.1991.[71] Zuständige Versor-

---

[66] Bejahend Schmidt/Dörr, StUG, 1993, § 20 Rn. 37, nennt es aber „Hinweise auf das Fehlen
    der persönlichen Zuverlässigkeit"; sowie *J. Rapp-Lücke*, in: Geiger/Klinghardt, StUG,
    2. Aufl. 2006, § 20 Rn. 55, nennt es aber „Zweifel an der persönlichen Zuverlässigkeit".
[67] Schmidt/Dörr, StUG, 1993, § 20 Rn. 37.
[68] Stoltenberg/Bossack, StUG, 2012, § 20 Rn. 23.
[69] *J. Rapp-Lücke*, in: Geiger/Klinghardt, StUG, 2. Aufl. 2006, § 20 Rn. 56.
[70] *J. Rapp-Lücke*, in: Geiger/Klinghardt, StUG, 2. Aufl. 2006, § 20 Rn. 56.
[71] BGBl. I 1991, 1677; *J. Rapp-Lücke*, in: Geiger/Klinghardt, StUG, 2. Aufl. 2006, § 20 Rn. 56.

**Shpetim Bajrami, Gawain Thimm**

gungsträger können Personalakten in erforderlichem Umfang herausverlangen (§ 11 Abs. 5).

### X. Nr. 10 Ordensangelegenheiten

**383** Nr. 10 berechtigt öffentliche und nicht öffentliche Stellen zur Verwendung von Unterlagen für Ordensangelegenheiten. Maßgeblich ist hierbei das Gesetz über Titel, Orden und Ehrenzeichen – OrdenG.

### XI. Sicherheitsüberprüfungen von Personen zur Feststellung, ob sie hauptamtlich oder inoffiziell für das MfS tätig waren

**384** Abs. 1 Nr. 11 erlaubt die Verwendung von Unterlagen für Sicherheitsüberprüfungen von Personen, die über eine solche Überprüfung aber in Kenntnis gesetzt werden müssen. Eine inhaltlich vergleichbare Regelung war vor dem 7. StUÄndG bereits in Nr. 6 lit. 6 enthalten. Eingeschränkt wird auch diese Verwendungsmöglichkeit durch die „Jugendsünden-Regelung" (§ 13 Rn. 287 ff.). Die Verwendung bezieht sich auf die Feststellung, ob die betreffende Person hauptamtlich oder inoffiziell für den Staatssicherheitsdienst tätig war. Eine weitere Verwendung ist unzulässig. Besondere Relevanz gewinnt diese Verwendungsmöglichkeit im Wege des § 21 in Verbindung mit dem absoluten Verwendungsverbot für Nachrichtendienste gem. § 25 Abs. 1 S. 1 als Ausnahme zu ebendiesem (§ 25 Rn. 526).

### XII. Zuverlässigkeitsprüfungen von Personen zur Feststellung, ob sie hauptamtlich oder inoffiziell für das MfS tätig waren

**385** Der hier normierte Verwendungszweck der Zuverlässigkeitsüberprüfungen ist eng mit dem der Sicherheitsüberprüfungen aus Nr. 11 verwandt. Lediglich die Feststellung bezieht sich nicht auf eine Sicherheitsüberprüfung, sondern auf die Zuverlässigkeitsüberprüfung.

### C. Verwendung von Dienstanweisungen, Organisationsplänen und weiteren Unterlagen nach Abs. 2

**386** Abs. 2 verweist bzgl. der Verwendung von Dienstanweisungen, Organisationsplänen und weiteren Unterlagen in den § 26. Dieser befreit gewisse Unterlagen – namentlich Richtlinien, Dienstanweisungen, Organisationspläne – von der Zweckbindung (§ 29), soweit sie keine personenbezogenen Informationen über Betroffene oder Dritte enthalten. Gleiches gilt für Pläne und Verzeichnisse von Objekten und anderen Gegenständen des Staatssicherheitsdienstes, insbesondere Grundrisspläne,

**Shpetim Bajrami, Gawain Thimm**

Pläne über Versorgungsleitungen und Telefonleitungen. All diese Informationsträger sind von den Verwendungsbeschränkungen des § 20 ausgenommen.[72] Diesem Absatz kommt an dieser Stelle jedoch lediglich eine deklaratorische Wirkung zu. Sein Inhalt ergibt sich schon als solcher aus dem Gesetz und dessen Systematik. Der explizite Verweis kann hier nur Nährboden für Missverständnisse sein, da er in Parallelvorschriften so nicht vorkommt.[73]

### D. Abs. 3 – Begrenzung der Verwendung der Unterlagen

Abs. 3 regelt die zeitliche Begrenzung der Verwendung von Unterlagen für die in Abs. 1 Nr. 6 genannten Zwecke. Er war einigen signifikanten Änderungen unterworfen, deren Nachverfolgung für das aktuelle Verständnis wichtig ist.  **387**

### I. Ursprüngliche Version des Abs. 3

Die erste Version des Abs. 3 bei Erlass des Gesetzes lautete:  **388**

> *„Die Verwendung für die in Absatz 1 Nr. 6 und 7 genannten Zwecke ist nach Ablauf einer Frist von 15 Jahren unzulässig. Die Frist beginnt am Tage des Inkrafttretens dieses Gesetzes. Nach Ablauf der Frist darf die Tatsache einer Tätigkeit für den Staatssicherheitsdienst dem Mitarbeiter im Rechtsverkehr nicht mehr vorgehalten und nicht zu seinem Nachteil verwertet werden. Die Ausnahmen des § 52 Abs. 1 des Gesetzes über das Bundeszentralregister gelten entsprechend. Im Zusammenhang mit der Tätigkeit des Mitarbeiters entstandene Rechte anderer Personen, gesetzliche Rechtsfolgen der Tätigkeit und Entscheidungen von Gerichten oder Verwaltungsbehörden, die im Zusammenhang mit der Tätigkeit ergangen sind, bleiben unberührt."*[74]

Durch diese Fristsetzung stärkte der Gesetzgeber das allgemeine Persönlichkeitsrecht des Einzelnen, denn dazu gehört auch, dass ehemaliges Fehlverhalten nicht ein Leben lang vorgeworfen werden darf.[75]  **389**

---

[72] Vgl. auch *J. Rapp-Lücke*, in: Geiger/Klinghardt, StUG, 2. Aufl. 2006, § 6 Rn. 58.
[73] Vgl. ebenfalls: *J. Rapp-Lücke*, in: Geiger/Klinghardt, StUG, 2. Aufl. 2006, § 20 Rn. 58; die deklaratorische Wirkung bejahend und sie auch als Gefahr – ungewollte – Rückschlüsse sehend: Stoltenberg, StUG, 1992, § 20 Rn. 16.
[74] BGBl. I 1991, 2279.
[75] *J. Rapp-Lücke*, in: Geiger/Klinghardt, StUG, 2. Aufl. 2006, § 20 Rn. 59.

**Shpetim Bajrami, Gawain Thimm**

# § 20

## II. Änderung durch das 7. StUÄndG

**390**  Durch das 7. StUÄndG im Jahr 2006 wurde Abs. 3 wie folgt verändert:

*„Die Verwendung für die in Absatz 1 Nr. 6 genannten Zwecke ist nach dem 31. Dezember 2011 unzulässig. Unterlagen zu Auskünften und Mitteilungen, die im Zusammenhang mit früheren Überprüfungen bei den anfordernden Stellen angefallen sind, sind dem Bundesarchiv oder dem zuständigen Landesarchiv bzw. bei Mitgliedern des Deutschen Bundestages dem Archiv des Deutschen Bundestages anzubieten."*[76]

Die Frist wurde um weitere fünf Jahre verlängert, jedoch nur für die Tatbestände in Abs. 1 Nr. 6. Die Überprüfung nach Abs. 1 Nr. 7 soll unbefristet möglich sein. Das Vorhalteverbot wurde ersatzlos gestrichen.[77] Die Anbietungspflicht wurde aufgenommen.

### 1. Fünf Jahre Fristverlängerung

**391**  Eine konkrete Begründung zur Verlängerung der Frist wird in der Begründung zum 7. StUÄndG nicht genannt.[78] Die Notwendigkeit der Fristverlängerung wird erstmalig in dem 8. StUÄndG erläutert.[79] Danach gehört „der Zugang zu den Stasi-Unterlagen zu den wichtigsten Instrumenten der Aufarbeitung".[80] Belegt wird dies durch die erhöhten Antragszahlen aufgrund der Verbesserung der Zugangsmöglichkeiten mit der 7. Novelle des StUG.[81] „Es hat sich in der öffentlichen Debatte gezeigt, dass der gesellschaftliche Bedarf an Überprüfungen bestimmter Personengruppen auch in den kommenden Jahren andauern wird"[82], so hat sich das Aufklärungsinteresse der Öffentlichkeit u.a. durch Enthüllung der Stasi-Verstrickung von Abgeordneten des Brandenburgischen Landtags gezeigt.[83] Ausstehend bleibt die Frage, wie die Fristverlängerung mit dem Allgemeinen Persönlichkeitsrecht zu vereinbaren ist (Rn. 397).

---

[76] BGBl. I 2006, 3327.
[77] Stoltenberg/Bossack, StUG, 2012, § 20 Rn. 30.
[78] Vgl. BT-Drucks. 16/3638, 11.
[79] BT-Drucks. 17/5894, 8 f., S. 6; auch Stoltenberg/Bossack, StUG, § 20 Rn. 29.
[80] BT-Drucks. 17/5894, 6.
[81] Vgl. Neunter Tätigkeitsbericht des BStU, 2009, S. 44.
[82] BT-Drucks. 17/5894, 6.
[83] BT-Drucks. 17/5894, 8.

Shpetim Bajrami, Gawain Thimm

## 2. Unbefristete Überprüfung nach Abs. 1 Nr. 7

Auch diese Veränderung belegt den gesetzgeberischen Versuch, den Aufarbeitungs- **392**
gedanken weiter auszubauen. Denn in den Fällen der Nr. 7 soll eine unbefristete
Überprüfung möglich sein, um im Interesse der Glaubwürdigkeit dauerhaft sicherzustellen, dass Personen, die Aufarbeitungsfunktionen erfüllen, auf eine hauptamtliche
oder inoffizielle Mitarbeit bei der Staatssicherheit überprüft werden können.[84]

## 3. Der Wegfall des Vorhalteverbots

Durch diese Änderung in Abs. 3 ist es wieder möglich, die Tatsache einer Tätigkeit **393**
für den Staatssicherheitsdienst einem Mitarbeiter im Rechtsverkehr vorzuhalten und
zu seinem Nachteil zu verwerten. Dies ist aber in arbeits- und dienstrechtlichen
Rechtsverhältnissen im Einzelfall zu prüfen, gleichwohl bleibt die im öffentlichen
Interesse erfolgende Aufarbeitung der Tätigkeit des Staatssicherheitsdienstes nach
den §§ 32 bis 34 davon unberührt.[85] Dies bedeutet jedoch keine grenzenlose arbeitsrechtliche Vorhalte-Möglichkeit, es liegt vielmehr im Ermessen der Arbeits- und
Verwaltungsgerichte, im Konfliktfall zu entscheiden.[86]

## 4. Aufnahme der Anbietungspflicht

Die Anbietungspflicht wurde durch das 7. StUÄndG in Abs. 3 Satz 2 aufgenommen. **394**
Der Inhalt der Anbietungspflicht wird in § 7 Abs. 1 Landesarchivgesetz – LArchG
konkretisiert. Hier bedeutet die Anbietungspflicht, dass die öffentlichen und nicht-
öffentlichen Stellen Unterlagen, die sie nicht mehr zur Erfüllung ihrer Aufgaben be-
nötigen, dem Bundesarchiv oder dem zuständigen Landesarchiv anzubieten haben.
Diese Vorschrift hat eine wichtige praktische Relevanz, da Unterlagen bei den ersuchenden Stellen anfielen und nicht klar war, ob diese vernichtet, dem BStU
zurückgesendet oder den zuständigen Archiven angeboten werden sollte.[87] Jedoch
könnten bei entsprechender Vernichtung wichtige zeitgeschichtliche Informationen
verloren gehen und bestimmte Personalentscheidungen nicht mehr nachvollziehbar
sein.[88] Letztlich wird der Schutz des Persönlichkeitsrechts dadurch gewährleistet,
dass im Falle einer Übernahme durch das Bundesarchiv bzw. die Landesarchive die

---

[84] BT-Drucks. 16/3638, 11; Stoltenberg/Bossack, StUG, 2012, § 20 Rn. 29.
[85] BT-Drucks. 16/3638, 11.
[86] So ergänzend Stoltenberg/Bossack, StUG, 2012, § 20 Rn. 30.
[87] Stoltenberg/Bossack, StUG, 2012, § 20 Rn. 31.
[88] BT-Drucks. 16/3638, 11.

**Shpetim Bajrami, Gawain Thimm**

für die Unterlagen geltenden Bestimmungen des Bundesarchivgesetzes bzw. der Landesarchivgesetze Anwendung finden.[89]

### III. Änderungen durch das 8. StUÄndG

**395** Durch das 8. StUÄndG im Jahr 2011 wurde der Abs. 3 wie folgt zu seiner aktuellen Form verändert: „In Satz 1 wird die Angabe „2011" durch die Angabe „2019" ersetzt. Satz 2 wird wie folgt gefasst: „Unterlagen zu Auskünften und Mitteilungen, die im Zusammenhang mit früheren Überprüfungen bei den anfordernden Stellen angefallen sind, sind dem Bundesarchiv, dem zuständigen Landesarchiv oder kommunalen Archiv oder, bei Mitgliedern des Deutschen Bundestages, dem Archiv des Deutschen Bundestages anzubieten."[90]

**396** Durch das 8. StUÄndG wurde die Frist von ursprünglich 15 Jahren auf bisher insgesamt 28 Jahre verlängert. Zur Notwendigkeit der Fristverlängerung s.o. Rn. 391. Eine konkrete rechtliche Begründung der erneuten Verlängerung der Befristung ist nicht ersichtlich, es wird lediglich erwähnt, dass anstelle einer Fristverlängerung um 5 Jahre, die Frist nunmehr um weitere 8 Jahre verlängert wird, um zu vermeiden, dass aufgrund einer zu kurzen Fristsetzung in wenigen Jahren eine erneute gesetzliche Anpassung erforderlich ist.[91] Weiterhin wurde in Satz 2 die Anbietungspflicht auf kommunale Archive erweitert und somit eine Regelungslücke geschlossen.[92] Jedoch verbleiben, weitere Gesetzeslücken z.B. für die ansonsten archivfachlich übliche Anbietung an Kirchen- und Parteiarchive.[93]

### IV. Fazit

**397** An den Gesetzesänderungen an Abs. 3 wird die Frage der Notwendigkeit des BStU und der institutionellen Aufarbeitung deutlich. Die Fristverlängerungen zeigen, dass die Aufarbeitung noch nicht abgeschlossen ist. Es ist generell ein weiterhin hohes Interesse am Zugang zu den Stasi-Unterlagen zu verzeichnen.[94] Problematisch ist, wie sich das Aufarbeitungsinteresse gegenüber dem Persönlichkeitsrecht verhält. Denn jedes Mal, wenn die Frist des Abs. 3 verlängert wird, verlängert sich auch unweigerlich die Möglichkeit der Beeinträchtigung des Persönlichkeitsrechts. Dadurch, dass beide Konzeptionen, Aufarbeitung und das Allgemeine Persön-

---

[89] BT-Drucks. 16/3638, 11.
[90] BGBl. I 2011, 3106.
[91] BT-Drucks. 17/5894, 9; weiterführende Kritik an der fehlenden verfassungsrechtlichen Begründung, Stoltenberg/Bossack, StUG, 2012, § 20 Rn. 29.
[92] BT-Drucks. 17/5894, 9.
[93] So feststellend, Stoltenberg/Bossack, StUG, 2012, § 20 Rn. 31.
[94] BT-Drucks. 17/5894, 8.

**Shpetim Bajrami, Gawain Thimm**

lichkeitsrecht, konkrete Zwecke das Stasi-Unterlagen-Gesetzes sind, Aufarbeitung – § 1 Abs. 1 Nr. 3 und der Schutz des Persönlichkeitsrechts - § 1 Abs. 1 Nr. 2, diese sich jedoch im Rahmen des Abs. 3 gegenüber stehen, ist ein schonender Ausgleich umso komplizierter.

Weiterhin zeigt sich an Abs. 3 die interne Vernetzung des Gesetzes. Die in § 1 genannten Zwecke suchen in Abs. 3 nach Optimierung. Die konkrete Zweckbestimmung des § 20 ist sogar durch § 1 Abs. 1 Nr. 4 gesetzlich bestimmt. Somit formt der gesamte § 20 die in diesem Gesetz vorgesehene Dimension der institutionellen Aufarbeitung (§ 1, Rn. 56 ff.). Letztlich besteht auch eine Parallele des Abs. 3 zu den §§ 32, 34. Denn durch die Aufnahme der Anbietungspflicht wird u.a. sichergestellt, dass wichtige zeitgeschichtliche Informationen über Kommissionen zur Aufarbeitung der Tätigkeit des Staatssicherheitsdienstes an Hochschulen und Universitäten nicht verloren gehen.[95]

**398**

---

[95] BT-Drucks. 16/3638, 11.

Shpetim Bajrami, Gawain Thimm

# § 21

## § 21 Verwendung von Unterlagen, die personenbezogene Informationen über Betroffene oder Dritte enthalten, durch öffentliche und nicht öffentliche Stellen

(1) Unterlagen, soweit sie personenbezogene Informationen über Betroffene oder Dritte enthalten, dürfen durch öffentliche und nicht öffentliche Stellen in dem erforderlichen Umfang für folgende Zwecke verwendet werden:

1. Rehabilitierung von Betroffenen, Vermissten und Verstorbenen, Wiedergutmachung, Leistungen nach dem Häftlingshilfegesetz,

2. Schutz des Persönlichkeitsrechts,

3. Aufklärung des Schicksals Vermisster und ungeklärter Todesfälle,

4. Ruhen von Versorgungsleistungen nach dem Versorgungsruhensgesetz sowie Kürzung oder Aberkennung oder Ruhen von Leistungen, auf die das Versorgungsruhensgesetz entsprechende Anwendung findet,

5. Aufklärung, Erfassung und Sicherung des Vermögens der ehemaligen Deutschen Demokratischen Republik und der ehemaligen Rechtsträger mit Sitz in ihrem Gebiet sowie des Vermögens, das dem Bereich der Kommerziellen Koordinierung zugeordnet war,

6. Überprüfung der folgenden Personen nach Maßgabe der dafür geltenden Vorschriften und mit ihrer Kenntnis zur Feststellung, ob sie hauptamtlich oder inoffiziell für den Staatssicherheitsdienst tätig waren, soweit die Feststellung nicht mit den in § 20 genannten Unterlagen getroffen werden kann und es sich nicht um Tätigkeiten für den Staatssicherheitsdienst vor Vollendung des 18. Lebensjahres gehandelt hat:

a) Mitglieder der Bundesregierung oder einer Landesregierung sowie sonstige in einem öffentlich-rechtlichen Amtsverhältnis stehende Personen,

b) Abgeordnete, Mitglieder kommunaler Vertretungen, kommunale Wahlbeamte sowie ehrenamtliche Bürgermeister und entsprechende Vertreter für einen Gemeindeteil,

c) Beamte, die jederzeit in den einstweiligen Ruhestand versetzt werden können, und Angestellte in entsprechender Funktion,

d) Beschäftigte öffentlicher Stellen auf mit der Besoldungsgruppe A 9, der Entgeltgruppe E 9 oder einer höheren Besoldungs- oder Entgeltgruppe bewerteten Dienstposten, die unbeschadet der in Nummer 7 genannten Fälle eine leitende Funktion ausüben, sowie von der öffentlichen Hand bestellte Mitglieder der Vertretungs- und Aufsichtsorgane in Einrichtungen, bei denen sich die absolute Mehrheit der Anteile oder die absolute Mehrheit der öffentlichen Stimmen in öffentlicher Hand befindet; darüber hinaus können alle Beschäftigten im öffent-

**Shpetim Bajrami, Gawain Thimm**

lichen Dienst überprüft werden, wenn Tatsachen den Verdacht einer hauptamtlichen oder inoffiziellen Tätigkeit für das Ministerium für Staatssicherheit der
ehemaligen Deutschen Demokratischen Republik rechtfertigen,

e) Berufsrichter und ehrenamtliche Richter,

f) Soldaten auf mit der Besoldungsgruppe A 13 oder höher bewerteten Dienstposten, die eine leitende Funktion ausüben, sowie Stabsoffiziere, die auf
Dienstposten mit erheblicher Außenwirkung im integrierten Bereich (In- oder
Ausland), im Attachédienst oder bei sonstigen Dienststellen im Ausland eingesetzt sind,

g) Mitglieder des Präsidiums und des Vorstandes sowie leitende Angestellte des
Deutschen Olympischen Sportbundes, seiner Spitzenverbände und der Olympiastützpunkte, Repräsentanten des deutschen Sports in internationalen Gremien sowie Trainer und verantwortliche Betreuer von Mitgliedern der deutschen Nationalmannschaften,

h) Personen, die sich in den Fällen der Buchstaben a bis g um das Amt, die
Funktion oder die Einstellung bewerben;

die Feststellung kann sich auch auf die Tätigkeit für einen ausländischen Nachrichtendienst beziehen,

7. Überprüfung der folgenden Personen nach Maßgabe der dafür geltenden Vorschriften und mit ihrer Kenntnis zur Feststellung, ob sie hauptamtlich oder inoffiziell
für den Staatssicherheitsdienst tätig waren, soweit die Feststellung nicht mit den in
§ 20 genannten Unterlagen getroffen werden kann und es sich nicht um Tätigkeiten
für den Staatssicherheitsdienst vor Vollendung des 18. Lebensjahres gehandelt hat:

a) Mitglieder des Beirats nach § 39 und des wissenschaftlichen Beratungsgremiums nach § 39a,

b) der Bundesbeauftragte und seine Beschäftigten,

c) die Landesbeauftragten nach § 38 und ihre Beschäftigten,

d) diejenigen Beschäftigten öffentlicher Stellen, die mit der Bearbeitung von
Anträgen nach dem Strafrechtlichen, Verwaltungsrechtlichen oder Beruflichen
Rehabilitierungsgesetz befasst sind,

e) Beschäftigte und ehrenamtliche Mitarbeiter sowie Gremienmitglieder derjenigen sonstigen Einrichtungen, die mit der Aufarbeitung der Tätigkeit des
Staatssicherheitsdienstes oder der Herrschaftsmechanismen der ehemaligen
Deutschen Demokratischen Republik oder der ehemaligen sowjetischen Besatzungszone befasst sind,

f) Personen, die sich in den vorgenannten Fällen um das Amt, die Funktion oder
die Einstellung bewerben;

die Feststellung kann sich auch auf die Tätigkeit für einen ausländischen Nachrichtendienst beziehen,

8. Sicherheitsüberprüfungen von Personen mit ihrer Kenntnis gemäß den Sicherheitsüberprüfungsgesetzen des Bundes und der Länder zur Feststellung, ob sie hauptamtlich oder inoffiziell für den Staatssicherheitsdienst tätig waren, soweit es sich nicht um Tätigkeiten für den Staatssicherheitsdienst vor Vollendung des 18. Lebensjahres gehandelt hat; die Feststellung kann sich auch auf die Tätigkeit für einen ausländischen Nachrichtendienst beziehen,

9. Zuverlässigkeitsüberprüfungen von Personen mit ihrer Kenntnis gemäß § 7 des Luftsicherheitsgesetzes und § 12b Absatz 2 Satz 3 des Atomgesetzes sowie § 5 Absatz 1 Nummer 6, § 7 Absatz 3 Nummer 3 der Atomrechtlichen Zuverlässigkeitsüberprüfungs-Verordnung zur Feststellung, ob sie hauptamtlich oder inoffiziell für den Staatssicherheitsdienst tätig waren, soweit es sich nicht um Tätigkeiten für den Staatssicherheitsdienst vor Vollendung des 18. Lebensjahres gehandelt hat; die Feststellung kann sich auch auf die Tätigkeit für einen ausländischen Nachrichtendienst beziehen.

(2) Das besondere Verwendungsverbot nach § 5 Abs. 1 bleibt unberührt.

(3) Die Verwendung für die in Absatz 1 Nr. 6 genannten Zwecke ist nach dem 31. Dezember 2019 unzulässig. Unterlagen zu Auskünften und Mitteilungen, die im Zusammenhang mit früheren Überprüfungen bei den anfordernden Stellen angefallen sind, sind dem Bundesarchiv, dem zuständigen Landesarchiv oder kommunalen Archiv oder, bei Mitgliedern des Deutschen Bundestages, dem Archiv des Deutschen Bundestages anzubieten.

*Literaturangaben: Geiger, Hansjörg/Klinghardt, Heinz (Hrsg.), Stasi-Unterlagen-Gesetz, 2. Aufl., Stuttgart 2006; Maunz, Theodor/Dürig, Günter (Begr.), Grundgesetz Kommentar, 81. Lieferung September 2017, München; Schmidt, Dietmar/ Dörr, Erwin, Stasi-Unterlagen-Gesetz, Köln 1993; Stoltenberg, Klaus/Bossack, Carolin, Stasi-Unterlagen-Gesetz, Baden-Baden 2012; Weberling, Johannes, Stasi-Unterlagen-Gesetz, Kommentar, Köln 1993.*

## A. Allgemein

**399**  § 21 regelt die Verwendung von Unterlagen mit personenbezogenen Informationen über Betroffene und Dritte (§ 6 Rn. 166 ff.), durch öffentliche und nicht öffentliche Stellen. Zweck dieser Vorschrift ist es, Betroffene oder Dritte vor unverhältnismäßigen Eingriffen in deren allgemeines Persönlichkeitsrecht, vgl. § 1 Abs. 1 Nr. 2, zu schützen.

Folglich bildet § 21 die notwendige gesetzliche Ausprägung für das Recht auf informationelle Selbstbestimmung.[1] Mit § 20, schließt § 21 das Recht zur Einsichtnahme öffentlicher und nicht öffentlicher Stellen ab.[2]

## B. Erläuterung

### I. Zu Abs. 1 Nr. 1–5

Abs. 1 Nr. 1–5 entsprechen wörtlich denen aus § 20; ein Verweis wäre an dieser Stelle ausreichend gewesen.[3] Für die Verwendungszwecke wird hier in § 20 verwiesen (§ 20 Rn. 340 ff.). **400**

### II. Zu Abs. 1 Nr. 6 und 7/Subsidiaritätsklausel

Abs. 1 Nr. 6 und 7 stimmen im Wesentlichen mit § 20 Abs. 1 Nr. 6 und 7 überein. **401** Abs. 1 Nr. 6 und 7 enthalten jedoch eine Subsidiaritätsklausel[4], dass eine Verwendung nach vorgenannten Vorschriften nur in Frage kommt, „soweit die Feststellung nicht mit den in § 20 genannten Unterlagen getroffen werden kann [...]". Eine explizite Nennung der Subsidiarität ergibt sich aus dem öffentlich-rechtlichen Interesse der in Abs. 1 Nr. 6 und 7 katalogisierten Ämtern und Berufen.

Nach dem verfassungsrechtlichen Grundsatz der Verhältnismäßigkeit[5] (nach Art. 20 Abs. 3 GG) ergibt sich die Subsidiarität für den gesamten § 21, denn unter dem Gesichtspunkt der Erforderlichkeit ist § 20 bei gleicher Effektivität immer milder. Dies gilt nur für öffentliche Stellen. Zudem ist in jedem Einzelfall zu prüfen, ob und inwieweit das Ersuchen auch durch § 20 erledigt werden kann.[6]

Für nicht öffentliche Stellen gilt der Grundsatz der Verhältnismäßigkeit gerade nicht; diese sind lediglich der Subsidiaritätsklausel in Abs. 1 Nr. 6 und 7 unterworfen. Der Verwendungszweck der Nr. 6 und 7 wird in § 20 erläutert (§ 20 Rn. 354 ff.).

---

[1] Vgl. Weberling, StUG, 1993, § 21 Rn. 1.
[2] Schmidt/Dörr, StUG, 1993, § 21 Rn. 2.
[3] Schmidt/Dörr, StUG, 1993, § 21 Rn. 3.
[4] Stoltenberg/Bossack, StUG, 2012, § 21 Rn. 1.
[5] *Grzeszick,* in: Maunz/Dürig, GG, 81. Lfg., Art. 20, VII. Art. 20 und die allgemeine Rechtsstaatlichkeit, Rn. 107 ff.
[6] Ähnlich dazu *J. Rapp-Lücke*, in: Geiger/Klinghardt, StUG, 2. Aufl. 2006, § 19 Rn. 4.

**Shpetim Bajrami, Gawain Thimm**

# § 21

**III. Zu Abs. 1 Nr. 8 und 9**

**1.  Vergleich mit § 20 Abs. 1 Nr. 8–10**

**402**   In § 21 fehlen die Nummern 8, 9 und 10 des § 20 Abs. 1. Deshalb ist die Verwendung personenbezogener Informationen nicht zulässig für: Verfahren zur Erteilung oder zum Entzug einer Erlaubnis nach dem Waffengesetz, dem Bundesjagdgesetz, dem Sprengstoffgesetz, dem Kriegswaffenkontrollgesetz und dem Außenwirtschaftsgesetz (§ 20 Abs. 1 Nr. 8); Anerkennung von Beschäftigungszeiten, Zahlung und Überführung der Renten ehemaliger Angehöriger des Staatssicherheitsdienstes (§ 20 Abs. 1 Nr. 9); Ordensangelegenheiten (§ 20 Abs. 1 Nr. 10).

§ 21 greift stark in das allgemeine Persönlichkeitsrecht des Einzelnen ein, jedoch ist dieser Grundrechtseingriff durch die in § 21 aufgelisteten Verwendungszwecke auf Ebene der Abwägung verhältnismäßig. Im Falle einer Ergänzung der Nr. 8–10 des § 20 in den § 21 würden diese den Grundrechtseingriff nicht rechtfertigen. Insbesondere, weil die dort genannten individuellen Interessen konkurrierend mit dem Allgemeinen Persönlichkeitsrecht evident niederrangig erscheinen. So ist nach den jeweiligen Absätzen 1 Nummern. 6 und 7 der §§ 20 und 21 StUG die Verwendung von Stasi-Unterlagen zur Überprüfung einer IM-Tätigkeit, nur mit Einschränkungen und lediglich bei solchen Personen zulässig, denen eine besondere Stellung im öffentlichen Leben zukommt.[7] Dies ist gerade in den Nummern. 8–10 des § 20 nicht der Fall. Deshalb wurden diese in § 21 ausgelassen.

**2.  Abs. 1 Nr. 8–9**

Die Nr. 11 und 12 des § 20 Abs. 1 entsprechen den Nummern. 8 und 9 des Abs. 1 (§ 20 Rn. 384 f.).

**3.  Abs. 2 und Abs. 3**

**403**   Nach Abs. 2 bleibt das besondere Verwendungsverbot für personenbezogene Informationen über Betroffene und Dritte nach § 5 Abs. 1 unberührt. Das bedeutet, dass personenbezogene Informationen nicht zu deren Nachteil verwendet werden dürfen. Nach Satz 2 des § 5 gilt dies in den Fällen des Abs. 1 Nummern. 1 und 2 nicht, wenn Angaben des Betroffenen oder Dritten sich aufgrund der Information ganz oder

---

[7] BGH DtZ 1994, 343 ff.

**Shpetim Bajrami, Gawain Thimm**

teilweise als unzutreffend erweisen.[8] Damit wird auch der Zweck des Gesetzes umgesetzt (s. § 1). Zu § 21 Abs. 3 wird auf den identischen § 20 Abs. 3 verwiesen.

---

[8] So entschied auch das VG Frankfurt (Oder) in einem Fall, bei dem es um die Rückübertragung eines Grundstücks bzw. um die angestrebte Entschädigungszahlung für einen Geschwisterteil, also um Wiedergutmachung, ging, VG Frankfurt (Oder), 6 K 667/02 vom 7.2.2007.

**Shpetim Bajrami, Gawain Thimm**

### § 22 Verwendung von Unterlagen für Zwecke parlamentarischer Untersuchungsausschüsse

(1) Das Recht auf Beweiserhebung durch parlamentarische Untersuchungsausschüsse nach Artikel 44 Abs. 1 und 2 des Grundgesetzes erstreckt sich auch auf Unterlagen des Staatssicherheitsdienstes.

(2) Absatz 1 gilt entsprechend für parlamentarische Untersuchungsausschüsse der Länder.

*Literaturangaben: Aulehner, Josef, Verwertung von Stasi-Unterlagen durch parlamentarische Untersuchungsausschüsse, in: DÖV 1994, S. 853–862; Bäumler, Helmut, Anmerkung zur Entscheidung des LG Kiel, in: JZ 1996, S. 156–157; Bäumler, Helmut/Gundermann, Lukas, Zur Unzulässigkeit von Stasi-Abhörprotokollen vor Parlamentarischen Untersuchungsausschüssen, in: ZParl 1997, S. 236–253; Dammann, Ulrich, Nutzung der Stasi-Funkaufklärung durch parlamentarische Untersuchungsausschüsse, in: NJW 1996, S. 1946–1947; Dreier, Horst (Hrsg.), Grundgesetz Kommentar, Bd. 2, 3. Aufl., Tübingen 2015; Frenzel, Matthias/von Detten, Jasper, Vor- und Nachwirkungen eines G8-Gipfels, in: JA 2009, S. 875–882; Glauben, Paul J., Stasi-Abhörprotokolle als willkommene „Früchte des verbotenen Baumes"?, in: DRiZ 2000, S. 165–169; Glauben, Paul J./Brocker, Lars, Das Recht der parlamentarischen Untersuchungsausschüsse in Bund und Ländern, 2. Aufl., Köln 2011; Geiger, Hansjörg/Klinghardt, Heinz (Hrsg.), Stasi-Unterlagen-Gesetz-Kommentar, 2. Aufl., Stuttgart 2006; Hesse, Konrad, Grundzüge des Verfassungsrechts der Bundesrepublik Deutschland, 15. Aufl., Karlsruhe 1985; Kirste, Stephan, Der praktische Fall – Öffentliches Recht: Stasi-Unterlagen im Untersuchungsausschuss?, in: JuS 2003, S. 61–65.; Lesch, Heiko H., Zur Verwendbarkeit von Stasi-Abhörprotokollen durch parlamentarische Untersuchungsausschüsse, in: NJW 2000, S. 3035–3039; Lucke, Diana, Strafprozessuale Schutzrechte und parlamentarische Aufklärung in Untersuchungsausschüssen mit strafrechtlich relevantem Verfahrensgegenstand, Potsdam 2008; Maunz, Theodor/Dürig, Günter (Begr.), Grundgesetz Kommentar, 81. Lieferung September 2017, München; Meyer-Goßner, Lutz: Strafprozessordnung, 58. Aufl., München 2015; Palm, Franz/Roy, Rudolf, Nutzung von Stasi-Unterlagen durch parlamentarische Untersuchungsausschüsse in: NJW 1998, S. 3005–3011; Peters, Butz, Unzulässige Beweiserhebung durch parlamentarische Untersuchungsausschüsse, in: NVwZ 2012, S. 1574–1580; Sachs, Michael (Hrsg.), Grundgesetz Kommentar, 8. Aufl., München 2018; Schmidt, Dietmar/Dörr, Erwin, Stasi-Unterlagen-Gesetz, Köln 1993; Schröder, Meinhard: Altes und Neues zum Recht der Parlamentarischen Untersuchungsausschüsse aus Anlass der CDU-Parteispendenaffäre, in: NJW 2000, S. 1455–1458; Stoltenberg, Klaus, Stasi-Unterlagen-Gesetz Kommentar, Baden-Baden 1992; Stoltenberg,*

Inga Gipperich, Lisa Kohler

*Klaus/Bossack, Carolin, Stasi-Unterlagen-Gesetz, Baden-Baden 2012; Wassermann, Rudolf, Wieviel Unrecht macht einen Staat zum Unrechtsstaat?, in: NJW 1997, S. 2152-2153; Wassermann, Rudolf: Verwirrung über die Abhörprotokolle der Stasi, in: NJW 2000, S. 1460–1461; Wiefelspütz, Dieter: Untersuchungsausschuss und öffentliches Interesse, in: NVwZ 2002, S. 10–15.*

## A. Vorbemerkung

### I. Entwicklung der Norm

§ 22 wurde auf Forderung des Ausschusses für Wahlprüfung, Immunität und Geschäftsordnung zu dem Gesetzesentwurf der Bundesregierung und der Bundestagsfraktionen der CDU/CSU, SPD und FDP[1] hinzugefügt mit der Intention, die Erstreckung des parlamentarischen Kontrollrechts auch auf die Unterlagen des Staatssicherheitsdienstes klarzustellen.[2]      **404**

### II. Bedeutung des parlamentarischen Untersuchungsausschusses im demokratischen Rechtssystem

Der parlamentarische Untersuchungsausschuss erfüllt, als rechtstaatliches Kontrollmedium für die Tätigkeit der Exekutive, eine elementare Funktion in der Demokratie. Um die Volkssouveränität (Art. 20 Abs. 2 GG) zu gewährleisten, bedarf es einer ständigen Kontrolle der Regierung durch das von Volksvertretern besetzte Parlament. Diesem steht die Möglichkeit offen, einen Untersuchungsausschuss einzusetzen um Missstände aufzuklären und die politische Verantwortlichkeit bei fehlerhaftem Vorgehen festzustellen. Die Grundlage der Tätigkeit des Untersuchungsausschusses bildet der im Einsetzungsbeschluss festgelegte Untersuchungsauftrag.[3] Das daraufhin eingeleitete Untersuchungsverfahren stellt das schärfste parlamentarische Kontrollinstrument und ein politisches Kampfmittel dar.[4] Dieses entfaltet seine Wirksamkeit vornehmlich durch den zugrunde liegenden Öffentlichkeitsgrundsatz.[5] Bereits die Einbringung des Einsetzungsauftrages impliziert einen bestehenden Verdacht, der eine breite Öffentlichkeitswirkung entfalten kann.[6] Ein Untersuchungsausschuss kommt vor allem als Waffe der Opposition im politischen Meinungskampf zum Einsatz, da seine Einsetzung gem. Art. 44 Abs. 1 GG auch von      **405**

---

[1] BT-Drucks. 12/1093; BT-Drucks. 12/723.
[2] BT-Drucks. 12/1540, 48, 60.
[3] Vgl. *M. Morlok*, in: Dreier, GG, Bd. 2, 3. Aufl. 2015, Art. 44 Rn. 32.
[4] *M. Morlok*, in: Dreier, GG, Bd. 2, 3. Aufl. 2015, Art. 44 Rn. 9.
[5] *M. Morlok*, in: Dreier, GG, Bd. 2, 3. Aufl. 2015, Art. 44 Rn. 13.
[6] *M. Morlok*, in: Dreier, GG, Bd. 2, 3. Aufl. 2015, Art. 44 Rn. 14.

**Inga Gipperich, Lisa Kohler**

einer Minderheit im Parlament beantragt werden kann und somit eine Ausnahme des Mehrheitsprinzips darstellt.[7] So wird das parlamentarische Untersuchungsrecht zuweilen dazu verwendet, das Wahlverhalten des Bürgers in Bezug auf den politischen Gegner zu beeinflussen.

## B. Erläuterungen

### I. Zu Abs. 1

#### 1. Verweis auf Art. 44 GG

**406** Abs. 1 erstreckt das Beweiserhebungsrecht durch parlamentarische Untersuchungsausschüsse nach Art. 44 Abs. 1, 2 GG auch auf die Unterlagen des Staatssicherheitsdienstes. Da es sich bei Art. 44 GG um eine durch die Verfassung geschaffene Befugnis des Untersuchungsausschusses handelt, welche durch den Verfassungsrang der Vorschrift zumindest bezüglich der Untersuchungsausschüsse des Bundestages bereits umfassend gewährleistet wird, kommt dem § 22 diesbezüglich hauptsächlich eine deklaratorische Bedeutung zu.[8]

#### a ) Beweiserhebung des Untersuchungsausschusses

**407** Gemäß Art. 44 Abs. 1 S. 1 GG hat der Bundestag die Pflicht, auf einen Antrag eines Viertels seiner Mitglieder einen parlamentarischen Untersuchungsausschuss einzusetzen, der die Informationen ermittelt, welche er zur Erfüllung des im Einsetzungsbeschluss festgelegten Untersuchungsauftrages für erforderlich hält. Zur Konkretisierung einzelner Beweiserhebungsrechte verweist Art. 44 Abs. 2 S. 1 GG auf die Vorschriften der StPO, welche bei einem Untersuchungsausschussverfahren sinngemäß anzuwenden sind.

Zusätzlich sind Einzelheiten des Rechts der Untersuchungsausschüsse des Bundestages im Gesetz zur Regelung des Rechts der Untersuchungsausschüsse des Deutschen Bundestages (PUAG) geregelt. Parallel zu dem oben genannten verfassungsmäßigen Beweiserhebungsrecht des Untersuchungsausschusses besteht auf Seiten des BStU wiederum gem. § 18 Abs. 1 PUAG eine Pflicht, Beweismittel, die den Untersuchungsgegenstand betreffen, auf Ersuchen des Untersuchungsausschusses vorzulegen. Dementsprechend steht dem Untersuchungsausschuss des Bundestages ein Aktenherausgabeanspruch gegen den BStU zu.

---

[7] *M. Morlok,* in: Dreier, GG, Bd. 2, 3. Aufl. 2015, Art. 44 Rn. 10.
[8] Stoltenberg/Bossack, StUG, 2012, § 22 Rn. 1; *H. Lesch,* NJW 2000, 3035, 3038.

Inga Gipperich, Lisa Kohler

**b )  Reichweite des Beweiserhebungsrechtes im Allgemeinen**

Grundsätzlich stehen sich bei einer parlamentarischen Untersuchung das Aufklä-  **408**
rungsinteresse des Untersuchungsausschusses und die Grundrechte der von der
Untersuchung Betroffenen als Güter von Verfassungsrang gegenüber. Besonders das
Grundrecht auf informationelle Selbstbestimmung gem. Art. 2 Abs. 1 i.V.m.
Art. 1 Abs. 1 GG spielt hier eine Rolle, da in dieses bereits mit jeder Weitergabe,
Kenntnisnahme oder Speicherung von Informationen eingegriffen wird.[9] Bei der
Frage, ob Untersuchungsausschüsse auch auf Erkenntnisse aus Stasi-Unterlagen zurückgreifen können, muss also praktische Konkordanz hergestellt werden. Dementsprechend begründen die Verfassung, insbesondere Art. 44 GG sowie die entsprechenden Ausformungen durch das PUAG und die StPO nicht nur Beweiserhebungsrechte und somit auch einen Aktenherausgabeanspruch gegen den BStU,
sondern auch Einschränkungen des Untersuchungsrechts.

Bei der Nutzung von Stasi-Unterlagen muss darüber hinaus ihre eklatant rechtsstaatswidrige Entstehungsweise, sowie die in §§ 1, 5 deutlich werdende Intention
des Gesetzgebers beachtet werden, die gespeicherten Informationen für und nicht,
wie zu DDR-Zeiten, gegen die Betroffenen zu nutzen. Auch zu berücksichtigen ist,
dass der Gesetzgeber den Schutz des Persönlichkeitsrechts Betroffener gem.
§ 1 Abs. 1 Nr. 2 zu einem Zweck des gesamten StUG deklariert hat.

Zudem ist die besondere Sensibilität von Informationen in Stasi-Unterlagen, welche
bedingt durch die flächendeckenden Ermittlungsmethoden des MfS nicht lediglich
auf politische oder dienstliche Angelegenheiten beschränkt sind, sondern auch Vorgänge in der Privat- und Intimsphäre der Ausgespähten beinhalten, zu berücksichtigen.

Daraus folgt, dass die Grundrechte Betroffener bei der Verwendung von Stasi-Un-  **409**
terlagen einen derart hohen Stellenwert haben, dass die in Rn. 411 ff. aufgeführten
Beschränkungen des Beweiserhebungsrechts nicht ausreichen. Vielmehr muss die
Nutzung der Unterlagen durch Untersuchungsausschüsse, wie in Teilen der Rechtsprechung[10] und Literatur[11] vertreten wird, im Zusammenhang mit den Beschrän-

---

[9] *H. Dreier*, in: Dreier, GG, Bd. 1, 3. Aufl. 2013, Art. 2 Rn. 87; *D. Murswiek/S. Rixen*, in:
Sachs, GG, 8. Aufl. 2018, Art. 2 Rn. 72 f.
[10] LG Kiel NJW 1996, 1976 ff.
[11] *J. Pietrkiewicz/J. Burth*, in: Geiger/Klinghardt, StUG, 2. Aufl. 2006, § 5 Rn. 4; *J. Rapp-
Lücke*, in: Geiger/Klinghardt, § 22 Rn. 6, 12; *F. Palm/R. Roy*, NJW 1998, 3005, 3011; *U.
Dammann*, NJW 1996, 1946 ff.; *H. Bäumler*, JZ 1996, 156, 157; *R. Wassermann*, NJW
2000, 1460 ff.; *P. J. Glauben*, DRiZ 2000, 166 f.

**Inga Gipperich, Lisa Kohler**

kungen durch das StUG selbst, insbesondere durch §§ 1, 5, gesehen werden. Das StUG ist das Ergebnis einer auf die Besonderheiten der Unterlagen zugeschnittenen Abwägung des Grundrechtsschutzes Betroffener mit der Nutzung durch öffentliche Stellen, wie z.b. einem parlamentarischen Untersuchungsausschuss, welche insbesondere durch die Wertungen in §§ 1, 5 deutlich wird. Die Beschränkungen des Untersuchungsrechts durch das StUG verhindern zudem, dass der Inhalt der Unterlagen Gegenstand politischer Auseinandersetzung in einem Untersuchungsausschuss und somit zweckentfremdet wird. Damit wird auch der Schutz von Opfern der Stasi-Tätigkeit gewährleistet, welche durch eine parlamentarische Untersuchung andernfalls weitreichende Nachteile in Kauf nehmen müssten. Zudem wird so die für das StUG zentrale Abgrenzung zwischen Opfern und Tätern des Staatssicherheitsdienstes in § 22 mit einbezogen, da z.b. das Nachteilsverbot aus § 5 für Mitarbeiter und Begünstigte nicht gilt und diese somit auch im Rahmen einer parlamentarischen Untersuchung weniger schutzwürdig sind.

410    Mit diesem weitreichenden Grundrechtsschutz Betroffener und Dritter wird das parlamentarische Untersuchungsrecht im Ergebnis auch nicht unverhältnismäßig weit beschränkt, weil die Stasi-Unterlagen als Erkenntnismittel nach dem verfassungsrechtlichen Erforderlichkeitsgrundsatz ohnehin nur subsidiär zu anderen Beweismitteln für zulässig und nutzbar erklärt werden.[12] Dies erscheint in Bezug auf die Glaubwürdigkeit und die Art der Informationserhebung durch das MfS sachgerecht. Eine endgültige Klärung der Frage, ob die §§ 1, 5 auch auf das parlamentarische Untersuchungsrecht anzuwenden sind, kann allerdings nur eine Klarstellung des Gesetzgebers in § 22 herbeiführen.

## 2. Einschränkungen des Untersuchungsrechts

### a) Einschränkungen durch übergeordnete Verfassungsprinzipien

411    Basierend auf dem Grundsatz der Einheit der Verfassung[13] muss die Untersuchungsbefugnis aus Art. 44 GG im Zusammenhang mit anderen Verfassungsnormen betrachtet werden. Daher sind Untersuchungsausschüsse als Teil der Legislative gemäß Art. 1 Abs. 3 GG an die Grundrechte gebunden.[14]

---

[12] *J. Aulehner*, DÖV 1994, 853, 862.

[13] *K. Hesse*, Grundzüge des Verfassungsrechts der Bundesrepublik Deutschland, 15. Aufl. 1985, Rn. 71.

[14] *D. Lucke*, Strafprozessuale Schutzrechte und parlamentarische Aufklärung in Untersuchungsausschüssen mit strafrechtlich relevantem Verfahrensgegenstand, 2008, S. 97; *H. H. Klein*, in: Maunz/Dürig, GG, 81. Lfg., Art. 44 Rn. 102; *J. Aulehner*, DÖV 1994, 853, 861.

**Inga Gipperich, Lisa Kohler**

Nach § 1 Abs. 3 PUAG wird die Tätigkeit eines Untersuchungsausschusses als **412** Hilfsorgan des Bundestages auf dessen Zuständigkeit beschränkt. Begrenzt werden die Rechte des parlamentarischen Untersuchungsausschuss insbesondere auch durch das Prinzip der Gewaltenteilung (Art. 20 Abs. 2 S. 3 GG) insoweit, dass die Funktionen anderer Staatsorgane nicht gravierend beeinträchtigt werden dürfen.[15] Insofern bleibt es Untersuchungsausschüssen verwehrt, Vorgänge im Kernbereich der Exekutive oder Judikative, worunter auch laufende Vorgänge zu fassen sind, auszuforschen.

Das Bundesstaatsprinzip (Art. 20 Abs. 1 GG) gebietet, dass Untersuchungsausschüs- **413** se des Bundestages nur Angelegenheiten des Bundes untersuchen, während die Untersuchungsausschüsse der Länder auf Vorgänge im jeweiligen Bundesland beschränkt sind.[16]

Der aus dem Rechtsstaatsprinzip (Art. 20 Abs. 3 GG) hergeleitete Grundsatz der Verhältnismäßigkeit erfordert die Herstellung praktischer Konkordanz zwischen Aufklärungsinteresse und den Belangen Betroffener.[17]

Eine weitere Ausprägung des Rechtsstaatsprinzip ist der Bestimmtheitsgrundsatz, welcher die hinreichende Bestimmtheit des Untersuchungsauftrages erfordert, damit das staatliche Handeln im Zuge des Untersuchungsverfahrens begrenzt und somit für den Betroffenen hinreichend vorhersehbar ist.[18]

**b ) Einschränkungen durch die StPO**

Für Einzelheiten der Beweiserhebung wird in Art. 44 Abs. 2 GG auf die Vorschrif- **414** ten der StPO verwiesen, welche in Art und Umfang nach Sinn und Zweck des parlamentarischen Untersuchungsausschusses entsprechend anwendbar sind.[19] Diese sollen als Richtlinien für die Verfahrensgestaltung im parlamentarischen Unter-

---

[15] *S. Magiera*, in: Sachs, GG, 8. Aufl. 2018, Art. 44 Rn. 7 u. 9; *M. Morlok*, in: Dreier, GG, Bd. 2, 3. Aufl. 2015, Art. 44 Rn. 22.

[16] *D. Lucke*, Strafprozessuale Schutzrechte und parlamentarische Aufklärung in Untersuchungsausschüssen mit strafrechtlich relevantem Verfahrensgegenstand, 2008, S. 95.

[17] *D. Lucke*, Strafprozessuale Schutzrechte und parlamentarische Aufklärung in Untersuchungsausschüssen mit strafrechtlich relevantem Verfahrensgegenstand, 2008, S. 97, 99; *J. Aulehner*, DÖV 1994, 853, 861.

[18] *D. Lucke*, Strafprozessuale Schutzrechte und parlamentarische Aufklärung in Untersuchungsausschüssen mit strafrechtlich relevantem Verfahrensgegenstand, 2008, S. 97; 100 ff.; *H. H. Klein*, in: Maunz/Dürig, GG, 81. Lfg., Art. 44 Rn. 84; *B. Peters*, NVwZ 2012, 1574, 1575.

[19] *S. Magiera*, in: Sachs, GG, 8. Aufl. 2018, Art. 44 Rn. 22; *H. Bäumler/L. Gundermann*, ZParl, 1997, 236, 237.

**Inga Gipperich, Lisa Kohler**

suchungsausschuss dienen und diesem ferner Rechte zur Erhebung der für die Erfüllung des Untersuchungsauftrages notwendigen Beweismittel an die Hand geben.[20]

Zu diesem Zweck kann der parlamentarische Untersuchungsausschuss alle Beweismittel des Strafprozesses[21] sowie die strafprozessualen Zwangsbefugnisse, beispielsweise gegenüber Zeugen (§§ 70 Abs. 1, 161a Abs. 2 StPO) heranziehen, um eine wirksame Erfüllung seiner Untersuchungstätigkeit zu ermöglichen.[22]

Einzige Ausnahme bilden die Befugnisse der §§ 100a ff. StPO, in denen Strafverfolgungsbehörden Eingriffsmöglichkeiten in das Brief-, Post- und Fernmeldegeheimnis eingeräumt werden. Eine solche Befugnis steht den Untersuchungsausschüssen von Verfassungswegen nach Art. 44 Abs. 2 S. 2 GG ausdrücklich nicht zu.

**415** Der Verweis in Art. 44 Abs. 2 S. 1 GG bezieht sich allerdings nicht nur auf Befugnis begründende, sondern ebenfalls auf Befugnis beschränkende Vorschriften der Strafprozessordnung.[23] So werden neben der Ermächtigung zur Beweiserhebung auch die strafprozessualen Schutzrechte etabliert.[24] Zu besonderer Geltung kommen in diesem Zusammenhang die Zeugnisverweigerungsrechte der §§ 52 ff. StPO, sowie § 68a StPO, welcher die Bloßstellung von Zeugen im Verfahren für unzulässig erklärt.[25] Ferner umfasst der Verweis auf die Strafprozessordnung auch die strafprozessualen Beweisverbote[26], welche sich unter anderem auch aus einem unzulässigen Grundrechtseingriff ergeben können.[27]

**c) Einschränkung durch die Zweckbindung aus § 29 StUG**

**416** Gemäß § 29 Abs. 1 unterliegen auch die an einen parlamentarischen Untersuchungsausschuss übermittelten personenbezogenen Informationen einer Zweckbindung, was bedeutet, dass sie nur zur Aufklärung des Untersuchungsgegenstandes genutzt

---

[20] BVerfGE 76, 363, 383; *D. Lucke*, Strafprozessuale Schutzrechte und parlamentarische Aufklärung in Untersuchungsausschüssen mit strafrechtlich relevantem Verfahrensgegenstand, 2008, S. 45.

[21] *S. Magiera*, in: Sachs, GG, 8. Aufl. 2018, Art. 44 Rn. 24.

[22] BVerfGE 76, 363, 385 ff.

[23] BVerfGE 67, 100, 133; BVerfGE 76, 363, 383; BVerfGE 77, 1, 48; *S. Magiera*, in: Sachs, GG, 8. Aufl. 2018, Art. 44 Rn. 22.

[24] BVerfGE 77, 1, 51; *D. Lucke*, Strafprozessuale Schutzrechte und parlamentarische Aufklärung in Untersuchungsausschüssen mit strafrechtlich relevantem Verfahrensgegenstand, 2008, S. 45; *M. Morlok*, in: Dreier, GG, Bd. 2, 3. Aufl. 2015, Art. 44 Rn. 47.

[25] BVerfGE 76, 363, 385 ff.

[26] Näheres: *L. Meyer-Goßner*, in: Meyer-Goßner, StPO, 58. Aufl. 2015, Einl., Rn. 51 ff.; *B. Peters*, NVwZ 2012, 1574.

[27] *L. Meyer-Goßner*, in: Meyer-Goßner, StPO, 58. Aufl. 2015, Einl., Rn. 56.

**Inga Gipperich, Lisa Kohler**

werden dürfen. Diese Regelung stellt zwar ein zentrales datenschutzrechtliches Erfordernis dar[28] und beugt der zweckentfremdeten oder missbräuchlichen Nutzung personenbezogener Informationen vor, schützt den Einzelnen jedoch nicht vor der Ausforschung seiner Privatsphäre durch parlamentarische Untersuchungsausschüsse selbst. Daher sind zum hinreichenden Grundrechtsschutz weitere Einschränkungen des Untersuchungsrechts notwendig.

### d ) Einschränkungen durch die Urteile „Flick" und „Neue Heimat"

Darüber hinaus sind durch den Verweis auf Art. 44 GG in § 22 die Auslegungen des Untersuchungsrechts durch das Bundesverfassungsgericht in den Urteilen „Flick"[29] und „Neue Heimat"[30] zu beachten.     **417**

Laut der „Flick-Entscheidung" des Bundesverfassungsgerichts sei ein Grundrechtseingriff infolge einer parlamentarischen Untersuchung nur dann gerechtfertigt, wenn er durch oder aufgrund eines Gesetzes erfolge, ein öffentliches Interesse an dem Untersuchungsgegenstand bestehe[31] und der Grundsatz der Verhältnismäßigkeit gewahrt sei.[32] Der Begriff des öffentlichen Interesses ist dabei normativ zu verstehen,[33] womit Sachverhalte rein privater Natur aufgrund des Grundrechtsschutzes der betroffenen Person aus der Untersuchung herauszuhalten sind.[34] Ein normatives öffentliches Interesse liegt jedenfalls dann vor, wenn die betreffende Person aufgrund einer öffentlich-rechtlichen Norm in Beziehung zum Staat steht.[35] Im Falle gemischt-wirtschaftlicher Unternehmen sowie bei der Subventionierung privatrechtlicher Unternehmen wird ein solcher staatlicher Bezug anzunehmen sein, was ein öffentliches Interesse mit ausreichendem Gewicht begründen kann.[36] Die Einschränkung eines Grundrechts des Betroffenen dürfe laut dem „Flick-Urteil" bei einem Untersuchungsverfahren nicht weiter gehen, als es zum Schutz des öffentlichen Interesses erforderlich sei.[37] Grundsätzlich ausgenommen vom Untersuchungsgegenstand seien allerdings Informationen, deren Weitergabe und Verwertung an und     **418**

---

[28] *M. Budsinowski,* in: Geiger/Klinghardt, StUG, 2. Aufl. 2006, § 29 Rn. 1.

[29] BVerfGE 67, 100 ff.

[30] BVerfGE 77, 1 ff.

[31] So auch *D. Wiefelspütz,* NVwZ 2002, 10, 11.

[32] BVerfGE 67, 100, 143.

[33] *P. J. Glauben/L. Brocker,* Das Recht der parlamentarischen Untersuchungsausschüsse in Bund und Ländern, 2. Aufl. 2011, § 5 Rn. 20; *H. H. Klein,* in: Maunz/Dürig, GG, 81. Lfg., Art. 44 Rn. 112; *B. Peters,* NVwZ 2012, 1574, 1575; *M. Schröder,* NJW 2000, 1455, 1456.

[34] *J. Aulehner,* DÖV 1994, 853, 861.

[35] M. Frenzel/J. von Detten, JA 2009, 875, 880.

[36] *H. H. Klein,* in: Maunz/Dürig, GG, 81. Lfg., Art. 44 Rn. 125 ff.

[37] BVerfGE 67, 100, 143.

**Inga Gipperich, Lisa Kohler**

durch den Untersuchungsausschuss wegen ihres streng persönlichen Charakters für den Betroffenen unzumutbar seien.[38] Dieser Grundsatz ist nun auch in § 30 Abs. 1 PUAG festgehalten.

**419** Jedoch stellt das Bundesverfassungsgericht aufgrund der hohen Bedeutung des parlamentarischen Kontrollrechts für die Funktionsfähigkeit der Demokratie und der Wichtigkeit des Beweises durch Aktenvorlage, welche den Sachverhalt meist objektiver wiedergebe als eine Zeugenaussage und den „Wesenskern" des Untersuchungsrechts bilde,[39] klar, dass in der Regel keine Verkürzungen des Aktenherausgabeanspruchs des Untersuchungsausschusses erfolge.[40] Dies gilt allerdings nur, wenn zum Schutz der Grundrechte des Betroffenen Geheimschutzmaßnahmen getroffen worden sind und die Verhältnismäßigkeit gewahrt bleibt.[41]

**420** Aus dem „Neue Heimat"-Urteil des Bundesverfassungsgerichts folgt eine noch weitergehende Beschränkung des Untersuchungsrechts zu Gunsten der Grundrechte der von dem Eingriff Betroffenen.

Eine direkte Herausgabe von Informationen an den Untersuchungsausschuss sei danach nur noch dann zulässig, wenn aus grundrechtlicher Sicht keine Bedenken bestehen, also insbesondere, wenn die Beweiserheblichkeit der Information von vorneherein feststehe und Geheimschutzmaßnahmen nicht erforderlich oder bereits in hinreichendem Maße getroffen worden seien.[42] Das Bundesverfassungsgericht stellt zudem klar, dass grundsätzlich Vorgänge des öffentlichen Lebens oder auch aus dem gesellschaftlichen Bereich Teil des Untersuchungsgegenstandes sein können.[43] Jedoch sei bei der Abwägung, ob eine öffentliche Beweisaufnahme gerechtfertigt sei oder der Schutz der Grundrechte des Betroffenen bestimmte Geheimhaltungsvorkehrungen erfordere, sowohl der hohe Stellenwert des Öffentlichkeitsprinzips, als auch die Schutzwürdigkeit der betroffenen Daten zu berücksichtigen.[44]

---

[38] BVerfGE 67, 100, 144; so auch: *J. Rapp-Lücke,* in: Geiger/Klinghardt, StUG, 2. Aufl. 2006, § 22 Rn. 10; Schmidt/Dörr, StUG, 1993, § 22 Rn. 10; Stoltenberg, StUG, 1992, § 22 Rn. 7; *S. Kirste,* JuS 2003, 61, 65.

[39] BVerfGE 67, 100, 132.

[40] BVerfGE 67, 100, 144.

[41] Vgl. *J. Aulehner,* DÖV 1994, 853, 862.

[42] BVerfGE 77, 1, 55.

[43] BVerfGE 77, 1, 44.

[44] BVerfGE 77, 1, 47.

**Inga Gipperich, Lisa Kohler**

Allerdings sind die Unterlagen des Staatssicherheitsdienstes im Gegensatz zu den **421** entscheidungsrelevanten Unterlagen in den Fällen „Flick" und „Neue Heimat" bedingt durch die Datenerhebungsmethoden des MfS zum größten Teil, sowohl nach deutschem als auch nach DDR-Recht, rechtswidrig[45] erhoben worden. Außerdem betreffen eine Vielzahl von Informationen in den Stasi-Unterlagen die Privat- und Intimsphäre der Betroffenen in einem deutlich größeren Maße als in den Verfahren „Flick" und „Neue Heimat". Demzufolge muss der Zugang zu den Unterlagen des Staatssicherheitsdienstes im Rahmen eines parlamentarischen Untersuchungsverfahrens tendenziell eher strenger geregelt werden, um den Grundrechten der Betroffenen gerecht zu werden.[46]

### e ) Beschränkungen durch § 5 StUG

Anders als die nachfolgenden Vorschriften zu der Verwendung der Unterlagen des **422** Staatssicherheitsdienstes enthält § 22 keinen Verweis auf § 5. Aus dem Regelungsgehalt der nachfolgenden Vorschriften lässt sich auch kein taugliches systematisches Argument für das Verhältnis von § 22 zu § 5 ableiten,[47] da diese je nach dem einzelnen Verwendungszweck § 5 einerseits ausdrücklich für anwendbar (zum Beispiel in § 25 Abs. 3), an anderer Stelle (zum Beispiel in §§ 23 Abs. 1, 24 Abs. 1 S. 2) jedoch für unanwendbar erklären.

Um eine weitergehende Beschränkung des Untersuchungsrechts zu Gunsten des **423** Grundrechtsschutzes Betroffener zu erreichen, wenden das LG Kiel[48] und Teile der Literatur[49] den § 5 (sogenanntes „Nachteilsverbot"[50]) auch auf das parlamentarische Untersuchungsrecht gemäß § 22 an.

Für die Geltung von § 5 im Zusammenhang mit § 22 spricht in systematischer Hin- **424** sicht, dass § 5 im ersten Abschnitt des StUG („Allgemeine und grundsätzliche Vorschriften") steht und daher als Vorschrift dieses „Allgemeinen Teils" auch auf die Verwendungsvorschriften des dritten Gesetzesabschnitts einwirkt, sofern in der

---

[45] Zur DDR als Unrechtsstaat siehe auch *R. Wassermann*, NJW 1997, 2152 f.

[46] Schmidt/Dörr, StUG, § 22 Rn. 6; *F. Palm/R. Roy*, NJW 1998, 3005, 3009.

[47] LG Kiel NJW 1996, 1976; *F. Palm/R. Roy*, NJW 1998, 3005, 3010; *J. Aulehner*, DÖV 1994, 853, 854.

[48] LG Kiel NJW 1996, 1976 ff.

[49] *J. Rapp-Lücke,* in: Geiger/Klinghardt, StUG, 2. Aufl. 2006, § 22 Rn. 6; *J. Pietrkiewicz/J. Burth,* in: Geiger/Klinghardt, StUG, 2. Aufl. 2006, § 5 Rn. 4; *H. Bäumler/L. Gundermann,* ZParl 1997, 236, 253; *F. Palm/R. Roy*, NJW 1998, 3005, 3011; *U. Dammann*, NJW 1996, 1946; *H. Bäumler*, JZ 1996, 156, 157.

[50] Siehe hierzu *J. Pietrkiewicz/J. Burth,* in: Geiger/Klinghardt, StUG, 2. Aufl. 2006, § 5 Rn. 2 f.

**Inga Gipperich, Lisa Kohler**

Verwendungsvorschrift selbst nichts Gegenteiliges geregelt ist.[51] Bei § 22 ist dies nicht der Fall, somit entfaltet § 5 dort Wirkung. Im Zusammenspiel mit dem in § 1 Abs. 1 Nr. 2 normierten Gesetzeszweck dient § 5 dem Schutz der Opfer des Staatssicherheitsdienstes vor Persönlichkeitsrechtsbeeinträchtigungen durch die Verwendung der Unterlagen und ist daher die Konsequenz der Entscheidung, die Unterlagen des MfS aufzubewahren und das Grundkorrektiv für deren Rechtsstaatswidrigkeit.[52] Dementsprechend sind, trotz des hoch einzustufenden Aufklärungsinteresses des Untersuchungsausschusses, die Belange der Opfer der MfS-Tätigkeit derart schutzwürdig, dass ihnen aus der Verwendung der über sie gespeicherten, personenbezogenen Informationen kein Nachteil entstehen darf und somit § 5 zur Durchsetzung dieses Opferschutzbedürfnisses[53] anzuwenden bleibt. Zudem werden in parlamentarischen Untersuchungen die erlangten Informationen neben der Sachverhaltsaufklärung auch als Mittel im öffentlichen politischen Meinungskampf genutzt, was die Betroffenen erst recht schutzwürdig erscheinen lässt.

Für eine Anwendung von § 5 spricht zudem aus verfassungsrechtlicher Sicht, dass die im Zuge der Einsichtnahme eines Untersuchungsausschusses in Stasi-Unterlagen berührten Grundrechte, insbesondere das Allgemeine Persönlichkeitsrecht bzw. das Recht auf informationelle Selbstbestimmung gem. Art. 2 Abs. 1 GG i.V.m. Art. 1 Abs. 1 GG, als Prinzipien konkretisierungsbedürftig und abwägungsunterworfen sind. § 5 leistet eine solche auf die Besonderheiten der Stasi-Unterlagen zugeschnittene Konkretisierung und Abwägung zwischen diesen Grundrechten und dem in § 1 Abs. 1 Nr. 3 normierten Aufarbeitungsinteresse, welches sich bei § 22 in Form des Aufklärungsinteresses eines Untersuchungsausschusses äußert. Der im Vergleich zu anderen Verwendungsvorschriften des StUG (zum Beispiel § 25 Abs. 3) fehlende Verweis auf § 5 im Wortlaut des § 22 ist damit zu erklären, dass der Gesetzgeber bei der nachträglichen Einfügung der Vorschrift diesen Bezug wohl übersehen hat.[54]

**425** Nach § 5 Abs. 1 S. 1 ist die Verwendung von personenbezogenen Informationen über Betroffene im Sinne des § 6 Abs. 3 (§ 6 Rn. 135 ff.) oder Dritte im Sinne des § 6 Abs. 7 (§ 6 Rn. 166 ff.), die im Rahmen der zielgerichteten Informationserhebung oder Ausspähung des Betroffenen einschließlich heimlicher Informationser-

---

[51] LG Kiel NJW 1996, 1976, 1977; *H. Bäumler/L. Gundermann*, ZParl 1997, 236, 252; *F. Palm/R. Roy*, NJW 1998, 3005, 3010; *H. Bäumler*, JZ 1996, 156, 157.

[52] Stoltenberg, StUG, 1992, § 5 Rn. 1, 3; Schmidt/Dörr, StUG, 1993, § 5 Rn. 2; *F. Palm/R. Roy*, NJW 1998, 3005, 3010 f.; näheres zum grundsätzlichen Verwendungsverbot siehe *J. Pietrkiewicz/J. Burth*, in: Geiger/Klinghardt, StUG, 2. Aufl. 2006, § 5 Rn. 2 ff.

[53] *H. Bäumler*, JZ 1996, 156, 157.

[54] LG Kiel NJW 1996, 1976, 1977.

**Inga Gipperich, Lisa Kohler**

hebung gewonnen worden sind, zum Nachteil dieser Personen unzulässig. Aus dem weiten Verwendungsbegriff des § 6 Abs. 9, welcher neben der Verarbeitung und Nutzung der entsprechenden Informationen auch deren Weitergabe und Übermittlung erfasst (§ 6 Rn. 172), ergibt sich, dass der Adressat des Nachteilsverbotes nicht nur der Untersuchungsausschuss selbst ist, sondern auch der Bundesbeauftragte,[55] welcher einem Untersuchungsausschuss auf dessen Ersuchen die erforderlichen Informationen zukommen lassen muss.[56] Der Begriff des Nachteils in § 5 bedeutet, dass der Verwender der Informationen aus diesen keine objektiv ungünstigen Folgen[57] rechtlicher, wirtschaftlicher oder auch politischer Natur für den Betroffenen oder Dritten ableiten darf.[58] Rein subjektive Beeinträchtigungen bleiben außer Betracht.[59]

Durch die Anwendung des weitreichenden Nachteilsverbotes aus § 5 erfolgt ein umfassendes Verwendungsverbot von personenbezogenen Informationen der Opfer der Tätigkeit des Staatssicherheitsdienstes im Rahmen einer parlamentarischen Untersuchung, was einen angemessenen Grundrechtsschutz der Opfer gewährleistet. **426**

**f ) Einschränkungen durch § 1 StUG (als Ausnahme zu dem Verbot durch § 5 StUG)**

Ausgenommen vom Nachteilsverbot in § 5 sind die oben genannten Informationen, wenn ihre Verwendung durch den Untersuchungsausschuss einem der in § 1 Abs. 1 Nr. 1–3 normierten Zwecke dient.[60] Demnach muss die Verwendung der Informationen im Untersuchungsverfahren dazu dienen, den Einfluss des MfS auf das persönliche Schicksal einer Person zu klären, den Einzelnen vor Persönlichkeitsrechtsbeeinträchtigungen durch den Umgang mit den Unterlagen des Staatssicherheitsdienstes zu schützen oder die Tätigkeit des Staatssicherheitsdienstes aufzuarbeiten. Diese bilden die Hauptzwecke des StUG, da sie die Legitimation der Aufbewahrung und Nutzung der Unterlagen darstellen.[61] Es wäre in Anbetracht dessen **427**

---

[55] Stoltenberg, StUG, 1992, § 5 Rn. 4; *H. Bäumler/L. Gundermann*, ZParl 1997, 236, 253; sowie *F. Palm/R. Roy*, NJW 1998, 3005, 3011.

[56] *F. Palm/R. Roy*, NJW 1998, 3005, 3011.

[57] *F. Palm/R. Roy*, NJW 1998, 3005, 3011, ähnlich auch Stoltenberg, StUG, 1992, § 5 Rn. 4, der von einem „Schaden" spricht.

[58] *J. Pietrkiewicz/J. Burth*, in: Geiger/Klinghardt, StUG, 2. Aufl. 2006, § 5 Rn. 3; *H. Bäumler/L. Gundermann*, ZParl 1997, 236 , 252.

[59] *F. Palm/R. Roy*, NJW 1998, 3005, 3011.

[60] LG Kiel NJW 1996, 1976; Stoltenberg/Bossack, StUG, 2012, § 22 Rn. 7; *H. Bäumler/L. Gundermann*, ZParl 1997, 236, 251; *R. Wassermann*, NJW 2000, 1460, 1461; *U. Dammann*, NJW 1996, 1946; *H. Bäumler*, JZ 1996, 156, 157; *P. J. Glauben*, DRiZ, 2000, 165, 168.

[61] *H. Bäumler/L. Gundermann*, ZParl 1997, 236, 251; *U. Dammann*, NJW 1996, 1946, 1947.

widersprüchlich, die Aufbewahrung der Unterlagen des Staatssicherheitsdienstes mit den in § 1 Abs. 1 Nr. 1–3 genannten Zwecken zu rechtfertigen, die sich daraus ergebenen Nutzungsschranken aber außer Acht zu lassen,[62] da § 1 Abs. 1 Nr. 1–3 als allgemeine und grundsätzliche Vorschrift gleichermaßen wie § 5 die einzelnen Verwendungsregelungen beeinflusst sofern nichts anderes geregelt ist, wie in § 22.[63] Der in § 1 Abs. 1 Nr. 4 genannte Zweck ist nachrangig, da er die Aufbewahrung und Nutzung der Unterlagen des Staatssicherheitsdienstes nicht zu rechtfertigen vermag, was sich auch darin äußert, dass diese Verwendungsbefugnisse an einschränkende Bedingungen geknüpft sind.[64]

### g) Beschränkung des Untersuchungsrechts auf Straftaten nach § 23 StUG?

**428** Eine andere Auffassung lehnt die Anwendung von §§ 5 und 1 ab und wendet stattdessen § 23 zur Beschränkung des parlamentarischen Untersuchungsrechts an.[65] Das bedeutet, dass personenbezogene Informationen Betroffener oder Dritter nur in einem parlamentarischen Untersuchungsverfahren verwendet werden dürfen, wenn der Untersuchungsgegenstand sich auf Straftaten gemäß § 23 Abs. 1 bezieht. Als Begründung wird hierfür angeführt, § 23 sei durch den Verweis auf die StPO in Art. 44 Abs. 2 S. 1 GG mit in § 22 einbezogen. Zudem habe der Gesetzgeber in § 23 zur Verwendung von Stasi-Unterlagen bereits eine generelle Abwägung getroffen, sodass der Grundrechtsschutz im Falle schwerer Straftaten hinter dem Aufklärungsinteresse zurücktreten müsse.

**429** Damit werden jedoch die wesentlichen Unterschiede zwischen einem parlamentarischen Untersuchungsverfahren und einem Strafverfahren verkannt. Da das Interesse an der Aufklärung im Untersuchungsverfahren im Gegensatz zum Strafverfahren auch eine politische Dimension umfasst, können die in § 23 kodifizierten Grundsätze für die Verwendung von Stasi-Unterlagen zur Strafverfolgung nicht einfach auf ein parlamentarisches Untersuchungsverfahren übertragen werden. Dies würde den Sinn und die Daseinsberechtigung der Untersuchungsausschüsse (Rn. 405) entleeren und das weitreichende öffentliche Interesse an den Untersuchungsgegenständen verkennen. Somit ist eine solche Ansicht nicht sachgerecht.

---

[62] *U. Dammann*, NJW 1996, 1946, 1947.
[63] *F. Palm/R. Roy*, NJW 1998, 3005, 3011.
[64] LG Kiel NJW 1996, 1976, 1977; *U. Dammann*, NJW 1996, 1946, 1947.
[65] *S. Kirste*, JuS 2003, 61, 65; *H. Lesch*, NJW 2000, 3035, 3039.

**Inga Gipperich, Lisa Kohler**

**3. Verwendung von Abhörprotokollen (Art. 10 GG) im Hinblick auf die Unberührbarkeitsklausel (Art. 44 Abs. 2 S. 2 GG)**

Vor dem Hintergrund, dass der Staatssicherheitsdienst in großem Umfang Telefongespräche in ganz Deutschland abhörte und die Nutzung der daraus entstandenen Protokolle schon mehrmals durch Untersuchungsausschüsse, wie z.B. in der sog. „Kieler Schubladenaffäre" oder in der CDU-Parteispendenaffäre, angestrebt wurde, erscheint eine Stellungnahme zu der Frage erforderlich, ob die Verwendung der Abhörprotokolle des MfS von Telefongesprächen in Art. 10 GG eingreift (zur Feststellung des Eingriffs in Art. 10 GG ausführlich §§ 4 Rn. 106 ff. 46a Rn. 763) und ob dieser Eingriff angesichts der Unberührbarkeitsklausel in Art. 44 Abs. 2 S. 2 GG überhaupt zu rechtfertigen ist. Die Unterlagen des MfS und somit auch die darin enthaltenen Abhörprotokolle sind mit der Wiedervereinigung in den Geltungsbereich des Grundgesetzes gelangt.[66]

**430**

Umstritten ist im Rahmen der Verwendung von MfS-Abhörprotokollen in Untersuchungsausschüssen vor allem, ob die sogenannte „Unberührbarkeitsklausel" in Art. 44 Abs. 2 S. 2 GG, nach der das Brief- Post- und Fernmeldegeheimnis bei der Beweiserhebung durch parlamentarische Untersuchungsausschüsse eine absolute Schranke darstellt und auch ein Verwertungsverbot bei schon vorhandenen Abhörprotokollen von Telefongesprächen begründet. Nach einer in der Literatur vertretenen Auffassung[67] ist Art. 44 Abs. 2 S. 2 GG für die Verwendung schon vorhandener Abhörprotokolle eine absolute Grenze. Das bedeutet, dass ein Untersuchungsausschuss in keinem Fall auf die Abhörprotokolle des Staatssicherheitsdienstes zugreifen kann. Das Bundesverfassungsgericht differenziert bei der Abwägung von Grundrechtsschutz und Aufklärungsinteresse dagegen nach dem Untersuchungsgegenstand.[68] Wird der Verdacht auf illegale Abhörmaßnahmen untersucht, ist eine Sachverhaltsaufklärung nur möglich, wenn neben den Rahmendaten vor allem der Inhalt einer abgehörten Kommunikation für eine Bewertung durch den Ausschuss zugänglich wird. In derartigen Fällen überwiegt das Aufklärungsinteresse die Grundrechte des Betroffenen, insbesondere auch aus dem Grund, dass die Untersuchung der Protokolle gerade zum Schutz der Grundrechte Dritter und der Feststellung eines grundrechtswidrigen Verhaltens des Abhörenden dienen soll.

**431**

---

[66] *H. Bäumler/L. Gundermann*, ZParl 1997, 236, 242.

[67] *H. H. Klein*, in: Maunz/Dürig, GG, 81. Lfg., Art. 44 Rn. 221.

[68] BVerfGE 124, 78, 127; *P. J. Glauben/L. Brocker*, Das Recht der parlamentarischen Untersuchungsausschüsse in Bund und Ländern, 2. Aufl. 2011, § 15 Rn. 9; *B. Peters*, NVwZ 2012, 1574, 1577.

**Inga Gipperich, Lisa Kohler**

# § 22

Auf die Verwendung der Abhörprotokolle des Staatssicherheitsdienstes übertragen, bedeutet dies, dass die Protokolle grundsätzlich nur verwendet werden dürfen, wenn die illegalen Abhörmethoden des Staatssicherheitsdienstes von einem Untersuchungsausschuss aufgeklärt werden sollen. Ein derartiger Untersuchungsgegenstand ist gleichzeitig vom Zweck der Aufarbeitung der Stasi-Tätigkeit in § 1 Abs. 1 Nr. 3 gedeckt. Ist eine andere Thematik aufzuklären, überwiegen gemäß dem Erforderlichkeitsgrundsatz und der Subsidiarität der Verwendung von MfS-Unterlagen (§ 6 Rn. 126 f.) in Untersuchungsausschüssen (Rn. 410) im Regelfall, vor allem mit Hinblick auf Art. 10 GG, die Grundrechte der Abgehörten.

432 Die Differenzierung lässt sich sachgerecht auf die Verwendung der Stasi-Abhörprotokolle übertragen und spiegelt die in Bezug auf § 1 dargestellten Grundsätze wider. Der Grundrechtsschutz der Opfer des Staatssicherheitsdienstes überwiegt grundsätzlich, außer der Zweck der Untersuchung ist die Aufarbeitung, welche derart wichtig ist, dass sie, wie im Zusammenhang mit § 1 schon dargestellt (§ 1 Rn. 56), den Grundrechtsschutz ausnahmsweise überwiegt.

## 4. Verfahren

433 Ersucht ein Untersuchungsausschuss den Bundesbeauftragten um Herausgabe, so hat dieser gem. § 19 Abs. 3 S. 1 zu prüfen, ob und inwieweit die Verwendung von Stasi-Unterlagen für den angegebenen Zweck erforderlich ist. Dabei ist insbesondere zu beachten, ob das Ersuchen im inhaltlichen Zusammenhang mit dem Untersuchungsgegenstand steht und ob ein zeitlicher und sachlicher Zusammenhang zwischen diesem und den Unterlagen besteht.[69] Zudem muss der Bundesbeauftragte bei der Prüfung alle Informationen, auf die der Untersuchungsausschuss wegen ihres streng persönlichen Charakters keinen Anspruch hat, von der Herausgabe ausnehmen. Darüber hinaus muss er überprüfen, ob die Verwendung der Unterlagen einen Nachteil für den Betroffenen im Sinne des § 5 darstellt und ob der Untersuchungsgegenstand durch einen der Zwecke in § 1 Abs. 1 Nr. 1 – 3 gedeckt ist.[70]

Sind Unterlagen nur zum Teil beweiserheblich, ist laut dem „Neue Heimat"-Urteil des BVerfG eine Überprüfung der Erforderlichkeit, welche nur durch Kenntnisnahme der Informationen in den Unterlagen feststellbar ist, durch ein Gericht vorzuschalten.[71] Dies ist das Ergebnis der Herstellung praktischer Konkordanz zwischen den Grundrechten des Betroffenen, in welche schon durch jede Einsichtnahme in Stasi-Unterlagen eingegriffen wird, und dem Untersuchungsrecht. Kommt das

---

[69] *F. Palm/R. Roy*, NJW 1998, 3005, 3010.
[70] *H. Bäumler/L. Gundermann*, ZParl 1997, 236, 249, 252.
[71] BVerfGE 77, 1, 55; So auch Stoltenberg, StUG, 1992, § 22 Rn. 9.

**Inga Gipperich, Lisa Kohler**

Gericht zu dem Schluss, dass die vorliegenden Daten zwar beweiserheblich, aber sensibel sind, kann auf das sogenannte „Vorsitzendenverfahren" zurückgegriffen werden.[72] Dabei erhält nur der Vorsitzende des Untersuchungsausschusses bzw. sein Stellvertreter Einsicht in die Akten, um den Personenkreis der Einsichtnehmenden zu begrenzen, damit die Grundrechtsbeeinträchtigung für den Betroffenen möglichst gering gehalten wird.

Zudem kann der Untersuchungsausschuss gemäß § 14 Abs. 1 PUAG selbst die **434** Öffentlichkeit von der Beweisaufnahme ausschließen oder Informationen gemäß § 15 Abs. 1 PUAG mit einem Geheimhaltungsgrad nach der aus § 15 Abs. 3 PUAG anwendbaren Geheimschutzordnung des deutschen Bundestages (GSO-BT) versehen. Nach § 2a GSO-BT können vertrauliche Informationen aus dem persönlichen Lebensbereich, die in Stasi-Unterlagen oftmals enthalten sind, als „vertraulich" oder „geheim" eingestuft werden.

Dennoch können die oben genannten Verfahrensschritte eine Grundrechtsbeein-   **435** trächtigung nicht gänzlich verhindern, denn eine Geheimhaltung nach außen bewahrt den Betroffenen zum Beispiel nicht vor politischen Nachteilen, welche alleine schon aus der Kenntnisnahme der Informationen durch die Untersuchungsausschuss-mitglieder resultieren können.[73] Folglich scheint auch unter diesem Aspekt eine Einschränkung des Untersuchungsrechts durch §§ 1, 5[74] angemessen.

**II. Zu Abs. 2**

Nach Absatz 2 sind die Unterlagen des Staatssicherheitsdienstes auch vom Be-   **436** weiserhebungsrecht parlamentarischer Untersuchungsausschüsse der Länder umfasst. Durch die entsprechende Geltung von Absatz 1 finden die dort erläuterten Grundsätze auch auf die Untersuchungsausschüsse der Länder Anwendung. Auf Landesebene gilt für das Recht der Untersuchungsausschüsse nicht Art. 44 GG, sondern die ihm entsprechenden Normen der Landesverfassungen sowie der Untersuchungsausschussgesetze der Länder.

---

[72] BVerfGE 77, 1, 55, 56.
[73] *H. Bäumler/L. Gundermann*, ZParl 1997, 336, 348.
[74] Näheres hierzu siehe *J. Pietrkiewicz/J. Burth*, in: Geiger/Klinghardt, StUG, 2. Aufl. 2006, § 5 Rn. 4.

**Inga Gipperich, Lisa Kohler**

**§ 23**

## § 23 Verwendung von Unterlagen für Zwecke der Strafverfolgung und Gefahrenabwehr

(1) Unterlagen, soweit sie personenbezogene Informationen über Betroffene oder Dritte enthalten, dürfen in dem erforderlichen Umfang verwendet werden

1. zur Verfolgung von

a) Straftaten im Zusammenhang mit dem Regime der ehemaligen Deutschen Demokratischen Republik, insbesondere Straftaten im Zusammenhang mit der Tätigkeit des Staatssicherheitsdienstes, anderer Sicherheits-, Strafverfolgungs- und Strafvollzugsbehörden sowie der Gerichte,

b) Verbrechen in den Fällen der §§ 211, 212, 239a, 239b, 306 bis 306c, 307 bis 309, 313, 314 und 316c des Strafgesetzbuches sowie von Straftaten nach

aa) § 6 des Völkerstrafgesetzbuches,

bb) §§ 51, 52 Abs. 1 Nr. 1, 2 Buchstabe c und d sowie Abs. 5 und 6 des Waffengesetzes,

cc) § 19 Abs. 1 bis 3, § 20 Abs. 1 und 2, jeweils in Verbindung mit § 21, und § 22a Abs. 1 bis 3 des Gesetzes über die Kontrolle von Kriegswaffen,

dd) § 29 Abs. 3 Satz 2 Nr. 1, § 29a Abs. 1 Nr. 2 sowie § 30 Abs. 1 Nr. 1 und 2 des Betäubungsmittelgesetzes,

ee) § 30 Abs. 1 Nr. 4 des Betäubungsmittelgesetzes, sofern der Täter gewerbsmäßig oder als Mitglied einer Bande gehandelt hat,

c) Straftaten im Zusammenhang mit dem nationalsozialistischen Regime,

d) Straftaten nach § 44 dieses Gesetzes,

2. zur Abwehr einer drohenden erheblichen Gefahr für die öffentliche Sicherheit, insbesondere zur Verhütung von drohenden Straftaten.

§ 5 Abs. 1 ist nicht anzuwenden. Verwertungsverbote nach den Vorschriften der Strafprozessordnung bleiben unberührt.

(2) Andere Unterlagen dürfen auch verwendet werden, soweit dies zur Verfolgung anderer Straftaten einschließlich der Rechtshilfe in Strafsachen sowie der Abwehr einer erheblichen Gefahr für die öffentliche Sicherheit, insbesondere zur Verhütung von Straftaten, erforderlich ist.

*Literaturangaben: Backes, Uwe, Bleierne Jahre. Baader-Meinhof und danach, Erlangen/Bonn/Wien 1991; Bautze, Kristina, Völkerrecht, Berlin 2012; Beulke, Werner, Strafprozessrecht, 13. Aufl., Heidelberg 2016; Bodenschatz, Nadine, Der europäische Datenschutzstandard, Frankfurt am Main 2010, Brandt, Edmund/ Smeddinck, Ulrich, Der Gefahrenbegriff im Polizeirecht, in: Jura 1994, S. 225–232; BStU, Vierter Tätigkeitsbericht des BStU, 1999, BStU, Fünfter Tätigkeitsbericht der*

**Sandra Franz, Inga Gipperich, Sabina Gottschlich, Lisa Kohler, Gawain Thimm und Isabell Wegner**

*BStU, 2001, BStU, Sechster Tätigkeitsbericht der BStU, 2003; BStU, Siebenter Tätigkeitsbericht der BStU, 2005; BStU, Achter Tätigkeitsbericht der BStU, 2007; BStU, Neunter Tätigkeitsbericht der BStU, 2009; BStU, Zehnter Tätigkeitsbericht der BStU, 2011; BStU, Elfter Tätigkeitsbericht des BStU, 2013; Bundesamt für Justiz, Internationale Rechtshilfe in Strafsachen, abrufbar unter: www.bundesjustizamt.de/DE/Themen/Gerichte_Behoerden/Rechtshilfe_Strafsachen/ Rechtshilfe_node.html; Bundeszentrale für politische Bildung, Die Geschichte der RAF, 30.8.2007, abrufbar unter: www.bpb.de/geschichte/deutsche-geschichte/ geschichte-der-raf/; Der Bundesbeauftragte für den Datenschutz und die Informationsfreiheit, Personaldatenfluss im internationalen Konzern, abrufbar unter: www.bfdi.bund.de/nn_530440/DE/Themen/Arbeit/Arbeitnehmerdatenschutz/Artikel/ PersonaldatenflussInternKonzern.html; Eisenberg, Ulrich, Beweisrecht der Strafprozessordnung, 10. Aufl., München 2017; European Commission, Commission decisions on the adequacy of the protection of personal data in third countries, abrufbar unter: http://ec.europa.eu/justice/data-protection/document/international-transfers/adequacy/index_en.htm; Finger, Thorsten: Prozessuale Beweisverbote – Eine Darstellung ausgewählter Fallgruppen, in: JA 2006, 529–539; Geiger, Hansjörg/Klinghardt, Heinz (Hrsg.), Stasi-Unterlagen-Gesetz, 2. Aufl., Stuttgart 2006; Gola, Peter/Schomerus, Rudolf (Hrsg.), Bundesdatenschutzgesetz, Kommentar, 12. Aufl., München 2015; Graf, Jürgen Peter (Hrsg.), Beck'scher Online-Kommentar Strafprozessordnung, 29. Edition, Stand 1.1.2018, München; Hannich, Rolf (Hrsg.), Karlsruher Kommentar zur Strafprozessordnung mit GVG, EGGVG und EMRK, 7. Aufl., München 2013; Heintschel-Heinegg, Bernd von (Hrsg.), Beck'scher Online-Kommentar StGB, 37. Edition, Stand: 1.2.2018, München; Herdegen, Matthias, Völkerrecht, 16. Aufl., München 2017; Igel, Regine, Terrorismus-Lügen – Wie die Stasi im Untergrund agierte, München 2012; Jander, Martin, Vereint gegen Israel? Die DDR und der westdeutsche Linksterrorismus, in: Deutschland Archiv 41 (2008), S. 416–422; Joecks, Wolfgang/Miebach, Klaus (Hrsg.), Münchener Kommentar zum Strafgesetzbuch, Bd. 2, 3. Aufl., München 2016; Kindhäuser, Urs/Neumann, Ulfrid/Paeffgen, Hans-Ullrich, Strafgesetzbuch, Band 3, 5. Aufl., Baden-Baden 2017; Krüper, Julian, Grundlagen des Rechts, 3. Aufl., Baden-Baden 2017; Krugmann, Michael, Gefahrbegriff und Grundrechte im Rahmen der polizeilichen „Wegweisung", in: NVwZ 2006, S. 152–157; Lackner, Karl/Kühl, Kristian, Strafgesetzbuch, 28. Aufl., München 2014; Martino, Alessandra di, Datenschutz im europäischen Recht, Baden-Baden 2005; Masing, Johannes, Herausforderungen des Datenschutzes, in: NJW 2012, S. 2305–2311; Maunz, Theodor/Dürig, Günter (Begr.), Grundgesetz Kommentar, 81. Lieferung September 2017, München; Meyer-Goßner, Lutz, Strafprozessordnung mit GVG und Nebengesetzen, 58. Aufl., München 2015; Meyer-Mews, Hans, Beweisverwertungsverbote im Strafverfahren, in:*

**Sandra Franz, Inga Gipperich, Sabina Gottschlich,
Lisa Kohler, Gawain Thimm und Isabell Wegner**

# § 23

*JuS 2004,S. 39–42; Michael, Lothar/Morlok, Martin, Grundrechte, 6. Aufl., Baden-Baden 2017; Morlok, Martin/Michael, Lothar, Staatsorganisationsrecht, 3. Aufl., Baden-Baden 2017; Müller, Ingo, Die DDR – ein „Unrechtsstaat"?, in: NJ 1992, S. 281–283; Pils, Michael Johannes, Zum Wandel des Gefahrenbegriffs im Polizeirecht, in: DÖV 2008, S. 941–948; Poscher, Ralf/Rusteberg, Benjamin, Die Klausur im Polizeirecht, in: JuS 2011, S. 984–989; Schlink, Bernhard, Datenschutz und Amtshilfe, in: NVwZ 1986, S. 249–256; Schmidt, Dietmar/Dörr, Erwin, Stasi-Unterlagen-Gesetz, Köln 1993; Schoch, Friedrich, Die „Gefahr" im Polizei- und Ordnungsrecht, in: Jura 2003, S. 472–476; Schoch, Friedrich, Grundlagen und System des allgemeinen Polizei- und Ordnungsrechts, in: Jura 2006, S. 664–671; Schomburg, Wolfgang, Neuere Entwicklungen der internationalen Rechtshilfe in Strafsachen, in: NStZ 1992, S. 353–360; Schröder, Georg, Datenschutzrecht für die Praxis: Grundlagen, Datenschutzbeauftragte, Audit, Handbuch, Haftung etc., München 2012; Schulz, Jan-Hendrik, Die Beziehungen zwischen der Roten Armee Fraktion (RAF) und dem Ministerium für Staatssicherheit (MfS) in der DDR, Zeitgeschichte online, Mai 2007, http://www.zeitgeschichte-online.de/themen/die-beziehungen-zwischen-der-roten-armee-fraktion-raf-und-dem-ministerium-fuer (13.5.2013); Sendler, Horst, Die DDR ein Unrechtsstaat – ja oder nein? Missverständnisse um „Rechtsstaat" und „Unrechtsstaat", in: ZRP 1993, S. 1–5; Stoltenberg, Klaus, Stasi-Unterlagen-Gesetz, Baden-Baden 1992; Stoltenberg, Klaus, Stasi-Unterlagen-Gesetz, in: Das Deutsche Bundesrecht, Baden-Baden 2000; Stoltenberg, Klaus/Bossack, Carolin, Stasi-Unterlagen-Gesetz, Baden-Baden 2012; Unverhau, Dagmar: Anlage 3. Vorläufige Ordnung für die Nutzung personenbezogener Unterlagen des ehemaligen Ministeriums für Staatssicherheit/Amtes für Nationale Sicherheit (Vorläufige Benutzerordnung) vom 12.12.1990, in: Unverhau (Hrsg.), Das Stasi-Unterlagen-Gesetz im Lichte von Datenschutz und Archivgesetzgebung, Münster 1998; Wassermann, Rudolf, Wieviel Unrecht macht einen Staat zum Unrechtsstaat?, in: NJW 1997, S. 2152–2153; Weberling, Johannes, Stasi-Unterlagen-Gesetz, Kommentar, Köln 1993; Weigend, Thomas, Grundsätze und Probleme des deutschen Auslieferungsrechts, in: JuS 2000, S. 105–111; Wilkitzki, Nadeschda: Entstehung des Gesetzes über internationale Rechtshilfe in Strafsachen (IRG), Berlin 2010; Wolter, Jürgen (Hrsg.), Systematischer Kommentar zur Strafprozessordnung mit GVG und EMRK, Bd. 2, 5. Aufl. 2016; Wolter, Jürgen (Hrsg.), Systematischer Kommentar zur Strafprozessordnung mit GVG und EMRK, Bd. 8, 5. Aufl. 2016; Wunschik, Tobias, Das Ministerium für Staatssicherheit und der Terrorismus in Deutschland, in: Timmermann (Hrsg.), Diktaturen in Europa im 20. Jahrhundert – der Fall DDR, Berlin 1996, S. 298–311; Wunschik, Tobias, Hauptabteilung XXII („Terrorabwehr"/HA XXII), in: Engelmann (Hrsg.), Das MfS-Lexikon. Begriffe, Personen und Strukturen der Staatssicherheit der DDR, 2. Aufl.,*

**Sandra Franz, Inga Gipperich, Sabina Gottschlich,
Lisa Kohler, Gawain Thimm und Isabell Wegner**

*Berlin 2012, S. 145; Wunschik, Tobias, Magdeburg statt Mosambique, Köthen statt Kap Verden. Die RAF-Aussteiger in der DDR, in: Biesenbach (Hrsg.), Zur Vorstellung des Terrors: Die RAF-Ausstellung 2005, Göttingen 2005, S. 236.*

## A. Vorbemerkung

### I. Entwicklung der Norm

Schon in der vorläufigen Benutzerordnung für die Stasi-Unterlagen des ersten Bundesbeauftragten Joachim Gauck befand sich eine Regelung zur Verwendung von Unterlagen des Staatssicherheitsdienstes für die Zwecke der Strafverfolgung sowie der Gefahrenabwehr.[1] Die Bedeutung der genannten Zwecke wird hierdurch insoweit evident, als dass die vorläufige Benutzerordnung darüber hinaus nur die Verwendung zu solchen der Rehabilitierung, der Wiedergutmachung und der Überprüfung auf eine Tätigkeit für den Staatssicherheitsdienst erlaubt.[2] Die Verwendung zu allen in der heutigen Gesetzesfassung zusätzlich festgeschriebenen Zwecken war hingegen nicht gestattet. Die Katalogstraftaten aus Abs. 1 S. 1 Nr. 1 lit. b wurden erst im Gesetzesbeschluss eingefügt,[3] in den Entwürfen hingegen waren nur die in § 129 StGB (Bildung terroristischer Vereinigungen) genannten Tatbestandsvarianten erfasst.[4] Der Straftatenkatalog wurde mehrfach neu gefasst, so wurde er an Änderungen im StGB sowie im WaffG angepasst und § 6 VStGB wurde neu aufgenommen.[5] Zudem ersetzte der Zweck der Gefahrenabwehr in Abs. 1 S. 1 Nr. 2 die Abwehr

**437**

---

[1] § 14 Abs. 2 Nr. 3–5 der vorläufigen Ordnung für die Nutzung personenbezogener Unterlagen des ehemaligen Ministeriums für Staatssicherheit/Amtes für Nationale Sicherheit (Vorläufige Benutzerordnung), zit. nach: *D. Unverhau*, Anlage 3. Vorläufige Ordnung für die Nutzung personenbezogener Unterlagen des ehemaligen Ministeriums für Staatssicherheit/Amtes für Nationale Sicherheit (Vorläufige Benutzerordnung) vom 12.12.1990, in: Unverhau, Das Stasi-Unterlagen-Gesetz im Lichte von Datenschutz und Archivgesetzgebung, 1998, S. 268 f.

[2] § 14 Abs. 2 Nr. 3–5 der vorläufigen Ordnung für die Nutzung personenbezogener Unterlagen des ehemaligen Ministeriums für Staatssicherheit/Amtes für Nationale Sicherheit (Vorläufige Benutzerordnung), zit. nach: *D. Unverhau*, Anlage 3. Vorläufige Ordnung für die Nutzung personenbezogener Unterlagen des ehemaligen Ministeriums für Staatssicherheit/Amtes für Nationale Sicherheit (Vorläufige Benutzerordnung) vom 12.12.1990, in: Unverhau, Das Stasi-Unterlagen-Gesetz im Lichte von Datenschutz und Archivgesetzgebung, 1998, S. 268.

[3] BT-Drucks. 12/1540, 29.

[4] BT-Drucks. 12/723, 10; BT-Drucks. 12/1093, 11.

[5] Art. 4 Abs. 2 des 6. StrRGS v. 26.1.1998, BGBl. I 1998, 164; Art. 6 VStGB v. 26.6.2002, BGBl. I 2002, 2254; Art. 4 WaffRNeuRegG v. 11.10.2002 BGBl. I 2002, 3970; neugefasst durch 7. StUGÄndG v. 21.12.2006, BGBl. I 2006, 3326; *J. Rapp-Lücke*, in: Geiger/Klinghardt, StUG, 2. Aufl. 2006, § 23 Rn. 2; Stoltenberg/Bossack, StUG, 2012, § 23 Rn. 4.

**Sandra Franz, Inga Gipperich, Sabina Gottschlich,
Lisa Kohler, Gawain Thimm und Isabell Wegner**

einer in § 138 StGB genannten Straftat.[6] Weiterhin ist die Anwendung des Nachteilsverbotes aus § 5 Abs. 1 im Gegensatz zu den Gesetzesentwürfen[7] in der heutigen Fassung des § 23 ausgeschlossen,[8] womit sich § 23 in die Konzeption eines relativen Opferschutzes des StUG einfügt.

## II. Aufbau

**438** Die Norm ist in zwei Regelungskreise mit unterschiedlichen Reichweiten der Befugnisse eingeteilt. Entsprechend den §§ 20, 21 unterscheidet § 23 lediglich zwischen Unterlagen mit personenbezogenen Informationen über Betroffene (§ 6 Abs. 3) oder Dritte (§ 6 Abs. 7) in Abs. 1 und anderen Unterlagen in Abs. 2 als Auffangkategorie mit umfassenden Verwendungsmöglichkeiten.[9] Erstere betreffen die nach der Wertung des StUG besonders schutzwürdigen Personengruppen, wodurch die Informationen als besonders sensibel eingestuft werden (§ 6 Rn. 171), weswegen ihre Verwendung erheblichen Einschränkungen unterliegt (z.B. in §§ 5 Abs. 1, 21 Abs. 1, 25 Abs. 1, 29 Abs. 2, 32 Abs. 1, 3).[10] Diese Unterteilung in schutzwürdige (Unterlagen mit personenbezogenen Informationen über Betroffene und Dritte) und weniger schutzwürdige Unterlagen (andere Unterlagen, also Unterlagen mit personenbezogenen Informationen über Mitarbeiter und Begünstigte und Unterlagen ohne Personenbezug) ist für das StUG typisch, z.B. in §§ 12 Abs. 4, 20 Abs. 1, 21 Abs. 1, 22 Abs. 1, 25 Abs. 1, 2. Im Unterschied zu § 20 und § 25 Abs. 2, wo jeweils von „Unterlagen, soweit sie keine personenbezogenen Informationen über Betroffene und Dritte enthalten" die Rede ist, wird in § 23 für diese Kategorie jedoch der Terminus „andere Unterlagen" verwendet. Diese Begriffe sind ungeachtet dessen inhaltlich deckungsgleich (Rn. 486).

**439** Entsprechend der Einteilung der o.g. Unterlagentypen erweitert Abs. 2 die Befugnisse bei der Verwendung aller nicht von Abs. 1 S. 1 umfassten Unterlagen. In diesen Fällen ist die Verfolgung jeglicher Straftaten sowie die Rechtshilfe in Strafsachen zulässig (vgl. Rn. 487 ff.). Bezüglich des Zwecks der Gefahrenabwehr ist in den Fällen des Abs. 2 eine erhebliche Gefahr ausreichend, während Abs. 1 das Vorliegen einer drohenden erheblichen Gefahr erfordert. Ihre Grenze finden die genannten Befugnisse zur Strafverfolgung und zur Gefahrenabwehr gem. Abs. 1 S. 3

---

[6] BT-Drucks. 12/1540, 29.
[7] BT-Drucks. 12/723, 11, BT-Drucks. 12/1093, 12.
[8] Vgl. BT-Drucks. 12/1540, 30.
[9] *J. Rapp-Lücke*, in: Geiger/Klinghardt, StUG, 2. Aufl. 2006, § 23 Rn. 1; Stoltenberg/Bossack, StUG, 2012, § 23 Rn. 1; vgl. Schmidt/Dörr, StUG, 1993, § 23 Rn. 2, 13.
[10] *J. Rapp-Lücke*, in: Geiger/Klinghardt, StUG, 2. Aufl. 2006, § 23 Rn. 1; Stoltenberg/Bossack, StUG, 2012, § 23 Rn. 1; vgl. Schmidt/Dörr, StUG, 1993, § 23 Rn. 2, 13.

**Sandra Franz, Inga Gipperich, Sabina Gottschlich,
Lisa Kohler, Gawain Thimm und Isabell Wegner**

in den Beweisverboten der StPO. Das Nachteilsverbot hinsichtlich Unterlagen, welche personenbezogene Informationen über Betroffene und Dritte enthalten, ist nach Abs. 1 S. 2 hingegen nicht anzuwenden.

## III. Gedankliche Konzeption

Der Tatbestand des § 23 ist das Ergebnis einer generalisierenden Abwägung[11] des **440** Persönlichkeitsrechts mit dem Strafverfolgungsinteresse des Staates, welches wiederum durch die schuldhafte Begehung einer Straftat durch den Täter (Schuldprinzip) legitimiert wird.[12] Um dieses materielle Schuldprinzip möglichst umfassend verwirklichen zu können, gebietet das Rechtsstaatsprinzip (Art. 20 Abs. 3 GG) in einem Strafverfahren grundsätzlich den wahren Sachverhalt zu ermitteln.[13] Dabei wird eine dreifache Pauschalisierung vorgenommen, zum einen auf der Ebene der Informationskategorien (Rn. 438 f.), zum anderen bzgl. der Schwere der begangenen Straftat bzw. des Ausmaßes und der zeitlichen Nähe der abzuwehrenden Gefahr sowie an dritter Stelle auf der Ebene strafrechtlicher bzw. gefahrenabwehrrechtlicher Verantwortung als Täter bzw. Störer.

Nach dieser Konzeption soll jedes in § 23 aufgeführte Delikt, bzw. die Gefahr für die öffentliche Sicherheit, derart gewichtig sein, dass der staatliche Strafanspruch bzw. das Interesse der Gefahrenabwehr das Persönlichkeitsrecht Betroffener und Dritter überwiegt (Rn. 459, 471 f., 489, 496).[14] Da die Auslegung des § 23 nicht auf das Gegenteil schließen lässt, ist sowohl die Verwendung von Unterlagen mit personenbezogenen Informationen über Betroffene und Dritte als Täter bzw. Störer sowie auch als Opfer oder Zeuge bzw. Nichtstörer zulässig.[15]Allerdings ergibt sich aus § 4 und dem verfassungsrechtlichen Verhältnismäßigkeitsgrundsatz, dass in Fällen der Verwendung der Unterlagen zur Strafverfolgung eine Einzelfallabwägung vorzunehmen ist, bei der das Strafverfolgungsinteresse gegen das Persönlichkeitsrecht des Einzelnen, von der Verwendung Betroffenen, abzuwägen ist. Das Gewicht des Persönlichkeitsrechts kann jedoch variieren, je nachdem, ob es sich bei der Erhebung der Information um den Täter der Straftat, das Opfer oder einen unbeteiligten Dritten handelt.

---

[11] *J. Rapp-Lücke,* in: Geiger/Klinghardt, StUG, 2. Aufl. 2006, § 23 Rn. 1; Stoltenberg/Bossack, StUG, 2012, § 23 Rn. 1; vgl. Schmidt/Dörr, StUG, 1993, § 23 Rn. 2, 13.
[12] Vgl. *H. Radtke,* in: MüKo-StGB, Bd. 2, 3. Aufl. 2016, Vorbem. §§ 38 ff. Rn. 14; *K. Miebach/S. Maier,* in: MüKo-StGB, Bd. 2, 3. Aufl. 2016, § 46 Rn. 28.
[13] *J. Pietrkiewicz/J. Burth,* in: Geiger/Klinghardt, StUG, 2. Aufl. 2006, § 5 Rn. 2.
[14] *J. Rapp-Lücke,* in: Geiger/Klinghardt, StUG, 2. Aufl. 2006, §23 Rn. 15; ähnlich auch Schmidt/Dörr, StUG, 1993, § 23 Rn. 1.
[15] Weberling, StUG, 1993, § 23 Rn. 2.

**Sandra Franz, Inga Gipperich, Sabina Gottschlich,
Lisa Kohler, Gawain Thimm und Isabell Wegner**

## IV. Bedeutung zur heutigen Zeit

**441**  Die Zielrichtung der Befugnis in § 23 hat sich im Laufe der Zeit deutlich verändert. Während die Norm in den 1990er Jahren hauptsächlich zur Verfolgung von Straftaten im Zusammenhang mit dem Regime der ehemaligen DDR diente, werden heutzutage mehrheitlich gegenwärtige Straftaten Gegenstand eines Ersuchens nach § 23.[16] Der maßgebliche Grund hierfür ist, dass viele Straftaten, die vor der Wiedervereinigung begangen worden sind (sog. Altstraftaten), mittlerweile verjährt sind und demnach nicht mehr verfolgt werden können. Die Schwerpunkte der Ersuchen liegen auf der Verfolgung von Tötungsdelikten,[17] Landesverrat,[18] geheimdienstlicher Agententätigkeit,[19] Verbrechen gegen die Menschlichkeit,[20] NS-Straftaten[21] sowie von Terrorismus und organisierter Kriminalität.[22] Ersuchen zur Verfolgung von Regimekriminalität der DDR und zur Gefahrenabwehr spielen nur eine untergeordnete Rolle.[23] Insgesamt hat sich die praktische Bedeutung des § 23 im Laufe der Zeit reduziert. Während im Zeitraum von 1990–1999 pro Jahr durchschnittlich 19.252 Anfragen zur Strafverfolgung und Gefahrenabwehr an den BStU gestellt wurden, waren es im Jahr 2012 lediglich 270 Ersuchen.[24]

---

[16] Zehnter Tätigkeitsbericht der BStU, 2011, S. 58 f.; Fünfter Tätigkeitsbericht der BStU, 2001, S. 48; vgl. Sechster Tätigkeitsbericht der BStU, 2003, S. 23.

[17] Achter Tätigkeitsbericht der BStU, 2007, S. 46; Siebenter Tätigkeitsbericht der BStU, 2005, S. 43; Fünfter Tätigkeitsbericht der BStU, 2001, S. 48; vgl. Neunter Tätigkeitsbericht der BStU, 2009, S. 52.

[18] Achter Tätigkeitsbericht der BStU, 2007, S. 46; Fünfter Tätigkeitsbericht der BStU, 2001, S. 48.

[19] Achter Tätigkeitsbericht der BStU, 2007, S. 46; Siebenter Tätigkeitsbericht der BStU, 2005, S. 43; Fünfter Tätigkeitsbericht der BStU, 2001, S. 48.

[20] Achter Tätigkeitsbericht der BStU, 2007, S. 46.

[21] Elfter Tätigkeitsbericht des BStU, 2013, S. 52; Zehnter Tätigkeitsbericht der BStU, 2011, S. 59; Neunter Tätigkeitsbericht der BStU, 2009, S. 52; Achter Tätigkeitsbericht der BStU, 2007, S. 46; Siebenter Tätigkeitsbericht der BStU, 2005, S. 43; Fünfter Tätigkeitsbericht der BStU, 2001, S. 48.

[22] Achter Tätigkeitsbericht der BStU, 2007, S. 46; Siebenter Tätigkeitsbericht der BStU, 2005, S. 43; Fünfter Tätigkeitsbericht der BStU, 2001, S. 48; Vierter Tätigkeitsbericht des BStU, 1999, S. 30.

[23] Elfter Tätigkeitsbericht des BStU, 2013, S. 52; Achter Tätigkeitsbericht der BStU, 2007, S. 46; vgl. Neunter Tätigkeitsbericht der BStU, 2009, S. 52.

[24] Elfter Tätigkeitsbericht des BStU, 2013, S. 112.

**Sandra Franz, Inga Gipperich, Sabina Gottschlich,
Lisa Kohler, Gawain Thimm und Isabell Wegner**

Von Interesse für die ersuchenden Behörden sind Erkenntnisse des MfS über er- **442**
mittlungsrelevante Personen.[25] So können die Stasi-Unterlagen Informationen über
Ermittlungshintergründe liefern, z.b. über Zusammenhänge zwischen Personen wie
Verwandtschafts- und Bekanntschaftsverhältnisse,[26] Methoden der Tatbegehung,
Ortskenntnisse, sowie Fähigkeiten und Fertigkeiten einzelner Personen.[27] Da nicht
nur Informationen zu Tatverdächtigen, sondern auch zu potentiellen Opfern oder
Zeugen einer Straftat ermittelt werden dürfen (Rn. 440), können auch diese mit Hilfe
der Unterlagen aufgefunden werden und ggf. zu der Ermittlung des Täters bei-
tragen.[28]

## 1. Verjährungsproblematik bei Altstraftaten

Bei der Verfolgung von Straftaten, die vor der Wiedervereinigung begangen worden **443**
sind stellt sich das Problem, dass die meisten dieser Straftaten heutzutage schon verjährt und demnach nicht mehr verfolgt werden können. So sind alle mittelschweren
Straftaten seit Oktober 2000 absolut verjährt.[29]

Nicht der Verjährung unterliegende Tatbestände sind aus dem Straftatenkatalog des
§ 23 nur Mord (§ 211 StGB) nach § 78 Abs. 2 StGB und Völkermord (§ 6 VStGB)
nach § 5 VStGB. Die Delikte Totschlag (§ 212 StGB), erpresserischer Menschenraub (§ 239a StGB), Geiselnahme (§ 239b StGB), die Brandstiftungsdelikte in
§ 306a-306c, Herbeiführen einer Explosion durch Kernenergie (§ 307 StGB),
Herbeiführen einer Sprengstoffexplosion (§ 308 StGB) und Angriffe auf den Luft-
und Seeverkehr (316c) unterliegen gem. § 78 Abs. 3 Nr. 2 StGB einer Verjährungsfrist von 20 Jahren, waren dementsprechend bis Ende des Jahres 2010 noch
verfolgbar. Zwar wurde die Verjährungsfrist von DDR-Alttaten durch Art. 315a
EGStGB verlängert, indem die Verjährung am Tage der Wiedervereinigung unter-
brochen wurde und seitdem von Neuen begonnen hat (Art. 315 Abs. 1 S. 3 i.V.m.
§ 78c Abs. 3 S. 1 StGB), jedoch hat sich auch dadurch der o.g. Befund bzgl. der
Verjährung eines großen Teils der Straftaten nicht verändert.

---

[25] Achter Tätigkeitsbericht der BStU, 2007, S. 47.
[26] Zehnter Tätigkeitsbericht der BStU, 2011, S. 59; vgl. Elfter Tätigkeitsbericht des BStU,
2013, S. 52; vgl. Sechster Tätigkeitsbericht der BStU, 2003, S. 23.
[27] Elfter Tätigkeitsbericht des BStU, 2013, S. 52.
[28] Vgl. Elfter Tätigkeitsbericht des BStU, 2013, S. 52.
[29] Sechster Tätigkeitsbericht der BStU, 2003, S. 23.

**Sandra Franz, Inga Gipperich, Sabina Gottschlich,
Lisa Kohler, Gawain Thimm und Isabell Wegner**

**2. Aufarbeitungszusammenhang von Abs. 1 S. 1 lit. b, insbes. im Zusammenhang mit RAF-Straftaten**

**444** Einen Schwerpunkt der Ersuchen nach § 23 bildet die Verfolgung von Straftaten mit terroristischem Hintergrund bzw. der organisierten Kriminalität,[30] wobei insbesondere auch die internationalen Verflechtungen deutscher Terrorgruppen von Interesse sind.[31] So erreichen den BStU noch immer Ersuchen, mit dem Ziel, Erkenntnisse aus Stasi-Unterlagen zur Aufklärung von Straftaten, die vor der Wiedervereinigung von deutschen Terrorgruppen wie der Roten Armee Fraktion (RAF) begangen worden sind.[32] Die Rote Armee Fraktion (RAF) agierte über einen Zeitraum von 28 Jahren in Westdeutschland und wird für insgesamt 34 Morde sowie zahlreiche andere schwerwiegende Delikte wie Banküberfälle und Sprengstoffanschläge verantwortlich gemacht.[33]

**445** Die Aufklärung von Straftaten der RAF stellt einen bedeutenden Aspekt der juristischen Aufarbeitung des Wirkens des MfS dar, welches bis zu seiner Auflösung durch verschiedene Formen von Unterstützungshandlungen maßgeblich daran beteiligt war, die Verfolgung der Terrorgruppe in der Bundesrepublik zu vereiteln. Um diesen Aspekt entsprechend beurteilen zu können, ist es von besonderer Bedeutung, sich die genauen historischen Begleitumstände bewusst zu machen.

**a ) Unterstützung der RAF durch die DDR-Regierung und MfS**

**446** Das Ministerium für Staatssicherheit zeigte sich gegenüber in der Bundesrepublik steckbrieflich gesuchten Linkterroristen der RAF entgegenkommend bzw. passiv unterstützend. Die ersten Kontakte zwischen der DDR-Regierung und der RAF lassen sich für spätestens 1970 belegen. *Ulrike Meinhof* hatte um Gruppenasyl für die RAF gebeten. Dies wurde abgelehnt. Trotzdem ließ das MfS die Gruppe über Ostberlin Europa verlassen.

**447** Umfangreiches Detailwissen zur Gruppe hatte die Staatssicherheit sich zu diesem Zeitpunkt bereits über einen anderen Weg angeeignet: *Hans-Jürgen Becker* war nach einem Aufenthalt in Palästina bei seiner Landung auf dem Flughafen Schönefeld verhaftet worden, seine Waffe wurde beschlagnahmt und er wurde ausführlich

---

[30] Achter Tätigkeitsbericht der BStU, 2007, S. 46; Siebenter Tätigkeitsbericht der BStU, 2005, S. 43; Fünfter Tätigkeitsbericht der BStU, 2001, S. 48; Vierter Tätigkeitsbericht des BStU, 1999, S. 30.
[31] Fünfter Tätigkeitsbericht der BStU, 2001, S. 48.
[32] Achter Tätigkeitsbericht der BStU, 2007, S. 46.
[33] Die Geschichte der RAF, Bundeszentrale für politische Bildung, 30.8.2007, http://www.bpb. de/geschichte/deutsche-geschichte/geschichte-der-raf/ (1.9.2013).

**Sandra Franz, Inga Gipperich, Sabina Gottschlich, Lisa Kohler, Gawain Thimm und Isabell Wegner**

zu Tatbeteiligungen, Anschlagsvorbereitungen und taktischen Zielen der Gruppe verhört.[34] Eine weitere Informationsquelle tat sich mit der Verhaftung von *Michael „Bommi" Baumann* wegen gefälschter Ausweispapiere durch Grenzpolizisten im November 1973 auf. Man übergab den wegen schwerwiegender Verbrechen in der BRD gesuchten Mann dem MfS, welches *Baumann* mit sofortiger Auslieferung nach Westdeutschland drohte und daraufhin ausführliche Informationen über den „bewaffneten Kampf" in der BRD erhielt.[35]

Besonders deutliche Sympathiebekundungen wurden sichtbar am Beispiel von gesuchten Angehörigen der Gruppe „Bewegung 2. Juni", die am 27. Juni 1978 in der damaligen Tschechoslowakei verhaftet wurden. Das MfS veranlasste deren Freilassung und anschließende Ausreise in den Irak. Die Option, die Betroffenen an die westdeutschen Strafverfolgungsbehörden zu übergeben, wurde nicht wahrgenommen. Hierbei handelt es sich nicht um einen Einzelfall. Die DDR ließ gefälschte Reisepässe von Mitgliedern der RAF auf die Frage hin überprüfen, ob diese Identitäten der BRD bereits bekannt waren. Gegebenenfalls wurden die davon betroffenen Personen vor der weiteren Verwendung dieser Pässe gewarnt. Im Oktober 1980 erhielten acht gesuchte Mitglieder der RAF, die aus der Gruppe aussteigen wollten, in der DDR neue Identitäten. Zudem beherbergte die Abteilung XXII[36] des Ministeriums für Staatssicherheit zwischen 1980 und 1982 mehrmals jährlich RAF-Angehörige, um diesen Zeit für ideologische Diskussionen und Waffentraining zu geben.[37]

**448**

---

[34] Vgl. *J. Schulz*, Die Beziehungen zwischen der Roten Armee Fraktion (RAF) und dem Ministerium für Staatssicherheit (MfS) in der DDR, Zeitgeschichte online, Mai 2007, http://www.zeitgeschichte-online.de/themen/die-beziehungen-zwischen-der-roten-armee-fraktion-raf-und-dem-ministerium-fuer, (13.5.2013).

[35] Vgl. *M. Jander*, Deutschland-Archiv 41 (2008), 416.

[36] Die Abteilung XXII hatte die politisch-operative Bearbeitung terroristischer und extremistischer Gruppen zu leisten. Sie wurde 1975 gegründet und umfasste bei der letzten Zählung im Oktober 1989 878 Mitarbeiter. Dabei bediente man sich vor allem Inoffizieller Mitarbeiter, die man versuchte in das terroristische Milieu einzuschleusen, bevorzugt „Szenekenner" aus dem Westen. 1989 wurde sie mit der Abteilung XXIII zur Hauptabteilung XXII (Terrorabwehr) zusammengelegt. Vgl. *T. Wunschik*, Hauptabteilung XXII („Terrorabwehr"/HA XXII), in: Engelmann, Das MfS-Lexikon. Begriffe, Personen und Strukturen der Staatssicherheit der DDR, 2012, S. 145.

[37] Vgl. *T. Wunschik*, Das Ministerium für Staatssicherheit und der Terrorismus in Deutschland, in: Timmermann, Diktaturen in Europa im 20. Jahrhundert-Der Fall DDR, 1996, S. 289, 290 f.

**Sandra Franz, Inga Gipperich, Sabina Gottschlich,
Lisa Kohler, Gawain Thimm und Isabell Wegner**

**449**   Eine zusätzliche Dimension der passiven Unterstützung bekam das Verhältnis zwischen Staatssicherheit und dem Linksterrorismus im Jahr 1982. Zusammen mit 25 Kilogramm Sprengstoff landete der in der Bundesrepublik Deutschland als Terrorist geltende *Johannes Weinrich* im Mai in Ostberlin auf dem Flughafen Schönefeld. Laut DDR-Gesetzgebung galt dies als eine Einfuhr von Sprengmitteln und hätte mit zwei Jahren Haft bestraft werden müssen. Doch nichts dergleichen geschah. Zwar wurde *Weinrich* von einem Mitarbeiter der Abteilung XXII in Empfang genommen, doch wurde nur der Sprengstoff beschlagnahmt, *Weinrich* selber konnte mitsamt einer mitgeführten Waffe einreisen. Ausschlaggebend für die Beschlagnahmung des Sprengstoffs war vermutlich die Befürchtung des MfS, die Sprengladung könnte von Ostberlin aus im Westteil der Stadt zu einem terroristischen Anschlag verwendet werden. Dem Verdacht, die DDR würde den Terrorismus gegen die BRD unterstützen, wollte man, bei aller inoffiziellen Sympathie für dessen Ziele, doch entgehen. Dennoch gab man dem Drängen *Weinrichs*, der immer wieder um die Rückgabe des Sprengstoffs ersuchte, schließlich nach, als dieser versprach so vorzugehen, dass keinesfalls eine Verbindung zur DDR hergestellt werden könne. Ohne weitere Nachprüfungen wurde *Weinrich* sein ursprünglicher Besitz am 16. August 1983 wieder ausgehändigt. Eine Woche später kam es zu einer Explosion im „Maison de France" auf dem Kurfürstendamm, für den *Johannes Weinrich*, vermutlich unter Beteiligung des international gesuchten „Top-Terroristen" „*Carlos*", heute als verantwortlich gilt.[38]

**450**   Obwohl die RAF immer wieder deutlich geäußert hatte, dass die DDR aufgrund ihrer „antifaschistischen Grundhaltung" zwar der zu bevorzugende deutsche Staat sei, so stand doch „die Spießbürgerlichkeit sowie der Dogmatismus des erstarrten Einheitssozialismus" klar im Gegensatz „zur terroristischen Ungeduld und militanten Rhetorik der RAF", wie es der Politikwissenschaftler *Tobias Wunschik* in einer seiner zahlreichen Veröffentlichungen zu dem Themenbereich RAF und DDR formulierte.[39] Trotzdem nahmen die acht aussteigewilligen Mitglieder der linkterroristischen Gruppierung das Angebot der DDR, sich stillschweigend dort einbürgern zu lassen, an, schon allein, weil sprachliche Hürden die Auswanderung in einen schwarzafrikanischen Staat, wie ursprünglich geplant, extrem erschwert hätten. Nachdem sie beschlossen hatten ihre terroristisch ausgerichteten Aktivitäten zu beenden, gelangten *Silke Maier-Witt, Susanne Albrecht, Monika Helbing, Ekkehard*

---

[38] Vgl. *T. Wunschik*, Das Ministerium für Staatssicherheit und der Terrorismus in Deutschland, in: Timmermann, Diktaturen in Europa im 20. Jahrhundert-Der Fall DDR, 1996, S. 289 f.

[39] Vgl. *T. Wunschik*, Magdeburg statt Mosambique, Köthen statt Kap Verden. Die RAF-Aussteiger in der DDR, in: Biesenbach, Zur Vorstellung des Terrors: Die RAF-Ausstellung, 2005, S. 236.

**Sandra Franz, Inga Gipperich, Sabina Gottschlich,
Lisa Kohler, Gawain Thimm und Isabell Wegner**

*von Seckendorff-Gudent, Werne Lotze, Christine Dümlein, Sigrid Sternebeck und Baptist Ralf Friedrich* im Sommer 1980 in die DDR, ein Jahr später folgten ihnen *Inge Viett* und *Henning Beer.* Die DDR vollzog die Einbürgerung bereits am 8. Oktober. Dazu gehörten falsche Namen und Geburtsdaten, sowie umfangreiche konstruierte Lebensläufe und Familiengeschichten. Zudem wurde eine Reihe Inoffizieller Mitarbeiter abgestellt, die in dem unmittelbaren Umfeld der ehemaligen RAF-Mitglieder tätig waren. Sie sollten frühzeitig reagieren, falls Arbeitskollegen oder Freunde einen konkreten Verdacht über die eigentliche Identität der Betroffenen bekamen. *Mielke* gewährte den Aussteigern damit einen ähnlichen Schutz, wie ihn beispielsweise heimgekehrte Agenten erhielten. Teilweise waren sogar die RAF-Aussteiger selbst als Spitzel tätig. Folglich sollte eine enge Bindung an die Staatssicherheit gewährleistet werden. Die Integration der Untergetauchten verlief jedoch nicht ohne Zwischenfälle: *Viett, Albrecht und Maier-Witt* wurden mehrfach erkannt und mussten ihre Identität und den Wohnort wechseln. *Maier-Witt* unterzog sich 1987 sogar einer Gesichtsoperation.[40] 1989 versuchte jedoch keiner der oben genannten Personen sich vor dem Rechtsapparat der BRD in Sicherheit zu bringen. Ob das Vertrauen in die neuen Identitäten so weit ging, dass man sich weiterhin in Sicherheit wiegte oder sogar darauf hoffte, dass der „große Bruder" Moskau rettend einschreiten würde, sei dahin gestellt. Vielleicht hatte man sich auch einfach zu sehr an das bürgerlich-bequeme Leben in der DDR gewöhnt und hoffte auf eine gnädige Behandlung im Westen.[41]

**b ) Politisches Verhältnis zwischen der DDR und der RAF**

Differenzen zwischen der Ausrichtung der DDR und der politischen Überzeugung der RAF und anderer linksterroristischer Gruppen gab es, neben den eigenen Sicherheitsinteressen, vor allem in einem Punkt: Die DDR vertrat die Politik der „friedlichen Koexistenz" der Sowjetunion, die eine Entscheidung zwischen Kapitalismus und Sozialismus in einem nebeneinander existierenden Wettbewerb ohne eine militärische Auseinandersetzung herbeiführen wollte. Von der RAF wurde dies als „Verrat an der Revolution" betrachtet. Dennoch blieb ein gewisses Maß an politischer Interessengleichheit bestehen. Es entsprach der Ausrichtung der an der Sowjetunion orientierten Staaten, die Befreiungsbewegungen der Dritten Welt sowie

451

---

[40] Vgl. *J. Schulz*, Die Beziehungen zwischen der Roten Armee Fraktion (RAF) und dem Ministerium für Staatssicherheit (MfS) in der DDR, Zeitgeschichte online, Mai 2007, http://www.zeitgeschichte-online.de/themen/die-beziehungen-zwischen-der-roten-armee-fraktion-raf-und-dem-ministerium-fuer, (13.5.2013).
[41] Vgl. *T. Wunschik*, Magdeburg statt Mosambique, Köthen statt Kap Verden. Die RAF-Aussteiger in der DDR, in: Biesenbach, Zur Vorstellung des Terrors: Die RAF-Ausstellung, 2005, S. 236 f.

**Sandra Franz, Inga Gipperich, Sabina Gottschlich, Lisa Kohler, Gawain Thimm und Isabell Wegner**

neu entstandene Nationalstaaten als Verbündete im Kampf gegen den „Imperialismus" zu betrachten und diese Gruppen entsprechend zu fördern. Neben einer gemeinsamen Auffassung über die Bundesrepublik und die Vereinigten Staaten von Amerika, teilte man sich auch die Einstellung zum jungen Staat Israel und einer Gleichsetzung von Zionismus mit „Imperialismus".[42] Die DDR sah zur RAF eine „unübersehbare Geistesverwandtschaft".[43] Auch wenn die DDR in offiziellen Stellungnahmen das Vorgehen der Gruppe ablehnte, so führten diese gleichgerichteten politischen Intentionen und identischen Feindbilder zu einem gewissen Maß an Zusammengehörigkeitsgefühl. Doch obwohl man sicherlich von Seiten der DDR-Regierung dem westlichen „Imperialismus" gerne häufiger durch Förderung der terroristischen Gruppen entgegen getreten wäre, führten aber neben außenpolitischen vor allem ökonomische Überlegungen dazu, dass man sich von Seiten der SED hierzu eher bedeckt hielt. Eine offene Unterstützung des weltweit agierenden Terrorismus hätte der DDR politisch und wirtschaftlich schweren Schaden zugefügt.[44] Gerade in den 1970er Jahren bot das MfS den RAF-Mitgliedern daher im äußersten Fall Transitmöglichkeiten durch das Staatsgebiet der DDR an. Ein offensiveres Vorgehen, wie im Beispiel der Aufnahme der acht Untergetauchten, fand erst ab den 1980er Jahren statt.[45]

**c)  Flächendeckende Förderung der RAF durch das MfS?**

452    Die Verbindung zwischen RAF und der Stasi wurde von der Forschung bereits häufig betrachtet, das Thema scheint von langanhaltendem Interesse in Fachkreisen und in der allgemeinen Bevölkerung zu sein. Führend auf dem Gebiet ist vor allem der Historiker und BStU-Mitarbeiter *Tobias Wunschik*. In der erst 2012 erschienenen Publikation „Terrorismus-Lügen: Wie die Stasi im Untergrund agierte" der Journalistin *Regine Igel* werden die gängigen wissenschaftlichen Blickwinkel auf die Zusammenhänge von RAF und Staatssicherheit, auf die sich auch diese Kommentierung stützt, grundlegend in Frage gestellt. *Igel* hatte eine intensive Aktenrecherche zur Abteilung XXII betrieben, zudem Prozessakten von Staatsarchiven, internationale Forschungsergebnisse, Resultate von Untersuchungsrichtern, Staats-

---

[42] Vgl. *M. Jander*, Deutschland-Archiv 41 (2008), 416, 417 f.

[43] Vgl. *U. Backes*, Bleierne Jahre. Baader-Meinhof und danach, 1991, S. 200.

[44] Vgl. *T. Wunschik*, Das Ministerium für Staatssicherheit und der Terrorismus in Deutschland, in: Timmermann, Diktaturen in Europa im 20. Jahrhundert-der Fall DDR, 1996, S. 289, 292 ff.

[45] Vgl. *J. Schulz*, Die Beziehungen zwischen der Roten Armee Fraktion (RAF) und dem Ministerium für Staatssicherheit (MfS) in der DDR, Zeitgeschichte online, Mai 2007, http://www.zeitgeschichte-online.de/themen/die-beziehungen-zwischen-der-roten-armee-fraktion-raf-und-dem-ministerium-fuer, (13.5.2013).

Sandra Franz, Inga Gipperich, Sabina Gottschlich,
Lisa Kohler, Gawain Thimm und Isabell Wegner

anwälten und Zeitzeugenaussagen mitberücksichtigt und war zu der Erkenntnis gekommen, dass

*„bei genauem Studium von Stasi-Akten [...] sich gegen bestehende Legenden klare Spuren zu Destabilisierungstouren der zehn 'Aussteiger' und Stasi-Verbindungen der Kämpfer der sogenannten Dritten RAF-Generation mit ihren strafrechtlich unaufgeklärten Anschlägen"*[46]

finden. Entgegen der herrschenden Meinung einer nur gelegentlich erfolgten Hilfestellung des internationalen Linksterrorismus durch das MfS habe es sich von Beginn an um eine massive und dauerhafte Unterstützung gehandelt mit dem Ziel, das „Operationsgebiet BRD und den kapitalistischen Westen mithilfe des Terrorismus zu destabilisieren"[47]. In ihrer Arbeit versuchte *Igel* zudem eine „erste zusammenfassende Bilanz der seit den frühen 1990er-Jahren erfolgten punktuellen Aufdeckung zur unheilvollen Allianz Stasi, KGB und Terroristen"[48] zu ziehen. Das Problem in der wissenschaftlich flächendeckenden Aufarbeitung des Themas läge in der Natur der Quellen: da es sich um geheime Aktionen im Staatsauftrag handle, sei es naheliegend, dass diese geheim seien und dies auch bleiben sollten.[49] Akten seien nicht auffindbar, operative Einsätze nicht vermerkt und viele Sachverhalte auch nicht im Sinne der heutigen Bundesregierung. *Igel* geht sogar noch einen Schritt weiter und spricht davon, dass sich in den von ihr gesichteten Unterlagen Desinformationen und Manipulationen fänden, die eindeutig nach 1989 eingearbeitet worden seien.[50] *Regine Igel* hat mir ihrer Arbeit zweifelsfrei bereits als gefestigt angesehene Forschungsergebnisse in Frage gestellt und neue Denkanstöße geliefert. In wie weit ihre Thesen und bisherigen Ergebnisse weiteren wissenschaftlichen Betrachtungen und Akteneinsichten standhalten, bleibt abzuwarten.

**d ) Ausblick**

Doch unabhängig davon, ob das Ausmaß an Zusammenarbeit zwischen MfS und den linksterroristischen Vereinigungen tatsächlich so systematisch und flächendeckend war, wie in *Igels* These geschildert, so lassen sich, wie vorangehend gezeigt, bereits zum jetzigen Zeitpunkt zahlreiche Verbindungen nachweisen. Das MfS

453

---

[46] Vgl. *R. Igel*, Terrorismus-Lügen – Wie die Stasi im Untergrund agierte, 2012, S. 11.

[47] Vgl. *R. Igel*, Terrorismus-Lügen – Wie die Stasi im Untergrund agierte, 2012, S. 7 f.

[48] Vgl. *R. Igel*, Terrorismus-Lügen – Wie die Stasi im Untergrund agierte, 2012, S. 9.

[49] Dabei wirft sie zudem die Frage auf, warum der „West-Staat (...) auch die Aufdeckung der Geheimnisse des nicht mehr existierenden Ost-Staates abblockt." Vgl. *R. Igel*, Terrorismus-Lügen – Wie die Stasi im Untergrund agierte, 2012, S. 12.

[50] Vgl. *R. Igel*, Terrorismus-Lügen – Wie die Stasi im Untergrund agierte, 2012, S. 13 f.

**Sandra Franz, Inga Gipperich, Sabina Gottschlich,
Lisa Kohler, Gawain Thimm und Isabell Wegner**

zeigte zusammengefasst wenig Neigung, die Fahndung der westlichen Behörden nach Linksterroristen zu unterstützen. Doch Sympathie mit deren Zielen war dafür nur ein ausschlaggebender Faktor. Im Vordergrund stand zudem die Absicht des MfS die terroristische Szene transparent zu machen, um potentiellen Gefahren für die DDR entgegenwirken zu können. Mitglieder der rechten wie linken Szene sollten daher identifiziert, ihre Absichten beleuchtet und ihre eventuell vorhandenen Bezüge nach Ostdeutschland oder zum westlichen Geheimdienst sollten transparent werden. Das Augenmerk wurde hier auch auf linksextreme Gruppen in der Bundesrepublik mit kritischer Ausrichtung zur DDR, als „trotzkistisch" oder „maoistisch" bezeichnet, und die autonome Szene in Westberlin gelegt.[51] Der Wunsch nach Informationsquellen und Einblicken in die Szene war auch bei der Aufnahme der bereits erwähnten acht RAF-Mitglieder treibend.[52]

**454** In jedem Fall wollte man verhindern, dass der Linksterrorismus gegen die Hauptstadt der DDR oder gegen Ostdeutschland generell aktiv würde. Dabei wurde eine zweigleisige Strategie verwendet: Einerseits gab es Hilfestellungen und Unterstützung von Seiten der DDR. Das MfS befand sich offenbar auf dem Standpunkt, dass eine terroristische Bedrohung für das eigene Land am besten durch eine mehr oder weniger passive Unterstützung der terroristischen Bedrohung der BRD zu verhindern sei. Angesichts der ideologischen Ausrichtung dieser Gruppen war diese Befürchtung zwar denkbar irreal, doch schürten beispielsweise die Vorfälle während der Olympischen Spiele in München 1972 die Ängste Mielkes und seiner Mitarbeiter, so etwas könne sich während der Weltjugendfestspiele in Ost-Berlin ein Jahr später wiederholen. Als Erklärung für das Gesamtverhalten des MfS reichen diese Überlegungen jedoch nicht aus. Die DDR von terroristischen Anschlägen freizuhalten wäre auch möglich gewesen, ohne steckbrieflich gesuchten Mitgliedern der RAF neue Identitäten zu beschaffen. Andererseits wurde auch immer wieder auf Verhaftungen zwecks Informationsbeschaffung zurückgegriffen.[53] Mit beiden Mitteln wollte man in erster Linie Anschläge auf dem eigenen Staatsgebiet verhindern.

---

[51] Vgl. *T. Wunschik*, Hauptabteilung XXII („Terrorabwehr"/HA XXII), in: Engelmann, Das MfS-Lexikon. Begriffe, Personen und Strukturen der Staatssicherheit der DDR, 2012, S. 145.

[52] Vgl. *T. Wunschik*, Das Ministerium für Staatssicherheit und der Terrorismus in Deutschland, in: Timmermann, Diktaturen in Europa im 20. Jahrhundert – Der Fall DDR, 1996, S. 289, 291 f.

[53] Vgl. *T. Wunschik*, Das Ministerium für Staatssicherheit und der Terrorismus in Deutschland, in: Timmermann, Diktaturen in Europa im 20. Jahrhundert – Der Fall DDR, 1996, S. 289, 292 f.

**Sandra Franz, Inga Gipperich, Sabina Gottschlich,
Lisa Kohler, Gawain Thimm und Isabell Wegner**

Durch die gezeigten zahlreichen Verflechtungen der RAF mit dem MfS ist anzu-    **455**
nehmen, dass Informationen über Mitglieder der Terrorgruppe durchaus in MfS-
Unterlagen vorhanden sind und Ermittlungshintergründe liefern können. Zumeist
werden RAF-Angehörige als Begünstigte des Staatssicherheitsdienstes i.S.d. § 6
Abs. 6 zu qualifizieren sein, da sie wie oben aufgeführt vom MfS wesentlich
gefördert wurden, von der Strafverfolgung in der Bundesrepublik bewahrt wurden
und sogar mit Duldung des MfS Straftaten begangen haben (vgl. das Beispiel *Johannes Weinrich*). Somit dient die Befugnis in Abs. 1 S. 1 lit. b im Falle der RAF-
Straftaten der juristischen Aufarbeitung des oben beschriebenen Wirkens des
Staatssicherheitsdienstes. Die teils in der Literatur vertretene These, die Befugnis in
Abs. 1 S. 1 lit. b habe keinerlei juristischen Aufarbeitungszusammenhang,[54] ist dementsprechend schwer haltbar. Die gezeigten Verflechtungen der RAF mit dem
Staatssicherheitsdienst können darüber hinaus sogar weitere Anstöße für die his-
torische und politische Aufarbeitung des Wirkens des MfS geben.

**B. Erläuterungen**

§ 23 regelt die Verwendung von Stasi-Unterlagen zur Strafverfolgung und zur    **456**
Gefahrenabwehr. Nicht in den Geltungsbereich der Vorschrift fällt die Verwendung
von Justizakten zur Strafverfolgung, da die Verwendungsbefugnisse für diesen
Aktentypus speziell in § 24 geregelt ist (zum Begriff der „Justizakten" vgl. § 24
Rn. 517 ff.).[55] Weiterhin ist der Zusammenhang des § 23 mit § 29 zu beachten, der
die Verwendung personenbezogener Informationen nach § 23 an den Zweck bindet,
für den sie übermittelt worden sind (§ 29 Abs. 1 S. 1).[56] Jedoch ist auch eine Zweck-
änderung nach § 29 Abs. 1 S. 2 zulässig, wenn der geänderte Zweck seinerseits von
den Voraussetzungen des § 23 umfasst ist. Überdies besteht eine Verbindung des
§ 23 mit der Vorschrift des § 19 Abs. 3, nach welcher dem BStU die Befugnis zukommt, ein Ersuchen auf die nach § 23 zulässigen Verwendungszwecke zu überprüfen (siehe hierzu als Grundnorm § 4 Rn. Abs. 1).[57]

---

[54] Stoltenberg/Bossack, StUG, 2012, § 23 Rn. 4.
[55] *J. Rapp-Lücke*, in: Geiger/Klinghardt, StUG, 2. Aufl. 2006, § 23 Rn. 3; vgl. Stoltenberg,
StUG, 1992, § 23 Rn. 8.
[56] *J. Rapp-Lücke*, in: Geiger/Klinghardt, StUG, 2. Aufl. 2006, § 23 Rn. 4.
[57] So auch *J. Rapp-Lücke*, in: Geiger/Klinghardt, StUG, 2. Aufl. 2006, § 23 Rn. 6, § 19
Rn. 27 ff.; Weberling, StUG, 1993, § 23 Rn. 1, § 19 Rn. 3; Stoltenberg/Bossack, StUG,
2012, § 23 Rn. 1, § 19 Rn. 6; Stoltenberg, StUG, 1992, § 19 Rn. 4; Schmidt/Dörr, StUG,
1993, § 19 Rn. 15.

**Sandra Franz, Inga Gipperich, Sabina Gottschlich,
Lisa Kohler, Gawain Thimm und Isabell Wegner**

# § 23

## I. Zu Abs. 1

**457** Abs. 1 erlaubt die Verwendung von Unterlagen von Betroffenen und Dritten auf ein entsprechendes Ersuchen ausschließlich zum Zwecke der Verfolgung der in Nr. 1 lit. a – lit. d abschließend aufgezählten Delikte sowie zu der in Nr. 2 genannten Gefahrenabwehr.[58] Für andere Zwecke, selbst wenn sie der Entlastung beschuldigter Betroffener oder Dritter dienen oder diese zu der in Rede stehenden Verwendung ihre Einwilligung gegeben haben, dürfen die Unterlagen nicht verwendet werden. Vielmehr muss der Betroffene oder Dritte für eine Entlastung die Unterlagen aus dem ihn betreffenden Vorgang des MfS selbst vorlegen.[59] In einem derartigen Fall beschränkt sich die Verwendung nach § 4 Abs. 1 S. 2 auf den Zweck, zu dem die Unterlagen vorgelegt wurden.[60]

**458** Die Unterlagen dürfen nur in dem für die Zweckerreichung erforderlichen Umfang verwendet werden.[61] Dieses Kriterium der Erforderlichkeit der Verwendung in § 23 stellt wie auch in §§ 20, 21 eine gesetzliche Verankerung des Erforderlichkeitsgrundsatzes dar, welcher wiederum ein Teil des verfassungsmäßig verankerten Verhältnismäßigkeitsprinzips ist (§ 20 Rn. 344).[62] Die Einhaltung des Erforderlichkeitsgrundsatzes soll durch eine Darlegungspflicht der ersuchenden Stelle gegenüber dem BStU, bzgl. der Erwartung sachdienlicher Hinweise, sichergestellt werden.[63] Besondere Bedeutung hat das Kriterium der Erforderlichkeit, v.a. bei der Beiziehung von Unterlagen für die Verfolgung aktueller Straftaten, auf Grund des Zeitablaufs zwischen der Erstellung der Unterlagen und der begangenen Tat.[64]

### 1. Erlaubnistatbestände (S. 1 Nr. 1, 2)

**459** Der Straftatenkatalog des Abs. 1 Nr. 1, 2 zählt Delikte und Gefahrenlagen abschließend auf, die vom Gesetzgeber als derart schwerwiegend empfunden werden (Rn. 440), dass zu deren Verfolgung bzw. Abwehr selbst die Verwendung von personenbezogenen Informationen über Betroffene und Dritte im Hinblick auf das begangene Unrecht bzw. die Schwere der Gefahr gerechtfertigt ist.

---

[58] *J. Rapp-Lücke*, in: Geiger/Klinghardt, StUG, 2. Aufl. 2006, § 23 Rn. 5; Weberling, StUG, 1993, § 23 Rn. 1; vgl. Schmidt/Dörr, StUG, 1993, § 23 Rn. 3; vgl. *K. Stoltenberg*, StUG, in: Das Deutsche Bundesrecht, 2000, S. 71.
[59] *J. Rapp-Lücke*, in: Geiger/Klinghardt, StUG, 2. Aufl. 2006, § 23 Rn. 5.
[60] So auch *J. Rapp-Lücke*, in: Geiger/Klinghardt, StUG, 2. Aufl. 2006, § 23 Rn. 5.
[61] So auch BT-Drucks. 12/1540, 29.
[62] Stoltenberg/Bossack, StUG, 2012, § 23 Rn. 2; *J. Rapp-Lücke*, in: Geiger/Klinghardt, StUG, 2. Aufl. 2006, § 23 Rn. 6; *K. Stoltenberg*, StUG, in: Das Deutsche Bundesrecht, 2000, S. 71.
[63] Stoltenberg/Bossack, StUG, 2012, § 23 Rn. 4.
[64] Stoltenberg/Bossack, StUG, 2012, § 23 Rn. 4.

**Sandra Franz, Inga Gipperich, Sabina Gottschlich, Lisa Kohler, Gawain Thimm und Isabell Wegner**

**a )   Strafverfolgung (Nr. 1)**

Der Begriff der Strafverfolgung umfasst in diesem Zusammenhang ausschließlich **460** repressive Maßnahmen auf Grundlage der StPO, nicht jedoch die vorbeugende Verbrechensbekämpfung oder sonstige Aufklärung.[65] Eine verdachtsunabhängige Durchsuchung aller Unterlagen im Hinblick auf mögliche, sich aus ihnen ergebende Beweise für eine begangene Straftat ist in Ansehung des Persönlichkeitsrechts Betroffener und Dritter unverhältnismäßig.

**aa )   DDR-Regimekriminalität (lit. a)**

Der Verwendungszweck des lit. a beruht auf dem in § 1 Abs. 1 Nr. 3 normierten Ge- **461** setzeszweck der juristischen Aufarbeitung des Wirkens des Staatssicherheitsdienstes (§ 1 Rn. 59).[66] Der Tatbestand umfasst Straftaten, die im Zusammenhang mit dem Regime der ehemaligen DDR begangen worden sind, insbesondere solchen von Mitarbeitern des MfS und anderen Sicherheitsorganen.[67] Der Wortlaut („im Zusammenhang mit dem Regime der DDR") sowie der Sinn und Zweck (Rn. 440) der Befugnis legt hier eine funktionelle Betrachtungsweise nahe. Daher sind nicht nur die in lit. a ausdrücklich genannten Institutionen wie der Staatssicherheitsdienst, andere Sicherheits-, Strafverfolgungs- und Strafvollzugsbehörden (z.B. die Volkspolizei) und Gerichte umfasst, sondern auch alle Institutionen, die mit dem Regime der ehemaligen DDR eng verzahnt waren, z.B. der Parteiapparat, dessen Mitglieder Straftaten in Ausführung oder im Zusammenhang ihres Amtes begangen haben.[68] Für einen Zusammenhang mit dem Regime der ehemaligen DDR ist jedoch nicht jede beliebige örtliche oder persönliche Verknüpfung ausreichend, da andernfalls die eingrenzende Wirkung des Tatbestandes entfiele und Unterlagen nahezu in unbegrenztem Umfang herangezogen werden könnten.[69] Vielmehr muss darauf abgestellt werden, ob ein strafrechtlich erhebliches Handeln gerade in Ausübung des entsprechenden Dienstes vorliegt.[70] Die Reichweite dieser Dienstausübung lässt sich

---

[65] *J. Rapp-Lücke*, in: Geiger/Klinghardt, StUG, 2. Aufl. 2006, § 23 Rn. 1; weitergehend Schmidt/Dörr, StUG, 1993, § 23 Rn. 9.

[66] *J. Rapp-Lücke*, in: Geiger/Klinghardt, StUG, 2. Aufl. 2006, § 23 Rn. 12.

[67] Stoltenberg/Bossack, StUG, 2012, § 23 Rn. 3; Stoltenberg, StUG, 1992, § 23 Rn. 6; vgl. Schmidt/Dörr, StUG, 1993, § 23 Rn. 3; vgl. *J. Rapp-Lücke*, in: Geiger/Klinghardt, StUG, 2. Aufl. 2006, § 23 Rn. 11.

[68] *J. Rapp-Lücke,* in: Geiger/Klinghardt, StUG, 2. Aufl. 2006, § 23 Rn. 11 f.; Stoltenberg/ Bossack, StUG, 2012, § 23 Rn. 3; Stoltenberg, StUG, 1992, § 23 Rn. 6; *K. Stoltenberg*, StUG, in: Das deutsche Bundesrecht, 2000, S. 71.

[69] *J. Rapp-Lücke*, in: Geiger/Klinghardt, StUG, 2. Aufl. 2006, § 23 Rn. 14; vgl. Stoltenberg/ Bossack, StUG, 2012, § 23 Rn. 3.

[70] *J. Rapp-Lücke*, in: Geiger/Klinghardt, StUG, 2. Aufl. 2006, § 23 Rn. 14.

**Sandra Franz, Inga Gipperich, Sabina Gottschlich,
Lisa Kohler, Gawain Thimm und Isabell Wegner**

mit Hilfe eines Vergleiches zu der Auslegung von Amtsdelikten im heutigen Strafrecht (z.B. Körperverletzung im Amt – § 340 StGB) präzisieren. Ein Bezug zu einer Dienstzeit oder Diensträumen ist bei § 340 StGB nicht erforderlich,[71] während ein sachlicher Zusammenhang zu der Dienstausübung zwingend notwendig ist.[72] Die Handlung soll nach Sinn und Zweck der Vorschrift einen Missbrauch von Amtsbefugnissen darstellen[73] und nicht lediglich bei Gelegenheit erfolgen.[74]

462 Bei der dem Tatbestand zugrunde liegenden Abwägung zwischen dem Strafverfolgungsinteresse der Allgemeinheit und dem Persönlichkeitsrecht Betroffener und Dritter spricht der Zweck der juristischen Aufarbeitung[75] für eine ausgedehnte Verfolgungsbefugnis. Zudem besteht bei der sogenannten Regimekriminalität im Vergleich zu den Allgemeindelikten eine erhöhte Strafwürdigkeit der Täter dadurch, dass sie sich, im Unterschied zu Privatpersonen, gerade bei der Ausübung hoheitlicher Gewalt strafbar machten. Derartige Täter verfügen auf Grund des Gewaltmonopols des Staates über deutlich weiterreichendere Mittel und auch Einwirkungsmöglichkeiten auf die Rechte des Einzelnen. Zudem darf der Bürger als Normadressat darauf vertrauen, dass ihm gerade von Seiten des Staates kein strafwürdiges Unrecht widerfährt, da dieser die Funktion hat, im Rahmen des geltenden Rechts die Einhaltung von Normen zu überwachen und ihre Nichteinhaltung zu sanktionieren. Die Stärke dieses Argumentes ist im Hinblick auf die DDR als Unrechtsstaat im Vergleich zur Bundesrepublik als Rechtsstaat zwar durchaus einschränkbar, allerdings kann auch nicht davon ausgegangen werden, dass die Bürger der DDR prinzipiell mit Rechtsverletzungen durch die staatliche Gewalt rechneten. Der Gedanke der höheren Strafwürdigkeit von in Ausführung einer hoheitlichen Tätigkeit begangener Delikte ist auch anhand der Systematik des heutigen Strafrechts nachzuvollziehen. Eine Amtsträgerstellung des Täters wirkt sich bei den sog. Unechten Amtsdelikten strafschärfend, z.B. in den §§ 240 StGB – Nötigung, 263 StGB – Betrug, 267 StGB – Urkundenfälschung, bei den echten Amtsdelikten sogar strafbegründend, z.B. in §§ 331 – 358 StGB, aus. Die herausgehobene Bedeutung

---

[71] *L. Kuhlen*, in: Kindhäuser/Neumann/Paeffgen, StGB, Bd. 3, 5. Aufl. 2017, § 340 Rn. 8 f.; *R. Eschelbach*, in: Beck'scher Online-Kommentar StGB, 37. Edition, Stand: 1.2.2018, § 340 Rn. 15.

[72] *R. Eschelbach*, in: Beck'scher Online-Kommentar StGB, 37. Edition, Stand: 1.2.2018, § 340 Rn. 15; *L. Kuhlen*, in: Kindhäuser/Neumann/Paeffgen, StGB, Bd. 3, 5. Aufl. 2017, § 340 Rn. 9; *M. Heger*, in: Lackner/Kühl, StGB, 28. Aufl. 2014, § 340 Rn. 2.

[73] *L. Kuhlen*, in: Kindhäuser/Neumann/Paeffgen, StGB, Bd. 3, 5. Aufl. 2017, § 340 Rn. 8.

[74] *R. Eschelbach*, in: Beck'scher Online-Kommentar StGB, 37. Edition, Stand: 1.2.2018, § 340 Rn. 15.

[75] *J. Rapp-Lücke*, in: Geiger/Klinghardt, StUG, 2. Aufl. 2006, § 23 Rn. 12; a.A. Stoltenberg/Bossack, StUG, 2012, § 23 Rn. 4.

**Sandra Franz, Inga Gipperich, Sabina Gottschlich,
Lisa Kohler, Gawain Thimm und Isabell Wegner**

der Verfolgung von Regimestraftaten wird anhand des Art. 315a EGStGB deutlich, der das Ruhen der Verjährung von Straftaten vorschreibt, welche im Zeitraum vom 11.10.1949 bis zum 2.10.1990 entsprechend dem mutmaßlichen oder ausdrücklichen Willen der Staats- oder Parteiführung der DDR begangen wurden und aus Gründen, die nicht mit politischen oder sonstigen wesentlichen Grundsätzen der freiheitlichen rechtsstaatlichen Ordnung vereinbar sind, nicht verfolgt wurden. Durch die aufgeführten Gesichtspunkte wird das überwiegende Interesse an der Strafverfolgung gegenüber dem beeinträchtigten Persönlichkeitsrecht deutlich, selbst, wenn es sich dabei um einen Betroffenen oder Dritten i.S.d. § 6 Abs. 3 handelt[76] oder wenn Unterlagen im Zuge der Verfolgung von Delikten mit geringer Strafdrohung herangezogen werden.

Bei Tätern, die Straftaten in Ausübung eines mit dem Regime der DDR verbundenen Amtes begingen, handelt es sich im Regelfall um Mitarbeiter bzw. Begünstigte des Staatssicherheitsdienstes, daher ist bezüglich der Regimekriminalität regelmäßig Abs. 2 einschlägig. **463**

**bb ) Allgemeine Kriminalität (lit. b)**

Lit. b erlaubt die Verwendung von Unterlagen zur Verfolgung allgemeiner Kriminalität, bei dieser bei der Tatbegehung im Gegensatz zur Regimekriminalität in Zusammenhang mit dem DDR-Herrschaftssystem (lit. a) oder dem NS-Regime (lit. c) keine politische Motivation erforderlich ist.[77] Die aufgezählten Tatbestände sind größtenteils auch in den Straftatenkatalogen der §§ 100a, 100c StPO enthalten, welche Eingriffe in das Fernmeldegeheimnis (Art. 10 GG) und das Recht auf Unverletzlichkeit der Wohnung (Art. 13 GG) rechtfertigen. Somit schlägt ein Großteil der Wertung des Gesetzgebers bzgl. der Reichweite des Straftatenkatalogs auf § 23 durch. **464**

Der Katalog des § 100a StPO umfasst die sog. „schweren Straftaten". Als solche gelten nach der Wertung des Gesetzgebers grundsätzlich alle Straftaten, die mit einer Mindestfreiheitsstrafe von 5 Jahren und darüber bedroht sind. In Einzelfällen können jedoch auch Taten, welche im Höchstmaß eine Freiheitsstrafe von einem Jahr und darüber androhen als „schwere Straftat" aufzufassen sein, sofern durch den Tatbestand entweder ein besonders bedeutendes Rechtsgut geschützt wird oder ein besonderes öffentliches Interesse an der Strafverfolgung besteht.[78] Im Katalog des **465**

---

[76] So auch i.E. *J. Rapp-Lücke,* in: Geiger/Klinghardt, StUG, 2. Aufl. 2006, § 23 Rn. 13.
[77] *J. Rapp-Lücke,* in: Geiger/Klinghardt, StUG, 2. Aufl. 2006, § 23 Rn. 15.
[78] BT-Drucks. 16/5846, 40.

**Sandra Franz, Inga Gipperich, Sabina Gottschlich,
Lisa Kohler, Gawain Thimm und Isabell Wegner**

§ 100a StPO sind jedoch nicht alle Taten aufgeführt, welche nach der o.g. Wertung als „schwere Straftaten" zu verstehen sind. Bei der Auswahl der Katalogtaten wurde sich primär an rechtstatsächlichen Bedürfnissen der Strafverfolgung orientiert, wobei insbesondere maßgeblich ist, dass die Katalogtaten mittels einer Telekommunikationsüberwachung typischerweise effektiv aufgeklärt werden können.[79] Dies ist beispielsweise der Fall bei Delikten aus dem Bereich der Wirtschafts- und Transaktionskriminalität sowie der organisierten Kriminalität oder bei Straftaten, bei denen typischerweise geschlossene und abgeschottete Täterkreise agieren oder die Tatbegehung in der Regel heimlich erfolgt sowie bei anderen telekommunikationstypischen Delikten.[80] Andere Katalogtaten wurden im Zuge einer Harmonisierung des Kataloges mit dem des § 100c StPO aufgenommen. Hierbei handelt es sich um Tatbestände, deren Nichtberücksichtigung in § 100a StPO gegenüber dem Katalog des § 100c StPO einen Wertungswiderspruch darstellen würde.[81]

466 Da im Rahmen der Informationserhebung durch den Staatssicherheitsdienst oftmals auch in das Fernmeldegeheimnis oder die Unverletzlichkeit der Wohnung eingegriffen wurde und in den Unterlagen die dadurch erlangten Informationen aufgezeichnet sind, ist deren Verwendung in etwa vergleichbar mit der Anordnung einer entsprechenden Überwachungsmaßnahme nach § 100a oder § 100c StPO, wenngleich die Eingriffe des Staatssicherheitsdienstes durch dessen flächendeckende Informationserhebungsmethoden deutlich intensiver waren. Dieser Unterschied hat zur Folge, dass der Straftatenkatalog in Abs. 1 S. 1 lit. b nicht alle Erlaubnistatbestände des § 100a StPO umfasst und folglich nur in einem engeren Rahmen Befugnisse verleiht.

467 Vom Katalog erfasst sind sowohl Tatbestände des StGB als auch Delikte aus dem Nebenstrafrecht. Aus dem StGB sind die Tötungsdelikte Mord (§ 211 StGB) und Totschlag (§ 212 StGB), als Straftaten gegen die persönliche Freiheit der erpresserische Menschenraub (§ 239a StGB) und die Geiselnahme (§ 239b StGB) und die gemeingefährlichen Taten der Brandstiftungsdelikte (§§ 306 – 306c StGB), das Herbeiführen einer Explosion durch Kernenergie (§ 307 StGB), das Herbeiführen einer Sprengstoffexplosion (§ 308 StGB), der Missbrauch ionisierender Strahlen (§ 309 StGB), das Herbeiführen einer Überschwemmung (§ 313 StGB), gemeingefährliche Vergiftung (§ 314 StGB) und Angriffe auf den Luft- und Seeverkehr (§ 316c StGB) im Katalog enthalten. Als Tatbestände des Nebenstrafrechts werden der Völkermord (§ 6 VStGB), aus dem KrWaffKontrG die Strafvorschriften gegen

---

[79] BT-Drucks. 16/5846, 39 f.
[80] BT-Drucks. 16/5846, 40 ff.
[81] BT-Drucks. 16/5846, 40.

**Sandra Franz, Inga Gipperich, Sabina Gottschlich,
Lisa Kohler, Gawain Thimm und Isabell Wegner**

Atomwaffen (§ 19 Abs. 1 – 3 KrWaffKontrG) und gegen biologische und chemische Waffen (§ 20 Abs. 1, 2 KrWaffKontrG), jeweils in Verbindung mit § 21 KrWaffKontrG, der eine strafrechtliche Ahndung von Auslandstaten Deutscher erlaubt und die sonstigen Strafvorschriften gegen Kriegswaffen (§ 22a KrWaffKontrG) und aus dem BtMG die Straftaten nach § 29 Abs. 3 S. 2 Nr. 1 BtMG, § 29a Abs. 1 Nr. 2 und § 30 Abs. 1 Nr. 1 und 2 BtMG, sowie § 30 Abs. 1 Abs. 4, sofern der Täter als Mitglied einer Bande oder gewerbsmäßig handelt, im Katalog des Abs. 1 S. 1 lit. b lit. aa – ee aufgeführt. Der Verzicht auf eine Aufnahme anderer Tatbestände, die mit den in Abs. 1 S. 1 lit. b genannten in Bezug auf die Strafdrohung bzw. die Schwere der Rechtsgutsverletzung vergleichbar sind, z.b. der Raub in § 249 StGB, hat den Nebeneffekt, dem Persönlichkeitsrechtsschutz Betroffener und Dritter faktisch entgegen zu kommen.

**cc )  NS-Regimekriminalität (lit. c)**

Bei der Verwendung von Unterlagen zur Verfolgung von Straftaten, die im Zusammenhang mit dem nationalsozialistischen Regime begangen wurden, handelt es sich, wie auch in lit. a, um einen Fall von Regimekriminalität.[82] Die Verwendung von Unterlagen zur Verfolgung von NS-Straftaten dient der juristischen Aufarbeitung der NS-Vergangenheit in Deutschland.[83] Im Vordergrund steht dabei die Nutzung des MfS-Sonderarchivs, in dem zahlreiche Dokumente aus der Zeit des Nationalsozialismus eingelagert waren.[84] Da manche NS-Unterlagen keine eigenen Vorgänge des MfS dokumentieren, fallen sie nach § 6 Abs. 2 Nr. 3 (§ 6 Rn. 132) nicht unter den Unterlagenbegriff des StUG. Dies hat zur Folge, dass derartige Unterlagen gem. § 11 Abs. 1 an die zuständigen Stellen, also das Bundesarchiv oder die Archive der Länder und Kommunen,[85] zurückgegeben worden sind.

Dementsprechend muss eine Anfrage nach NS-Unterlagen parallel auch an die o.g. Archive gestellt werden,[86] um alle Unterlagen im Hinblick auf für das Ersuchen relevante Informationen durchsuchen zu lassen. Die Verwendung von Justizakten

**468**

---

[82] Für die Bestimmung der Reichweite des erforderlichen Zusammenhangs mit dem Regime vgl. Rn. 461 f.

[83] *J. Rapp-Lücke* in: Geiger/Klinghardt, StUG, 2. Aufl. 2006, § 23 Rn. 16; i.E. auch Schmidt/ Dörr, StUG, 1993, § 23 Rn. 6.

[84] Stoltenberg/Bossack, StUG, 2012, 23 Rn. 6; Stoltenberg, StUG, 1992, § 23 Rn. 8.

[85] Stoltenberg/Bossack, StUG, 2012, § 6 Rn. 15.

[86] Stoltenberg/Bossack, StUG, 2012, § 23 Rn. 6.

**Sandra Franz, Inga Gipperich, Sabina Gottschlich, Lisa Kohler, Gawain Thimm und Isabell Wegner**

aus der Zeit des Nationalsozialismus ist vom Regelungsbereich des im Vergleich zu § 23 spezielleren § 24 umfasst.[87]

### dd ) Straftaten nach dem StUG (lit. d)

**469** Nach lit. d können Unterlagen mit personenbezogenen Informationen über Betroffene und Dritte auch zur Verfolgung von Straftaten nach § 44 herangezogen werden. Die Aufnahme des § 44 in den Straftatenkatalog des § 23 soll gewährleisten, dass die in § 44 aufgeführten Taten faktisch auch verfolgt werden können.[88] Ohne eine Befugnis zur Einsichtnahme, mit deren Hilfe öffentlich mitgeteilte personenbezogene Informationen über Betroffene und Dritte mit den Inhalten der Unterlagen abgeglichen werden können, ist die Feststellung eines Rechtsverstoßes i.S.d. § 44 und die Beurteilung dessen Reichweite faktisch kaum möglich. Zum Begriff des „öffentlichen Mitteilens" siehe § 44 Rn. 750.

### b ) Gefahrenabwehr (Nr. 2)

**470** Neben der Verwendung der Unterlagen zum Zwecke der Strafverfolgung eröffnet Nr. 2 die Möglichkeit selbige auch zur Gefahrenabwehr beizuziehen.[89] Die Zuständigkeit ist dabei nicht auf die Polizei beschränkt, sondern erstreckt sich ebenfalls auf die Behörden, welche sich mit der Gefahrenabwehr befassen (z.B. die Gesundheitsämter im Falle der Gefahr einer sich ausbreitenden ansteckenden Krankheit).[90] Eine Gefahrenlage muss nach dem Sinn und Zweck der Befugnis in Nr. 2 schon vor der Verwendung der Unterlagen vorliegen und darf sich nicht erst aus diesen ergeben.[91] Eine verdachtsunabhängige Untersuchung der Unterlagen ist bei der Verwendung zur Gefahrenabwehr, wie auch bei der Verwendung zur Strafverfolgung (Rn. 460) nicht zulässig.

---

[87] *J. Rapp-Lücke,* in: Geiger/Klinghardt, StUG, 2. Aufl. 2006, § 23 Rn. 16; Stoltenberg, StUG, 1992, § 23 Rn. 8.

[88] *J. Rapp-Lücke,* in: Geiger/Klinghardt, StUG, 2. Aufl. 2006, § 23 Rn. 17; Schmidt/Dörr, StUG, 1993, § 23 Rn. 7.

[89] Stoltenberg/Bossack, StUG, 2012, § 23 Rn. 3; Stoltenberg, StUG, 1992, § 23 Rn. 10; Weberling, StUG, 1993, § 23 Rn. 1; *J. Rapp-Lücke,* in: Geiger/Klinghardt, StUG, 2. Aufl. 2006, § 23 Rn. 18.

[90] *J. Rapp-Lücke,* in: Geiger/Klinghardt, StUG, 2. Aufl. 2006, § 23 Rn. 19.

[91] OVG Berlin-Brandenburg, 8 A 5.96 vom 11.2.1997, 6; siehe auch: *J. Rapp-Lücke,* in: Geiger/ Klinghardt, StUG, 2. Aufl. 2006, § 23 Rn. 20.

**Sandra Franz, Inga Gipperich, Sabina Gottschlich,
Lisa Kohler, Gawain Thimm und Isabell Wegner**

Der Tatbestand setzt eine drohende erhebliche Gefahr für die öffentliche Sicherheit **471** voraus und besteht aus unbestimmten Rechtsbegriffen[92] wie auch die polizei- bzw. die ordnungsbehördlichen Generalklauseln. Diese ermächtigen die Polizei bzw. die Ordnungsbehörde dazu, im Falle einer konkreten Gefahr für die öffentliche Sicherheit oder Ordnung die erforderlichen Abwehrmaßnahmen zu treffen. Es handelt sich jedoch um Zwecke besonderer Gefahrenabwehr,[93] da im Gegensatz zu polizei- und ordnungsbehördlichen Generalklauseln eine Qualifizierung hinsichtlich der zeitlichen Nähe der Gefahr als auch des Schutzgutes und damit verbunden des drohenden Schadensausmaßes vorliegt. Dementsprechend ist in Fällen der Verwendung von Unterlagen nach Nr. 2 anders als in den genannten Generalklauseln weder eine einfache Gefahr, noch lediglich eine Gefährdung der öffentlichen Ordnung ausreichend. Die Beschränkung auf qualifizierte Gefahrenlagen ergibt sich aus einer Abwägung des Verwendungszwecks der Gefahrenabwehr mit dem dadurch beeinträchtigten Persönlichkeitsrecht Betroffener und Dritter, welche nach der Wertung des StUGs schutzwürdig sind (Rn. 438)

Schutzgut ist ausschließlich die öffentliche Sicherheit. Diese umfasst nach der all- **472** gemeingültigen Definition die Unversehrtheit der Rechtsordnung, den Schutz von Individualrechtsgütern sowie die Unversehrtheit des Staates, seiner Einrichtungen und Veranstaltungen.[94] Eine konkrete Gefahr ist eine Sachlage, bei der aus der ex-ante Sicht eines verständigen Amtswalters bei ungehindertem Ablauf des objektiv zu erwartenden Geschehens in absehbarer Zeit mit hinreichender Wahrscheinlichkeit ein Schaden für ein geschütztes Rechtsgut eintritt.[95] Aus dem Grundsatz der Verhältnismäßigkeit ergibt zudem sich die Formel: Je größer das Ausmaß des befürchteten Schadens ist, desto geringer sind die Anforderungen an die zeitliche Nähe und die Wahrscheinlichkeit des Schadenseintritts.[96] Die Erheblichkeitsanforderung an die Gefahr beschränkt die Schutzgüter auf besonders bedeutsame Rechtsgüter wie z.B. das Leben, die Gesundheit, die Freiheit oder den Bestand des Staates.[97] Das Zusatz-

---

[92] Vgl. *J. Rapp-Lücke,* in: Geiger/Klinghardt, StUG, 2. Aufl. 2006, § 23 Rn. 20; ähnlich auch Schmidt/Dörr, StUG, 1993, § 23 Rn. 11.

[93] OVG Berlin-Brandenburg, 8 A 5.96 vom 11.2.1997, 6.

[94] *O. Depenheuer,* in: Maunz/Düring, GG, 68. Lfg., Art. 8 Rn. 154; *E. Brandt/U. Smeddinck,* Jura 1994, 225 ff.; *F. Schoch,* Jura 2006, 664, 667; *R. Poscher/B. Rusteberg,* JuS 2011, 984, 985.

[95] *M. Pils,* DÖV 2008, 941, 944; vgl. BVerwG NJW 1975, 130, 132; vgl. *E. Brandt/U. Smeddinck,* Jura 1994, 225, 227; vgl. auch *F. Schoch,* Jura 2006, 664, 668.

[96] BVerwG NJW 1975, 130, 132; *M. Krugmann,* NVwZ 2006, 152, 157; vgl. *F. Schoch,* Jura 2006, 664, 668.

[97] *F. Schoch,* Jura 2003, 472, 475; vgl. *J. Rapp-Lücke,* in: Geiger/Klinghardt, StUG, 2. Aufl. 2006, § 23 Rn. 21, Schmidt/Dörr, StUG, 1993, § 23 Rn. 11.

**Sandra Franz, Inga Gipperich, Sabina Gottschlich, Lisa Kohler, Gawain Thimm und Isabell Wegner**

erfordernis der „drohenden" Gefahr grenzt die zulässigen Gefahrenlagen auf Konstellationen eines unmittelbar bevorstehenden und besonders wahrscheinlichen Schadenseintritts ein.[98] Die Verhütung drohender Straftaten ist im Tatbestand des Abs. 1 S. 1 Nr. 2 als Hauptanwendungsfall der Gefahrenabwehrbefugnis gesondert benannt und herausgestellt.[99] Da in diesem Fall keine Begrenzung auf bestimmte Straftaten vorgenommen wurde, kann sich die Befugnis, unter der Beachtung der Erheblichkeitsschwelle auf jede Straftat beziehen, sofern die Maßnahme verhältnismäßig ist.

**473** Zweifel an der praktischen Handhabbarkeit der Befugnis bestehen insofern, dass zur Bearbeitung von Ersuchen zum Zweck der Gefahrenabwehr eine umfangreiche und somit auch zeitaufwändige Suche nach den entsprechenden Unterlagen und den darin enthaltenen relevanten Personen- und Sachinformationen erfolgen muss.[100] Zudem steigert sich die durchschnittliche Bearbeitungszeit eines Ersuchens stetig auf Grund der steigenden Zahl erschlossener Unterlagen beim BStU, welche wiederrum im Hinblick auf dem Ersuchen entsprechenden Informationen durchsucht werden müssen.[101] Dieser Zeitaufwand widerspricht jedoch dem Erfordernis einer möglichst zeitnahen und damit effektiven Gefahrenabwehr.[102] Dementsprechend ist die praktische Bedeutung der Nr. 2 als gering anzusehen, was durch die geringe Zahl von lediglich zwei Ersuchen zum Zweck der Gefahrenabwehr im Berichtszeitraum von 2011–2012 bestätigt wird.[103] Bei den eingereichten Ersuchen handelte es sich um Fälle der Kampfmittelerkundung oder der Beurteilung von Bodenverschmutzungen.[104]

### 2. Nichtanwendung des Nachteilsverbots (S. 2)

**474** S. 2 hebt die Geltung des sog. Nachteilsverbotes aus § 5 Abs. 1, wonach Unterlagen mit personenbezogenen Informationen über Betroffene und Dritte nicht zu deren Nachteil verwendet werden dürfen, für den gesamten § 23 Abs. 1 auf.[105] Da eine Verwendung von Stasi-Unterlagen zur Strafverfolgung immer einen Nachteil i.S.d.

---

[98] *J. Rapp-Lücke*, in: Geiger/Klinghardt, StUG, 2. Aufl. 2006, § 23 Rn. 22; vgl. BGHSt 18, 271, 272; vgl. *K. Stoltenberg*, StUG, in: Das Deutsche Bundesrecht, 2000, S. 71; vgl. Stoltenberg/Bossack, StUG, 2012, § 23 Rn. 7; vgl. Schmidt/Dörr, StUG, 1993, § 23 Rn. 11.

[99] Stoltenberg/Bossack, StUG, 2012, § 23 Rn. 7.

[100] Elfter Tätigkeitsbericht des BStU, 2013, S. 53.

[101] Zehnter Tätigkeitsbericht der BStU, 2011, S. 59.

[102] Stoltenberg/Bossack, StUG, 2012, § 23 Rn. 7.

[103] Elfter Tätigkeitsbericht des BStU, 2013, S. 53.

[104] Elfter Tätigkeitsbericht des BStU, 2013, S. 53.

[105] *J. Rapp-Lücke*, in: Geiger/Klinghardt, StUG, 2. Aufl. 2006, § 23 Rn. 7; Stoltenberg/ Bossack, StUG, 2012, § 23 Rn. 2.

**Sandra Franz, Inga Gipperich, Sabina Gottschlich, Lisa Kohler, Gawain Thimm und Isabell Wegner**

§ 5 Abs. 1 nach sich zöge, würde bei der Anwendbarkeit dieser Vorschrift jegliche Strafverfolgung Betroffener und Dritter durch das Verwertungsverbot gesperrt werden.

Zwar sind Betroffene und Dritte grundsätzlich schutzwürdig und demnach sind Informationen über sie nur eingeschränkt verwendbar (Rn. 438), was sich im Grundsatz des Nachteilsverbotes gem. § 5 Abs. 1 äußert. § 23 bringt jedoch zum Ausdruck, dass in der Konzeption des StUG selbst den „Opfern" kein absoluter Schutz zukommen soll.[106] Vielmehr wird bei jeder Verwendung der Unterlagen eine differenzierende Abwägung zwischen dem Persönlichkeitsrecht des Betroffenen oder Dritten und dem jeweiligen Verwendungszweck vorgenommen. Diese Abwägung hat im Regelfall die Folge, dass das Persönlichkeitsrecht der schutzwürdigen „Opfer" überwiegt, was sich auch in dem weiten Geltungsbereich des § 5 Abs. 1 widerspiegelt. Jedoch hat ein derartiger relativer Opferschutz im Gegensatz zum dem in den Gesetzesentwürfen[107] vorgesehenen absoluten Opferschutz den Vorteil, dass auch die Bedeutung des jeweiligen Verwendungszwecks berücksichtigt wird. Folglich wäre ein absoluter Vorrang des Schutzbedürfnisses Betroffener und Dritter in Ansehung der in Abs. 1 aufgezählten bedeutenden Verwendungszwecke der Verfolgung schwerer Straftaten und der Abwehr qualifizierter Gefahren nur schwer vertretbar, weshalb in diesen Fällen das Nachteilsverbot aufgehoben ist.[108]

**475**

Für die nach der Wertung des StUG weniger schutzwürdigen Informationen, also personenbezogene Informationen über Mitarbeiter und Begünstigte des Staatssicherheitsdienstes oder Informationen ohne Personenbezug gilt das Nachteilsverbot per Definition in § 5 Abs. 1 ohnehin nicht.

**476**

### 3. Beweisverbote aus der StPO (S. 3)

Abs. 1 S. 3 nimmt Bezug auf die strafprozessualen Verwertungsverbote. Sie sollen für die Verwendung von Unterlagen nach Abs. 1 Anwendung finden; das Nachteilsverbot des § 5 Abs. 1 ist hier dagegen nicht anzuwenden (Rn. 474). Verwertungsverbote nach der StPO sind deutlich weniger weitgreifend. Zwar handelt es sich dabei als solches um ein vielschichtiges strafprozessuales Thema; die in diesem Zusammenhang wichtigen Aspekte sollen aber dennoch hinreichend Erwähnung finden.

**477**

---

[106] BT-Drucks. 12/1540, 61.
[107] BT-Drucks. 12/723, 11; BT-Drucks. 12/1093, 12.
[108] BT-Drucks. 12/1540, 61; *J. Rapp-Lücke,* in: Geiger/Klinghardt, StUG, 2. Aufl. 2006, § 23 Rn. 7; Schmidt/Dörr, StUG, 1993, § 23 Rn. 1; Stoltenberg/Bossack, StUG, 2012, § 23 Rn. 8; Weberling, StUG, 1993, § 5 Rn. 2.

**Sandra Franz, Inga Gipperich, Sabina Gottschlich, Lisa Kohler, Gawain Thimm und Isabell Wegner**

**478** Im Prozess begründen Informationen aus Stasi-Unterlagen keinen vollen Beweis (zur Glaubhaftigkeit der Unterlagen im Detail § 6 Rn. 126 f.) und sind demnach erst recht nicht geeignet, den für einen Untersuchungshaftbefehl i.s.d. § 112 StPO erforderlichen dringenden Tatverdacht zu begründen,[109] da dieser gerichtsverwertbarer Beweise bedarf, mit deren Hilfe der Beschuldigte mit hinreichender Wahrscheinlichkeit überführt werden kann.[110] Jedoch können Informationen aus den Unterlagen einen Anfangsverdacht i.s.d. § 152 Abs. 2 StPO begründen, welcher zur Einleitung eines Ermittlungsverfahrens durch die Staatsanwaltschaft erforderlich ist.[111]

**479** Ein Verwertungsverbot kann im Strafprozess grundsätzlich aus unterschiedlichen Konstellationen hervorgehen. Zunächst können geschriebene bzw. gesetzlich normierte Verwertungsverbote vorliegen. Zugleich können sich aber grundsätzlich auch nicht normierte Beweisverwertungsverbote ergeben. Diese sind als solche dem Richterrecht zuzuordnen. Sie gliedern sich dann nochmals in die selbstständigen und die unselbstständigen Verwertungsverbote.[112] Letztere wiederum sind oft das Resultat eines missachteten Beweiserhebungsverbotes,[113] die Betrachtung solcher ist daher für das Bestehen eventueller Verwertungsverbote unerlässlich; dennoch führt grundsätzlich nicht jeder Verstoß gegen ein Beweiserhebungsverbot zugleich zu einem Beweisverwertungsverbot.[114] Vielmehr muss anhand einer Einzelfallprüfung festgestellt werden, inwiefern die erhobenen Informationen einem Verwendungsverbot unterliegen.[115] Da sich die Beweiserhebungsverbote aber insgesamt in einem Beweisverwertungsverbot auswirken können, kann eine Beachtung dieser praktisch nicht unterbleiben.

**480** In der Strafprozessordnung (StPO) normierte Beweisverwertungsverbote sind z.B.: § 136a Abs. 3 S. 2[116] (Verbotene Vernehmungsmethoden), § 100d Abs. 2 S. 1[117] (Erkenntnisse und Äußerungen, die dem Kernbereich privater Lebensgestaltung zuzurechnen sind); weitere Verwertungsverbote sind etwa die §§ 108 Abs. 2 und 3,

---

[109] BGH NJW 1992, 1975, 1975 f.

[110] BGH NJW 1992, 1975, 1976.

[111] BGH NJW 1992, 1975, 1976.

[112] *T. Finger,* JA 2006, 529, 530 f.

[113] Vgl. auch zu Beweisverwertungsverboten im Ganzen: *W. Beulke,* Strafprozessrecht, 13. Aufl. 2016, Rn. 457 ff.; *H. Meyer-Mews,* JuS 2004, 39 ff.

[114] *W. Beulke,* Strafprozessrecht, 13. Aufl. 2016, Rn. 457 ff.

[115] *W. Beulke,* Strafprozessrecht, 13. Aufl. 2016, Rn. 457 f.

[116] *C. Monka,* in: Beck'scher Online-Kommentar StPO, 29. Edition, Stand: 1.1.2018, § 136a Rn. 29 ff; *H. Diemer,* in: Karlsruher Kommentar zur StPO, 7. Aufl. 2013, § 136a Rn. 38 ff.

[117] *J. P. Graf,* in: Beck'scher Online-Kommentar StPO, 29. Edition, Stand 1.1.2018, § 100d Rn. 12.

**Sandra Franz, Inga Gipperich, Sabina Gottschlich, Lisa Kohler, Gawain Thimm und Isabell Wegner**

160a Abs. 1 S. 2[118] und i.E. auch § 477 Abs. 2 S. 2 und 3.[119] Ebenso können Verwertungsverbote Anwendung finden, die außerhalb der StPO angesiedelt sind, so z.b. § 51 Abs. 1 BZRG, dessen Wertungsgehalt sich ohne weiteres auf Stasiunterlagen übertragen lässt.[120]

Der Wortlaut des Abs. 1 S. 3 lässt indes offen, ob nur normierte Verwertungsverbote **481** umfasst sind, oder auch solche, die gesetzlich nicht normiert sind.[121] Man wird jedoch davon ausgehen müssen, dass auch die durch die Rechtsprechung entwickelten, ungeschriebenen Verwertungsverbote Anwendung finden.[122]

Sowohl Beweisverbote als auch Beweisverwertungsverbote dienen als solche dazu, **482** den Anspruch auf ein rechtsstaatliches Verfahren (abgeleitet aus Art. 2 Abs. 1, 20 Abs. 3 GG) durchzusetzen.[123] Bei einer Betrachtung aus diesem Blickwinkel gewinnt der Verweis, welcher innerhalb des § 23 Abs. 1 ganz am Ende fast unscheinbar Erwähnung findet, an Relevanz. Dieser dient zum Schutz des Persönlichkeitsrechts im Zusammenhang mit der Verwendung von Unterlagen für die Strafverfolgung gem. § 23. Zwar befindet sich der Verweis auf die Beweisverwertungsverbote der StPO in § 23 Abs. 1, dies bedeutet jedoch nicht, dass diese auf die Konstellationen des § 23 Abs. 2, der Verwendung von Unterlagen ohne personenbezogene Informationen und der Verwendung von Unterlagen mit personenbezogenen Informationen über Mitarbeiter i.S.d. § 6 Abs. 4 und Begünstigte i.S.d. § 6 Abs. 6, nicht anwendbar wären. Im Gegenteil, die Erstreckung des Verweises auch auf § 23 Abs. 2 ist verfassungsmäßig geboten. Der Zweck der Beweisverwertungsverbote ist

---

[118] *K. Sackreuther,* in: Online-Kommentar zur StPO, 29. Edition, Stand 1.1.2018 § 160a Rn. 8; *R. Griesbaum,* in: Karlsruher Kommentar zur StPO, 7. Aufl. 2013, § 160a Rn. 7 ff.

[119] Differenzierter zum Thema, ob ein Übermittlungsverbot auch ein Verwertungsverbot nach sich zieht: *E. Weßlau,* in SK-StPO, Bd. 8, 5. Aufl. 2016, § 477 Rn. 46; *W. Beulke,* Strafprozessrecht, 13. Aufl. 2016, Rn. 456; *T. Finger,* JA 2006, 529, 531.

[120] Mit gleichem Beispiel auch: *J. Rapp-Lücke,* in: Geiger/Klinghardt, StUG, 2. Aufl. 2006, § 23 Rn. 8.

[121] *J. Rapp-Lücke,* in: Geiger/Klinghardt, StUG, 2. Aufl. 2006, § 23 Rn. 8. mit der These: „Die Formulierung des Gesetzes ist zu eng.".

[122] Ausführlich dazu: *J. Rapp-Lücke,* in: Geiger/Klinghardt, StUG, 2. Aufl. 2006, § 23 Rn. 8. Hier wird erläutert, dass es nicht um exprezite Beweisverwertungsverbote der StPO Anwendung finden sollen. Argumentiert wird richtigerweise mit dem Sinn des StUG, nachdem der Einzelne in seinen Rechten – insbesondere dem Allgemeinen Persönlichkeitsrecht – nicht eingeschränkt werden soll, sondern vielmehr gegenüber den Besonderheiten der Stasiunterlagen einen erweiterten Schutz erfahren soll und erfährt; a.A. Stoltenberg/Bossack, StUG, 2012, § 23 Rn. 9.

[123] Ausdrücklich nur zu § 136a StPO ausgeführt, vom Rechtsgedanken jedoch übertragbar: BGHSt 44, 129, 134; *H. Diemar* in: Karlsruher Kommentar zur StPO, 7. Aufl. 2013, § 136a Rn. 1; *W. Beulke,* Strafprozessrecht, 13. Aufl. 2016, Rn. 454.

**Sandra Franz, Inga Gipperich, Sabina Gottschlich,
Lisa Kohler, Gawain Thimm und Isabell Wegner**

es, einen Mindeststandard des Individualrechtsgüterschutzes im Strafverfahren zu gewährleisten. Sie sind eine unmittelbare einfachrechtliche Konkretisierung des Rechtsstaatsprinzips (Art. 20 Abs. 3 GG), des Rechts auf informationelle Selbstbestimmung (Art. 2 Abs. 1 i.V.m. Art. 1 Abs. 1 GG)[124] und weisen enge Bindungen an den Schutz der Menschenwürde (Art. 1 Abs. 1 GG) auf.[125] Eine Missachtung eines Beweisverwertungsverbotes, z.b. die Verwendung von Erkenntnissen, welche durch verbotene Vernehmungsmethoden gem. § 136a Abs. 1, 2 StPO gewonnen wurden, bedeutet in der Regel einen Eingriff in den Kerngehalt der Grundrechte des Beschuldigten, welcher auf Grund dessen Menschenwürdebezuges[126] in der überwiegenden Zahl der Fälle nicht gerechtfertigt ist. Dementsprechend ist unter diesem Gesichtspunkt eine Verwendung von Unterlagen zur Strafverfolgung selbst der nach der Wertung des StUG weniger schutzwürdigen Mitarbeiter oder Begünstigten des MfS unter Ausklammerung der strafprozessualen Beweisverbote nicht möglich. Folglich ist der Verweis auf die Beweisverbote der StPO in § 23 Abs. 1 S. 3 rein deklaratorischer Natur, da diese schon auf Grund der Wertungen des GG umfassende Geltung in Strafverfahren beanspruchen.

**483** Der Ausschluss des Nachteilsverbotes in Abs. 1 S. 2 und der Verweis auf die Beweisverwertungsverbote in S. 3 sind zum Teil auf Kritik gestoßen. Es wird argumentiert, dass ein hinreichender Schutz Betroffener und Dritter allein durch die Verwertungsverbote der StPO nicht gewährleistet wird.[127] Es gilt jedoch zu beachten, dass in der Ausnahmekonstellation des Abs. 1 gegen Betroffene und Dritte, die nach der Wertung des StUG grundsätzlich schutzwürdig sind, gleichzeitig ein Anfangsverdacht (§ 152 Abs. 2 StPO) einer schweren Straftat gem. Abs. 1 vorliegt. In einem solchen Fall erscheint es nicht gerechtfertigt, dass sich der mutmaßliche Täter einer derart schweren Straftat auf den umfassenden Persönlichkeitsschutz des § 5 Abs. 1 berufen und ihn für sich beanspruchen kann. Der Beschuldigte ist damit allerdings nicht rechtlos gestellt, sondern ihm kommt der Schutz seiner subjektiven Rechte durch die Beweisverbote der StPO, wie auch jedem anderen Beschuldigten im Strafverfahren, nach wie vor zugute. Damit wird sichergestellt, dass der Beschuldigte extremen Beeinträchtigungen seiner Rechtsposition nicht ausgesetzt wird.

---

[124] *U. Eisenberg*, Beweisrecht der StPO, 10. Aufl. 2017, Rn. 335.
[125] BVerfGE 27, 1, 6; BVerfGE 32, 373, 378 f.; *K. Rogall*, in: SK-StPO, Bd. 2, 5. Aufl. 2016, § 136a Rn. 2 f; *U. Eisenberg*, Beweisrecht der StPO, 10. Aufl. 2017, Rn. 330, 386; vgl. *B. Schmitt*, in: Meyer-Goßner, 58. Aufl. 2015, § 136a Rn. 1.
[126] BVerfGE 27, 1, 6.
[127] Stoltenberg, StUG, 1992, § 23 Rn. 13.

**Sandra Franz, Inga Gipperich, Sabina Gottschlich,
Lisa Kohler, Gawain Thimm und Isabell Wegner**

Wenngleich nicht von der Hand zu weisen ist, dass es über die Rechtsstaatlichkeit **484** der DDR einen fortdauernden Diskurs gibt, ist indessen nicht abzustreiten, dass es eine Reihe von Maßnahmen durch die Ermittlungsbehörden gab, die eindeutig nicht mit den Grundsätzen eines Rechtsstaates vereinbar sind.[128] Zu nennen sind dabei insbesondere die verschiedenen Abhörmaßnahmen durch das MfS, welche heute nur unter strengen Voraussetzungen (geregelt z.b. in §§ 100a, c StPO) stattfinden dürfen; ebenso Verhörmethoden in den Untersuchungshaftanstalten der DDR, die heute wohl als verbotene Vernehmungsmethoden gem. § 136a Abs. 1, 2 StPO zu klassifizieren wären. Zudem liegt die Informationserhebung in allen Fällen deutlich mehr als 20 Jahre zurück. Offen ist daher, inwiefern genau sichergestellt werden kann, dass eine entsprechende Beweiserhebung nach den heutigen Regeln als rechtmäßig einzustufen wäre. Aber auch das generelle Auseinanderfallen von den Mitteln der Informationserhebung und Rechtsstaatlichkeit schließt nicht zwingend eine Verwendung im Strafprozess aus,[129] im Zusammenhang mit der Verwendung von Unterlagen im Sinne des § 23 Abs. 1 müssen die entsprechenden Verwertungsverbote dennoch besondere Beachtung finden.

## II. Zu Abs. 2

Abs. 2 regelt die Verwendung anderer Unterlagen für Zwecke der Strafverfolgung **485** und Gefahrenabwehr. Bei etwa einem Fünftel der bearbeiteten Anträge zu diesen Zwecken handelt es sich um Rechtshilfeersuchen aus dem Ausland.[130] Im Zeitraum 2007–2009 kamen ca. 87 % dieser Ersuchen aus den USA.[131]

---

[128] *R. Wassermann,* NJW 1997, 2152, 2153; *H. Sendler,* ZRP 1993, 1, 4; *I. Müller,* NJ 1992, 281, 282.

[129] *J. Rapp-Lücke,* in: Geiger/Klinghardt, StUG, 2. Aufl. 2006, § 23 Rn. 8, die auf „das Rechtsstaatsprinzip des Grundgesetzes verweist, das gebietet, im Strafverfahren den wahren Sachverhalt zu ermitteln, weil nur auf seiner Basis das materielle Schuldprinzip verwirklicht werden kann (vgl. insbesondere §§ 152 Abs. 2, 160, 163 Abs. 1, 163a Abs. 2 und 244 Abs. 2 StPO)."

[130] Im Berichtszeitraum 2007–2009 wurden 182 Ersuchen bearbeitet. Dabei handelt es sich bei 31 Ersuchen um solche zur Rechtshilfe. Vgl. dazu den Neunten Tätigkeitsbericht der BStU, 2009, S. 52.

[131] Zu den Antragszahlen, die dem berechneten Prozentsatz zugrunde liegen, vgl. den Neunten Tätigkeitsbericht der BStU, 2009, S. 52.

**Sandra Franz, Inga Gipperich, Sabina Gottschlich,
Lisa Kohler, Gawain Thimm und Isabell Wegner**

## § 23

### 1. Andere Unterlagen

**486** Der Begriff der „anderen Unterlagen" ist in Abgrenzung zu den Unterlagen i.S.d. Abs. 1 zu bestimmen. Dieser erfasst nur Unterlagen, die Informationen über Betroffene und Dritte enthalten. Andere Unterlagen nach Abs. 2 sind also Unterlagen, die keine Informationen über Betroffene und Dritte beinhalten.[132] Stattdessen enthalten sie Informationen über Mitarbeiter (vgl. § 6 Rn. 141 ff.) oder Begünstigte (vgl. § 6 Rn. 160 ff.) des Staatssicherheitsdienstes oder weisen keinen Personenbezug auf.[133]

### 2. Verwendung zum Zwecke der Strafverfolgung

**487** Verwendet werden dürfen diese anderen Unterlagen nach Abs. 2 Alt. 1 sowohl für die Strafverfolgung in Deutschland als auch im Ausland. Bei der Strafverfolgung im Ausland erfolgt die Verwendung der Unterlagen im Rahmen der Rechtshilfe.

#### a ) Verfolgung anderer Straftaten in Deutschland

**488** Unterlagen nach Abs. 2 dürfen zur Verfolgung anderer Straftaten verwendet werden. Andere Straftaten sind grundsätzlich solche, die nicht in Abs. 1 S. 1 Nr. 1 lit. a–d aufgezählt werden.[134] Allerdings beschränkt sich die Verwendungserlaubnis für andere Unterlagen gerade nicht auf die Straftaten, für deren Verfolgung die Unterlagen der Betroffenen und Dritten nach Abs. 1 verwendet werden dürfen. Vielmehr soll die Verwendung anderer Unterlagen für die Verfolgung aller Straftaten gewährleistet sein. Dies folgt jedoch nicht aus der Formulierung, dass andere Unterlagen „auch" verwendet werden dürfen.[135] Diese Formulierung besagt lediglich, dass eine Verwendung anderer Unterlagen neben der Verwendung von Unterlagen mit Informationen über Betroffene und Dritte möglich ist. Daraus resultiert aber noch nicht, dass die Verfolgung auch anderer Straftaten, als der in Abs. 1 S. 1 Nr. 1 lit. a–d aufgeführten, erlaubt ist. Zu diesem Ergebnis gelangt man jedoch mithilfe einer Auslegung des § 23.

**489** Im Rahmen einer teleologischen Auslegung des § 23 muss berücksichtigt werden, dass dieser die Verwendung von Unterlagen zum Zwecke der Strafverfolgung anhand der verschiedenen Personengruppen unterscheidet. Die Verwendung der Unter-

---

[132] *J. Rapp-Lücke*, in: Geiger/Klinghardt, StUG, 2. Aufl. 2006, § 23 Rn. 1, 23; so letztlich auch Weberling, StUG, 1993, § 23 Rn. 3.

[133] BT-Drucks. 12/723, 24; Schmidt/Dörr, StUG, 1993, § 23 Rn. 13; Stoltenberg, StUG, 1992, § 23 Rn. 18; Weberling, StUG, 1993, § 23 Rn. 3.

[134] *J. Rapp-Lücke*, in: Geiger/Klinghardt, StUG, 2. Aufl. 2006, § 23 Rn. 24.

[135] Diesen Standpunkt vertritt aber gerade Weberling, StUG, 1993, § 23 Rn. 3.

**Sandra Franz, Inga Gipperich, Sabina Gottschlich,
Lisa Kohler, Gawain Thimm und Isabell Wegner**

lagen mit Informationen über Betroffene und Dritte (Abs. 1) ist ausschließlich für die Verfolgung von solchen Straftaten, die in Nr. 1 lit a–d aufgezählt werden, möglich und insofern im Hinblick auf die besonderen Schutzwürdigkeit dieser Personengruppe eingeschränkt (Rn. 438). Dagegen ist die Personengruppe der Mitarbeiter und Begünstigten aufgrund ihrer engen Verbindung zum Staatssicherheitsdienst weniger schutzwürdig[136] (vgl. dazu § 6 Rn. 141 ff.). Für die Verwendung der Unterlagen nach § 23 bedeutet dies, dass die Strafverfolgung mithilfe der Informationen über Mitarbeiter und Begünstigte in größerem Umfang möglich sein sollte, als bei den Betroffenen und Dritten. Demgemäß beinhaltet Abs. 2 eine Verwendungserweiterung hinsichtlich des Umfangs der Strafverfolgung: Während Abs. 1 nur die Verwendung zur Strafverfolgung berücksichtigt, können andere Unterlagen nach Abs. 2 zur Verfolgung von Straftaten einschließlich der Rechtshilfe verwendet werden.

Ferner dürfen andere Unterlagen verwendet werden, „soweit dies erforderlich ist". Dagegen dürfen die Unterlagen nach Abs. 1 nur „in dem erforderlichen Umfang" verwendet werden. Der Umfang der Verwendung von Unterlagen mit Informationen über Betroffene und Dritte ist also begrenzt. Indessen können andere Unterlagen in unbegrenztem Umfang verwendet werden[137], sofern die Anfangsvoraussetzung der Erforderlichkeit der Verwendung erfüllt ist. Auch aus diesen unterschiedlichen Gesetzesformulierungen lässt sich eine Verwendungserweiterung hinsichtlich anderer Unterlagen ableiten. Letztlich würde es dann zu Wertungswidersprüchen führen, wenn die Verwendung anderer Unterlagen ausgerechnet für die Verfolgung von Straftaten nach Abs. 1, welche besonders schwerwiegende Delikte darstellen[138], ausgeschlossen wäre und die Verwendung eingeschränkt sein würde. Folglich entspricht es dem Sinn und Zweck des § 23 nur, dass Unterlagen ohne Personenbezug oder solche mit Informationen über Mitarbeiter oder Begünstigte des Staatssicherheitsdienstes zur Verfolgung aller Straftaten verwendet werden dürfen.[139] Im Vergleich zu der Verwendung von Unterlagen von Betroffenen und Dritten (Abs. 1)

---

[136] Schmidt/Dörr, StUG, 1993, § 23 Rn. 13.

[137] Die Gegenansicht, dass andere Unterlagen ebenfalls nur in dem erforderlichen Umfang verwendet werden dürfen, vertritt *J. Rapp-Lücke*, in: Geiger/Klinghardt, StUG, 2. Aufl. 2006, § 23 Rn. 23.

[138] Schmidt/Dörr, StUG, 1993, § 23 Rn. 2, 4; Weberling, StUG, 1993, § 23 Rn. 2.

[139] Im Ergebnis so auch: *J. Rapp-Lücke*, in: Geiger/Klinghardt, StUG, 2. Aufl. 2006, § 23 Rn. 24; Schmidt/Dörr, StUG, 1993, § 23 Rn. 13; Stoltenberg, StUG, 1992, § 23 Rn. 19; Stoltenberg/Bossack, StUG, 2012, § 23 Rn. 19.

**Sandra Franz, Inga Gipperich, Sabina Gottschlich,**
**Lisa Kohler, Gawain Thimm und Isabell Wegner**

dürfen andere Unterlagen nach Abs. 2 also in erheblich größerem Umfang zur Strafverfolgung genutzt werden.[140]

### b ) Rechtshilfe im Rahmen der Verfolgung anderer Straftaten im Ausland

**490** Andere Unterlagen dürfen zur Verfolgung von Straftaten insbesondere auch zur Rechtshilfe in Strafsachen verwendet werden. Die Möglichkeit der Rechtshilfe besteht für ausländische Strafverfolgungsbehörden jedoch nur im Rahmen des Abs. 2. Von dieser Verwendung ausgeschlossen sind also Betroffenen- und Drittenunterlagen, da die Möglichkeit der Rechtshilfe in Abs. 1 im Gegensatz zu Abs. 2 nicht ausdrücklich erwähnt wird.[141] Die Rechtshilfe in Strafsachen ist die internationale Zusammenarbeit von Staaten zur Aufklärung von Straftaten auf Ersuchen eines Staates.[142] Sie setzt sich im Wesentlichen aus drei Säulen zusammen: Auslieferung, Rechtshilfe und Vollstreckungshilfe.[143] Vorschriften dazu enthalten das Gesetz über die internationale Rechtshilfe (IRG) und die Richtlinien für den Verkehr mit dem Ausland in strafrechtlichen Angelegenheiten (RiVASt).[144] Auslieferung ist die Überstellung eines Beschuldigten zur Strafverfolgung oder Strafvollstreckung in den ersuchenden Staat, wenn sich dieser im Gebiet eines anderen Staates aufhält und sich nicht freiwillig in den Staat begibt, der die Strafe verhängen oder vollstrecken will.[145] Sonstige Rechtshilfe im Sinne der IRG ist gem. § 59 Abs. 2 IRG jede Unterstützung, die für ein ausländisches Verfahren in einer strafrechtlichen Angelegenheit gewährt wird. Die sonstige Rechtshilfe wird auch als „kleine Rechtshilfe" bezeichnet.[146] Zu dieser Form der Rechtshilfe zählt u.a. die Weitergabe von Informationen oder Herausgabe von Gegenständen.[147] Vollstreckungshilfe i.S.d §§ 48 ff. IRG

---

[140] Stoltenberg/Bossack, StUG, 2012, § 23 Rn. 12; Stoltenberg, StUG, 1992, § 23 Rn. 18.

[141] Elfter Tätigkeitsbericht des BStU, 2013, S. 52; *J. Rapp-Lücke*, in: Geiger/Klinghardt, StUG, 2. Aufl. 2006, § 23 Rn. 25; Schmidt/Dörr, StUG, § 23 Rn. 14.

[142] Näheres unter https://www.bundesjustizamt.de/DE/Themen/Gerichte_Behoerden/Rechts hilfe_Strafsachen/Rechtshilfe_node.html (23.5.2013).

[143] *W. Schomburg*, NStZ 1992, 353, 354 ff.; weiter auch https://www.bundesjustizamt.de/ DE/Themen/Gerichte_Behoerden/Rechtshilfe_Strafsachen/Rechtshilfe_node.html (23.5.2013).

[144] *J. Rapp-Lücke*, in: Geiger/ Klinghardt, StUG, 2. Aufl. 2006, § 23 Rn. 25; Stoltenberg/ Bossack, StUG, 2012, § 23 Rn. 13.

[145] *N. Wilkitzki*, Die Entstehung des Gesetzes über Internationale Rechtshilfe in Strafsachen (IRG), 2010, S. 9; *T. Weigend*, JuS 2000, 105 ff.

[146] *N. Wilkitzki*, Die Entstehung des Gesetzes über Internationale Rechtshilfe in Strafsachen (IRG), 2010, S. 12.

[147] *N. Wilkitzki*, Die Entstehung des Gesetzes über Internationale Rechtshilfe in Strafsachen (IRG), 2010, S. 12; Die Weitergabe von personenbezogenen Daten ist in § 61a IRG und die Herausgabe von Gegenständen in § 66 IRG geregelt.

**Sandra Franz, Inga Gipperich, Sabina Gottschlich, Lisa Kohler, Gawain Thimm und Isabell Wegner**

umfasst Rechtshilfemaßnahmen, die Deutschland zur Unterstützung eines ausländischen Verfahrens vornimmt, indem die ausländischen Erkenntnisse in Deutschland vollstreckt werden.[148] Bei der Rechtshilfe in Strafsachen unter Verwendung der Stasi-Unterlagen nach Abs. 2 kommt die sonstige Rechtshilfe als einzige der drei Säulen der Rechtshilfe zur Anwendung. So werden für die Ermittlungen der ausländischen Behörden in Bereichen der NS-Verbrechen, Terroranschläge[149] und anderen Straftaten[150] Informationen und Hinweise zu verdächtigten Personen bei dem Bundesbeauftragten angefragt.

Im Rahmen der Rechtshilfe muss allerdings beim Umgang mit den Informationen aus den Unterlagen des Staatssicherheitsdienstes ein ausreichender Datenschutz gewährleistet sein. Dies weist jedoch aufgrund der Gegenläufigkeit der Verpflichtungen, die sich im Rahmen der Rechtshilfe und des Datenschutzes ergeben, Schwierigkeiten auf: Die Rechtshilfe dient dem Austausch von Daten und soll die Datenübermittlung vereinfachen, indem ein freier, internationaler Datenfluss gewährleistet wird. Dahingegen dient der Datenschutz, als Ausprägung des allgemeinen Persönlichkeitsrechts, letztlich dazu, die grenzüberschreitende Datenübermittlung zu erschweren.[151] Auch das rechtshilfeersuchende Land sieht aber i.d.R. datenschutzrechtliche Regelungen vor, sodass eine Übermittlung von personenbezogenen Daten grundsätzlich stattfinden kann, ohne dass Betroffene durch den Umgang mit den Unterlagen durch ausländische Behörden, in ihrem allgemeinen Persönlichkeitsrecht beeinträchtigt werden. Problematisch ist die grenzüberschreitende Weitergabe von Informationen allerdings im Hinblick auf die unterschiedlichen Datenschutzniveaus der einzelnen Länder.[152] Sofern das rechtshilfeersuchende Land geringere Datenschutzanforderungen als Deutschland vorsieht, besteht eine nicht unerhebliche Gefahr einer Beeinträchtigung des allgemeinen Persönlichkeitsrechts der betroffenen

**491**

---

[148] *N. Wilkitzki*, Die Entstehung des Gesetzes über Internationale Rechtshilfe in Strafsachen (IRG), 2010, S. 12.

[149] So wurden zur Aufklärung des Terroranschlags in Bologna von 1980 Informationen zu einem DDR-Aufenthalt von verdächtigen Personen angefragt, so der Zehnte Tätigkeitsbericht der BStU, 2011, S. 59.

[150] So konnte eine ehemalige KZ-Wärterin anhand des von der BStU ausgewerteten Bildmaterials überführt werden, nachdem sie ihre frühere Verbundenheit zum Nationalsozialismus bei der Einwanderung in die USA verschwiegen hatte, weitere Informationen dazu im Achten Tätigkeitsbericht der BStU, 2007, S. 47.

[151] Vgl. zum Ganzen: *N. Bodenschatz*, Der europäische Datenschutzstandard, 2010, S. 207; *B. Schlink*, NVwZ 1986, 249 ff.

[152] Stoltenberg, StUG, 1992, § 23 Rn. 19; *N. Bodenschatz*, Der europäische Datenschutzstandard, 2010, S. 208.

**Sandra Franz, Inga Gipperich, Sabina Gottschlich,
Lisa Kohler, Gawain Thimm und Isabell Wegner**

Personen.[153] Im Vergleich zu Deutschland gibt es wohl kein anderes Land, welches einen ähnlich ausgeprägten Datenschutz aufweisen kann.[154] Das erste allgemeine Datenschutzgesetz der Welt wurde in Deutschland vom Bundesland Hessen verabschiedet.[155] Auch schon auf verfassungsrechtlicher Ebene findet der Datenschutz in den verschiedenen Ausprägungen des Allgemeinen Persönlichkeitsrechts besondere Berücksichtigung.[156] Hintergrund dieses umfassenden Datenschutzes ist der besonders perfide Umgang mit personenbezogenen Daten in der Vergangenheit.[157] So sammelte sowohl die Diktatur des Nationalsozialismus, als auch das Unrechtsregime der DDR maßlos Informationen über ihre Bürger.[158]

492     Auch wenn Deutschland sehr hohe Datenschutzanforderungen stellt, ist deren Umsetzung aber gerade im grenzüberschreitenden Datenverkehr problematisch, wenn die ersuchenden Länder diese nicht teilen. Die Mitgliedstaaten der Europäischen Union haben ein vergleichbar hohes Datenschutzniveau.[159] Daraus folgt, dass Übermittlungen an europäische Behörden erfolgen können, ohne dass durch deren Umgang mit den Unterlagen eine Beeinträchtigung des Allgemeinen Persönlichkeitsrechts einhergeht.[160] Bei Drittstaaten ist ein vergleichbares Datenschutzniveau regelmäßig nicht vorhanden. Für die Angemessenheit des Datenschutzniveaus der einzelnen Länder können die nach Art. 25 DSRL möglichen Feststellungen der EU-Kommission herangezogen werden, die das Datenschutzniveau mit europäischen Standards vergleicht.[161] Für einige Länder hat die EU-Kommission verbindlich festgestellt, dass diese ein ausreichendes Datenschutzniveau gewährleisten.[162] Bei der

---

[153] Stoltenberg, StUG, 1992, § 23 Rn. 19; *N. Bodenschatz*, Der europäische Datenschutzstandard, 2010, S. 208.

[154] *J. Masing*, NJW 2012, 2305 ff.

[155] *P. Gola/C. Klug/B. Körffer*, in: Gola/Schomerus, BDSG, 12. Aufl. 2015, Einleitung Rn. 1.

[156] Vgl. *L. Michael/M. Morlok*, Grundrechte, 6. Aufl. 2017, Rn. 426; *J. Masing*, NJW 2012, 2305 ff.

[157] *J. Masing*, NJW 2012, 2305 ff.

[158] *J. Masing*, NJW 2012, 2305 ff.

[159] http://www.bfdi.bund.de/nn_530440/DE/Themen/Arbeit/Arbeitnehmerdatenschutz/Artikel/ Personal datenflussInternKonzern.html (9.6.2013).

[160] *N. Bodenschatz*, Der europäische Datenschutzstandard, 2010, S. 208; http://www.bfdi.bund. de/nn_530440/DE/Themen/Arbeit/Arbeitnehmerdatenschutz/Artikel/ PersonaldatenflussInternKonzern.html (9.6.2013).

[161] *A. Di Martino*, Datenschutz im europäischen Recht, 2005, S. 67.

[162] Ein ausreichendes Datenschutzniveau wurde bislang für 12 Staaten festgestellt, darunter sind u.a. Argentinien, Australien, Kanada, Schweiz und Neuseeland. Für nähere Informationen vgl. *G. Schröder*, Datenschutzrecht für die Praxis, 2012, 5. Kap. 4. c); *N. Bodenschatz*, Der europäische Datenschutzstandard, 2010, S. 214; *A. Di Martino*, Datenschutz im europäischen Recht, 2005, S. 67; Die Entscheidungen zur Angemessenheit der Datenschutz-

**Sandra Franz, Inga Gipperich, Sabina Gottschlich,
Lisa Kohler, Gawain Thimm und Isabell Wegner**

Übermittlung von Informationen an diese Länder sind personenbezogene Daten wohl angemessen geschützt. Jedoch weist die überwiegende Anzahl der Länder kein angemessenes Datenschutzniveau auf. Auch die USA, welche einen Großteil der Rechtshilfeersuchen an die BStU stellen, können grundsätzlich kein hinreichendes Datenschutzniveau aufweisen[163]. Die USA lehnen die Einführung eines allgemeinen Datenschutzgesetzes ab und bevorzugen stattdessen eine Regulierung durch spezifisches Fallrecht, welches nicht dem europäischen Rechtssystem entspricht.[164] Zudem fällt eine Abwägung zwischen dem Allgemeinen Persönlichkeitsrecht und der Informationsfreiheit in den USA häufig zugunsten der Informationsfreiheit aus.[165]

Insofern besteht in den meisten Fällen der Übermittlung von Unterlagen des Staatsicherheitsdienstes an andere Länder die Gefahr einer Beeinträchtigung des Allgemeinen Persönlichkeitsrechts der betroffenen Personen.

Trotz der Gefahr einer Grundrechtsbeeinträchtigung sieht das StUG aber keine Möglichkeiten vor, die Entscheidung über die Weitergabe von Informationen vom Datenschutzniveau des jeweiligen Landes abhängig zu machen.[166] Vielmehr muss der Bundesbeauftragte dem jeweiligen Ersuchen nachkommen, sofern die Rechtshilfe zur Verfolgung von Straftaten erforderlich ist.[167] Es ist ihm verwehrt, die Übermittlung von Informationen mit der Begründung eines nicht hinreichenden Datenschutzniveaus abzulehnen.[168] Im Falle einer solchen Ablehnungsoption hätte die Rechtshilfe aufgrund des hohen Datenschutzniveaus in Deutschland allerdings auch nur noch einen kleinen Anwendungsbereich. Nur wenige Länder können dieses hohe Datenschutzniveau erreichen (vgl. Rn. 492), sodass der Bundesbeauftragte in fast allen Fällen ein Rechtshilfeersuchen ablehnen müsste. Dies würde aber gerade der Verwendungserweiterung des Abs. 2 (vgl. Rn. 489) widersprechen. Insofern sollte dem Bundesbeauftragten eine Ablehnungsbefugnis nicht zugestanden werden.

**493**

---

niveaus sind abrufbar unter http://ec.europa.eu/justice/data-protection/document/international-transfers/adequacy/index_en.htm (3.6.2013).

[163] *N. Bodenschatz*, Der europäische Datenschutzstandard, 2010, S. 216 ff.; *G. Schröder*, Datenschutz für die Praxis, 2012, 5. Kap. 4. d); *A. Di Martino*, Datenschutz im europäischen Recht, 2005, S. 68.

[164] *N. Bodenschatz*, Der europäische Datenschutzstandard, 2010, S. 216; *A. Di Martino*, Datenschutz im europäischen Recht, 2005, S. 69.

[165] Der Datentransfer ist ausnahmsweise möglich, wenn die rechtshilfesuchende Stelle sich freiwillig zur Einhaltung der Safe-Harbor-Principles verpflichtet. Vgl. dazu *N. Bodenschatz*, Der europäische Datenschutzstandard, 2010, S. 216 ff.; *A. Di Martino*, Datenschutz im europäischen Recht, 2005, S. 68.

[166] Vgl. Stoltenberg/Bossack, StUG, 2012, § 23 Rn. 13; Stoltenberg, StUG, 1992, § 23 Rn. 19.

[167] Stoltenberg/Bossack, StUG, 2012, § 23 Rn. 13; Stoltenberg, StUG, 1992, § 23 Rn. 19.

[168] Stoltenberg/Bossack, StUG, 2012, § 23 Rn. 13; Stoltenberg, StUG, 1992, § 23 Rn. 19.

**Sandra Franz, Inga Gipperich, Sabina Gottschlich,
Lisa Kohler, Gawain Thimm und Isabell Wegner**

**494** Der Bundesbeauftragte darf nach den bisherigen gesetzlichen Regelungen die Entscheidung über die Übermittlung von Informationen auch nicht von der Einhaltung erteilter Auflagen an das jeweilige Land abhängig machen.[169] Die Möglichkeit Auflagen zu erteilen, ist im Vergleich zu einer Ablehnungsbefugnis allerdings weniger eingriffsintensiv. Fraglich ist insofern, ob dem Bundesbeauftragten diese Befugnis oder die Befugnis vergleichbare Schutzvorkehrungen zu treffen, nicht doch einzuräumen sein sollte. Schließlich wurden sowohl in der europäischen Datenschutzrichtlinie (DSRL), als auch im BDSG bei der Übermittlung von personenbezogenen Daten ins Ausland (vgl. § 4b BDSG) Schutzvorkehrungen vorgesehen. Nach § 4b Abs. 2 S. 2 BDSG hat die Übermittlung zu unterbleiben, wenn beim Empfänger kein angemessenes Datenschutzniveau gewährleistet ist. Zwar ist die Geltung dieser Vorschrift gem. § 43 für die Übermittlung von Unterlagen des Staatssicherheitsdienstes ausgeschlossen.[170] Jedoch kann aus der Existenz dieser Vorschrift im BDSG abgeleitet werden, dass ein Bedarf an Schutzvorkehrungen durchaus besteht. Ebenso unterbleibt eine Übermittlung personenbezogener Daten nach Art. 25 Abs. 1 DSRL grundsätzlich, wenn ein angemessenes Datenschutzniveau nicht gewährleistet ist.[171] Problematisch ist bei der Erteilung von Auflagen an andere Staaten allerdings, dass die Souveränität dieser berührt wird. Staatliche Souveränität beinhaltet die Unabhängigkeit staatlichem Handelns nach innen und außen.[172] Die innere Souveränität hat zur Folge, dass der jeweilige Staat der höchste Herrschaftsverband ist und er Entscheidungen für seine Angehörigen (Personalhoheit) und auf seinem Gebiet (Gebietshoheit) trifft.[173] Die innere Souveränität als Recht des Staates, eigene Angelegenheiten auch selbst letztverbindlich zu regeln, beinhaltet gleichzeitig das Verbot der Einmischung[174] in solche Angelegenheiten für andere Staaten. Insofern kann grundsätzlich jeder Staat das Datenschutzniveau selbst bestimmen, ohne bestimmte Datenschutzregelungen von anderen Staaten oktroyiert zu bekommen. Jedoch lässt sich der Souveränitätsgedanke im heutigen Völkerrecht so nicht mehr tragen: Eine unbeschränkte Freiheit der Staaten lässt sich aufgrund der zahlreichen internationalen Verträge und Verbindungen der Staaten nicht mehr aufrechterhal-

---

[169] Stoltenberg/Bossack, 2012, § 23 Rn. 13; Stoltenberg, StUG, 1992, § 23 Rn. 19.

[170] Stoltenberg/Bossack, 2012, § 23 Rn. 13; Stoltenberg, StUG, 1992, § 23 Rn. 19.

[171] *N. Bodenschatz*, Der europäische Datenschutzstandard, 2010, S. 210; *A. Di Martino*, Datenschutz im europäischen Recht, 2005, S. 64.

[172] *K. Bautze*, Völkerrecht, 2012, S. 156; *M. Payandeh*, in: Krüper, Grundlagen des Rechts, 2. Aufl. 2013, § 4 Rn. 13.

[173] *M. Payandeh*, Allgemeine Staatslehre, in: Krüper, Grundlagen des Rechts, 2. Aufl. 2013, S. 91.

[174] *K. Bautze*, Völkerrecht, 2012, S. 156.

**Sandra Franz, Inga Gipperich, Sabina Gottschlich,
Lisa Kohler, Gawain Thimm und Isabell Wegner**

ten.[175] Statt der Staatssouveränität beherrschen Kooperation und die Anerkennung fremder Hoheitsrechte das Völkerrecht.[176] Dementsprechend erscheint die Erteilung von Auflagen doch nicht unmöglich zu sein. Jedoch sollten nur solche Auflagen erteilt werden können, die im Zusammenhang mit den konkret übermittelten Daten stehen und deren Verwendung betreffen. Schließlich würde eine uneingeschränkte Auflagenerteilung eine ähnliche weite Befugnis darstellen wie eine Ablehnung. Sie würden häufig nicht eingehalten werden können und Rechtshilfe würde selten tatsächlich stattfinden. Die Möglichkeit der eingeschränkten Erteilung von Auflagen an Staaten mit einem nicht angemessenen Datenschutzniveau würde dem Schutz des Allgemeinen Persönlichkeitsrechts im Rahmen der Rechtshilfe dienen und die bisherige Gesetzeslücke schließen.[177]

Im Rahmen der Rechtshilfe ist nicht nur die Verfolgung von Straftaten im Zusammenhang mit dem Staatssicherheitsdienst durch andere Sicherheits-, Strafverfolgung- und Strafvollzugsbehörden sowie Gerichte von Bedeutung, sondern auch die Verfolgung von Straftaten im Zusammenhang mit dem nationalsozialistischen Regime. Dabei findet die Strafverfolgung aufgrund der Errichtung von Konzentrationslagern außerhalb Deutschlands und der Flucht der Betroffenen in andere Länder gerade auch im Ausland statt. **495**

Insofern ist die Möglichkeit der Rechtshilfe in diesem Bereich hilfreich. Jedoch besteht die Möglichkeit der Rechtshilfe nur für Unterlagen mit Informationen über Mitarbeiter und Begünstigte des Staatssicherheitsdienstes. Personen, die sich einer Straftat im Zusammenhang mit dem Nationalsozialismus verdächtigt gemacht haben, sind aber selten auch Begünstigte oder Mitarbeiter des Staatssicherheitsdienstes gewesen, sodass die entsprechenden Rechtshilfeersuchen abgelehnt werden müssen.[178]

---

[175] K. *Bautze*, Völkerrecht, 2012, S. 156; A. *di Martino*, Datenschutz im europäischen Recht, 2005, S. 62.
[176] M. *Morlok/L. Michael*, Staatsorganisationsrecht, 2013, Rn. 565; vgl. auch M. *Herdegen*, Völkerrecht, 16. Aufl. 2017, § 28 Rn. 7.
[177] Diese Gesetzeslücke sieht auch Stoltenberg, StUG, 1992, § 23 Rn. 19; so auch Stoltenberg/Bossack, StUG, 2012, § 23 Rn. 19.
[178] Im Zeitraum 2011–2012 mussten drei Ersuchen des polnischen Instituts des nationalen Gedenkens dementsprechend abgelehnt werden, vgl. dazu den Elften Tätigkeitsbericht des BStU, 2013, S. 53; problematisch sieht dies Stoltenberg/Bossack, StUG, § 23 Rn. 15.

**Sandra Franz, Inga Gipperich, Sabina Gottschlich,
Lisa Kohler, Gawain Thimm und Isabell Wegner**

## § 23

### 3. Verwendung zum Zwecke der Gefahrenabwehr

**496** Unterlagen mit Informationen über Mitarbeiter und Begünstigte dürfen nicht nur zur Strafverfolgung, sondern auch zur Gefahrenabwehr verwendet werden. Dabei ist das Vorliegen einer erheblichen Gefahr für die öffentliche Sicherheit notwendig. Ferner sollen die Unterlagen insbesondere auch zur Verhütung von Straftaten verwendet werden dürfen. Diese Regelung findet sich auch in Abs. 1 S. 1 Nr. 2 für die Verwendung der Unterlagen mit Informationen über Betroffene und Dritte wieder. Dabei wird jedoch das Vorliegen einer drohenden erheblichen Gefahr vorausgesetzt.[179] Ferner soll die Verwendung auch zur Verhütung „drohender" Straftaten möglich sein. Bei der Verwendung anderer Unterlagen zur Gefahrenabwehr wurde in Abs. 2 auf die Voraussetzung „drohend" verzichtet. Daraus lässt sich ableiten, dass die Anforderungen an die Unmittelbarkeit und die Wahrscheinlichkeit des Schadenseintritts bei Abs. 2 deutlich geringer sind.[180] Informationen über Mitarbeiter und Begünstigte können also zur Abwehr einer Gefahr oder Verhütung von Straftaten schon zu einem früheren Zeitpunkt verwendet werden, als es bei Informationen über Betroffene und Dritte möglich ist. Der Eintritt einer Gefahr oder das Begehen einer Straftat muss für die Verwendung der Informationen über Mitarbeiter und Begünstigte noch nicht unmittelbar bevorstehen.[181] Die Verwendungserweiterung des Abs. 2 entspricht der herabgesetzten Schutzbedürftigkeit dieser Personengruppe (vgl. Rn. 438, 489).

---

[179] *J. Rapp-Lücke*, in: Geiger/Klinghardt, StUG, 2. Aufl. 2006, § 23 Rn. 26; Schmidt/Dörr, StUG, 1993, § 23 Rn. 16; Stoltenberg, StUG, 1992, § 23 Rn. 20.

[180] Vgl. BGHSt 18, 272; *J. Rapp-Lücke*, in: Geiger/Klinghardt, StUG, 2. Aufl. 2006, § 23 Rn. 26; Schmidt/Dörr, StUG, 1993, § 23 Rn. 16.

[181] Stoltenberg, StUG, 1992, § 23 Rn. 20; Stoltenberg/Bossack, StUG, 2012, § 23 Rn. 16.

**Sandra Franz, Inga Gipperich, Sabina Gottschlich,
Lisa Kohler, Gawain Thimm und Isabell Wegner**

## § 24 Verwendung der dem Staatssicherheitsdienst überlassenen Akten von Gerichten und Staatsanwaltschaften

(1) Für die Verwendung der vom Bundesbeauftragten verwahrten Akten von Gerichten und Staatsanwaltschaften gelten anstelle der §§ 19 bis 21, 23, 25 bis 30 und 43 die jeweiligen gesetzlichen Verfahrensordnungen. § 5 Abs. 1 ist nicht anzuwenden, soweit es sich um Straftaten nach § 23 Abs. 1 Nr. 1 handelt.

(2) Der Bundesbeauftragte gibt auf Anforderung die in Absatz 1 Satz 1 genannten Unterlagen an Gerichte, Staatsanwaltschaften und Polizeibehörden, soweit sie als Hilfsorgane der Staatsanwaltschaft handeln, heraus. Die Unterlagen sind unverzüglich zurückzugeben, sobald sie für den Verwendungszweck nicht mehr benötigt werden.

*Literaturangaben: Bruns, Michael/Schröder, Michael/Tappert, Wilhelm, Das Strafrechtliche Rehabilitierungsgesetz: Ausgewählte Probleme (Teil 2), in: VIZ 1993, S. 177–186; Geiger, Hansjörg/Klinghardt, Heinz (Hrsg.), Stasi-Unterlagen-Gesetz, 2. Aufl., Stutgart 2006; Markovits, Inga, Gerechtigkeit in Lüritz – Eine ostdeutsche Rechtsgeschichte, München 2006; Meyer-Goßner, Lutz, Strafprozessordnung mit GVG und Nebengesetzen, 58. Aufl., München 2015; Mütze, Wolfgang, Sozialer Ausgleich oder Entschädigung?, in: VIZ 1992, S. 215 – 219; Riedel, Claudia/ Wallau, Rochus, Das Akteneinsichtsrecht des „Verletzten" in Strafsachen – und seine Probleme, in: NStZ 2003, S. 393–399; Schlothauer, Reinhold, Das Akteneinsichtsrecht des Verletzten nach dem Opferschutzgesetz vom 18.12.1986 und die Rechte des Beschuldigten, in: StV 1987, S. 356–360; Schmidt, Dietmar/Dörr, Erwin, Stasi-Unterlagen-Gesetz, Köln 1993; Simitis, Spiros, „Die Gauck-Behörde": Drei Jahre danach, in: NJW 1994, S. 99–101; Stoltenberg, Klaus/Bossack, Carolin, Stasi-Unterlagen-Gesetz, Baden-Baden 2012; Stoltenberg, Klaus, Die historische Entscheidung für die Öffnung der Stasi-Akten – Anmerkungen zum Stasi-Unterlagen-Gesetz, in: DtZ 1992, S. 65–71; Weber, Hermann/Mählert, Ulrich, Terror: Stalinistische Parteisäuberungen 1936 – 1953, Paderborn/München/Wien/Zürich 1998; Weberling, Johannes, Stasi-Unterlagen-Gesetz, Kommentar, Köln 1993.*

**Inga Gipperich, Lisa Kohler**

# § 24

## A. Vorbemerkung

### I. Entwicklung der Norm

**497** Die Vorschrift war im Gesetzentwurf zum StUG noch nicht vorgesehen und wurde auf Grund der Stellungnahme des Rechtsausschusses in den Gesetzbeschluss eingefügt.[1] Seither wurden im Rahmen der Gesetzesnovellierungen lediglich die Verweise auf andere Vorschriften in § 24 angepasst, die Norm selbst blieb jedoch unverändert.

### II. Einordnung in das StUG und Konzeption der Norm

**498** Durch die systematische Stellung im Unterabschnitt mit dem Titel „Verwendung der Unterlagen des Staatssicherheitsdienstes durch öffentliche und nicht öffentliche Stellen" wird deutlich, dass § 24 eine Aussage für die Verwendung von Justizakten für öffentliche und nicht öffentliche Stellen trifft. Dies geht aus dem Wortlaut der Vorschrift allerdings nicht unmittelbar hervor.[2] Für die im StUG definierten Personengruppen regelt sich der Zugang zu den Justizakten nach § 18.[3]

**499** Die Vorschrift basiert auf den gleichen Erwägungen wie § 18, korrespondiert zudem inhaltlich mit diesem und ist demnach die Parallelvorschrift zu § 18.[4] Den §§ 18 und 24 liegt die Intention zu Grunde, einen Kompromiss in Bezug auf die Einordnung von Justizakten zu treffen. Einerseits gehören diese in den Zuständigkeitsbereich der Justiz, da die bloße Überlassung der Akten an das MfS keine anderen Zugangs- und Verwendungsvorschriften erfordert als für sonstige Akten von Gerichten und Staatsanwaltschaften.[5] Andererseits werden Justizakten aber für die Zwecke der Aufarbeitung (§ 1 Rn. 59) benötigt, insbesondere um die Einflussnahme des MfS auf Gerichtsverfahren aufzuklären (z.B. im Rahmen eines Rehabilitierungsverfahrens), was durch eine zentrale Verwahrung der Akten beim BStU erleichtert wird.[6] Da das MfS regelmäßig im Auftrag der Partei und des Staates tätig wurde, finden sich auch in Justizakten Angaben und Erkenntnisse des Staatssicherheitsdienstes über die

---

[1] BT-Drucks. 12/1540, 30, 47 f.; *K. Stoltenberg*, DtZ 1992, 65, 69.

[2] So i.E. auch Stoltenberg/Bossack, StUG, 2012, § 24 Rn. 2.

[3] *K. Stoltenberg*, DtZ 1992, 65, 69; vgl. *J. Rapp-Lücke*, in: Geiger/Klinghardt, StUG, 2. Aufl. 2006, § 24 Rn. 1.

[4] BT-Drucks. 12/1540, 61; Stoltenberg, StUG, 1992, § 24 Rn. 1; Stoltenberg/Bossack, StUG, 2012, § 24 Rn. 1; vgl. *J. Rapp-Lücke*, in: Geiger/Klinghardt, StUG, 2. Aufl. 2006, § 24 Rn. 1; Schmidt/Dörr, StUG, 1993, § 24 Rn. 1.

[5] BT-Drucks. 12/1093, 33; BT-Drucks. 12/1540, 59 ff.; OVG Berlin-Brandenburg NJ 1993, 472 f.; *J. Rapp-Lücke*, in: Geiger/Klinghardt, StUG, 2. Aufl. 2006, § 24 Rn. 1.

[6] BT-Drucks. 12/1540, 59.

**Inga Gipperich, Lisa Kohler**

Verfahrensbeteiligten wieder.[7] Um beiden Gesichtspunkten hinreichend Rechnung zu tragen werden Justizakten zwar beim BStU gelagert (§ 37 Abs. 1 Nr. 3 lit. a), fallen unter den Unterlagenbegriff von § 6 Abs. 1 Nr. 2 und damit in den Geltungsbereich des StUG. Sie sind materiell-rechtlich jedoch gem. Abs. 1 S. 1 teilweise aus dem StUG herausgelöst und nach den jeweils anwendbaren gesetzlichen Verfahrensordnungen zu behandeln.[8]

### III. Besonderheiten der DDR-Justizakten

Die Charakterisierung der Unterlagen in § 6 Abs. 1 Nr. 2 als „dem Staatssicherheitsdienst überlassene Akten von Gerichten und Staatsanwaltschaften"[9] bedeutet nicht, dass es sich dabei um Justizakten nach bundesrepublikanischem Verständnis handelt, die lediglich dem MfS überlassen worden waren. Andernfalls ließe man die Unterschiede zwischen der Bundesrepublik und der DDR hinsichtlich der Ziele und der Arbeitsweise der Justiz, die den Inhalt der jeweiligen Justizakten prägen, außer Betracht.   **500**

Zunächst einmal lässt sich feststellen, dass die Justizakten beider Systeme in unterschiedlichem Umfang und mit unterschiedlicher Schwerpunktsetzung über die betreffende Rechtsfrage Auskunft geben. Neben den juristischen Streitfragen erstreckte sich die gerichtliche Zuständigkeit in der DDR, im Gegensatz zu der in der Bundesrepublik, auch auf die Lösung sozialer Probleme. Sind heutige bundesrepublikanische Verfahren eher auf die Klärung der dem Rechtsstreit zugrunde liegenden juristischen Frage gerichtet, so gehen die Inhalte der Justizakten der DDR deutlich darüber hinaus: Sie beginnen am Ursprung der Auseinandersetzung und hören zudem nicht immer an deren Ende auf, da sich die Richter häufig auch nach der Beilegung des Streits um die Belange der Parteien kümmerten.[10]   **501**

Das MfS, dessen Handeln die Vermutung der Rechtsstaatswidrigkeit nahelegt, wurde im DDR-Justizwesen in der Regel im Ermittlungsverfahren tätig.[11] Dementsprechend werden sich umfassende Ermittlungsergebnisse in den Stasi-Unterlagen wiederfinden. In den Gerichtsprozess und damit in die Justizakten werden in aller Regel aber lediglich die wesentlichen Ermittlungsergebnisse eingeführt.[12] Die   **502**

---

[7] S. *Simitis*, NJW 1994, 99 f.; ähnlich Schmidt/Dörr, StUG, 1993, § 24 Rn. 2.
[8] BT-Drucks. 12/1540, 59.
[9] Zur Problematik bezüglich der abweichenden Formulierung des § 24 StUG von der Legaldefinition in § 6 Abs. 1 Nr. 2 siehe Rn. 517 ff.
[10] *I. Markovits*, Gerechtigkeit in Lüritz – Eine ostdeutsche Rechtsgeschichte, 2006, S. 13 f.
[11] BT-Drucks. 12/ 1540, 59 f.
[12] BT-Drucks. 12/1540, 60.

**Inga Gipperich, Lisa Kohler**

rechtsstaatswidrigen Erhebungsmethoden des MfS wirken sich damit nur mittelbar auf den Prozess vor Gericht bzw. den Inhalt der Justizakten aus.

**503** Diese Herangehensweise lässt sich neben der Prägung durch das sozialistische System auch auf die Entstehungsgeschichte des Justizwesens der DDR zurückführen. Durch die ideologische Bereinigung des Justizwesens, bei der alle ehemaligen NSDAP-Mitglieder entlassen wurden und die zugleich Platz für neue Richter und Staatsanwälte schaffen sollte, verlor das System ca. 80 % seiner Richter und Staatsanwälte auf einmal.[13] Um die freigewordenen Stellen möglichst bald wieder besetzen zu können, wurden juristische Kurse eingeführt, mit deren Hilfe DDR-Bürger in einem Zeitraum von 6 Monaten bis 2 Jahren zum Staatsanwalt oder Richter werden konnte.[14] Um jedoch den akut bestehenden Personalmangel in der Justiz vorübergehend beheben zu können wurden Referendare, pensionierte Richter, Polizisten, andere Hüter öffentlicher Ordnung und sog. Volksrichter, „bewährte Antifaschisten, Arbeiter und Werktätige", ohne jede juristische Ausbildung bei Gericht eingesetzt.[15] Dies zog eine große Anzahl juristischer Laien im Gerichtssaal nach sich,[16] welche eher nach dem „gesunden Menschenverstand" und politischer Prämisse als nach der materiell vorliegenden Rechtslage Entscheidungen trafen.[17]

**504** Ziel eines gerichtlichen Prozesses war nicht nur die betreffende Rechtsfrage zu entscheiden, sondern auch die Beteiligten zu erziehen und eine gesellschaftliche Lösung des Streitfalles zu finden, wobei im Prozess stets auch Arbeitskollegen oder Nachbarn der Parteien als Beteiligte befragt wurden.[18] Durch diese Erziehungsaufgabe des Gerichts wurden die dort stattfindenden Prozesse überwiegend in Alltagssprache statt in der juristischen Fachterminologie geführt, was einen Gewinn an Verständlichkeit, aber einen Verlust an juristischer Präzision zur Folge hatte.[19]

**505** Der Prozess vor den Gerichten der DDR diente darüber hinaus als ideologische Ermahnung der Parteien. Dementsprechend wurden beispielsweise Ansprüche, die das politische Moralgefühl missbilligten, stets ohne Ansehung der materiellen Rechtslage abgewiesen.[20] Zudem wurde das Recht, insbesondere das Strafrecht, instrumen-

---

[13] *I. Markovits*, Gerechtigkeit in Lüritz – Eine ostdeutsche Rechtsgeschichte, 2006, S. 20.
[14] *I. Markovits*, Gerechtigkeit in Lüritz – Eine ostdeutsche Rechtsgeschichte, 2006, S. 20.
[15] *I. Markovits*, Gerechtigkeit in Lüritz – Eine ostdeutsche Rechtsgeschichte, 2006, S. 20.
[16] *I. Markovits*, Gerechtigkeit in Lüritz – Eine ostdeutsche Rechtsgeschichte, 2006, S. 14.
[17] *I. Markovits*, Gerechtigkeit in Lüritz – Eine ostdeutsche Rechtsgeschichte, 2006, S. 26.
[18] *I. Markovits*, Gerechtigkeit in Lüritz – Eine ostdeutsche Rechtsgeschichte, 2006, S. 14.
[19] *I. Markovits*, Gerechtigkeit in Lüritz – Eine ostdeutsche Rechtsgeschichte, 2006, S. 14.
[20] *I. Markovits*, Gerechtigkeit in Lüritz – Eine ostdeutsche Rechtsgeschichte, 2006, S. 30 ff.

**Inga Gipperich, Lisa Kohler**

talisiert,[21] um durch Zwangsmaßnahmen politisch schwankende Bürger auf der Linie der DDR zu halten, Gegner des Systems zu schwächen und sie dazu zu benutzen, den Einzelnen von der Alternativlosigkeit des Sozialismus zu überzeugen.[22] Beispielsweise wurde jedes Strafurteil als eine politische Handlung betrachtet.[23] Eine Straftat war schon deshalb verwerflich, wenn sie nach der Meinung der DDR-Führung das Prinzip des Sozialismus untergrabe.[24] Straftäter wurden je nach der begangenen Tat als Unterstützer oder Gegner des DDR-Systems klassifiziert, wobei eine generelle innere Ablehnung des Systems schon als Strafgrund ausreichte.[25] Das Recht hatte dementsprechend die Funktion inne dem System entgegengesetzte Tendenzen möglichst zu beseitigen, indem es jene, die sich absondern wollten, bestrafe um eine Anpassung und Integration des Einzelnen in das sog. „Kollektiv" zu ermöglichen.[26]

Auch wurden selbst banalste Konflikte in der DDR stets im globalen Zusammenhang des Kalten Krieges gesehen und als Ausdruck der Kollision zweier verschiedener politischer Systeme verstanden.[27] Aus der Gesamtheit der oben getätigten Ausführungen lässt sich die Schlussfolgerung ziehen, dass Justizakten der DDR deutlich mehr Informationen in detaillierterer Form über die Parteien eines Gerichtsverfahrens enthalten, als es in Justizakten der Bundesrepublik der Fall ist. Eine Verwendung der DDR-Akten im Hinblick auf das Persönlichkeitsrecht der Verfahrensbeteiligten ist daher in der Regel deutlich eingriffsintensiver als die Verwendung bundesrepublikanischer Justizakten. Für die Fälle in denen das MfS feststellbar zur Sachverhaltsermittlung bzw. Beweiserhebung beigetragen hat, ist die Beeinträchtigung des Allgemeinen Persönlichkeitsrechts der Verfahrensbeteiligten zusätzlich dadurch erhöht, dass dabei die Vermutung naheliegt, dass das MfS die Erkenntnisse auf rechtsstaatswidrige Art und Weise gewonnen hat. Durch den lediglich mittelbaren Einfluss derartiger Informationen (Rn. 502) wird regelmäßig die Persönlichkeitsbeeinträchtigung nicht in gleichem Ausmaß wie bei den übrigen Unterlagen des MfS i.S.d. StUG vorliegen. Deswegen ist die Persönlichkeitsbeeinträchtigung durch die rechtsstaatswidrigen Methoden des MfS nur eingeschränkt erhöht.

**506**

---

[21] Siehe hierzu *H. Weber*, in: Weber/Mählert, Terror: Stalinistische Parteisäuberungen 1936–1953, 1998, S. 468 ff., 482.

[22] *I. Markovits*, Gerechtigkeit in Lüritz – Eine ostdeutsche Rechtsgeschichte, 2006, S. 137.

[23] *I. Markovits*, Gerechtigkeit in Lüritz – Eine ostdeutsche Rechtsgeschichte, 2006, S. 129.

[24] *I. Markovits*, Gerechtigkeit in Lüritz – Eine ostdeutsche Rechtsgeschichte, 2006, S. 133.

[25] *I. Markovits*, Gerechtigkeit in Lüritz – Eine ostdeutsche Rechtsgeschichte, 2006, S. 136.

[26] *I. Markovits*, Gerechtigkeit in Lüritz – Eine ostdeutsche Rechtsgeschichte, 2006, S. 150 f.

[27] *I. Markovits*, Gerechtigkeit in Lüritz – Eine ostdeutsche Rechtsgeschichte, 2006, S. 133.

**Inga Gipperich, Lisa Kohler**

**IV. Anwendungsbereiche**

**507** Ein großer Teil des Justizaktenbestandes des BStU besteht aus Strafverfahrensakten, womit viele Anwendungsfälle der Norm im Bereich der strafrechtlichen Rehabilitierung von in der DDR zu Unrecht verurteilten Personen liegen.[28] Das hierfür maßgebliche Strafrechtliche Rehabilitierungsgesetz (StRehaG) als Teil des 1. SED-Unrechtsbereinigungsgesetzes (1. SED-UnBerG) fällt auch unter das Kriterium der „jeweiligen gesetzlichen Verfahrensordnung" in Abs. 1 S. 1.[29] Das zuständige Rehabilitierungsgericht, welches gem. § 10 Abs. 1 StRehaG eine Amtsermittlungspflicht trifft, kann ein Recht auf Akteneinsicht in Justizakten gem. Abs. 1 S. 1 i.V.m. § 474 Abs. 1 StPO geltend machen.[30] Dies kommt insbesondere dem ggf. zu Unrecht Verurteilten entgegen, da Beschuldigte in DDR-Strafverfahren regelmäßig nicht in den Besitz der Anklageschrift und des Urteils gelangten und somit oft Schwierigkeiten haben, ihren Rehabilitierungsantrag hinreichend zu substantiieren.[31] An eine erfolgreiche Rehabilitierung und damit die Aufhebung der zu Unrecht ergangenen Gerichtsentscheidung knüpfen Folgeansprüche, wie z.B. soziale Ausgleichsleistungen nach §§ 16 ff. StRehaG an.[32]

**508** Eine Verwendungsmöglichkeit von Justizakten zur Personalüberprüfung im Bereich der Justiz besteht jedoch nicht, da den hierfür zuständigen Stellen die gem. § 474 ff. StPO notwendige Verfahrensbeteiligung fehlt (Rn. 510) und nach Abs. 1 S. 1 ein Prüfungsrecht des BStU gem. §§ 20, 21 ausgeschlossen ist.[33] Vor dem Hintergrund, dass auch das Justizwesen in der DDR ideologisch geprägt war und die Justizakten oft unentbehrliche Informationen über die Verfahrensbeteiligung von Richtern und Staatsanwälten beinhalten, wird eine Verwendung für Personalüberprüfungen in der Justiz befürwortet.[34]

---

[28] *J. Rapp-Lücke*, in: Geiger/Klinghardt, StUG, 2. Aufl. 2006, § 24 Rn. 3 f.; vgl. *K. Stoltenberg*, DtZ 1992, 65, 69.

[29] *J. Rapp-Lücke*, in: Geiger/Klinghardt, StUG, 2. Aufl. 2006, § 24 Rn. 3.

[30] *J. Rapp-Lücke*, in: Geiger/Klinghardt, StUG, 2. Aufl. 2006, § 24 Rn. 5.

[31] *M. Bruns /M. Schröder/W. Tappert*, VIZ 1993, 177 ff.; s. auch die Begründung zu § 10 in: BT-Drucks. 12/1608, 21.

[32] *M. Bruns/M. Schröder/W. Tappert*, VIZ 1993, 177, 182; kritisch: *W. Mütze*, VIZ 1992, 215 ff.

[33] Vgl. *K. Stoltenberg*, DtZ 1992, 65, 70.

[34] Stoltenberg/Bossack, StUG, 2012, § 24 Rn. 5; *K. Stoltenberg*, DtZ 1992, 65, 70.

**Inga Gipperich, Lisa Kohler**

## B. Erläuterungen

## I. Zu Abs. 1

### 1. Die Verweisung auf die „jeweiligen gesetzlichen Verfahrensordnungen"

Abs. 1 S. 1 erklärt statt der §§ 19–21, 23, 25–30 und 43 die jeweiligen gesetzlichen **509** Verfahrensordnungen für anwendbar. Auf Grund der Mehrheit der Strafverfahrensakten im Justizaktenbestand des BStU wird in der Mehrheit der Fälle die StPO Anwendung finden[35] und die Akteneinsicht in diese regeln.[36]

Justizbehörden steht gem. § 474 Abs. 1 StPO ein Akteneinsichtsrecht zu, wenn dies **510** für die Zwecke der Rechtspflege erforderlich ist. Andere öffentliche Stellen können nur zu den im Katalog des § 474 Abs. 2 StPO aufgezählten Zwecken, welche im Allgemeinen sehr eng gefasst sind, Auskunft erlangen.[37] Die Verwendungsrechte präventiv tätiger Polizeibehörden richtet sich nach § 481 Abs. 1 StPO i.V.m. den jeweiligen Polizeigesetzen der Länder. Nachrichtendienste können gem. § 474 Abs. 2 S. 2 StPO i.V.m. § 18 BVerfSchG, § 10 MAD-Gesetz, § 8 BND-Gesetz und entsprechendem Landesrecht Akteneinsicht beantragen. Nicht-öffentliche Stellen können nur Einsicht nehmen unter den Voraussetzungen des § 475 Abs. 4, Abs. 1 StPO, welcher ein berechtigtes Interesse erfordert. Zudem scheidet gem. § 475 Abs. 1 S. 2 StPO eine Auskunftserteilung aus, wenn der davon Betroffene ein entgegenstehendes schutzwürdiges Interesse geltend machen kann.

Versagungsgründe können sich vor allem aus § 477 Abs. 2 StPO ergeben. Gem. **511** § 477 Abs. 2 S. 2 StPO dürfen Informationen nur beim Vorliegen bestimmter im Gesetz umschriebener Katalogtaten (z. B. §§ 100a, 100c StPO) ermittelt und ausschließlich zu den in § 477 Abs. 2 S. 2, 3 StPO abschließend aufgezählten Zwecken verwendet werden. Eine Ausnahme hierzu bildet der Fall einer Einwilligung durch die Person, über die diese Informationen vorliegen insoweit, dass die Unterlagen in diesen Fällen auch zu anderen als den aufgezählten Zwecken verwendet werden dürfen.[38] Diese Einschränkung müsste für die vom MfS rechtsstaatswidrig erhobenen

---

[35] Stoltenberg/Bossack, StUG, 2012, § 24 Rn. 3; *K. Stoltenberg*, DtZ 1992, 65, 69; vgl. *J. Rapp-Lücke*, in: Geiger/Klinghardt, StUG, 2. Aufl. 2006, § 24 Rn. 4.
[36] BGHSt 46, 261, 263 f.
[37] *J. Rapp-Lücke*, in: Geiger/Klinghardt, StUG, 2. Aufl. 2006, § 24 Rn. 5.
[38] *B. Schmitt*, in: Meyer-Goßner, StPO, 58. Aufl. 2015, § 477 Rn. 5a.

**Inga Gipperich, Lisa Kohler**

Informationen erst recht gelten, da eine Verwendung dieser deutlich eingriffs-intensiver ist als die in § 477 Abs. 2 S. 2 StPO aufgezählten Maßnahmen.[39]

**512** Die Aufzählung der nicht anwendbaren Normen des StUG in Abs. 1 S. 1 beinhaltet keine Aussagen in Bezug auf §§ 32–34, welche die Verwendung für Zwecke der historischen und politischen Aufarbeitung regeln, sowie bezüglich § 40, der die Schutzpflichten des BStU in Bezug auf die Unterlagen statuiert. Demnach ist davon auszugehen, dass diese Vorschriften auch auf Justizakten anwendbar bleiben.[40]

**513** Zu den ausgeschlossenen Normen in Abs. 1 S. 1 zählt insbesondere § 29, welcher die Verwendung der Unterlagen an den Zweck bindet, zu welchem sie angefordert wurden (§ 29 Abs. 1) und nur in geringem Umfang Abweichungen von diesem Grundsatz für zulässig erklärt (§ 29 Abs. 1 S. 2, Abs. 2). Demzufolge kann zunächst davon ausgegangen werden, dass Justizakten auch ohne Bindung an den Zweck zu dem sie angefordert worden sind verwendet werden können. Jede Verwendung von Justizakten stellt jedoch einen Eingriff in das Recht des Einzelnen auf informationelle Selbstbestimmung, Art. 2 Abs. 1 i.V.m. Art. 1 Abs. 1 GG, dar (vgl. § 1 Rn. 52 f.; § 6 Rn. 172 f.) und bedarf insofern der Rechtfertigung. Für eine solche verfassungsrechtliche Rechtfertigung muss die Verwendung auf solche Zwecke, welche in der jeweils anwendbaren Verfahrensordnung normiert sind, begrenzt sein.[41] Folglich kann der Zugang zu Justizakten gerade nicht zweckfrei erfolgen, die strenge Zweckbindung aus § 29 wird jedoch im Ergebnis durch eine lockerere ersetzt. Gestattet ist eine Verwendung zu anderen Zwecken als denen im Antrag benannten, sofern diese mit den anwendbaren Verfahrensordnungen vereinbar sind.[42]

**514** Ebenfalls ausgeschlossen ist die Anwendung des § 19, weswegen insbesondere das Prüfungsrecht des Bundesbeauftragten gem. § 19 Abs. 3 nicht besteht. Die Nichtanwendung dieser Verfahrensregeln wird als ein Mangel der Vorschrift aufgetan, weil dadurch nicht der Bundesbeauftragte die Entscheidungskompetenz und Befugnis zur Auskunftserteilung innehat, sondern die Justiz selbst.[43] Allerdings hat diese in der Regel keine fachlichen Kenntnisse über Besonderheiten des DDR-Justizwesens und Charakteristika der dort entstandenen Justizakten (Rn. 500 ff.). Dies gilt erst recht im Hinblick auf den Zeitablauf, da sich in Folge dessen zunehmend weniger Menschen, die persönliche Erfahrungen mit dem Justizwesen der DDR gemacht haben,

---

[39] *J. Rapp-Lücke*, in: Geiger/Klinghardt, StUG, 2. Aufl. 2006, § 24 Rn. 9.

[40] *K. Stoltenberg*, DtZ 1992, 65, 69 f.; vgl. Stoltenberg/Bossack, StUG, 2012, § 24 Rn. 6.

[41] Stoltenberg/Bossack, StUG, 2012, § 24 Rn. 8; vgl. BVerfGE 65, 1, 46.

[42] *J. Rapp-Lücke*, in: Geiger/Klinghardt, StUG, 2. Aufl. 2006, § 24 Rn. 13.

[43] *K. Stoltenberg*, DtZ 1992, 65, 69; vgl. Schmidt/Dörr, StUG, 1993, § 24 Rn. 1 f.

**Inga Gipperich, Lisa Kohler**

im aktiven Dienst bei Gerichten und Staatsanwaltschaften befinden. Im Gegensatz dazu könnte entsprechendes Fachpersonal beim BStU die Justizakten, insbesondere im Hinblick auf ihre persönlichkeitsrechtliche Relevanz und ihren Wahrheitsgehalt (§ 6 rn. 126 f.) einordnen und beurteilen. Daher wird eine weitergehende Einbeziehung des BStU in die Entscheidungen über die Verwendung von Justizakten gefordert.[44] Ein Prüfungsrecht des Bundesbeauftragten aus den gesetzlichen Verfahrensordnungen ergibt sich beispielsweise aus § 477 Abs. 4 S. 2 StPO, welches ihn jedoch darauf beschränkt, zu prüfen, ob das Ersuchen im Aufgabenbereich des Antragstellers liegt.

Das Wort „gesetzlich" in Abs 1 S. 1 wurde erst in der Beratung des Innenausschusses in die Norm eingefügt.[45] Aus dieser Entstehungsgeschichte wird der Wille des Gesetzgebers deutlich, die anwendbaren Verfahrensordnungen ausschließlich auf formelle Gesetze zu beschränken.[46] Richtlinien und Verordnungen, wie beispielsweise die Richtlinien für das Straf- und Bußgeldverfahren (RiStBV), sollen hingegen nicht angewandt werden.[47] Demzufolge haben nichtverfahrensbeteiligte öffentliche und nichtöffentliche Stellen kein Akteneinsichtsrecht in Justizakten, da auch Nr. 185 RiStBV nicht gilt.[48]   **515**

Die gesetzlichen Verfahrensordnungen sehen einen Zugang lediglich im Falle einer Verfahrensbeteiligung der genannten Stellen vor.[49]

Hierdurch können jedoch Informationsdefizite, beispielsweise bei der Häftlingshilfe   **516**
entstehen, da die zuständigen Behörden[50] in der Regel keine Verfahrensbeteiligung i.S.d. §§ 474 ff. StPO vorweisen können.[51] Diese Informationslücken beziehen sich insbesondere auf die Haftdauer und -umstände, welche nach §§ 9a Abs. 1, 9b, 9c HHG sowie § 17a StRehaG für die Höhe der Häftlingsentschädigung

---

[44] *K. Stoltenberg*, DtZ 1992, 65, 69.

[45] BT-Drucks. 12/1540, 30, 48.

[46] *K. Stoltenberg*, DtZ 1992, 65, 69.

[47] *J. Rapp-Lücke*, in: Geiger/Klinghardt, StUG, 2. Aufl. 2006, § 24 Rn. 3; Stoltenberg/Bossack, StUG, 2012, § 24 Rn. 3; *K. Stoltenberg*, DtZ 1992, 65, 69; vgl. Schmidt/Dörr, StUG, 1993, § 24 Rn. 6.

[48] Stoltenberg/Bossack, StUG, 2012, § 24 Rn. 3; *K. Stoltenberg*, DtZ 1992, 65, 69.

[49] Stoltenberg/Bossack, StUG, 2012, § 24 Rn. 3.

[50] Die Zuständigkeit für Eingliederungshilfen nach dem HHG wird gem. § 10 Abs. 2 HHG durch die Landesregierungen bestimmt. In Nordrhein-Westfalen obliegt die Zuständigkeit nach § 4 der Verordnung zur Regelung von Zuständigkeiten nach dem Bundesvertriebenengesetz und dem Strafrechtlichen Rehabilitierungsgesetz vom 23.3.2010 den Kreisen und kreisfreien Städten.

[51] Stoltenberg/Bossack, StUG, 2012, § 24 Rn. 4; vgl. *K. Stoltenberg*, DtZ 1992, 65, 70.

Inga Gipperich, Lisa Kohler

maßgeblich sind und sich ausschließlich aus den Strafvollzugsakten der DDR ergeben.[52] Um nichtsdestotrotz ihre Ansprüche auf soziale Ausgleichsleistungen durchsetzen zu können, müssen Anspruchsberechtigte nach dem HHG zuerst ein strafrechtliches Rehabilitierungsverfahren anstrengen, zu dem das zuständige Gericht die DDR-Justizakten nach Abs. 2 beiziehen kann. Anschließend können Justizakten gem. § 25a StrRehaG auch für Verfahren nach dem HHG oder andere Wiedergutmachungsverfahren herangezogen werden.[53]

### 2. Unterschiedliche Justizaktenbegriffe in Abs. 1 S. 1 und § 6 Abs. 1 Nr. 2

**517** Die Formulierung des Justizaktenbegriffs in § 24 Abs. 1 weicht, genau wie die der Parallelvorschrift § 18 Abs. 1, von der in § 6 Abs. 1 Nr. 2 ab (§ 6 Rn. 124 f.).[54] So werden die Justizakten in § 24 als „vom Bundesbeauftragten verwahrte Akten von Gerichten und Staatsanwaltschaften" charakterisiert, während in § 6 Abs. 1 Nr. 2 von „dem Staatssicherheitsdienst überlassenen Akten von Gerichten und Staatsanwaltschaften" die Rede ist.

**518** Die nach Abs. 1 S. 1 geltende Definition legt eine Auslegung nahe, die den Tatbestand an die gesonderte Verwahrung der Justizakten durch den Bundesbeauftragten gem. § 37 Abs. 1 Nr. 3 lit. a und somit an den Gewahrsam des BStU knüpft.[55] Ab dem Zeitpunkt der Herausgabe an Antragsteller können die Akten nunmehr mangels Gewahrsam des Bundesbeauftragten nicht mehr als „vom BStU verwahrte Akten" bezeichnet werden, was zur Folge hat, dass § 24 und dadurch die gesetzlichen Verfahrensordnungen ab diesem Zeitpunkt nicht mehr anwendbar sind.[56] Im Gegensatz dazu ist der Justizaktenbegriff des § 6 Abs. 1 Nr. 2 nicht mit dem Gewahrsam des BStU verknüpft. Demnach sind auch an Antragsteller herausgegebene Justizakten von dieser Definition erfasst und sind somit Unterlagen des Staatssicherheitsdienstes i.S.d. StUG.

**519** Die abweichenden Justizaktenbegriffe haben zur Folge, dass die gesetzlichen Verfahrensordnungen im Wege der Verweisung aus § 24 Abs. 1 S. 1 auf die Justizakten bis zur Herausgabe anwendbar sind. Nach einer erfolgten Herausgabe ist der Tatbestand jedoch nicht mehr erfüllt, weshalb ab diesem Zeitpunkt gem. § 6 Abs. 1 Nr. 2 i.V.m. § 43 die Regelungen des StUG als den gesetzlichen Verfahrensordnungen

---

[52] Stoltenberg/Bossack, StUG, 2012, § 24 Rn. 4.
[53] *J. Rapp-Lücke*, in: Geiger/Klinghardt, StUG, 2. Aufl. 2006, § 24 Rn. 6; i.E. auch Stoltenberg/ Bossack, StUG, 2012, § 24 Rn. 4.
[54] So auch *K. Stoltenberg*, DtZ 1992, 65, 69.
[55] *K. Stoltenberg*, DtZ 1992, 65, 69.
[56] *K. Stoltenberg*, DtZ 1992, 65, 69.

**Inga Gipperich, Lisa Kohler**

vorrangige Normen greifen.[57] Für eine Angleichung des § 24 Abs. 1 S. 1 an die Formulierung „die dem Staatssicherheitsdienst überlassene Akten [...]" spricht allerdings, dass im Gesetz, z.b. in den Überschriften der Parallelvorschrift § 18 und sogar § 24 selbst, sowie neben § 6 Abs. 1 Nr. 2 auch in § 37 Abs. 1 Nr. 3 lit. a überwiegend „die dem Staatssicherheitsdienst überlassenen Akten [...]" die maßgebliche Definition der Justizakten ist.[58] Dahingegen ist die Formulierung „vom Bundesbeauftragten verwahrte Akten [...]" nur vereinzelt im Normtext von §§ 18, 24 Abs. 1 S. 1 zu finden. Diese Rechtsfolge widerspricht allerdings dem Willen des Gesetzgebers, die Justizakten materiell-rechtlich gerade nicht wie Stasi-Unterlagen zu behandeln (Rn. 499).[59] Um das zu vermeiden, ist der Justizaktenbegriff in § 24 Abs. 1 S. 1 i.S.d. § 6 Abs. 1 Nr. 2 als „dem Staatssicherheitsdienst überlassene Akten von Gerichten und Staatsanwaltschaften" auszulegen und der Gesetzgeber müsste § 24 Abs. 1 S. 1 an § 6 Abs. 1 Nr. 2 angleichen.[60]

### 3. Die Anwendung des Nachteilsverbots, § 5 Abs. 1

Die Ersetzung von Vorschriften des StUG durch die jeweiligen gesetzlichen Verfahrensordnungen bezieht sich nicht auf das sog. Nachteilsverbot gem. § 5 Abs. 1, womit dieses auch bei der Verwendung von Justizakten grundsätzlich zu beachten ist. Es schützt Betroffene i.S.d. § 6 Abs. 3 und Dritte i.S.d. § 6 Abs. 7 davor, dass personenbezogene Informationen über sie zu ihrem Nachteil verwendet werden.

**520**

Abs. 1 S. 2 macht von dieser umfassenden Geltung des Nachteilsverbotes eine Ausnahme, indem die Wertung des § 23 Abs. 1 S. 2 (§ 23 Rn. 474 ff.) aufgegriffen wird.[61] Danach gilt § 5 Abs. 1 nicht, sofern eine Katalogtat gem. § 23 Abs. 1 Nr. 1 vorliegt.[62]

Mit der grundsätzlichen Geltung von § 5 Abs. 1 wird nicht nur eine zentrale Schutzvorschrift für Betroffene und Dritte, sondern auch die das StUG prägende Konzeption des abgestuften Persönlichkeitsrechtsschutzes auf die Verwendung von Justizakten angewandt. Damit wird dem Umstand Rechnung getragen, dass die Regelungen in den gesetzlichen Verfahrensordnungen nicht auf die Besonderheiten der

**521**

---

[57] *K. Stoltenberg*, DtZ 1992, 65, 69.

[58] Vgl. *J. Rapp-Lücke*, in: Geiger/Klinghardt, StUG, 2. Aufl. 2006, § 24 Rn. 2.

[59] *K. Stoltenberg*, DtZ 1992, 65, 69; vgl. BT-Drucks. 12/1540, 59; Schmidt/Dörr, StUG, 1993, § 24 Rn. 2.

[60] *K. Stoltenberg*, DtZ 1992, 65, 69; vgl. *J. Rapp-Lücke*, in: Geiger/Klinghardt, StUG, 2. Aufl. 2006, § 24 Rn. 2.

[61] Vgl. Stoltenberg/Bossack, StUG, 2012, § 24 Rn. 7.

[62] So auch *J. Rapp-Lücke*, in: Geiger/Klinghardt, StUG, 2. Aufl. 2006, § 24 Rn. 11.

Inga Gipperich, Lisa Kohler

# § 24

DDR-Justizakten, insbesondere ihre im Allgemeinen höhere persönlichkeitsrechtliche Relevanz (Rn. 506), zugeschnitten sind.[63] Durch die Vorrangklausel des § 43 beansprucht § 5 Abs. 1 umfassende Geltung und geht den Schutzmechanismen der gesetzlichen Verfahrensordnungen vor.

**522** Mitarbeiter i.S.d. § 6 Abs. 4 und Begünstigte i.S.d. § 6 Abs. 6 sind von dem weitreichenden Schutz des § 5 Abs. 1 nicht erfasst, womit sich der Schutz ihres Persönlichkeitsrechts auf die Schutzvorschriften der Verfahrensordnungen beschränkt. Nach dem allgemeinen Grundsatz der Erforderlichkeit beschränkt sich die Akteneinsicht auf die den Prozess konkret betreffenden Vorgänge und dabei auf die unumgänglich notwendigen Informationen.[64] Nicht davon erfasst sind Informationen aus der Intimsphäre.[65] In Verfahrensarten, welche großzügigere Einsichts- und Verwendungsregelungen als die StPO beinhalten (z.B. der Zivilprozess, § 299 ZPO, § 34 FGG),[66] besteht zudem die Möglichkeit, die persönlichkeitsrechtliche Sensibilität der Stasi-Unterlagen bei der Ermessensausübung zu berücksichtigen.[67]

## II. Zu Abs. 2

**523** Abs. 2 S. 1 trifft für Herausgabeersuchen von Gerichten, Staatsanwaltschaften und Polizeibehörden, soweit letztere als Hilfsorgane der Staatsanwaltschaft handeln, eine Spezialregelung.[68] Im Gegensatz zu Abs. 1 wird für Ersuchen dieser Stellen nicht auf die gesetzlichen Verfahrensordnungen verwiesen, sondern eine Herausgabepflicht des BStU statuiert.[69] Dies wird insbesondere am Wortlaut der Norm „Der Bundesbeauftragte gibt auf Anforderung die in Abs. 1 S. 1 genannten Unterlagen […] heraus." deutlich.[70]

Dem Bundesbeauftragen stehen keinerlei Prüfungsrechte (z.B. gem. § 477 Abs. 4 S. 2 StPO) gegenüber den originär für Justizakten zuständigen Justizbehörden (Rn. 499, 514) zu,[71] obwohl er den in Abs. 2 S. 2 genannten Stellen einen Zugang zu

---

[63] *J. Rapp-Lücke*, in: Geiger/Klinghardt, StUG, 2. Aufl. 2006, § 24 Rn. 7.

[64] *C. Riedel/R. Wallau*, NStZ 2003, 393, 396; *R. Schlothauer*, StV 1987, 356, 357.

[65] *C. Riedel/R. Wallau*, NStZ 2003, 393, 396.

[66] Stoltenberg/Bossack, StUG, 2012, § 24 Rn. 5.

[67] Stoltenberg/Bossack, StUG, 2012, § 24 Rn. 5.

[68] *J. Rapp-Lücke*, in: Geiger/Klinghardt, StUG, 2. Aufl. 2006, § 24 Rn. 9.

[69] *J. Rapp-Lücke*, in: Geiger/Klinghardt, StUG, 2. Aufl. 2006, § 24 Rn. 9.

[70] *J. Rapp-Lücke*, in: Geiger/Klinghardt, StUG, 2. Aufl. 2006, § 24 Rn. 9.

[71] BT-Drucks. 12/1540, 59; OVG Berlin-Brandenburg NJ 1993, 472 f.; *J. Rapp-Lücke*, in: Geiger/Klinghardt, StUG, 2. Aufl. 2006, § 24 Rn. 12; Weberling, StUG, 1993, § 24 Rn. 2;

**Inga Gipperich, Lisa Kohler**

Originalunterlagen ohne Anonymisierungen ermöglichen muss.[72] Diese Handhabung erscheint in diesem Fall vertretbar, weil es sich bei den in Abs. 2 genannten verwendungsbefugten Stellen um Gerichte und Staatsanwaltschaften sowie deren Hilfsorgane handelt, welche materiell-rechtlich nach den Erwägungen des Gesetzgebers für diese Unterlagen zuständig sind.[73]

Nach Abs. 2 S. 1 sind die an die in S. 1 genannten Stellen herausgegebenen Unter-  **524**
lagen unverzüglich nach Erfüllung des Verwendungszwecks zurückzugeben. Sinn und Zweck dieser Regelungen ist es, die Vollständigkeit des Justizarchivs des BStU gem. § 37 Abs. 1 Nr. 3 lit. a möglichst schnell wieder herzustellen, da die Justizakten an die in S. 1 aufgezählten Stellen im Original herauszugeben sind (Rn. 523) und dementsprechend zeitweise im Archivbestand fehlen.[74] Die Erfüllung des Verwendungszwecks tritt mit Abschluss des Verfahrens ein, für welches die Unterlagen herausgegeben worden sind.[75]

---

Schmidt/Dörr, StUG, 1993, § 24 Rn. 1 f., 8; vgl. Stoltenberg/Bossack, StUG, 2012, § 24 Rn. 9.

[72] *J. Rapp-Lücke*, in: Geiger/Klinghardt, StUG, 2. Aufl. 2006, § 24 Rn. 12.
[73] BT-Drucks. 12/1540, 59 f.
[74] Stoltenberg/Bossack, StUG, 2012, § 24 Rn. 9.
[75] Schmidt/Dörr, StUG, 1993, § 24 Rn. 9.

**Inga Gipperich, Lisa Kohler**

## § 25 Verwendung von Unterlagen für Zwecke der Nachrichtendienste

(1) Unterlagen, soweit sie personenbezogene Informationen über Betroffene oder Dritte enthalten, dürfen nicht durch oder für Nachrichtendienste verwendet werden. Ausgenommen sind Unterlagen, soweit sie personenbezogene Informationen enthalten über

1. Mitarbeiter der Nachrichtendienste des Bundes, der Länder oder der Verbündeten und die Verwendung zum Schutze dieser Mitarbeiter oder der Nachrichtendienste erforderlich ist,

oder

2. Mitarbeiter anderer Nachrichtendienste und die Verwendung zur Spionageabwehr erforderlich ist.

(2) Unterlagen, soweit sie keine personenbezogenen Informationen über Betroffene oder Dritte enthalten, dürfen durch oder für Nachrichtendienste des Bundes und der Länder im Rahmen ihrer gesetzlichen Aufgaben sowie durch oder für Nachrichtendienste der Verbündeten verwendet werden, wenn sie Informationen enthalten, die

1. die Spionage oder Spionageabwehr,

2. den Bereich des gewalttätigen Extremismus oder des Terrorismus im Sinne des Bundesverfassungsschutzgesetzes betreffen.

(3) In den Fällen des Absatzes 1 Satz 2 bleibt § 5 Abs. 1 unberührt.

(4) In den Fällen des Absatzes 1 Satz 2 und des Absatzes 2 kann der Bundesminister des Innern die ersatzlose Herausgabe von Unterlagen anordnen, wenn das Verbleiben der Unterlagen beim Bundesbeauftragten dem Wohl des Bundes oder eines Landes Nachteile bereiten würde. Die Anordnung bedarf der Zustimmung des Parlamentarischen Kontrollgremiums nach dem Gesetz über die parlamentarische Kontrolle nachrichtendienstlicher Tätigkeit des Bundes.

(5) Außerdem dürfen durch oder für Nachrichtendienste im Rahmen ihrer gesetzlichen Aufgaben die in § 26 genannten Unterlagen verwendet werden.

*Literaturangaben: Bader, Johann/Ronellenfitsch, Michael (Hrsg.), Beck'scher Online-Kommentar VwVfG, 38. Edition, Stand: 1.1.2018, München; Geiger, Hansjörg/Klinghardt, Heinz (Hrsg.), Stasi-Unterlagen-Gesetz-Kommentar, 2. Aufl., Stuttgart 2006; Schmidt, Dietmar/Dörr, Erwin, Stasi-Unterlagen-Gesetz , Köln 1993; Simitis, Spiros (Hrsg.), Bundesdatenschutzgesetz, 8. Aufl., Baden-Baden 2014; Stelkens, Paul/Bonk, Heinz Joachim/Sachs, Michael (Hrsg.), Verwaltungsverfahrensgesetz, 9. Aufl., München 2018; Stoltenberg, Klaus/Bossack, Carolin, Stasi-Unterlagen-Gesetz, Baden-Baden 2012; Stoltenberg, Klaus, Stasi-Unterlagen-*

**Inga Gipperich, Lisa Kohler, Gawain Thimm**

*Gesetz, Baden-Baden 1992; Weberling, Johannes, Stasi-Unterlagen-Gesetz, Kommentar, Köln 1993.*

## A. Allgemeines

§ 25 enthält ein Verbot der Verwendung von personenbezogenen Informationen **525** über Betroffene oder Dritte durch oder für Nachrichtendienste;[1] dies entspricht den Vereinbarungen des Einigungsvertrags bzw. der Zusatzvereinbarung vom 18.09.1990.[2] Nach diesem hat der gesamtdcutsche Gesetzgeber die „Grundsätze des Volkskammergesetzes" vom 24.08.1990 „umfassend zu berücksichtigen".[3] Dieses untersagte die Übermittlung von Informationen aus Stasi-Unterlagen für nachrichtendienstliche Zwecke.[4] Davon ging auch die Zusatzvereinbarung aus, wobei für die Verfolgung festgelegter Staatsschutzdelikte (Friedens-, Hoch- und Landesverrat) das Verbot ausgeklammert wurde.[5] Als nötig hat sich ferner herausgestellt, dass Nachrichtendienste in den Unterlagen gespeicherte Informationen über eigene Mitarbeiter erhalten müssen, auch wenn diese Betroffene (§ 6 Abs. 2) im Sinne des StUG sind.[6]

---

[1] BT-Drucks. 12/1093, 25 (Begründung zu § 19 Abs. 1); Stoltenberg/Bossack, StUG, 2012, § 25 Rn. 1; *J. Rapp-Lücke,* in: Geiger/Klinghardt, StUG, 2. Aufl. 2006, § 25 Rn. 1.

[2] BGBl. II 1990, 885, 1239; BT-Drucks. 12/1093; Einl., in: Geiger/Klinghardt, StUG, 2. Aufl. 2006, Rn. 21 f.; *J. Rapp-Lücke,* in: Geiger/Klinghardt, StUG, 2. Aufl. 2006, § 25 Rn. 2.

[3] Volkskammer-Drucksache 10/165a zitiert nach Stoltenberg/Bossack, StUG, 2012, § 25 Rn. 1.

[4] Gbl. DDR, 1990, 1419; Stoltenberg/Bossack, StUG, 2012, § 25 Rn. 1; *J. Rapp-Lücke,* in: Geiger/Klinghardt, StUG, 2. Aufl. 2006, § 25 Rn. 1, die richtigerweise als Grund dafür das aus jahrelanger Erfahrung resultierende Misstrauen der DDR-Bevölkerung gegen jegliche Art von Nachrichtendiensten sieht.

[5] Vgl. Stoltenberg/Bossack, StUG, 2012, § 25 Rn. 1.

[6] BT-Drucks. 12/1540, 61; *J. Rapp-Lücke,* in: Geiger/Klinghardt, StUG, 2. Aufl. 2006, § 25 Rn. 2.

**Inga Gipperich, Lisa Kohler, Gawain Thimm**

## B. Erläuterungen

### I. Zu Abs. 1

**526**  Abs. 1 S. 1 statuiert dem Wortlaut nach ein umfassendes Verwendungsverbot.[7] Dieses bezieht sich auf Stasi-Unterlagen mit darin enthaltenen personenbezogenen Informationen (§ 3 Abs. 1 BDSG) über Betroffene oder Dritte (§ 6 Abs. 7); es betrifft alle in- und ausländischen Nachrichtendienste.[8] Untersagt ist die Verwendung durch oder für Nachrichtendienste. Unter einer Verwendung für Nachrichtendienste ist zu verstehen, dass Unterlagen für nachrichtendienstliche Zwecke verwendet werden; eine Verwendung (Vgl. § 6 Rn. 171 ff.) durch Nachrichtendienste umfasst dagegen andere als nachrichtendienstliche Zwecke.[9] Dieses absolute Verbot wird durch § 21 Abs. 1 Nr. 8 gelockert, womit eine Verwendung von Unterlagen mit personenbezogenen Informationen für Sicherheitsüberprüfungen (§ 3 Abs. 2 BVerfSchG; S. Fußnote 8) gestattet ist (§ 21 Rn. 402). Ebenso hat das Bundesamt für Verfassungsschutz als bei Sicherheitsüberprüfungen mitwirkende Behörde (§§ 3 Abs. 2 BVerfSchG, § 3 Abs. 2 SÜG) nach § 12 Abs. 4 SÜG bei solchen eine Anfrage beim BStU zu machen.[10] Eine Verwendung über die gesetzlichen Ausnahmen hinaus ist nicht zulässig.[11] Abs. 1 S. 2 bestimmt zwei Ausnahmen des Verwendungsverbotes aus Abs. 1 S. 1. Diese beziehen sich grundsätzlich auf Unterlagen mit personenbezogenen Informationen über Mitarbeiter anderer Nachrichtendienste als des MfS.[12]

---

[7] BT-Drucks. 12/1093, 25 (Begründung zu § 19 Abs. 1); Stoltenberg/Bossack, StUG, 2012, § 25 Rn. 2; *J. Rapp-Lücke,* in: Geiger/Klinghardt, StUG, 2. Aufl. 2006, § 25 Rn. 3.

[8] *J. Rapp-Lücke,* in: Geiger/Klinghardt, StUG, 2. Aufl. 2006, § 25 Rn. 4.

[9] Stoltenberg/Bossack, StUG, 2012, § 25 Rn. 2: Hier werden die Begriffe „für" und „durch" in ähnlicher Weise erläutert. Ferner wird anhand des Beispiels der Sicherheitsüberprüfung (§ 3 Abs. 2 BVerfSchG) der nicht nachrichtendienstliche Zweck erklärt. Dies ist richtigerweise zwar nicht unmittelbar ein nachrichtendienstlicher Zweck, jedoch eine gesetzliche Aufgabe des Verfassungsschutzes, der seiner selbst auch ein Nachrichtendienst ist. Es ist damit gerade auch Zweck des Verfassungsschutzes an diesen Überprüfungen mitzuwirken, womit dieses Beispiel zugleich einen nachrichtendienstlichen Zweck beinhaltet.

[10] Stoltenberg/Bossack, StUG, 2012, § 25 Rn. 2.

[11] Stoltenberg/Bossack, StUG, 2012, § 25 Rn. 2; *J. Rapp-Lücke,* in: Geiger/Klinghardt, StUG, 2. Aufl. 2006, § 25 Rn. 4.

[12] Stoltenberg/Bossack, StUG, 2012, § 25 Rn. 3; *J. Rapp-Lücke,* in: Geiger/Klinghardt, StUG, 2. Aufl. 2006, § 25 Rn. 5; zum Nachteilsverbot siehe *J. Pietrkiewicz/J. Burth,* in: Geiger/Klinghardt, StUG, 2. Aufl. 2006, § 5 Rn. 3.

**Inga Gipperich, Lisa Kohler, Gawain Thimm**

Nr. 1 erfasst Unterlagen mit personenbezogenen Informationen über Mitarbeiter der   **527**
Nachrichtendienste des Bundes, der Länder oder der Verbündeten. Grund für diese
Ausnahmeregelung ist die Fürsorgepflicht für die betroffenen Mitarbeiter sowie die
Eigensicherung der Nachrichtendienste.[13] Voraussetzung ist, dass die Verwendung
der Unterlagen zum Schutze der betreffenden Mitarbeiter oder Nachrichtendienste
erforderlich ist. Erforderlich ist die Verwendung dann, wenn bei Abwägung des
Inhalts der verwendeten Akten mit dem Persönlichkeitsrecht der Betroffenen oder
Dritten gegen das Verwendungsinteresse durch einen Nachrichtendienst letzteres ü-
berwiegt.[14] Davon ist in der Regel nicht auszugehen bei Informationen, die die
Intimsphäre des jeweiligen Mitarbeiters betreffen; eine Übermittlung ist dann im
Grundsatz nicht zulässig.[15] Gleich der Ausnahmen, die S. 1 betreffen, ist eine Verwendung für andere als die in der Ausnahme genannten Zwecke unzulässig[16] sowie
die Geltung des Nachteilsverbot (Rn. 534 f.) unberührt. Da ausländische Nachrichtendienste aber nicht in der Weise wie inländische einer Kontrolle unterliegen,
sind die Interessen der Betroffenen bei der Übermittlung zu berücksichtigen.[17]

Personell erfasst diese Vorschrift Mitarbeiter inländischer Nachrichtendienste (Bun-   **528**
desnachrichtendienst, Militärischer Abschirmdienst, Verfassungsschutz und Verfas-
sungsschutzbehörden der Länder). Gleichfalls fallen darunter Mitarbeiter von
Nachrichtendiensten in Staaten der NATO und der Westeuropäischen Union (diese
jedoch nur bis zu ihrer Auflösung im Jahre 2010) als Mitarbeiter der Verbündeten
im Sinne der Vorschrift.[18] Heute ist richtigerweise auch die EU unter den Verbün-
detenbegriff des § 25 zu fassen. Da in § 25 keine Regelung über das Antragsverfahren der ausländischen Nachrichtendienste getroffen wird, gelten die bestehenden
Regelungen für den Informationsaustausch zwischen in- und ausländischen
Nachrichtendiensten entsprechend.[19]

Nr. 2 lässt die Verwendung von Unterlagen mit personenbezogenen Informationen   **529**
über Mitarbeiter anderer Nachrichtendienste zu, wenn die Verwendung zur Spionageabwehr erforderlich ist. Dies umfasst jene Dritter Staaten, die nicht unter Nr. 1
zu fassen sind (z.B. ehem. KGB). Unter anderem durch zunehmenden Zeitablauf hat
die Vorschrift jedoch zunehmend weniger Anwendungsfälle. Der Zweck ist jedoch

---

[13] *J. Rapp-Lücke,* in: Geiger/Klinghardt, StUG, 2. Aufl. 2006, § 25 Rn. 8.
[14] Vgl. BT-Drucks. 12/1540, 61, Begr. zu § 19; Stoltenberg/Bossack, StUG, 2012, § 25 Rn. 3;
    *J. Rapp-Lücke,* in: Geiger/Klinghardt, StUG, 2. Aufl. 2006, § 25 Rn. 8.
[15] *J. Rapp-Lücke,* in: Geiger/Klinghardt, StUG, 2. Aufl. 2006, § 25 Rn. 5.
[16] Ebenso: *J. Rapp-Lücke,* in: Geiger/Klinghardt, StUG, 2. Aufl. 2006, § 25 Rn. 5.
[17] *J. Rapp-Lücke,* in: Geiger/Klinghardt, StUG, 2. Aufl. 2006, § 25 Rn. 5.
[18] Vgl. *J. Rapp-Lücke,* in: Geiger/Klinghardt, StUG, 2. Aufl. 2006, § 25 Rn. 5.
[19] *J. Rapp-Lücke,* in: Geiger/Klinghardt, StUG, 2. Aufl. 2006, § 25 Rn. 5.

**Inga Gipperich, Lisa Kohler, Gawain Thimm**

noch berechtigt und die Vorschrift weiterhin dazu geeignet ihn zu erreichen.[20] Zur
Erforderlichkeit siehe (Rn. 532).

## II. Zu Abs. 2

**530**  Abs. 2 betrifft Unterlagen mit Informationen ohne Personenbezug oder bezüglich
Personen, die weder Betroffene noch Dritte i.S.d. StUG sind.[21] Insofern deckt sich
die Kategorisierung der hier umfassten Unterlagen mit der in § 20. Abs. 2 stellt im
Verhältnis zu Abs. 1 eine Erweiterung der zulässigen Verwendung durch und für
Nachrichtendienste dar, da die hier verwendeten Informationen (personenbezogene
Informationen über Mitarbeiter oder Begünstigte oder Informationen ohne Personenbezug) nach der Wertung des StUG weniger schutzwürdig sind (§ 6 Rn. 151, 160)
als die in Abs. 1 (personenbezogene Informationen über Betroffene und Dritte). Bei
derartigen Unterlagen ist eine Verwendung durch oder für Nachrichtendienste der
Bundesrepublik Deutschland und ihrer Verbündeten zulässig, wenn die darin
enthaltenen Informationen die Spionage oder Spionageabwehr (Nr. 1) oder den
gewalttätigen Extremismus und Terrorismus (Nr. 2) i.S.d. §§ 3, 4 BVerfSchG
betreffen.[22] Die Verwendung wird demnach an die Art der Information, nicht etwa
an bestimmte Verwendungszwecke angeknüpft.[23] Zudem werden die Nachrichtendienste Verbündeter mit denen der Bundesrepublik Deutschland in Abs. 2 gleichgestellt.[24]

Die Spionage und die Spionageabwehr kann sowohl die Tätigkeit deutscher und
verbündeter Nachrichtendienste als auch die anderer Nachrichtendienste betreffen,
gleiches gilt auch bezogen auf den gewalttätigen Extremismus und Terrorismus, da
das Gesetz an diesen Stellen keine weitere Differenzierung vornimmt.[25]

---

[20] Anders: Stoltenberg/Bossack, StUG, 2012, § 25 Rn. 4, hier wird danach gefragt, ob der
Zweck der Vorschrift noch erfüllt werden kann.

[21] Stoltenberg/Bossack, StUG, 2012, § 25 Rn. 4; i.E. auch *J. Rapp-Lücke*, in: Geiger/Kling-
hardt, StUG, 2. Aufl. 2006, § 25 Rn. 9; i.E, auch Stoltenberg, StUG, 1992, § 25 Rn. 6.

[22] Stoltenberg/Bossack, StUG, 2012, § 25 Rn. 4; *J. Rapp-Lücke*, in: Geiger/Klinghardt, StUG,
2. Aufl. 2006, § 25 Rn. 9; Schmidt/Dörr, StUG, 1993, § 25 Rn. 8 f.; Weberling, StUG, 1993,
§ 25 Rn. 5; Stoltenberg, StUG, 1992, § 25 Rn. 6.

[23] Stoltenberg/Bossack, StUG, 2012, § 25 Rn. 5; vgl. *J. Rapp-Lücke*, in: Geiger/Klinghardt,
StUG, 2. Aufl. 2006, § 25 Rn. 9.

[24] So auch Weberling, StUG, 1993, § 25 Rn. 5; i.E. auch Schmidt/Dörr, StUG, 1993, § 25
Rn. 7.

[25] Schmidt/Dörr, StUG, 1993, § 25 Rn. 8.

**Inga Gipperich, Lisa Kohler, Gawain Thimm**

Problematisch ist im Zusammenhang mit der Verwendung der unter Abs. 2 fal- **531** lenden Unterlagen der grundsätzliche Verweis auf das Bundesverfassungsschutzgesetz bezüglich der Begriffsbestimmung der genannten Verwendungszwecke, da das BVerfSchG keine Legaldefinition der genannten Begrifflichkeiten enthält und es darüber hinaus an einer solchen in der Rechtssprache mangelt.[26] Dementsprechend ist der Bereich zulässiger Verwendung durch und für Nachrichtendienste in Abs. 2 nicht genau gesetzlich bestimmt.[27]

Der Verweis auf das BVerfSchG enthält lediglich den klarstellenden Hinweis, dass die Begriffe nach Maßstäben bundesdeutscher Rechtspraxis und nicht nach denen der DDR auszulegen sind,[28] um sicherzustellen, dass die parteipolitisch definierten Straftatbestände im DDR-Recht als Beurteilungsgrundlage ausgeschlossen sind.[29]

Eine ausdrückliche Einschränkung auf bestimmte Verwendungszwecke ist im Ge- **532** setz nicht enthalten, insbesondere sind die Nachrichtendienste der Verbündeten nach dem Wortlaut des Abs. 2 nicht einmal an ihre „gesetzlichen Aufgaben" gebunden,[30] da die nachrichtendienstliche Tätigkeit lediglich in Deutschland durch Gesetz geregelt ist.[31] Dennoch ist die Verwendung nicht für jede gesetzliche Aufgabe der Nachrichtendienste, sondern nur für die Zwecke nach Nr. 1, 2 zulässig.[32]

Eine dahingehende Begrenzung trägt sowohl der in Artikel 1 Nr. 8 des Einigungsvertrages verfassten Intention, den Zugang der Nachrichtendienste zu den in den Unterlagen enthaltenen Informationen auf ein unumgängliches Minimum zu beschränken und die darüberhinausgehende Verwendung zu verbieten, als auch der Verhältnismäßigkeit des Eingriffs in das Persönlichkeitsrecht der von der Informationserhebung betroffenen Person Rechnung. Insofern ist die Verwendung für und durch Nachrichtendienste nach Abs. 2 nur zulässig, wenn sowohl die in den Unterlagen enthaltenen Informationen, als auch der Verwendungszweck die Spionage, Spionageabwehr, den gewalttätigen Extremismus oder Terrorismus betreffen. Das Kriterium der Erforderlichkeit der Verwendung von Stasi-Unterlagen ist in Abs. 2

---

[26] *J. Rapp-Lücke*, in: Geiger/Klinghardt, StUG, 2. Aufl. 2006, § 25 Rn. 9.

[27] *J. Rapp-Lücke*, in: Geiger/Klinghardt, StUG, 2. Aufl. 2006, § 25 Rn. 9.

[28] BT-Drucks. 12/723, 25; BT-Drucks. 12/1093, 26; *J. Rapp-Lücke*, in: Geiger/Klinghardt, StUG, 2. Aufl. 2006, § 25 Rn. 9; Schmidt/Dörr, StUG, 1993, § 25 Rn. 9; Weberling, StUG, 1993, § 25 Rn. 5.

[29] Schmidt/Dörr, StUG, 1993, § 25 Rn. 9.

[30] *J. Rapp-Lücke*, in: Geiger/Klinghardt, StUG, 2. Aufl. 2006, § 25 Rn. 9; Schmidt/Dörr, StUG, 1993, § 25 Rn. 7.

[31] Schmidt/Dörr, StUG, 1993 Rn. 7.

[32] Stoltenberg/Bossack, StUG, 2012, § 25 Rn. 5; *J. Rapp-Lücke*, in: Geiger/Klinghardt, StUG, 2. Aufl. 2006, § 25 Rn. 9; Stoltenberg, StUG, 1992, § 25 Rn. 7.

**Inga Gipperich, Lisa Kohler, Gawain Thimm**

zwar nicht ausdrücklich benannt, gilt aber als Teil des Verhältnismäßigkeitsgrundsatzes auch im Falle der Verwendung nach Abs. 2.[33]

### III. Zu Abs. 3

**533** Abs. 3 wurde im Zuge der Beratungen des Innenausschusses zu dem Gesetzentwurf für das StUG nachträglich in den Gesetzesentwurf eingefügt,[34] maßgeblich mit der Intention, die Mitarbeiter eigener Nachrichtendienste oder der Nachrichtendienste Verbündeter vor dienstrechtlichen Maßnahmen auf Grundlage von rechtswidrig erlangten Informationen des Staatssicherheitsdienstes zu schützen.[35]

**534** Die Vorschrift enthält den Hinweis, dass das Nachteilsverbot aus § 5 Abs. 1 bei der Verwendung von Unterlagen mit Informationen über Betroffene und Dritte nach Abs. 1 S. 2 unberührt bleibt. Die Regelung ist rein deklaratorischer Natur,[36] da sich ihr Gehalt auch schon aus § 5 Abs. 1 ergibt, welcher im Gegensatz zu § 23 Abs. 1 S. 2 in § 25 nicht ausdrücklich für unanwendbar erklärt wird. Die Regelung resultiert aus dem Charakter des Abs. 1 S. 2 als Schutzvorschrift für die Mitarbeiter von Nachrichtendiensten[37] und engt den Bereich zulässiger Verwendung zusätzlich ein.

**535** Als Nachteil i.S.d. § 5 Abs. 1 ist jede objektiv ungünstige Folge, die aus einer Verwendung der Unterlagen resultiert, zu bewerten.[38] Sollte die Verwendung der Unterlagen nach Abs. 1 S. 2 eine Umsetzung des nachrichtendienstlichen Mitarbeiters oder die Zuweisung einer minderen Position zu seinem Schutz nach sich ziehen, so stellt das für diesen keinen Nachteil i.S.d. § 5 Abs. 1 dar, weil die Entfernung des betroffenen Mitarbeiters aus einer für ihn gefährlichen Position als vorteilhaft anzusehen ist.[39]

Die Strafverfolgung vom MfS beobachteter Mitarbeiter anderer Nachrichtendienste, beispielsweise im Falle eines Verdachtes strafrechtlich relevanter geheimdienstlicher Agententätigkeit zum Nachteil der Bundesrepublik Deutschland, ist jedoch ein

---

[33] So i.E. auch Stoltenberg/Bossack, StUG, 2012, § 25 Rn. 4; Stoltenberg, StUG, 1992, § 25 Rn. 6.

[34] BT-Drucks. 12/1540, 31.

[35] Schmidt/Dörr, StUG, 1993, § 25 Rn. 13.

[36] So i.E. auch Stoltenberg/Bossack, StUG, 2012, § 25 Rn. 6; Weberling, StUG, 1993, § 25 Rn. 6; Stoltenberg, StUG, 1992, § 25 Rn. 8.

[37] BT-Drucks. 12/1540, 61; Weberling, StUG, 1993, § 25 Rn. 6.

[38] *J. Pietrkiewicz/J. Burth,* in: Geiger/Klinghardt, StUG, 2. Aufl. 2006, § 5 Rn. 3.

[39] Schmidt/Dörr, StUG, 1993, § 25 Rn. 10.

Inga Gipperich, Lisa Kohler, Gawain Thimm

Nachteil i.S.d. § 5 Abs. 1 und folglich nach Abs. 1 S. 2 Nr. 2 nicht zulässig.[40] Andernfalls würde die für die Strafverfolgung speziellere Regelung des § 23 Abs. 1 S. 1, die keine Verfolgung von Spionagedelikten im Falle der Verwendung von Informationen über Betroffene und Dritte vorsieht, umgangen werden.[41] Jedoch ist die in § 23 Abs. 1 S. 1 Nr. 2 enthaltene Befugnis zur Gefahrenabwehr, zu der insbesondere die Verhütung drohender Straftaten zählt, nicht auf bestimmte Straftaten begrenzt. Auf dieser Grundlage ist die Verhinderung einer weiteren Spionagetätigkeit anderer Nachrichtendienste zulässig, da § 23 Abs. 1 S. 2 das Nachteilsverbot für den gesamten § 23 ausschließt.[42] Andernfalls könnte das legale Ziel der Spionageabwehr wohl auch nicht erreicht werden.[43]

**IV. Zu Abs. 4**

In Abs. 4 S. 1 wird dem Bundesminister des Inneren die Befugnis erteilt, die ersatzlose Herausgabe von Unterlagen anzuordnen, wenn das Verbleiben dieser beim BStU dem Wohl des Bundes oder eines Landes Nachteile bereiten würde.[44] Die Zuständigkeit des Innenmisters besteht dabei als nationale Sicherheitsbehörde trotz der allgemeinen Zugehörigkeit des BStU zum Geschäftsbereich des Bundesbeauftragten für Kultur und Medien (§ 35 Abs. 1 S. 1) (§ 35 Rn. 618 ff.).[45] Die Anordnungsbefugnis ist auf die in Abs. 1 S. 2 (Informationen über Mitarbeiter von Nachrichtendiensten, die Betroffene und Dritte i.S.d. StUG sind) und Abs. 2 (Informationen über Personen, die weder Betroffene noch Dritte sind) genannten Informationen beschränkt.[46] Dabei müssen auch die Zweckbestimmungen in Abs. 1 S. 2 beachtet werden, was bedeutet, dass die Staatswohlgefährdung im Bereich der dort aufgeführten Verwendungszwecke liegen muss.[47] Die Befugnis in Abs. 4 S. 1 schränkt die Wirkung des § 8 Abs. 3 ein,[48] da der Innenminister

536

---

[40] Schmidt/Dörr, StUG, 1993, § 25 Rn. 11; i.E. auch *J. Rapp-Lücke*, in: Geiger/Klinghardt, StUG, 2. Aufl. 2006, § 25 Rn. 7.

[41] Schmidt/Dörr, StUG, 1993, § 25 Rn. 11; i.E. auch *J. Rapp-Lücke,* in: Geiger/Klinghardt, StUG, 2. Aufl. 2006, § 25 Rn. 7.

[42] Schmidt/Dörr, StUG, 1993, § 25 Rn. 12.

[43] Schmidt/Dörr, StUG, 1993, § 25 Rn. 12.

[44] So auch Stoltenberg/Bossack, StUG, 2012, § 25 Rn. 6; so auch *J. Rapp-Lücke*, in: Geiger/ Klinghardt, StUG, 2. Aufl. 2006, § 25 Rn. 10.

[45] *J. Rapp-Lücke*, in: Geiger/Klinghardt, StUG, 2. Aufl. 2006, § 25 Rn. 10; vgl. § 11 Abs. 2 StUG.

[46] Schmidt/Dörr, StUG, 1993, § 25 Rn. 15; Stoltenberg, StUG, 1992, § 25 Rn. 9; i.E. Stoltenberg/Bossack, StUG, 2012, § 25 Rn. 6.

[47] Schmidt/Dörr, StUG, 1993, § 25 Rn. 15; *J. Rapp-Lücke*, in: Geiger/Klinghardt, StUG, 2. Aufl. 2006, § 25 Rn. 10.

[48] *J. Rapp-Lücke*, in: Geiger/Klinghardt, StUG, 2. Aufl. 2006, § 25 Rn. 10.

**Inga Gipperich, Lisa Kohler, Gawain Thimm**

entgegen der dort aufgeführten Herausgabepflicht an den Bundesbeauftragten die ersatzlose Herausgabe an sich oder eine andere geeignete Stelle verlangen kann. Ein Verbleib von Duplikaten der herausgegebenen Unterlagen beim BStU ist ausgeschlossen, da sich die Staatswohlgefährdung nach Abs. 4 S. 1 gerade auf den Verbleib der Unterlagen beim Bundesbeauftragten bezieht. Im Falle einer Anordnung ist zudem zu berücksichtigen, dass der Bundesinnenminister dem BStU nach § 37 Abs. 1 Nr. 3 als mildere Maßnahme im Vergleich zur ersatzlosen Herausgabe eine gesonderte Aufbewahrung der einschlägigen Unterlagen aufgeben kann.[49]

**537** Um entscheiden zu können, ob Unterlagen nach Abs. 4 S. 1 herauszugeben sind, müsste der Innenminister vorher Einsicht nehmen können.[50] Jedoch bleibt ihm nach den Verfahrensgrundsätzen in § 19 verwehrt den Gesamtbestand des BStU auf herauszugebene Unterlagen zu durchsuchen. Folglich muss der Bundesbeauftragte den Innenminister informieren, falls er Unterlagen findet, die möglicherweise der Herausgabepflicht nach Abs. 4 S. 1 unterliegen, was durch die Mitteilungspflichten nach § 27 Abs. 3 sichergestellt ist.[51]

**538** Im Gesetz befindet sich keine ausdrückliche Regelung, an welche Stelle die Herausgabe auf Anordnung des Innenministers erfolgt,[52] da die Anordnungsbefugnis des Innenministers nicht notwendigerweise impliziert, dass die Herausgabe stets an ihn erfolgt.[53] Maßgeblich für die Bestimmung der Zuständigkeit ist vielmehr, welche Stelle im Einzelfall am besten geeignet ist, Beeinträchtigungen des Staatswohls zu vermeiden.[54] Demnach enthält der Bundesinnenminister jedoch regelmäßig Unterlagen über Mitarbeiter verbündeter Nachrichtendienste, die er im Rahmen internationaler Vereinbarungen an die Verbündeten weitergibt.[55]

**539** Im Falle der Herausgabe der Unterlagen auf Anforderung des Innenministers ist umstritten, ob und inwieweit diese aus dem Bestand der BStU herausgelösten Unterlagen nach wie vor unter den Regelungsbereich des StUG fallen. Denkbar ist insofern, dass durch eine Herausgabe von Unterlagen auf Anordnung des Innenministers die Regelungen des StUG unanwendbar werden, was aber dem Zweck des Abs. 4 S. 1, eine sichere Verwahrung staatswohlgefährdender Unterlagen zu ge-

---

[49] Schmidt/Dörr, StUG, 1993, § 25 Rn. 16.
[50] Schmidt/Dörr, StUG, 1993, § 25 Rn. 18.
[51] Schmidt/Dörr, StUG, 1993, § 25 Rn. 18.
[52] Schmidt/Dörr, StUG, 1993, § 25 Rn. 17; *J. Rapp-Lücke*, in: Geiger/Klinghardt, StUG, 2. Aufl. 2006, § 25 Rn. 10.
[53] Schmidt/Dörr, StUG, 1993, § 25 Rn. 17.
[54] *J. Rapp-Lücke*, in: Geiger/Klinghardt, StUG, 2. Aufl. 2006, § 25 Rn. 10.
[55] Schmidt/Dörr, StUG, 1993, § 25 Rn. 17.

**Inga Gipperich, Lisa Kohler, Gawain Thimm**

währleisten, widerspräche.[56] So sind lediglich die Vorschriften des dritten Abschnitts (§§ 12 – 34) über die Verwendung der Unterlagen des Staatssicherheitsdienstes nicht anzuwenden.[57] Weiterhin zu beachten sind allerdings sind die allgemeinen Vorschriften, insbesondere die Grundsätze des Persönlichkeitsschutzes, z.B. in § 5 Abs. 1.[58]

Eine andere Auffassung nimmt die herausgegebenen Unterlagen völlig aus dem Anwendungsbereich des StUG heraus, mit dem Argument, eine Einsicht und Verwendung nach diesem würde andernfalls weiterhin möglich sein (§ 1 Rn. 63 ff.), was dem durch die Herausgabeanordnung verfolgten Ziel, das Staatswohl zu schützen zu wider liefe.[59] Für den mit dem StUG verfolgten Opferschutz[60] seien die dort getroffenen Regelungen im Falle der Herausgabe nach Abs. 4 nicht erforderlich, da bei das Staatswohl gefährdenden Unterlagen ohnehin deren Geheimhaltung gewährleistet sei.[61] Auch wäre eine teilweise Außerkraftsetzung des StUG nicht praktikabel,[62] was jedoch nicht näher begründet wird. Widersprüchlich erscheint die völlige Herausnahme der herausgegebenen Unterlagen aus dem Regelungsbereich des StUG vor allem insoweit, da an gleicher Stelle dafür plädiert wird, die Zweckbindungen aus Abs. 1 S. 2 jedoch gelten zu lassen.[63] Diese Widersprüchlichkeit zeigt, dass sich zumindest die Wertung des StUGs auf die beim Innenminister befindlichen Unterlagen des MfS auch nach Herausgabe fortwirken soll, wobei die Einsichts- und Verwendungsrechte, die das StUG gewährt, aber nicht mehr bestehen.

In den §§ 96 StPO, 29 Abs. 2 VwVfG, 99 Abs. 1 VwGO finden sich mit Abs. 4 **540** vergleichbare Regelungen,[64] nach denen näher bestimmt werden kann, wann das Verbleiben von Unterlagen beim BStU dem Bund oder einem Land Nachteile bereiten würde.[65] Ein Nachteil für das Wohl des Bundes oder eines Landes ist die Beeinträchtigung oder Gefährdung des Bestandes oder der Funktionsfähigkeit eines

---

[56] *J. Rapp-Lücke*, in: Geiger/Klinghardt, StUG, 2. Aufl. 2006, § 25 Rn. 10; a.A. Schmidt/Dörr, StUG, 1993, § 1 Rn. 11, § 25 Rn. 19.
[57] *J. Rapp-Lücke*, in: Geiger/Klinghardt, StUG, 2. Aufl. 2006, § 25 Rn. 10.
[58] *J. Rapp-Lücke*, in: Geiger/Klinghardt, StUG, 2. Aufl. 2006, § 25 Rn. 10.
[59] Schmidt/Dörr, StUG, 1993, § 1 Rn. 11.
[60] BT-Drucks. 12/1540, 57.
[61] Schmidt/Dörr, StUG, 1993, § 25 Rn. 19.
[62] Schmidt/Dörr, StUG, 1993, § 25 Rn. 19.
[63] Vgl. Schmidt/Dörr, StUG, 1993, § 25 Rn. 15.
[64] *J. Rapp-Lücke*, in: Geiger/Klinghardt, StUG, 2. Aufl. 2006, § 25 Rn. 10; Schmidt/Dörr, StUG, 1993, § 25 Rn. 14.
[65] Schmidt/Dörr, StUG, 1993, § 25 Rn. 14.

**Inga Gipperich, Lisa Kohler, Gawain Thimm**

Staates.[66] Davon umfasst sind beispielsweise die innere und äußere Sicherheit,[67] die Beziehungen zu anderen Staaten und supranationalen Organisationen,[68] die Aufgabenerfüllung der Sicherheitsbehörden,[69] das Leben, die Gesundheit und die Freiheit von Personen[70] oder die Vertraulichkeit völkerrechtlicher Verhandlungen.[71] Rein fiskalische Nachteile sind nur dann umfasst, wenn durch diese die Funktionsfähigkeit des Staates selbst oder bedeutende staatliche Leistungen gefährdet sind.[72] Da nach dem Wortlaut in Abs. 4 S. 1 schon das Verbleiben einschlägiger Unterlagen beim BStU dem Wohl des Bundes oder eines Landes Nachteile bereiten muss, ist lediglich die Tatsache, dass die Unterlagen einen brisanten Inhalt aufweisen, nicht ausreichend.[73] Bei der Beurteilung, ob ein Nachteil für den Bund oder ein Land vorliegt, hat der Innenminister keinen Ermessensspielraum, womit seine diesbezüglichen Entscheidungen gerichtlich voll überprüfbar sind.[74] Des Weiteren ist die Geheimhaltungsbedürftigkeit durch das Innenministerium gegenüber dem BStU glaubhaft zu machen, wobei die Begründungspflicht jedoch nicht so weit geht, dass möglicherweise Rückschlüsse auf das Ausmaß und den geheim zu haltenden Inhalt gezogen werden könnten.[75]

---

[66] Schmidt/Dörr, StUG, 1993, § 25 Rn. 14; *O. Mallmann*, in: Simitis, BDSG, 8. Aufl. 2014, § 19 Rn. 88; *D. Kallerhoff/T. Mayen*, in: Stelkens/Bonk/Sachs, VwVfG, 9. Aufl. 2018, § 29 Rn. 63.

[67] Schmidt/Dörr, StUG, 1993, § 25 Rn. 14; *D. Herrmann*, in: Beck'scher Online-Kommentar VwVfG, 38. Edition, Stand: 1.1.2018, § 29 Rn. 25; *D. Kallerhoff/T. Mayen*, in: Stelkens/Bonk/Sachs, VwVfG, 9. Aufl. 2018, § 29 Rn. 63; *O. Mallmann*, in: Simitis, BDSG, 8. Aufl. 2014, § 19 Rn. 88.

[68] Schmidt/Dörr, StUG, 1993, § 25 Rn. 14; *D. Kallerhoff/T. Mayen*, in: Stelkens/Bonk/Sachs, VwVfG, 9. Aufl. 2018, § 29 Rn. 63; *O. Mallmann*, in: Simitis, BDSG, 8. Aufl. 2014, § 19 Rn. 88.

[69] Schmidt/Dörr, StUG, 1993, § 25 Rn. 14; *D. Kallerhoff/T. Mayen*, in: Stelkens/Bonk/Sachs, VwVfG, 9. Aufl. 2018, § 29 Rn. 63; vgl. *D. Herrmann*, in: Beck'scher Online-Kommentar VwVfG, 38. Edition, Stand: 1.1.2018, § 29 Rn. 25.

[70] Schmidt/Dörr, StUG, 1993, § 25 Rn. 14; *D. Kallerhoff/T. Mayen*, in: Stelkens/Bonk/Sachs, VwVfG, 9. Aufl. 2018, § 29 Rn. 63.

[71] *D. Kallerhoff/T. Mayen*, in: Stelkens/Bonk/Sachs, VwVfG, 9. Aufl. 2018, § 29 Rn. 63.

[72] Schmidt/Dörr, StUG, 1993, § 25 Rn. 14.

[73] BT-Drucks. 12/ 1540, 31; Schmidt/Dörr, StUG, 1993, § 25 Rn. 16.

[74] *D. Herrmann*, in: Beck'scher Online-Kommentar VwVfG, 38. Edition, Stand: 1.1.2018, § 29 Rn. 25.

[75] BVerwGE 84, 375, 388 f.; BVerwG NVwZ 1994, 72, 73; BVerwG NVwZ-RR 1997, 133, 134; Vgl. BVerwGE 46, 303, 308; 75, 1, 9; *D. Kallerhoff/T. Mayen*, in: Stelkens/Bonk/Sachs, VwVfG, 9. Aufl. 2018, § 29 Rn. 65.

**Inga Gipperich, Lisa Kohler, Gawain Thimm**

Nach Abs. 4 S. 2 bedarf die Anordnung des Innenministers der vorherigen Zustim-  **541**
mung des parlamentarischen Kontrollgremiums nach dem Gesetz über die parlamentarische Kontrolle nachrichtendienstlicher Tätigkeiten des Bundes (PKGrG).[76]
Im Gesetzesentwurf der Fraktionen CDU/CSU, FDP und SPD sowie dem Gesetzentwurf der Bundesregierung war ursprünglich lediglich die vorherige Unterrichtung
des parlamentarischen Kontrollgremiums vorgesehen.[77] Dies wurde aber im Laufe
des Gesetzgebungsverfahrens durch das in der heutigen Gesetzesfassung enthaltene
Zustimmungserfordernis ersetzt, da man nur eine Unterrichtung des Kontrollgremiums nicht für ausreichend hielt.[78] Maßgeblich für diese Entscheidung war, durch
die verfahrensmäßige Sicherung in Form eines Zustimmungserfordernisses sicherzustellen,[79] dass eine Anordnung des Innenministers auf Herausgabe nur in Ausnahmefällen erfolgt, damit die Unterlagen im Archiv des BStU möglichst vollständig
bleiben.[80]

## V. Zu Abs. 5

Abs. 5 erklärt die Verwendung von den in § 26 genannten Unterlagen, beispiels-  **542**
weise Dienstanweisungen, Richtlinien oder Organisationspläne des MfS, durch und
für Nachrichtendienste im Rahmen ihrer gesetzlichen Aufgaben für zulässig.[81] Der
Regelungsgehalt der Vorschrift ergibt sich jedoch bereits aus § 26, womit der Abs. 5
allenfalls der Klarstellung gegenüber diesem dient.[82]

---

[76] So auch Stoltenberg/Bossack, StUG, 2012, § 25 Rn. 6; Schmidt/Dörr, StUG, 1993, § 25
Rn. 16; *J. Rapp-Lücke*, in: Geiger/Klinghardt, StUG, 2. Aufl. 2006, § 25 Rn. 10; Stoltenberg, StUG, 1992, § 25 Rn. 9; Weberling, StUG, 1993, § 25 Rn. 7.

[77] BT-Drucks. 12/723, 25; BT-Drucks. 12/1093, 26.

[78] BT-Drucks. 12/1540, 61.

[79] BT-Drucks. 12/1540, 61; Schmidt/Dörr, StUG, 1993, § 25 Rn. 16; Weberling, StUG, 1993,
§ 25 Rn. 7.

[80] BT-Drucks. 12/1540, 61; Weberling, StUG, 1993, § 25 Rn. 7.

[81] Schmidt/Dörr, StUG, 1993, § 25 Rn. 20; *J. Rapp-Lücke*, in: Geiger/Klinghardt, StUG,
2. Aufl. 2006, § 25 Rn. 11; Weberling, StUG, 1993, § 25 Rn. 8; Stoltenberg, StUG, 1992,
§ 25 Rn. 10; Stoltenberg/Bossack, StUG, 2012, § 25 Rn. 6.

[82] *J. Rapp-Lücke*, in: Geiger/Klinghardt, StUG, 2. Aufl. 2006, § 25 Rn. 11; Stoltenberg/
Bossack, StUG, 2012, § 25 Rn. 6; Stoltenberg, StUG, 1992, § 25 Rn. 10; vgl. BT-
Drucks. 12/723, 25; vgl. BT-Drucks. 12/1093, 26.

**Inga Gipperich, Lisa Kohler, Gawain Thimm**

## § 30 – Benachrichtigung von der Übermittlung

(1) Werden vom Bundesbeauftragten personenbezogene Informationen über einen Betroffenen nach den §§ 21 und 27 Abs. 1 übermittelt, ist dem Betroffenen die Art der übermittelten Informationen und deren Empfänger mitzuteilen.

(2) Eine Pflicht zur Benachrichtigung besteht nicht, wenn der Betroffene auf andere Weise Kenntnis von der Übermittlung erlangt hat oder die Benachrichtigung nur mit unvertretbarem Aufwand möglich wäre.

(3) Eine Benachrichtigung unterbleibt während des Zeitraums, für den die zuständige oberste Bundes- oder Landesbehörde gegenüber dem Bundesbeauftragten festgestellt hat, dass das Bekanntwerden der Übermittlung die öffentliche Sicherheit gefährden oder sonst dem Wohle des Bundes oder eines Landes Nachteile bereiten würde.

*Literaturangaben: Geiger, Hansjörg/Klinghardt, Heinz (Hrsg.), Stasi-Unterlagen-Gesetz-Kommentar, 2. Aufl., Stuttgart 2006; Maunz, Theodor/Dürig, Günter (Begr.), Grundgesetz Kommentar, 81. Lieferung September 2017, München; Schmidt, Dietmar/Dörr, Erwin, Stasi-Unterlagen-Gesetz, Köln 1993; Simitis, Spiros (Hrsg.), Bundesdatenschutzgesetz, 8. Aufl., Baden-Baden 2014; Stelkens, Paul/Bonk, Heinz Joachim/Sachs, Michael (Hrsg.), Verwaltungsverfahrensgesetz, 9. Aufl., München 2018; Stoltenberg, Klaus/Bossack, Carolin, Stasi-Unterlagen-Gesetz, Baden-Baden 2012; Stoltenberg, Klaus, Stasi-Unterlagen-Gesetz, Baden-Baden 1992; Weberling, Johannes, Stasi-Unterlagen-Gesetz, Kommentar, Köln 1993.*

### A. Zu Abs. 1

543 Für die Übermittlung von Informationen an öffentliche oder nicht-öffentliche Stellen gem. §§ 21, 27 Abs. 1 oder 28 besteht für den BStU gem. § 30 Abs. 1 eine Benachrichtigungspflicht. Diese Pflicht ist Ausfluss des vom BVerfG als Ausprägung des Allgemeinen Persönlichkeitsrechts entwickelten Grundrechts auf informationelle Selbstbestimmung gem. Art. 2 Abs. 1 i.V.m. Art. 1 Abs. 1 GG.[1] Dieses Grundrecht schützt vor unbefugter Speicherung, Weitergabe und Nutzung von persönlichen Daten.[2] Mit der Benachrichtigung von der Übermittlung dieser Informationen wird dem, vom BVerfG im Volkszählungsurteil geforderten Transparenzgebot Rechnung getragen.[3]

---

[1] Schmidt/Dörr, StUG, 1993, § 30 Rn. 2; Weberling, StUG, 1993, § 30 Rn. 1.
[2] U. Di Fabio, in: Maunz/Dürig, GG, 81. Lfg., Art. 2 Rn. 176.
[3] BVerfGE 65, 1, 154; Stoltenberg/Bossack, StUG, 2012, § 30 Rn. 1.

**Stefan Kaschube**

Die Benachrichtigungspflicht umfasst die Art der Information und den Empfänger.[4]    **544**
Der Empfänger ist in diesem Fall nur die Behörde.[5] Diese Pflicht gilt nicht für die
Fälle der §§ 22, 23 und 25. Hier erklären vorrangige Geheimhaltungsinteressen die
Ausnahme.[6] Erforderlich ist ferner nur die Benachrichtigung von der Übermittlung
von Informationen über Betroffene, nicht jedoch über Dritte.[7] Die Benachrichtigung
muss nicht rechtsförmlich erfolgen.[8] Diese Vorschrift verpflichtet ferner nur den
BStU selbst zur Benachrichtigung von der Übermittlung und nicht etwa die Behör-
den, welche die Informationen von Seiten des BStU erhalten haben.[9]

Es stellt sich jedoch die Frage, ob die Benachrichtigung von der Übermittlung    **545**
gleichzeitig mit der Übermittlung erfolgen muss. Dies könnte unter Umständen die
Schutzfunktion des Abs. 3 vereiteln. Wenn der BStU eine Information an eine
öffentliche oder nicht öffentliche Stelle weiterleitet, informiert er im Regelfall
gleichzeitig auch den Betroffenen. Hierzu ist er nach dem Wortlaut des § 30 Abs. 1
auch verpflichtet.[10] Um einen möglichst effektiven Schutz der in Abs. 3 genannten
Rechtsgüter zu erreichen, müsste der BStU aber zunächst die zuständigen Behörden
des Bundes und der Länder informieren, damit diese die Prüfung einer möglichen
Sicherheitsgefährdung durchführen können. Diese Lösung wäre allerdings unverhältnismäßig aufwändig. *Schmidt* und *Dörr* schlagen vor, dass der BStU die Benachrichtigung von der Übermittlung lediglich dann zurückzustellen hat und zunächst die
zuständige Behörde des Bundes oder eines Landes zu informieren hat, wenn er im
Einzelfall den Verdacht hat, dass die öffentliche Sicherheit oder das Staatswohl gefährdet sein könnten.[11]

Dieser Ansatz überzeugt. Er trägt den Effektivitätsgesichtspunkten einer zügigen
Behördenarbeit Rechnung, da nur in Einzelfällen eine derartige Gefährdung vorliegen dürfte und schafft gleichzeitig die sachgerechte Möglichkeit einer „Vorfil-
terung" von potenziell gefährdungsbehafteten Informationen.

---

[4] *J. Rapp-Lücke*, in: Geiger/Klinghardt, StUG, 2. Aufl. 2006, § 30 Rn. 2; Stoltenberg/Bossack,
   StUG, 2012, § 30 Rn. 1.
[5] Schmidt/Dörr, StUG, 1993, § 30 Rn. 6.
[6] *J. Rapp-Lücke*, in: Geiger/Klinghardt, StUG, 2. Aufl. 2006, § 30 Rn. 2.
[7] Schmidt/Dörr, StUG, 1993, § 30 Rn. 2; *J. Rapp-Lücke*, in: Geiger/Klinghardt, StUG, 2. Aufl.
   2006, § 30 Rn. 5; Stoltenberg, StUG, 1992, § 30 Rn. 4.
[8] Weberling, StUG, § 30 Rn. 1, vgl. ArbG Berlin NZA 1992, 595.
[9] Schmidt/Dörr, StUG, 1993, § 30 Rn. 2.
[10] Schmidt/Dörr, StUG, 1993, § 30 Rn. 3.
[11] Schmidt/Dörr, StUG, 1993, § 30 Rn. 4.

**Stefan Kaschube**

## B.  Zu Abs. 2

**546**  Für den Fall, dass der Betroffene schon Kenntnis von der Übermittlung hat, entbindet Abs. 2 den Bundesbeauftragten von seiner Pflicht zur Benachrichtigung. Dies gilt allerdings nur für den Fall, dass der Betroffene auch tatsächlich die Kenntnis erlangt hat. Das Bestehen einer Möglichkeit zur Kenntnisnahme reicht dagegen nicht aus.[12] Es reicht jedoch aus, dass der Betroffene die Kenntnis erlangt hat, dass überhaupt eine Information übermittelt wurde. Den genauen Inhalt und die Art der Information, sowie den Empfänger muss der Betroffene nicht kennen.[13] Der Betroffene kann z. B. deshalb schon Kenntnis von der Übermittlung haben, weil diese erst auf dessen Initiative hin durchgeführt wurde.[14]

**547**  Weiterhin entfällt die Pflicht zur Benachrichtigung für den Fall, indem eine Benachrichtigung nur mit unvertretbar hohem Aufwand möglich wäre. Die Regelung soll die Behörde des Bundesbeauftragten vor einem übermäßig hohen Verwaltungsaufwand schützen, der die Erfüllung der restlichen Aufgaben des BStU erschweren würde.[15] Ob ein unvertretbar hoher Aufwand vorliegt, muss laut dem Innenausschuss „im Einzelfall unter Abwägung mit dem Interesse des Betroffenen an der Benachrichtigung" festgestellt werden.[16] Dies kann z. B. dann der Fall sein, wenn der Betroffene verzogen ist und eine Aufenthaltsermittlung nur durch langwierige Recherchen möglich ist.[17]

Das Interesse des Betroffenen an der Benachrichtigung von der Übermittlung dürfte jedoch regelmäßig als hoch einzustufen sein, da das Recht desselben auf informationelle Selbstbestimmung tangiert wird.[18] Weiterhin spricht für ein hohes Interesse der Betroffenen an der Benachrichtigung von der Übermittlung die Tatsache, dass viele Überprüfungstatbestände im Rahmen des StUG (so z.B. § 20 Abs. 1 Satz 1 Nr. 6) die Kenntnis von der Übermittlung voraussetzen, weswegen für die Entbindung von der Pflicht zur Benachrichtigung die erste Alternative des Abs. 2 von größerer Bedeutung ist.[19] Das Recht auf die Benachrichtigung von der Übermittlung

---

[12] Schmidt/Dörr, StUG, 1993, § 30 Rn. 8.
[13] Schmidt/Dörr, StUG, 1993, § 30 Rn. 8.
[14] *J. Rapp-Lücke*, in: Geiger/Klinghardt, StUG, 2. Aufl. 2006, § 30 Rn. 6.
[15] Weberling, StUG, 1993, § 30 Rn. 2; *J. Rapp-Lücke*, in: Geiger/Klinghardt, StUG, 2. Aufl. 2006, § 30 Rn. 6.
[16] BT-Drucks.12/1540, 61; so auch: Stoltenberg/Bossack, StUG, 2012, § 30 Rn. 1.
[17] Schmidt/Dörr, StUG, 1993 § 30 Rn. 9; so auch: *J. Rapp-Lücke*, in: Geiger/Klinghardt, StUG, 2. Aufl. 2006, § 30 Rn. 6.
[18] Siehe hierzu auch oben Rn. 1.
[19] Stoltenberg/Bossack, StUG, 2012, § 30 Rn. 2.

**Stefan Kaschube**

darf deshalb nicht zu leichtfertig unter Berufung auf „einen unverhältnismäßig hohen Aufwand" ausgehöhlt werden.

## C. Zu Abs. 3

§ 30 Abs. 3 enthält die schon in § 25 Abs. 4 erwähnte und in den Archivgesetzen des Bundes und der Länder übliche[20] sog. „Staatswohlklausel".[21] Hiernach kann die Benachrichtigung der Übermittlung für einen gewissen Zeitraum unterbleiben, wenn dies die öffentliche Sicherheit gefährden würde oder für das Wohl des Bundes oder eines Landes nachteilig wäre. Die Feststellung hierüber trifft die zuständige oberste Bundes- oder Landesbehörde. Im Vergleich zu § 25 Abs. 4 erweitert § 30 somit den Einfluss von Behörden auf die Unterlagen des BStU auch auf die zuständigen Behörden der Länder. Erforderlich ist eine entsprechende Sperrerklärung durch die zuständigen Bundes- oder Landesbehörden.[22]

**548**

Umfasst vom Wohl des Bundes oder eines Landes sind nur wesentliche Interessen. Ein Interesse ist wesentlich, wenn es die Funktionsfähigkeit oder den Bestand des Staates betrifft. Unter anderem zählen hierzu die innere und äußere Sicherheit der Gebietskörperschaften sowie die freundschaftlichen Beziehungen zu anderen Staaten.[23] Ferner kommt noch ein wesentliches Interesse bei der Betroffenheit von fiskalischen Interessen in Betracht, welche jedoch so schwerwiegend sein müssen, dass hierdurch wiederum die Funktionsfähigkeit des Staates gefährdet ist.[24] Dies wird etwa bei aufzuspürendem DDR-Vermögen regelmäßig nicht der Fall sein.

**549**

Als tatbestandliche Voraussetzung der Feststellung durch die zuständige Behörde reicht es aus, dass allein die Information der Übermittlung an sich zu einer Gefahr für die öffentliche Sicherheit oder für das Wohl des Bundes oder eines Landes wird.[25] Dies ist jedoch regelmäßig nur in Verbindung mit der eigentlich übermittelten Information der Fall.[26] Zweck der Vorschrift ist es, ehemalige Angehörige des MfS daran zu hindern Beweismittel zu vernichten, sobald sie von Ermittlungen erfahren.[27] Dies kann unter anderem in Bezug auf die Auffindung von DDR-Vermö-

**550**

---

[20] So z.B. in: § 5 Abs. 6 Nr. 1 BArchG, § 11 Abs. 1 Nr. 1 BBg ArchG.
[21] *J. Rapp-Lücke*, in: Geiger/Klinghardt, StUG, 2. Aufl. 2006, § 30 Rn 7.
[22] *J. Rapp-Lücke*, in: Geiger/Klinghardt, StUG, 2. Aufl. 2006, § 30 Rn 7.
[23] *D. Kallerhoff/T. Mayen*, in: Stelkens/Bonk/Sachs, VwVfG, 9. Aufl. 2018, § 29 Rn. 63.
[24] *O. Mallmann*, in: Simitis, BDSG, 8. Aufl. 2014, § 19 Rn. 88.
[25] Schmidt/Dörr, StUG, 1993, § 30 Rn. 10.
[26] Schmidt/Dörr, StUG, 1993, § 30 Rn. 10.
[27] Schmidt/Dörr, StUG, 1993, § 30 Rn. 10.

**Stefan Kaschube**

gen geschehen.[28] Dies würde die Erreichung der Zwecke des StUG wesentlich erschweren oder vereiteln. Nach Fortfall der Gefährdung ist der Betroffene von der Benachrichtigung zu unterrichten.[29]

---

[28] Schmidt/Dörr, StUG, 1993, § 30 Rn. 10.
[29] BT-Drucks. 12/723, 25; so auch Schmidt/Dörr, StUG,1993, § 30 Rn. 10.

**Stefan Kaschube**

## § 31 Gerichtliche Überprüfung von Entscheidungen des Bundesbeauftragten auf Antrag von Behörden

(1) Lehnt der Bundesbeauftragte ein Ersuchen einer Behörde um Mitteilung, Einsichtnahme oder Herausgabe ab, entscheidet über die Rechtmäßigkeit dieser Ablehnung auf Antrag der betroffenen Behörde das Oberverwaltungsgericht nach mündlicher Verhandlung durch Beschluss. Der Beschluss ist unanfechtbar. Ein Vorverfahren findet nicht statt. Zuständig ist das Oberverwaltungsgericht, in dessen Bezirk der Bundesbeauftragte seinen Sitz hat.

(2) Der Vorsitzende kann aus besonderen Gründen die Einsicht in die Akten oder in Aktenteile sowie die Fertigung oder Erteilung von Auszügen und Abschriften versagen oder beschränken. Dieser Beschluss und der Beschluss des Oberverwaltungsgerichts über die Verpflichtung zur Vorlage von Urkunden nach § 99 Abs. 2 der Verwaltungsgerichtsordnung sind nicht anfechtbar. Im Übrigen sind die Beteiligten zur Geheimhaltung von Tatsachen verpflichtet, die ihnen durch Akteneinsicht zur Kenntnis gelangt sind.

*Literaturangaben: Bork, Rheinhard, Die Berichterstattung über inoffizielle „Stasi"-Mitarbeiter, in: ZIP 1992, S. 90–103; Geiger, Hansjörg/Klinghardt, Heinz (Hrsg.), Stasi-Unterlagen-Gesetz Kommentar, 2. Aufl., Stuttgart 2006; Günther, Hellmuth, Streit von Behörden mit dem Bundesbeauftragten für die Unterlagen des Staatssicherheitsdienstes um Aktenzugang, in: NJ 1997, S. 627–633; Jarass, Hans D./ Pieroth, Bodo, Grundgesetz, Kommentar, 14. Aufl., München 2016; Klinghardt, Heinz, Stasi-Unterlagen als Beweismittel im Strafverfahren, in: NJ 1992, S. 185–190; Kopp, Ferdinand/Schenke, Wolf-Rüdiger (Hrsg.), Verwaltungsgerichtsordnung, Kommentar, 23. Aufl., München 2017; Kopp, Ferdinand/Ramsauer, Ulrich (Hrsg.), Verwaltungsverfahrensgesetz, Kommentar, 18. Aufl., München 2017; Marschollek, Dietmar, Zugang zu Stasi-Unterlagen für Zwecke der Strafverfolgung, in: NJ 1992, S. 539–541; Lüdtke, Peter-Bernd (Hrsg.), Sozialgerichtsgesetz, Handkommentar, 4. Aufl., Baden-Baden 2012; Meyer-Ladewig, Jens/Keller, Wolfgang/ Leitherer, Stephan/Schmidt, Benjamin (Hrsg.), Sozialgerichtsgesetz, Kommentar, 12. Aufl., München 2017; Rauscher, Thomas/Wax, Peter/Wenzel, Joachim (Hrsg.), Münchener Kommentar zur Zivilprozessordnung mit Gerichtsverfassungsgesetz und Nebengesetzen, Bd. 3, 5. Aufl., München 2017; Staff, Ilse, Wiedervereinigung unter Rechtsgesetzen. Ein Beitrag zur Verfassungskonformität des Stasi-Unterlagen-Gesetzes, in: ZRP 1992, S. 462–469; Stelkens, Paul/Bonk, Joachim/Sachs, Michael (Hrsg.), Verwaltungsverfahrensgesetz, 9. Aufl., München 2018; Stoltenberg, Klaus, Die historische Entscheidung für die Öffnung der Stasi–Akten – Anmerkungen zum Stasi-Unterlagen-Gesetz, in: DtZ 1992, S. 65–72; Stoltenberg, Klaus/Bossack, Carolin, Stasi-Unterlagen Gesetz Kommentar, Baden-Baden 2012; Weberling, Jo-*

**Jennifer Janssen, Jasmin Maaßen**

*hannes, Stasi-Unterlagen-Gesetz, Kommentar, Köln 1993; Wysk, Peter (Hrsg.), Verwaltungsgerichtsordnung, 2. Aufl., München 2016; Zöller Richard (Begr.), Zivilprozessordnung, Kommentar, 32. Aufl., Köln 2018.*

## A. Allgemeines

**551** § 31 regelt im Streitfall die gerichtliche Überprüfung von Entscheidungen des Bundesbeauftragten auf Antrag von Behörden um Mitteilung von Informationen über Personen, Einsichtnahme in Stasi-Akten oder Herausgabe von Unterlagen. Zuständig für die gerichtliche Überprüfung ist das Oberverwaltungsgericht, in dessen Bezirk der Bundesbeauftragte seinen Sitz hat. Dieser Sitz entspricht der Zentralstelle des BStU in Berlin gem. § 52 Nr. 2 VwGO i.V.m. § 35 Abs. 1 S. 2.[1]

## B. Erläuterungen

### I. Zu Abs. 1

**552** Grundsätzlich sind Behörden gem. § 1 Abs. 1 Nr. 4 dazu berechtigt, einen Antrag an den BStU sowohl um Mitteilung, als auch auf Einsichtnahme zu stellen. Ebenfalls können Behörden die Herausgabe von Unterlagen beantragen. Der Behördenbegriff des StUG richtet sich nach § 1 Abs. 4 VwVfG. Demnach ist eine Behörde jede Stelle, die Aufgaben der öffentlichen Verwaltung wahrnimmt.[2] Auch die Staatsanwaltschaft ist antragsberechtigte Behörde im Sinne von § 31. Staatsanwaltschaften und Gerichte können die Akten nach den Vorschriften der jeweiligen Verfahrensordnungen beiziehen.[3]

**553** Nach § 6 Abs. 9 S. 2 i.V.m. § 2 Abs. 1 BDSG entspricht der Begriff „öffentliche Stelle" im StUG dem Behördenbegriff des § 1 Abs. 4 VwVfG.[4] In der Regel können öffentliche Stellen ihr Recht auf Aktenzugang allein nach Maßgabe des § 31 durchsetzen. Dies ergibt sich aus § 4 Abs. 1 S. 1. Die Vorschrift bestimmt das StUG

---

[1] BT-Drucks. 13/1750, 102; BT-Drucks. 13/8442, 104.
[2] *H. Schmitz*, in: Stelkens/Bonk/Sachs, VwVfG, 9. Aufl. 2018, § 1 Rn. 231.
[3] BT-Drucks. 12/1540, 62; OVG Berlin NJ 1993, 472 f.; *H. Klinghardt*, NJ 1992, 185, 188; *D. Marscholleck*, NJ 1992, 539, 541.
[4] Vgl. BT-Drucks. 12/1540, 61 f.; Weberling, StUG, 1993, § 31 Rn. 2; *H. Günther*, NJ 1997, 627, 631.

**Jennifer Janssen, Jasmin Maaßen**

als einzige Rechtsgrundlage für den Zugang zu den Stasi-Unterlagen.[5] Soweit § 31 keine Sonderregelungen trifft, richtet sich das Verfahren nach der VwGO.[6]

Gem. § 19 Abs. 1 S. 1 gewährt der Bundesbeauftragte Einsicht in Unterlagen und gibt der Behörde Unterlagen heraus, soweit deren Verwendung nach den §§ 20-23, 25, 26 zulässig ist. § 31 Abs. 1 regelt den Fall, dass der Bundesbeauftragte den Antrag der Behörde ablehnt. **554**

Das Oberverwaltungsgericht folgt sodann nach mündlicher Verhandlung durch Beschluss entweder dem Bundesbeauftragten in seiner Auffassung bezüglich der Ablehnung des Antrags oder gibt dem Antrag auf Einsicht und Auskunft der Akten statt.[7]

Entgegen § 100 Abs. 1 VwGO ist der Bundesbeauftragte nicht verpflichtet, dem Gericht seine Unterlagen vorzulegen, damit das Gericht einen eventuellen Anspruch einer Behörde beurteilen kann. Denn dies würde dazu führen, dass die Behörde durch die Einsicht in Akten mit personenbezogenen Daten praktisch schon die mit dem Antrag an das Gericht begehrte Information erhält.[8] Dies würde dem stark geschützten Persönlichkeitsrecht widersprechen, welches in § 1 Abs. 1 Nr. 2 explizit verankert ist und dessen Schutz vom Gesetzgeber grundsätzlich stark gewichtet wird.[9] **555**

Satz zwei regelt die Unanfechtbarkeit des gerichtlichen Beschlusses. Bei diesem Verfahren handelt es sich nicht um ein Klage,- sondern um ein Beschlussverfahren und somit um ein verkürztes Gerichtsverfahren eigener Art.[10] Grundsätzlich ist jeder Antragsteller in einem Klageverfahren, der durch einen rechtswidrigen Verwaltungsakt in seinen Rechten verletzt ist, gem. § 113 Abs. 1 S. 1 VwGO berechtigt, einen Verwaltungsakt anzufechten. Jedoch stellt die Verweigerung des Antragsgegners, dem Ersuchen des Antragstellers zu entsprechen, in diesem Beschlussverfahren keinen Verwaltungsakt dar, weil es an der für einen Verwaltungsakt erforderlichen Außenwirkung fehlt. Vielmehr handelt es sich um einen zwischenbehördlichen Kon- **556**

---

[5] Vgl. BT-Drucks. 12/723, 19; OVG Berlin NJ 1993, 472; KG DtZ 1992, 331, 332.
[6] BT-Drucks. 12/1540, 61; *R. Bork*, ZIP 1992, 90, 92.
[7] BT-Drucks. 13/1750, 103 f.; Vgl. *I. Staff*, ZRP 1992, 462, 463.
[8] BT-Drucks. 12/1540, 61.
[9] *R. Bork*, ZIP 1992, 90, 94.
[10] OVG Berlin NJ 1993, 471, 472 f.; *J. Rapp-Lücke*, in: Geiger/Klinghardt, StUG, 2. Aufl. 2006, § 31 Rn. 8.

**Jennifer Janssen, Jasmin Maaßen**

takt, welcher nicht unmittelbar die Rechtsposition des Bürgers betrifft.[11] Daraus erklärt sich die Unanfechtbarkeit des vom Oberverwaltungsgericht gefassten Beschlusses.[12] Ein Vorverfahren gem. § 68 Abs. 1 S. 1 VwGO ist im Interesse der Verfahrensbeschleunigung nicht vorgesehen.[13]

## II. Zu Abs. 2

**557** Aufgrund der enormen Bedeutung, welche dem Persönlichkeitsrecht im StUG beigemessen wird,[14] sieht Abs. 2 zusätzliche Sicherungen der personenbezogenen Informationen aus den Akten vor. Grundsätzlich haben die Beteiligten einen Anspruch auf rechtliches Gehör nach Art. 19 Abs. 4 und Art. 103 Abs. 1 GG, welcher durch die Akteneinsicht ermöglicht werden soll.[15] In Anlehnung an die Regelung des § 120 Abs. 3 S. 1 SGG kann der Vorsitzende aus besonderen Gründen die Einsicht in die Akten oder Aktenteile sowie die Fertigung oder Erteilung von Auszügen und Abschriften versagen oder beschränken, sog. „in-camera-Verfahren".[16] Dieses Verfahren überprüft die Rechtmäßigkeit der Versagung der Akteneinsicht durch den Vorsitzenden, ohne dass die Beteiligten Kenntnis vom Inhalt der Akten erhalten.[17] Dies könnte im Hinblick auf Art. 103 Abs. 1 GG eine problematische Umgehung des Grundsatzes des rechtlichen Gehörs darstellen.[18]

**558** Allerdings lässt das StUG eine Einschränkung des Grundrechts auf rechtliches Gehör zu, sofern gem. § 31 Abs. 2 S. 1 „besondere Gründe" für die Versagung oder Beschränkung der Akteneinsicht vorliegen.

In Anlehnung an § 4 Abs. 4 sind die in Abs. 2 S. 1 genannten „besonderen Gründe" solche, die das überwiegende schutzwürdige Interesse anderer Personen beeinträchtigen würden. Eine solche Beschränkung ist dann notwendig, wenn die Akteneinsicht für den Einzelnen unter Berücksichtigung seines Interesses an den Verfahrens-

---

[11] OVG Berlin 8 A 1.92 vom 27.4.1993, Rn. 12 (BeckRS); *U. Ramsauer,* in: Kopp/Ramsauer, VwVfG, 18. Aufl. 2017, § 35 Rn. 124; § 1 Rn. 52.

[12] *H. Günther*, NJ 1997, 627, 631.

[13] BT-Drucks. 12/1540, 61.

[14] Vgl. *K. Stoltenberg*, DtZ 1992, 65, 69; *I. Staff*, ZRP 1992, 462, 463.

[15] *W. Keller*, in: Meyer-Ladewig/Keller/Leitherer/Schmidt, SGG, 12. Aufl. 2017, § 120 Rn. 1a; *H. D. Jarass*, in: Jarass/Pieroth, GG, 14. Aufl. 2016, Art. 19 Rn. 50, 65; zur Spezialität des Art. 103 GG siehe *B. Pieroth*, in: Jarass/Pieroth, GG, 14. Aufl. 2016, Art. 103 Rn. 2.

[16] BT-Drucks. 12/1540, 62; Stoltenberg/Bossack, StUG, 2012, § 31 Rn. 3.

[17] *C. Bamberger*, in: Wysk, VwGO, 2. Aufl. 2016, § 99 Rn. 19; *W. R. Schenke*, in: Kopp/Schenke, VwGO, 23. Aufl. 2017, § 99 Rn. 2.

[18] *H. D.Jarass*, in: Jarass/Pieroth, GG, 14. Aufl. 2016, Art. 19 Rn. 50; *B. Pieroth*, in: Jarass/Pieroth, GG, 14. Aufl. 2016, Art. 103, Rn. 2.

**Jennifer Janssen, Jasmin Maaßen**

unterlagen unzumutbar wäre, ihm unverhältnismäßige Nachteile bereiten würde und andere Lösungsmöglichkeiten ausscheiden.[19] Die Beschränkung des rechtlichen Gehörs wird durch eine gesetzliche Grundlage, vorliegend § 31 Abs. 2 S. 1, sowie durch die Einhaltung des Verhältnismäßigkeitsgrundsatzes legitimiert.[20]

Der Beschluss des Oberverwaltungsgerichtes über die Verpflichtung zur Vorlage **559** von Urkunden nach § 99 Abs. 2 der VwGO ist aus den schon in Abs. 1 genannten Gründen für die Unanfechtbarkeit ebenfalls nicht anfechtbar.

Um sicherzustellen, dass die im Wege der Akteneinsicht erlangten Informationen nur im Rahmen des Verfahrens nach § 31 verwendet werden, werden die Parteien entsprechend § 174 Abs. 3 GVG zur Verschwiegenheit verpflichtet.[21]

---

[19] *S. Roller*, in: Lüdtke, SGG, 4. Aufl. 2012, § 120 Rn. 10.
[20] *H. D. Jarass*, in: Jarass/Pieroth, GG, 14. Aufl. 2016, Art. 19 Rn. 54; *R. Bork*, ZIP 1992, 90, 97.
[21] BT-Drucks. 12/1540, 62; *C. Lückemann*, in: Zöller, ZPO, 32. Aufl., 2018, § 174 GVG Rn. 5; *W. Zimmermann*, in: MüKo-ZPO, Bd. 3, 5. Aufl. 2017, § 174 GVG Rn. 14 f.

**Jennifer Janssen, Jasmin Maaßen**

## § 32 Verwendung von Unterlagen für die politische und historische Aufarbeitung

(1) Für die Forschung zum Zwecke der politischen und historischen Aufarbeitung der Tätigkeit des Staatssicherheitsdienstes oder der Herrschaftsmechanismen der ehemaligen Deutschen Demokratischen Republik oder der ehemaligen sowjetischen Besatzungszone sowie für Zwecke der politischen Bildung stellt der Bundesbeauftragte auf Antrag folgende Unterlagen zur Verfügung:

1. Unterlagen, die keine personenbezogenen Informationen enthalten,

2. Duplikate von Unterlagen, in denen die personenbezogenen Informationen anonymisiert worden sind, es sei denn, die Informationen sind offenkundig,

3. Unterlagen mit personenbezogenen Informationen über

   - Mitarbeiter des Staatssicherheitsdienstes, soweit es sich nicht um Tätigkeiten für den Staatssicherheitsdienst vor Vollendung des 18. Lebensjahres gehandelt hat, oder

   - Begünstigte des Staatssicherheitsdienstes,

4. Unterlagen mit personenbezogenen Informationen über Personen der Zeitgeschichte, Inhaber politischer Funktionen oder Amtsträger, soweit es sich um Informationen handelt, die ihre zeitgeschichtliche Rolle, Funktions- oder Amtsausübung betreffen,

5. Unterlagen mit anderen personenbezogenen Informationen, wenn die schriftlichen Einwilligungen der betreffenden Personen vorgelegt werden; die Einwilligungen müssen den Antragsteller, das Vorhaben und die durchführenden Personen bezeichnen,

6. Unterlagen mit personenbezogenen Informationen zu Verstorbenen, deren Tod 30 Jahre zurückliegt; diese Schutzfrist kann auf zehn Jahre verkürzt werden, wenn die Benutzung für ein wissenschaftliches Forschungsvorhaben oder zur Wahrnehmung berechtigter Belange erforderlich ist und überwiegende schutzwürdige Belange nicht beeinträchtigt werden; ist das Todesjahr nicht oder nur mit unvertretbarem Aufwand festzustellen, endet die Schutzfrist 110 Jahre nach der Geburt; die Nummern 1 bis 5 bleiben unberührt,

7. Unterlagen mit personenbezogenen Informationen darüber hinaus, soweit

   a) dies für die Durchführung der wissenschaftlichen Forschungsarbeit an Hochschulen, an anderen Forschungseinrichtungen und bei den Landesbeauftragten für die Unterlagen des Staatssicherheitsdienstes der ehemaligen Deutschen Demokratischen Republik erforderlich ist,

**Shpetim Bajrami, Stefan Engel**

b) eine Nutzung anonymisierter Informationen zu diesem Zweck nicht möglich oder die Anonymisierung mit einem unverhältnismäßigen Aufwand verbunden ist und

c) der Empfänger der Informationen Amtsträger oder nach dem Verpflichtungsgesetz förmlich verpflichtet worden ist.

Unterlagen mit personenbezogenen Informationen nach Satz 1 Nr. 3, 4 und 7 dürfen nur zur Verfügung gestellt werden, soweit durch deren Verwendung keine überwiegenden schutzwürdigen Interessen der dort genannten Personen beeinträchtigt werden. Bei der Abwägung ist insbesondere zu berücksichtigen, ob die Informationserhebung erkennbar auf einer Menschenrechtsverletzung beruht.

(2) Unterlagen, die sich nach § 37 Abs. 1 Nr. 3 Buchstabe b bis d in besonderer Verwahrung befinden, dürfen nur mit Einwilligung des Bundesministers des Innern verwendet werden.

(3) Personenbezogene Informationen dürfen nur veröffentlicht werden, wenn

1. diese offenkundig sind,

2. es sich um Informationen handelt über

- Mitarbeiter des Staatssicherheitsdienstes, soweit diese nicht Tätigkeiten für den Staatssicherheitsdienst vor Vollendung des 18. Lebensjahres betreffen, oder

- Begünstigte des Staatssicherheitsdienstes,

3. es sich um Informationen handelt über Personen der Zeitgeschichte, Inhaber politischer Funktionen oder Amtsträger, soweit diese ihre zeitgeschichtliche Rolle, Funktions- oder Amtsausübung betreffen, oder

4. die Personen, über die personenbezogene Informationen veröffentlicht werden sollen, eingewilligt haben,

5. es sich um Informationen über Verstorbene handelt, deren Tod 30 Jahre zurückliegt; diese Schutzfrist kann auf zehn Jahre verkürzt werden, wenn die Benutzung für ein wissenschaftliches Forschungsvorhaben oder zur Wahrnehmung berechtigter Belange erforderlich ist und überwiegende schutzwürdige Belange nicht beeinträchtigt werden; ist das Todesjahr nicht oder nur mit unvertretbarem Aufwand festzustellen, endet die Schutzfrist 110 Jahre nach der Geburt; die Nummern 1 bis 4 bleiben unberührt.

Durch die Veröffentlichung der in Satz 1 Nr. 2 und 3 genannten personenbezogenen Informationen dürfen keine überwiegenden schutzwürdigen Interessen der genannten Personen beeinträchtigt werden. Bei der Abwägung ist insbesondere zu berücksichtigen, ob die Informationserhebung erkennbar auf einer Menschenrechtsverletzung beruht. Personenbezogene Informationen nach Satz 1 Nr. 5 dürfen nur veröffentlich werden, soweit durch die Veröffentlichung keine überwiegenden schutzwürdigen Interessen anderer Personen beeinträchtigt werden.

(4) Die Absätze 1 und 3 gelten sinngemäß auch für Zwecke der politischen und historischen Aufarbeitung der nationalsozialistischen Vergangenheit.

**Literaturangaben:** *Dreier, Horst (Hrsg.), Grundgesetz, Bd. 1, 3. Aufl., Tübingen 2013; Drohla, Jeannine, Aufarbeitung versus Allgemeines Persönlichkeitsrecht, §§ 32, 34 Stasi-Unterlagen-Gesetz, Berlin 2011; Geiger, Hansjörg/Klinghardt, Heinz (Hrsg.), Stasi-Unterlagen-Gesetz-Kommentar, 2. Aufl., Stuttgart 2006; Maunz, Theodor/Dürig, Günter, Grundgesetz Kommentar, 81. Lieferung September 2017, München; Schmidt, Dietmar/Dörr Erwin, Stasi-Unterlagen-Gesetz, Köln 1993; Stoltenberg, Klaus/Bossack, Carolin, Stasi-Unterlagen-Gesetz, Baden-Baden 2012; Weberling, Johannes, Forschungsprivileg und Forschungsfreiheit, in: Unverhau (Hrsg.), Das Stasi-Unterlagen-Gesetz im Lichte von Datenschutz und Archivgesetzgebung, Münster 1998; Weberling, Johannes, Stasi-Unterlagen-Gesetz, Kommentar, Köln 1993.*

## A. Vorwort

**560**   § 32 ist eine zentrale Norm des StUG. Die hier vorliegende Kommentierung dazu ist nicht abschließend, sondern umfasst nur die in Abs. 1 genannten allgemeinen Voraussetzungen für eine Verwendung nach § 32.

## B. Allgemeines

### I. Zu Abs. 1

**561**   Abs. 1 dient der Umsetzung des Gesetzeszweckes aus § 1 Abs. 1 Nr. 3 und ermöglicht damit die historische und juristische Aufarbeitung der Tätigkeit des MfS. Diese Aufgabe ist nach § 37 Abs. 1 Nr. 5 auch dem BStU selbst übertragen. Abs. 1 ermöglicht Zugang zu den Unterlagen des MfS anschließend an § 4 Abs. 1, also auch natürlichen Personen.[1] Dabei ist der Zugang zu den Unterlagen für die Forschung zum Zwecke der politischen und historischen Aufarbeitung der Tätigkeit des MfS oder der Herrschaftsmechanismen der DDR oder der sowjetischen Besatzungszone sowie für Zwecke der politischen Bildung begrenzt.

---

[1] Vgl. § 7 Abs. 3; § 4 Rn. 87.

**Shpetim Bajrami, Stefan Engel**

## 1. Zulässige Zwecke des Abs. 1

Abs. 1 ermöglicht den Zugang zu Unterlagen für die Forschung zum Zwecke der **562** historischen Aufarbeitung sowie für die politische Bildung.

### a ) Forschung

Abs. 1 S. 1 verwendet den Begriff der Forschung, ohne diesen näher zu erläutern. **563** Unter Rückgriff auf Art. 5 Abs. 3 S. 1 GG ist Forschung die geistige Tätigkeit mit dem Ziele, in methodischer, systematischer und nachprüfbarer Weise neue Erkenntnisse zu gewinnen.[2] Das Grundrecht ist nicht nur auf wissenschaftlich tätige Institutionen, also insbesondere Hochschulen, beschränkt, sondern ein Jedermannsrecht; das heißt, dass es jedem zusteht, der wissenschaftlich tätig ist, also tatsächlich forscht.[3] Im Zusammenspiel mit Art. 5 Abs. 3 GG ist festzuhalten, dass der Begriff der Forschung in Abs. 1 S. 1, der über den Zugang zu Unterlagen entscheidet, dem BStU nicht zur freien Disposition steht. Vielmehr muss er mit der Wissenschaftsfreiheit weit ausgelegt werden; der BStU kann Forschungsanträge daher nur auf Ernsthaftigkeit untersuchen, das Forschungsvorhaben muss der politischen oder historischen Aufarbeitung dienen.[4] Daher kann jeder, der ein ernsthaftes Forschungsvorhaben nachweisen kann, nach § 32 Zugang zu Unterlagen erhalten.[5]

Irreführend ist daher, wenn vereinzelt von einem Forschungsmonopol des BStU **564** gesprochen wird.[6] Zwar ist dem BStU die Forschung nach § 37 Abs. 1 Nr. 5 als Aufgabe übertragen; jedoch ist der Zugang zu den Unterlagen zur Forschung mit dem erläuterten Forschungsbegriff weitgehend frei, sodass von einem Forschungsmonopol des BStU nicht die Rede sein kann. Jedoch ist bei einem Forschungsvorhaben stets der Weg über § 32 und damit über den BStU zu gehen, dem ein Hoheitsanspruch über die Unterlagen zusteht.[7] Richtigerweise ist daher nicht von einem Forschungs-, sondern von einem Verfügungsmonopol des BStU zu sprechen.

---

[2] BVerfGE 35, 79, 113.

[3] *G. Britz*, in: Dreier, GG, Bd. 1, 3. Aufl. 2013, Art. 5 III (Wissenschaft) Rn. 21; *R. Scholz*, in: Maunz/Dürig, GG, 81. Lfg., Art. 5 Abs. 3 Rn. 119.

[4] BVerwGE 121, 115, 129; *J. Rapp-Lücke*, in: Geiger/Klinghardt, StUG, 2. Aufl. 2006, § 32 Rn. 6.

[5] *J. Rapp-Lücke*, in: Geiger/Klinghardt, StUG, 2. Aufl. 2006, § 32 Rn. 6.

[6] Vgl. Weberling, StUG, 1993, § 32 Rn. 1; *J. Weberling*, Forschungsprivileg und Forschungsfreiheit, in: Unverhau, Das Stasi-Unterlagen-Gesetz im Lichte von Datenschutz und Archivgesetzgebung, 1998, S. 137.

[7] § 7 Rn. 185.

**Shpetim Bajrami, Stefan Engel**

## § 32

Ein Forschungsmonopol wiederspräche zudem „dem auf Pluralität angelegten Wissenschaftsverständnis in einer freiheitlichen Gesellschaft."[8]

Der Forschungszweck muss der Aufarbeitung[9] der Tätigkeit des MfS oder der Herrschaftsmechanismen der DDR oder der ehemaligen sowjetischen Besatzungszone dienen. Mit dem 7. StUÄndG wurden die Zwecke der Aufarbeitung der Herrschaftsmechanismen der DDR – dies betrifft vor allem die Tätigkeit des SED-Regimes – oder der sowjetischen Besatzungszone eingefügt; zuvor waren nur Forschungszwecke zulässig, die der Aufarbeitung der Tätigkeit des MfS dienten.[10]

**565** Vorausgesetzt wird vom BStU weiterhin, dass das Forschungsvorhaben auf eine Veröffentlichung gerichtet ist.[11] Eine solche kann in einer wissenschaftlichen Publikation oder auch in einem Vortrag liegen.[12] Der Adressat der Unterlagen ist strikt an das angegebene Forschungsvorhaben gebunden. Darüber hinaus muss zum Schutz des Persönlichkeitsrechts der in den Unterlagen Genannten sichergestellt werden, dass die Unterlagen nicht an Dritte weitergegeben werden und nur für das Forschungsvorhaben genutzt werden. Um dies zu gewährleisten, hat der BStU gegebenenfalls eine schriftliche Versicherung o.ä. einzuholen; im Falle des Abs. 1 S. 1 Nr. 7 ist die Einhaltung dieser Regeln anzunehmen.[13]

**566** Mit der zu fordernden weiten Auslegung des Begriffes „Forschung" können auch einzelne Beispielsfälle Forschungsgegenstand sein, nicht erforderlich ist, dass stets eine Gesamtbetrachtung vorgenommen wird. Es wurde daher richtigerweise auch die Erforschung der Rolle von Rechtsanwälten in der DDR, beispielhaft bezogen auf einzelne Rechtsanwälte, als im Rahmen von § 32 zulässiger Forschungszweck betrachtet.[14] Bis zu dieser Änderung waren lediglich Forschungszwecke zulässig, die der Aufarbeitung der Tätigkeit allein des MfS dienten.[15]

---

[8] BVerwGE 121, 115, 130.
[9] Zum Begriff der Aufarbeitung vgl. Rn. 567.
[10] BGBl. I 2006, 3326, 3329.
[11] *J. Rapp-Lücke*, in: Geiger/Klinghardt, StUG, 2. Aufl. 2006, § 32 Rn. 8; Stoltenberg/Bossack, StUG, 2012, § 32 Rn. 5.
[12] *J. Rapp-Lücke*, in: Geiger/Klinghardt, StUG, 2. Aufl. 2006, § 32 Rn. 8.
[13] BVerwGE 121, 115, 133.
[14] VG Berlin, 1 A 173.05 vom 3.5.2006, Rn. 37 (juris).
[15] Zur Kritik an dieser engen Fassung des § 32 Abs. 1 S. 1 vgl. Schmidt/Dörr, StUG, 1993, § 32 Rn. 3.

**Shpetim Bajrami, Stefan Engel**

## b) Historische und politische Aufarbeitung

Nach § 1 Abs. 1 Nr. 3 ist Zweck des Gesetzes, die historische und politische Auf- **567** arbeitung zu gewährleisten und zu fördern. Dieser Gesetzeszweck wird durch § 32 realisiert, denn es dürfen für die Forschung zum Zwecke der politischen und historischen Aufarbeitung Unterlagen zur Verfügung gestellt werden. Der Begriff der Aufarbeitung wird im StUG nicht legaldefiniert, doch formt das Gesetz verschiedene Dimensionen der Aufarbeitung aus (§ 1 Rn. 58). Aufarbeitung abschließend zu definieren ist unmöglich. Die Problematik, den Begriff der Aufarbeitung juristisch, historisch oder soziologisch zu definieren, folgt aus der Notwendigkeit der kontextbezogenen Begriffserschließung:[16] Welches Ziel die Aufarbeitung hat, was darunter zu verstehen ist und welche Methode im Einzelfall dazu verwendet wird, ist immer von dem Zusammenhang abhängig, in dem die Aufarbeitung steht. Das bedeutet, dass Aufarbeitung ein flexibler Begriff ist, der von verschiedenen Variablen abhängt und somit nicht in eine starre Definition geformt werden kann. Nichtsdestotrotz ist es wichtig, Kriterien zu bestimmen, um eine verwendbare Grundlage zur Herausgabe von Stasi-Unterlagen zu statuieren und Aufarbeitung nicht einseitig zu einem rechtstheoretischen und philosophischen Begriff ausufern zu lassen.

Aufarbeitung ist auf die Zukunft gerichtet. Sie fußt auf der Annahme von der Be- **568** dingtheit von Künftigem, Gegenwärtigem und Vergangenem.[17] Durch den Zusatz „historisch" und „politisch" wird zum Ausdruck gebracht, dass Aufarbeitung in diesem Kontext nicht zentral auf das Individuum bezogen ist, sondern, dass es um die Dimension der Aufarbeitung geht, die die Gesellschaft als Gesamtheit leisten muss und die einen gemeinsamen Zweck verfolgt. Es geht um die kollektive Aufarbeitung. Umstritten ist die Frage, ob die Aufarbeitung der DDR-Diktatur ihr natürliches Ende erreicht hat.[18] Das Oberlandesgericht Naumburg und der Bundesgerichtshof haben bereits 1992 zu dieser Frage Stellung genommen und führten an, dass „angesichts der Konsolidierung der politischen und gesellschaftlichen Verhältnisse in den neuen Bundesländern und des erreichten Kenntnisstandes über das Stasi-System für eine spezifizierte öffentliche Benennung früherer IM kein Informationsbedürfnis der Öffentlichkeit mehr besteht"[19]. Indes sah das Bundesverfassungsgericht in diesem Fall auch im Jahr 2000 noch Aufarbeitungsbedarf: „Es ist nicht die Aufgabe staatlicher Gerichte, einen Schlussstrich unter eine Diskussion zu

---

[16] *J. Drohla*, Aufarbeitung versus Allgemeines Persönlichkeitsrecht, Berlin 2011, S. 99.

[17] *J. Drohla*, Aufarbeitung versus Allgemeines Persönlichkeitsrecht, Berlin 2011, S. 103.

[18] Vgl. dazu *J. Drohla*, Aufarbeitung versus Allgemeines Persönlichkeitsrecht, Berlin 2011, S. 104.

[19] OLG Naumburg DtZ 1994, 73, 73.; bestätigt wurde dies durch BGH DtZ 1994, 343, 344.

Shpetim Bajrami, Stefan Engel

ziehen oder eine Debatte für beendet zu erklären"[20]. Zu demselben Schluss kam das Bundesverwaltungsgericht im Fall *Kohl IV* im Jahr 2004, das von einem nachhaltigen öffentlichen Interesse spricht, „das heute noch besteht"[21]. Noch weiter ging das Landgericht Frankfurt (Oder) und konstatierte, dass das Aufarbeitungsinteresse der Bevölkerung „auf der Hand läge und nicht eigens weiter verdeutlicht werden müsse"[22]. Das Verwaltungsgericht Meinigen forderte noch 2005 für hauptamtlich tätige Mitarbeiter des MfS auf Grund ihrer besonderen beruflichen Verstrickung in den Staatssicherheitsdienst regelmäßig eine Offenbarungspflicht.[23] 2009 wurde dieses Aufarbeitungsinteresse durch das Landgericht München bestätigt: „Die Aufarbeitung historischer Ereignisse und die Ermittlung der geschichtlichen Wahrheit ist eine unabdingbare Voraussetzung der freiheitlich-demokratischen Grundordnung und eines jeden freien und pluralistischen Gemeinwesens"[24]. Ebenfalls im Jahr 2010 wird das öffentliche Interesse an der Aufarbeitung durch das Landgericht Zwickau bekräftigt.[25] Auch 2013 wird vom BGH von einer besonderen Bedeutung der Aufarbeitung und von einem gesteigerten Informationsinteresse der Öffentlichkeit gesprochen, denn „die Aufarbeitung des Überwachungssystems der Staatssicherheit ist noch nicht abgeschlossen"[26].

Aus der Sicht des BStU besteht weiterhin Aufarbeitungsbedarf und –interesse. Deutlich wird dies durch die Verlängerung der Frist für die Überprüfung von Unterlagen durch öffentliche und nicht öffentliche Stellen, die eigentlich Ende des Jahres 2006[27] auslaufen sollte, dann aber bis 2011[28] verlängert worden ist und schließlich noch einmal auf 2019[29] erweitert wurde. Die Notwendigkeit der Fristverlängerung wird erstmalig in dem 8. StUÄndG erläutert.[30] Danach gehört „der Zugang zu den Stasi-Unterlagen zu den wichtigsten Instrumenten der Aufarbeitung".[31] Belegt wird dies durch die erhöhten Antragszahlen aufgrund der Verbesserung der Zugangsmöglichkeiten mit der 7. Novelle des StUG.[32]

---

[20] BVerfG NJW 2000, 2413, 2415.
[21] BVerwGE 121, 115, 129.
[22] LG Frankfurt (Oder), 17 O 174/05 vom 21.10.2005, (BeckRS).
[23] VG Meinigen, 1 E 627/05 vom 4.11.2005, (BeckRS).
[24] LG München I, 9 O 1277/09 vom 15.4.2009, (BeckRS).
[25] LG Zwickau, 1 O 1275/08 vom 24.3.2010, Rn. 58 (BeckRS).
[26] BGH NJW 2013, 229, 232.
[27] BGBl. I 1991, 2272, insb. 2279.
[28] BGBl. I 2006, 3326, 3327.
[29] BGBl. I 2011, 3106.
[30] BT-Drucks. 17/5894, 8 f., 6; auch Stoltenberg/Bossack, StUG, 2012 § 20 Rn. 29.
[31] BT-Drucks. 17/5894, 6.
[32] Vgl. Neunter Tätigkeitsbericht der BStU, 2009, S. 44.

**Shpetim Bajrami, Stefan Engel**

Unabhängig von dem natürlichen Ende oder der Definition der Aufarbeitung, ist die **569** Frage der Notwendigkeit der Aufarbeitung zu erörtern.[33] Diese Notwendigkeit ergibt sich in mehrfacher Hinsicht. Zunächst geht es darum, die systematische und umfassende Ausforschung der eigenen Bevölkerung der DDR vollumfänglich aufzudecken und konkret zu erfassen.[34] Dies ist notwendig, um die Herrschaftsinstrumente des Einparteiensystems nachvollziehen zu können und die tatsächlich herrschenden Verhältnisse in der DDR zu beleuchten.

Weiterhin kann erst dadurch das im Rechtsstaat elementare Vertrauen aufgebaut werden. So entschied das BVerfG im Jahr 1997, dass eine Kündigung eines Universitätsprofessors nach Aufdeckung einer IM-Tätigkeit begründet sei, denn gerade im Hinblick auf seine berufliche Tätigkeit im öffentlichen Dienst verursacht eine solche Verstrickung mit dem DDR-Apparat erhebliche Zweifel, was die innere Bereitschaft des Betroffenen angeht, Bürgerrechte zu respektieren und sich rechtsstaatlichen Regeln zu unterwerfen.[35]Zudem kann durch die Erforschung der Tätigkeit des Staatssicherheitsdienstes und seiner Repressionsinstrumente dem Einzelnen verdeutlicht werden, „welchen Gefahren die Freiheitsrechte der Bürger ausgesetzt sein können, wenn die Sicherung eines freiheitlichen Rechtsstaates außer Kraft gesetzt sind."[36] Denn gerade das MfS als zentraler Bestandteil des totalitären Machtapparates der DDR diente dazu, politisch Andersdenkende und Ausreisewillige zu überwachen, abzuschrecken und auszuschalten, also gerade die Freiheitsrechte zu verletzen, die für eine Demokratie konstituierend sind.[37] Auch im Hinblick auf die Wiedervereinigung mit dem westlichen Teil Deutschlands war eine Aufklärung gegenüber Politik, Wirtschaft und Gesellschaft notwendig. Schließlich können mithilfe der Stasi-Unterlagen neue Aufschlüsse über die nationalsozialistische Vergangenheit gewonnen werden.

### c ) Politische Bildung

Die Zurverfügungstellung von Unterlagen ist nach Abs. 1 S. 1 auch für Zwecke der **570** politischen Bildung zulässig, ohne dass dieser Begriff näher definiert würde. Der Begriff der politischen Bildung wird ebenfalls von der Bundeszentrale für politische Bildung (bpb) verwendet. Diese hat nach § 2 des Erlasses über die Bundeszentrale für politische Bildung vom 24.1.2001[38] die Aufgabe, durch Maßnahmen der poli-

---

[33] Vgl. dazu BVerwG NJW 2004, 2462, 2466.
[34] BVerwG NJW 2004, 2462, 2466.
[35] BVerfG NJW 1997, 2305, 2305.
[36] BVerwG NJW 2004, 2462, 2466.
[37] BVerfG NJW 1996, 2720, 2721; sowie BVerfG NJW 2000, 2413, 2415.
[38] GMBl. 2001, 270.

Shpetim Bajrami, Stefan Engel

tischen Bildung Verständnis für politische Sachverhalte zu fördern, das demokratische Bewusstsein zu festigen und die Bereitschaft zur politischen Mitarbeit zu stärken. Dieser Gedanke ist auf die Herausgabe von Unterlagen nach Abs. 1 S. 1 übertragbar und im Kontext mit der Tätigkeit des MfS und den Herrschaftsmechanismen der ehemaligen DDR zu sehen. Auch der Zweck der politischen Bildung ist, ebenso wie die Forschung, auf die Tätigkeit des MfS beschränkt; dies folgt aus dem Titel des dritten Unterabschnittes sowie aus dem Gesetzeszweck aus § 1 Abs. 1 Nr. 3.[39]

571 Das Bundesverfassungsgericht führte aus, die „systematische und umfassende Ausforschung der eigenen Bevölkerung" sei ein „besonders abstoßendes Herrschaftsinstrument des Einparteiensystems"[40] gewesen. Die „historische Erfahrung mit einer Diktatur und ihren Repressionsinstrumenten" vermöge „eine Anschauung darüber vermitteln, welchen Gefahren die Freiheitsrechte der Bürger ausgesetzt sein können, wenn die Sicherungen eines freiheitlichen Rechtsstaates außer Kraft gesetzt sind."[41] Mithilfe der Unterlagen, die diese Mechanismen der DDR verdeutlichen, lässt sich folglich der Zweck der politischen Bildung, demokratisches Bewusstsein zu festigen und Bereitschaft zur politischen Mitarbeit zu stärken, auf besondere Weise erfüllen, indem sie dem Einzelnen die Bedeutung und Tragweite der Freiheitsrechte und der Gefahren für diese in einem System wie dem der DDR verdeutlichen.

572 Soweit Institutionen zur politischen Bildung eigene Forschungsarbeit betreiben, gelten für diese die Zugangsrechte zum Zwecke der Forschung.[42] Soll der Zweck der politischen Bildung bereits durch die Recherche in den Unterlagen selbst erfüllt werden, so ist der Eingriff in das Persönlichkeitsrecht desjenigen, der in den Unterlagen genannt wird – jedenfalls bei Personen der Zeitgeschichte und Amtsträgern nach Abs. 1 S. 1 Nr. 4[43], – nicht zu rechtfertigen und stets unzulässig.[44]

### 2. Zur Verfügung zu stellende Unterlagen

573 Abs. 1 S. 1 Nr. 1–7 bestimmen, welche Unterlagen zu den Forschungszwecken zur Verfügung gestellt werden dürfen. Dabei liegt in der Entscheidung, welche Unterlagen für die Forschung geöffnet werden, bereits eine Abwägungsentscheidung

---

[39] *J. Rapp-Lücke*, in: Geiger/Klinghardt, StUG, 2. Aufl. 2006, § 32 Rn. 10.
[40] BVerfGE 96, 189, 198; BVerfG NJW 2000, 2413, 2415.
[41] BVerfG NJW 2000, 2413, 2415.
[42] BVerwG NJW 2004, 2462, 2468.
[43] Vgl. *J. Rapp-Lücke*, in: Geiger/Klinghardt, StUG, 2. Aufl. 2006, § 32 Rn. 11.
[44] BVerwG NJW 2004, 2462, 2468; das BVerwG nennt beispielhaft die Recherche in Unterlagen im Rahmen einer Schülerarbeit.

Shpetim Bajrami, Stefan Engel

seitens des Gesetzgebers zwischen dem Allgemeinen Persönlichkeitsrecht derjenigen, die in den Unterlagen genannt werden, und dem Gesetzeszweck der Aufarbeitung aus § 1 Abs. 1 Nr. 3. Zur Verfügung gestellt werden nur Unterlagen, bei denen das Aufarbeitungsinteresse das Allgemeine Persönlichkeitsrecht überwiegt. Denn der Schutz des Persönlichkeitsrechts ist Grundsatz und Leitgedanke des StUG (§ 1 Rn. 54). Jedoch ist zwischen den verschiedenen Nummern eine Differenzierung der Schutzwürdigkeit und -bedürftigkeit des Persönlichkeitsrechts festzustellen. Unterlagen nach Nr. 1 und Nr. 2 enthalten keine persönlichkeitsrelevanten Informationen. Solche nach Nr. 3 und Nr. 4 enthalten zwar Informationen zu Personen, deren Schutzwürdigkeit aber schwächer ausgestaltet wird, da sie entweder selbst das Persönlichkeitsrecht anderer Jahrzehnte lang verletzten (Nr. 3 1. Var.), von den Einflüssen des MfS profitierten (Nr. 3 2. Var.) oder Personen der Öffentlichkeit sind (Nr. 4). Nach Nr. 5 und 6 können letztlich unter bestimmten Voraussetzungen auch Unterlagen mit personenbezogenen Informationen sogar über Betroffene nach § 6 Abs. 3 herausgegeben werden. Folglich kann bei Abs. 1 Nr. 1-6 von einer Abstufung der Intensität des Persönlichkeitsrechts und folgerichtig von einer Abstufung der Notwendigkeit des Persönlichkeitsrechtsschutzes gesprochen werden. Allein Nr. 7 hebt sich von dieser Reihenfolge ab. Denn bei Nr. 7 geht es nicht um das Ausmaß des Persönlichkeitsrechtsinhaltes, sondern um die Vertrauenswürdigkeit des Adressaten.

An diese vorweggenommene (Abwägungs-)Entscheidung des Gesetzgebers, welche **574** Unterlagen zur Verfügung gestellt werden sollen, schließt sich im Einzelfall, sofern das Persönlichkeitsrecht einschlägig ist, eine gesonderte Abwägung nach Abs. 1 S. 2 an. Diese Abwägungsklausel bestätigt den Grundsatz des Persönlichkeitsrechtsschutzes des StUG.

**Shpetim Bajrami, Stefan Engel**

## § 32a Benachrichtigung

(1) Sollen Unterlagen nach § 32 Abs. 1 Satz 1 Nr. 4 zur Verfügung gestellt werden, sind die hiervon betroffenen Personen zuvor rechtzeitig darüber und über den Inhalt der Information zu benachrichtigen, damit Einwände gegen ein Zugänglichmachen solcher Unterlagen vorgebracht werden können. Der Bundesbeauftragte berücksichtigt diese Einwände bei der nach § 32 Abs. 1 vorzunehmenden Interessenabwägung. Soweit kein Einvernehmen erzielt wird, dürfen Unterlagen erst zwei Wochen nach Mitteilung des Ergebnisses der Abwägung zugänglich gemacht werden.

(2) Eine Benachrichtigung kann entfallen, wenn die Beeinträchtigung schutzwürdiger Interessen der betreffenden Person nicht zu befürchten ist, die Benachrichtigung nicht möglich ist oder diese nur mit unverhältnismäßigem Aufwand möglich wäre.

*Literaturangaben: BStU, Achter Tätigkeitsbericht der BStU, 2007; BStU, Neunter Tätigkeitsbericht der BStU, 2009; BStU, Richtlinie zu § 32a, Stand: 01.03.2007; BStU, Sechster Tätigkeitsbericht der BStU, 2003; BStU, Siebenter Tätigkeitsbericht der BStU, 2005; Derksen, Roland, Fünftes Gesetz zur Änderung des Stasi-Unterlagen-Gesetzes, in: NVwZ 2004, 551–555; Dix, Alexander, Die Novelle zum Stasi-Unterlagen-Gesetz, in: VIZ 2003, S. 1–5; Drohla, Jeannine, Der „Fall Kohl" und die Verfassungskonformität des neu gefassten Stasiunterlagengesetzes, in: NJW 2004, S. 418–422; Geiger, Hansjörg/Klinghardt, Heinz (Hrsg.), Stasi-Unterlagen-Gesetz-Kommentar, 2. Aufl., Stuttgart 2006; Liebler, Stefan, Herausgabe von Stasi-Akten über Personen der Zeitgeschichte, in: jurisPR-BVerwG 2/2004 Anm. 1, S. 1–4; Schmidt, Dietmar/Dörr, Erwin, Stasi-Unterlagen-Gesetz, Köln, 1993; Stoltenberg, Klaus, Stasi-Unterlagen-Gesetz, Baden-Baden 1992; Stoltenberg, Klaus/ Bossack, Carolin, Stasi-Unterlagen-Gesetz, Baden-Baden 2012; Weberling, Johannes, Stasi-Unterlagen-Gesetz, Kommentar, Köln 1993; Weberling, Johannes, Novellierung des Stasi-Unterlagen-Gesetzes, in: ZRP 2002, S. 343–346.*

### A. Vorbemerkung

**575** § 32a enthält Verfahrensregelungen, welche für die Zulässigkeit der Öffnung von Unterlagen mit personenbezogenen Informationen über Personen der Zeitgeschichte und politischer Funktions- und Amtsträger nach § 32 Abs. 1 Nr. 4 (s. § 32 Rn. 573) einzuhalten sind.[1] Gesetzlich vorgeschrieben ist ein Benachrichtigungsverfahren erst seit dem 5.9.2002: § 32a wurde durch das 5. StUÄndG vom 2.9.2002 neu in das

---

[1] BT-Drucks. 14/9219, 2, 6; s. Stoltenberg/Bossack, StUG, 2012, § 32a Rn. 1; vgl. auch *J. Rapp-Lücke*, in: Geiger/Klinghardt, StUG, 2. Aufl. 2006, § 32a Rn. 2.

**Sabina Gottschlich, Isabell Wegner**

StUG eingefügt und ist am 5.9.2002 in Kraft getreten. Durch das 7. StUÄndG vom 21.12.2006 wurde § 32a um eine Überschrift ergänzt.[2]

Eine Benachrichtigung von Personen der Zeitgeschichte und politischer Funktions- und Amtsträger über eine Öffnung von Unterlagen mit Informationen zu ihrer Person wurde vor 2001 nicht vom BStU durchgeführt. Erst durch den Rechtsstreit zwischen *Helmut Kohl* und dem BStU[3] über die Zugänglichmachung von Unterlagen mit Informationen zu seiner Person für Zwecke der Forschung und politischen Bildung drängte sich die Frage auf, ob das Allgemeine Persönlichkeitsrecht der Personen der Zeitgeschichte und politischer Funktions- und Amtsträger durch die bisherige Verwaltungspraxis der BStU und Auslegung des § 32 Abs. 1 Nr. 3 a.F. ausreichend geschützt ist. Im April 2001 – also noch vor der ersten Entscheidung der ersten Instanz im Fall Kohl[4] – sah eine interne Richtlinie der BStU in diesem Zusammenhang bereits die Einhaltung eines § 32a ähnlichen Verfahrens vor.[5] Der Einführung dieser Richtlinie lässt sich entnehmen, dass die BStU wohl durch die bisherige Vorgehensweise einen nicht ausreichenden Schutz des Allgemeinen Persönlichkeitsrechts der Personen der Zeitgeschichte und politischer Funktions- und Amtsträger sah und daher schon zu diesem Zeitpunkt im Fall Kohl ein Benachrichtigungsverfahren für notwendig hielt.

**I. Verwaltungspraxis bis 2002**

Bis zum Rechtsstreit zwischen *Helmut Kohl* und der BStU konnten Unterlagen mit personenbezogenen Unterlagen über Personen der Zeitgeschichte, Inhaber politischer Funktionen oder Amtsträger der Öffentlichkeit sowohl ohne eine Einwilligung als auch ohne eine Benachrichtigung der Person zugänglich gemacht werden. § 32 Abs. 1 Nr. 3 a.F. sah für den Zugang zu Unterlagen mit personenbezogenen Informationen über Personen der Zeitgeschichte und Inhaber politischer Funktionen oder Amtsträger vor, dass entsprechende Unterlagen zum Zwecke der historischen und politischen Aufarbeitung zur Verfügung gestellt werden, „soweit sie nicht Betroffene oder Dritte sind" und „soweit durch die Verwendung keine überwie-

576

577

---

[2] Zur Einführung und Änderung des § 32a BGBl. I 2006, 3326, Richtlinie des BStU, Vorbemerkung zu § 32a, Stand: 1.3.2007; *J. Rapp-Lücke*, in: Geiger/Klinghardt, StUG, 2. Aufl. 2006, § 32a Rn. 1; Stoltenberg/Bossack, StUG, 2012 § 32a Rn. 1.

[3] Der Verfahrensgang im Fall Kohl: VG Berlin NJW 2001, 2987; BVerwGE 116, 104; VG Berlin NJW 2004, 457; BVerwG NJW 2004, 2462.

[4] Das VG Berlin entschied den Fall Kohl mit Urteil vom 4.7.2001, VG Berlin NJW 2001, 2987, 2988.

[5] So der Sechste Tätigkeitsbericht der BStU, 2003, S. 26, 83; s. auch *A. Dix*, VIZ 2003, 1, 2, 4.

**Sabina Gottschlich, Isabell Wegner**

genden schutzwürdigen Interessen der genannten Personen beeinträchtigt werden".[6]
In ihrer Verwaltungspraxis legte die BStU § 32 Abs. 1 Nr. 3 a.F. dergestalt aus, dass
ein Zugang zu den Unterlagen nur nicht möglich war und insofern der Halbsatz
„soweit sie nicht Betroffene oder Dritte sind" Anwendung fand, wenn es sich um
Informationen aus der Privats- und Intimsphäre der eigentlich in der Öffentlichkeit
stehenden Personen handelte und diese dadurch als Betroffene oder Dritte schutzwürdig waren.[7] Sofern also die Zugänglichmachung von Informationen, die die
Privat- oder Intimsphären betreffen, in Frage stand, wurde dieser durch die BStU
nicht entsprochen. Soweit es sich nicht um Informationen aus der Privatsphäre
handelte, war der Zugang nach der Auslegung der BStU uneingeschränkt möglich,
selbst wenn sie als Betroffene oder Dritte einzustufen waren.[8] Insofern griff die
BStU für die Bestimmungen der Begriffe Betroffene und Dritte nicht direkt auf die
Legaldefinition in § 6 Abs. 3 zurück und entschied über den Zugang zu den Unterlagen im Wesentlichen auf der Grundlage der Prüfung, ob der Zugang andere
schutzwürdige Interessen beeinträchtigte, um nicht den Anwendungsbereich des
§ 32 Abs. 1 Nr. 3 a.F. zu weit einzuschränken.[9] Diese Auslegung des § 32 Abs. 1
Nr. 3 a.F. schränkte die Verwendung der Unterlagen aufgrund der – bis dahin vom
Gesetzgeber vertretenen – geringen Schutzbedürftigkeit der ohnehin in der Öffentlichkeit stehenden Personen kaum ein, sodass die Unterlagen weitgehend zugänglich
waren.[10]

**II.   Auslegung nach der Entscheidung des BVerwG im Jahr 2002**

**578**   Die bisherige Verwaltungspraxis der BStU wurde durch das Urteil des BVerwG[11]
vom 08.03.2002, welches die Entscheidung des VG Berlin[12] im Fall Kohl bestätigte,
jedoch vollständig überworfen. Der Altbundeskanzler *Helmut Kohl* erhob im Jahr
2000 erfolgreich eine Unterlassungsklage vor dem VG Berlin gegen die von der
BStU geplante Zugänglichmachung von Unterlagen mit Informationen zu seiner
Person. Das VG Berlin in erster Instanz und das BVerwG nach Einlegung der

---

[6] So die gültige Fassung des § 32 Abs. 1 Nr. 3 vor dem 6.9.2002; zu § 32 Abs. 1 Nr. 3 a.F.
s. den Sechsten Tätigkeitsbericht der BStU, 2003, S. 10; vgl. ferner Stoltenberg, StUG,
1992, § 32 Rn. 7 ff.; ebenso Weberling, StUG, 1993, § 32 Rn. 7; s. auch Schmidt/Dörr,
StUG, 1993, § 32 Rn. 5 ff.; *J. Drohla*, NJW 2004, 418, 419.
[7] BVerwG NJW 2001, 1815; ebenso VG Berlin NJW 2001, 2987, 2989.
[8] S. den Sechsten Tätigkeitsbericht der BStU, 2003, S. 10.
[9] Vgl. zu der Verwaltungspraxis der BStU im Ganzen BVerwG NJW 2001, 1815 ff.; ebenso
VG Berlin NJW 2001, 2987, 2989.
[10] Vgl. zu § 32 a.F. Stoltenberg, StUG, 1992, § 32 Rn. 7.
[11] BVerwGE 116, 104.
[12] VG Berlin NJW 2001, 2987 ff.

**Sabina Gottschlich, Isabell Wegner**

Sprungrevision in zweiter Instanz entschieden in ihren Urteilen, dass eine Zugänglichmachung von Unterlagen mit Informationen zu Personen der Zeitgeschichte und
Inhabern politischer Funktionen oder Amtsträgern nicht ohne eine Einwilligung der
Person möglich ist, sofern es sich um Betroffene oder Dritte i.S.d. § 6 Abs. 3
handelt.[13] Durch diese Entscheidungen wurden der BStU eine zu ihrer bisherigen
Verwaltungspraxis gegenteilige Auslegung des § 32 Abs. 1 Nr. 3 a.F. vorgeschrieben.[14] Schließlich konnte die BStU ihre Entscheidungsfindung nun nicht mehr
allein auf die Beeinträchtigung schutzwürdiger Interessen stützen (Rn. 577), sondern
musste die Zugehörigkeit zu den schutzwürdigen Personengruppen ausreichend
würdigen. Auch wenn es sich also nicht um Informationen der Privatsphäre der
Person handelte, durfte die BStU von nun an eine Zugänglichmachung nicht mehr
ohne Einwilligung der Person ermöglichen.[15]

Diese Auslegung des § 32 hatte jedoch zur Folge, dass der Großteil dieser Unter- **579**
lagen der Öffentlichkeit vorenthalten wurden[16], da anzunehmen war, dass in den
meisten Fällen eine Einwilligung nicht erteilt wird, oder dessen Einholung unmöglich geworden ist. So konnte zum einen eine Einwilligung von verstorbenen Personen nicht mehr eingeholt werden. Zum anderen war bei einigen Personen schon zu
erwarten, dass sie eine Einwilligung nicht erteilen würden. Letztlich konnten nicht
einmal Unterlagen zugänglich gemacht werden, welche ausschließlich Informationen zu der zeitgeschichtlichen Rolle bzw. dem funktions- und amtsbezogene Wirken
der Personen enthalten und auch keine schutzwürdigen überwiegenden Interessen
beeinträchtigt wurden.[17]

Gerade Unterlagen mit Informationen über Personen der Zeitgeschichte und **580**
politische Funktions- und Amtsträger sind jedoch für die Aufarbeitung der Tätigkeit
des Staatssicherheitsdienstes von herausragender Bedeutung.[18] Die historische,
politische und juristische Aufarbeitung ist als einer der zentralen Zwecke des StUG
in § 1 Abs. 1 Nr. 3 festgehalten worden (vgl. § 1 Rn. 56 ff.). Die überwiegende
Sperrung der Unterlagen mit Informationen über Personen der Zeitgeschichte und
Inhaber politischer Funktionen oder Amtsträger, welche die nicht erteilten Einwill-

---

[13] So der erste Leitsatz des Urteils des VG Berlin NJW 2001, 2987 ff.; so auch der zweite
Leitsatz des Urteils des BVerwG: BVerwGE 116, 104.

[14] Vgl. den Sechsten Tätigkeitsbericht der BStU, 2003, S. 10.

[15] VG Berlin NJW 2001, 2987, 2988 f.; BVerwGE 116, 104 ff.

[16] Vgl. *J. Weberling*, ZRP 2002, 343; vgl. auch *R. Derksen*, NVwZ 2004, 551, 552.

[17] Zum Ganzen BT-Drucks. 14/9591, 1, 2; vgl. auch den Sechsten Tätigkeitsbericht der BStU,
2003, S. 25.

[18] BT-Drucks. 14/9591, 1; vgl. den Sechsten Tätigkeitsbericht der BStU, 2003, S. 10; vgl.
*J. Drohla*, NJW 2004, 418, 419.

**Sabina Gottschlich, Isabell Wegner**

ligungen zwangsläufig zur Folge hatten, führte dazu, dass der Aufarbeitungszweck nur noch eingeschränkt verwirklicht werden konnte.[19] Sobald nicht alle zur Verfügung stehenden Quellen zum Zwecke der Aufarbeitung offen stehen, kommt es zu vermeidbaren Verzerrungen im Bilde der Öffentlichkeit.[20] § 32 a.F. konnte insofern nicht mehr gewährleisten, dass eine Aufarbeitung im gesetzesmäßig vorgeschriebenen Umfang gem. § 1 möglich war, sodass Neuregelungsbedarf entstand.[21]

### III. Regelung nach Gesetzesänderung

**581** Zur Sicherstellung einer fortgesetzten politischen und historischen Aufarbeitung war es daher erforderlich den Gesetzestext von § 32 zu ändern.[22] Eine solche Änderung erfolgte durch das 5. StUÄndG vom 02.09.2002, durch das auch § 32a in das StUG eingeführt wurde (Rn. 575). Gem. § 32 Abs. 1 Nr. 4 dürfen Unterlagen mit personenbezogenen Informationen zu Personen der Zeitgeschichte, Inhabern politischer Funktionen oder Amtsträgern für Zwecke der politischen und historischen Aufarbeitung zugänglich gemacht werden, soweit diese die zeitgeschichtliche Rolle bzw. das funktions- oder amtsbezogene Wirken dieser Personen betreffen und durch die Verwendung keine überwiegenden schutzwürdigen Interessen der Personen beeinträchtigt werden, d.h. das öffentliche Interesse an der historischen und politischen Aufarbeitung überwiegt das durch die Verwendung betroffene Persönlichkeitsrecht.[23] Die Zugänglichmachung hängt insofern nicht mehr von der Zugehörigkeit zu einer der Personengruppen ab (Rn. 578 ff.). Insbesondere wenn es sich bei der Person der Zeitgeschichte oder dem Inhaber politischer Funktionen oder Amtsträger um einen Betroffenen oder Dritten handelt, kann eine Zugänglichmachung ohne Einwilligung erfolgen. Um der Entscheidung des BVerwG im Fall *Kohl* (vgl. Rn. 578 ff.) aber mit der Neuregelung des § 32 gerecht werden zu können, wurde die

---

[19] Vgl. BT-Drucks. 14/9561, 1 f.; Sechster Tätigkeitsbericht der BStU, 2003, S. 10, 26; Siebenter Tätigkeitsbericht der BStU, 2005, S. 18; *J. Weberling*, ZRP 2002, 343, 344; letztlich so auch BVerwG 2002, 1815; ebenso VG Berlin NJW 2001, 2987, 2993.

[20] *R. Derksen*, NJW 2004, 551, 552.

[21] Vgl. den Sechsten Tätigkeitsbericht der BStU, 2003, S. 26; zum Novellierungsbedarf auch *R. Derksen*, NJW 2004, 551, 552; so auch *A. Dix*, VIZ 2003, 1, 2; *J. Weberling*, ZRP 2002, 343 ff.

[22] BT-Drucks. 14/9591, 2; vgl. *R. Derksen*, NJW 2004, 551, 552.

[23] BT-Drucks. 14/9591, 2; VG Berlin NJW 2004, 457, 458; BVerwGE 121, 115, 117, 131; s. auch *S. Liebler*, jurisPR-BVerwG 2/2004 Anm. 1, S. 2; s. ebenso den Neunten Tätigkeitsbericht der BStU 2009, S. 58.

**Sabina Gottschlich, Isabell Wegner**

Einführung eines Benachrichtigungsverfahrens nach § 32a für die Gewährleistung effektiven Grundrechtsschutzes erforderlich.[24]

So stellt § 32a sicher, dass Betroffene im Wege eines Benachrichtigungsverfahrens **582** über die Zurverfügungstellung von Unterlagen informiert werden und zugleich die Möglichkeit haben, Einwendungen gegen eine Verwendung der sie betreffenden Unterlagen vorzubringen.[25] Nur so können die widerstreitenden Interessen – das öffentliche Interesse an der politischen und historischen Aufarbeitung und das Geheimhaltungsinteresse im Wege des Allgemeinen Persönlichkeitsrechts – zu einem schonenden Ausgleich gebracht werden. Das Benachrichtigungsverfahren stellt sicher, dass keines der beiden Interessen unberücksichtigt bleibt: Trotz fehlender Einwilligung der Person der Zeitgeschichte oder des Funktions- oder Amtsträgers kann dem öffentlichen Interesse entsprochen werden und einer Verwendung zugestimmt werden, sodass das öffentliche Interesse in der Form des Informations- und Forschungsinteresses ausreichende Beachtung findet. Ebenso wird das allgemeine Persönlichkeitsrecht gewahrt, indem die betroffene Person vor Öffnung der Unterlagen informiert wird, sie die Möglichkeit hat Einwände vorzutragen und ihr Rechtsschutzmöglichkeiten für den Fall der Öffnung der Unterlagen eingeräumt werden. Dieser Kompromiss bewirkt über seine rechtliche Bedeutung hinaus auch faktisch eine Besänftigung der beteiligten Personen. Durch die Ausgliederung des Benachrichtigungsverfahrens aus § 32, in dessen Zusammenhang § 32a Geltungskraft entfaltet, wird ferner deutlich, welch hoher Stellenwert dem Benachrichtigungsverfahren zukommen soll.[26]

**583**

---

[24] Vgl. BT-Drucks. 14/9561, 2, 6; vgl. VG Berlin, NJW 2004, 457, 460; s. *R. Derksen*, NJW 2004, 551, 552, 554; vgl. *A. Dix*, VIZ 2003, 1, 4.
[25] BT-Drucks. 14/9591, 2.
[26] Richtlinie des BStU, Vorbemerkung zu § 32a, Stand: 1.3.2007.

**Sabina Gottschlich, Isabell Wegner**

# § 32a

Der Anwendungsbereich des § 32a ist ausdrücklich auf die Fälle des § 32 Abs. 1 Nr. 4 beschränkt. Er ist insbesondere nicht über den Wortlaut hinaus auf die Zugänglichmachung von Informationen von Mitarbeitern und Begünstigten nach § 32 Abs. 1 Nr. 3 zu erstrecken.[27] Schließlich ist davon auszugehen, dass Mitarbeiter und Begünstigte aufgrund ihres vertieften Einblicks in das System des Staatssicherheitsdienstes im Gegensatz zu Betroffenen und Dritten damit rechnen können, dass Informationen über sie in den Unterlagen in größerem Umfang enthalten sind.[28] Nichts anderes gilt, wenn eine Person der Zeitgeschichte oder ein Amts- oder Funktionsträger zugleich ein Mitarbeiter oder Begünstigter des Staatssicherheitsdienstes war und somit zwar die Voraussetzungen des § 32 Abs. 1 S. 1 Nr. 4 erfüllt, aber zusätzlich auch die des § 32 Abs. 1 S. 1 Nr. 3.[29] Schließlich sind solche Personen nicht besser zu stellen als andere Mitarbeiter oder Begünstigte des Staatssicherheitsdienstes, für die neben § 32 Abs. 1 S. 1 Nr. 3 gerade nicht auch § 32a gilt. Zu einer Privilegierung der Mitarbeiter und Begünstigten, die zugleich Personen der Zeitgeschichte oder Funktions- oder Amtsträger darstellen, würde es aber führen, wenn § 32a für diese Personen anwendbar wäre. Mitarbeiter und Begünstigte sind schon Vertreter der am wenigsten schutzwürdigen Personengruppe des StUG (vgl. § 6 Rn. vgl. 141, 160 ff.) und verdienen erst Recht keine Privilegierung, wenn sie zusätzlich dazu noch als Person der Zeitgeschichte oder Amts- oder Funktionsträger im Blickfeld der Öffentlichkeit stehen und dadurch ein gegenüber privaten Bürgern erhöhtes Maß an Informationsinteresse der Öffentlichkeit hinnehmen müssen.[30]

**584** Tatsächlich konnte durch den BStU verzeichnet werden, dass nur wenige der nach § 32a informierten Betroffenen überhaupt Einwände gegen die Verwendung ihrer Unterlagen erheben.[31] Überwiegend gelingt es dem BStU die Verfahren einvernehmlich abzuschließen[32] und insofern die in Abs. 1 S. 3 zum Ausdruck kommende Intention des Gesetzgebers, ein Einvernehmen herzustellen (Rn. 596), zu verwirklichen. Folglich müssen die meisten betroffenen Personen der Zeitgeschichte oder Amts- und Funktionsträger auch nicht die Möglichkeit, gerichtlichen Rechtsschutz

---

[27] Zustimmend Stoltenberg/Bossack, StUG, 2012, § 32a Rn. 1; ebenso gegen eine Anwendbarkeit *J. Rapp-Lücke*, in: Geiger/Klinghardt, StUG, 2. Aufl. 2006, § 32a Rn. 3; so auch die Richtlinie des BStU, § 32a 1.1., Stand: 1.3.2007.

[28] So Stoltenberg/Bossack, StUG, 2012, § 32a Rn. 1.

[29] So auch *J. Rapp-Lücke*, in: Geiger/Klinghardt, StUG, 2. Aufl. 2006, § 32a Rn. 3.

[30] Zu den Folgen der Stellung als Personen der Zeitgeschichte oder Amts- oder Funktionsträger, s. VG Berlin NJW 2001, 2987, 2988.

[31] So der Sechste Tätigkeitsbericht der BStU, 2003, S. 83, vgl. auch den Achten Tätigkeitsbericht der BStU, 2007, S. 58; so auch Stoltenberg/Bossack, StUG, 2012, § 32a Rn. 3.

[32] Von April 2001 bis August 2002 wurden alle 122 Verfahren einvernehmlich abgeschlossen, s. den Sechsten Tätigkeitsbericht der BStU, 2003, S. 83.

**Sabina Gottschlich, Isabell Wegner**

zu erwirken, wahrnehmen, sodass die Einführung des § 32a zu keinem Anstieg der Rechtsstreitigkeiten des BStU geführt hat.[33]

## B. Erläuterungen

## I. Zu Abs. 1

### 1. Rechtzeitige Benachrichtigung (S. 1)

Gem. Abs. 1 S. 1 müssen vor der Herausgabe von Unterlagen nach § 32 Abs. 1 Nr. 4 **585** die betroffenen Personen rechtzeitig über den Inhalt der Informationen benachrichtigt werden, damit sie gegebenenfalls Einwände gegen eine Zugänglichmachung vortragen können. Das Benachrichtigungsverfahren dient vorrangig dem Schutz des Allgemeinen Persönlichkeitsrechts der betroffenen Personen, die nämlich grundsätzlich selbst entscheiden sollen, ob die zu ihrer Person gespeicherten Informationen überhaupt verwendet werden und, wenn dies bejaht werden kann, „von wem" und „in welchem Umfang" sie eingesehen werden dürfen.

Darüber hinaus ist das Benachrichtigungsverfahren im Zusammenhang mit anderen **586** §§ des StUG von besonderer Bedeutung: So kann eine Benachrichtigung über eine geplante Öffnung der Unterlagen bewirken, dass die in § 4 gewährten Rechte überhaupt erst an Bedeutung gewinnen. § 4 Abs. 2 gibt betroffenen Personen die Möglichkeit, unrichtige, in den Unterlagen enthaltene Informationen über ihre Person gegenüber dem Bundesbeauftragten zu bestreiten und eine Korrektur über einen Vermerk zu bewirken. Das Interesse an einer Berichtigung wird sich erst durch die Benachrichtigung einer geplanten Öffnung der Unterlagen rapide steigern (s. § 4 Rn. 96).

Ausgestaltet sein muss die Benachrichtigung der jeweiligen Person so, dass es der **587** betroffenen Person möglich ist, Einwände dagegen vorzutragen. Dies ist ihr nur dann möglich, wenn die Benachrichtigung detaillierte Informationen zur Zugänglichmachung enthält: So muss in jedem Fall der Inhalt der Informationen wiedergeben werden. Um sicherzustellen, dass Wiedergabefehlern vorgebeugt wird und die betroffene Person im vollen Umfang Kenntnis von den in Frage stehenden Unterlagen erlangt, ist es aber wohl notwendig, dass Kopien der Unterlagen beigefügt werden.[34] In der Praxis wird der betroffenen Person dementsprechend ein Konvolut

---

[33] Nach dem Achten Tätigkeitsbericht der BStU, 2007, S. 58, haben nur drei von 176 benachrichtigten Personen eine vorbeugende Unterlassungsklage erhoben.

[34] Vgl. zum Ganzen *J. Rapp-Lücke*, in: Geiger/Klinghardt, StUG, 2. Aufl. 2006, § 32a Rn. 8; Stoltenberg/Bossack, StUG, 2012, § 32a Rn. 2.

**Sabina Gottschlich, Isabell Wegner**

zugestellt, welches in dem Umfang und mit dem Inhalt später tatsächlich herausgegeben werden soll.[35] Passagen, die der BStU vor der Herausgabe schwärzen will, sind in dem Konvolut nur farblich gekennzeichnet. Vor der Benachrichtigung ist es zum einen nicht notwendig, dass Textteile geschwärzt werden, da das Konvolut nur der betroffenen Person übersandt wird und diese sowieso berechtigten Zugang zu den sie betreffenden Unterlagen hat. Zum anderen besteht die Möglichkeit – und Hoffnung des BStU –, dass die betroffene Person eine Schwärzung der Textteile gar nicht für notwendig hält und insofern auch in die Zugänglichmachung dieser Informationen einwilligt.[36] Diese Praxis dient letztlich der Verwirklichung des Aufarbeitungszwecks aus § 1 Abs. 1 Nr. 3: Eine Aufarbeitung der Tätigkeit des Staatssicherheitsdienstes soll im größtmöglichen Umfang erfolgen. Sofern der BStU Passagen bereits schwärzt, bevor er die von der beantragten Zugänglichmachung betroffene Person benachrichtigt, so wird diese der Schwärzung wohl nicht widersprechen, auch wenn sie diese gar nicht für notwendig hält. In dem Fall könnten also rechtlich unbeanstandet mehr Informationen zugänglich gemacht werden, als es tatsächlich der Fall ist. Eine Aufarbeitung könnte also tatsächlich in größerem Umfang ermöglicht werden, sodass die Zweckverwirklichung unnötigerweise eingeschränkt werden würde.

**588**  Die Benachrichtigung muss den Anlass der Zurverfügungstellung deutlich werden lassen.[37] Dies ergibt sich zwar nicht unmittelbar aus der gesetzlichen Formulierung, ist aber aufgrund teleologischer Erwägungen zu fordern. Der betroffenen Person ist es nur möglich eine abgewogene Entscheidung über die Einwilligung zu treffen, sofern sie den Zweck der beantragten Zugänglichmachung kennt. Nur mit Kenntnis des Antragszwecks kann die betroffene Person für sich selbst eine Abwägung ihrer Interessen mit denen des Antragstellers vornehmen, die dann letztlich in dem Einverständnis oder der Ablehnung der Zugänglichmachung mündet. Eine solche im Vorfeld von der zu benachrichtigenden Person vorgenommene Interessenabwägung dient auch der Sicherung einer vollumfänglichen Berücksichtigung der Einwände auf der Seite des Bundesbeauftragten: Einwände, die bereits auf der Basis einer Interessenabwägung erläutert werden, können in einer vom Bundesbeauftragten

---

[35] Vgl. die Richtlinie des BStU, § 32a 1.2., Stand: 1.3.2007; Stoltenberg/Bossack, StUG, 2012, § 32a Rn. 2.

[36] Stoltenberg/Bossack, StUG, 2012, § 32a Rn. 2; vgl. dazu auch die Richtlinie des BStU, § 32a 1.2., Stand: 1.3.2007.

[37] BVerwGE 121, 115, 137; das Erfordernis sieht auch *J. Rapp-Lücke*, in: Geiger/Klinghardt, StUG, 2. Aufl. 2006, § 32a Rn. 8; Stoltenberg/Bossack, StUG, 2012, § 32a Rn. 2; So auch die Richtlinie des BStU, Vorbemerkung zu § 32a, Stand: 1.3.2007; s. auch *S. Liebler*, jurisPR-BVerwG 2/2004 Anm. 1, S. 3.

**Sabina Gottschlich, Isabell Wegner**

ebenfalls vorzunehmenden Interessenabwägung nach Abs. 1 S. 2 und § 32 Abs. 1 S. 2 aufgrund der gleichläufigen Entscheidungsfindungsprozesse bessere Berücksichtigung finden. Eine Berücksichtigung der Interessen der betroffenen Person in vollem Umfang ist unbedingt erforderlich, damit der Zweck der Einführung des § 32a (s. Rn. 581 f.) erfüllt werden kann. Würde die Benachrichtigung keine Informationen zu dem Antragsinhalt enthalten, so könnte der Einzelne keine angemessene Entscheidung über die Einwilligung treffen, keine begründeten Einwände vorbringen und seine Einwände würden auch wenig Berücksichtigung in der vom Bundesbeauftragten vorzunehmenden Interessenabwägung finden. Dies würde dem Sinn und Zweck des § 32a entgegenlaufen. Auch wäre es gegenläufig zu der Regelung in § 32 Abs. 1 Nr. 5, wenn der Antrag nicht zum Inhalt der Benachrichtigung gemacht würde. § 32 Abs. 1 Nr. 5 regelt, dass Einwilligungen in die Zurverfügungstellung von Unterlagen mit anderen personenbezogenen Informationen einige formale Voraussetzungen erfüllen müssen.[38] So müssen Einwilligungen nach § 32 Abs. 1 Nr. 5 den Antragsteller, das Forschungsvorhaben und die durchführenden Personen, d.h. alle Personen, die die personenbezogenen Daten im Rahmen der Forschung zur Kenntnis nehmen können, bezeichnen.[39] Daraus kann abgeleitet werden, dass den betroffenen Personen diese Informationen über den bei dem BStU gestellten Antrag vorher mitgeteilt wurden. Es ist nicht ersichtlich, warum diese Informationen nicht auch den Personen der Zeitgeschichte, Inhabern politischer Funktionen oder Amtsträgern im Rahmen des Abs. 1 S. 1 gegeben werden sollten.

Es entspricht folglich nur dem Sinn und Zweck der Vorschrift und einer Analogie zu § 32 Abs. 1 Nr. 5, dass der betroffenen Person Informationen über den bei dem BStU gestellten Antrag mitgeteilt werden. Dementsprechend müssen in der Benachrichtigung der Antragsteller, der Antragszweck und das konkrete Forschungsvorhaben benannt sein.[40]

Auch muss die Benachrichtigung erkennbar machen, dass der BStU der betroffenen Person die Gelegenheit zu einem Einschreiten gegen die Herausgabe gibt.[41] Grund dafür ist der Schutzzweck der Vorschrift: § 32a soll dem Betroffenen die Chance geben, ein Zugänglichmachen der Unterlagen zu verhindern. Dafür muss dem Betroffenen aber zunächst die Möglichkeit des Einschreitens unterbreitet werden.

**589**

---

[38] Stoltenberg, StUG, 1992, § 32 Rn. 47.
[39] Stoltenberg, StUG, 1992, § 32 Rn. 47.
[40] BVerwGE 121, 115, 137; so ist es auch vorgesehen durch die Richtlinie des BStU, Vorbemerkung zu § 32a, § 32a 1.2., Stand: 1.3.2007; ebenso *J. Rapp-Lücke*, in: Geiger/Klinghardt, StUG, 2. Aufl. 2006, § 32a Rn. 8; *S. Liebler*, jurisPR-BVerwG Anm. 1, S. 3.
[41] *J. Rapp-Lücke*, in: Geiger/Klinghardt, StUG, 2. Aufl. 2006, § 32a Rn. 8.

Sabina Gottschlich, Isabell Wegner

## § 32a

**590**  Die Benachrichtigung muss gem. Abs. 1 S. 1 „rechtzeitig" erfolgen. Für die betroffene Person ist die Benachrichtigung rechtzeitig, wenn der BStU noch keine abschließende Erklärung über die Öffnung der Unterlagen getroffen hat und der Betroffene auf sein Ergebnis Einfluss nehmen kann. Dementsprechend ist es geboten, die betroffene Person schon so früh wie möglich im Bearbeitungsverfahren über den gestellten Antrag zur Verwendung von Unterlagen zur politischen und historischen Aufarbeitung nach § 32 Abs. 1 zu informieren. So kann von dem BStU in Einzelfällen zu verlangen sein, dass eine Benachrichtigung des Betroffenen schon vor Abschluss der Bearbeitung des Antrags – bspw. in der Endphase – erfolgt.[42]

**591**  Allerdings ist es nicht nur erforderlich, dass die zu benachrichtigenden Personen in zeitlicher Hinsicht begünstigt wird. Auch gilt es das Verfahren für den Antragsteller und den BStU trotz oder gerade wegen der Verpflichtung zur Einhaltung des § 32a nicht unnötig in die Länge zu ziehen und auch für sie begünstigende Regelungen zu treffen: Die Geltendmachung von Einwänden darf für die betroffene Person nicht zeitlich unbegrenzt möglich sein. Sie ist in der Benachrichtigung auf die Einhaltung einer Frist hinzuweisen. § 32a sieht eine zeitliche Begrenzung der Möglichkeit, Einwände gegen eine Zugänglichmachung der Unterlagen zur eigenen Person vorzubringen, unmittelbar nicht vor. Mittelbar geht diese aber aus dem Erfordernis der rechtzeitigen Benachrichtigung gem. Abs. 1 S. 1 hervor: Abs. 1 S. 1 sieht in erster Linie zwar nur vor, dass die Benachrichtigung für die betroffene Person rechtzeitig erfolgt (Rn. 590). Das Merkmal der Rechtzeitigkeit lässt aber auch eine andere – zweite – Betrachtungsweise zu. So muss eine Benachrichtigung mittelbar auch für den Antragsteller aus § 32 Abs. 1 rechtzeitig erfolgen, damit eine zügige Bearbeitung des Antrags gesichert ist und die Unterlagen trotz § 32a zur Verfügung gestellt werden können. Auch aus teleologischen Gründen muss die betroffene Person an eine Frist gebunden sein: § 32a soll zwar einen Schutz des Allgemeinen Persönlichkeitsrechts der Personen der Zeitgeschichte und Amts- und Funktionsinhaber gewährleisten, indem diese über eine geplante Verwendung informiert werden und ihnen dadurch ermöglicht wird, Einwände dagegen vorzutragen (Rn. 576). Jedoch darf das Verfahren nach § 32a, welches ohnehin eine Verzögerung der Bearbeitung des Antrags bewirkt, nicht dazu führen, dass entsprechende Personen die Möglichkeit haben, eine Verwendung zur politischen und historischen Aufarbeitung durch das Herauszögern einer Reaktion auf die Benachrichtigung vollständig zu boykottieren. Gerade dazu würde es aber führen, wenn der BStU sie nicht zur Einhaltung einer Frist bei der Geltendmachung von Einwänden verpflichten müsste. Dann müsste der BStU die Bearbeitung des Antrags so lange aussetzen bis eine

---

[42] Dies empfiehlt die Richtlinie des BStU, § 32a 1.2., Stand: 1.3.2007.

Sabina Gottschlich, Isabell Wegner

Antwort der betroffenen Person eingegangen ist. Dies würde zum einen dem Zweck des StUG, der gem. § 1 Abs. 1 Nr. 1 auch in der Förderung der historischen und politischen Aufarbeitung liegt (S. § 1 Rn. 56 ff.), zuwiderlaufen. Zum anderen würden die in § 32 zum Ausdruck kommenden Rechte derjenigen Personen, welche die Verwendung der Unterlagen für Zwecke der Aufarbeitung oder politischen Bildung beantragen, unterlaufen werden. Schließlich könnte der Bundesbeauftragte seine Aufgabe aus § 37 Abs. 1 Nr. 6, welche gerade darin besteht, die Forschung und die politische Bildung zu unterstützen (s. dazu § 37 Rn. 679), nicht mehr erfüllen.

Etwas anderes ergibt sich auch nicht durch die Regelung des Abs. 1 S. 3, wonach **592** der BStU Unterlagen ohne Einvernehmen mit der betroffenen Person zwei Wochen nach Mitteilung des Ergebnisses zugänglich machen darf. Abs. 1 S. 3 setzt nämlich erst an die Mitteilung des Ergebnisses, also die Endphase des Benachrichtigungsverfahren nach § 32a, an, statt an die Anfangsphase, in der das Ergebnis erst noch geformt wird. Abs. 1 S. 3 gibt dem BStU also nicht die Möglichkeit, eine nicht erfolgte Geltendmachung von Einwänden nach Abs. 1 S. 1 durch Fristablauf zu übergehen. Nur der Zeitraum nach Ergebnisfestlegung und Mitteilung ist durch Abs. 1 S. 3 geregelt. Der Zeitraum vor Ergebnisfestlegung, in den die Benachrichtigung der betroffenen Personen einzuordnen ist, ist von Abs. 1 S. 3 keineswegs geregelt. Unklar bleibt also, trotz Abs. 1 S. 3, nach welcher Zeit der BStU ein Ergebnis mitteilen darf, wenn eine Reaktion der betroffenen Person ausgeblieben ist.

Aufgrund des Sinn- und Zweckzusammenhangs ist es insofern unentbehrlich, dass der BStU die Benachrichtigung mit einer Frist für die mögliche Geltendmachung von Einwänden versieht. Eine Frist von vier Wochen – wie sie in der Praxis des BStU auch tatsächlich vorgesehen ist[43] – erscheint dafür angemessen, dass die betroffene Person für sich selbst eine Interessenabwägung vornehmen und ihr Ergebnis dem BStU in Form von Einwänden zukommen lassen kann.

**2. Folgen einer fehlenden Einwilligung der betroffenen Person (Satz 2 und 3)**

Abs. 1 S. 2, 3 enthalten Regelungen für den Fall, dass die betroffene Person **593** Einwände gegen eine Zugänglichmachung der Unterlagen vorbringt und damit kein Einverständnis mit der Zugänglichmachung der Unterlagen erklärt.

---

[43] S. zur Vier-Wochen-Frist die Richtlinie des BStU, § 32a 1.2., Stand: 1.3.2007, wobei der BStU die betroffene Person jedoch nicht zur Einhaltung der Vier-Wochen-Frist verpflichtet, sondern diese nur nahelegt, indem er um eine Geltendmachung innerhalb von vier Wochen bittet.

**Sabina Gottschlich, Isabell Wegner**

**594** So enthält Abs. 1 S. 2 die Regelung, dass der Bundesbeauftragte eventuell vorgebrachte Einwände bei der nach § 32 Abs. 1 vorzunehmenden Interessenabwägung zu berücksichtigen hat. Daraus lässt sich ableiten, dass das Vorbringen von Einwänden der betroffenen Person nicht schon den Ausschluss der Verwendung der ihn betreffenden Unterlagen zur Folge hat. Trotz vorgetragener Einwände und fehlender Einwilligung darf der Bundesbeauftragte die Unterlagen also herausgeben, wenn er bei der Interessenabwägung zu dem Ergebnis kommt, dass das Forschungsinteresse des Antragstellers höher wiegt als die Interessen der betroffenen Person.[44] Das Vorbringen von Einwänden führt nur dazu, dass der Bundesbeauftragte verpflichtet ist, diese in seine Interessenabwägung miteinzubeziehen. Dies ist auch geboten um die Erfüllung des Aufarbeitungszwecks aus § 1 Abs. 1 Nr. 3 nicht zu gefährden. Dazu würde es nämlich führen, wenn die betroffenen Personen allein über die Zugänglichmachung entscheiden könnten (vgl. Rn. 591). Um dem entgegenzuwirken und den betroffenen Personen aber gleichzeitig die Möglichkeit der Einflussnahme nicht vollständig zu verwehren, gesteht Abs. 1 S. 2 ihnen zu, dass sie dem Bundesbeauftragten ihre Interessen und privaten Gründe für die Versagung des Einverständnisses mitteilen.

Anders ist dies in den Fällen des § 32 Abs. 1 S. 1 Nr. 5: Unterlagen mit anderen personenbezogenen Informationen dürfen nicht ohne schriftliche Einwilligung der betreffenden Personen zugänglich gemacht werden. Hintergrund der davon abweichenden Regelung des Abs. 1 S. 2 ist die unterschiedliche Schutzwürdigkeit der betroffenen Personen: Unterlagen nach § 32 Abs. 1 Nr. 4 enthalten Informationen über ohnehin in der Öffentlichkeit stehende Personen, die aufgrund ihrer Öffentlichkeitswirkung weniger schutzwürdig sind als andere Betroffene und Dritte.

**595** Das Ergebnis der Interessenabwägung wird den Personen nach Abschluss des Verfahrens mitgeteilt.[45] Dies ergibt sich mittelbar aus Abs. 1 S. 3: Dieser regelt, dass Unterlagen erst zwei Wochen nach Mitteilung des Ergebnisses zugänglich gemacht werden dürfen, sofern kein Einvernehmen erzielt wurde. Abs. 1 S. 3 geht also davon aus, dass der betroffenen Person das Ergebnis der Abwägung mitgeteilt wird und macht die anschließende Öffnung der Unterlagen im Falle der Uneinigkeit von der Einhaltung einer Frist abhängig.

---

[44] Vgl. *J. Rapp-Lücke*, in: Geiger/Klinghardt, StUG, 2. Aufl. 2006, § 32a Rn. 9; Stoltenberg/Bossack, StUG, 2012 § 32a Rn. 2; vgl. *A. Dix*, VIZ 2003, 1, 3.
[45] Stoltenberg/Bossack, StUG, 2012 § 32a Rn. 2.

**Sabina Gottschlich, Isabell Wegner**

Abs. 1 S. 3 regelt die Zugänglichmachung der Unterlagen für den Fall, dass zwi- **596** schen dem BStU und der nach Abs. 1 S. 1 i.V.m. § 32 Abs. 1 S. 1 Nr. 4 zu benachrichtigenden Person kein Einvernehmen über die Zugänglichmachung der Unterlagen erzielt wurde und die Interessenabwägung zugunsten des Forschungsinteresses ausfällt. Der Formulierung „soweit kein Einvernehmen erzielt wird" lässt sich entnehmen, dass der Gesetzgeber diesen Fall gerade nicht favorisiert. Der BStU soll sich bemühen, eine Entscheidung über die Öffnung der Unterlagen im Einvernehmen mit der betroffenen Person zu treffen.[46] Nur ausnahmsweise soll der BStU von der Möglichkeit der Öffnung der Unterlagen ohne ein Einvernehmen gem. Abs. 1 S. 3 Gebrauch machen. Die gebotene Zurückhaltung bei der Öffnung von Unterlagen lässt sich auf den damit verbundenen Eingriff in das Allgemeine Persönlichkeitsrecht in Form der Selbstbestimmung zurückführen, den es, wenn möglich, zu vermeiden gilt. Wenn es jedoch nicht möglich ist, nicht von der Regelung des Abs. 1 S. 3 Gebrauch zu machen, kann der BStU die Unterlagen bei einer für die Zugänglichmachung positiv ausfallenden Interessenabwägung öffnen. Dies gilt allerdings nicht ohne das Einhalten einer weiteren Voraussetzung: zum Schutz der betroffenen Person dürfen die Unterlagen erst zwei Wochen nach Mitteilung des Ergebnisses zugänglich gemacht werden. Durch das Fristerfordernis soll der betroffenen Person ausreichend Zeit gegeben werden, gegen die Zugänglichmachung gerichtlichen Rechtsschutz zu erwirken.[47] Dieser könnte mit einer vorbeugenden Unterlassungsklage in Kombination mit einer einstweiligen Anordnung nach § 123 VwGO verfolgt werden.[48]

## II. Zu Abs. 2

Abs. 2 regelt drei Ausnahmefälle, bei deren Vorliegen eine Benachrichtigung nach **597** Abs. 1 S. 1 entbehrlich ist. Abs. 2 hat zur Folge, dass eine Veröffentlichung von Informationen über Personen der Zeitgeschichte oder Inhaber politischer Funktionen oder Amtsträger bei Vorliegen der Voraussetzungen auch ohne eine Benachrichtigung, aber nicht ohne die Abwägung der hypothetischen Interessen der betroffenen Person mit dem Aufarbeitungsinteresse der Antragsteller[49], zulässig ist.

---

[46] Vgl. dazu die Richtlinie des BStU, § 32a 1.4., Stand: 1.3.2007; *A. Dix*, VIZ 2003, 1, 3.
[47] BT-Drucks. 19/9219, 6; s. die Richtlinie des BStU, § 32a 1.4., Stand: 1.3.2007; Stoltenberg/ Bossack, StUG, 2012, § 32a Rn. 2; *R. Derksen*, NVwZ, 2004, 551, 553; *A. Dix*, VIZ 2003, 1, 3.
[48] Stoltenberg/Bossack, StUG, 2012, § 32a Rn. 3.
[49] S. die Richtlinie des BStU, § 32a 2.3., Stand: 1.3.2007.

**Sabina Gottschlich, Isabell Wegner**

## § 32a

**598** Gem. Abs. 2 Var. 1 bedarf es einer Benachrichtigung nicht, wenn die Beeinträchtigung schutzwürdiger Interessen der betroffenen Person nicht zu befürchten ist. Hierbei reicht nicht der bloße Verdacht oder die bloße Annahme, dass eine Persönlichkeitsrechtsverletzung nicht eintritt. Vielmehr muss eine solche unter jedem denkbaren Gesichtspunkt ausgeschlossen sein.[50] Dies ist für Unterlagen anzunehmen, in denen Personen der Zeitgeschichte, Amts- oder Funktionsträger in ihrer Rolle oder Funktion in einem offiziellen Dokument nur genannt werden[51] oder die Information über sie von offensichtlich geringer Bedeutung ist[52]. Ebenso wird eine Beeinträchtigung schutzwürdiger Interessen nicht zu befürchten sein, wenn Film- oder Videodokumente über ohnehin öffentliche Auftritte herausgegeben werden.[53]

**599** Weiterhin kann eine Benachrichtigung entfallen, wenn diese unmöglich ist (Var. 2). Dies betrifft vor allem den Fall, dass die zu benachrichtigende Person bereits verstorben ist.[54] Hierbei sieht der Gesetzeswortlaut keine Benachrichtigung der Erben vor.[55] Unmöglich ist eine Benachrichtigung ferner, wenn der Aufenthaltsort der zu informierenden Person nicht festgestellt werden kann.[56]

**600** Zuletzt ist eine Zugänglichmachung auch ohne Benachrichtigung zulässig, wenn eine solche nur mit unverhältnismäßig hohem Aufwand möglich ist (Var. 3). Für die Feststellung der Unverhältnismäßigkeit sind der erforderliche Aufwand und das Maß der Interessenbeeinträchtigung gegeneinander abzuwiegen.[57] Die Regelung des Abs. 2 Var. 3 kommt in der Praxis insbesondere zur Anwendung, wenn sich der Aufenthalts- oder Wohnort der zu benachrichtigenden Person zwar ermitteln lassen würde und insofern nicht schon Abs. 2 Var. 2 zur Anwendung kommt, eine

---

[50] BVerwGE 121, 115, 138; *J. Rapp-Lücke*, in: Geiger/Klinghardt, StUG, 2. Aufl. 2006, § 32a Rn. 5; *S. Liebler*, jurisPR-BVerwG Anm. 1, S. 3.

[51] So die Richtlinie des BStU, § 32a 2.1., Stand: 1.3.2007; Stoltenberg/Bossack, StUG, 2012, § 32a Rn. 4; *J. Rapp-Lücke*, in: Geiger/Klinghardt, StUG, 2. Aufl. 2006, § 32a Rn. 5.

[52] So die Richtlinie des BStU, § 32a 2.1., Stand: 1.3.2007; *J. Rapp-Lücke*, in: Geiger/Klinghardt, StUG, 2. Aufl. 2006, § 32a Rn. 5.

[53] So die Richtlinie des BStU, § 32a 2.1., Stand: 1.3.2007; ebenso Stoltenberg/Bossack, StUG, 2012, § 32a Rn. 2.

[54] So die Richtlinie des BStU, § 32a 2.1., Stand: 1.3.2007; *J. Rapp-Lücke*, in: Geiger/Klinghardt, StUG, 2. Aufl. 2006, § 32a Rn. 6; Stoltenberg/Bossack, StUG, 2012, § 32a Rn. 4.

[55] *J. Rapp-Lücke*, in: Geiger/Klinghardt, StUG, 2. Aufl. 2006, § 32a Rn. 6; a.A. BVerwGE 121, 115, 138: das BVerwG hält eine Benachrichtigung für möglich, wenn Erben benachrichtigt werden können.

[56] *J. Rapp-Lücke*, in: Geiger/Klinghardt, StUG, 2. Aufl. 2006, § 32a Rn. 6; Stoltenberg/Bossack, StUG, 2012, § 32a Rn. 4; vgl. auch die Richtlinie des BStU, § 32a 2.1., Stand: 1.3.2007.

[57] *J. Rapp-Lücke*, in: Geiger/Klinghardt, StUG, 2. Aufl. 2006, § 32a Rn. 6.

Sabina Gottschlich, Isabell Wegner

Ermittlung aber nur mit erhöhtem Aufwand möglich ist, der in der Abwägung mit dem hypothetischen Interesse unverhältnismäßig erscheint.[58] Dies kann unter besonderen Umständen im Einzelfall bei einer zu befürchtenden Rufschädigung angenommen werden, wenn eine Ermittlung der Anschrift nur noch durch Anfragen bei Verbänden, Vereinen, Arbeitgebern oder im sonstigen Umfeld der zu benachrichtigenden Person möglich erscheint.[59]

---

[58] Stoltenberg/Bossack, StUG, 2012, § 32a Rn. 4; s. ferner *J. Rapp-Lücke*, in: Geiger/ Klinghardt, StUG, 2. Aufl. 2006, § 32a Rn. 6; vgl. die Richtlinie des BStU,§ 32a 2.3., Stand: 1.3.2007.

[59] Vgl. die Richtlinie des BStU, § 32a 2.3., Stand: 1.3.2007, die solche Anfragen für unbedingt zu vermeiden hält.

**Sabina Gottschlich, Isabell Wegner**

## § 33 Verfahren

(1) Für Zwecke der Forschung und der politischen Bildung kann in der Zentralstelle oder in einer der Außenstellen des Bundesbeauftragten Einsicht in Unterlagen genommen werden.

(2) Die Einsichtnahme kann wegen der Bedeutung oder des Erhaltungszustandes der Unterlagen auf die Einsichtnahme in Duplikate beschränkt werden.

(3) Soweit die Einsichtnahme in Unterlagen gestattet ist, können auf Verlangen Duplikate der Unterlagen herausgegeben werden; dies gilt nicht im Falle des § 32 Abs. 1 Satz 1 Nr. 7.

(4) Duplikate, die nach Absatz 3 herausgegeben worden sind, dürfen von dem Empfänger weder für andere Zwecke verwendet noch an andere Stellen weitergegeben werden.

(5) Die Einsichtnahme in noch nicht erschlossene Unterlagen ist nicht zulässig.

*Literaturangaben: Geiger, Hansjörg/Klinghardt, Heinz (Hrsg.), Stasi-Unterlagen-Gesetz-Kommentar, 2. Aufl., Stuttgart 2006; Stoltenberg, Klaus, Stasi-Unterlagen-Gesetz, Baden-Baden 1992; Stoltenberg, Klaus/Bossack, Carolin, Stasi-Unterlagen-Gesetz, Baden-Baden 2012.*

### A. Vorbemerkung

**601**  Bei § 33 handelt es sich um die Verfahrensregelung über die Bereitstellung der Unterlagen für die in §§ 32, 34 genannten Verwendungszwecke. Der BStU wird allerdings nur auf Antrag tätig, wobei die besonderen Vorgaben aus §§ 32 ff. bezüglich der Zugangsrechte und –beschränkungen zu beachten sind.[1]

### B. Erläuterungen

### I. Zu Abs. 1

**602**  Gem. Abs. 1 ist eine Einsichtnahme in die Unterlagen zu den in § 32 genannten Zwecken ausschließlich in den Räumen des Bundesbeauftragten zu gewähren, weil nur so der Verbleib der Unterlagen im Einflussbereich und unter der Kontrolle des Bundesbeauftragten gewährleistet werden kann.[2] Die Kompetenz des alleinigen Gewahrsams des Bundesbeauftragten in Bezug auf die Unterlagen des MfS ergeben sich aus dem aus §§ 7 und 32 resultierenden Verfügungsmonopol des BStU

---

[1] *J. Rapp-Lücke*, in: Geiger/Klinghardt, StUG, 2. Aufl. 2006, § 33 Rn. 2.
[2] BT-Drucks. 12/1093, 27; Stoltenberg, StUG, 1992, § 33 Rn. 2.

Lisa Kohler

(§ 32 Rn. 564, § 7 Rn. 185 ff.). Zudem ist es diesem insofern möglich seiner, in § 40 verbrieften Pflicht, Maßnahmen zur Sicherung der Unterlagen zu treffen,[3] nachzukommen.[4]

## II. Zu Abs. 2

Absatz 2 trifft eine Beschränkung auf eine Einsichtnahme in Duplikate, sofern die   **603**
Bedeutung der Unterlagen oder ihr Erhaltungszustand dies erfordern. Die Erforderlichkeit kann sich vor allem aus dem Verlustrisiko der Unterlagen aufgrund ihres schlechten Erhaltungszustands[5] ergeben (für eine Einsichtnahme in Duplikate aufgrund vorzunehmender Anonymisierungen siehe § 6 Rn. 182)[6]. Ferner ist denkbar, dass sich eine solche Erforderlichkeit auch aus dem Verlustrisiko solcher Unterlagen ergeben kann, bei denen aufgrund ihrer inhaltlichen historischen Bedeutung eine hohe Anzahl an Einsichtnahmen zu erwarten ist (§ 12 Rn. 252). Insoweit kann der Bundesbeauftragte die Einsichtnahme in die Originalunterlagen verweigern und sie auf Duplikate beschränken, was er aufgrund seiner Sicherungspflicht gemäß § 40 evtl. auch muss (§ 37 Abs. 1 Nr. 2). Eine solche Beschränkung der Einsichtsmöglichkeit auf Duplikate trägt zudem dazu bei den Vollständigkeitsanspruch des BStU (§ 7 Rn. 185) insoweit zu sichern, dass die Unterlagen, in die Einsicht genommen wird durch den Verweis auf die Einsicht in Duplikate einem geringeren Beschädigungs- und Zerstörungsrisiko ausgesetzt werden. Dem BStU verbleibt dadurch der Zugriff auf den vollständigen Unterlagenbestand.

## III. Zu Abs. 3

Absatz 3 statuiert die Befugnis des Bundesbeauftragten, auf Antrag Duplikate   **604**
der Unterlagen herauszugeben, soweit ein Einsichtsrecht in diese besteht.[7] Diese Befugnis findet ihre Grenzen in Fällen eines Einsichtsrechts nach § 32 Abs. 1 S. 1 Nr. 7, einem Zugangsrecht zu nicht anonymisierten Unterlagen im Rahmen institutioneller Forschung (§ 32 Rn. 565). Anders als in den Fällen des § 12 Abs. 5, in denen Duplikate der Unterlagen nach erfolgter Anonymisierung herausgegeben werden können, findet eine Herausgabe von Duplikaten in den Fällen der Einsichtnahme nach § 32 Abs. 1 S. 1 Nr. 7 aus Gründen des Schutzes des Persönlichkeitsrechts der in den Unterlagen genannten Person nicht statt. Dies resultiert

---

[3] Siehe hierzu *J. Pietrkiewicz/J. Burth,* in: Geiger/Klinghardt, StUG, 2. Aufl. 2006, § 40 Rn. 1 ff.
[4] Stoltenberg/Bossack, StUG, 2012, § 33 Rn. 1.
[5] Stoltenberg, StUG, 1992, § 33 Rn. 3.
[6] *J. Rapp-Lücke,* in: Geiger/Klinghardt, StUG, 2. Aufl. 2006, § 33 Rn. 8.
[7] Stoltenberg, StUG, 1992, § 33 Rn. 4.

Lisa Kohler

daraus, dass es sich bei den dort genannten Personen unter anderem um Betroffene und Dritte handelt, die nach der Wertung des StUG als hochgradig schützenswert erachtet werden (§ 6 Rn. 140, 166). Das Zugangsrecht beschränkt sich daher vielmehr auf die Einsichtnahme in die Unterlagen, wobei der Anspruchsteller vor der Einsichtnahme allerdings zur Verschwiegenheit verpflichtet wird.[8] Die Ausnahmeregelung der Herausgabe von Duplikaten stellt insofern für die in den Unterlagen genannten Personen einen besonderen Schutz ihres Persönlichkeitsrecht durch Verfahren da, weil die Beschränkung des Zugangs zu den Unterlagen auf den räumlichen Einflussbereich des BStU in erhöhtem Maße sicherstellt, dass eine Weitergabe der in den Unterlagen befindlichen Informationen nicht stattfindet. Eine Herausgabe oder Zusendung von Originalen ist wie bei § 12 Abs. 5 (§ 12 Rn. 261) ausgeschlossen.[9]

## IV. Zu Abs. 4

**605** Durch Absatz 4 wird die Verwendung herausgegebener Duplikate auf den im Antrag genannten und geprüften Zweck nach §§ 32, 34 beschränkt und eine Weitergabe an andere Stellen nicht gestattet. Dies erklärt sich vor allem daraus, dass lediglich der im Antrag angefragte Zweck einer Kontrolle nach Maßgabe des § 32 durch den BStU zugänglich ist. Dies ergibt sich bereits aus § 4 Abs. 1, der eine Verwendung der Unterlagen nur durch eine Ermächtigung innerhalb des StUG und für die in deren Rahmen beantragten Zwecke für zulässig erklärt (§ 4 Rn. 87). Andernfalls würde die generelle Anforderung einer sich aus dem StUG ergebenden Ermächtigung durch die Möglichkeit, die erhaltenen Unterlagen anderweitig zu verwenden oder weiterzugeben, unterlaufen. Erhält der Antragsteller die angefragten Unterlagen also für einen bestimmten Zweck, darf er sie demnach ausschließlich für diesen verwenden.[10] Nachdem § 33 keine Angaben bezüglich des Inhalts der Unterlagen macht, ist davon auszugehen, dass die Bindung an den im Antrag genannten Zweck bei § 33 Abs. 4 unabhängig davon gilt, ob es sich bei den Unterlagen um solche mit personenbezogenen Informationen handelt oder nicht.[11] Hiervon ausgenommen sind Unterlagen, die nicht gezielt zu Personen angelegt wurden oder Dienstanweisungen etc., die nicht unter die Unterlagen im Sinne von § 33 fallen und deren Herausgabe stattdessen nach § 26 erfolgt.[12]

---

[8] Stoltenberg/Bossack, StUG, 2012, § 33 Rn. 3.
[9] *J. Rapp-Lücke*, in: Geiger/Klinghardt, StUG, 2. Aufl. 2006, § 33 Rn. 9.
[10] Vgl. *J. Rapp-Lücke*, in: Geiger/Klinghardt, StUG, 2. Aufl. 2006, § 33 Rn. 11.
[11] *J. Rapp-Lücke*, in: Geiger/Klinghardt, StUG, 2. Aufl. 2006, § 33 Rn. 11.
[12] Stoltenberg/Bossack, StUG, 2012, § 33 Rn. 4.

Lisa Kohler

## V. Zu Abs. 5

Absatz 5 erfüllt eine Klarstellungsfunktion und zwar, dass sich der Zugangsanspruch **606** auf die bereits erschlossenen Unterlagen beschränkt und die noch ungeordneten Bestände für die in § 32 genannten Zwecke nicht zur Verfügung stehen, weil die Arbeitsfähigkeit des BStU sonst in Frage gestellt wäre (§ 3 Rn. 70).[13] Er trifft damit eine vergleichbare Regelung zu § 3 Abs. 1 S. 1 der dem Einzelnen ebenfalls nur Einsichtsrechte in den erschlossenen Unterlagenbestand einräumt. In § 4, der für die §§ 32 ff. maßgeblich ist, sowie in den Regelungen über den Zugang von öffentlichen und nicht öffentlichen Stellen in § 19 ff. findet eine solche Beschränkung mangels diesbezüglicher Regelung durch den Gesetzgeber dagegen nicht statt (§ 4 Rn. 89), wodurch nach § 19 ff. auch in noch nicht erschlossene Unterlagen Einsicht genommen werden könnte. Denkbar ist demzufolge der Fall, dass eine Behörde von einer Unterlage und ihrem Inhalt Kenntnis erlangt und diese benötigt, der BStU diese aber noch nicht erschlossen hat (§ 4 Rn. 89). Die Regelung des Abs. 5 fungiert hier konkret als Beschränkung in den Fällen der §§ 32 ff. Anders als bei der Regelung über die Einsichtnahme und Verwendung der Unterlagen durch Betroffenen und Dritte in § 13 Abs. 5, nach der dem Einsichtnehmenden ein, in den Unterlagen enthaltener, Deckname entschlüsselt wird (§ 13 Rn. 274 ff.), findet in den Fällen des § 33 eine solche Entschlüsselung durch den BStU nicht statt, weil es in den §§ 32 ff. an einer solchen Bestimmung fehlt.[14]

Die Beschränkung des Zugangs auf bereits erschlossene Unterlagen trägt auch der **607** Verwendungshoheit des BStU bzgl. der Unterlagen Rechnung (§ 7 Rn. 187). Dieser kann nur dann seiner Aufgabe, Maßnahmen zum Schutz der Unterlagen und der darin enthaltenen personenbezogenen Informationen sowie der Prüfung der Einsichts- und Verwendungsnotwendigkeit des Antragstellers nachkommen, wenn er weiß, wer wann in welche Unterlagen mit welchem Inhalt einsieht.

---

[13] BT-Drucks. 12/1540, 62; Stoltenberg, StUG, 1992, § 33 Rn. 7; *J. Rapp-Lücke*, in: Geiger/Klinghardt, StUG, 2. Aufl. 2006, § 33 Rn. 5.

[14] *J. Rapp-Lücke*, in: Geiger/Klinghardt, StUG, 2. Aufl. 2006, § 33 Rn. 6.

**Lisa Kohler**

## § 34 Verwendung von Unterlagen durch
## Presse, Rundfunk und Film

(1) Für die Verwendung von Unterlagen durch Presse, Rundfunk, Film, deren Hilfsunternehmen und die für sie journalistisch-redaktionell tätigen Personen gelten die §§ 32 bis 33 entsprechend.

(2) Führt die Veröffentlichung personenbezogener Informationen durch Rundfunkanstalten des Bundesrechts zu Gegendarstellungen von Personen, die in der Veröffentlichung genannt sind, so sind diese Gegendarstellungen den personenbezogenen Informationen beizufügen und mit ihnen aufzubewahren. Die Informationen dürfen nur zusammen mit den Gegendarstellungen erneut veröffentlicht werden.

*Literaturangaben: Dreier, Horst (Hrsg.), Grundgesetz, Bd. 1, 3. Aufl., Tübingen 2013; Geiger, Hansjörg/Klinghardt, Heinz, Stasi-Unterlagen-Gesetz-Kommentar, 2. Aufl., Stuttgart 2006; Schmidt, Dietmar/Dörr, Erwin, Stasi-Unterlagen-Gesetz, Köln 1993; Stoltenberg, Klaus/Bossack, Carolin, Stasi-Unterlagen Gesetz, Baden-Baden, 2012; Weberling, Johannes, Stasi-Unterlagen-Gesetz, Kommentar, Köln 1993.*

### A. Allgemeines

**608**  Die Norm regelt die Verwendung von Unterlagen durch Presse, Rundfunk, Film, deren Hilfsunternehmen und die für sie journalistisch-redaktionell tätigen Personen. Für sie gelten die §§ 32 bis 33 entsprechend. Zudem regelt die Vorschrift die Pflicht, bei einer Veröffentlichung personenbezogener Daten durch Rundfunkanstalten des Bundesrechts, welche zu einer Gegendarstellung von Personen führen, zur Veröffentlichung dieser Gegendarstellungen. § 34 Abs. 1 n.F. wurde durch das 8. StUÄndG vom 22.12.2011 geändert.[1]

### B. Erläuterungen

### I. Zu Abs. 1

**609**  Die Vorschrift regelt die Verwendung der Stasi-Unterlagen durch die Medien. Zu den Rundfunkanstalten aus Abs. 1 gehören sowohl alle Sendeanstalten des öffentlichen Rechts, als auch privatrechtliche Sender.[2] Normadressaten sind auch alle journalistisch-redaktionell tätigen Personen der Presse, des Rundfunks und des

---

[1] BGBl. I 2011, 3106.
[2] *J. Rapp-Lücke,* in: Geiger/Klinghardt, StUG, 2. Aufl. 2006, § 34 Rn. 7; vgl. Schmidt/Dörr, StUG, 1993, § 34 Rn. 5.

**Jennifer Janssen, Jasmin Maaßen**

Filmes sowie deren Hilfsunternehmen. Außerdem zählen zu den Normadressaten auch freiberufliche Journalisten.[3]

Aufgrund von § 34 haben die Medien in der Regel einen Anspruch auf Zugang zu den Stasi-Unterlagen. Dies folgt aus dem Grundrecht der Pressefreiheit gem. Art. 5 Abs. 1 S. 2 Var. 1 GG.  **610**

Das Recht auf Pressefreiheit umfasst die Pressetätigkeit in sämtlichen Aspekten; von der Beschaffung der Informationen bis zur Verarbeitung der Nachrichten und Meldungen. Grundsätzlich fallen in den Schutzbereich des Art. 5 GG auch rechtswidrig erlangte Informationen.[4] Das Recht auf Pressefreiheit ist indes nicht schrankenlos gewährleistet. So findet die Pressefreiheit gem. Art. 5 Abs. 2 GG ihre Schranken u.a. in den allgemeinen Gesetzen.[5] Das StUG stellt ein solches allgemeines Gesetz i.S.d. Art. 5 Abs. 2 GG dar, welches die Pressefreiheit zum Schutz des Allgemeinen Persönlichkeitsrechts begrenzt.[6]  **611**

Allerdings greifen §§ 32 Abs. 1 Nr. 4, 34 Abs. 1 auch in mehrfacher Hinsicht in das allgemeine Persönlichkeitsrecht ein. Durch die Zurverfügungstellung von Unterlagen mit personenbezogenen Informationen durch eine Behörde gem. §§ 32 Abs. 1, 34 Abs. 1 wird in das Grundrecht auf informationelle Selbstbestimmung aus Art. 2 Abs. 1 i.V.m. Art. 1 Abs. 1 GG eingegriffen.  **612**

Die informationelle Selbstbestimmung umfasst die Befugnis des Einzelnen, selbst zu entscheiden, wann und wem er zu welchem Zweck personenbezogene Daten offenbart.[7] Zwar ist die Presse gem. § 45 Abs. 1 Nr. 2, 3 verpflichtet, Unterlagen auf Anfrage herauszugeben und gem. § 43 insbesondere daran gehindert, personenbezogene Informationen über Betroffene oder Dritte im Wortlaut öffentlich mitzuteilen, allerdings haben die Medien auch die Möglichkeit, sich legal Zugang zu den Unterlagen zu verschaffen. Zu beachten ist hingegen, dass die §§ 32 Abs. 1 S. 1 Nr. 4, 34 Abs. 1 nicht zur Weitergabe von Informationen, die das Privatleben betreffen, ermächtigen. Somit bleibt die Privatsphäre, falls sie „private" Angelegenheiten umfasst, unberührt. Solche „privaten" Angelegenheiten umfassen heimliche Auf-  **613**

---

[3] Schmidt/Dörr, StUG, 1993, § 34 Rn. 6; Weberling, StUG, 1993, § 34 Rn. 1.
[4] BT-Drucks. 12/1540, 62.
[5] *H. Schulze-Fielitz*, in: Dreier, GG, Bd. 1, 3. Aufl. 2013, Art. 5 I, II Rn. 136.
[6] BT-Drucks. 12/1540, 62.
[7] *H. Dreier,* in: Dreier, GG, Bd. 1, 3. Aufl. 2013, Art. 2 Abs. 1 Rn. 79.

**Jennifer Janssen, Jasmin Maaßen**

zeichnungen von Gesprächen – auch jene, die außerhalb des privaten Rückzugs-bereichs, beispielsweise im Büro, geführt wurden.[8]

**614** Grundsätzlich kommt die Zurverfügungstellung von Unterlagen mit personen-bezogenen Informationen für Zwecke der Presse, von Rundfunk und Film gem. § 34 Abs. 1 nur in sehr geringem Umfang in Betracht.[9] Dies liegt daran, dass die Presse im Gegensatz zu Privatpersonen oder der Forschung eine beliebige und weitläufige Veröffentlichung ermöglicht, was den Betroffenen im Einzelfall unzumutbar sein kann. Die Feststellung der Unzumutbarkeit des Einzelnen bedarf daher einer indi-viduellen Prüfung.

**615** Durch den Verweis in Absatz 1 auf die §§ 32 bis 33 werden die Rechte der Medien grundsätzlich mit denen der Forschung gleichgestellt.[10] Dadurch wurde der Grund-satz der Aufarbeitung aus § 1 Abs. 1 Nr. 3 verstärkt. Die entsprechende Anwendung der §§ 32, 33 bedeutet jedoch nicht, dass die Freigabe zu Forschungszwecken erfolgt, da der Presse nicht die forschende, sondern nur die publizistische Aufar-beitung der Stasi-Tätigkeit zukommt, welche ebenfalls zur politischen und histo-rischen Aufarbeitung beiträgt.[11] Die Herausgabe von Informationen an die Presse kann jedoch auch im öffentlichen Interesse liegen, da sie einen wichtigen Teil zur öffentlichen Meinungsbildung beiträgt. Durch die Verarbeitung dieser herausge-gebenen Informationen und der darauf folgenden Veröffentlichung durch die Presse dürfen unter einer Abwägung im Einzelfall keine überwiegenden schutzwürdigen Interessen der genannten Personen beeinträchtigt werden.

**616** Eine Ausnahme des absoluten Schutzes gilt allerdings bei Personen der Zeitge-schichte, Inhabern politischer Funktionen und Amtsträgern. In diesen Fällen kann unter Abwägung im Einzelfall einer Veröffentlichung stattgegeben werden. Insbe-sondere niedrigere Amts- und Funktionsträger verdienen größeren Schutz als höhere Personen der Zeitgeschichte.[12] Dabei muss die Herkunft der personenbezogenen Information aus den Stasi-Unterlagen erkennbar bleiben.[13]

---

[8] Vgl. BVerwG NJW 2004, 2462, 2465.
[9] BVerwG NJW 2004, 2462, 2467.
[10] Stoltenberg/Bossack, StUG, 2012, § 34 Rn. 1; Vgl. Schmidt/Dörr, StUG, 1993, § 34 Rn. 4.
[11] BVerwG NJW 2004, 2462, 2467.
[12] Siehe BVerwG NJW 2004, 2462 ff.
[13] BVerwG NJW 2004, 2462, 2468.

**Jennifer Janssen, Jasmin Maaßen**

**II.  Zu Abs. 2**

Abs. 2 verpflichtet Rundfunkanstalten nach einer Veröffentlichung mit personen-  **617** bezogenen Informationen, die dadurch entstandenen Gegendarstellungen bei künftigen Veröffentlichungen mit diesen Gegendarstellungen zusammen erneut zu veröffentlichen. Diese Verpflichtung ist in Anbetracht des Charakters der Unterlagen zum Schutz des Persönlichkeitsrechts notwendig.[14] Gegendarstellungen führen nicht ohne weiteres zu einem Verwendungs- und Veröffentlichungsverbot der Erstveröffentlichung, sondern obliegen einer Prüfung der Rechtmäßigkeit der betreffenden Informationen.[15] So wird das Recht auf Selbstbestimmung über die öffentliche Darstellung der eigenen Person durch die Gegendarstellung geschützt.[16]

Die Gegendarstellungspflicht ist auf Rundfunkveranstaltungen des Bundesrechts beschränkt, weil dem Bund im Übrigen die Gesetzgebungskompetenz fehlt.[17]

---

[14] BT-Drucks. 12/1540, 62; *J. Rapp-Lücke,* in: Geiger/Klinghardt, StUG, 2. Aufl. 2006, § 32 Rn. 49.
[15] *J. Rapp-Lücke,* in: Geiger/Klinghardt, StUG, 2. Aufl. 2006, § 34 Rn. 12.
[16] So zum Beispiel im Fall *Gysi:* NJW 2002, 356; 357; OLG München ZUM 1998, 846 ff.
[17] BT-Drucks. 12/1540, 63; Weberling, StUG, 1993, § 34 Rn. 5.

**Jennifer Janssen, Jasmin Maaßen**

## § 35 Bundesbeauftragter für die Unterlagen des Staatssicherheitsdienstes der ehemaligen Deutschen Demokratischen Republik

(1) Der Bundesbeauftragte für die Unterlagen des Staatssicherheitsdienstes der ehemaligen Deutschen Demokratischen Republik ist eine Bundesoberbehörde im Geschäftsbereich der für Kultur und Medien zuständigen obersten Bundesbehörde. Er hat eine Zentralstelle in Berlin und kann Außenstellen in den Ländern Berlin, Brandenburg, Mecklenburg-Vorpommern, Sachsen, Sachsen-Anhalt und Thüringen haben.

(2) Der Leiter der Behörde wird auf Vorschlag der Bundesregierung vom Deutschen Bundestag mit mehr als der Hälfte der gesetzlichen Zahl seiner Mitglieder gewählt. Er muss bei seiner Wahl das 35. Lebensjahr vollendet haben. Der Gewählte führt als Amtsbezeichnung die Bezeichnung seiner Behörde. Er ist vom Bundespräsidenten zu ernennen.

(3) Der Bundesbeauftragte leistet vor dem Leiter der für Kultur und Medien zuständigen obersten Bundesbehörde folgenden Eid:

„Ich schwöre, dass ich meine Kraft dem Wohle des deutschen Volkes widmen, seinen Nutzen mehren, Schaden von ihm wenden, das Grundgesetz und die Gesetze des Bundes wahren und verteidigen, meine Pflichten gewissenhaft erfüllen und Gerechtigkeit gegen jedermann üben werde. So wahr mir Gott helfe."

Der Eid kann auch ohne religiöse Beteuerung geleistet werden.

(4) Die Amtszeit des Bundesbeauftragten beträgt fünf Jahre. Einmalige Wiederwahl ist zulässig.

(5) Der Bundesbeauftragte steht nach Maßgabe dieses Gesetzes zum Bund in einem öffentlich-rechtlichen Amtsverhältnis. Er ist in Ausübung seines Amtes unabhängig und nur dem Gesetz unterworfen. Er untersteht der Rechtsaufsicht der Bundesregierung. Die Dienstaufsicht führt die für Kultur und Medien zuständige oberste Bundesbehörde.

*Literaturangaben: Geiger, Hansjörg/Klinghardt, Heinz (Hrsg.), Stasi-Unterlagen-Gesetz-Kommentar, 2. Aufl., Stuttgart 2006; Gola, Peter, Schomerus, Rudolf (Hrsg.), BDSG, 12. Aufl., München 2015; Jarass, Hans. D./Pieroth, Bodo, Grundgesetz, 14. Aufl., München 2016; Maunz, Theodor/Dürig, Günter (Begr.), Grundgesetz Kommentar, 81. Lieferung September 2017, München; Schmidt, Dietmar/Dörr, Erwin, Stasi-Unterlagen-Gesetz, Köln 1993; Stoltenberg, Klaus/Bossack, Carolin, Stasi-Unterlagen-Gesetz, Baden-Baden 2012; Weberling, Johannes, Stasi-Unterlagen-Gesetz, Kommentar, Köln 1993.*

**Stefan Engel, Jennifer Janssen, Jasmin Maaßen**

## A. Vorbemerkung

§ 35 konstituiert den BStU als Behörde und regelt seinen Status.[1] Dies umfasst seine **618** Ernennung sowie seine Eingliederung in die Behördenstruktur des Bundes. Der BStU ist nach den Regelungen des § 35 weitgehend unabhängig. Die Regelung entspricht in weiten Teilen der zum Bundesbeauftragten für den Datenschutz und die Informationsfreiheit in § 22 BDSG. § 35 wurde durch das 7. StUÄndG geändert. Mit dieser Änderung wurde der BStU aus dem Zuständigkeitsbereich des Bundesministers des Innern in den der für Kultur und Medien zuständigen obersten Bundesbehörde überführt.

## B. Erläuterungen

### I. Zu Abs. 1

Satz eins regelt die Zuständigkeit des Bundesbeauftragten für die Unterlagen des **619** Staatssicherheitsdienstes der ehemaligen Deutschen Demokratischen Republik als Bundesoberbehörde im Geschäftsbereich der für Kultur und Medien zuständigen obersten Bundesbehörde. Gemäß Art. 87 Abs. 3 S. 1 GG sind Bundesoberbehörden und damit auch der BStU den Bundesministerien nachgeordnete Bundesbehörden ohne eigenen Verwaltungsunterbau mit Zuständigkeit für das gesamte Bundesgebiet, die organisatorisch aus den Ministerien ausgegliedert und in bestimmten, allerdings unterschiedlichem Maß weisungsfrei gestellt sind.[2] Die Verwaltungskompetenz des Bundes ergibt sich aus Art. 87 Abs. 3 S. 1 GG.[3]

Eine Änderung der Zuordnung des Bundesbeauftragten ergab sich ab dem **620** 27.12.2004 durch den Organisationserlass des Bundeskanzlers. Aufgrund dessen wechselte die Behörde vom Zuständigkeitsbereich des Bundesministers des Innern in den Geschäftsbereich des Beauftragten der Bundesregierung für Kultur und Medien.[4]

Dies ist im Hinblick auf eine fehlende Novellierung, bzw. nicht vorhandene Beteiligung des Bundestages und der damaligen Bundesbeauftragten Marianne Birthler auf große Kritik gestoßen, da eine Gesetzesgrundlage fehlte und der Aufgaben-

---

[1] *J. Pietrkiewicz/J. Burth,* in: Geiger/Klinghardt, StUG, 2. Aufl. 2006, § 35 Rn. 1.
[2] *B. Pieroth*, in: Jarass/Pieroth, GG, 14. Aufl. 2016, Art. 87 Rn. 8.
[3] BT-Drucks. 12/723, 26.
[4] Stoltenberg/Bossack, StUG, 2012, § 35 Rn. 2.

**Stefan Engel, Jennifer Janssen, Jasmin Maaßen**

bereich der Legislative durch die Exekutive übergangen wurde.[5] Durch das 7. StuÄndG vom 21.12.2006 (BGBl. I, Nr. 65/2006, S. 3326) wurde die veränderte Zuordnung in das Gesetz eingefügt.

**621** Satz zwei regelt sowohl die Entscheidung über den Sitz der Zentralstelle des BStU als auch die Verwahrung der Stasi-Unterlagen in der Zentralstelle Berlin und in den Außenstellen der neuen Bundesländer. Dies betrifft Brandenburg, Mecklenburg-Vorpommern, Sachsen, Sachsen-Anhalt und Thüringen. Aktuell bestehen Außenstellen in Chemnitz, Dresden, Erfurt, Frankfurt (Oder), Gera, Halle, Leipzig, Magdeburg, Neubrandenburg, Rostock, Schwerin und Suhl.[6] Hinzu kommt die Außenstelle Berlin, die allerdings ausschließlich die Funktion eines Archivs erfüllt.[7]

**622** Die Unterlagen in der Zentralstelle sowie in den Außenstellen müssen zentral verwaltet werden.[8] Dies entspricht den Erläuterungen zu den Anlagen zum Einigungsvertrag zu Kapitel II der Anlage I Sachgebiet B Abschnitt II Nr. 2. Danach soll die einheitliche Verwahrung eine verlässliche Zusammenführung des Materials ermöglichen und eine sichere Aufbewahrung gewährleisten.[9] Jedoch wird aus Abs. 1 und aus § 37 Abs. 1 Nr. 3 geschlossen, dass eine ausschließliche Lagerung der Unterlagen im Archiv der Zentralstelle in Berlin nicht zulässig ist. Diese Wiederholung im Gesetz folgt aus der Befürchtung einer Zusammenführung der Unterlagen in der Zentralstelle in Berlin entgegen dem Willen des Gesetzgebers.[10]

**623** Die Einrichtung von Außenstellen in den einzelnen Bundesländern erscheint nunmehr fakultativ, um die organisatorische Flexibilität im Zusammenhang mit der künftigen Entwicklung der Behörde zu erhöhen.[11] Die Außenstellen sind lediglich Teile der einheitlichen Behörde des BStU und keine eigenständigen Behörden mit eigenem Zuständigkeitsbereich.[12]

---

[5] Siebenter Tätigkeitsbericht der Bundesbeauftragten, 2005, S. 12, abrufbar unter: www.bstu. bund.de; Vertiefend S. *J. Pietrkiewicz/J. Burth,* in: Geiger/Klinghardt, StUG, 2. Aufl. 2006, § 35 Rn. 4.

[6] www.bstu.bund.de/DE/BundesbeauftragterUndBehoerde/AufgabenUndStruktur/_node.html.

[7] Siebenter Tätigkeitsbericht der Bundesbeauftragten, 2005, S. 11, abrufbar unter: www.bstu. bund.de.

[8] BT-Drucks. 12/723, 26.

[9] BT-Drucks. 12/723, 26.

[10] Schmidt/Dörr, StUG, 1993, § 37 Rn. 6.

[11] BT-Drucks. 16/2969, 10.

[12] Vertiefend siehe *J. Pietrkiewicz/J. Burth,* in: Geiger/Klinghardt, StUG, 2. Aufl. 2006, § 35 Rn. 3.

**Stefan Engel, Jennifer Janssen, Jasmin Maaßen**

## II. Zu Abs. 2

Der Abs. 2 regelt die Wahl des Bundesbeauftragten. Die Vorschrift entspricht § 22 **624**
Abs. 1 BDSG, der die Wahl des Bundesbeauftragten für den Datenschutz regelt. Der
Bundesbeauftragte wird nach Abs. 2 S. 1 auf Vorschlag der Bundesregierung von
der Mehrheit der Mitglieder des Bundestages gewählt. Diese Regelung weicht damit
von der sonst im Bundestag erforderlichen Mehrheit der Stimmen nach
Art. 42 Abs. 2 S. 1 GG ab und verschafft dem Bundesbeauftragten eine besondere
Rechtsstellung, die auf seine besondere Aufgabenstellung zurückzuführen ist.[13] Mit
dem Vertrauen einer Parlamentsmehrheit ausgestattet, wird die Position des Bundesbeauftragten gestärkt.[14] Auch wird dem Bundesbeauftragten auf diese Weise ein
besonders hohes Maß an demokratischer Legitimation vermittelt. Das Maß an
notwendiger Legitimation ist abhängig vom konkreten Handeln staatlicher Gewalt.[15]
Der Bundesbeauftragte ist mit den Unterlagen des MfS und damit in hohem Maße
mit persönlichkeitsrelevanten Informationen betraut. Er nimmt daher eine gewichtige und ggf. auch grundrechtlich relevante Rolle ein, was ein besonderes Maß
an demokratischer Legitimation erforderlich macht. Durch die Wahl seiner Person
nach Abs. 2 S. 1, welche im Hinblick auf die nötige Mehrheit sogar der Wahl des
Bundeskanzlers nach Art. 63 Abs. 2 S. 1 GG entspricht und die darüber hinausgehende enge Bindung an den Bundestag (vgl. § 37 Abs. 3), wird dieses erforderliche hohe Maß an demokratischer Legitimation sichergestellt.

Gem. Abs. 2 S. 2 muss der Bundesbeauftragte bei seiner Wahl das 35. Lebensjahr **625**
vollendet haben. Als Amtsbezeichnung führt er die Bezeichnung seiner Behörde,
also „Der Bundesbeauftragte für die Unterlagen des Staatssicherheitsdienstes der
ehemaligen Deutschen Demokratischen Republik". Diese Bezeichnung ist daher
eine Doppelbezeichnung sowohl für die Behörde als auch für deren Leiter.[16] Der
Bundesbeauftragte ist nach seiner Wahl vom Bundespräsidenten zu ernennen. Auch
hierzu lässt sich eine Parallele bei der Wahl des Bundeskanzlers finden; auch dieser
muss nach Art. 63 Abs. 2 S. 2 GG vom Bundespräsidenten ernannt werden. Nicht
durch die Wahl, sondern erst durch die Ernennung erlangt der vom Bundestag
Gewählte sein Amt.[17]

---

[13] BT-Drucks. 12/723, 26.
[14] *P. Gola/C. Klug/B. Körffer*, in: Gola/Schomerus, BDSG, 112. Aufl. 2015, § 22 Rn. 3.
[15] *B. Grzeszick*, in: Maunz/Dürig, GG, 81. Lfg., Art. 20, II. Die Verfassungsentscheidung für
die Demokratie Rn. 126.
[16] Schmidt/Dörr, StUG, 1992, § 35 Rn. 1.
[17] Vgl. für den Bundeskanzler *R. Herzog*, in: Maunz/Dürig, GG, 81. Lfg, Art. 63 Rn. 48.

**Stefan Engel, Jennifer Janssen, Jasmin Maaßen**

### III. Zu Abs. 3

**626** Abs. 3 legt den zu leistenden Eid des Bundesbeauftragten vor dem Leiter der für Kultur und Medien zuständigen obersten Bundesbehörde fest. Dieser entspricht sowohl der Eidesformel des Bundespräsidenten gem. Art. 56 GG[18] als auch der des Datenschutzbeauftragten gem. § 22 Abs. 2 BDSG.

### IV. Zu Abs. 4

**627** Nach Abs. 4 beträgt die Amtszeit des Bundesbeauftragten fünf Jahre. Eine einmalige Wiederwahl ist zulässig. Dies entspricht der Regelung des § 22 Abs. 3 BDSG. Die Beschränkung der Amtszeit auf fünf Jahre erfolgt aufgrund einer erforderlichen Transparenz der Amtstätigkeit des Bundesbeauftragten. So scheint es sinnvoll, nach einer fünfjährigen Amtszeit ein Fazit über die bisherige Arbeit und Eignung des Bundesbeauftragten zu ziehen und sodann zu entscheiden, ob dieser für eine Wiederwahl geeignet erscheint.[19] Der Zweck der Begrenzung auf eine einmalige Wiederwahl liegt darin, die Tätigkeit des BStU nicht erstarren zu lassen. So wird jeder Amtsinhaber, insbesondere im Hinblick auf seinen Aufarbeitungsauftrag aus § 37 Abs. 1 Nr. 5, eigene Schwerpunkte entwickeln.[20] So wurde bspw. unter Roland Jahn als Bundesbeauftragter unter dessen Mitarbeit § 37a eingeführt und damit ein eigener Schwerpunkt gesetzt (vgl. § 37a Rn. 700 ff.).

### V. Zu Abs. 5

**628** Nach Abs. 5 S. 1 steht der BStU in einem öffentlich-rechtlichen Amtsverhältnis zum Bund. Die Regelung entspricht der des § 22 Abs. 4 S. 1 BDSG für den Bundesbeauftragten für den Datenschutz und die Informationsfreiheit. Er steht nicht in einem Beamtenverhältnis, sondern ist Amtsträger.[21] Der BStU nimmt eine rechtliche Sonderstellung ein und hat ein Amt eigener Art inne.[22]

Abs. 5 S. 2 statuiert die weitgehende Unabhängigkeit des BStU. Er ist aus der allgemeinen Hierarchie der Bundesverwaltung herausgelöst.[23] Diese Unabhängigkeit

---

[18] Vgl. ausführlich zu dieser Eidesformel *R. Herzog*, in: Maunz/Dürig, GG, 81. Lfg., Art. 56 Rn. 1 ff.

[19] Vgl. für den Bundesbeauftragten für den Datenschutz *P. Gola/C. Klug/B. Körffer*, in: Gola/ Schomerus, BDSG, 12. Aufl. 2015, § 22 Rn. 7.

[20] Vgl. für den Bundesbeauftragten für den Datenschutz *P. Gola/C. Klug/B. Körffer*, in: Gola/ Schomerus, BDSG, 12. Aufl. 2015, § 22 Rn. 7.

[21] *J. Pietrkiewicz/J. Burth*, in: Geiger/Klinghardt, StUG, 2. Aufl. 2006, § 35 Rn. 10.

[22] Vgl. für den Datenschutzbeauftragten *P. Gola/C. Klug/B. Körffer*, in: Gola/Schomerus, BDSG, 12. Aufl. 2015, § 22 Rn. 9.

[23] Weberling, StUG, 1992, § 35 Rn. 5.

**Stefan Engel, Jennifer Janssen, Jasmin Maaßen**

wurde dem BStU aufgrund seiner herausgehobenen politischen Bedeutung[24] und der Sensibilität der Unterlagen, mit denen er beschäftigt ist,[25] verliehen.

Der BStU untersteht keiner Fachaufsicht. Dies unterstreicht seine weitgehende **629** Unabhängigkeit. Auslegungsfragen sowie Ermessens- und Beurteilungsspielräume kann der BStU damit eigenständig und frei ausfüllen.[26] Hierzu gehören bspw. Fragen wie die, welche Unterlagen in welcher Reihenfolge erschlossen werden sollen oder wie der BStU seinen Aufarbeitungsauftrag aus § 37 Abs. 1 Nr. 5 erfüllen soll.[27] Insbesondere ist der BStU frei in Abwägungsentscheidungen bei Herausgabeanträgen, wenn Informationen preisgegeben werden sollen; dies betrifft insbesondere § 12 Abs. 4 S. 1 Nr. 2 sowie die Fälle des § 32 Abs. 1 S. 2.[28] In diesen Fällen hängt die Herausgabe von Unterlagen von einer Interessenabwägung zwischen dem Geheimhaltungs- und dem Offenlegungsinteresse ab. Der BStU soll frei seine Entscheidung treffen können. Eine politische Intervention etwa bei einem Herausgabeverlangen, das einen Amtsträger im Sinne des § 32 Abs. 1 S. 1 Nr. 4 betrifft, ist damit ausgeschlossen.

Der BStU untersteht nach Abs. 5 S. 3 der Rechtsaufsicht der Bundesregierung. Zu **630** einer Beanstandung oder Weisung ist eine Kabinettsentscheidung notwendig.[29] Unter die rechtliche Beaufsichtigung des BStU fällt die allgemeine Überwachung der Rechtmäßigkeit des Behördenhandelns.[30] Handelt der BStU wiederholt den Regelungen des StUG zuwider, kann die Bundesregierung im Rahmen ihrer Rechtsaufsicht einschreiten. Als Beispiel wird in der Literatur der Fall genannt, dass der BStU einer Stelle entgegen dem Wortlaut des Gesetzes beharrlich den Unterlagenzugang verweigert.[31] Zugang zu den Unterlagen erhält die Bundesregierung auch im Rahmen ihrer Rechtsaufsicht nur, soweit ihr dies nach §§ 19 ff. zusteht; die Rechtsaufsicht führt nicht zu einer Erweiterung der Zugangsbefugnisse.[32]

[24] BT-Drucks. 12/1093, 27.
[25] Vgl. *J. Pietrkiewicz/J. Burth*, in: Geiger/Klinghardt, StUG, 2. Aufl. 2006, § 35 Rn. 1.
[26] *J. Pietrkiewicz/J. Burth*, in: Geiger/Klinghardt, StUG, 2. Aufl. 2006, § 35 Rn. 13.
[27] *J. Pietrkiewicz/J. Burth*, in: Geiger/Klinghardt, StUG, 2. Aufl. 2006, § 35 Rn. 13.
[28] Vgl. *J. Pietrkiewicz/J. Burth*, in: Geiger/Klinghardt, StUG, 2. Aufl. 2006, § 35 Rn. 13; Schmidt/Dörr, StUG, 1992, § 35 Rn. 5.
[29] Schmidt/Dörr, StUG, 1992, § 35 Rn. 5.
[30] *J. Pietrkiewicz/J. Burth*, in: Geiger/Klinghardt, StUG, 2. Aufl. 2006, § 35 Rn. 12.
[31] *J. Pietrkiewicz/J. Burth*, in: Geiger/Klinghardt, StUG, 2. Aufl. 2006, § 35 Rn. 12; Schmidt/Dörr, StUG, 1992, § 35 Rn. 5.
[32] *J. Pietrkiewicz/J. Burth*, in: Geiger/Klinghardt, StUG, 2. Aufl. 2006, § 35 Rn. 13; Schmidt/Dörr, StUG, 1992, § 35 Rn. 6.

**Stefan Engel, Jennifer Janssen, Jasmin Maaßen**

**631** Die Dienstaufsicht obliegt nach Abs. 5 S. 4 der für Kultur und Medien zuständigen obersten Bundesbehörde. Aufgrund des besonderen Amtsverhältnisses, in dem der Bundesbeauftragte steht, und der daraus resultierenden weitgehenden Nichtanwendbarkeit beamtenrechtlicher Vorschriften, ist die Dienstaufsicht letztlich lediglich auf Fälle beschränkt, bei denen der Bundesbeauftragte nach § 36 Abs. 1 S. 3 aus dem Dienst entlassen werden könnte.[33]

---

[33] *J. Pietrkiewicz/J. Burth*, in: Geiger/Klinghardt, StUG, 2. Aufl. 2006, § 35 Rn. 14; Schmidt/ Dörr, StUG, 1992, § 35 Rn. 8.

**Stefan Engel, Jennifer Janssen, Jasmin Maaßen**

## § 36 Rechtsstellung des Bundesbeauftragten

(1) Das Amtsverhältnis des Bundesbeauftragten beginnt mit der Aushändigung der Ernennungsurkunde. Es endet

1. mit Ablauf der Amtszeit,

2. mit der Entlassung.

Der Bundespräsident entlässt den Bundesbeauftragten, wenn dieser es verlangt oder auf Vorschlag der Bundesregierung, wenn Gründe vorliegen, die bei einem Richter auf Lebenszeit die Entlassung aus dem Dienst rechtfertigen. Im Falle der Beendigung des Amtsverhältnisses erhält der Bundesbeauftragte eine vom Bundespräsidenten vollzogene Urkunde. Eine Entlassung wird mit der Aushändigung der Urkunde wirksam. Auf Ersuchen der für Kultur und Medien zuständigen obersten Bundesbehörde ist der Bundesbeauftragte verpflichtet, die Geschäfte bis zur Ernennung seines Nachfolgers weiterzuführen.

(2) Der Bundesbeauftragte darf neben seinem Amt kein anderes besoldetes Amt, kein Gewerbe und keinen Beruf ausüben und weder der Leitung oder dem Aufsichtsrat oder Verwaltungsrat eines auf Erwerb gerichteten Unternehmens noch einer Regierung oder einer gesetzgebenden Körperschaft des Bundes oder eines Landes angehören. Er darf nicht gegen Entgelt außergerichtliche Gutachten abgeben.

(3) Der Bundesbeauftragte hat der für Kultur und Medien zuständigen obersten Bundesbehörde Mitteilung über Geschenke zu machen, die er in Bezug auf sein Amt erhält. Die für Kultur und Medien zuständige oberste Bundesbehörde entscheidet über die Verwendung der Geschenke.

(4) Der Bundesbeauftragte ist, auch nach Beendigung seines Amtsverhältnisses, verpflichtet, über die ihm amtlich bekannt gewordenen Angelegenheiten Verschwiegenheit zu bewahren. Dies gilt nicht für Mitteilungen im dienstlichen Verkehr oder über Tatsachen, die offenkundig sind oder ihrer Bedeutung nach keiner Geheimhaltung bedürfen. Der Bundesbeauftragte darf, auch wenn er nicht mehr im Amt ist, über solche Angelegenheiten ohne Genehmigung der für Kultur und Medien zuständigen obersten Bundesbehörde weder vor Gericht noch außergerichtlich aussagen oder Erklärungen abgeben. Unberührt bleibt die gesetzlich begründete Pflicht, Straftaten anzuzeigen und bei Gefährdung der freiheitlichen demokratischen Grundordnung für deren Erhaltung einzutreten.

(5) Die Genehmigung, als Zeuge auszusagen, soll nur versagt werden, wenn die Aussage dem Wohle des Bundes oder eines deutschen Landes Nachteile bereiten oder die Erfüllung öffentlicher Aufgaben ernstlich gefährden oder erheblich erschweren würde. Die Genehmigung, ein Gutachten zu erstatten, kann versagt werden, wenn die Erstattung den dienstlichen Interessen Nachteile bereiten würde.

Sabina Gottschlich, Isabell Wegner

# § 36

§ 28 des Gesetzes über das Bundesverfassungsgericht in der Fassung der Bekanntmachung vom 12. Dezember 1985 (BGBl. I, Nr. 60/1985, S. 2229) bleibt unberührt.

(6) Der Bundesbeauftragte erhält vom Beginn des Kalendermonats an, in dem das Amtsverhältnis beginnt, bis zum Schluss des Kalendermonats, in dem das Amtsverhältnis endet, im Falle des Absatzes 1 Satz 6 bis zum Ende des Monats, in dem die Geschäftsführung endet, Amtsbezüge in Höhe der einem Bundesbeamten der Besoldungsgruppe B 9 zustehenden Besoldung. Das Bundesreisekostengesetz und das Bundesumzugskostengesetz sind entsprechend anzuwenden. Im Übrigen sind § 12 Abs. 6 sowie die §§ 13 bis 20 und 21a Abs. 5 des Bundesministergesetzes mit den Maßgaben anzuwenden, dass an die Stelle der vierjährigen Amtszeit in § 15 Abs. 1 des Bundesministergesetzes eine Amtszeit von fünf Jahren und an die Stelle der Besoldungsgruppe B 11 in § 21a Abs. 5 des Bundesministergesetzes die Besoldungsgruppe B 9 tritt. Abweichend von Satz 3 in Verbindung mit den §§ 15 bis 17 und 21a Abs. 5 des Bundesministergesetzes berechnet sich das Ruhegehalt des Bundesbeauftragten unter Hinzurechnung der Amtszeit als ruhegehaltfähige Dienstzeit in entsprechender Anwendung des Beamtenversorgungsgesetzes, wenn dies günstiger ist und der Bundesbeauftragte sich unmittelbar vor seiner Wahl zum Bundesbeauftragten als Beamter oder Richter mindestens in dem letzten gewöhnlich vor Erreichen der Besoldungsgruppe B 9 zu durchlaufenden Amt befunden hat.

*Literaturangaben: Battis, Ulrich, Kommentar zum Bundesbeamtengesetz (BBG), 5. Aufl., München 2017.; Däubler, Wolfgang/Klebe, Thomas/Wedde, Peter/Weichert, Thilo, Bundesdatenschutzgesetz, 5. Aufl., Frankfurt am Main 2016; Dreier, Horst (Hrsg.), Grundgesetz, Bd. 2, 3. Aufl., Tübingen 2015; Frenzel, Eike Michael, Das öffentlich-rechtliche Amtsverhältnis und das Recht des öffentlichen Dienstes, in: ZBR 2008, S. 243–253; Geiger, Hansjörg/Klinghardt, Heinz (Hrsg.), Stasi-Unterlagen-Gesetz-Kommentar, 2. Aufl., Stuttgart 2006; Gola, Peter/Schomerus, Rudolf (Hrsg.), BDSG, 12. Aufl., München 2015; Hüffer, Uwe/ Koch, Jens, Kommentar zum Aktiengesetz (AktG), 12. Aufl., München 2016; Krüger, Wolfgang/ Rauscher, Thomas (Hrsg.), Münchener Kommentar zur Zivilprozessordnung, Bd. 1, 5. Aufl., München 2016; Mangoldt, Hermann v./Klein, Friedrich/Starck, Christian (Hrsg.), Grundgesetz, Bd. 2, 7. Aufl., München 2018; Maunz, Theodor/Dürig, Günther (Begr.),81. Lieferung September 2017, München; Musielak, Hans-Joachim/Voit, Wolfgang (Hrsg.), Kommentar zur Zivilprozessordnung (ZPO) mit Gerichtsverfassungsgesetz, 15. Aufl., München 2018; Paeffgen, Hans-Ullrich, Amtsträgerbegriff und die Unabhängigkeit des Datenschutzbeauftragten, in: JZ 1997, S. 178–189; Rosenberg, Leo/Schwab, Karl Heinz/Gottwald, Peter, Zivilprozessrecht, 17. Aufl., München 2010; Schmidt, Dietmar/Dörr, Erwin, Stasi-Unterlagen-Gesetz, Köln 1993; Stoltenberg, Klaus, Die historische Entscheidung für die Öffnung der Stasi-Akten – Anmerkungen zum Stasi-Unterlagen-Gesetz, in: DtZ*

**Sabina Gottschlich, Isabell Wegner**

*1992, S. 65–72; Stoltenberg, Klaus, Stasi-Unterlagen-Gesetz, Baden-Baden 1992; Vorwerk, Volkert/Wolf, Christian (Hrsg.), Beck'scher Online-Kommentar ZPO, 28. Edition, Stand: 1.3.2018, München;Weberling, Johannes, Stasi-Unterlagen-Gesetz, Kommentar, Köln 1993; Wippermann, Gerd, Zur Frage der Unabhängigkeit der Datenschutzbeauftragten, in: DÖV 1994, S. 929–940; Zöllner, Dieter, Der Datenschutzbeauftragte im Verfassungssystem, Berlin 1995.*

## A. Vorbemerkung

§ 36 behandelt die Rechtstellung des Bundesbeauftragten für die Unterlagen des   **632**
Staatssicherheitsdienstes der ehemaligen Deutschen Demokratischen Republik.
Vorrangig soll durch die Regelungen des § 36 die Neutralität und Unabhängigkeit
des Bundesbeauftragten sichergestellt werden. § 36 kann insofern in Teilen als
Konkretisierung der „quasi-richterliche[n] Unabhängigkeit"[1] aus § 35 Abs. 5 S. 2
angesehen werden.

Notwendig ist eine weitestgehend unabhängige Stellung des Bundesbeauftragten, da   **633**
die Öffnung von Akten und Unterlagen in seinen Zuständigkeitsbereich fällt, welche
wegen der enthaltenen sensiblen Informationen einzelner Personen regelmäßig einen
Eingriff in das Allgemeine Persönlichkeitsrecht dieser Personen darstellt. Erhalten
Dritte Kenntnis der in den Unterlagen enthaltenen privaten Informationen, so liegt
eine Betroffenheit der Intimsphäre der in den Unterlagen genannten Personen vor.
Der Schutz der Intimsphäre i.S.d Sphärentheorie des BVerfG[2] ist dem Bürger im
Rahmen des Allgemeinen Persönlichkeitsrechts aus Art. 1 Abs. 1 i.V.m. 2
Abs. 1 GG als „unantastbare[r] Bereich privater Lebensgestaltung"[3] unbedingt zu
gewährleisten. Diese vom Grundgesetz geschützte Rechtsposition der Bürger wird
aber durch die Einrichtung einer Behörde, welcher die Entscheidungshoheit über die
Verwendung der Unterlagen mit Informationen über Andere zukommt, in nicht
unerheblichem Maße gefährdet, wenn nicht besondere Regelungen diesbezüglich
getroffen werden. Die Arbeit des BStU besitzt also grundsätzlich ein durchaus
erhebliches Gefahrenpotential für den Bestand der Grundrechte. Wenn schon von
vornherein die Grundrechte gefährdet sind, so sind von Verfassungs wegen
Schutzvorkehrungen zu treffen, die das Gefahrenpotential besonders beobachten und

---

[1] Für den Bundesbeauftragten für den Datenschutz und die Informationsfreiheit so *H.-U. Paeffgen*, JZ 1997, 178, 182.
[2] BVerfGE 6, 32, 41.
[3] BVerfGE 27, 344, 351.

Sabina Gottschlich, Isabell Wegner

vor Gefahrrealisierung bewahren.[4] Eine solche Schutzvorkehrung institutioneller Art stellt u.a. die Einrichtung einer neutralen und politisch unabhängigen Stellung des Bundesbeauftragten dar.[5]

**634** Durchaus vergleichbar ist die Stellung des Bundesbeauftragten für die Unterlagen des Staatssicherheitsdienstes mit der des Bundesbeauftragten für den Datenschutz und die Informationsfreiheit.[6] Die Speicherung von personenbezogenen Daten und deren Verarbeitung ist für den Bürger aufgrund der automatisierten Prozesse kaum noch zu kontrollieren.[7] Die technische Entwicklung ermöglicht es, verschiedene Datensammlungen in einem Persönlichkeitsprofil zusammenzuführen. Für den Einzelnen ist dabei der Umfang und Inhalt der gespeicherten Daten im Wesentlichen unbekannt und undurchschaubar.[8] Um dem entgegenzuwirken, ist die Kontrolle des Datenverkehrs durch einen Datenschutzbeauftragten unentbehrlich. Dadurch, dass dem Einzelnen eine Kontrolle nicht möglich ist, muss der Datenschutzbeauftragte für die Wahrung des Datenschutzes Sorge tragen.[9] Insofern ist gem. § 1 Abs. 1 BDSG Zweck des Gesetzes, den Einzelnen im Umgang der öffentlichen Stellen mit seinen personenbezogenen Daten vor Eingriffen in das Allgemeine Persönlichkeitsrecht aus Art. 2 Abs. 1 i.V.m. Art. 1 Abs. 1 GG zu schützen. Für die Erfüllung dieses Zwecks ist der Datenschutzbeauftragte verantwortlich.[10] Auch er wacht also über besonders sensible Informationen von Bürgern. Die Verantwortungsbereiche des Datenschutzbeauftragten und Bundesbeauftragten sind im Hinblick auf die zu schützenden Rechtsgüter mithin vergleichbar.

Das StUG dient aber nicht nur dem Schutz des Allgemeinen Persönlichkeitsrechts. Zusätzlich liegt ihm ein Aufarbeitungsanspruch zugrunde. Nicht nur der Einzelne soll die Möglichkeit bekommen, sein eigenes Schicksal aufzuklären. Auch allen anderen Bürgern soll durch das StUG in vielerlei Perspektiven – historisch, politisch und juristisch – grundsätzlich ermöglicht werden, Informationen zu der Tätigkeit des Staatsicherheitsdienstes zu erhalten. So wird nicht nur eine individuelle, sondern auch eine generelle Aufarbeitung gewährleistet. Dieses individuelle (§ 1 Nr. 1) und

---

[4] Zum Gefährdungspotential und der verfassungsrechtlichen Forderung einer Institution zum Schutze der Grundrechte im Bereich des Datenschutzes so *D. Zöllner*, Datenschutzbeauftragte im Verfassungssystem, 1995, S. 179 mit Verweis auf *G. Erbel*, RiA 1981, 1, 3.

[5] Zur Notwendigkeit einer politisch unabhängigen Behörde, s. BT-PlPr 12/57, 4682.

[6] So auch Schmidt/Dörr, StUG, 1993, § 36 Rn. 1.

[7] Vgl. BVerfGE 65, 1, 46; vgl. auch *D. Zöllner*, Der Datenschutzbeauftragte im Verfassungssystem, 1995, S. 175.

[8] Vgl. *D. Zöllner*, Der Datenschutzbeauftragte im Verfassungssystem, 1995, S. 182, 183.

[9] Vgl. *G. Wippermann*, DÖV 1994, 929 ff.

[10] Vgl. BVerfGE 65, 1, 42.

**Sabina Gottschlich, Isabell Wegner**

generelle Aufarbeitungsinteresse (§ 1 Nr. 3) steht dem Schutz des allgemeinen Persönlichkeitsrecht (§ 1 Nr. 2) gegenüber (S. § 1 Rn. 52 ff.). Eine solche Interessenabwägung zwischen dem Aufarbeitungs- und Schutzinteresse, wie sie das StUG beispielsweise in § 3 Abs. 3 und § 4 Abs. 4 vorgibt (S. § 3 Rn. 81 ff.; § 4 Rn. 105 ff.), lässt sich im BDSG nicht ausdrücklich finden. Jedoch steht dem Schutz des allgemeinen Persönlichkeitsrechts, welcher gem. § 1 Abs. 1 BDSG Ziel und Zweck des Datenschutzes ist, die Förderung einer modernen Entwicklung[11] der Gesellschaft gegenüber. Im Hinblick auf die Abwehr von Beeinträchtigungen des Allgemeinen Persönlichkeitsrechts liegen dem BDSG und dem StUG insofern ähnliche Schutzgüter zugrunde. Da das StUG jedoch dem Persönlichkeitsrecht von Gesetzes wegen schon ein anderes Schutzgut gegenüberstellt, kann ein Eingriff in das Allgemeine Persönlichkeitsrecht leichter gerechtfertigt sein als es beim BDSG möglich ist. Insofern ist es notwendig, dass schon im Vorfeld ein starker Schutz des Einzelnen beim Umgang mit den zu seiner Person gespeicherten Informationen gewährleistet ist. Trotzdem ist das Amt des Bundesbeauftragten für die Stasi-Unterlagen in weiten Teilen mit dem des Bundesbeauftragten für den Datenschutz und die Informationsfreiheit vergleichbar.[12] Aus diesem Grund entspricht die Norm des § 36 größtenteils der Vorschrift über die Rechtsstellung des Bundesbeauftragten für Datenschutz und Informationsfreiheit (§ 23 BDSG).[13]

## B. Erläuterungen

## I. Zu Abs. 1

Abs. 1 bestimmt den Anfang und das Ende des Dienstverhältnisses des Bundesbeauftragten. Das Dienstverhältnis ist gemäß § 35 Abs. 5 ein besonderes öffentlich-rechtliches Amtsverhältnis[14], d.h. ein „Amtsverhältnis eigener Art"[15]. Gesetzliche Regelungen über den Bundesbeauftragten und seine Dienstausübung ergeben sich gerade nicht aus den allgemeinen Dienstvorschriften. Vielmehr bedarf es dazu eigener Regelungen, die sich in §§ 35 ff. finden. Diese Regelungen entsprechen größtenteils denen anderer öffentlich-rechtlicher Amtsträger. Als Beispiele lassen

**635**

---

[11] Vgl. BVerfGE 54, 148, 153.

[12] Für die Vergleichbarkeit auch *J. Pietrkiewicz/J. Burth*, in: Geiger/ Klinghardt, StUG, 2. Aufl. 2006, § 36 Rn. 1 f.; Schmidt/Dörr, StUG, 1993, § 36 Rn. 1.

[13] BT-Drucks. 12/723, 26; *J. Pietrkiewicz/J. Burth*, in: Geiger/Klinghardt, StUG, 2. Aufl. 2006, § 36 Rn. 2.

[14] So *J. Pietrkiewicz/J. Burth*, in: Geiger/Klinghardt, StUG, 2. Aufl. 2006, § 36 Rn. 1; Für das Amt des Bundespräsidenten: *R. Herzog*, in: Maunz/Dürig, GG, 81. Lfg., Art. 54 Rn. 61; *E. Frenzel*, ZBR 2008, 243, 244.

[15] Für Bundesminister so BT-Drucks. 1/3551, 7.

**Sabina Gottschlich, Isabell Wegner**

sich der Bundespräsident, Bundesminister, Richter, Wehrbeauftragte und der Bundesbeauftragte für den Datenschutz anführen.[16]

**636** Das Amtsverhältnis des Bundesbeauftragten beginnt mit der Aushändigung der Ernennungsurkunde und endet grundsätzlich gem. Abs. 1 S. 2 Nr. 1 mit dem Ablauf der Amtszeit. Die Amtszeit beträgt gem. § 35 Abs. 4 (vgl. Rn. 627) fünf Jahre und entspricht damit der Amtszeit des Bundespräsidenten, Wehrbeauftragten und Datenschutzbeauftragten.[17]

**637** Vorzeitig, d.h. vor Ablauf der Amtszeit, ist das Dienstverhältnis ferner mit einer Entlassung des Bundesbeauftragten gem. Abs. 1 S. 2 Nr. 2 beendet. Möglich ist eine vorzeitige Entlassung nur in zwei verschiedenen Konstellationen: Zum einen kann der Bundesbeauftragte seine vorzeitige Entlassung gem. Abs. 1 S. 3 Alt. 1 jederzeit verlangen. Zum anderen ist eine vorzeitige Entlassung ohne das Verlangen des Bundesbeauftragten für den Fall vorgesehen, dass Gründe vorliegen, die die Entlassung aus dem Dienst rechtfertigen (Abs. 1 S. 3 Alt. 2). Dabei kann jedoch aufgrund der besonderen Stellung des Bundesbeauftragten nicht jeder Grund einen ausreichenden Rechtfertigungsgrund für eine Entlassung darstellen. An eine Rechtfertigung sind hohe Anforderungen zu stellen. So besagt Abs. 1 S. 3, dass nur solche Gründe genügen, die auch bei einem Richter auf Lebenszeit eine Abberufung möglich machen. Für die Abberufung eines Richters auf Lebenszeit sind in §§ 21 und 24 DRiG taugliche Gründe aufgeführt.[18] Die entsprechende Geltung dieser Regelungen für den Bundesbeauftragten, wie sie Abs. 1 S. 3 vorgibt, ist Ausdruck der richterähnlichen Unabhängigkeit des Bundesbeauftragten. Schließlich ist der Bundesbeauftragte gem. § 35 Abs. 5 S. 2 in Ausübung seines Amtes unabhängig und nur dem Gesetz unterworfen. Eine solche Regelung für den Richter enthält auf verfassungsrechtlicher Ebene Art. 97 Abs. 1 GG und auf einfach rechtlicher Ebene § 25 DRiG. Nicht nur die Parallelen zu dem Amt des Richters, sondern generell die Beschränkung auf ausschließlich gesetzlich festgelegte Entlassungsgründe verdeutlichen die Unabhängigkeit des Bundesbeauftragten, der nur unter erschwerten Bedingungen entlassen werden kann.

---

[16] Für andere öffentlich-rechtliche Amtsträger finden sich mit §§ 35 ff. vergleichbare Regelungen wie folgt: für den Bundespräsidenten: Art. 54 ff. GG; für die Bundeminister: §§ 1 ff. BMinG; für die Richter: §§ 8 ff. DRiG; für den Wehrbeauftragten: §§ 14 ff. WBeauftrG; für den Bundesbeauftragten für den Datenschutz und die Informationsfreiheit: §§ 22 ff. BDSG.

[17] Vgl. dazu Art. 54 Abs. 1 S. 1 GG für die Amtszeit des Bundespräsidenten; § 14 Abs. 2 S. 1 WBeauftrG für die Amtszeit des Wehrbeauftragten; § 22 Abs. 3 S. 1 BDSG für die Amtszeit des Bundesbeauftragten für den Datenschutz und die Informationsfreiheit.

[18] Weberling, StUG, 1993, § 36 Rn. 3.

**Sabina Gottschlich, Isabell Wegner**

Bei Beendigung des Amtsverhältnisses wegen des Ablaufs der Amtszeit (Nr. 1) oder **638** einer Entlassung (Nr. 2) erhält der Bundesbeauftragte gem. Abs. 1 S. 4 eine Urkunde. Wurde das Dienstverhältnis mit einer Entlassung beendet, so bewirkt die Aushändigung der Urkunde die Wirksamkeit der Entlassung (Abs. 1 S. 5). Auch wenn dem Bundesbeauftragten eine Urkunde ausgehändigt wurde und seine Entlassung somit wirksam ist, kann es sein, dass er seine Geschäfte vorerst noch nicht niederlegen darf, sondern bis zur Ernennung seines Nachfolgers fortzuführen hat (vgl. Abs. 1 S. 6). Da der Bundesbeauftragte aber nicht nur auf Initiative der Bundesregierung, sondern auch auf eigenverantwortlichen Wunsch hin entlassen werden kann und in diesem Fall seine Aufgaben gerade nicht mehr wahrnehmen will, müssen an die Verpflichtung zur weiteren Wahrnehmung der Aufgaben über die Entlassung hinaus einige Voraussetzungen geknüpft sein. Zum einen ist eine Weiterführung der Geschäfte nur auf ein Ersuchen der für Kultur und Medien zuständigen Bundesbehörde[19] hin möglich (Abs. 1 S. 6). Zum anderen muss das Ersuchen der zuständigen Bundesbehörde in der Form begründet sein, dass eine sofortige Niederlegung der Geschäfte die Zweckerfüllung beeinträchtigen würde und der Aufgabenzuweisung aus § 37 nicht mehr nachgekommen werden könnte. Praktisch relevant ist die Verpflichtung zur Weiterführung der Geschäfte besonders für den Fall, bei dem der Bundesbeauftragte überraschend um seine Entlassung bittet und die Ernennung eines Nachfolgers nicht rechtzeitig möglich ist.[20] In diesem Fall könnte zwar der Notwendigkeit einer Verpflichtung des entlassenen Bundesbeauftragten und der damit einhergehenden vorübergehenden Nichtberücksichtigung seines Wunsches, die Geschäfte niederzulegen, entgegengehalten werden, dass die Mitarbeiter der Behörde des Bundesbeauftragten sowie die Landesbeauftragten und deren Mitarbeiter weiterhin ihre Aufgaben wahrnehmen und zur Zweckerfüllung nach § 1 beitragen. Jedoch stünde für einen bestimmten Zeitraum kein Bundesbeauftragten für die Unterlagen des Staatssicherheitsdienstes zur Verfügung. Die Organisationsstruktur[21] der Behörde des Bundesbeauftragten würde für diesen Zeitraum abweichend vom Gesetz verändert sein. Es würde an einem Kontrollorgan mangeln, sodass Arbeitsprozesse innerhalb der Behörde kurzzeitig nicht optimiert und eine Aufgabenwahrnehmung nach § 37 nicht stattfinden würde. Insbesondere würde es der besonderen Bedeutung der Unterlagen und ihres Inhalts widersprechen, wenn eine stetige Betrauung dieses Amtes nicht gewährleistet wäre. Ein aus-

---

[19] S. zur für Kultur und Medien zuständigen obersten Bundesbehörde § 35 Rn. 619.
[20] Für den Bundesbeauftragten für den Datenschutz und die Informationsfreiheit, so *P. Gola/C. Klug/B. Körffer*, in: Gola/Schomerus, BDSG, 12. Aufl. 2015, § 23 Rn. 2.
[21] Siehe zur Organisationsstruktur den Elften Tätigkeitsbericht des Bundesbeauftragten, 2013, S. 21–26.

Sabina Gottschlich, Isabell Wegner

reichender Schutz der in den Unterlagen erwähnten Personen wäre nicht mehr sichergestellt. Abs. 1 entspricht wörtlich § 23 Abs. 1 BDSG.

## II. Zu Abs. 2

**639** Die ausschließliche Konzentration des Bundesbeauftragten auf die mit seinem Amt übertragenen Aufgabenfelder (vgl. § 37) wird durch die „Inkompatibilitätsregelung"[22] des Abs. 2 gewährleistet. Wie schon Art. 55 GG normiert, ist ein solches Amt, welches gerade durch die Unabhängigkeit und Selbständigkeit maßgeblich geprägt wird[23], vollständig inkompatibel mit anderen Ämtern, Berufen und ähnlichen entgeltlichen Tätigkeiten.

Auch die Erstellung außergerichtlicher, entgeltlicher Gutachten ist dem Bundesbeauftragten nicht gestattet. (vgl.hierzu Abs. 2 S. 2).

**640** Eine Inkompatibilitätsregelung ist für den Bundesbeauftragten erforderlich, damit eine neutrale Mittlerrolle gewahrt ist.[24] Der Bundesbeauftragte nimmt die Zwischenposition zwischen der Gesellschaft und der Behörde des Bundesbeauftragten ein. Um dieser auch gerecht werden zu können, ist es erforderlich, dass er seine Entscheidungen auf rein sachlicher Ebene ungebunden trifft. Die Wahrnehmung einer weiteren Tätigkeit würde möglicherweise zu einer gespaltenen Interessenlage des Bundesbeauftragten führen, sodass er nicht mehr ungebunden und objektiv Entscheidungen treffen könnte. Der Bundesbeauftragte könnte sich bei seiner Amtsausübung von sachfremden Erwägungen zugunsten seiner anderen Tätigkeit leiten lassen, sodass ein nicht unbeachtlicher Interessenkonflikt[25] entstehen würde. Bei Offenlegung der verschiedenen Tätigkeiten würde das Vertrauensverhältnis des Bundesbeauftragten zu den Bürgern mit hoher Wahrscheinlichkeit gestört werden. Zudem erfordern zwei Beschäftigungsverhältnisse einen erhöhten Arbeitsaufwand. Es wäre daher unwahrscheinlich, dass der Bundesbeauftragte seine volle Arbeitskraft noch dem ausgeübten Amt widmen könnte.[26] Jedenfalls würde er seiner

---

[22] Vgl. entsprechende Regelungen: Für den Bundespräsidenten: Art. 55 GG; für Bundesminister: § 5 Abs. 1 BMinG; für den Wehrbeauftragten: § 14 Abs. 3 WBeauftG.

[23] Vgl. für den Bundesbeauftragten für den Datenschutz und die Informationsfreiheit *G. Wippermann*, DÖV 1994, 929 ff.

[24] Vgl. für den Bundespräsidenten *W. Heun*, in: Dreier, GG, Bd. 2, 3. Aufl. 2015, Art. 55 Rn. 4; zur erforderlichen Neutralität vgl. ferner *U. Fink*, in: v. Mangoldt/Klein/Starck, GG, Bd. 2, 7. Aufl. 2018, Art. 55 Rn. 5 f.

[25] Vgl. *J. Pietrkiewicz/J. Burth*, in: Geiger/Klinghardt, StUG, 2. Aufl. 2006, § 36 Rn. 6; vgl. auch Stoltenberg/Bossack, StUG, § 36 Rn. 2.

[26] *J. Pietrkiewicz/J. Burth*, in: Geiger/Klinghardt, StUG, 2. Aufl. 2006, § 36 Rn. 6.

Sabina Gottschlich, Isabell Wegner

Verpflichtung zur Neutralität in Bezug auf sein besonderes öffentlich-rechtliches Amt[27] nicht mehr nachkommen kommen.

Ein Interessenkonflikt besteht aber gerade nicht bei der Teilnahme des Bundesbeauftragten am politischen Diskurs.[28] Vielmehr ist der Bundesbeauftragte sogar dazu verpflichtet, sich an der politischen und wissenschaftlichen Diskussion aktiv, beispielsweise durch Vorträge und mediale Stellungnahmen, zu beteiligen.[29] Schließlich ist die Aufgabenwahrnehmung des Bundesbeauftragten von herausragender politischer Bedeutung:[30] Die historische, politische und juristische Aufarbeitung, als zentraler Zweck[31] des StUG gem. § 1 Abs. 1 Nr. 3 (§ 1 Rn. 56), kann nur im Zusammenspiel des Bundesbeauftragten mit den Bürgern stattfinden. Auch wenn sich der Prozess der Meinungs- und Willensbildung grundsätzlich unbeeinflusst vom Volk zu den Staatsorganen vollziehen soll,[32] so kann eine Meinungsbildung des Volkes im Falle der Tätigkeit des Staatssicherheitsdienstes nur auf der Basis der Informationen des Bundesbeauftragten stattfinden. Nur seine Behörde hat einen Überblick über die Aktensammlung des Staatssicherheitsdienstes, die Informationen über mehr als sechs Millionen Deutsche[33] in 111 km aufgefundenen Stasi-Akten[34] enthält. Aufgrund der verdeckten Ermittlungsmethoden[35] des MfS geben diese Unterlagen die einzige Möglichkeit, die innere Struktur und Arbeitsweise des Staatssicherheitsdienstes objektiv aufzuklären. Deshalb obliegt dem Bundesbeauftragten gem. § 37 Abs. 1 Nr. 5 ein Öffentlichkeitsauftrag. Daher soll die Möglichkeit der öffentlichen Beteiligung an politischen Diskussionen im Zusammenhang mit dem

**641**

---

[27] Vgl. für den Bundesbeauftragten für den Datenschutz und die Informationsfreiheit *H.-U. Paeffgen*, JZ 1997, 178 ff.

[28] So auch *J. Pietrkiewicz/J. Burth*, in: Geiger/Klinghardt, StUG, 2. Aufl. 2006, § 36 Rn. 6.

[29] Stoltenberg/Bossack, StUG, 2012, § 36 Rn. 2; vgl. für den Bundesbeauftragten für den Datenschutz und die Informationsfreiheit sehen das *P. Gola/C. Klug/B. Körffer*, in: Gola/Schomerus, BDSG, 12. Aufl. 2015, § 23 Rn. 3.

[30] VG Berlin NJW 1993, 2548, 2549; vgl. *J. Pietrkiewicz/J. Burth*, in: Geiger/Klinghardt, StUG, 2. Aufl. 2006, § 36 Rn. 6; vgl. auch Stoltenberg/Bossack, StUG, 2012, § 36 Rn. 2.

[31] Zum Gesetzeszweck s. *K. Stoltenberg*, DtZ 1992, 65, 66.

[32] BVerfGE 20, 56, 99; für den Öffentlichkeitsauftrag des Bundesbeauftragten für den Datenschutz und die Informationsfreiheit: *D. Zöllner*, Der Datenschutzbeauftragte im Verfassungssystem, 1995, S. 96.

[33] *K. Stoltenberg*, DtZ 1992, 65 ff.

[34] So die Angabe des BStU, http://www.bstu.bund.de/DE/BundesbeauftragterUndBehoerde/BStUZahlen/_node.html (11.5.2013).

[35] Zu der verdeckten Arbeit der inoffiziellen Mitarbeiter s. *K. Stoltenberg*, DtZ 1992, 65 ff.

Sabina Gottschlich, Isabell Wegner

BStU von dem Verbot anderweitiger Berufsausübung aus Abs. 2 unberührt bleiben.[36]

**642** Abs. 2 findet aber wiederum Berücksichtigung bei der Frage der Entgeltlichkeit von Vorträgen im Rahmen der Teilnahme am politischen Diskurs. Der Bundesbeauftragte soll nur zu unentgeltlichen Vorträgen und Lehraufträgen berechtigt sein. Dies entspricht Abs. 2 S. 2, der dem Bundesbeauftragten untersagt, außergerichtliche Gutachten gegen Entgelt anzufertigen. Auch zur Wahrung der Neutralität ist dies geboten: Der Bundesbeauftragte soll Anfragen zu öffentlichen Vorträgen nicht aufgrund entgeltlicher Erwägungen beantworten. Ferner soll sein Arbeitseinsatz bei jedem Vortrag vergleichbar und unbeeinflusst sein. Die Vorschrift entspricht § 23 Abs. 2 BDSG.

**III. Zu Abs. 3**

**643** Die Vermeidung von Interessenkollisionen findet sich auch in der Unterrichtungspflicht bei der Annahme von Geschenken (Abs. 3) wieder. Der Bundesbeauftragte soll in seiner Amtsausübung nicht beeinflusst werden und neutral und objektiv gegenüber allen Bürgern auftreten. Könnte er uneingeschränkt Geschenke entgegennehmen, so könnte er sich regelmäßig zu einer Gegenleistung verpflichtet fühlen und auf dieser Grundlage Entscheidungen treffen. Ihm könnte leicht der Verdacht der Bestechlichkeit zur Last gelegt werden.[37] Selbst wenn sich ein solcher Verdacht nicht bestätigen sollte, so würde dadurch das öffentliche Interesse gesteigert werden und der Bundesbeauftragte müsste jedenfalls vermehrt Stellungnahmen abgeben. Dies würde zum einen mit hoher Wahrscheinlichkeit zu einer Störung des Vertrauensverhältnisses zwischen den Bürgern und dem BStU führen. Zum anderen würde dies eine nicht notwendige andere Schwerpunktsetzung seiner Arbeit bewirken. Insofern ist der Bundesbeauftragte dazu verpflichtet, Zuwendungen, deren Wert die Unerheblichkeitsschwelle überschreitet, bei der zuständigen Behörde anzuzeigen. Diese trifft die Entscheidung über eine weitere Verwendung (vgl. Abs. 3 S. 2). Die Vorschrift entspricht § 23 Abs. 3 BDSG.

---

[36] Vgl. *J. Pietrkwiecz/J. Burth*, in: Geiger/Klinghardt, StUG, 2. Aufl. 2006, § 36 Rn. 6; s. auch Stoltenberg/Bossack, StUG, 2012, § 36 Rn. 2.

[37] Vgl. *J. Pietrkwiecz/J. Burth*, in: Geiger/Klinghardt, StUG, 2. Aufl. 2006, § 36 Rn. 7.

**Sabina Gottschlich, Isabell Wegner**

**IV. Zu Abs. 4**

**1. Verschwiegenheitspflicht**

Abs. 4 normiert die generelle Verschwiegenheitspflicht und das damit verbundene **644** Recht auf Zeugnisverweigerung. Insbesondere soll dies nicht nur während des Amtsverhältnisses, sondern auch nach Beendigung (vgl. Abs. 1 Nr. 1 und 2) zur Geltung kommen. Schutzzweck der Vorschrift ist der Vertrauensschutz: Bürger, die sich an den Bundesbeauftragten in wie auch immer gearteten Angelegenheiten wenden, sollen sich grundsätzlich sicher sein können, dass der Bundesbeauftragte Verschwiegenheit darüber bewahrt.[38] Auch zum Schutz des Allgemeinen Persönlichkeitsrechts der in den Unterlagen erwähnten Personen ist eine Verschwiegenheitsverpflichtung unentbehrlich. Ferner soll erneut die besondere Stellung als neutraler Mittler gewahrt bleiben.

Grundsätzlich ist der Bundesbeauftragte gem. Abs. 4 S. 1 verpflichtet, über alle ihm **645** amtlich bekannt gewordenen Angelegenheiten Verschwiegenheit zu bewahren. Im Umkehrschluss ergibt sich, dass sich die Verschwiegenheitspflicht nicht auf Tatsachen erstreckt, die ihm außerhalb seiner Amtstätigkeit bekannt werden. Lediglich Tatsachen, die ihm bei Wahrnehmung seines Amtes anvertraut werden, sind von der Verschwiegenheitspflicht umfasst. Dies entspricht der Regelung des BDSG in § 23 Abs. 5 S. 1–4.

**2. Genehmigungsbedürftigkeit von Aussagen**

Ausnahmsweise darf der Bundesbeauftragte über ihm amtlich bekannt gewordene **646** Angelegenheiten gerichtlich oder außergerichtlich Aussagen tätigen, sofern eine Genehmigung des zuständigen Ministers vorliegt (vgl. Abs. 4 S. 3). Auch wenn der zuständige Minister eine Genehmigung erteilt hat, bleibt aber vom Bundesbeauftragten zu beachten, dass es häufig nicht notwendig ist, alle Einzelheiten zu ihm bekannten Sachverhalten weiterzugeben.[39]

In welcher prozessualen Rolle der Bundesbeauftragte eine Aussage tätigen soll ist unerheblich. So kann er als Zeuge, Sachverständiger, Partei, Beschuldigter, Angeklagter oder Nebenkläger eine Aussage tätigen. Zudem kann er gerichtlich und außergerichtlich Aussagen tätigen, sodass im Falle einer Genehmigung ebenso unerheblich ist, vor welcher Stelle er aussagt. In Betracht kommt etwa die Polizei,

---

[38] Vgl. für den Bundesbeauftragten für den Datenschutz und die Informationsfreiheit P. *Gola/ C. Klug/B. Körffer*, in: Gola/Schomerus, BDSG, 12. Aufl. 2015, § 23 Rn. 9.
[39] Für den Bundesbeauftragten für den Datenschutz und die Informationsfreiheit siehe: P. *Gola/C. Klug/B. Körffer*, in: Gola/Schomerus, BDSG, 12. Aufl. 2015, § 23 Rn. 11 f.

**Sabina Gottschlich, Isabell Wegner**

die Staatsanwaltschaft, ein parlamentarischer Untersuchungsausschuss, ein Rechtsanwalt, ein Journalist oder eine sonstige Privatperson.[40] Jedoch verdeutlicht die Negativformulierung des Abs. 4 S. 3 auch, dass eine Genehmigungserteilung strengen Maßstäben unterliegt und der Bundesbeauftragte bei Genehmigungsbedürftigkeit häufig keine Aussage machen werden darf. Anders ist dies lediglich im Falle des Abs. 5.

**647** Einer Genehmigung bedarf es gem. Abs. 4 S. 4 Alt. 1 nicht, wenn eine gesetzliche begründete Pflicht zur Anzeige von Straftaten besteht. Eine solche Pflicht ergibt sich gemäß § 138 StGB nur für die sogenannten Katalogstraftaten. Ergibt sich allerdings der Verdacht einer Straftat aus den Stasi-Unterlagen selbst, regelt § 27 Abs. 2 die Anzeigepflicht des Bundesbeauftragten als lex specialis.[41] Andere Straftaten dürfen dahingegen nicht ohne Genehmigung des zuständigen Ministeriums angezeigt werden.

**648** Ferner ist eine Genehmigung gem. Abs. 4 S. 4 Alt. 2 entbehrlich, wenn die Äußerung der Abwendung einer Gefahr für die freiheitlich-demokratische Grundordnung dient. Eine Konkretisierung dieses Begriffs wurde durch das BVerfG in Bezug auf Art. 21 Abs. 2 GG vorgenommen. Unter die freiheitlich-demokratische Grundordnung fallen danach die in der Demokratie verankerten Prinzipien, also u.a. die Achtung der Menschenrechte, die Volkssouveränität, die Gewaltenteilung und der Ausschluss der Willkürherrschaft.[42] Einfachrechtlich geregelt ist eine Legaldefinition des Begriffs der freiheitlich-demokratischen Grundordnung ferner in § 4 Abs. 2 lit. a-g BVerfSchG.

**649** Ausgenommen von der generellen Verschwiegenheitpflicht sind gem. Abs. 4 S. 2 außerdem Mitteilungen im dienstlichen Verkehr und offenkundige Tatsachen oder solche, die keiner Geheimhaltung bedürfen.

**650** Der Begriff des dienstlichen Verkehrs ist aus dem Beamtenrecht abgeleitet.[43] So wird bereits in § 61 Abs. 1 S. 3 BBG zwischen dem dienstlichen und außerdienstlichen Verhalten unterschieden.[44] In Bezug auf die Verschwiegenheitpflicht umfasst der Begriff Angaben und Auskünfte innerhalb der zuständigen Stelle sowie auf Anforderung auch gegenüber anderen Behörden, sofern sie mit der Verwaltungsan-

---

[40] Zur prozessualen Aussagemöglichkeit von Beamten im Ganzen, *K. J. Grigoleit,* in: Battis, BBG, 5. Aufl. 2017, § 67 Rn. 12.
[41] Stoltenberg, StUG, § 36 Rn. 5; Stoltenberg/Bossack, StUG, 2012, § 36 Rn. 3.
[42] Vgl. BVerfGE 2, 1, 12.
[43] S. bspw. §§ 61 Abs. 1 S. 3, 67 Abs. 2 S. 1 BBG.
[44] *K. J. Grigoleit,* in: Battis, BBG, 5. Aufl. 2017, § 61 Rn. 10.

Sabina Gottschlich, Isabell Wegner

gelegenheit unmittelbar befasst sind.[45] Möglich ist der Ausschluss der Verschwiegenheitspflicht im dienstlichen Verkehr, weil die Empfänger der Angaben und Auskünfte innerhalb einer Behörde ebenfalls zumindest vertraglich bei Arbeitsaufnahme zur Verschwiegenheit verpflichtet wurden. Insofern beeinträchtigt diese Vorschrift nicht den Schutz des allgemeinen Persönlichkeitsrechts der Personen, die zum Inhalt der Angaben und Auskünfte gemacht werden. Vielmehr ist es sogar für die effektive Zusammenarbeit des Bundesbeauftragten und seinen Mitarbeitern erforderlich, dass dieser innerhalb der Behörde Aussagen selbstständig tätigen darf. Dass im Innenbereich auch keine Genehmigung des zuständigen Ministers notwendig ist, verdeutlicht erneut die unabhängige Stellung des Bundesbeauftragten. Jedoch soll der Bundesbeauftragte abwägen, welcher Umfang der Auskünfte notwendig ist, um eine effektive Zusammenarbeit zu gewährleisten. So kann es im Einzelfall sein, dass der Name der betroffenen Person nicht genannt werden muss. Schließlich steigt trotz Verschwiegenheitspflicht aller Mitarbeiter die Gefahr der Verletzung dieser Pflicht, je mehr Personen beteiligt sind.

Für die Auslegung des Offenkundigkeitsbegriffs können zivilprozessrechtliche Regelungen herangezogen werden. Offenkundig sind danach Tatsachen, die allgemeinkundig sind.[46] Eine weitere Gruppe der offenkundigen Tatsachen bilden im Prozessrecht solche, die gerichtskundig sind.[47] Jedoch sind diese beim Offenkundigkeitsbegriff des StUG nicht mit einzubeziehen.[48] Über allgemeinkundige Tatsachen muss er jedoch keine Verschwiegenheit bewahren. Allgemeinkundig sind Tatsachen, wenn sie in einem größeren oder kleineren Bezirk einer beliebig großen Menge von Personen bekannt sind oder wahrnehmbar waren und über die man sich aus zugänglichen, zuverlässigen Quellen ohne besondere Fachkunde unterrichten kann.[49] Dazu gehören u.a. die Inhalte der Berichterstattung in den Medien.[50] Trägermedien für all-

**651**

---

[45] *J. Koch,* in: Hüffer/Koch, AktG, 12. Aufl. 2016, § 395 Rn. 7.

[46] BSG NJW 1979, 1063; für den Offenkundigkeitsbegriff im Beamtenrecht *K. J. Grigoleit,* in: Battis, BBG, 5. Aufl. 2017, § 67 Rn. 9; *M. Huber,* in: Musielak/Voit, ZPO, 15. Aufl. 2018, § 291 Rn. 1.

[47] Vgl. *K. Bacher,* in: Beck'scher Online-Kommentar ZPO, 28. Edition, Stand: 1.3.2018, § 291 Rn. 1; *H. Prütting,* in: MüKo-ZPO, Bd. 1, 5. Aufl. 2016, § 291 Rn. 9 ff.

[48] Auch *K. J. Grigoleit,* in: Battis, BBG, 5. Aufl. 2017, § 67 Rn. 9 beschränkt den Offenkundigkeitsbegriff auf allgemeinkundige Tatsachen.

[49] Vgl. BVerfGE 10, 177, 183; *L. Rosenberg/K. Schwab/P. Gottwald,* ZPO, 17. Aufl. 2010, § 112 Rn. 26.

[50] *M. Huber,* in: Musielak/Voit, ZPO, 15. Aufl. 2018, § 291 Rn. 1; *H. Prütting,* in: MüKO-ZPO, Bd. 1, 5. Aufl. 2016, § 291 Rn. 7.

**Sabina Gottschlich, Isabell Wegner**

gemeine Tatsachen sind für jedermann zugängliche wissenschaftliche Nachschlage-werke, Zeitungen, Zeitschriften, Rundfunk, und Fernsehen.[51]

**652** Ihrer Bedeutung nach keiner Geheimhaltung bedürfen (Abs. 4 S. 2 Alt. 3) solche Tatsachen, die unter keinem vernünftigen Gesichtspunkt öffentliche oder private Belange beeinträchtigen können.[52] Insbesondere darf das Allgemeine Persönlich-keitsrecht der Betroffenen nicht verletzt werden. Abs. 4 ist in § 23 Abs. 5 BDSG enthalten.

### V. Zu Abs. 5

### 1. Verweigerung der Aussagegenehmigung

**653** Abs. 5 regelt die Genehmigungsbefugnis für Aussagen des Bundesbeauftragten aus der Sicht des zuständigen Ministers. Abs. 5 S. 1 gilt nur für Zeugenaussagen vor einem anderen als dem Bundesverfassungsgericht (vgl. Abs. 5 S. 3). Für Aussagen vor dem Bundesverfassungsgericht enthält Abs. 5 S. 3 eine Spezialregelung.

**654** Grundsätzlich soll dem Bundesbeauftragten im Hinblick auf seine Aufgaben die Genehmigung der Zeugenaussage durch den zuständigen Minister erteilt werden.[53] Dies legt die Formulierung „die Genehmigung […] soll nur versagt werden, wenn […]" nahe. Diese Regelung entspricht dem Sinn und Zweck der Position des Bun-desbeauftragten: Zu seinen Aufgaben gehört, zur Aufarbeitung und Aufklärung beizutragen. Gem. § 37 Abs. 1 Nr. 4 hat er in diesem Zusammenhang die Aufgabe, Auskünfte zu erteilen. Würde ihm die Genehmigung für die Erteilung von Aus-künften gegenüber einem Gericht von Anfang an verweigert werden, wäre er nicht in der Lage, seiner Aufgabe aus § 37 Abs. 1 Nr. 4 vollends nachzukommen. Insofern muss der Bundesbeauftragte vor einem Gericht grundsätzlich berechtigt sein, über amtlich bekannt gewordene Angelegenheiten Auskünfte zu erteilen (vgl. § 37 Abs. 1 Nr. 4).

**655** Die Erteilung von Auskünften darf aber natürlich nicht ausnahmslos gewährleistet werden. Ausnahmemöglichkeiten regelt insofern Abs. 5 S. 1. Zum einen soll die Genehmigung versagt werden, wenn die Aussage vor Gericht dem Wohle des Bundes oder eines seiner Länder zuwiderläuft (vgl. Abs. 5 S. 1 Alt. 1 und 2). Dieser Versagungsgrund gilt gem. § 54 Abs. 3 GG auch für die Genehmigung einer Aussage des Bundespräsidenten. Zum anderen hat der zuständige Minister die

---

[51] *H. Prütting*, in: MüKo-ZPO, Bd. 1, 5. Aufl. 2016, § 291 Rn. 6.
[52] So für das Beamtenrecht, *K. J. Grigoleit,* in: Battis, BBG, 5. Aufl. 2017, § 67 Rn. 9.
[53] Vgl. Schmidt/Dörr, StUG, 1993, § 36 Rn. 4.

**Sabina Gottschlich, Isabell Wegner**

Genehmigung zu verweigern, wenn die Erfüllung öffentlicher Aufgaben mindestens in besonders gravierendem Maße gefährdet wird. Abs. 5 entspricht § 23 Abs. 6 BDSG.

## 2. Genehmigungsverweigerung für die Erstattung von Gutachten

Neben dem Aussagegenehmigungsrecht ist der zuständige Minister befugt zu ent- **656** scheiden, ob der Bundesbeauftragte im Einzelfall zur Erstellung von Gutachten berechtigt ist. Gutachten umfassen Beiträge zur Aufklärung und Meinungsbildung.[54] Hierbei sind gerichtliche und außergerichtliche Gutachten zu unterscheiden. Außergerichtliche Gutachten gegen Entgelt darf der Bundesbeauftragte zur Vermeidung von Interessenkonflikten schon gem. Abs. 2 S.2 nicht abgeben (vgl. Rn. 639). Somit kann sich Abs. 5 S. 2 nur auf unentgeltliche außergerichtliche Gutachten und gerichtliche Gutachten beziehen.

Eine Genehmigung ist dafür zu verweigern, wenn den dienstlichen Interessen Nach- **657** teile bereitet würden. Im Vergleich zu der Einschränkung des S. 1 für Zeugenaussagen eröffnet der Begriff der „dienstlichen Interessen" einen weiteren Anwendungsbereich: Die Erstattung von Gutachten kann bereits bei der Betroffenheit von „dienstlichen Interessen" und nicht erst – wie bei Zeugenaussagen – durch die Gefährdung des Wohl des Bundes oder eines Länder oder der Erfüllung öffentlicher Aufgaben im besonders gravierendem Maße versagt werden (Rn. 655). Für die Verweigerung von Zeugenaussagen muss eine besonders hohe Gefährdungsstufe erreicht sein. Die Betroffenheit von dienstlichen Interessen verlangt keine so hohe Gefährdungsstufe und wird daher in der Praxis auch eher von Relevanz sein. Der zuständige Minister kann die Erstattung von Gutachten insofern sehr viel einfacher versagen, als es bei der Verweigerung von Zeugenaussagen der Fall ist. Abs. 5 entspricht § 23 Abs. 6 BDSG.

## 3. Verweigerung der Aussagengenehmigung vor dem BVerfG

Für Zeugenaussagen vor dem Bundesverfassungsgericht gilt § 28 BVerfGG. § 28 **658** Abs. 2 S. 1 BVerfGG befugt eine vorgesetzte Stelle zur Verweigerung einer Zeugen- oder Sachverständigenaussage zum Wohl des Bundes oder eines Landes, wenn der Aussagende auf eine Genehmigung angewiesen ist. Diese Regelung enthält schon Abs. 5 S. 1 Var. 1 und 2, sodass sie § 28 Abs. 2 S. 1 BVerfGG als lex specialis vorgeht. § 28 Abs. 2 S. 2 BVerfGG regelt dagegen zusätzlich zu den Regelungen des Abs. 5 die Möglichkeit der nachträglichen Genehmigung einer Zeugen- oder Sachverständigenaussage durch das Bundesverfassungsgericht. Für Genehmigung

---

[54] Vgl. *T. Weichert*, in: Däubler/Klebe/Wedde/Weichert, BDSG, 5. Aufl. 2016, § 23 Rn. 11.

**Sabina Gottschlich, Isabell Wegner**

von Zeugenaussagen des Bundesbeauftragten hat die Geltung von § 28 BVerfGG folgende Wirkung: In Fällen, in denen der zuständige Minister als vorgesetzte Stelle seine Genehmigung zur Zeugenaussage versagt hat, kann das Bundesverfassungsgericht die Versagung mit einer Zweidrittel-Mehrheit aufheben. Mithin wäre der Bundesbeauftragte dann zur Aussage berechtigt und sogar verpflichtet. § 28 Abs. 2 S.1 BVerfGG entspricht Abs. 5 S. 1 Var. 1 und 2.

**659**   Durch das Genehmigungserfordernis für Zeugenaussagen wird der selbstbestimmte Handlungsspielraum des Bundesbeauftragten zunächst eingeschränkt und seine Unabhängigkeit infrage gestellt. Jedoch findet durch die nachträgliche Genehmigungsmöglichkeit durch das Bundesverfassungsgericht eine Stärkung der Position des Bundesbeauftragten statt. Schließlich soll bei Zeugenaussagen vor dem Bundesverfassungsgericht die Genehmigungsverweigerung des zuständigen Ministers einer Überprüfung unterzogen werden.

## VI. Zu Abs. 6

**660**   Abs. 6 beinhaltet Regelungen über die Amtsbezüge des Bundesbeauftragten. Sein Verdienst bestimmt sich nach der Besoldungsgruppe B9 der Bundesbeamten. Ebenso werden u.a. der Bundesbeauftragte für Datenschutz und Informationsfreiheit sowie der Ministerialdirektor nach B9 besoldet.[55]

**661**   Im Übrigen gelten das Bundesreisekostengesetz (BRKG) und das Bundesumzugskostengesetz (BUKG). Auch die §§ 12 Abs.6, 13–20 und 21a Abs. 5 des Bundesministergesetzes (BMinG) finden Anwendung. Dabei verlängert sich allerdings die vierjährige Amtszeit der Bundesminister auf fünf Jahre beim Bundesbeauftragten für die Unterlagen des Staatssicherheitsdienstes. Zudem unterscheidet sich die Besoldungsgruppe: Bundesminister werden nicht nach B9, sondern nach B11 besoldet.

**662**   Auch bei der Berechnung des Ruhegehalts findet das Bundesministergesetz nicht ausnahmslos Anwendung. Zunächst ist erforderlich, dass der Bundesbeauftragte vor seinem Amtsantritt unmittelbar vor Eintritt in Besoldungsgruppe B9 stand. Des Weiteren muss eine Anwendung des Beamtenversorgungsgesetzes für ihn günstiger sein. Sodann ist letzteres Gesetz anwendbar. Andernfalls bestimmt sich das Ruhegehalt nach dem Bundesministergesetz. Die Vorschrift entspricht § 23 Abs. 7 BDSG.

---

[55] Für den Bundesbeauftragten für den Datenschutz und die Informationsfreiheit siehe: *P. Gola/ C. Klug/B. Körffer*, in: Gola/Schomerus, BDSG, 12. Aufl. 2015, § 23 Rn. 19.

**Sabina Gottschlich, Isabell Wegner**

## § 37 Aufgaben und Befugnisse des Bundesbeauftragten

(1) Der Bundesbeauftragte hat nach Maßgabe dieses Gesetzes folgende Aufgaben und Befugnisse:

1. Erfassung der Unterlagen des Staatssicherheitsdienstes,

2. nach archivischen Grundsätzen Bewertung, Ordnung, Erschließung, Verwahrung und Verwaltung der Unterlagen,

3. Verwaltung der Unterlagen im zentralen Archiv der Zentralstelle und in den regionalen Archiven der Außenstellen; gesondert zu verwahren sind

    a) die dem Staatssicherheitsdienst überlassenen Akten von Gerichten und Staatsanwaltschaften,

b) Duplikate nach § 11 Abs. 2 Satz 2,

    c) Unterlagen über Mitarbeiter von Nachrichtendiensten des Bundes, der Länder und der Verbündeten,

d) Unterlagen

- über Mitarbeiter anderer Nachrichtendienste,

- mit technischen oder sonstigen fachlichen Anweisungen oder Beschreibungen über Einsatzmöglichkeiten von Mitteln und Methoden auf den Gebieten der Spionage, Spionageabwehr oder des Terrorismus,

wenn der Bundesminister des Innern im Einzelfall erklärt, dass das Bekanntwerden der Unterlagen die öffentliche Sicherheit gefährden oder sonst dem Wohl des Bundes oder eines Landes Nachteile bereiten würde; für die gesonderte Verwahrung nach Buchstabe b bis d gelten die Vorschriften über den Umgang mit Verschlusssachen der Geheimhaltungsgrade VS-Vertraulich und höher,

4. Erteilung von Auskünften, Mitteilungen aus Unterlagen, Gewährung von Einsicht in Unterlagen, Herausgabe von Unterlagen,

5. Aufarbeitung der Tätigkeit des Staatssicherheitsdienstes durch Unterrichtung der Öffentlichkeit über Struktur, Methoden und Wirkungsweise des Staatssicherheitsdienstes; für die Veröffentlichung personenbezogener Informationen gilt § 32 Absatz 3; die Veröffentlichung kann auch durch ein elektronisches Informations- und Kommunikationssystem erfolgen,

6. Unterstützung der Forschung und der politischen Bildung bei der historischen und politischen Aufarbeitung der Tätigkeit des Staatssicherheitsdienstes durch Gewährung von Einsicht in Unterlagen und Herausgabe von Duplikaten von Unterlagen sowie Unterstützung von Einrichtungen und Gedenkstätten zur Aufarbeitung

Sabina Gottschlich, Isabell Wegner

der Geschichte der ehemaligen Deutschen Demokratischen Republik oder der ehemaligen sowjetischen Besatzungszone bei der Dokumentation der Tätigkeit des Staatssicherheitsdienstes,

7. Information und Beratung von natürlichen Personen, anderen nicht-öffentlichen Stellen und öffentlichen Stellen; die Information und Beratung kann auch in den Außenstellen erfolgen,

8. Einrichtung und Unterhaltung von Dokumentations- und Ausstellungszentren.

(2) Der Bundesbeauftragte gewährleistet die Einhaltung einheitlicher Grundsätze bei der Erfüllung seiner Aufgaben.

(3) Der Bundesbeauftragte erstattet dem Deutschen Bundestag auf dessen Ersuchen, im Übrigen mindestens alle zwei Jahre, erstmals zum 1. Juli 1993, einen Tätigkeitsbericht. Ab seinem zweiten regelmäßigen Tätigkeitsbericht hat er mitzuteilen, in welchem Umfang und in welchem Zeitraum Unterlagen für die Erfüllung seiner Aufgaben voraussichtlich nicht mehr benötigt werden. Auf Anforderung des Deutschen Bundestages oder der Bundesregierung hat der Bundesbeauftragte Gutachten zu erstellen und Berichte zu erstatten. Der Bundesbeauftragte kann sich jederzeit an den Deutschen Bundestag wenden. In Angelegenheiten einer gesetzgebenden Körperschaft berichtet er dieser Körperschaft unmittelbar.

*Literaturangaben: Assmann, Aleida, Der lange Schatten der Vergangenheit Erinnerungskultur und Geschichtspolitik München, 2006; Blum, Ralf/Lucht, Roland, Der Schlüssel zur Macht, Karteien und andere Findmittel zu den Überlieferungen der Staatssicherheit, Archivar 64/4 (2011); Geiger, Hansjörg/Klinghardt, Heinz (Hrsg.), Stasi-Unterlagen-Gesetz-Kommentar, 2. Aufl., Stuttgart 2006; Gola, Peter/ Schomerus, Rudolf (Hrsg.), BDSG, 12. Aufl., München 2015; Gudehus, Christian/ Eichenberg, Ariane/Welzer, Harald (Hrsg.), Gedächtnis und Erinnerung, Ein interdisziplinäres Handbuch, Stuttgart 2010; Hufen, Friedhelm, Staatsrecht II, Grundrechte, 4. Aufl., München 2014; Michael, Lothar/Morlok, Martin, Grundrechte, 6. Aufl., Baden-Baden 2012; Salamon, Birgit, Die Archive des Bundesbeauftragten für die Stasi-Unterlagen (BStU) – Archivfachliche Arbeit an den MfS-Geheimdienstunterlagen – Fragen und Herausforderungen, Archivar 55/3 (2003); Schmidt, Dietmar/Dörr, Erwin, Stasi-Unterlagen-Gesetz, Köln 1993; Stoltenberg, Klaus, Stasi-Unterlagen-Gesetz, Baden-Baden 1992; Weberling, Johannes, Stasi-Unterlagen-Gesetz, Kommentar, Köln 1993.*

**Sabina Gottschlich, Isabell Wegner**

## A. Vorbemerkung

§ 37 StUG gestaltet das öffentlich-rechtliche Amtsverhältnis (vgl. § 35 Abs. 5 und **663** § 36 Abs. 1 Rn. 628 und 635 ff.) des Bundesbeauftragten inhaltlich aus. Die Aufgaben und Befugnisse des Bundesbeauftragten werden in Abs. 1 katalogisiert zusammengetragen.[1] Allerdings werden diese nicht nur in der vorliegenden Norm zum Ausdruck gebracht. Mittelbar oder unmittelbar gehen die Aufgaben und Befugnisse des Bundesbeauftragten bereits aus den anderen Vorschriften des StUG hervor.[2] Die Erfassung und Verwendung von Unterlagen des Staatssicherheitsdienstes, bei der der Bundesbeauftragte eine maßgebliche Position einnimmt, werden schon vorhergehend im zweiten und dritten Abschnitt des Gesetzes geregelt. Insofern hat § 37 StUG nur resümierenden Charakter.[3]

Der erste Absatz des § 37 hat lediglich deklaratorische Bedeutung: Er dient nur der **664** zusammenfassenden Auflistung der Aufgaben und Befugnisse des Bundesbeauftragten und nicht als Rechtsgrundlage für Eingriffe in das aus Art. 2 Abs. 1 i.V.m. 1 Abs. 1 GG abgeleitete Grundrecht des Einzelnen auf informationelle Selbstbestimmung[4].[5] Ermächtigende Bedeutung haben die Vorschriften des StUG, auf denen die Aufgabenbeschreibung dieser Norm beruht. Den beiden weiteren Absätzen des § 37 kommt konstitutive Bedeutung zu.[6] Sie entfalten jeweils eigene Rechtswirkung, indem sie den Bundesbeauftragten zur Einhaltung einheitlicher Grundsätze (Abs.2) und zur Dokumentation sowie Offenlegung seiner Tätigkeit verpflichten (Abs. 3).

Die einzelnen Aufgaben und Befugnisse verdeutlichen den speziellen historischen **665** Hintergrund des Gesetzes. So steht die Aufarbeitung des Unrechts des DDR-Regimes im Fokus. Diese soll insbesondere dadurch ermöglicht werden, dass der einzelne Bürger die Möglichkeit hat, seine eigenen Akten einzusehen, um zu erfahren, welche Informationen der Staatssicherheitsdienst über ihn gesammelt hat. Um dem Bürger diese Informationen aus den Unterlagen zugänglich zu machen, bedarf es einer systematisierten Aufbewahrung und Kategorisierung.[7] Diesen Zweck sollen

---

[1] Vgl. *J. Pietrkiewicz/J. Burth*, in: Geiger/Klinghardt, StUG, 2. Aufl. 2006, § 37 Rn. 1; Schmidt/Dörr, StUG, 1993, § 37 Rn. 2.

[2] BT-Drucks. 12/723, 26; *J. Pietrkiewicz/J. Burth*, in: Geiger/Klinghardt, StUG, 2. Aufl. 2006, § 37 Rn. 1; Weberling, StUG, 1993, § 37 Rn. 1.

[3] Stoltenberg, StUG, 1992, § 37 Rn. 1; Weberling, StUG, 1993, § 37 Rn.1.

[4] Vgl. BVerfGE 65, 1; BVerfGE 103, 21.

[5] Stoltenberg, StUG, 1992, § 37 Rn. 1, 3; Schmidt/Dörr, StUG, 1993, § 37 Rn. 2.

[6] Stoltenberg, StUG, 1992, § 37 Rn. 1; Stoltenberg/Bossack, StUG, 2012, § 37 Rn. 1.

[7] Elfter Tätigkeitsbericht des Bundesbeauftragten, 2013, S. 13, abrufbar unter: www.bstu. bund.de.

Sabina Gottschlich, Isabell Wegner

die Aufgaben, die in Abs. 1 genannt werden, erfüllen. Eine gesonderte Auflistung dieser schafft Klarheit über die Aufgabenzuweisung, grenzt den großen Verantwortungsbereich des Bundesbeauftragten ab, dient der Übersichtlichkeit des Gesetzes[8] und wirkt dadurch unterstützend zur die Zweckerfüllung.

**B. Erläuterungen**

**I. Zu Abs. 1**

**1. Erfassung der Unterlagen (Nr.1)**

**666** Nach Abs. 1 Nr. 1 obliegt es dem Bundesbeauftragten, die Unterlagen des Staatssicherheitsdienstes zu erfassen. Unter Erfassung ist die äußerliche Inverwahrnahme, die Feststellung des Archivguts zum Zwecke der Bestandsermittlung sowie die Bestandsaufnahme zu verstehen.[9] Der Bundesbeauftragte hat hierbei nach Maßgabe der §§ 7–11 Rn. 184 ff. zu handeln.[10] Eine ordnungsgemäße Erfassung ist notwendig, um einen späteren reibungslosen Zugriff auf die Unterlagen zu ermöglichen. Die Aufgabe der Erfassung wird dem Bundesbeauftragten auch durch § 2 übertragen.[11] Dies wird in § 37 Abs. 1 Nr. 1 wiederholt, um eine vollständige Beschreibung der Aufgaben und Befugnisse des Bundesbeauftragten zu gewährleisten.[12] An dieser Stelle wird der Zweck des § 37 als resümierende Aufgaben- und Befugnisnorm deutlich.

**2. Bewertung, Ordnung, Erschließung, Verwahrung und Verwaltung (Nr. 2)**

**a) Einhaltung archivischer Grundsätze**

**667** Abs. 1 Nr. 2 weist dem Bundesbeauftragten die Aufgabe der Bewertung, Ordnung, Erschließung, Verwahrung und Verwaltung der Unterlagen zu. Bei der Erfüllung dieser Aufgabe ist der Bundesbeauftragte zur Einhaltung archivischer Grundsätze verpflichtet. Der Gesetzeswortlaut enthält keine weiteren Angaben, was unter archivischen Grundsätzen zu verstehen ist. Es ist aber davon auszugehen, dass die von Archivaren allgemein angewandten Methoden und Techniken zur Verwahrung und

---

[8] *P. Gola/C. Klug/B. Körffer*, in: Gola/Schomerus, BDSG, 12. Aufl. 2015, § 26 Rn. 1.

[9] *J. Pietrkiewicz/J. Burth*, in: Geiger/Klinghardt, StUG, 2. Aufl. 2006, § 37 Rn. 2, Schmidt/Dörr, StUG, 1993, § 37 Rn. 3.

[10] *J. Pietrkiewicz/J. Burth*, in: Geiger/Klinghardt, StUG, 2. Aufl. 2006, § 37 Rn. 2; Weberling, StUG, 1993, § 37 Rn. 2.

[11] Schmidt/Dörr, StUG, 1993, § 37 Rn. 3; Stoltenberg, StUG, 1992, § 37 Rn. 4.

[12] *J. Pietrkiewicz/J. Burth*, in: Geiger/Klinghardt, StUG, 2. Aufl. 2006, § 37 Rn. 2; Schmidt/Dörr, StUG, 1993, § 37 Rn. 3.

Sabina Gottschlich, Isabell Wegner

Ablage von einzulagernden Unterlagen gemeint sind.[13] Der Gesetzgeber schränkt den Bundesbeauftragten damit in der Erfüllung der genannten Aufgaben ein. Es soll ein fachgerechter Umgang mit den Unterlagen gewährleistet werden.[14] Weiterhin ermöglicht die Einhaltung der Grundsätze des Archivwesens eine einheitliche Systematisierung und Einordnung der Unterlagen, sodass sie für die gesetzlich vorgesehenen Zwecke mühelos verwendet werden können.[15] Auch an dieser Stelle wird deutlich, dass die detaillierten Regelungen über die Tätigkeiten des Bundesbeauftragten letztlich dem Zweck dienen, die Unterlagen möglichst reibungslos zugänglich zu machen.

**b ) Bewertung**

Bewertung meint die Analyse und Feststellung der Aussagekraft der Unterlagen für eine dauerhafte Aufbewahrung.[16] Insbesondere bei der Bewertung gewinnt der Grundsatz, archivisch zu handeln, Bedeutung. So ist es gerade nicht Aufgabe des Bundesbeauftragten, zu entscheiden, ob Dokumente bedeutend für die Aufarbeitung sind. Stattdessen beschränkt sich sein Handeln darauf zu entscheiden, inwieweit welche Unterlagen rein technisch aufzubewahren sind.[17] Unterlagen, die offenkundig sowohl zum jetzigen Zeitpunkt als auch in Zukunft als bedeutungslos einzustufen sind, werden durch die Behörde kassiert, also vernichtet.[18] Kassiert werden zum einen Unterlagen aus dem nachgeordneten allgemeinen inneren Verwaltungsbereich des MfS, also Unterlagen, die beispielsweise Informationen zur Materialwirtschaft oder Instandhaltung der Behörde enthalten. Zum anderen werden Materialien ohne inhaltliche Bedeutung, wie Blanko-Dokumente oder Verpackung, vernichtet sowie Unterlagen, die nicht beim MfS entstanden sind, dort nicht verändert wurden und auch nicht von der BStU herauszugeben sind.[19] Grund für die Existenz solch belangloser Unterlagen innerhalb der Magazine ist die gewaltsame Übernahme

**668**

---

[13] Stoltenberg, StUG, 1992, § 37 Rn. 4.

[14] *J. Pietrkiewicz/J. Burth*, in: Geiger/ Klinghardt, StUG, 2.Aufl. 2006, § 37 Rn. 3; Stoltenberg, StUG, 1992, § 37 Rn. 4.

[15] Schmidt/Dörr, StUG, 1993, § 37 Rn. 4.

[16] *J. Pietrkiewicz/J. Burth*, in: Geiger/Klinghardt, StUG, 2. Aufl. 2006, § 37 Rn. 4, Stoltenberg, StUG, 1992, § 37 Rn. 4.

[17] Publikation des BStU betreffend Überlieferungslage und Erschließung der Unterlagen, abrufbar unter: http://www.bstu.bund.de/DE/Archive/UeberDieArchive/Ueberlieferungslage-Erschliessung/uberlieferungslage_node.html, Stand Februar 2013 (12.6.2013); Schmidt/Dörr, StUG, § 37 Rn. 4.

[18] Neunter Tätigkeitsbericht der Bundesbeauftragten, 2009, S. 21, abrufbar unter: www.bstu.bund.de.

[19] Neunter Tätigkeitsbericht der Bundesbeauftragten, 2009, S. 21, abrufbar unter: www.bstu.bund.de.

Sabina Gottschlich, Isabell Wegner

des MfS und seines Archives nach der Wende.[20] Eine inhaltliche Überprüfung auf die Wichtigkeit der Unterlagen für die gesetzlich festgelegten Zwecke unterfällt nicht dem Begriff der Bewertung nach archivischen Grundsätzen.[21]

**c) Ordnung**

**669** Unter Ordnung ist die Einsortierung der Akten nach einem bestimmten System zu verstehen.[22] In Anbetracht der enormen Ansammlung von Unterlagen erscheint eine präzise Einordnung unerlässlich, um bei Bedarf Zugriff auf die Akten nehmen zu können. Dabei wurde bis heute das System des ehemaligen Staatssicherheitsdienstes übernommen.[23] Das MfS nutzte zur Systematisierung und Ordnung Kerblochkarten, die an einem zentralen Platz innerhalb der Behörde gesammelt werden mussten und anhand derer sich der Ort, an dem die betreffenden Akten lagen, lokalisieren ließ.[24] So müssen die Unterlagen teilweise nicht neu sortiert werden. Eine Neusortierung der großen Anzahl an Akten würde unnötigen Arbeitseinsatz erfordern, zudem ermöglicht die Beibehaltung des ehemaligen Systems die Wahrung der Authentizität.[25]

**d) Erschließung**

**670** Weiterhin ist der Bundesbeauftragte dazu berufen, die Unterlagen zu erschließen. Der Begriff der Erschließung findet sich ebenfalls in § 4 Abs. 2 BArchG. Die Erschließung umfasst neben der Einordnung der Akten auch ihre Kennzeichnung, Durchsuchung auf Namen und Sicherung ihres Ordnungszustandes.[26] Das bedeutet, dass die Akten entbündelt, sortiert und durch Findbücher systematisiert werden müssen.[27] Ein weiterer wichtiger Teil der Archivarbeit ist, dass nicht nur die Akten, sondern auch spezielle Informationsträger, wie topographische Kartensammlungen,

---

[20] Fünfter Tätigkeitsbericht der Bundesbeauftragten, 2001, S. 29, abrufbar unter: www.bstu. bund.de.

[21] Schmidt/Dörr, StUG, 1993, § 37 Rn. 4; *J. Pietrkiewicz/J. Burth*, in: Geiger/Klinghardt, StUG, 2. Aufl. 2006, § 37 Rn. 4.

[22] *J. Pietrkiewicz/J. Burth*, in: Geiger/Klinghardt, StUG, 2. Aufl. 2006, § 37 Rn. 5; Elfter Tätigkeitsbericht des Bundesbeauftragten, 2013, S. 14, abrufbar unter: www.bstu.bund.de.

[23] Zehnter Tätigkeitsbericht des Bundesbeauftragten, 2011, S. 17 f., abrufbar unter: www.bstu. bund.de; *Blum/Lucht*, Archivar (55), 2003, 203 ff.

[24] Befehl Nr. 299/65 über die Organisierung eines einheitlichen Systems der politisch-operativen Auswertungs- und Informationstätigkeit im Ministerium für Staatssicherheit vom 24.7.1965. abrufbar unter: www.bstu.bund.de Grundsatzdokumente.

[25] *J. Pietrkiewicz/J. Burth*, in: Geiger/Klinghardt, StUG, 2. Aufl. 2006, § 37 Rn. 5.

[26] Neunter Tätigkeitsbericht der Bundesbeauftragten, 2009, S. 22 f., abrufbar unter: www.bstu.bund.de; *J. Pietrkiewicz/J. Burth*, in: Geiger/Klinghardt, StUG, 2. Aufl. 2006, § 37 Rn. 6, *Blum/Lucht*, Archivar (55), 2003, 203 ff.

[27] *J. Pietrkiewicz/J. Burth*, in Geiger/Klinghardt, StUG, 2. Aufl. 2006, § 37 Rn. 6.

Sabina Gottschlich, Isabell Wegner

Ton- und Videoaufnahmen oder Fotos erschlossen werden müssen. [28] Eine exakte Erschließung ist für eine spätere Verwendung der Akten unerlässlich. [29] Bislang wurden von den Archivaren der Behörde 52.700 laufende Meter Akten erschlossen. Ziel ist es die Erschließung in den nächsten Jahren durch Archivierung der verbleibenden 7.200 laufenden Meter Akten zu beenden. [30] Weiterhin stehen der Behörde 51.100 laufende Meter Akten zur Verfügung, die von dem MfS bereits durch Karteikarten systematisiert wurden. [31] Zwar können diese Akten aufgrund der ursprünglichen Systematisierung geortet und gefunden werden, allerdings befassen sich die Mitarbeiter der Behörde derzeit damit, sie nach sachthematischen Zusammenhängen zu ordnen. [32] Auch bereits lokalisierte Akten bedürfen damit einer zusätzlichen Erschließung. [33]

e ) **Findmittel**

Den Findmitteln kommt in Anbetracht der enormen Mengen von Unterlagen große Bedeutung zu. So gibt es zunächst behördeninterne Findmittel, aber auch solche, die der Öffentlichkeit zugänglich sind. [34] Wichtigstes Findmittel zur Zeit des MfS waren Karteikarten mit Verschlüsslungen, die zum Standort der gesuchten Akte führten. [35] Dieses System wurde bis heute beibehalten. [36] So werden die Karteikarten bei neuen Erkenntnissen durch die Erschließung ständig vervollständigt. [37] Es haben sich

**671**

---

[28] Siebenter Tätigkeitsbericht der Bundesbeauftragten, 2005, S. 26 f., abrufbar unter: www.bstu. bund.de.

[29] Zehnter Tätigkeitsbericht der Bundesbeauftragten, 2011, S. 18, abrufbar unter: www.bstu. bund.de.

[30] Elfter Tätigkeitsbericht des Bundesbeauftragten, 2013, S. 13, abrufbar unter: www.bstu. bund.de.

[31] Elfter Tätigkeitsbericht des Bundesbeauftragten, 2013, S. 13, abrufbar unter: www.bstu. bund.de.

[32] Elfter Tätigkeitsbericht des Bundesbeauftragten, 2013, S. 13, abrufbar unter: www.bstu. bund.de.

[33] Elfter Tätigkeitsbericht des Bundesbeauftragten, 2013, S. 13, abrufbar unter: www.bstu. bund.de.

[34] Publikation des BStU: Findmittel Online Stand und Perspektiven, abrufbar unter: http://www.bstu.bund.de/SharedDocs/Downloads/DE/pdf_nutzerforum_vortrag_2.html (12.6.2013).

[35] *Blum/Lucht*, Archivar (64), 2011, 414 ff.

[36] Neunter Tätigkeitsbericht der Bundesbeauftragten, 2009, S. 37, abrufbar unter: www.bstu. bund.de.

[37] Zehnter Tätigkeitsbericht der Bundesbeauftragten, 2011, S. 43, abrufbar unter: www.bstu. bund.de.

**Sabina Gottschlich, Isabell Wegner**

insgesamt etwa 39 Millionen dieser Karteien angesammelt.[38] Daneben wird zurzeit die Darstellung der Erschließungsarbeit in Form von Online-Findmitteln durch den BStU vorangetrieben.[39]

**f ) Verwahrung und Verwaltung**

**672** Auch gehört es zum Aufgabenfeld des Bundesbeauftragten, die Unterlagen zu verwahren. Unter Verwahrung ist zu verstehen, dass die Unterlagen zum Schutz vor äußeren Einflüssen gelagert und aufbewahrt werden müssen. Eine wichtige Aufgabe in diesem Zusammenhang ist die Erhaltung der Unterlagen. Damit ist jede Maßnahme gemeint, die den materiellen Zustand der Unterlagen verbessert.[40] Im Vordergrund steht in diesem Zusammenhang die Sicherung der Akten für die zukünftige Verwendung, also die Ergreifung präventiver Maßnahmen. So werden die Akten unter speziellen klimatischen Bedingungen gelagert, die ihren Bestand langfristig sichern sollen.[41] Dennoch ist der Verschleiß des Papieres im Laufe der Zeit nicht vollständig auszuschließen. Aus diesem Grund umfasst die Verwahrung der Unterlagen auch eine Duplizierung der Akten. Bis zum Jahre 2010 wurde außerdem eine Schutzverfilmung gefährdeter Akten abgeschlossen.[42]

**673** Die Verwahrung steht in engem Zusammenhang mit dem Begriff der Verwaltung der Akten. Dabei erstreckt sich die Zuständigkeit des Bundesbeauftragten nicht nur auf das zentrale Archiv, sondern auch auf die regionalen Nebenstellen.[43] Die Grundsatzentscheidung, dass die Unterlagen des ehemaligen Staatssicherheitsdienstes sowohl in Zentralarchiven als auch in Nebenstellen verwahrt werden sollen, wird an dieser Stelle wiederholt (§ 35 Abs. 1 Rn 621).[44]

---

[38] Neunter Tätigkeitsbericht der Bundesbeauftragten, 2009, S. 21, abrufbar unter: www.bstu. bund.de.

[39] Publikation des BStU: Überlieferungslage und Erschließung der Unterlagen, abrufbar unter: http://www.bstu.bund.de/DE/Archive/UeberDieArchive/Ueberlieferungslage-Erschliessung/ uberlieferungslage_node.html, Stand Februar 2013; Elfter Tätigkeitsbericht des Bundesbeauftragten, 2013, S. 14, abrufbar unter: www.bstu.bund.de

[40] Elfter Tätigkeitsbericht des Bundesbeauftragten, 2013, 15, abrufbar unter: www.bstu. bund.de.

[41] Zehnter Tätigkeitsbericht der Bundesbeauftragten, 2011, S. 45, abrufbar unter: www.bstu. bund.de.

[42] Zehnter Tätigkeitsbericht der Bundesbeauftragten, 2011, S. 46, abrufbar unter: www.bstu. bund.de.

[43] *J. Pietrkiewicz/J. Burth*, in: Geiger/Klinghardt, StUG, 2. Aufl. 2006, § 37 Rn. 7; Schmidt/ Dörr, StUG, 1993, § 37 Rn. 6.

[44] Schmidt/Dörr, StuG, 1993, § 37 Rn. 6; Weberling, StUG, 1993, § 37 Rn. 4.

Sabina Gottschlich, Isabell Wegner

## 3. Die Verwaltung der Unterlagen und gesonderte Verwahrung (Nr. 3)

Abs. 1 Nr. 3 konkretisiert die Pflicht des Bundesbeauftragten zur Verwaltung der **674** Unterlagen. Die Nr. 3 lit. a-d regeln, welche Akten gesondert zu verwahren sind. Hierunter fallen zunächst Justizakten (Abs. 3 Nr. 3 lit. a), welche aufgrund ihrer besonderen Verwendungsmöglichkeiten (§§ 18, 24 Rn. 499) eine isolierte Verwaltung erfordern, um später einen leichten Zugriff zu ermöglichen.[45] Weiterhin müssen Duplikate nach § 11 Abs. 2 gesondert verwahrt werden (Abs. 3 Nr. 3 lit. b). Gemeint sind also nur solche Duplikate, die in die Geheimhaltungsgrade „Geheim" und höher eingestuft wurden. In Anbetracht der hohen Sensibilität der Unterlagen soll die gesonderte Verwahrung ein gesteigertes Maß an Schutz bieten.[46] Auch Unterlagen über Mitarbeiter von Nachrichtendiensten des Bundes, der Länder und der Verbündeten müssen gesondert verwahrt werden (Abs. 3 Nr. 3 lit. c). Unter den Begriff der Nachrichtendienste des Bundes und der Länder fallen das Bundesamt bzw. die Landesämter für Verfassungsschutz, der Militärische Abschirmdienst und der Bundesnachrichtendienst. Nachrichtendienste der Verbündeten sind die Nachrichtendienste der in der North Atlantic Treaty Organisation (NATO) und der Westeuropäischen Union (WEU) zusammengefassten Staaten.[47] Eine gesonderte Verwahrung der Unterlagen über die Nachrichtendienste wird ebenfalls mit ihrem besonderen Bedürfnis nach Geheimhaltung aufgrund vieler sensibler Angaben begründet. Zuletzt bedürfen auch Unterlagen über Mitarbeiter anderer Nachrichtendienste, die nicht zu den oben genannten gehören, einer gesonderten Verwahrung (Abs. 3 Nr. 3 lit. d). Außerdem sollen bestimmte technische Unterlagen über Einsatzmöglichkeiten von Mitteln und Methoden auf den Gebieten der Spionage, Spionageabwehr oder des Terrorismus gesondert verwahrt werden, wenn der Bundesminister des Innern dies gesondert erklärt. In den Fällen des lit. d ist eine besondere Verwahrung allerdings nur vorzunehmen, wenn der Bundesminister des Innern jeweils im Einzelfall erklärt, dass das Bekanntwerden der Unterlagen die öffentliche Sicherheit gefährden würde oder eine Gefährdung des Staatswohls zur Folge hätte, vgl. § 25 Rn 536.[48] Es lässt sich aber vermuten, dass der Anwendungsbereich des lit. d praktisch nur selten relevant wird. So wird auch in den Tätigkeitsberichten keine Stellung dazu bezogen.

---

[45] *J. Pietrkiewicz/J. Burth*, in: Geiger/Klinghardt, StUG, § 37 Rn. 8; Weberling, StUG, 1993, § 37 Rn. 4.

[46] *J. Pietrkiewicz/J. Burth*, in: Geiger/Klinghardt, StUG, 2. Aufl. 2006, § 37 Rn. 10.

[47] *J. Pietrkiewicz/J. Burth*, in: Geiger/Klinghardt, StUG, 2. Aufl. 2006, § 37 Rn. 10.

[48] *J. Pietrkiewicz/J. Burth*, in Geiger/Klinghardt, StUG, 2. Aufl. 2006, § 37 Rn. 10; Schmidt/Dörr, StUG, 1993, § 37 Rn. 8.

**Sabina Gottschlich, Isabell Wegner**

#### 4. Verwendung der Unterlagen (Nr. 4)

**675** Gemäß Abs. 1 Nr. 4 kommt dem Bundesbeauftragten auch die Aufgabe der Verwendung der Unterlagen zu. Konkret ist er dazu befugt Auskünfte und Mitteilungen aus den Unterlagen zu erteilen, die Einsicht in Unterlagen zu gewähren und diese auch herauszugeben. Maßgabe für seine Entscheidungen sind die §§ 12 ff., §§ 19 ff. und §§ 32 ff.[49] Im Zusammenhang mit dieser Vorschrift sind auch die Nr. 6 und teilweise Nr. 7 zu sehen.[50] In Nr. 4 werden die Mittel aufgezeigt, die dem Bundesbeauftragten zur Verfügung stehen, um die in Nr. 6 und Nr. 7 beschriebenen Zwecke zu erfüllen.[51]

#### 5. Aufarbeitung (Nr. 5)

**676** Abs. 1 Nr. 5 sichert dem Bundesbeauftragten die Aufgabe der Aufarbeitung[52] der Tätigkeit des Staatssicherheitsdienstes zu. Damit obliegt dem Bundesbeauftragten die Pflicht, die Erfüllung eines Zweckes des StUG (§ 1 Abs. 1 Nr. 3 Rn. 56 ff.) voranzutreiben. Nr. 5 benennt konkrete Mittel zur Erfüllung des Zwecks der Aufarbeitung.[53] So soll der Bundesbeauftragte die Öffentlichkeit über Strukturen, Methoden und Wirkungsweisen des Staatsicherheitsdienstes unterrichten.[54] Mithilfe dieser präzisen Bezeichnung lässt sich herleiten, dass es ihm gesetzlich nicht zugewiesen wird, andere Aspekte bezüglich des SED-Regimes in der Öffentlichkeit zu bewerten.[55]

**677** In diesem Zusammenhang ist zu problematisieren, inwieweit der Bundesbeauftragte zur Unterrichtung der Öffentlichkeit über Einzelschicksale befugt ist. Dafür gelten die Voraussetzungen des § 32 Abs. 3, also die Voraussetzungen, die auch für die Forschung gelten. Unterschieden werden muss allerdings, dass Forschungsinstitutionen bei der Veröffentlichung personenbezogener Daten als Private agieren, der Bundesbeauftragte jedoch als Behörde handelt. Mithin gelten die Grundrechte, als

---

[49] Stoltenberg, StUG, 1992, § 37 Rn. 7; Stoltenberg/Bossack, StUG, 2012, § 37 Rn. 9; *J. Pietrkiewicz/J. Burth*, in: Geiger/Klinghardt, StUG, 2. Aufl. 2006, § 37 Rn. 14.
[50] Schmidt/Dörr, StUG, 1993, § 37 Rn. 9; *J. Pietrkiewicz/J. Burth*, in: Geiger/Klinghardt, StUG, 2. Aufl. 2006, § 37 Rn. 14.
[51] Weberling, StUG, 1993, § 37 Rn. 4; Schmidt/Dörr, StUG, 1993, § 37 Rn. 9.
[52] Was unter dem Begriff der Aufarbeitung zu verstehen ist, ist der Kommentierung des § 1 Nr. 3 zu entnehmen (Rn. 56 ff.).
[53] *J. Pietrkiewicz/J. Burth*, in: Geiger/Klinghardt, StUG, 2. Aufl. 2006, § 37 Rn. 15.
[54] Schmidt/Dörr, 1993, § 37 Rn.5; Stoltenberg, StUG, 1992, § 37 Rn. 8.
[55] *J. Pietrkiewicz/J. Burth*, in: Geiger/Klinghardt, StUG, 2. Aufl. 2006, § 37 Rn. 15; Schmidt/Dörr, StUG, 1993, § 37 Rn. 10.

Sabina Gottschlich, Isabell Wegner

Abwehrrechte des Bürgers gegen den Staat[56], unmittelbar. Es ist damit besondere Vorsicht bei der Veröffentlichung personenbezogener Daten geboten, da dem Bürger sein Grundrecht auf informationelle Selbstbestimmung (Art. 1 Abs. 1 i.V.m. Art. 2 Abs. 1 GG) zukommt.[57]

In Bezug auf den ehemaligen Staatssicherheitsdienst wird die Aufgabe des Bundesbeauftragten dahingegen nicht bloß auf die Analyse der ihm anvertrauten Unterlagen beschränkt. Laut Gesetz umfasst seine Unterrichtungspflicht auch die Strukturen, Methoden und Wirkungsweisen. Im Zusammenhang mit der Aufarbeitung geht der Gesetzgeber auch auf die Veröffentlichung personenbezogener Daten ein. Mit dem Verweis auf § 32 Abs. 3 wird deutlich, dass der Gesetzgeber auch die Einbeziehung und Unterstützung der Forschung als eines der Mittel zur Aufarbeitung anerkennt. **678**

### 6. Unterstützung der Forschung und der Wissenschaft (Nr. 6)

Zudem obliegt dem Bundesbeauftragten die Unterstützung der Forschung und der Wissenschaft in Bezug auf die Unterlagen des Staatssicherheitsdienstes (§ 37 Abs. 1 Nr. 6). Im Detail finden sich zu dieser Aufgabe Regelungen in den §§ 32-34.[58] Eine Aufzählung dieser Aufgaben dient hier der Vollständigkeit. Außerdem wird durch die explizite Benennung dieser Pflicht betont, dass die Unterstützung der Forschung und der Wissenschaft von großer Bedeutung ist.[59] **679**

Auch verdeutlicht Nr. 6, dass dem Bundesbeauftragten in Bezug auf die Erforschung des Staatssicherheitsdienstes und seiner Unterlagen keine Monopolstellung zukommt.[60] Stattdessen ist die Arbeit unabhängiger Einrichtungen und Institutionen gerade erwünscht, um eine neutrale und vollständige Aufarbeitung zu ermöglichen.[61] Es soll nicht der Eindruck entstehen, dass die Aufarbeitung durch die alleinige Arbeit des Bundesbeauftragten und seiner Behörde beeinflusst und eventuell sogar verfälscht wird, vgl. auch § 32 Rn 564.[62] Nr. 6 bezieht neben der Forschung und der Wissenschaft, die explizit bezeichnet werden, auch Presse, Rundfunk und Film mit **680**

---

[56] *L. Michael/M. Morlok*, Grundrechte, 6. Aufl. 2017, Rn. 20; *F. Hufen*, Staatsrecht II, 4. Aufl. 2014, § 5 Rn. 4.

[57] *J. Pietrkiewicz/J. Burth*, in: Geiger/Klinghardt, StUG, 2. Aufl. 2006, § 37 Rn. 16.

[58] Weberling, StUG, 1993, § 37 Rn. 7; Stoltenberg, StUG, 1992, § 37 Rn. 14.

[59] Stoltenberg, StUG, 1992, § 37 Rn. 14.

[60] Schmidt/Dörr, StUG, 1993, § 37 Rn. 11.

[61] *J. Pietrkiewicz/J. Burth*, in: Geiger/Klinghardt, StUG, 2. Aufl. 2006, § 37 Rn. 22.

[62] *J. Pietrkiewicz/J. Burth*, in: Geiger/Klinghardt, StUG, 2. Aufl. 2006, § 37 Rn. 22.

Sabina Gottschlich, Isabell Wegner

ein.[63] Aus dem Gesetzeswortlaut wird außerdem deutlich, dass der Bundesbeauftragte Einrichtungen und Gedenkstätten zu unterstützen hat. Diese sind im Wege der Aufarbeitung und damit im Sinne des StUG besonders wichtig und schützenswert, um Bürgern, die keine Zeitzeugen der Diktatur des SED-Regimes und der Tätigkeit des MfS waren, das Handeln und die Wirkung des Staatssicherheitsdienstes näher zu bringen. Auch ermöglichen sie Bürgern, die unmittelbar vom Staatssicherheitsdienst betroffen waren, ihre Erinnerungen zu reflektieren.

**7. Information und Beratung ( Nr. 7)**

681 Weiterhin besteht eine Aufgabe des Bundesbeauftragten in der Beratung natürlicher Personen sowie sonstiger nicht-öffentlicher und öffentlicher Stellen (Abs. 1 Nr. 7). Grundsätzlich findet diese Vorschrift in der Praxis dahingehend Anwendung, dass der Bundesbeauftragte bei formellen Aufgaben Unterstützung leistet. So bereitet es vielen Betroffenen Schwierigkeiten zu erfahren, wie man Zugang zu den eigenen Akten findet und wie die Anträge auf Erteilung der Einsicht auszufüllen sind.[64] Jedoch umfasst der Begriff des Beratens und Informierens in diesem Sinne auch die psychologische Beratung und Betreuung, denn vielfach ist es für die Bürger sehr belastend Einblicke in die Akten zu nehmen.[65] So könnten sie beispielsweise durch die Akteneinsicht in Erfahrung bringen, dass Bekannte oder Verwandte als Spitzel für den Staatssicherheitsdienst tätig waren. Außerdem können die Unterlagen Informationen über Menschen aus dem Umfeld der Einsicht nehmenden Person enthalten, die ihnen bislang noch nicht bekannt waren. In der Praxis besteht die Beratung in psycho-sozialer Hinsicht größtenteils gegenüber natürlichen Personen. Gleichwohl wird diese Aufgabe vom Gesetzeswortlaut nicht auf letztere beschränkt.[66]

682 Bei der Erfüllung dieser Aufgabe kommt dem Bundesbeauftragten keine ausschließlich passive Rolle zu, das heißt, dass er nicht nur bei Anfragen und Interesse zu informieren und beraten hat.[67] Vielmehr soll er nach seinem Ermessen für die Allgemeinheit wichtige Informationen und Erkenntnisse, die aus den Unterlagen erwachsen, bekanntmachen und verkünden. Dies verdeutlicht erneut den Schutzzweck des gesamten StUG: Der Umgang und die Arbeit mit den Unterlagen des ehemaligen Staatssicherheitsdienstes und der daraus resultierende Erkenntniszuwachs soll an die

---

[63] BT-Drucks. 12/1540, 63; *J. Pietrkiewicz/J. Burth*, in: Geiger/Klinghardt, StUG, 2. Aufl. 2006, § 37 Rn. 22; Stoltenberg/Bossack, StUG, 2012, § 37 Rn. 17.

[64] Stoltenberg, StUG, § 37 Rn. 16; Weberling, StUG, 1993, § 37 Rn. 8.

[65] Schmidt/Dörr, StUG, 1993, § 37 Rn. 12; Weberling, StUG, 1993, § 37 Rn. 8.

[66] Schmidt/Dörr, StUG, 1993, § 37 Rn. 12.

[67] *J. Pietrkiewicz/J. Burth*, in: Geiger/Klinghardt, StUG, 2. Aufl. 2006, § 37 Rn. 24.

Sabina Gottschlich, Isabell Wegner

Öffentlichkeit getragen werden, um eine Aufarbeitung der Ereignisse zu ermöglichen.

Die Erfüllung dieser Aufgabe wird jedoch nicht nur vom Bundesbeauftragten **683** erwartet. So wird in Nr. 7 ausdrücklich darauf hingewiesen, dass der Beratungs- und Informationspflicht auch in Außenstellen nachgekommen werden soll. Daraus kann abgeleitet werden, dass insbesondere auch die Landesbeauftragten (§ 38 Abs. 3 S. 2) mit der Pflicht zur Hilfeleistung betraut sind.[68] So soll den Bürgern vor allem vor Ort Hilfe angeboten werden.[69]

## 8. Dokumentations- und Ausstellungszentren (Nr. 8)

Zuletzt kann der Bundesbeauftragte gem. Abs. 1 Nr. 8 Dokumentations-und Aus- **684** stellungszentren einrichten und unterhalten. Hierbei ist zu betonen, dass es sich nicht um eine Pflicht des Bundesbeauftragten handelt, sondern ihm hier lediglich die Möglichkeit eingeräumt wird Zentren einzurichten.[70]

Letztlich dienen diese Zentren auch der Aufgabenerfüllung der Aufarbeitung **685** (Nr. 5).[71] Bei Betrachtung der verschiedenen Dimensionen des Gedächtnisses nach der Darstellung von Aleida Assmann wird deutlich, dass dem Erinnern durch Gedenkstätten eine große Bedeutung zukommt. Durch den Besuch von Gedenkstätten wird die kulturelle Dimension des Gedächtnisses angeregt. Sie spielt eine wichtige Rolle im Wechselwirkungsprozess des Erinnerns und sorgt dafür, dass das Erlebte auch über die Generationen weitergegeben wird.[72]

Auch ist es Zweck von Gedenkstätten, eine bestimmte Aussage als verbindlich für **686** Politik und Gesellschaft nach innen und außen hin zu manifestieren.[73] Es soll also gerade bei den Generationen, die die Herrschaft der DDR und des MfS nicht als Zeitzeugen erlebt haben, die Erinnerung an die systematisierte Ausspähung des Volkes durch das Machtinstrument des MfS aufrecht erhalten werden, um ein solches Massenphänomen in Zukunft nicht mehr aufkommen zu lassen.

---

[68] Stoltenberg, StUG, 1992, § 37 Rn. 16; Schmidt/Dörr, StUG, 1993, § 37 Rn. 12.
[69] *J. Pietrkiewicz/J. Burth*, in: Geiger/Klinghardt, StUG, 2. Aufl. 2006, § 37 Rn. 24; Stoltenberg, StUG, 1992, § 37 Rn. 16.
[70] Schmidt/Dörr, StUG, 1993, § 37 Rn. 13;Weberling, StUG, 1993, § 37 Rn. 9.
[71] *J. Pietrkiewicz/J. Burth*, in: Geiger/Klinghardt, StUG, 2. Aufl. 2006, § 37 Rn. 25; Stoltenberg, StUG, 1992, § 37 Rn. 17.
[72] Vgl. zum Ganzen: *A. Assmann*, Der lange Schatten der Vergangenheit, 2006, S. 33.
[73] *C. Gudehus/A. Eichenberg/H. Welzer*, Gedächtnis und Erinnerung, 2010, S. 179.

Sabina Gottschlich, Isabell Wegner

**687** Es liegt ganz im Ermessen des Bundesbeauftragten, wo ein solches Zentrum errichtet werden soll. Örtlich ist er in keiner Weise begrenzt.[74] Dokumentation- und Ausstellungszentren können mithin im gesamten Bundesgebiet eingerichtet werden. Es gibt keine Beschränkung auf das Gebiet der ehemaligen DDR.[75] So sollen auch Bürger, die nicht unmittelbar vom Regime der DDR betroffen waren, die Möglichkeit haben, sich das Unrecht der DDR und ihres Staatssicherheitsdienstes durch den Besuch der Zentren vor Augen zu führen.

## II. Zu Abs. 2

**688** Über eine Aufgabenbeschreibung mit lediglich deklaratorischem Charakter hinausgehend (Abs. 1), enthält Abs. 2 eine Verpflichtung des Bundesbeauftragten.[76] So soll der Bundesbeauftragte bei der Erfüllung seiner Aufgaben (vgl. Abs. 1 Nr. 1–8) für die Einhaltung einheitlicher Grundsätze Sorge tragen. Bei der Aufgabenwahrnehmung durch den Beauftragten selbst, in der Zentralstelle der BStU in Berlin, dürften keine großen Schwierigkeiten auftreten.[77]

**689** Anlass für die Vorschrift gibt die Dezentralisierung der Behörde. Neben der Zentralstelle in Berlin hat die BStU zwölf Außenstellen, welche vor Ort u.a. die Beratung der Bürger und die Aufarbeitung der Erfahrungen mit dem Staatssicherheitsdienst übernehmen.[78] Dabei verfügt jede Außenstelle über ein eigenes Archiv für Stasi-Unterlagen.[79] Die Akten sollen dort bearbeitet werden, wo sie ursprünglich auch angelegt wurden.[80] Daher wurde der organisatorische Aufbau der Behörde an den des Staatssicherheitsdienstes selbst angelehnt.[81] Letztlich kann auch nur so eine bürgernahe Arbeit gewährleistet werden, denn die Bürger, die einst dem Machtapparat des Staatssicherheitsdienstes ausgeliefert waren, wünschen Akteneinsicht auch

---

[74] Weberling, StUG, 1993, § 37 Rn. 9.

[75] Weberling, StUG, 1993, § 37 Rn. 9, Schmidt/Dörr, StUG, 1993, § 37 Rn. 13.

[76] *J. Pietrkiewicz/J. Burth*, in: Geiger/Klinghardt, StUG, 2. Aufl. 2006, § 37 Rn. 26; Stoltenberg, StUG, 1992, § 37 Rn. 1.

[77] Stoltenberg, StUG, 1992, § 37 Rn. 18; *J. Pietrkiewicz/J. Burth*, in: Geiger/Klinghardt, StUG, 2. Aufl. 2006, § 37 Rn. 26.

[78] Vgl. dazu den Elften Tätigkeitsbericht des Bundesbeauftragten, 2013, S. 21, abrufbar unter: www.bstu.bund.de.

[79] So die Angabe des BStU, abrufbar unter: http://www.bstu.bund.de/DE/Bundesbeauftragter UndBehoerde/AufgabenUndStruktur/_node.html. (27.7.2014).

[80] So der Vierte Tätigkeitsbericht des Bundesbeauftragten, 1999, S. 73, abrufbar unter: www.bstu.bund.de.

[81] So der Vierte Tätigkeitsbericht des Bundesbeauftragten, 1999, S. 73, abrufbar unter: www.bstu.bund.de.

**Sabina Gottschlich, Isabell Wegner**

gerade in der jeweiligen Region.[82] So haben die Außenstellen mit zwei Dritteln aller Anträge auf Akteneinsicht das höchste Arbeitsaufkommen.[83] Der Arbeit in den Außenstellen kommt also besondere Bedeutung zu. Gerade deshalb bedarf das Verhältnis der Zentralstelle zu den Außenstellen eigener Regelungen. Dazu dient § 38. Dieser regelt in Abs. 1, dass die Außenstellen mit den jeweiligen Landesbeauftragten zur Unterstützung der Arbeit des Bundesbeauftragten in der Zentralstelle bestimmt sind. Unterstützend wirken die Landesbeauftragten allerdings nur, sofern sie die Aufgaben nach Abs. 1 in der gleichen Art und Weise wie der Bundesbeauftragte erfüllen. Abs. 2 soll dies gewährleisten und gleichzeitig verhindern, dass sich in den Außenstellen eine Praxis herausbildet, die von der Zentralstelle in Berlin abweicht.[84] Somit kann § 37 Abs. 2 also auch als Konkretisierung von § 38 verstanden werden.

Bei der Erfüllung „seiner Aufgaben" sollte nicht nur die Tätigkeit der Person des **690** Bundesbeauftragten, sondern insbesondere auch die Arbeit der Landesbeauftragten und Mitarbeiter der Außenstellen einbezogen werden. Jedoch ist nur der Bundesbeauftragte selbst verantwortlich dafür, dass alle Mitarbeiter auch anhand einheitlicher Grundsätze Entscheidungen treffen.[85] Nur er kann in diesem Zusammenhang behördeninterne Regelungen erlassen.[86]

Zu diesen Aufgaben zählt die Erfassung der Unterlagen nach Abs. 1 Nr. 1. Durch **691** den zweiten Abschnitt dieses Gesetzes sind ausreichende Regelungen geschaffen worden, sodass es nicht zu uneinheitlicher Aufgabenwahrnehmung kommt. So begründen §§ 7–9 die Anzeige- und Herausgabepflicht für öffentliche und nicht öffentliche Stellen. In erster Linie wird dadurch nur für eben diese Stellen eine Verpflichtung zur Herausgabe von Unterlagen an den Bundesbeauftragten festgelegt. Allerdings hat der Bundesbeauftragte bei Kenntnis von den Unterlagen eine Herausgabe auch zu verlangen (vgl. § 8 Abs. 1; § 9 Abs. 1). Raum für ein uneinheitliches Verlangen des Bundes- und der Landesbeauftragten besteht dabei nicht. Auch die Verwahrung und Verwaltung der Unterlagen nach Abs. 1 Nr. 2 und 3 lassen sich leicht vereinheitlichen und auf der Basis gesetzlicher Regelungen kontrollieren. So wird bereits durch den Zusatz der „archivischen Grundsätze" (vgl.

---

[82] So der Vierte Tätigkeitsbericht des Bundesbeauftragten, 1999, S. 74, abrufbar unter: www.bstu.bund.de.
[83] Vgl. dazu den Elften Tätigkeitsbericht des Bundesbeauftragten, 2013, S. 45, 46, abrufbar unter: www.bstu.bund.de.
[84] Stoltenberg, StUG, 1992, § 37 Rn. 18.
[85] So auch Schmidt/Dörr, StUG, 1993, § 37 Rn. 14.
[86] Stoltenberg, StUG, 1992, § 37 Rn. 18; Weberling, StUG, 1993, § 37 Rn. 10.

**Sabina Gottschlich, Isabell Wegner**

Abs. 1 Nr. 2) gewährleistet, dass die Bewertung, Ordnung, Erschließung, Verwahrung und Verwaltung der Unterlagen nach festgelegten einheitlichen Mustern durch den Bundes-, die Landesbeauftragten und ihren Mitarbeitern erfolgt. Auch die Kriterien für Unterlagen, welche gesondert zu verwahren sind, werden in § 37 Abs. 1 S. 2 Nr. 3 lit. a–d abschließend aufgeführt.

**692** Problematisch ist allerdings die Erteilung von Auskünften, Mitteilungen aus Unterlagen, die Gewährung von Akteneinsicht und die Herausgabe von Unterlagen nach Abs. 1 Nr. 4.[87] Zwar ist dies unter dem Oberbegriff der Verwendung der Unterlagen ebenfalls in den §§ 12 ff. gesetzlich geregelt, doch wird dem Bundes- und Landesbeauftragten durch einzelne Vorschriften ein nicht unerheblicher Entscheidungsspielraum eingeräumt. Besonders bei der Abwägung entgegenstehender schutzwürdiger Interessen, welche bei der Verwendung der Unterlagen geboten ist, kann es zu uneinheitlichen Ergebnissen kommen. Aufgrund von Abs. 2 hat der Bundesbeauftragte daher durch Entscheidungsrichtlinien und Arbeitsanweisungen dafür zu sorgen, dass Entscheidungen auf der Basis einheitlicher Erwägungen getroffen werden.[88] Solche einheitlichen Grundsätze sind im Falle der Einsichtsgewährung und Herausgabe mithilfe des Beirates festzulegen (vgl. § 39 Abs. 2 S. 2 Nr. 3). Durch die Beschränkung der Beteiligung des Beirates auf § 37 Abs. 1 Nr. 4 Var. 3 und 4 wird deutlich, dass die „Vereinheitlichung der Verwaltungspraxis"[89] insbesondere bei dieser Aufgabenwahrnehmung nicht schon durch die Art der Aufgabe selbst gewährleistet wird, sondern zusätzlicher Grundsatzregelungen bedarf. Dem Beirat kommt hierbei eine Beratungsfunktion zu.[90] Die Landesbeauftragten wirken bei der Festlegung der Einheitlichkeitskriterien dagegen nicht mit. Hierarchisch gesehen sind sie dem Bundesbeauftragten untergeordnet. Sie sollen ihm im Rahmen funktioneller Arbeitsteilung lediglich unterstützend zur Seite stehen. Insoweit steht ihnen auch keine Entscheidungshoheit zu.[91]

**III. Zu Abs. 3**

**693** Abs. 3 enthält einerseits die Verpflichtung des Bundesbeauftragten zur Dokumentation und Offenlegung der Arbeit in der Behörde, welche in Form von Tätigkeitsberichten, Gutachten und Berichten (vgl. S. 1-3) stattfinden soll. Andererseits enthält S. 4 statt einer Verpflichtung, den Zuspruch von Unterstützung durch den deutschen

---

[87] So auch Stoltenberg, StUG, 1992, § 37 Rn. 18.
[88] Vgl. *J. Pietrkiewicz/J. Burth*, in: Geiger/Klinghardt, StUG, 2. Aufl. 2006, § 37 Rn. 26.
[89] Stoltenberg, StUG, 1992, § 37 Rn. 18.
[90] *J. Pietrkiewicz/J. Burth*, in: Geiger/Klinghardt, StUG, 2. Aufl. 2006, § 37 Rn. 26.
[91] *J. Pietrkiewicz/J. Burth*, in: Geiger/Klinghardt, StUG, 2. Aufl. 2006, § 37 Rn. 26; Schmidt/ Dörr, StUG, 1993, § 37 Rn. 14.

**Sabina Gottschlich, Isabell Wegner**

Bundestag, über dessen Inanspruchnahme der Bundesbeauftragte selbst entscheidet. Eine solche Regelung findet sich auch in § 26 Abs. 1 und 2 BDSG wieder. Aus der vergleichbaren Schutzrichtung des StUG und des BDSG (vgl. § 36 Rn. 634) ergibt sich, dass Abs. 3 dieser Vorschrift dem BDSG nachgebildet wurde.[92]

## IV. Tätigkeitsberichte des Bundesbeauftragten (Abs. 3 S. 1, 2)

Nach Abs. 3 S. 1 ist der Bundesbeauftragte seit dem 1. Juli 1993 verpflichtet, alle **694** zwei Jahre Tätigkeitsberichte zu erstellen. Darüber hinaus hat er Tätigkeitsberichte auch im Falle eines Ersuchens des Deutschen Bundestages zu erstellen. Die Erstellung des Tätigkeitsberichtes ist aber nicht allein Aufgabe des Bundesbeauftragten. Gem. § 39 Abs. 3 S. 3 werden alle Tätigkeitsberichte zusätzlich vom Beirat vorberaten. Inhaltlich soll vor allem die Aufbereitung der Unterlagen, die Überprüfung von Personen und die Aufarbeitung der Tätigkeit des Staatssicherheitsdienstes offengelegt werden.[93] Darüber hinausgehend muss der Bundesbeauftragte gem. Abs. 3 S. 3 auch mitteilen, in welchem Umfang und in welchem Zeitraum Unterlagen für die Erfüllung seiner Aufgaben voraussichtlich nicht mehr benötigt werden. Eine solche Mitteilung muss immer im Tätigkeitsbericht des Bundesbeauftragten enthalten sein. Weitere Ansprüche an den Inhalt des Tätigkeitsberichts stellt das Gesetz nicht.

Im Vergleich zu den Vorschriften für den Bundesbeauftragten für den Datenschutz **695** regelt § 26 Abs. 3 S. 2 zwar ebenfalls eine zweijährige Berichtspflicht[94]. Allerdings wird dem Datenschutzbeauftragten nicht gesetzlich vorgeschrieben, welche Mitteilungen in seinem Tätigkeitsbericht enthalten sein sollen.[95] Die zusätzliche Mitteilungspflicht für den Bundesbeauftragten für die Stasi-Unterlagen[96] aus § 37 Abs. 3 S. 2 ist aber aufgrund der Besonderheiten seiner Tätigkeit unentbehrlich. Schließlich soll die Behörde des Bundesbeauftragten aufgrund der historischen Bedeutung keine Dauereinrichtung sein.[97] Auf längere Sicht ist eine Aufbewahrung aller Stasi-Unterlagen nicht mehr notwendig. So sollen nur noch die Unterlagen des Staatssicherheitsdienstes aufbewahrt werden, die auch nach den allgemeinen archivischen

---

[92] Stoltenberg, StUG, 1992, § 37 Rn. 19; *J. Pietrkiewicz/J. Burth*, in: Geiger/Klinghardt, StUG, 2. Aufl. 2006, § 37 Rn. 27.

[93] BT-Drucks. 12/723, 26; *J. Pietrkiewicz/J. Burth*, in: Geiger/Klinghardt, StUG, 2. Aufl. 2006, § 37 Rn. 28.

[94] *P. Gola/C. Klug/B. Körffer*, in: Gola/Schomerus, BDSG, 12. Aufl. 2015, § 26 Rn. 3.

[95] *J. Pietrkiewicz/J. Burth*, in: Geiger/Klinghardt, StUG, 2. Aufl. 2006, § 37 Rn. 28.

[96] Stoltenberg, StUG, 1992, § 37 Rn. 19.

[97] Weberling, StUG, 1993, § 37 Rn. 12.

**Sabina Gottschlich, Isabell Wegner**

Grundsätzen über einen längeren Zeitraum aufzubewahren sind. [98] Solche sollen dann in die Bestände des Bundesarchivs überführt werden.[99] Unterlagen, die nach archivischen Grundsätzen nicht über einen längeren Zeitraum aufzubewahren sind, sollen an Betroffene herausgegeben oder vernichtet werden.[100] Fraglich ist jedoch, zu welchem Zeitpunkt die Behörde des Bundesbeauftragten für die Unterlagen des Staatsicherheitsdienstes aufgelöst werden soll.

Um eine angemessene politische Entscheidung darüber treffen zu können, ist es notwendig, dass der Bundesbeauftragte Auskunft über die Entwicklung des Antragsaufkommens[101] erteilt. Abs. 3 S. 2 dient letztlich also dazu, dem Gesetzgeber die Entscheidung über die Aufbewahrung der Unterlagen zu erleichtern.[102]

**696** Für die Offenlegung der Arbeit der Behörde ist gerade der Tätigkeitsbericht die wichtigste Form der Dokumentation. Dafür spricht auch die Gesetzessystematik. Die Erstellung von Tätigkeitsberichten in Abs. 3 S. 1 und 2 wird den Gutachten und Berichten in S. 3 vorgezogen.[103] Tätigkeitsberichte sind mehr als nur faktische Tätigkeitsnachweise. Sie geben dem Bundesbeauftragten vielmehr die Möglichkeit auf besondere Probleme hinzuweisen und eine Gesetzesnovellierung anzustoßen.[104]

---

[98] *J. Pietrkiewicz/J. Burth*, in: Geiger/Klinghardt, StUG, 2 Aufl. 2006, § 37 Rn. 28.

[99] Stoltenberg, StUG, 1992, § 37 Rn. 20; BT-Drucks. 12/273, 26.

[100] BT-Drucks. 12/273, 26.

[101] Für das Antragsaufkommen in den Jahren 2011 und 2012 siehe den Elften Tätigkeitsbericht, 2013, S. 45, abrufbar unter: www.bstu.bund.de.

[102] BT-Drucks. 12/273, 26; *J. Pietrkiewicz/J. Burth*, in: Geiger/Klinghardt, StUG, 2. Aufl. 2006, § 37 Rn. 28; Weberling, StUG, 1993, § 37 Rn. 12.; Stoltenberg, StUG, 1992, § 37 Rn. 20.

[103] So auch *P. Gola/C. Klug/B. Körffer*, in: Gola/Schomerus, BDSG, 12. Aufl. 2015, § 26 Rn. 2 über die Bedeutung des Tätigkeitsberichtes des Datenschutzbeauftragten.

[104] *P. Gola/C. Klug/B. Körffer*, in: Gola/Schomerus, BDSG, 12. Aufl. 2015, § 26 Rn. 2.

**Sabina Gottschlich, Isabell Wegner**

## 1. Gutachten und Berichte des Bundesbeauftragten

Gem. Abs. 3 S. 3 hat der Bundesbeauftragte auf Anweisung des Bundestags oder der **697** Bundesregierung Gutachten zu erstellen[105] und Berichte zu erstatten. Formal betrachtet hat die Anforderung durch einen Beschluss des Bundestags oder der Bundesregierung zu erfolgen.[106] Auch eine Anforderung durch einen Ausschuss genügt.[107]

Abs. 3 S. 3 entspricht § 26 Abs. 2 S. 1 BDSG.

Der Inhalt der Gutachten und Berichte richtet sich ausschließlich nach dem je- **698** weiligen Ersuchen. Auch Äußerungen über Dritte können enthalten sein[108], soweit dies erforderlich ist. Die Erstellung von Gutachten und Berichten ist schließlich nur ein interner Vorgang ohne Außenwirkung.[109]

## 2. Zuhilfenahme des Deutschen Bundestags

Abs. 3 S. 1–3 legitimieren die Unterstützung des Bundestags oder der Bun- **699** desregierung durch den Bundesbeauftragten. Nach Abs. 3 S. 4 wird umgekehrt aber auch dem Bundesbeauftragten die Möglichkeit zugestanden sich an den Deutschen Bundestag zu wenden. Dies wird gem. § 26 Abs. 2 S. 3 BDSG auch dem Bundesbeauftragten für den Datenschutz zugestanden. Notwendig ist eine solche Regelung, um Problemstellungen in der Aufgabenwahrnehmung effektiv lösen zu können.[110] Auch auf einen Novellierungsbedarf des StUG kann hingewiesen werden.[111] Letztlich dient die Möglichkeit der Zuhilfenahme des deutschen Bundestags der Stärkung der Unabhängigkeit des Bundesbeauftragten (vgl. § 36 Rn. 632 f.).[112] Dieser kann über eine Miteinbeziehung des deutschen Bundestages, die über die gesetzlichen Regelungen hinausgeht, frei entscheiden, vgl. § 35. Insbesondere auch im Bereich der Novellierungen nimmt der Bundesbeauftragte so eine maßgebliche, beratende Position ein.

---

[105] So beauftragte der Präsident des Deutschen Bundestags 2010 ein Gutachten zu erstellen, das die Einflussnahme des MfS auf die Mitglieder des Deutschen Bundestags zwischen 1949 und 1989 darstellen soll. Siehe dazu den Elften Tätigkeitsbericht des Bundesbeauftragten, 2013, S. 78, abrufbar unter: www.bstu.bund.de.

[106] *P. Gola/C. Klug/B. Körffer*, in: Gola/Schomerus, BDSG, 12. Aufl. 2015, § 26 Rn. 4.

[107] *J. Pietrkiewicz/J. Burth*, in: Geiger/Klinghardt, StUG, 2 Aufl. 2006, § 37 Rn. 29.

[108] *J. Pietrkiewicz/J. Burth*, in: Geiger/Klinghardt, StUG, 2. Aufl. 2006, § 37 Rn. 29.

[109] *J. Pietrkiewicz/J. Burth*, in: Geiger/Klinghardt, StUG, 2. Aufl. 2006, § 37 Rn. 29.

[110] Vgl. *J. Pietrkiewicz/J. Burth*, in: Geiger/Klinghardt, StUG, 2. Aufl. 2006, § 37 Rn. 30.

[111] *J. Pietrkiewicz/J. Burth*, in: Geiger/Klinghardt, StUG, 2. Aufl. 2006, § 37 Rn. 30.

[112] So auch: *J. Pietrkiewicz/J. Burth*, in: Geiger/Klinghardt, StUG, 2. Aufl. 2006, § 37 Rn. 30; Schmidt/Dörr, StUG, 1993, § 37 Rn. 17.

Sabina Gottschlich, Isabell Wegner

## § 37a Beschäftigung von Mitarbeitern
## des Staatssicherheitsdienstes

Eine Beschäftigung von Mitarbeitern des Staatssicherheitsdienstes beim Bundesbeauftragten für die Unterlagen des Staatssicherheitsdienstes der ehemaligen Deutschen Demokratischen Republik ist vorbehaltlich des Satzes 2 unzulässig. Ehemalige Mitarbeiter des Staatssicherheitsdienstes, die zum Zeitpunkt des Inkrafttretens dieser Bestimmung beim Bundesbeauftragten beschäftigt sind, sind ihren Fähigkeiten entsprechend und unter Berücksichtigung sozialer Belange auf einen gleichwertigen Arbeitsplatz innerhalb der Bundesverwaltung zu versetzen, wenn ihnen dies im Einzelfall zumutbar ist; dies gilt nicht, falls beim Bundesbeauftragten beschäftigte Bedienstete bei ihrer Einstellung auf Befragen eine Tätigkeit für den Staatssicherheitsdienst verschwiegen haben. Bei der Beurteilung der Zumutbarkeit sind insbesondere das Interesse des Beschäftigten an einer gleichwertigen Arbeitssituation sowie seine persönlichen und familiären Umstände zu berücksichtigen.

***Literaturangaben:*** *Beleites, Johannes, Mit lautem Donner zu kurz gesprungen – Die 8. Novelle des Stasi-Unterlagen Gesetzes, Deutschland Archiv, 15.11.2011, www.bpd.de/geschichte/zeitgeschichte/deutschlandarchiv/53017/novelle-des-stasi-unterlagen-gesetzes?p=2 (24.04.2013); BStU, Elfter Tätigkeitsbericht des BStU, 2013; Dreier, Horst (Hrsg.), Grundgesetz, Bd. 1, 3. Aufl., Tübingen 2013; Dreier, Horst (Hrsg.): Grundgesetz, Bd. 3, 2. Aufl., Tübingen 2008; Drohla, Jeannine, Aufarbeitung versus Allgemeines Persönlichkeitsrecht – § 32, 34 Stasi-Unterlagen-Gesetz, Berlin 2011; Eyermann, Erich (Hrsg.), Verwaltungsgerichtsordnung, 14. Aufl., München 2014; Gärditz, Klaus F. (Hrsg.), Verwaltungsgerichtsordnung mit Nebengesetzen, Köln 2013; Gauck, Joachim, Die Stasi-Akten – Das unheimliche Erbe der DDR, Berlin 1991; Geiger, Hansjörg/Klinghardt, Heinz, Stasi-Unterlagen-Gesetz Kommentar, 2. Aufl., Stuttgart 2006; Geiler, Markus/Schiller, Thomas, Stasi-Beauftragter Jahn: „Ich war nie das Opferlamm.", Internetauftritt des BStU, 15.1.2012, http://www.bstu.bund.de/DE/BundesbeauftragterUndBehoerde/Bundes beauftragter/Interviews/2012_01_15_chrismon.html (4.5.2013); Hesse, Konrad, Konrad, Grundzüge des Verfassungsrechts der Bundesrepublik Deutschland, 20. Aufl., Heidelberg 1995; Jahn, Roland, Das Lügen darf nicht belohnt werden, Internetauftritt des BStU, 14.3.2011, www.bstu.bund.de/DE/BundesbeauftragterUnd Behörde/Bundesbeauftrager/Reden/antrittsrede.html?nn=1704022 (19.4.2013); Kleerbaum, Klaus-Viktor/Palmen, Manfred (Hrsg.), Gemeindeordnung Nordrhein-Westfalen, Kommentar für die kommunale Praxis, Recklinghausen 2008; Klein, Hans Hugo/Schröder, Klaus/Alisch Steffen, Gutachten über die Beschäftigung ehemaliger MfS-Angehöriger beim BStU, 2007, http://wikileaks.org/wiki/Stasi-in-bstu.pdf (4.5.2013); Kopp, Ferdinand O./Schenke, Wolf-Rüdiger, Verwaltungsgerichtsord-*

**Inga Gipperich**

*nung, 23. Aufl., München 2017; Markovits, Inga, Selective memory: How the law affects what we remember and forget about the past: The case of East Germany, Law & Society Review 2001, 513–561; Müller, Uwe, Die Birthler-Behörde hat ein Stasi-Problem, Die WELT, 29.11.2006, www.welt.de/politik/article699015/Die-Birthler-Behoerde-hat-ein-Stasi-Problem.html. (4.5.2013); Sachs, Michael (Hrsg.), Grundgesetz Kommentar, 8. Aufl., München 2018; Weberling, Johannes, Arbeitsrechtliche Möglichkeiten zur Beendigung von Dienstverhältnissen zwischen der Behörde des Bundesbeauftragten für die Unterlagen des Staatssicherheitsdienstes der ehemaligen DDR (BStU) und ehemaligen Mitarbeitern des Ministeriums für Staatssicherheit (MfS), 2.7.2011, http://www.bstu.bund.de/SharedDocs/Downloads/DE/20110705-weberling-arbeitsrechtliches-gutachten.pdf?__blob=publicationFile (20.5.2013); Wolter, Jürgen (Hrsg.), Systematischer Kommentar zur Strafprozessordnung mit GVG und EMRK, Bd. 1, 4. Aufl., Köln 2014.*

## A. Vorbemerkung

### I. Entwicklung der Norm

Die Vorschrift wurde durch das 8. StUÄndG vom 22.12.2011 eingefügt. Eine entsprechende Regelung über die Versetzung ehemaliger Mitarbeiter des Staatssicherheitsdienstes beim BStU wurde im Vorfeld des Gesetzgebungsverfahrens zuletzt vom Bundesbeauftragten *Roland Jahn* im Jahre 2011 gefordert.[1] Im Gegensatz zu seinen Vorgängern, *Joachim Gauck* und *Marianne Birthler*, sah *Jahn* die Beschäftigung ehemaliger MfS-Mitarbeiter beim BStU äußerst kritisch[2] und auch dadurch nicht gerechtfertigt, dass man auf ihre Verwaltungserfahrung im MfS unbedingt zurückgreifen müsse um eine systematische Aufarbeitung der Unterlagen

**700**

---

[1] *R. Jahn*, Das Lügen darf nicht belohnt werden, Internetauftritt des BStU, 14.3.2011, www.bstu.bund.de/DE/BundesbeauftragterUndBehörde/Bundesbeauftrager/Reden/antrittsrede.html?nn=1704022 (19.4.2013).

[2] So bewertete *Roland Jahn* die Beschäftigung ehemaliger MfS-Mitarbeiter beim BStU in seiner Antrittsrede als „Schlag ins Gesicht der Opfer", *R. Jahn*, Das Lügen darf nicht belohnt werden, Internetauftritt des BStU, 14.3.2011, www.bstu.bund.de/DE/Bundesbeauf tragterUndBehörde/Bundesbeauftrager/Reden/antrittsrede.html?nn=1704022 (19.4.2013).

**Inga Gipperich**

ermöglichen zu können.[3] Die Formulierung der Norm ist bereits in einem im Jahr 2011 erstellten Gutachten von *Johannes Weberling* zu finden.[4]

**701** Die Vorschrift ist zweistufig aufgebaut und konstituiert ein umfassendes Verbot für die Beschäftigung ehemaliger Mitarbeiter des Staatssicherheitsdienstes bei der Behörde des Bundesbeauftragten für die Unterlagen des Staatssicherheitsdienstes der ehemaligen DDR. Satz 1 verbietet als erste Stufe grundsätzlich die Beschäftigung ehemaliger MfS-Bediensteter, Satz 2 regelt als zweite Stufe die Versetzung bereits beim BStU angestellter ehemaliger Stasi-Mitarbeiter.

**702** Mit dem Beschäftigungsverbot reagiert der Gesetzgeber auf wieder aufgekommene öffentliche Kritik an der Personalpolitik des BStU, der bis heute ehemalige MfS-Mitarbeiter in seinen Reihen hat.[5] Somit kommt der Vorschrift in erster Linie eine gesellschaftspolitische Bedeutung zu. Mit dieser versucht der Gesetzgeber die Diskrepanz zwischen der vor der Einführung des § 37a geltenden Rechtslage und dem, was in der Gesellschaft als politisch angezeigt empfunden wird, nun durch eine Anpassung des Rechts an gesellschaftspolitische Forderungen zu überwinden.[6]

---

[3] *M. Geiler/T. Schiller*, Stasi-Beauftragter Jahn: „Ich war nie das Opferlamm.", Internetauftritt des BStU, 15.1.2012, http://www.bstu.bund.de/DE/BundesbeauftragterUndBehoerde/Bundes beauftragter/Interviews/2012_01_15_chrismon.html (4.5.2013).

[4] *J. Weberling*, Arbeitsrechtliche Möglichkeiten zur Beendigung von Dienstverhältnissen zwischen der Behörde des Bundesbeauftragten für die Unterlagen des Staatssicherheits-dienstes der ehemaligen DDR (BStU) und ehemaligen Mitarbeitern des Ministeriums für Staatssicherheit (MfS), 2.7.2011, http://www.bstu.bund.de/SharedDocs/Downloads/DE/2011 0705-weberling-arbeitsrechtliches-gutachten.pdf?__blob=publicationFile (20.5.2013), S. 62.

[5] *J. Weberling*, Arbeitsrechtliche Möglichkeiten zur Beendigung von Dienstverhältnissen zwischen der Behörde des Bundesbeauftragten für die Unterlagen des Staatssicherheits-dienstes der ehemaligen DDR (BStU) und ehemaligen Mitarbeitern des Ministeriums für Staatssicherheit (MfS), 2.7.2011, http://www.bstu.bund.de/SharedDocs/Downloads/DE/2011 0705-weberling-arbeitsrechtliches-gutachten.pdf?__blob=publicationFile (20.5.2013), S. 9; Elfter Tätigkeitsbericht des BStU, 2013, S. 12; *H.H. Klein/K. Schröder/S. Alisch,* Gutachten über die Beschäftigung ehemaliger MfS-Angehöriger beim BStU, 2007, http://wikileaks.org/ wiki/Stasi-in-bstu.pdf (4.5.2013), S. 20.

[6] I.E. auch Stoltenberg/Bossack, StUG, 2012, § 37a Rn. 2, wo von einer „juristischen Lösung eines gesellschaftspolitischen Problems" die Rede ist.

**Inga Gipperich**

**II. Arbeitsverhältnisse zwischen ehemaligen MfS-Mitarbeitern und dem BStU**

Im Jahre 1990 wurden erstmals Ex-MfS Mitarbeiter auf Basis von befristeten **703** Arbeitsverträgen beim BStU eingestellt.[7] Eine genaue Prüfung der Verstrickung des Einzelnen, differenziert nach verschieden Aktivitäten des MfS, blieb dabei jedoch aus.[8] Im August 1991 wurden insgesamt 17 Arbeitsverhältnisse mit ehemaligen Stasi-Beschäftigten entfristet.[9] Daraufhin folgte im Jahre 1997 die Entfristung aller Arbeitsverträge ehemaliger MfS-Mitarbeiter.[10] Spätestens im Jahre 2036 wird sich der Konflikt um die fortdauernde Beschäftigung ehemaliger Mitarbeiter der Stasi in den Reihen des BStU durch Zeitablauf insoweit entschärfen, als dass in diesem Jahr der letzte Arbeitsvertrag mit der Rente endet.[11] Der größte Teil der Ex-Stasi-Mitarbeiter entstammt dem ehemaligen MfS-Personenschutz und arbeitet nun im Haussicherungsdienst des BStU, andere sind aber auch in der Archivarbeit tätig.[12]

**III. Zweck des Beschäftigungsverbotes**

Die Norm hat ein übergeordnetes doppeltes Ziel: Sie soll die Akzeptanz und das **704** Ansehen des BStU in der Öffentlichkeit, insbesondere bei Opfern des MfS, erhöhen und zugleich auch unbelastete Mitarbeiter beim BStU vom Generalverdacht der Mfs-Mitarbeit befreien.[13] Zum anderen soll das Beschäftigungsverbot auch die einzelnen Antragsteller vor der Gefahr (näher dazu Rn. 715) einer Beeinträchtigung ihrer Aufarbeitung schützen. Konkret dient die Vorschrift, wie auch aus ihrer Entstehungsgeschichte deutlich wird, vor allem der Schaffung einer Rechtsgrundlage auf deren Basis ehemalige MfS-Bedienstete aus dem BStU entfernt werden

---

[7] *H. H. Klein/K. Schröder/S. Alisch,* Gutachten über die Beschäftigung ehemaliger MfS-Angehöriger beim BStU, 2007, http://wikileaks.org/wiki/Stasi-in-bstu.pdf (4.5.2013), S. 22.

[8] *H. H. Klein/K. Schröder/S. Alisch,* Gutachten über die Beschäftigung ehemaliger MfS-Angehöriger beim BStU, 2007, http://wikileaks.org/wiki/Stasi-in-bstu.pdf (4.5.2013), S. 61.

[9] *H. H. Klein/K. Schröder/S. Alisch,* Gutachten über die Beschäftigung ehemaliger MfS-Angehöriger beim BStU, 2007, http://wikileaks.org/wiki/Stasi-in-bstu.pdf (4.5.2013), S. 30.

[10] *H. H. Klein/K. Schröder/S. Alisch,* Gutachten über die Beschäftigung ehemaliger MfS-Angehöriger beim BStU, 2007, http://wikileaks.org/wiki/Stasi-in-bstu.pdf (4.5.2013), S. 34.

[11] *J. Weberling,* Arbeitsrechtliche Möglichkeiten zur Beendigung von Dienstverhältnissen zwischen der Behörde des Bundesbeauftragten für die Unterlagen der Staatssicherheitsdienstes der ehemaligen DDR (BStU) und ehemaligen Mitarbeitern des Ministeriums für Staatssicherheit (MfS), 2.7.2011, http://www.bstu.bund.de/SharedDocs/Downloads/DE/2011 0705-weberling-arbeitsrechtliches-gutachten.pdf?__blob=publicationFile (20.5.2013), S. 10.

[12] *H. H. Klein/K. Schröder/S. Alisch,* Gutachten über die Beschäftigung ehemaliger MfS-Angehöriger beim BStU, 2007, http://wikileaks.org/wiki/Stasi-in-bstu.pdf (4.5.2013), S. 56; Stoltenberg/Bossack, StUG, 2012, § 37a Rn. 2.

[13] BT-Drucks. 17/7170, 6, 9.

Inga Gipperich

können.[14] Diese Rechtssetzung ist damit zu erklären, dass andere arbeitsrechtliche Möglichkeiten, beispielsweise die Anfechtung oder Kündigung des Arbeitsverhältnisses, wie auch die Versetzung in einer Vielzahl von Fällen der Beschäftigung ehemaliger MfS-Mitarbeiter beim BStU nicht in Betracht kommen.[15]

## 1. Zulässigkeit arbeitsrechtlicher Maßnahmen im Einzelnen

**705** Eine Anfechtung der Arbeitsverhältnisse gem. § 119 ff. BGB kommt mangels Anfechtungsgrund und durch die mittlerweile verstrichene Anfechtungsfrist nicht in Betracht. Dies folgt daraus, dass die MfS-Mitarbeit der jeweiligen Arbeitnehmer dem Arbeitgeber BStU größtenteils schon bei ihrer Einstellung, spätestens aber seit dem umfassenden Gutachten von *H. Klein/K. Schröder/S. Alisch* aus dem Jahre 2007 bekannt war.[16]

**706** Für eine außerordentliche Kündigung gem. § 626 BGB ist maßgeblich, ob ein wichtiger Grund vorliegt, durch den es dem BStU als Arbeitgeber im Einzelfall nicht zugemutet werden kann, an Arbeitsverhältnissen mit ehemaligen MfS-Mitarbeitern festzuhalten. Die teils hohe Verstrickung heutiger Mitarbeiter des BStU in die früheren Aktivitäten des MfS ist zwar grundsätzlich geeignet dieses Tatbestandsmerkmal zu erfüllen,[17] jedoch ist das Festhalten an den Arbeitsverhältnissen für den BStU zumutbar. Dies gründet v.a. auf dem bisherigen Verzicht auf arbeitsrechtliche Maßnahmen gegen ehemalige MfS-Mitarbeiter, womit diese auf den Bestand ihrer Arbeitsverhältnisse vertrauen durften. Ihre Verträge wurden sogar im Jahr 1997

---

[14] BT-Drucks. 17/7170, 9.

[15] *J. Weberling*, Arbeitsrechtliche Möglichkeiten zur Beendigung von Dienstverhältnissen zwischen der Behörde des Bundesbeauftragten für die Unterlagen des Staatssicherheitsdienstes der ehemaligen DDR (BStU) und ehemaligen Mitarbeitern des Ministeriums für Staatssicherheit (MfS), 2.7.2011, http://www.bstu.bund.de/SharedDocs/Downloads/DE/20110705-weberling-arbeitsrechtliches-gutachten.pdf?__blob=publicationFile (20.5.2013), S. 16 ff.

[16] *J. Weberling*, Arbeitsrechtliche Möglichkeiten zur Beendigung von Dienstverhältnissen zwischen der Behörde des Bundesbeauftragten für die Unterlagen des Staatssicherheitsdienstes der ehemaligen DDR (BStU) und ehemaligen Mitarbeitern des Ministeriums für Staatssicherheit (MfS), 2.7.2011, http://www.bstu.bund.de/SharedDocs/Downloads/DE/2011 0705-weberling-arbeitsrechtliches-gutachten.pdf?__blob=publicationFile (20.5.2013), S. 16; 22.

[17] *J. Weberling*, Arbeitsrechtliche Möglichkeiten zur Beendigung von Dienstverhältnissen zwischen der Behörde des Bundesbeauftragten für die Unterlagen des Staatssicherheitsdienstes der ehemaligen DDR (BStU) und ehemaligen Mitarbeitern des Ministeriums für Staatssicherheit (MfS), 2.7.2011, http://www.bstu.bund.de/SharedDocs/Downloads/DE/2011 0705-weberling-arbeitsrechtliches-gutachten.pdf?__blob=publicationFile (20.5.2013), S. 20.

**Inga Gipperich**

entfristet, was eher als Bestätigung der Arbeitsverträge aufgefasst werden kann. Eine spätere Stützung auf den langjährig bekannten Kündigungsgrund der Stasi-Tätigkeit ist folglich unzulässig, insbesondere wenn es sich um untergeordnete Dienstverhältnisse handelt.[18] Aus demselben Grund kann auch keine ordentliche Kündigung ehemaliger Mfs-Mitarbeiter beim BStU erfolgen.

Bei wiederholten behördeninternen Überprüfungen gab es zudem keine neuen Erkenntnisse über die MfS-Verstrickungen einzelner Mitarbeiter, welche deren Belastung in ein anderes Licht gerückt hätten und womit ein Festhalten an einzelnen Arbeitsverhältnissen für den BStU nunmehr unzumutbar würde, eine Kündigung also zulässig wäre.[19] Eine Kündigung ehemaliger Stasi-Mitarbeiter beim BStU verspricht folglich im Regelfall keinen Erfolg.[20] Das Unterlassen arbeitsrechtlicher Maßnahmen trotz Kenntnis der MfS-Belastung der betroffenen Mitarbeiter schließt auch eine Versetzung dieser nach § 4 Abs. 1 TVöD mangels Versetzungsgrund aus. **707**

Somit ist der BStU auf Grund fehlender zulässiger arbeitsrechtlicher Maßnahmen weiterhin an die Verträge mit den ehemaligen MfS-Beschäftigten gebunden, womit nur die gesetzliche Anordnung der Versetzung wie in § 37a als zulässiges Mittel zur Beendigung von Dienstverhältnissen mit ehemaligen MfS-Beschäftigten in Betracht kommt. Die Norm stellt zudem einen dienstlichen Grund für eine Versetzung i.S.d. § 4 Abs. 1 TVöD dar. **708**

---

[18] *J. Weberling*, Arbeitsrechtliche Möglichkeiten zur Beendigung von Dienstverhältnissen zwischen der Behörde des Bundesbeauftragten für die Unterlagen des Staatssicherheitsdienstes der ehemaligen DDR (BStU) und ehemaligen Mitarbeitern des Ministeriums für Staatssicherheit (MfS), 2.7.2011, http://www.bstu.bund.de/SharedDocs/Downloads/DE/20110705-weberling-arbeitsrechtliches-gutachten.pdf?__blob=publicationFile (20.5.2013), S. 21 f.

[19] BAG, 8 AZR 14/96 vom 11.9.1997, (juris); *J. Weberling*, Arbeitsrechtliche Möglichkeiten zur Beendigung von Dienstverhältnissen zwischen der Behörde des Bundesbeauftragten für die Unterlagen des Staatssicherheitsdienstes der ehemaligen DDR (BStU) und ehemaligen Mitarbeitern des Ministeriums für Staatssicherheit (MfS), 2.7.2011, http://www.bstu.bund. de/SharedDocs/Downloads/DE/20110705-weberling-arbeitsrechtliches-gutachten.pdf?__ blob=publicationFile (20.5.2013), S. 22.

[20] *J. Weberling*, Arbeitsrechtliche Möglichkeiten zur Beendigung von Dienstverhältnissen zwischen der Behörde des Bundesbeauftragten für die Unterlagen des Staatssicherheitsdienstes der ehemaligen DDR (BStU) und ehemaligen Mitarbeitern des Ministeriums für Staatssicherheit (MfS), 2.7.2011, http://www.bstu.bund.de/SharedDocs/Downloads/DE/2011 0705-weberling-arbeitsrechtliches-gutachten.pdf?__blob=publicationFile (20.5.2013), S. 40.

**Inga Gipperich**

## § 37a

### 2. Die Glaubwürdigkeit des BStU als Kernproblem

**709**     Die Norm intentioniert die Versetzung ehemaliger Mfs-Mitarbeiter aus dem BStU heraus, um den inhaltlichen Widerspruch, dass die Behörde, deren Anspruch und Daseinsberechtigung[21] es gem. § 1 Abs. 1 ist, die Aktivitäten des MfS aufzuarbeiten und das Persönlichkeitsrecht Betroffener zu schützen, die ehemaligen Angehörigen der aufzuarbeitenden Institution beschäftigt. Diese früheren MfS-Beschäftigten waren in die Aktivitäten des Staatssicherheitsdienstes verstrickt oder haben diese zumindest mittelbar gefördert.

Es kann zudem nicht etwa durch eine Befragung oder Nachprüfung mit Sicherheit ausgeschlossen werden, dass sie die Mfs-Vergangenheit doch nicht aufarbeiten wollen und beispielsweise die eigene oder fremde Beteiligung an Beeinträchtigungen Betroffener vertuschen oder die MfS-Tätigkeit beschönigen.

**710**     Eine frühere Beschäftigung beim Staatssicherheitsdienst indiziert den Verdacht zumindest einer Billigung des Staatssicherheitsdienstes als solchem, seiner Praktiken und der dadurch vermittelten Wertvorstellungen.

Eine Beschäftigung ehemaliger MfS-Mitarbeiter beim BStU setzt jedoch eine Eignung zu einem öffentlichen Amt i.S.d. Art. 33 Abs. 2 GG voraus, welche auch ein Bekenntnis zur freiheitlichen demokratischen Grundordnung des Grundgesetzes umfasst.[22] Hierzu zählt insbesondere die innere Bereitschaft bei der Erfüllung der dienstlichen Aufgaben die Freiheitsrechte der Bürger zu wahren und die rechtsstaatlichen Regeln einzuhalten.[23] Hinzu kommt, dass die Ziele und Wertvorstellungen des BStU gem. § 1 genau das Gegenteil derer des MfS sind, womit insgesamt eine Beschäftigung ehemaliger Mitarbeiter des Staatssicherheitsdienstes für die Öffentlichkeit nur schwer nachvollziehbar sein kann. Demzufolge liegt der grundsätzliche Verdacht nahe, dass ehemalige MfS-Mitarbeiter mit einer Anstellung beim BStU in der Regel nicht etwa Ziele der Aufarbeitung oder gar der Reue verfolgen, sondern vielmehr für sich oder andere ehemalige Mitarbeiter des Staatssicherheitsdienstes eine unmittelbare Begünstigung durch Verschleierung konkreter Vorgänge innerhalb des MfS oder eine mittelbare Begünstigung durch Verharmlosung der MfS-Tätigkeit im Allgemeinen erstreben. Dieser Verdacht der Öffent-

---

[21] *J. Drohla*, Aufarbeitung versus Allgemeines Persönlichkeitsrecht, 2011, S. 93; *R. Jahn*, Das Lügen darf nicht belohnt werden, Internetauftritt des BStU, 14.3.2011, www.bstu.bund.de/DE/BundesbeauftragterUndBehörde/Bundesbeauftragter/Reden/antrittsrede.html?nn=1704022 (19.4.2013).
[22] *U. Battis*, in: Sachs, GG, 8. Aufl. 2018, Art. 33 Rn. 32.
[23] BVerfGE 92, 140, 151.

**Inga Gipperich**

lichkeit verstärkt sich, je tiefer ein ehemaliger Mitarbeiter des Staatssicherheits-dienstes konkret in die Aktivitäten des MfS verstrickt war und diese gefördert hat, insbesondere durch das Bekleiden einer Führungsposition. Im Umkehrschluss liegt dieser Verdacht grundsätzlich ferner, je weniger oder je indirekter ein ehemaliger Mitarbeiter des MfS mit den Aufgaben, die dem Staatssicherheitsdienst von der DDR-Regierung zugedacht waren, zu tun hatte oder diese durch seine Tätigkeit ge-fördert hat (z.b. bei Reinigungskräften oder Chauffeuren des MfS).

Die Beschäftigung ehemaliger MfS-Mitarbeiter birgt demnach jedoch grundsätzlich **711** das Potenzial, die Aufarbeitung durch den BStU z.b. durch Aktenmissbrauch oder bewusste Fehlinterpretation der MfS-Tätigkeit zu beeinträchtigen.[24] Ein solcher Missbrauch würde sich zudem in besonders gravierender Weise auswirken, da der BStU strukturell die Zentralstelle zur Aufbewahrung und Verwendung der Stasi-Unterlagen ist, womit ausschließlich er über die sensiblen und damit auch besonders schützenswerten gespeicherten Informationen disponieren kann. Folglich ist die Behörde nicht nur durch ihre Aufgabe, sondern auch durch ihre Struktur erst recht für die Beschäftigung von Ex-MfS Mitarbeitern ungeeignet. Nichtsdestotrotz wird das konkrete Risiko eines Aktenmissbrauchs durch ehemalige MfS-Beschäftigte jedoch als eher gering und als eine abstrakte Gefahr eingeschätzt,[25] insbesondere weil ihr Tätigkeitsfeld oftmals außerhalb der eigentlichen Aufarbeitungstätigkeit des BStU liegt.

Das Kernproblem der Beschäftigung ehemaliger MfS-Mitarbeiter ist somit nicht der **712** tatsächliche Missbrauch, sondern vielmehr das, durch das Bestehen dieser Arbeits-verhältnisse ausgelöste, Glaubwürdigkeitsproblem des BStU in der Öffentlichkeit.[26] Dies äußert sich in Gestalt eines Misstrauens in die inhaltliche Arbeit und die Funktionsweise der Behörde und somit in letzter Konsequenz in die aus dem Rechtsstaatsprinzip abgeleitete Gesetzmäßigkeit der Verwaltung (Art. 20 Abs. 3 GG).[27] Dieses wurde durch Auskünfte des BStU an den Bundestag,[28] welche die

---

[24] *H. H. Klein/K. Schröder/S. Alisch,* Gutachten über die Beschäftigung ehemaliger MfS-An-gehöriger beim BStU, 2007, http://wikileaks.org/wiki/Stasi-in-bstu.pdf (4.5.2013), S. 53.
[25] *H. H. Klein/K. Schröder/S. Alisch,* Gutachten über die Beschäftigung ehemaliger MfS-An-gehöriger beim BStU, 2007, http://wikileaks.org/wiki/Stasi-in-bstu.pdf (4.5.2013), S. 162.
[26] BT-Drucks. 17/7170, 9; *H. H. Klein/K. Schröder/S. Alisch,* Gutachten über die Beschäf-tigung ehemaliger MfS-Angehöriger beim BStU, 2007, http://wikileaks.org/wiki/Stasi-in-bstu.pdf (4.5.2013), S. 67 ff.; *R. Jahn,* Das Lügen darf nicht belohnt werden, Internetauftritt des BStU, 14.3.2011, www.bstu.bund.de/DE/BundesbeauftragterUndBehörde/Bundesbeauf trager/Reden/antrittsrede.html?nn=1704022 (19.4.2013).
[27] *H. H. Klein/K. Schröder/S. Alisch,* Gutachten über die Beschäftigung ehemaliger MfS-Angehöriger beim BStU, 2007, http://wikileaks.org/wiki/Stasi-in-bstu.pdf (4.5.2013),

**Inga Gipperich**

Zahl der dort beschäftigten ehemaligen MfS-Mitarbeiter fälschlicherweise deutlich zu niedrig angaben,[29] verschärft.

**713** Der Ausschluss ehemaliger Mitarbeiter des MfS von einer Tätigkeit beim Bundesbeauftragten ist strukturell vergleichbar mit dem Ausschluss von Richtern, z.B. in der VwGO (§ 54 VwGO mit Verweis auf §§ 41, 42 ZPO), der StPO (§§ 22 – 24 StPO) sowie dem Ausschluss von Ratsmitgliedern in der GO NRW (§ 31 GO NRW) wegen der Besorgnis der Befangenheit.

Sowohl in der Konstellation des § 37a als auch in den zum Vergleich aufgezählten Normen befindet sich ein potenziell befangener Amtsträger in einer Position mit erheblichem Einfluss auf den Ausgang eines bestimmten Verfahrens: Die Richter entscheiden über den Ausgang eines Gerichtsverfahrens, die Ratsmitglieder über das Zustandekommen eines Ratsbeschlusses und die Arbeit der Beschäftigten des BStU bildet die Grundlage für die Aufarbeitung der Aktivitäten des MfS, indem die Mitarbeiter die Hinterlassenschaften des MfS sichten, systematisieren und den vom StUG bestimmten Einsichtsberechtigten zur Verfügung stellen. Nach der Wertung des Gesetzgebers sind zudem all diese Positionen von erheblicher Bedeutung und weisen typischerweise ein strukturelles Defizit an Kontrollmöglichkeiten auf. Dies äußert sich darin, dass selbst schon die abstrakte Gefahr einer Befangenheit des entsprechenden Amtsträgers ausreicht, um dessen Mitwirkungsinteresse zu überwiegen. Eine weitere Gemeinsamkeit besteht darin, dass der Verdacht einer Befangenheit in allen genannten Konstellationen an äußeren, objektiv nachprüfbaren Umständen festgemacht wird. Subjektive Aspekte, wie z.B. die durchaus mögliche Motivation eines ehemaligen MfS-Mitarbeiters durch seine Beschäftigung beim BStU nun die Aufarbeitung der von ihm früher geförderten MfS-Aktivitäten zu unterstützen und somit Reue zu zeigen, bleiben angesichts ihrer nur bedingen Nachprüfbarkeit vollkommen außer Betracht.

---

S. 67 ff.; *R. Jahn*, Das Lügen darf nicht belohnt werden, Internetauftritt des BStU, 14.3.2011, www.bstu.bund.de/DE/BundesbeauftragterUndBehörde/Bundesbeauftrager/Reden/antrittsrede.html?nn=1704022 (19.4.2013); vgl. *J. Schmidt*, in: Eyermann, VwGO, 14. Aufl. 2014, § 54 Rn. 2; vgl. *Kopp/Schenke*, VwGO, 18. Aufl. 2012, § 54 Rn. 1.

[28] BT-Drucks. 13/6744, 1.

[29] *H. H. Klein/K. Schröder/S. Alisch*, Gutachten über die Beschäftigung ehemaliger MfS-Angehöriger beim BStU, 2007, http://wikileaks.org/wiki/Stasi-in-bstu.pdf (4.5.2013), S. 88; *U. Müller*, Die Birthler-Behörde hat ein Stasi-Problem, Die WELT, 29.11.2006, www.welt.de/politik/article699015/Die-Birthler-Behoerde-hat-ein-Stasi-Problem.html (4.5.2013).

**Inga Gipperich**

Wie bei § 37a ist es auch gerade nicht Zweck der zum Vergleich angeführten Vorschriften, einen Richter oder ein Ratsmitglied auf Grundlage eines konkreten Verdachts der unzulässigen Selbst- oder Fremdbegünstigung aus einem Verfahren auszuschließen.[30] Vielmehr sollen in Konstellationen, die typischerweise eine abstrakte Gefahr einer derartigen Begünstigung bergen, z.b. wenn der Richter oder das Ratsmitglied selbst oder seine nahen Angehörigen an dem Verfahren beteiligt sind, die betreffenden Amtsträger von vorne herein ausgeschlossen werden.[31] Dadurch soll der „böse Schein" einer Möglichkeit der unzulässigen Begünstigung gar nicht erst aufkommen und so das grundsätzliche Vertrauen der Öffentlichkeit in die materielle Richtigkeit von Entscheidungen dieser Institutionen gewahrt werden.[32]

An dem vorgenommenen Vergleich wird deutlich, dass der Gesetzgeber mit dem Beschäftigungsverbot eine auf den ersten Blick vorliegende „Bestrafung" ehemaliger MfS-Angehöriger gerade nicht intendiert,[33] sondern eine präventive Maßnahme im Hinblick auf die Glaubwürdigkeit des BStU ergreift. Diese soll zudem eine mögliche Kollision des Aufarbeitungsinteresses des BStU mit eventuellengegenteiligen Interessen ehemaliger MfS-Mitarbeiter von vorne herein ausschließen. Auch bestätigt der Vergleich die doppelte Schutzrichtung des § 37a (Rn. 704), welche auch den im Vergleich angeführten Vorschriften immanent ist. Diese schützen einerseits die Verfahrensbeteiligten, welche mit dem Einzelnen, der Akteneinsicht in die Unterlagen des MfS beantragt, in der Parallelwertung des § 37a vergleichbar sind, vor der Gefahr von Entscheidungen auf Basis sachfremder Erwägungen. Andererseits schützen sie auch das Vertrauen der Allgemeinheit darauf, dass die entsprechenden Institutionen durch eine gesetzmäßige und rechtsstaatliche Handlungsweise geprägt sind.   **714**

Über das allgemeine Glaubwürdigkeitsproblem in der Öffentlichkeit hinaus ist eine Beschäftigung ehemaliger Mitarbeiter des MfS beim BStU grundsätzlich erst recht dazu geeignet, die persönliche Aufarbeitung der Opfer des Staatssicherheitsdienstes zu beeinträchtigen, insbesondere wenn der betreffende Ex-MfS Mitarbeiter die Tätigkeit des Staatssicherheitsdienstes nicht nur in geringem Maße oder lediglich mittelbar gefördert hat. Bei einer direkten Konfrontation mit solchen ehemaligen   **715**

---

[30] *E. Weßlau*, in: SK-StPO, Bd. 1, 4. Aufl. 2014, Vorbemerkung vor § 22 Rn. 2; *W. R. Schenke*, in: Kopp/Schenke, VwGO, 23. Aufl. 2017, § 54 Rn. 1.

[31] *E. Weßlau*, in: SK-StPO, Bd. 1, 4. Aufl. 2014, Vorbemerkung vor § 22 Rn. 1; vgl. *F. Brunner*, in: Kleerbaum/Palmen, GO NRW, 2008, § 31 S. 333.

[32] *F. Brunner*, in: Kleerbaum/Palmen, GO NRW, 2008, § 31 S. 333; *W. R. Schenke*, in: Kopp/Schenke, VwGO, 23. Aufl. 2017, § 54 Rn. 1; vgl. *J. Schmidt*, in: Eyermann, VwGO, 14. Aufl. 2014, § 54 Rn. 2; vgl. *D. Krausnick*, in: Gärditz, VwGO, 2013, § 54 Rn. 6.

[33] BT-Drucks. 17/7170, 9.

**Inga Gipperich**

## § 37a

Stasi-Mitarbeitern im Zuge eines Besuchs der Behörde (z.B. zur Akteneinsicht) können sich Opfer verhöhnt fühlen, weil die „Täter" nun als Repräsentanten der „Aufarbeitungsbehörde" BStU fungieren.[34] Derartige Vorbehalte der Opfer bergen demnach generell das Risiko, dass diese sich gar nicht an die Behörde wenden und von der Aufarbeitung absehen.

**716** Die Einstellung und bis heute fortdauernde Beschäftigung ehemaliger Stasi-Mitarbeiter beim BStU und somit das Zusammenwirken tendenziell gegensätzlicher Interessen hat folglich konkrete negative Auswirkungen, welche der Gesetzgeber mit der Einführung von § 37a beseitigen wollte.[35] Die Relevanz einer ehemaligen Stasi-Tätigkeit von Mitarbeitern des BStU kann angesichts der Zwecke des BStU und der fortdauernden Auswirkungen auf die Opfer und die Behörde selbst auch nicht durch Zeitablauf als vollkommen erledigt angesehen werden.

**IV. Rechtfertigung der Beschäftigung ehemaliger Stasi-Mitarbeiter**

**717** Der Kritik an der Einstellung ehemaliger Stasi-Mitarbeiter beim BStU Anfang und Mitte der 1990er Jahre wurde mit dem Argument entgegen getreten, diese Mitarbeiter hätten als Einzige ausreichend DDR-Verwaltungserfahrung und hinreichende Kenntnisse über die Vorgänge und Arbeitsweise des MfS.[36] Ihr Wissen werde benötigt, um die Verknüpfung von Informationen aus unterschiedlichen Arbeitsbereichen des MfS zu ermöglichen und um Informationen in den Akten entsprechend interpretieren zu können.[37] Dieser Schluss liegt insbesondere nahe, weil sich die Struktur der MfS-Arbeit in vielen Bereichen auf die Arbeit des BStU übertragen hat, z.B. die Einteilung der Menschen in Täter- und Opferkategorien oder die Arbeit auf Grundlage von Informationen, deren Wahrheitsgehalt teilweise zweifelhaft ist (§ 6 Rn. 126 f.).[38] Viele Gemeinsamkeiten werden allerdings schon allein durch den Umstand begründet, dass der BStU mit den nach einer bestimmten Vorgehensweise angelegten Unterlagen des MfS arbeitet, sie liegen folglich in der Natur der Sache.[39]

---

[34] *U. Müller*, Die Birthler-Behörde hat ein Stasi-Problem, Die WELT, 29.11.2006, www.welt.de/politik/article699015/Die-Birthler-Behoerde-hat-ein-Stasi-Problem.html (4.5.2013); *R. Jahn*, Das Lügen darf nicht belohnt werden, Internetauftritt des BStU, 14.3.2011, www.bstu.bund.de/DE/BundesbeauftragterUndBehörde/Bundesbeauftrager/Reden/antrittsrede.html?nn=1704022 (19.4.2013).

[35] BT-Drucks. 17/7170, 9.

[36] BT-Drucks. 13/6744, 1; *J. Gauck*, Die Stasi-Akten, S. 104.

[37] *J. Gauck*, Die Stasi-Akten, S. 104.

[38] *I. Markovits*, Law & Society Review 2001, 513, 553 f.

[39] Als Beispiel können hier die Personenkennzahlen (PKZ) des Staatssicherheitsdienstes dienen, welche vom BStU weiterhin verwendet wurden um Decknamen von MfS-Mitarbeitern zu entschlüsseln, *I. Markovits*, Law & Society Review 2001, 513, 553 f.

**Inga Gipperich**

Als weiterer Rechtfertigungsgrund wird angeführt, dass sich die ehemaligen Stasi-Beschäftigten vom MfS gelöst hätten und von der Bürgerrechtsbewegung allgemein akzeptiert seien.[40]

Diese Rechtfertigungsansätze, insbesondere die unbedingte Notwendigkeit ehemaliger Stasi-Mitarbeiter in der Aufbauphase des BStU wurden gleichwohl in jüngster Zeit als verfehlt angesehen.[41]

Die bis heute fortdauernde Beschäftigung ehemaliger Stasi-Mitarbeiter bzw. das **718** jahrzehntelange Festhalten an deren Arbeitsverhältnissen ist mit der Begründung, man brauche deren besondere einzigartige Kenntnisse, jedoch nicht mehr zu rechtfertigen, da es in dem Zeitrahmen zwischen der Gründung des BStU und der Gegenwart durchaus möglich war, dieses Wissen auf andere Mitarbeiter ohne MfS-Hintergrund zu übertragen. Mit der weiteren Anführung dieser Rechtfertigung würde der BStU sogar zugeben, dass der intendierte Transfer dieser Kenntnisse trotz des Zeitablaufes offensichtlich nicht stattgefunden hat, was dem Eingeständnis eines personalpolitischen Fehlers gleichkommen würde.

## V. Kritik an der gesetzlichen Lösung

Als ein Kritikpunkt an der Lösung des Konfliktes um ehemalige Stasi-Mitarbeiter **719** beim BStU wird angebracht, bei dem § 37a handele es sich um ein nach Art. 19 Abs. 1 S. 1 GG unzulässiges Einzelfallgesetz, da sich die Vorschrift in der praktischen Anwendung nur auf die kleine Zahl der momentan 39 ehemaligen Stasi-Mitarbeiter beim BStU (Stand: Dezember 2012)[42] beziehe.[43] Dagegen ist einzuwenden, dass die meisten Gesetze nur einen beschränkten Personenkreis oder einen einzelnen Sachverhalt betreffen, womit allein die Allgemeinheit des Gesetzes kein taugliches Abgrenzungskriterium ist.[44] Vielmehr ist darauf abzustellen, ob die Abgrenzung

---

[40] BT-Drucks. 13/6744, 1.

[41] BT-PlPr 17/131, 15551; *M. Geiler/T. Schiller*, Stasi-Beauftragter Jahn: „Ich war nie das Opferlamm.", Internetauftritt des BStU, 15.1.2012, http://www.bstu.bund.de/DE/BundesbeauftragterUndBehoerde/Bundesbeauftragter/Interviews/2012_01_15_chrismon.html (4.5.2013); *J. Beleites*, Mit lautem Donner zu kurz gesprungen, Deutschland Archiv, 15.11.2011, www.bpd.de/geschichte/zeitgeschichte/deutschlandarchiv/53017/novelle-des-stasi-unterlagen-gesetzes?p=2 (24.4.2013), S. 3.

[42] Elfter Tätigkeitsbericht des BStU, 2013, S. 12.

[43] BT-Drucks. 17/7170, 7; *J. Beleites*, Mit lautem Donner zu kurz gesprungen, Deutschland Archiv, 15.11.2011, www.bpd.de/geschichte/zeitgeschichte/deutschlandarchiv/53017/novelle-des-stasi-unterlagen-gesetzes?p=2 (24.4.2013), S. 3.

[44] *K. Hesse*, Grundzüge des Verfassungsrechts der Bundesrepublik Deutschland, Rn. 330; i. E. auch *M. Sachs*, in: Sachs, GG, 8. Aufl. 2018, Art. 19 Rn. 23.

**Inga Gipperich**

eines Personenkreises oder eines Sachverhaltes im Zuge einer gesetzlichen Regelung gerechtfertigt ist.[45] Die Regelung des § 37a richtet sich an die noch beim BStU beschäftigten ehemaligen Mfs-Mitarbeiter und somit an einen zahlenmäßig feststehenden Adressatenkreis und regelt mit deren Versetzung genau einen Sachverhalt. Insofern ließe sich durchaus von einem Einzelfallgesetz sprechen. Die Belastung der Beschäftigten im Zusammenspiel mit dem spezifischen Zweck und der Struktur des BStU (Rn. 706 ff.) kreiert indes eine besondere Sachlage, die eine gesonderte Regelung der Beschäftigung ehemaliger Stasi-Mitarbeiter beim BStU rechtfertigt.

**720** Weiterhin wird kritisiert, die Norm verstoße gegen das Rückwirkungsverbot.[46] Das absolute Rückwirkungsverbot aus Art. 103 Abs. 2 GG ist jedoch nicht berührt. Allein ein Dienstverhältnis mit dem MfS reicht für einen strafrechtlichen Schuldvorwurf nicht aus, zumal der Zweck des § 37a primär die Erhaltung bzw. die Wiederherstellung der Glaubwürdigkeit des BStU und der Opferschutz, nicht aber die Bestrafung ehemaliger MfS-Mitarbeiter ist (Rn. 714). Somit handelt es sich bei der Versetzung ehemaliger MfS-Angehöriger nicht um eine Strafe i.S.d. Art. 103 Abs. 2 GG.[47] Auch das aus dem Rechtsstaatsprinzip gem. Art. 20 Abs. 3 GG abgeleitete allgemeine Rückwirkungsverbot steht einer Verfassungsmäßigkeit der Norm nicht entgegen. Bei der Versetzung ehemaliger MfS-Mitarbeiter handelt es sich um einen Fall unechter Rückwirkung bzw. tatbestandlicher Rückanknüpfung,[48] welche grundsätzlich zulässig ist.[49] Im Allgemeinen ist die Anknüpfung von Rechtsfolgen an den Status als ehemaliger MfS-Mitarbeiter gem. § 6 Abs. 4 ein verfassungsrechtlich zulässiges besonderes Strukturmerkmal des StUG.[50]

---

[45] *K. Hesse,* Grundzüge des Verfassungsrechts der Bundesrepublik Deutschland, Rn. 330; *H. Dreier,* in: Dreier, GG, Bd. 1, 3. Aufl. 2013, Art. 19 Abs. 1 Rn. 16; *M. Sachs,* in: Sachs, GG, 8. Aufl. 2018, Art. 19 Rn. 23.

[46] BT-Drucks. 17/7170, 7.

[47] Vgl. *H. Schulze-Fielitz,* in: Dreier, GG, Bd. 3, 3. Aufl. 2018, Art. 103 Abs. 2 Rn. 21.

[48] *J. Weberling,* Arbeitsrechtliche Möglichkeiten zur Beendigung von Dienstverhältnissen zwischen der Behörde des Bundesbeauftragten für die Unterlagen des Staatssicherheitsdienstes der ehemaligen DDR (BStU) und ehemaligen Mitarbeitern des Ministeriums für Staatssicherheit (MfS), 2.7.2011, http://www.bstu.bund.de/SharedDocs/Downloads/DE/2011 0705-weberling-arbeitsrechtliches-gutachten.pdf?__blob=publicationFile (20.5.2013), S. 65.

[49] BVerfGE 30, 392, 402; BVerfGE 63, 152, 175; BVerfGE 92, 277, 325; BVerfGE 95, 64, 86; BVerfGE 97, 271, 289; BVerfGE 101, 239, 263; BVerfGE 103, 392, 403; BVerfGE 109, 96, 122.

[50] *M. Budsinowski,* in: Geiger/Klinghardt, StUG, 2. Aufl. 2006, § 6 Rn. 39.

**Inga Gipperich**

Überdies ist zu fragen, warum sich der Gesetzgeber der Probleme um ehemalige   **721**
MfS-Beschäftigte in der Stasi-Unterlagen Behörde nicht zu einem früheren Zeitpunkt angenommen hat. Es bestand die Möglichkeit, eine gesetzliche Grundlage für
eine Versetzung schon zu einem früheren Zeitpunkt zu schaffen, befristete Arbeitsverträge nicht zu verlängern oder alternative Beschäftigungsmodelle zu wählen (z.b.
freie Mitarbeit oder Mitarbeit auf Honorarbasis), mit welchen die heute nur schwer
lösbare Bindung ehemaliger Stasi-Mitarbeiter an den BStU verhindert worden wäre.
Der Gesetzgeber hat die dauerhafte Bindung an ehemalige MfS-Angehörige jedoch
nicht als problematisch gesehen und ging laut Gesetzesbegründung davon aus, der
Konflikt werde sich durch Zeitablauf erledigen,[51] obwohl es durchaus schon bei der
Einstellung ehemaliger MfS-Angehöriger erkennbar war, dass dies nicht der Fall
sein wird (Rn. 716).

Darüber hinaus wird kritisiert, der Gesetzgeber solle den Konflikt um ehemalige   **722**
MfS-Mitarbeiter beim BStU statt durch Gesetz besser im Wege einer einvernehm-
lichen Lösung mit den Beschäftigten oder einer Abfindung dieser lösen.[52] In der
2. Beratung des 8. StUÄndG im Bundestag wurde jedoch darauf hingewiesen, dass
trotz dahingehend erfolgter Angebote keiner der ehemaligen Stasi-Mitarbeiter den
BStU freiwillig verlassen wolle.[53]

Bis Dezember 2012 sind lediglich 3 ehemalige Stasi-Mitarbeiter auf einen anderen   **723**
Arbeitsplatz innerhalb der Bundesverwaltung versetzt worden.[54] In diesem Zusammenhang wird kritisiert, die Vorschrift sei kein wirkungsvolles Instrument, um die
ehemaligen MfS-Mitarbeiter aus der Behörde zu entfernen, sondern lediglich das
Ergebnis einer Symbolpolitik.[55] Die geringe Zahl der bisher erfolgten Versetzungen
ist jedoch auf den Mangel an gleichwertigen und zumutbaren Arbeitsplätzen i.S.d.
§ 37a S. 2 zurückzuführen.[56] Das Kriterium der Gleichwertigkeit und Zumutbarkeit
ist jedoch zur Wahrung der Verhältnismäßigkeit der Versetzung zwingend (vertiefend Rn. 729).

---

[51] BT-Drucks. 17/7170, 9.
[52] BT-PlPr 17/131, 15541; *J. Beleites*, Mit lautem Donner zu kurz gesprungen, Deutschland
Archiv, 15.11.2011, www.bpd.de/geschichte/zeitgeschichte/deutschlandarchiv/53017/novelle-
des-stasi-unterlagen-gesetzes?p=2 (24.4.2013), S. 3.
[53] BT-PlPr 17/131, 15543.
[54] Elfter Tätigkeitsbericht des BStU, 2013, S. 12.
[55] *J. Beleites*, Mit lautem Donner zu kurz gesprungen, Deutschland Archiv, 15.11.2011,
www.bpd.de/geschichte/zeitgeschichte/deutschlandarchiv/53017/novelle-des-stasi-unterlagen-
gesetzes?p=2 (24.04.2013), S. 3.
[56] Elfter Tätigkeitsbericht des BStU, 2013, S. 13.

**Inga Gipperich**

**B.  Erläuterungen**

**I.  Zu Satz 1**

**724**   § 37a S. 1 normiert ein prinzipielles Verbot der Beschäftigung ehemaliger Mitarbeiter des Staatssicherheitsdienstes der ehemaligen DDR beim BStU, von welchem nur nach Satz 2 in Bezug auf schon beim BStU beschäftigter Ex-Stasi-Mitarbeiter eine Ausnahme zulässig ist, sofern für diese kein gleichwertiger und zumutbarer Arbeitsplatz i.S.d. S. 2 zur Verfügung steht. Der Begriff des Mitarbeiters in dieser Vorschrift deckt sich mit dem in § 6 Abs. 4[57] und umfasst folglich sowohl hauptamtliche als auch inoffizielle Mitarbeiter des Staatssicherheitsdienstes.

Die Sätze 2 und 3 regeln den Umgang mit bereits beim BStU beschäftigten ehemaligen MfS-Angehörigen speziell und beschränken somit den Anwendungsbereich des Satzes 1, dem hauptsächlich die Funktion zukommt, den allgemeinen Grundsatz des Beschäftigungsverbotes generalklauselartig zu konstituieren. In seinem Anwendungsbereich wirkt er insbesondere Neueinstellungen ehemaliger MfS-Beschäftigter beim BStU entgegen.[58]

**725**   Das Beschäftigungsverbot ehemaliger MfS-Angehöriger beim BStU ist ein Eingriff in den Schutzbereich ihrer Berufsfreiheit (Art. 12 Abs. 1 GG). Da es sich bei der Anknüpfung an eine frühere MfS-Zugehörigkeit um eine subjektive Berufswahlregelung i.S.d. 3 Stufen Theorie des BVerfG[59] handelt, ist der Eingriff nur mit dem Schutz überragender Gemeinschaftsgüter zu rechtfertigen. Eine Umsetzung ehemaliger Stasi-Mitarbeiter auf Stellen innerhalb des BStU, die für die inhaltliche Arbeit mit den Unterlagen weniger relevant sind, ist zwar ein milderes Mittel aber nicht gleich effektiv wie die Versetzung in andere Behörden, da die rein tatsächliche Beschäftigung von früheren MfS-Bediensteten beim BStU unabhängig von ihrer genauen Dienstposition in der Kritik steht.[60] Dies macht die durch § 37a angeordnete Versetzungsmaßnahme erforderlich.

---

[57] BT-Drucks. 17/7170, 9.

[58] BT-Drucks. 17/7170, 9.

[59] BVerfGE 7, 377, 378.

[60] *J. Weberling*, Arbeitsrechtliche Möglichkeiten zur Beendigung von Dienstverhältnissen zwischen der Behörde des Bundesbeauftragten für die Unterlagen des Staatssicherheitsdienstes der ehemaligen DDR (BStU) und ehemaligen Mitarbeitern des Ministeriums für Staatssicherheit (MfS), 2.7.2011, http://www.bstu.bund.de/SharedDocs/Downloads/DE/2011 0705-weberling-arbeitsrechtliches-gutachten.pdf?__blob=publicationFile (20.5.2013), S. 64.

**Inga Gipperich**

Gegen ein Verbot, ehemalige Stasi-Mitarbeiter zu beschäftigen, kann angeführt **726** werden, dass auch die früheren „Täter" ein Recht auf Resozialisierung[61] haben und ihnen die frühere Stasi-Mitarbeit nicht unbegrenzt zum Nachteil gereichen kann. Nach dem Sinn und Zweck des Resozialisierungsgedankens ist dieser nicht nur auf Straftäter beschränkt, sondern umfasst alle Personen, die durch ein bestimmtes Vorverhalten auf Basis einer moralischen oder politischen Schuldzuweisung gesellschaftlich ausgegrenzt werden,[62] worunter auch ehemalige Beschäftigte des Staatssicherheitsdienstes fallen.

Allerdings muss auch ins Gewicht fallen, dass gerade die Stasi-Unterlagen-Behörde auf Grund ihrer Sensibilität (Rn. 711) nicht der richtige Ort für eine Rehabilitierung ehemaliger Stasi-Mitarbeiter ist. Im Gegenteil, eine Beschäftigung ehemaliger Mitarbeiter beim BStU schürt erst recht ein generelles Misstrauen der Opfer und der Öffentlichkeit in die Integrität dieser Mitarbeiter (Rn. 709 ff.), unabhängig von dem Umstand, ob sie sich in der praktischen Arbeit vielleicht sogar bewährt haben. Darüber hinaus könnte fraglich sein, inwieweit die Arbeit beim BStU und somit die tägliche Konfrontation ehemaliger MfS-Mitarbeiter mit dem durch den Staatssicherheitsdienst begangenem Unrecht einer Resozialisierung zuträglich ist.

Für die Zulässigkeit eines solchen Beschäftigungsverbotes spricht, dass frühere **727** Stasi-Mitarbeiter im Regelfall nicht gem. Art. 33 Abs. 2 GG für eine Beschäftigung im öffentlichen Dienst geeignet sind.[63] Solche Zweifel sind erst recht bzgl. der Beschäftigung beim BStU in Ansehung seiner Sensibilität (Rn. 711) angebracht.[64] Andererseits ist auch der Zeitablauf insoweit zu berücksichtigen, dass sich politische Haltungen ändern können und längere beanstandungsfreie Beschäftigungszeiträume wie im Falle der beim BStU angestellten ehemaligen MfS-Mitarbeiter auf eine Bewährung, innere Distanz und Abkehr von früheren Einstellungen und Taten hinweisen können.[65] Dementsprechend muss bei der Beurteilung der persönlichen Eignung des einzelnen Mitarbeiters eine umfassende Würdigung seines gesamten Verhaltens stattfinden, wobei Anhaltspunkte unter anderem der Identifikationsgrad mit dem

---

[61] BVerfGE 35, 202, 235 f.

[62] *J. Drohla*, Aufarbeitung versus Allgemeines Persönlichkeitsrecht, 2011, S. 303.

[63] BVerfGE 96, 189, 198; *U. Battis*, in: Sachs, GG, 8. Aufl. 2018, Art. 33 Rn. 36.

[64] Ähnlich *J.Weberling*, Arbeitsrechtliche Möglichkeiten zur Beendigung von Dienstverhältnissen zwischen der Behörde des Bundesbeauftragten für die Unterlagen des Staatssicherheitsdienstes der ehemaligen DDR (BStU) und ehemaligen Mitarbeitern des Ministeriums für Staatssicherheit (MfS), 2.7.2011, http://www.bstu.bund.de/SharedDocs/Downloads/DE/2011 0705-weberling-arbeitsrechtliches-gutachten.pdf?__blob=publicationFile (20.5.2013), S. 63.

[65] BVerfGE 96, 171, 187 f.; BAG NZA 1998, 474, 476; BAG NZA 1998, 1052, 1053.

**Inga Gipperich**

Herrschaftssystem der DDR und das Verhalten und die Einstellung des Mitarbeiters gegenüber staatlicher Autorität im Allgemeinen sind.[66] Weiterhin ist für die Zulässigkeit des Beschäftigungsverbotes das Allgemeine Persönlichkeitsrecht (Art. 2 abs. 1 i.V.m. Art. 1 Abs. 1 GG) anzuführen, worin die persönliche Aufarbeitung der Einflussnahme des Staatssicherheitsdienstes auf die Betroffenen i.S.d. StUG verankert ist. Die Aufarbeitung der Stasi-Aktivitäten aus juristischer, politischer und historischer Sicht ist zwar kein Verfassungsgut, hat aber durch ihre Nähe zu den Werten der Verfassung und ihren essentiellen Beitrag zur Etablierung der demokratischen Kultur einen hohen Stellenwert.[67] Diese Ausprägungen der Aufarbeitung, welche durch die Beschäftigung ehemaliger Stasi-Mitarbeiter erschwert werden können (Rn. 715), sind zudem in § 1 Abs. 1 einfachgesetzlich normiert und sind gleichzeitig Zweck und Daseinsberechtigung des BStU (Rn. 709). Das Überwiegen der durch das Beschäftigungsverbot geschützten Belange rechtfertigt den dadurch vorgenommenen Eingriff in die Berufsfreiheit, womit die Norm auch unter Verhältnismäßigkeitsgesichtspunkten zulässig ist.

## II. Zu Satz 2 und 3

728 Nach Satz 2 sollen bereits beim BStU beschäftigte frühere Stasi-Mitarbeiter ihren Fähigkeiten entsprechend unter Berücksichtigung sozialer Belange des Einzelnen auf einen gleichwertigen und zumutbaren Arbeitsplatz innerhalb der Bundesverwaltung versetzt werden. Der Wortlaut der Norm („sind zu versetzen") eröffnet dem BStU bei Vorliegen der Tatbestandsvoraussetzungen des § 37a S. 2 kein Ermessen. Die Gleichwertigkeit des Arbeitsplatzes bezieht sich auf die Gesamtheit aller für den Beschäftigten relevanten Arbeitsumstände, als Beispiele sind das Arbeitsentgelt, die Arbeitszeit oder auch die Entfernung der Arbeitsstelle vom Wohnort zu nennen. Dabei sollen neben wirtschaftlichen- auch soziale Belange, wie z.B. das Lebensalter oder der Familienstand des Mitarbeiters berücksichtigt werden.[68] Satz 3 hebt das Interesse des Arbeitnehmers an einer gleichwertigen Arbeitssituation sowie seine persönlichen und familiären Umstände als besonders gewichtige Kriterien für die Beurteilung der Zumutbarkeit der Versetzung heraus.

729 Bei der Rechtfertigung von Versetzungsmaßnahmen bezüglich bereits beim BStU angestellter Ex-MfS Mitarbeiter muss zusätzlich zu den oben aufgeführten Abwägungsgesichtspunkten (Rn. 725) berücksichtigt werden, dass der BStU in der Vergangenheit keinerlei Maßnahmen zur Beendigung von Arbeitsverhältnissen mit

---

[66] BVerfGE 96, 152, 165.
[67] *J. Drohla*, Aufarbeitung versus Allgemeines Persönlichkeitsrecht, 2011, S. 176, 191.
[68] Vgl. BT-Drucks. 17/7170, 9.

**Inga Gipperich**

diesen Mitarbeitern, gestützt auf deren frühere MfS-Betätigung, traf (Rn. 706). Die Beschäftigten konnten dementsprechend auch auf das zukünftige Ausbleiben diesbezüglicher arbeitsrechtlicher Schritte und somit den Bestand ihres Arbeitsverhältnisses berechtigterweise vertrauen. Überdies wurden ehemalige Stasi-Mitarbeiter nicht trotz sondern wegen ihrer Tätigkeit für das MfS eingestellt (Rn. 717).[69] Eine Ausdehnung des pauschalen Beschäftigungsverbotes aus S. 1 auf diese Mitarbeitergruppe würde dementsprechend den Vertrauensschutz der Mitarbeiter nicht angemessen mit einbeziehen und wäre unter dem Aspekt der Verhältnismäßigkeit nicht zu rechtfertigen. Die Versetzung gem. § 37a S. 2, 3 ist jedoch eine weniger beeinträchtigende Maßnahme als eine Kündigung und an derart enge Voraussetzungen geknüpft, dass sie für die betroffenen Mitarbeiter nur eine geringe Beeinträchtigung darstellt.[70] Diese Privilegierung von ehemaligen Stasi-Mitarbeitern, welche zum Inkrafttreten des § 37a in einem Dienstverhältnis mit dem BStU standen, ist folglich notwendig, um die Verhältnismäßigkeit der angeordneten Versetzung sicherzustellen.

Nach § 37a S. 2 letzter Halbsatz gilt diese Privilegierung nicht, wenn ehemalige **730** Angestellte des Staatssicherheitsdienstes ihre dortige Tätigkeit, bei ihrer Einstellung verschwiegen haben, da diese als Element der persönlichen Eignung für den öffentlichen Dienst gem. Art. 33 Abs. 2 GG und insbesondere für eine Anstellung beim BSTU erheblich ist (Rn. 710). Dieses Tatbestandsmerkmal des Verschweigens ist jedenfalls dann erfüllt, wenn ein Angestellter bei seiner Einstellung eine nicht ganz unbedeutende Tätigkeit für den Staatssicherheitsdienst wahrheitswidrig abgestritten hat.[71] Zwar erfüllt auch grundsätzlich eine unbedeutende Tätigkeit für das MfS, bei-

---

[69] *J. Weberling*, Arbeitsrechtliche Möglichkeiten zur Beendigung von Dienstverhältnissen zwischen der Behörde des Bundesbeauftragten für die Unterlagen des Staatssicherheitsdienstes der ehemaligen DDR (BStU) und ehemaligen Mitarbeitern des Ministeriums für Staatssicherheit (MfS), 2.7.2011, http://www.bstu.bund.de/SharedDocs/Downloads/DE/2011 0705-weberling-arbeitsrechtliches-gutachten.pdf?__blob=publicationFile (20.5.2013), S. 22.

[70] I. E. auch *J.Weberling*, Arbeitsrechtliche Möglichkeiten zur Beendigung von Dienstverhältnissen zwischen der Behörde des Bundesbeauftragten für die Unterlagen des Staatssicherheitsdienstes der ehemaligen DDR (BStU) und ehemaligen Mitarbeitern des Ministeriums für Staatssicherheit (MfS), 2.7.2011, http://www.bstu.bund.de/SharedDocs/Downloads/DE/ 20110705-weberling-arbeitsrechtliches-gutachten.pdf?__blob=publicationFile (20.5.2013), S. 66, i. E. auch Stoltenberg/Bossack, StUG, 2012, § 37a Rn. 4.

[71] *J. Weberling*, Arbeitsrechtliche Möglichkeiten zur Beendigung von Dienstverhältnissen zwischen der Behörde des Bundesbeauftragten für die Unterlagen des Staatssicherheitsdienstes der ehemaligen DDR (BStU) und ehemaligen Mitarbeitern des Ministeriums für Staatssicherheit (MfS), 2.7.2011, http://www.bstu.bund.de/SharedDocs/Downloads/DE/2011 0705-weberling-arbeitsrechtliches-gutachten.pdf?__blob=publicationFile (20.5.2013), S. 26.

**Inga Gipperich**

spielsweise als Fahrer oder Reinigungskraft, den Tatbestand des § 37a S. 2 letzter Halbsatz, jedoch ist in solchen Fällen eine Entlassung auf Grund dieser Anstellung unter dem Aspekt der Verhältnismäßigkeit kaum zu rechtfertigen.

Aus dem Verschweigen der MfS-Tätigkeit kann auch ein Vertrauensverlust des BStU in den betreffenden Mitarbeiter resultieren, welcher einen wichtigen Grund i.S.d. § 626 BGB darstellt und eine außerordentliche Kündigung nach dieser Vorschrift rechtfertigt.[72] Dafür ist gleichwohl auch die Art der verschwiegenen Stasi-Tätigkeit und ggf. ein längerer Zeitraum beanstandungsloser Arbeit für den BStU zu berücksichtigen.[73]

---

[72] *J. Weberling*, Arbeitsrechtliche Möglichkeiten zur Beendigung von Dienstverhältnissen zwischen der Behörde des Bundesbeauftragten für die Unterlagen des Staatssicherheitsdienstes der ehemaligen DDR (BStU) und ehemaligen Mitarbeitern des Ministeriums für Staatssicherheit (MfS), 2.7.2011, http://www.bstu.bund.de/SharedDocs/Downloads/DE/2011 0705-weberling-arbeitsrechtliches-gutachten.pdf?__blob=publicationFile (20.5.2013), S. 23.

[73] *J. Weberling*, Arbeitsrechtliche Möglichkeiten zur Beendigung von Dienstverhältnissen zwischen der Behörde des Bundesbeauftragten für die Unterlagen des Staatssicherheitsdienstes der ehemaligen DDR (BStU) und ehemaligen Mitarbeitern des Ministeriums für Staatssicherheit (MfS), 2.7.2011, http://www.bstu.bund.de/SharedDocs/Downloads/DE/2011 0705-weberling-arbeitsrechtliches-gutachten.pdf?__blob=publicationFile (20.5.2013), S. 23, 26.

**Inga Gipperich**

## § 42 Gebühren und Auslagen

(1) Für individuell zurechenbare öffentliche Leistungen nach den §§ 13 und 15 bis 17 gegenüber nichtöffentlichen Stellen nach § 19 in Verbindung mit den §§ 20, 21 und 26 sowie nach den §§ 32 und 34 sind zur Deckung des Verwaltungsaufwands Gebühren und Auslagen zu erheben. In den Fällen des Widerrufs oder der Rücknahme eines Verwaltungsaktes, der Ablehnung oder Zurücknahme eines Antrags auf Vornahme einer individuell zurechenbaren öffentlichen Leistung sowie der Zurückweisung oder Zurücknahme eines Widerspruchs sind ebenfalls Gebühren zu erheben. Für Auskünfte an Betroffene, Dritte und nahe Angehörige Vermisster oder Verstorbener sowie für die ihnen gewährte Einsicht in die Unterlagen werden Gebühren und Auslagen nicht erhoben.

(2) Das für Kultur und Medien zuständige Mitglied der Bundesregierung hat durch Rechtsverordnung ohne Zustimmung des Bundesrates die gebührenpflichtigen Tatbestände und die Gebührensätze zu bestimmen und hat in der Rechtsverordnung feste Sätze oder Rahmengebühren vorzusehen. In der Rechtsverordnung kann die Erstattung von Auslagen abweichend von den Regelungen des Bundesgebührengesetzes bestimmt werden.

*Literaturangaben: Geiger, Hansjörg/Klinghardt, Heinz (Hrsg.), Stasi-Unterlagen-Gesetz-Kommentar, 2. Aufl., Stuttgart 2006; Schmidt, Dietmar/Dörr, Erwin, Stasi-Unterlagen-Gesetz, Köln 1993; Stoltenberg, Klaus/Bossack, Carolin, Stasi-Unterlagen Gesetz, Baden-Baden 2012; Stoltenberg, Klaus, Erläuterungen zum Stasi-Unterlagen-Gesetz, in: Das Deutsche Bundesrecht, Baden-Baden 2000; Stoltenberg, Klaus, Die historische Entscheidung für die Öffnung der Stasi-Akten – Anmerkungen zum Stasi–Unterlagen–Gesetz, in: DtZ 1992, S. 65–72.*

### A. Allgemeines

Die Norm regelt die Gebühren und Auslagen für die Auskunft, Einsichtnahme und Herausgabe von Unterlagen für individuell zurechenbare öffentliche Leistungen durch die BStU.

Seit dem Inkrafttreten des StUG im Jahre 1991 wurde § 42 StUG vielfach neu gefasst. Durch das 2. StÜÄndG vom 26.7.1994 wurde § 42 Abs. 1 S. 2 neu eingefügt. Zudem wurde der bisherige S. 2 zu S. 3. Dieser wurde um den Personenkreis erweitert, der von der Gebührenpflicht befreit ist.[1] Des Weiteren wurde durch das 2. StÜÄndG die Gebührenpflicht für die Verwendung von Unterlagen für die **731**

---

[1] BGBl. I 1994, 1748.

**Jennifer Janssen, Jasmin Maaßen**

politische und historische Aufarbeitung gem. § 32 sowie für die Verwendung von Unterlagen durch Presse, Rundfunk und Film gem. § 34 festgelegt.[2] Mit dem 3. StUÄndG vom 20.12.1996 wurde der Verweis auf „§§ 13 bis 17" durch „§§ 13 und 15 bis 17" geändert.

**732** In Abs. 2 wird das für Kultur und Medien zuständige Mitglied der Bundesregierung dazu bestimmt, durch Rechtsverordnung die gebührenpflichtigen Tatbestände und die Gebühren-sätze festzulegen. Hierzu hat der Bundesminister des Innern am 13.7.1992 die Verordnung über die Kosten beim Bundesbeauftragten für die Unterlagen des Staatssicherheitsdienstes der ehemaligen Deutschen Demokratischen Republik (StUKostV) erlassen.[3] Die StUKostV, welche am 18.7.1992 in Kraft getreten ist, wurde erstmals durch die Stasi-Unterlagen-Kostenänderungsverordnung vom 8.5.1995 geändert. Eine weitere Änderung erfolgte am 7.8.2013.[4] Demnach tritt die StUKostV ab dem 14.8.2018 außer Kraft. Ab diesem Zeitpunkt findet ausschließlich das Bundesgebührengesetz (BGebG) Anwendung.

**733** Durch Art. 2 Abs. 57 des Gesetzes zur Strukturreform des Gebührenrechts des Bundes vom 7.8.2013[5] fanden mehrere Erneuerungen statt.

Zum einen wurde die Überschrift der Norm von „Kosten" durch „Gebühren und Auslagen" ersetzt. In Abs. 1 S. 1, 2 und 3 wurde der Begriff der „Amtshandlung" durch „individuell zurechenbare öffentliche Leistungen" sowie die „Kosten" durch „Gebühren", bzw. „Gebühren und Auslagen" ausgewechselt. In Abs. 2 S. 2 wurde das Wort „Verwaltungskostengesetzes" durch das Wort „Bundesgebührengesetzes" ersetzt. Diese Änderungen waren für eine transparente und nachvollziehbare Gebührenerhebung notwendig, da in der Vergangenheit eine stark zersplitterte Struktur des Verwaltungsgebührenrechts des Bundes in weit über 200 Gesetzen und Rechtsverordnungen herrschte.[6] Das Bundesgebührengesetz bezweckt die Transparenz und Rechtssicherheit für Bürger, Wirtschaft und Verwaltung, welche auch für das StUG unumgänglich sind.

**734** Zu beachten ist, dass § 42 seit dem 14.8.2018 weggefallen ist. In der Inhaltsübersicht wird die Angabe nur noch „§ 42 (weggefallen)" lauten.[7]

---

[2] BGBl. I 1994, 1748.
[3] BGBl. I 1992, 1241; *J. Rapp-Lücke,* in: Geiger/Klinghardt, StUG, 2. Aufl. 2006, § 42 Rn. 2.
[4] BGBl. I 2013, 3154, insb. 3172.
[5] BGBl. I 2013, 3154.
[6] BT-Drucks. 17/12722, 1.
[7] BGBl. I 2013, 3154, insb. 3203.

**Jennifer Janssen, Jasmin Maaßen**

## B.  Erläuterungen

### I.  Zu Abs. 1

S. 1 legt die Gebührenpflicht für die Auskunft, Einsicht und Herausgabe nach den   **735**
§§ 13 und 15 bis 17 sowie gegenüber nicht-öffentlichen Stellen nach § 19 i.V.m den
§§ 20, 21, 26 sowie 32 und 34 fest. Das StUG und die StUKostV unterscheiden
zwischen Gebühren und Auslagen.[8] Während die Gebühren den Verwaltungsaufwand für die Bearbeitung der Anträge sowie der im Einzelfall anfallenden Personal-
kosten abdecken sollen, werden die Materialkosten – beispielsweise die Kosten für
die Herstellung von Duplikaten, Verpackungen bzw. für den Versand – durch die
Auslagen erfasst.[9]

Aus § 2 Abs. 4 BDSG ergibt sich, dass nicht-öffentliche Stellen natürliche und   **736**
juristische Personen, Gesellschaften u.ä.Personenvereinigungen des privaten Rechts
sind, soweit sie nicht unter Abs. 1 bis Abs. 3 fallen.[10] Aus dem Umkehrschluss aus
S. 1 ergibt sich, dass die Auskunft, Einsichtnahme und Herausgabe von Unterlagen
für öffentliche Stellen grundsätzlich nicht gebührenpflichtig ist.[11] Aus der Aufzählung der §§ 16 und 17 folgt, dass sowohl für Mitarbeiter als auch für Begünstigte
eine Gebührenpflicht besteht.[12] Wer Mitarbeiter des Staatssicherheitsdienstes ist,
richtet sich nach § 6 Abs. 4. Aufgrund der fehlenden Opfereigenschaft der Mitarbeiter und Begünstigten hat der Gesetzgeber diese Personengruppe nicht von der
Gebührenpflicht für Duplikate befreit.[13] Der aktuelle Preis für die Herstellung und
Herausgabe von Duplikaten an Begünstigte und Mitarbeiter beträgt derzeit 0,10 € je
DIN A 4 Kopie.

S. 2 regelt die Gebührenerhebung für den Fall des Widerrufs oder der Rücknahme
eines Verwaltungsaktes, der Ablehnung oder Zurücknahme eines Antrags auf Vornahme einer individuell zurechenbaren öffentlichen Leistung sowie der Zurückweisung oder Zurücknahme eines Widerspruchs. Hierfür sieht § 6 Abs. 2
S. 1 StUKostV eine Ermäßigung der Gebühren vor. Die Gebührenerhebung entfällt
gem. § 7 Abs. 1 S. 1 StUKostV, wenn die Gebühren bei richtiger Behandlung der
Sache durch den Bundesbeauftragten nicht entstanden wären. Gem. § 6 Abs. 2 S. 2

---

[8] Siehe § 2 StUKostV.
[9] Schmidt/Dörr, StUG, 1993, § 42 Rn. 3; *J. Rapp-Lücke,* in: Geiger/Klinghardt, StUG, 2. Aufl.
  2006, § 42 Rn. 4.
[10] Siehe § 6 Abs. 9 S. 2.
[11] *K. Stoltenberg,* Das Deutsche Bundesrecht, 2000, Erl. zu § 42, 97.
[12] VG Berlin LKV 1995, 432.
[13] VG Berlin LKV 1995, 432.

**Jennifer Janssen, Jasmin Maaßen**

# § 42

BDSG wird auch bei einer Zurückweisung oder Zurücknahme eines Widerspruchs eine Gebühr bis zur Höhe der für die angefochtene Amtshandlung festgesetzten Gebühr erhoben.

**737** S. 3 legt fest, dass die Personengruppe der Betroffenen und Dritten (§ 6 Abs. 3 und Abs. 7) sowie nahe Angehörige Vermisster oder Verstorbener (§ 15 Abs. 4) von der Gebühren- und Auslagenpflicht für die Auskunft und Einsicht für die Unterlagen befreit sind. Jedoch werden für die Herstellung und Herausgabe von Duplikaten auch von den Betroffenen und Dritten Gebühren und Auslagen erhoben. Es würde der Billigkeit widersprechen, wenn die privilegierte Personengruppe die Gebühren und Auslagen für Auskünfte und die Gewährung von Akteneinsicht zu tragen hätte, da andernfalls viele potentielle Antragsteller von der Möglichkeit der Einsichtnahme absehen würden.[14] Dies würde dem Grundgedanken der historischen Aufarbeitung (§ 1 Abs. 1 Nr. 3) des StUG zuwiderlaufen.[15] Allerdings ist es den Betroffenen, Dritten und nahen Angehörigen Vermisster oder Verstorbener jedenfalls zumutbar, die Herstellung von Duplikaten zum aktuellen Preis von 0,03 € je DIN A4-Kopie zu zahlen.[16]

**738** Grundsätzlich ist eine Gebührenermäßigung gem. § 7 Abs. 2 StUKostV für alle Antragsteller möglich, wenn dies mit Rücksicht auf die wirtschaftlichen Verhältnisse des Zahlungspflichtigen oder sonst aus Billigkeitsgründen geboten erscheint. Dabei soll die StUKostV Härtefälle angemessen berücksichtigen.[17]

## II. Zu Abs. 2

**739** S. 1 ermächtigt das zuständige Mitglied der Bundesregierung für Kultur und Medien – vorliegend den Bundesminister des Innern – die gebührenpflichtigen Tatbestände und Gebührensätze durch Rechtsverordnung ohne Zustimmung des Bundesrates zu bestimmen. Darüber hinaus ist der Bundesminister des Innern dazu ermächtigt, in der Rechtsverordnung feste Sätze oder Rahmengebühren vorzusehen. Infolgedessen wurde am 13.7.1992 die Stasi-Unterlagen-Kostenordnung (StUKostV) erlassen.[18] S. 2 regelt den Vorrang der StUKostV gegenüber dem Bundesgebührengesetz,

---

[14] BT-Drucks. 12/1540, 63; Stoltenberg/Bossack, StUG, 2012, § 42 Rn. 4; *K. Stoltenberg*, Das Deutsche Bundesrecht, 2000, Erl. zu § 42, 97.

[15] Siehe auch *Stoltenberg*, DtZ 1992, 65, 66.

[16] Schmidt/Dörr, StUG, 1993, § 42 Rn. 2; *J. Rapp-Lücke*, in: Geiger/Klinghardt, StUG, 2. Aufl. 2006, § 42 Rn. 6; Vgl. auch Kostenverzeichnis des BStU, www.bstu.bund.de//; a.A. Stoltenberg/Bossack, StUG, 2012, § 42 Rn. 5.

[17] BT-Drucks. 12/1540, 63.

[18] BGBl. I 1992, 1241.

**Jennifer Janssen, Jasmin Maaßen**

welcher sich schon aus § 1 StUKostV ergibt, jedoch gilt dies lediglich bis zum
14.8.2018.

**Jennifer Janssen, Jasmin Maaßen**

## § 43 Vorrang dieses Gesetzes

Die Regelungen dieses Gesetzes gehen Vorschriften über die Zulässigkeit der Übermittlung personenbezogener Informationen in anderen Gesetzen vor. Das Bundesdatenschutzgesetz findet mit Ausnahme der Vorschriften über die Datenschutzkontrolle keine Anwendung, soweit nicht in § 6 Abs. 9 und § 41 Abs. 1 Satz 2 dieses Gesetzes etwas anderes bestimmt ist.

**Literaturangaben:** *Bork, Rheinhard, Die Berichterstattung über inoffizielle „Stasi"-Mitarbeiter, in: ZIP 1992, S. 90–103; Däubler, Wolfgang/Klebe, Thomas/Wedde, Peter/Weichert, Thilo (Hrsg.), Bundesdatenschutzgesetz, 5. Aufl., Frankfurt am Main 2016; Geiger, Hansjörg/Klinghardt, Heinz (Hrsg.), Stasi-Unterlagen-Gesetz-Kommentar, 2. Aufl., Stuttgart 2006; Gola, Peter/Schomerus, Rudolf (Hrsg.), Bundesdatenschutzgesetz, 12. Aufl., München 2015; Schmidt, Dietmar/Dörr, Erwin, Stasi-Unterlagen-Gesetz, Köln 1993; Stoltenberg, Klaus/Bossack, Carolin, Stasi-Unterlagen Gesetz, Baden-Baden 2012.*

### A. Allgemeines

**740** § 43 regelt den Vorrang des StUG gegenüber anderen Gesetzen. Danach gehen die in diesem Gesetz getroffenen Regelungen den Vorschriften über die Zulässigkeit der Übermittlung personenbezogener Informationen in anderen Gesetzen vor. Das Bundesdatenschutzgesetz (BDSG) findet bis auf wenige Ausnahmen keine Anwendung. § 43 S. 2 wurde durch das 7. StUÄndG vom 21.12.2006 geändert, indem die Angabe „§ 41 Abs. 1 S. 3" durch die Angabe „§ 41 Abs. 1 S. 2" ersetzt wurde.[1]

### B. Erläuterungen

### I. Zu S. 1

**741** Soweit es sich um Daten aus den Stasi-Unterlagen handelt, gilt das StUG als lex specialis gegenüber allen anderen Gesetzen, welche Regelungen über die Übermittlung personenbezogener Unterlagen enthalten.[2] Andere Gesetze in diesem Sinne sind unter anderem das Bundesarchivgesetz (BArchG), das BDSG und entsprechende landesgesetzliche Normen wie die Landespressegesetze. Des Weiteren tritt auch das Informationsfreiheitsgesetz (IFG) hinter das StUG zurück.[3] Der Vorrang des

---

[1] BGBl. I 2006, 3326.
[2] BT-Drucks. 12/1093, 28; *R. Bork*, ZIP 1992, 90, 93.
[3] BT-Drucks. 15/4493, 8.

**Jennifer Janssen, Jasmin Maaßen**

StUG gilt auch im Verhältnis zu Prozessordnungen.[4] Die Vorrangregelung des S. 1 gilt nur für die Übermittlung personenbezogener Informationen und umfasst nicht die Regelung der nicht-personenbezogenen Informationen.[5] Dies erscheint im Hinblick auf den ebenfalls erforderlichen Schutz nicht-personenbezogener Informationen problematisch. Jedoch schließt § 4 Abs. 1 S. 1 diese vermeintliche Lücke, indem öffentliche und nicht öffentliche Stellen nur Zugang zu den Stasi-Unterlagen haben und diese auch verwenden dürfen, soweit das StUG es erlaubt oder anordnet.[6]

Das StUG enthält keine Legaldefinition für den Begriff der „Übermittlung".[7] Dieser kann jedoch aus § 3 Abs. 4 Nr. 3 BDSG entnommen werden. Demnach kann der Tatbestand der Übermittlung von Daten, d.h. deren Weitergabe an einen Dritten dadurch erfüllt werden, dass die verantwortliche Stelle personenbezogene Daten an den Dritten weitergibt oder dass dieser dazu bereitgestellte Daten einsieht oder abruft.[8] Diese Weitergabe kann schriftlich, mündlich, fernmündlich, durch körperliche Weitergabe eines Datenträgers oder mit Hilfe elektronischer Medien erfolgen.[9]

742

Der Unterlagenbegriff ergibt sich aus § 6 Abs. 1 und 2. Zu den geschützten Informationen gehören auch diejenigen, die aus den Unterlagen entnommen werden. Daraus ergibt sich, dass Dokumente, die Informationen aus Stasi-Unterlagen enthalten, bei der ersten Erstellung noch unter den Schutz des StUG fallen. Werden aus diesen Informationen weitere Zusammenfassungen erstellt und diese daraufhin zum Gegenstand des Zugangsbegehrens, stellen sie gegebenenfalls lediglich eine behördliche Zusammenfassung dar und fallen somit nicht mehr unter das StUG.[10] Das IFG, BDSG, BArchG und die Pressegesetze der jeweiligen Bundesländer bieten noch ausreichenden Schutz für die Unterlagen, da diese Gesetze detaillierte Schutzvorschriften für personenbezogene Unterlagen enthalten.[11] Urheberrechtliche Regelungen gelten hingegen nicht als lex specialis gegenüber dem StUG. Sie stellen lediglich eine Sonderregelung gegenüber dem allgemeinen Persönlichkeitsrecht dar und

743

---

[4] BT-Drucks. 12/723, 27.

[5] Vgl. LG Hamburg AfP 1999, 379 f.; *J. Rapp-Lücke,* in: Geiger/Klinghardt, StUG, 2. Aufl. 2006, § 43 Rn. 5.

[6] *J. Rapp-Lücke,* in: Geiger/Klinghardt, StUG, 2. Aufl. 2006, § 43 Rn. 5.

[7] Siehe auch § 6 Abs. 9.

[8] *P. Gola/C. Klug/B. Körffer,* in:, in: Gola/Schomerus, BDSG, 12. Aufl. 2015, § 3 Rn. 32.

[9] *T. Weichert,* in: Däubler/Klebe/Wedde/Weichert, BDSG, 5. Aufl. 2016, § 3 Rn. 37.

[10] Ausführlicher: Stoltenberg/Bossack, StUG, 2012, § 43 Rn. 7 ff.

[11] Stoltenberg/Bossack, StUG, 2012, § 43 Rn. 10.

Jennifer Janssen, Jasmin Maaßen

gelten für schutzwürdige Werke wie beispielsweise Fotos oder Manuskripte, welche sich in der Verwahrung des BStU befinden.[12]

## II. Zu S. 2

**744** S. 2 betont den Vorrang des StUG auch gegenüber dem BDSG. Ausgenommen hiervon sind die Vorschriften über die Datenschutzkontrolle, welche sich in den §§ 24 ff. BDSG finden. Außerdem sind die Begriffsbestimmungen der §§ 2 und 3 BDSG (§ 6 Abs. 9) und die Rechtsvorschriften über die Berichtigung, Sperrung und Löschung von automatisiert verarbeiteten Informationen (§ 20 BDSG) ebenfalls ausgenommen. Durch S. 1 werden ausschließlich Vorschriften über die Übermittlung von personenbezogenen Informationen verdrängt. Hierdurch würden jedoch die Regelungen in anderen Gesetzen, welche nicht die Übermittlung, sondern auch die Verarbeitung oder die Nutzung betreffen, gelten. Dies hätte zur Folge, dass die Vorrangwirkung des StUG ausgehöhlt werden würde, da Gesetze wie das BDSG nun doch Anwendung fänden. Im Ergebnis würde dies zu einer unbilligen Einschränkung des Vorrangs des StUG führen. Daher besteht die alleinige Beschränkung auf die Übermittlungsregelung nicht, sondern umfasst auch die Verarbeitung und Nutzung.[13]

---

[12] LG Hamburg AfP 1999, 379.
[13] Schmidt/Dörr, StUG, 1993, § 43 Rn. 2; Stoltenberg/Bossack, StUG, 2012, § 43 Rn. 4.

**Jennifer Janssen, Jasmin Maaßen**

## § 44 Strafvorschriften

Wer von diesem Gesetz geschützte Originalunterlagen oder Duplikate von Originalunterlagen mit personenbezogenen Informationen über Betroffene oder Dritte ganz
oder in wesentlichen Teilen im Wortlaut öffentlich mitteilt, wird mit Freiheitsstrafe
bis zu drei Jahren oder mit Geldstrafe bestraft. Dies gilt nicht, wenn der Betroffene
oder Dritte eingewilligt hat.

*Literaturangaben: Folke Schuppert, Gunnar, Das Stasi-Unterlagen-Gesetz: ein
Maulkorb für die Presse, in: AfP 1992, S. 105–112; Geiger, Hansjörg/Klinghardt,
Heinz (Hrsg.), Stasi-Unterlagen-Gesetz-Kommentar, 2. Aufl., Stuttgart 2006;
Gounalakis, Georgio/Vollmann, Marion, Stasi-Unterlagen-Gesetz – „Sprachrohr"
oder „Maulkorb" für die Presse?, in: AfP 1992, S. 36–40; Kindhäuser, Urs/Neu-
mann, Ulfrid/Paeffgen, Hans-Ullrich (Hrsg.), Strafgesetzbuch, Kommentar, Bd. 3,
5. Aufl., Baden-Baden 2017; Schmidt, Dietmar/Dörr, Erwin, Stasi-Unterlagen-
Gesetz, Köln 1993; Schönke, Adolf/Schröder, Horst (Begr.), Strafgesetzbuch, Kommentar, 29. Aufl., München 2014; Stoltenberg, Klaus/Bossack, Carolin, Stasi-Unterlagen Gesetz, Baden-Baden 2012; Stoltenberg, Klaus, Die historische Entscheidung
für die Öffnung der Stasi-Akten – Anmerkungen zum Stasi-Unterlagen-Gesetz, in:
DtZ 1992, S. 65–72; Weberling, Johannes: Stasi-Unterlagen-Gesetz, Kommentar,
Köln 1993.*

### A. Allgemeines

§ 44 stellt die öffentliche Mitteilung von geschützten Originalunterlagen oder Duplikaten von Originalunterlagen mit personenbezogenen Informationen über Betroffene oder Dritte ganz oder in wesentlichen Teilen in ihrem Wortlaut unter Strafe.   **745**
Die Tat wird mit einer Freiheitsstrafe bis zu drei Jahren oder mit Geldstrafe bestraft.
Hiervon kann bei Einwilligung durch den Betroffenen oder Dritten abgesehen
werden.

Die Vorschrift schützt das Allgemeine Persönlichkeitsrecht, indem es einerseits den
Einzelnen vor der unbefugten Veröffentlichung seiner persönlichen Daten schützt
und andererseits allgemein dazu beitragen soll, dass die Unterlagen nicht unbefugt
verbreitet werden.[1]

---

[1] OLG Frankfurt AfP 1996, 177, 178.

**Jennifer Janssen, Jasmin Maaßen**

## § 44

Die Norm ist der Vorschrift des § 353d Nr. 3 StGB (Veröffentlichung von Anklageschriften oder anderen amtlichen Schriftstücken eines Strafverfahrens) nachgebildet worden. Aufgrund der Rechtsprechung des Bundesverfassungsgerichts, welches die Vorschrift des § 353d StGB für verfassungsgemäß gehalten hat, besteht durch die Wortgleichheit der beiden Vorschriften kein Zweifel an der Verfassungsmäßigkeit des § 44.[2]

### B. Erläuterungen

### I. Zu S. 1

**746** S. 1 verbietet sowohl die ganze oder in wesentlichen Teilen wortwörtliche als auch die öffentliche Mitteilung von geschützten Originalunterlagen oder Duplikaten von Originalunterlagen mit personenbezogenen Informationen über Betroffene oder Dritte.

Originalunterlagen oder Duplikate von Originalunterlagen sind gem. § 6 Abs. 1 sämtliche Informationsträger unabhängig von der Form der Speicherung. Geschützt sind Unterlagen gem. §§ 4 Abs. 1 S. 1, 5 Abs. 1 S. 1 und Abs. 2, 29, 32 Abs. 3 und § 33 Abs. 4, indem sie nur für bestimmte Zwecke oder überhaupt nicht verwendet werden dürfen. Als Duplikate zählen Mehrfertigungen jeder Art.[3] Voraussetzung hierfür ist, dass diese Unterlagen, zu denen auch sonstige Duplikate gem. § 6 Abs. 1 Nr. 1 lit. b zählen, beim Staatssicherheitsdienst oder dem Gebiet K 1 entstanden, in deren Besitz gelangt oder ihnen zur Verwendung überlassen worden sind. So sind beispielsweise Kopien, die Presseunternehmen von Stasiunterlagen für sich angefertigt haben, keine Unterlagen des Staatssicherheitsdienstes im Sinne des StUG.[4]

**747** Unter personenbezogenen Informationen über Betroffene oder Dritte versteht man Daten, die gem. § 3 Abs. 1 BDSG Einzelangaben über persönliche oder sachliche Verhältnisse einer bestimmten oder bestimmbaren natürlichen Person enthalten.

Betroffene sind gem. § 6 Abs. 3 Personen, zu denen der Staatssicherheitsdienst aufgrund zielgerichteter Informationserhebung oder Ausspähung einschließlich heimlicher Informa-tionserhebung Informationen gesammelt hat. Dritte sind gem. § 6 Abs. 7 sonstige Personen, über die der Staatssicherheitsdienst Informationen gesammelt hat. Wesentliche Teile einer Unterlage sind dann veröffentlicht, wenn

---

[2] OLG Frankfurt AfP 1996, 177, 178.
[3] Weberling, StUG, 1993, § 44 Rn. 2.
[4] Schmidt/Dörr, StUG, 1993, § 44 Rn. 6.

454

**Jennifer Janssen, Jasmin Maaßen**

relevante Passagen zusammenhängend wiedergegeben werden.[5] Jedoch muss jede Unterlage individuell auf die Intensität eines Eingriffs analysiert werden, um durch die Veröffentlichung wesentlicher Teile eine potentielle Verletzung des Allgemeinen Persönlichkeitsrechts feststellen zu können. Hierbei ist vom Schutzzweck der Norm, dem Schutz des Allgemeinen Persönlichkeitsrechts der Opfer, auszugehen.[6]

Problematisch könnte die Tatsache sein, dass schon bei geringfügigen textlichen **748** Veränderungen der Unterlagen sowie einer sinngemäßen oder zusammenfassenden Wiedergabe eine Strafbarkeit nach § 44 aufgrund des eindeutigen Gesetzeswortlauts und des strafrechtlichen Analogieverbots ausscheidet.[7] Es widerspräche dem Gedanken des Opferschutzes, wenn trotz Veröffentlichung der Informationen aus den Akten – jedoch ohne wörtliche Zitate – eine Strafbarkeit gem. § 44 ausscheiden würde. Folglich bestünde Novellierungsbedarf hinsichtlich des Wortlautes „ganz oder in wesentlichen Teilen", falls man über die Tatsache hinwegsieht, dass die §§ 185 ff. StGB, §§ 823 ff. BGB, §§ 22, 23 KUG hinreichenden Schutz für den Einzelnen vor einem Eingriff in sein Persönlichkeitsrecht bieten.

Eine Unterlage gilt als öffentlich mitgeteilt, wenn diese einem größeren, nicht fest **749** umgrenzten Personenkreis zugänglich gemacht wird, unabhängig davon, ob diese auch tatsächlich wahrgenommen wird.[8] Eine weitere Diskrepanz zwischen Opferschutz und dem Tatbestand des § 44 StUG könnte sich aus dem Tatbestandsmerkmal der Veröffentlichung der Unterlagen ergeben. Eine strafbare „Veröffentlichung" i.S.d § 44 ist demnach die Mitteilung im Rahmen einer Pressekonferenz, die auf Weitergabe der Information durch die Presse angelegt ist.[9] Nicht unter das Tatbestandsmerkmal der „Öffentlichkeit" fällt beispielsweise die Weitergabe der Anklageschrift an einen zahlenmäßig kleinen, dem Täter namentlich bekannten oder mit ihm persönlich verbundenen Kreis von 12 Personen.[10] Allerdings ist zu berücksichtigen, dass die Weitergabe der Anklageschrift an einen kleinen Personenkreis

---

[5] Vgl. *W. Perron*, in: Schönke/Schröder, StGB, 29. Aufl. 2014, § 353d Rn. 47.

[6] Stoltenberg/Bossack, StUG, 2012, § 44 Rn. 8; Vgl. *J. Rapp-Lücke*, in: Geiger/Klinghardt, StUG, 2. Aufl. 2006, § 44 Rn. 9.

[7] *J. Rapp-Lücke*, in: Geiger/Klinghardt, StUG, 2. Aufl. 2006, § 44 Rn. 6; *G. Gounalakis/M. Vollmann*, AfP 1992, 36, 38.

[8] Vgl. *W. Perron*, in: Schönke/Schröder, StGB, 29. Aufl. 2014, § 353d Rn. 46; *L. Kuhlen*, in: Kindhäuser/Neumann/Paeffgen, StGB, Bd. 3, 5. Aufl. 2017, § 353d Rn. 31.

[9] LG Stuttgart NJW 2004, 622 f.; *L. Kuhlen*, in: Kindhäuser/Neumann/Paeffgen, StGB, Bd. 3, 5. Aufl. 2017, § 353d Rn. 31.

[10] LG Mannheim NStZ-RR 1996, 360, 361; *W. Perron*, in: Schönke/Schröder, StGB, 29. Aufl. 2014, § 353d Rn. 46.

Jennifer Janssen, Jasmin Maaßen

nicht mit der Veröffentlichung im Rahmen einer Pressekonferenz vergleichbar sein kann, da eine solche Weitergabe nicht darauf ausgelegt ist, veröffentlicht zu werden.

## II. Zu S. 2

**750** Die Strafbarkeit nach S. 2 entfällt, soweit der Betroffene oder Dritte in die öffentliche Mitteilung einwilligt. Somit wird die von den §§ 3 Abs. 2, 4 Abs. 1 S. 2 eingeräumte Erlaubnis über die Verwendung von Informationen der Betroffenen oder Dritten fortgeführt, denen ein Selbstbestimmungsrecht über ihre privaten Informationen zusteht.

## III. Vereinbarkeit der strafrechtlichen Sanktionierung nach § 44 mit Art. 5 Abs. 1 S. 2 GG

**751** Die erste Fassung des § 44 stellte das vorsätzliche unbefugte Speichern, Verändern, Übermitteln, Nutzen und Veröffentlichen der von diesem Gesetz geschützten personenbezogenen Informationen unter Strafe.[11] Daraufhin folgten starke Proteste der Presse und des Deutschen Journalistenverbandes gegen die Strafvorschrift des Entwurfs, dessen ursprüngliche Fassung als „Maulkorb-Paragraph" kritisiert wurde.[12] Die Kritik an dieser Vorschrift lag an der fehlenden Unterscheidung zwischen Informationen über Täter und Opfer, was als eine Privilegierung der Täter bemängelt wurde, da diese dadurch den gleichen Schutz ihrer personenbezogenen Informationen erhielten wie die betroffenen Opfer.[13] Dies führte in der zweiten Beratung des Gesetzesentwurfs durch einen Änderungsantrag der Koalitionsfraktion und der SPD zu der Einführung des aktuellen § 44.[14] Nun wurden reine „Täterakten" aus dem Schutzbereich des § 44 herausgenommen.[15]

Der Deutsche Journalistenverband bezeichnete die alte Fassung der Norm als nachhaltigste Beschränkung der Pressefreiheit gem. Art. 5 Abs. 1 S. 2 GG seit Gründung der Bundesrepublik Deutschland. Aus diesen Gründen ist zu prüfen, ob § 44 den Anforderungen des Art. 5 Abs. 1 S. 2 GG Rechnung trägt.

---

[11] BT-Drucks. 12/1540, 63.
[12] *G. Gounalakis/M. Vollmann*, AfP 1992, 36, 38; *K. Stoltenberg*, DtZ 1992, 65, 72; *G. Folke Schuppert*, AfP 1992, 105 ff.
[13] *G. Gounalakis/M. Vollmann*, AfP 1992, 36, 38.
[14] BT-Drucks. 12/1563, 2 f.; *K. Stoltenberg*, DtZ 1992 65, 72.
[15] *G. Gounalakis/M. Vollmann*, AfP 1992, 36, 38.

**Jennifer Janssen, Jasmin Maaßen**

Auch an der neuen Fassung wird die fehlende Möglichkeit für eine Abwägung **752**
zwischen Pressefreiheit und Persönlichkeitsrecht anhand der Umstände des
Einzelfalls kritisiert.[16] Der Gesetzgeber hat die Existenz von Personen der
Zeitgeschichte und ihre besondere Bedeutung für jene Fälle außer Acht gelassen, in
denen er Unterlagen mit personenbezogenen Informationen über Betroffene oder
Dritte unabhängig davon schützt, welche Bedeutung die betreffende Person für
das Allgemeininteresse hat. In diesen Fällen wird nicht berücksichtigt, dass das
Allgemeine Persönlichkeitsrecht des Einzelnen hinter das Presserecht nach
Art. 5 Abs. 1 S. 2 GG zurücktritt.

Eine einheitliche strafrechtliche Sanktionierung ohne Unterscheidung der Relevanz **753**
für die Allgemeinheit ist daher ungerechtfertigt. Vielmehr ist es geboten, in Fällen,
in denen ein großes öffentliches Interesse besteht, nach ihrer Bedeutung für die
Allgemeinheit zu unterscheiden. Die Veröffentlichung von Informationen, welche
zur historischen oder politischen Aufarbeitung beitragen, sollte besondere Berücksichtigung finden und nicht durch ein Verbot der Öffentlichkeit verborgen bleiben.
Dahingegen sollten private Einzelfälle, denen keine besondere Bedeutung für die
Aufarbeitung zukommt, von § 44 geschützt werden. Aus diesen Gründen gilt die
aktuelle Fassung des § 44 als nicht zufriedenstellend.[17]

## IV. Haftung aus § 823 BGB

§ 823 BGB gibt den Betroffenen oder Dritten eine weitere Möglichkeit ihr Per- **754**
sönlichkeitsrecht durchzusetzen, indem das Persönlichkeitsrecht sowohl unter den
Schutz als „sonstiges Recht" gem. § 823 Abs. 1 BGB fällt, als auch als Schutzgesetz
im Sinne von § 823 Abs. 2 BGB anerkannt wird. Folglich haben die Opfer
Ansprüche auf Ersatz des materiellen und immateriellen Schadens gem. §§ 249 ff.
BGB. Außerdem kommt noch ein Anspruch auf Widerruf oder Unterlassung gem.
§ 1004 Abs. 1 BGB in Betracht.[18]

---

[16] *G. Gounalakis/M. Vollmann*, AfP 1992, 36, 40; a.A. *Stoltenberg*, DtZ 1992, 65, 71.
[17] *G. Gounalakis/M. Vollmann*, AfP 1992, 36 ff.
[18] OLG Frankfurt AfP 1996, 177.

**Jennifer Janssen, Jasmin Maaßen**

## § 45 Bußgeldvorschriften

(1) Ordnungswidrig handelt, wer vorsätzlich oder fahrlässig

1. entgegen § 7 Abs. 3 eine Anzeige nicht oder nicht rechtzeitig erstattet,

2. entgegen § 9 Abs. 1 Satz 1 und Abs. 2 Unterlagen oder Kopien und sonstige Duplikate von Unterlagen nicht oder nicht rechtzeitig auf Verlangen des Bundesbeauftragten herausgibt oder

3. entgegen § 9 Abs. 3 Unterlagen dem Bundesbeauftragten nicht überlässt.

(2) Die Ordnungswidrigkeit kann mit einer Geldbuße bis zu zweihundertfünfzigtausend Euro geahndet werden.

(3) Verwaltungsbehörde im Sinne des § 36 Abs. 1 Nr. 1 des Gesetzes über Ordnungswidrigkeiten ist der Bundesbeauftragte.

*Literaturangaben: Bork, Rheinhard, Die Berichterstattung über inoffizielle „Stasi"-Mitarbeiter, in: ZIP 1992, S. 90–103; Geiger, Hansjörg/Klinghardt, Heinz, Stasi-Unterlagen-Gesetz-Kommentar, 2. Aufl., Stuttgart 2006; Gounalakis, Georgios/Vollmann, Marion, Stasi-Unterlagen-Gesetz – „Sprachrohr" oder „Maulkorb" für die Presse?, in: AfP 1992, S. 36–40; Stoltenberg, Klaus, Erläuterungen zum Stasi-Unterlagen-Gesetz, Das Deutsche Bundesrecht, Baden-Baden 2000; Stoltenberg, Klaus/Bossack, Carolin, Stasi-Unterlagen Gesetz, Baden-Baden 2012.*

### A. Allgemeines

**755** § 45 ist eine Bußgeldvorschrift im Falle der Zuwiderhandlung der in Abs. 1 aufgelisteten Handlungen. Überdies regelt die Vorschrift in Abs. 2 die maximale Höhe der Geldbuße für Ordnungswidrigkeiten. Zweck der Norm ist die Vervollständigung der Unterlagen durch Bußgeldbewehrung zu fördern, um eine historische, politische und juristische Aufarbeitung zu ermöglichen sowie das allgemeine Persönlichkeitsrecht der Opfer zu schützen. Die Ordnungswidrigkeiten liegen in der nicht oder nicht rechtzeitig erstatteten Anzeige, Herausgabe oder Überlassung von Unterlagen, Kopien und sonstigen Duplikaten. Bei Zuwiderhandlung kann eine Geldbuße bis zu 250.000 EUR verhängt werden. Aus Gründen der Verhältnismäßigkeit wird die nicht unverzügliche Anzeige des Vorhandenseins einer Unterlage des Staatssicherheitsdienstes als Ordnungswidrigkeit und nicht als Straftat

Jennifer Janssen, Jasmin Maaßen

gewertet.[1] Der Bundesbeauftragte ist für die Verwaltung der Ordnungswidrigkeiten nach § 45 sachlich zuständig. Dies ergibt sich aus § 36 Abs. 1 Nr. 1 OWiG.

Mit dem 2. StUÄndG vom 26.7.1994 wurde Abs. 1 Nr. 2 geändert. § 9 Abs. 2 wurde in die Vorschrift neu eingefügt. Zudem wurden Kopien und sonstige Duplikate von Unterlagen zu den herausgabepflichtigen Unterlagen hinzugefügt.[2] Durch das 7. StUÄndG vom 21.12.2006 wurde in Abs. 2 die Deutsche-Mark-Angabe durch den Euro-Wert ersetzt. Des Weiteren ist Abs. 3 neu hinzugefügt worden. **756**

**B. Erläuterungen**

**I. Zu Abs. 1**

Nach Abs. 1 wird natürlichen Personen und sonstigen nicht öffentlichen Stellen eine Geldbuße auferlegt, wenn sie vorsätzlich oder fahrlässig der Anzeigepflicht und Herausgabe des Besitzes von Unterlagen, sowie Kopien und sonstigen Duplikaten nach Kenntnisnahme gegenüber dem Bundesbeauftragten nicht nachkommen. Der Begriff der Unterlagen in § 45 ist vorliegend weiter gefasst als die Definition in § 6 Abs. 1 Nr. 1 b.[3] Bei einer Zuwiderhandlung der Anzeigepflicht gem. §§ 7 Abs. 1 S. 2, 8 durch öffentliche Stellen liegt keine Ordnungswidrigkeit vor. In diesen Fällen wird die Anzeige- und Herausgabepflicht mit disziplinarrechtlichen Mitteln erzwungen.[4] **757**

Zu den sonstigen nicht öffentlichen Stellen gehören nach § 6 Abs. 9 S. 2 auch Religionsgesellschaften. Ebenfalls gilt die Herausgabepflicht für die Medien gem. § 9. Für die Pflicht zur Herausgabe spricht der Zweck der Norm. Dieser liegt im Schutz vor einer unbefugten Verwendung des Inhalts der Unterlagen. Dem könnte jedoch das Recht auf Pressefreiheit gem. Art. 5 Abs. 1 S. 2 GG entgegenstehen. Der Schutz der Pressefreiheit erstreckt sich auf den Tätigkeitsbereich der Presse; darunter fällt der gesamte Prozess von der Beschaffung der Information bis zur Verbreitung.[5] Allerdings wird die Pressefreiheit nicht schrankenlos gewährleistet. Sie findet ihre Schranken gem. Art. 5 Abs. 2 GG in den Vorschriften der allgemeinen Gesetze. Das StUG stellt ein solches allgemeines Gesetz dar. Es erscheint im Verhältnis zu der Bedeutung der Pressefreiheit weder geeignet, noch angemessen, **758**

---

[1] BT-Drucks. 12/723, 27.
[2] BGBl. I 1994, 1748.
[3] *K. Stoltenberg*, Das Deutsche Bundesrecht, 2000, Erl. zu § 45, 101.
[4] *J. Rapp-Lücke,* in: Geiger/Klinghardt, StUG, 2. Aufl. 2006, § 45 Rn. 5; *K. Stoltenberg*, Das Deutsche Bundesrecht, 2000, Erl. zu § 44, 102.
[5] BVerfG NJW 1984, 1741, 1742; *G. Gounalakis/M. Vollmann*, AfP 1992, 36, 38.

**Jennifer Janssen, Jasmin Maaßen**

die Herausgabe sämtlicher Unterlagen gesetzlich zu erzwingen. Zudem stellt die Pflicht zur Herausgabe der nicht im Eigentum der Presse stehenden Originalunterlagen samt Kopien und Duplikaten nicht das mildeste Mittel dar.[6] Um dem Zweck der Norm gerecht zu werden, würde bereits die Herausgabe der Originalunterlagen ausreichen. Außerdem bieten die §§ 185 ff. StGB, §§ 823 ff. BGB, §§ 22, 23 KUG hinreichenden Schutz für den Einzelnen vor einem Eingriff in sein Persönlichkeitsrecht. Mithin sollte die Herausgabe ausnahmsweise dann nicht ausgeschlossen sein, wenn das öffentliche Interesse einer Veröffentlichung über das zum Schutze des Persönlichkeitsrechts notwendige Maß hinausgeht.[7]

**II. Zu Abs. 2**

**759** Abs. 2 regelt die Ahndung der Zuwiderhandlung nach Abs. 1 mit einer Geldbuße bis zu 250.000 EUR. Im Vergleich dazu legt § 43 Abs. 3 BDSG im Falle einer Ordnungswidrigkeit eine Geldbuße bis zu 50.000 EUR fest. Dieses verhältnismäßig hohe Bußgeld des Abs. 2 ergibt sich aus der Zweckverfolgung der vollständigen Erfassung aller Unterlagen.[8] Andernfalls würde die Drohung vor allem für die Medien wirkungslos bleiben.[9] Für die Höhe der zu zahlenden Geldbuße wird zwischen Vorsatz und Fahrlässigkeit unterschieden. Nach § 17 Abs. 2 OWiG kann fahrlässiges Handeln im Höchstmaß nur mit der Hälfte des angedrohten Höchstbetrages der Geldbuße geahndet werden, falls das Gesetz keine Unterscheidung zwischen Vorsatz und Fahrlässigkeit für das Höchstmaß ansetzt.

**III. Zu Abs. 3**

**760** Nach Abs. 3 ist die sachlich zuständige Verwaltungsbehörde, der Bundesbeauftragte, im Sinne des § 36 Abs. 1 Nr. 1 OWiG. Die Zuständigkeit für die Verfolgung und Ahndung von Ordnungswidrigkeiten wurde am 23.4.1992 auf den Bundesbeauftragten übertragen.[10]

---

[6] *G. Gounalakis/M. Vollmann*, AfP 1992, 36, 39.
[7] *R. Bork*, ZIP 1992, 90, 101.
[8] BT-Drucks. 12/723, 27 f.
[9] Stoltenberg/Bossack, StUG, 2012, § 45 Rn. 4.; *K. Stoltenberg*, Das Deutsche Bundesrecht, 2000, Erl. zu § 45, 101.
[10] BGBl. I 1992, 953.

**Jennifer Janssen, Jasmin Maaßen**

## § 46 Straffreiheit

Wer Unterlagen des Staatssicherheitsdienstes durch strafbare Vergehen erlangt hat, wird nicht bestraft, wenn er der Anzeigepflicht nach § 7 Abs. 3 innerhalb einer Frist von drei Monaten nach Inkrafttreten dieses Gesetzes nachkommt.

### A. Erläuterung

§ 46 regelt die Straffreiheit für Personen, die Unterlagen des Staatssicherheitsdienstes durch ein strafbares Vergehen erlangt haben, jedoch der Anzeigepflicht gem. § 7 Abs. 3 innerhalb von drei Monaten nach Inkrafttreten des Gesetzes nachgekommen sind. Zu beachten ist, dass die Vorschrift nur Straffreiheit für Vergehen, nicht jedoch für Verbrechen, gewährt. **761**

Allerdings hat sich die Norm seit dem 29.3.1992 erledigt und somit ihre Relevanz für das StUG verloren.

### § 46a Einschränkung von Grundrechten

Das Brief-, Post- und Fernmeldegeheimnis (Artikel 10 des Grundgesetzes) wird nach Maßgabe dieses Gesetzes eingeschränkt.

*Literaturangaben: Dreier, Horst (Hrsg.), Grundgesetz, Bd. 1, 3. Aufl., Tübingen 2013; Geiger, Hansjörg/Klinghardt, Heinz, Stasi-Unterlagen-Gesetz-Kommentar, 2. Aufl., Stuttgart 2006; Gusy, Christoph, Das Grundrecht des Post- und Fernmeldegeheimnisses, in: JuS 1986, S. 89–96; Schmidt-Bleibtreu, Bruno/Hofmann, hans/Henneke, Hans-Günter, Grundgesetz, 13. Aufl., München 2014; Stoltenberg, Klaus/Bossack, Carolin, Stasi-Unterlagen Gesetz, Baden-Baden 2012.*

### A. Allgemeines

§ 46a regelt die Einschränkung des Brief-, Post-, und Fernmeldegeheimnisses (Art. 10 GG) nach Maßgabe des StUG. Die Vorschrift wurde durch das 3. StUÄndG vom 20.12.1996 neu eingefügt.[1] Im Hinblick auf das Zitiergebot aus Art. 19 Abs. 1 S. 2 GG und die neuere Rechtsprechung des BVerfG war die Einführung des § 46a in das StUG erforderlich.[2] **762**

---

[1] BGBl. I 1996, 2026.
[2] BT-Drucks. 13/4356, 6.

**Jennifer Janssen, Jasmin Maaßen**

**B. Erläuterungen**

**763** Die Regelung des § 46a setzt das Zitiergebot aus Art. 19 Abs. 1 S. 2 GG um, indem ausdrücklich auf die Einschränkung des Brief-, Post-, und Fernmeldegeheimnis aus Art. 10 GG hingewiesen wird. Das Zitiergebot aus Art. 19 Abs. 1 S. 2 GG erfordert grundsätzlich die Angabe des einzuschränkenden Artikels im Gesetz. Die Regelung soll versteckte Grundrechtsbeschränkungen unmöglich machen und somit als Warnfunktion dienen.[3] Durch diese soll der Gesetzgeber darauf aufmerksam gemacht werden, dass mit Erlass des Gesetzes eine neue Grundrechtseinschränkung verbunden ist.[4] Die Nichteinhaltung des Zitiergebots führt zur Nichtigkeit der Vorschrift.[5]

**764** Grundsätzlich charakterisiert die Rechtsprechung des Bundesverfassungsgerichts die Kenntnisnahme von Unterlagen durch staatliche Stellen, deren Inhalt dem Brief-, Post- und Fernmeldegeheimnis unterliegt, als einen eigenständigen Grundrechtseingriff. Das Schutzgut aus Art. 10 GG ist die Vertraulichkeit individueller Kommunikation, wenn diese aufgrund einer räumlichen Distanz zwischen den Beteiligten auf eine Übermittlung durch andere angewiesen ist und deshalb in besonderer Weise dem Zugriff Dritter offen steht.[6] Da bedeutende Teile der Stasi-Akten abgehörte Telefongespräche und Ergebnisse der Postkontrolle enthalten, wird Art. 10 GG durch das StUG eingeschränkt.[7] Jedoch wird diese Einschränkung nach Maßgabe des StUG durch die Einhaltung des Zitiergebots aus Art. 19 Abs. 1 S. 2 GG legitimiert. Dadurch werden jedoch keine neuen Eingriffsbefugnisse geschaffen.[8]

---

[3] *H. Hoffmann,* in: Schmidt-Bleibtreu/Hofmann/Henneke, GG, 13. Aufl. 2014, Art. 19 Rn. 12.

[4] *H. Dreier,* in: Dreier, GG, Bd. 1, 3. Aufl. 2013, Art. 19 Abs. 1 Rn. 19.

[5] *H. Hoffmann,* in: Schmidt-Bleibtreu/Hofmann/Henneke, GG, 13. Aufl. 2014, Art. 19 Rn. 12.

[6] BVerfGE 85, 386, 396; *G. Hermes,* in: Dreier, GG, Bd. 1, 3. Aufl. 2013, Art. 10 Rn. 15; *C. Gusy,* JuS 1986, 89, 90.

[7] *J. Rapp-Lücke,* in: Geiger/Klinghardt, StUG, 2. Aufl. 2006, § 46a Rn. 2; Stoltenberg/Bossack, StUG, 2012, § 46a Rn. 1.

[8] BT-Drucks. 13/4356, 6.

**Jennifer Janssen, Jasmin Maaßen**

## § 47 Aufhebung von Vorschriften, Überleitung des Amtsinhabers

(1) Die Regelungen in Anlage I Kapitel II Sachgebiet B Abschnitt II Nr. 2 Buchstabe b des Einigungsvertrages vom 31. August 1990 (BGBl. II, Nr. 35/1990, S. 885, 912) werden aufgehoben.

(2) Das Rechtsverhältnis des aufgrund der in Absatz 1 genannten Regelungen berufenen und bei Inkrafttreten dieses Gesetzes vorhandenen Amtsinhabers richtet sich nach diesem Gesetz. Die aufgrund des Einigungsvertrages ergangenen besoldungs- und versorgungsrechtlichen Übergangsvorschriften gelten sinngemäß.

*Literaturangaben: Geiger, Hansjörg/Klinghardt, Heinz (Hrsg.), Stasi-Unterlagen-Gesetz-Kommentar, 2. Aufl., Stuttgart 2006; Schmidt, Dietmar/Dörr, Erwin, Stasi-Unterlagen-Gesetz, Köln 1993; Stoltenberg, Klaus, Stasi-Unterlagen-Gesetz, Baden-Baden 1992.*

### A. Zu Abs. 1

Abs. 1 regelt die Aufhebung der vorläufigen Regelungen des Einigungsvertrages    765
vom 31.8.1990. Durch den Gesetzesentwurf der Bundestagsfraktionen der CDU/ CSU, SPD und FDP vom 12.06.1991 wurde nunmehr die ausschließliche Gültigkeit des StUG festgelegt.[1] Die vorläufigen Regelungen des Einigungsvertrages von August 1990 regelten übergangsweise und notdürftig die Aufbewahrung und Nutzung der Stasi-Akten. Zudem sollte ein Sonderbeauftragter, welcher auf Vorschlag des Ministerrates, der der Zustimmung der Volkskammer bedarf, bis spätestens zum 2.10.1990 von der Bundesregierung berufen werden.[2] Außerdem wurden bereits die Rechte der Antragsteller geregelt. Zwar galten die Vorschriften des BDSG ergänzend zu den Vorschriften aus dem Einigungsvertrag, jedoch schützten sie das Persönlichkeitsrecht der Betroffenen nicht ausreichend und gewährten keine angemessene Aufarbeitung bezüglich der Unterlagen. Dies erforderte den Erlass eines neuen Gesetzes, welches den Schwierigkeiten im Umgang mit den Stasi-Akten gerecht werden sollte. Folglich legte der gesamtdeutsche Gesetzgeber mit dem StUG speziellere Regelungen zum Schutz des Persönlichkeitsrechts und der politischen, historischen und juristischen Aufarbeitung der Stasi-Akten fest.

---

[1] BT-Drucks. 12/723, 28; BT-Drucks. 12/1093, 29.
[2] BGBl. II 1990, 885, 912.

**Jennifer Janssen, Jasmin Maaßen**

**B. Zu Abs. 2**

**766** S. 1 regelte mit dem Inkrafttreten des StUG am 20.12.1991 das Überleiten der Zuständigkeit für den vorhandenen Amtsinhaber. Die damals geltenden Regelungen für das Rechtsverhältnis des Sonderbeauftragten wurden nun auf den Bundesbeauftragten übertragen, um ihm die Ausübung seiner Amtsgeschäfte zu ermöglichen.[3] Seine Aufgaben und Befugnisse sind in § 37 geregelt. S. 2 regelt die Übertragung der aufgrund des Einigungsvertrages ergangenen besoldungs- und versorgungsrechtlichen Übergangsvorschriften auf das StUG. Dies dient der Gleichbehandlung, um dem Bundesbeauftragten und anderen übergeleiteten Amtsinhabern des öffentlichen Dienstes der ehemaligen DDR im Vergleich zu den westdeutschen Amtsinhabern Abschläge bei der Besoldung und der Versorgung zu ersparen.[4]

---

[3] J. *Pietrkiewicz/J. Burth,* in: Geiger/Klinghardt, StUG, 2. Aufl. 2006, § 47 Rn. 2; Schmidt/ Dörr, StUG, 1993, § 47 Rn. 2.
[4] BT-Drucks. 12/1540, 64; Stoltenberg, StUG, 1992, § 47 Rn. 3.

**Jennifer Janssen, Jasmin Maaßen**

## § 48 (Inkrafttreten)

Am 28.12.1991 wurde das StUG im BGBl. verkündet und trat am 29.12.1991 in **767** Kraft.[1] Ursprünglich bestand die Norm aus zwei Absätzen. Der Text ist in der amtlichen Neubekanntmachung vom 18.12.2007 entfallen.[2] Dieser lautete wie folgt:

*(1) Dieses Gesetz tritt am Tage nach der Verkündung in Kraft.*

*(2) § 35 Abs. 2 S. 1 ist erstmalig bei der Neuberufung des Leiters der Bundesober-behörde nach Ablauf der Amtszeit des jetzigen Amtsinhabers anzuwenden.*

**Literaturangaben:** *BStU, BStU-Jahresrückblick 1995, Internetauftritt des BStU,* **768** *www.bstu.bund.de/DE/BundesbeauftragterUndBehoerde/Chronologie/1995/1995_n ode.html (8.5.2013); Geiger, Hansjörg/Klinghardt, Heinz, Stasi-Unterlagen-Gesetz-Kommentar, 2. Aufl., Stuttgart 2006; Stoltenberg, Klaus, Stasi-Unterlagen-Gesetz, Baden-Baden 1992.*

Abs. 2 legte eine Ausnahmeregelung für den bei Inkrafttreten des StUG damals amtierenden Bundesbeauftragten Joachim Gauck fest.[3] § 47 Abs. 2 S. 1 bestimmt die Anwendung des StUG hinsichtlich des amtierenden Bundesbeauftragten. Danach müsste nach § 35 Abs. 2 S. 1 der Leiter der Behörde auf Vorschlag der Bundesre-gierung vom Deutschen Bundestag mit mehr als der Hälfte der gesetzlichen Zahl seiner Mitglieder gewählt werden. Jedoch sah § 48 Abs. 2 a.F. vor, dass § 35 Abs. 2 S. 1 erst nach Ablauf der Amtszeit des damaligen Amtsinhabers anzuwenden war. Diese Regelung galt erst mit der Amtsniederlegung des amtierenden Bundesbeauf-tragten und somit der damit einhergehenden Amtsübernahme des nachfolgenden Bundesbeauftragten. *Joachim Gauck* wurde unter Berücksichtigung des § 35 Abs. 2 S. 1 am 21.9.1995 vom Deutschen Bundestag mit großer Mehrheit erneut gewählt.[4]

---

[1] Vgl. BGBl. I 1991, 2269.
[2] BGBl. I 2007, 162.
[3] Stoltenberg, StUG, 1992, § 48 Rn. 3; *J. Pietrkiewicz/J. Burth* in: Geiger/Klinghardt, StUG, 2. Aufl. 2006, § 48 Rn. 2.
[4] BStU, BStU-Jahresrückblick 1995, Internetauftritt des BStU, www.bstu.bund.de/DE/Bundes beauftragterUndBehoerde/Chronologie/1995/1995_node.html (8.5.2013).

**Jennifer Janssen, Jasmin Maaßen**

# Aus unserem Verlagsprogramm:

Florian Schmitt
**Die (unangekündigte) Datenschutzkontrolle des BfDI im Anwendungsbereich des BDSG und des TKG**
Hamburg 2019 / 242 Seiten / ISBN 978-3-339-10376-5

Johannes Knaut
**Die Bedeutung des Datenschutzrechts bei Beweisverboten in Zivil- und Arbeitsgerichtsbarkeit**
*Eine Darstellung anhand der Rechtsprechung zu „Dash-Cams"*
Hamburg 2019 / 280 Seiten / ISBN 978-3-339-10920-0

Łukasz Drożdżowski
**Datenschutzrechtliche Pflichten von Unternehmen bei der Verarbeitung genetischer Daten**
Hamburg 2019 / 148 Seiten / ISBN 978-3-339-10728-2

Juliana Klaus
**Negative Informationsrechte im Privatrecht**
*Vergleichende Darstellung der Rechte auf Uninformiertheit und auf Vergessen(werden) zum Schutz der Persönlichkeit vor unerwünschten Informationen*
Hamburg 2019 / 518 Seiten / ISBN 978-3-339-10706-0

Kwon Il Lee
**Grundrechtsschutz vor informationeller Selbstgefährdung in sozialen Netzwerken**
Hamburg 2019 / 232 Seiten / ISBN 978-3-339-10858-6

Hannes Berger
**Sächsisches Archivgesetz**
*Kommentar*
Hamburg 2018 / 228 Seiten / ISBN 978-3-339-10056-6

Robert Klecha
**Datenübermittlungen in die USA nach dem Safe-Harbor-Urteil des EuGH**
*Eine Untersuchung unter besonderer Berücksichtigung des EU-US Privacy Shield*
Hamburg 2018 / 224 Seiten / ISBN 978-3-339-10480-9

Anna Beck
**Illegale Migration und Datenschutz**
*Die Verwendung von personenbezogenen Daten – insbesondere Fluggastdatensätzen – zur Bekämpfung illegaler Migration nach Deutschland*
Hamburg 2018 / 242 Seiten / ISBN 978-3-339-10302-4

# VERLAG DR. KOVAČ
## FACHVERLAG FÜR WISSENSCHAFTLICHE LITERATUR

Postfach 57 01 42 · 22770 Hamburg · www.verlagdrkovac.de · info@verlagdrkovac.de